云南多元宗教和谐关系研究

——基于社会学的跨学科视角

张桥贵　孙浩然等 ◎ 著

中国社会科学出版社

图书在版编目(CIP)数据

云南多元宗教和谐关系研究：基于社会学的跨学科视角 / 张桥贵等著.
—北京：中国社会科学出版社，2016.1
ISBN 978 – 7 – 5161 – 6827 – 1

Ⅰ.①云… Ⅱ.①张… Ⅲ.①少数民族 – 宗教文化 – 研究 – 云南省
Ⅳ.①K280.74

中国版本图书馆 CIP 数据核字 (2015) 第 203055 号

出 版 人	赵剑英	
责任编辑	任 明	
特约编辑	芮 信	
责任校对	王 斐	
责任印制	何 艳	

出 版　中国社会科学出版社
社 址　北京鼓楼西大街甲 158 号
邮 编　100720
网 址　http://www.csspw.cn
发 行 部　010 – 84083685
门 市 部　010 – 84029450
经 销　新华书店及其他书店

印刷装订　北京市兴怀印刷厂
版 次　2016 年 1 月第 1 版
印 次　2016 年 1 月第 1 次印刷

开 本　710 × 1000　1/16
印 张　29
插 页　2
字 数　490 千字
定 价　98.00 元

前　言

一　为什么要研究云南多元宗教和谐相处

宗教和谐是宗教关系类型的一种，而宗教关系又是客观存在的一种特殊社会关系。只有具备相应的客观条件，不同宗教之间才能呈现和谐状态。相对于宗教冲突、宗教融合等，宗教和谐是最为完美的关系类型。天主教神学家孔汉斯在《走向全球伦理宣言》中精辟地指出："没有宗教之间的和平，就没有国家之间的和平。"宗教和谐作为宗教关系的理想类型，不仅在微观层面关乎个人福祉，也在宏观层面关乎整个人类的命运。在宗教纷争冲突频仍的当今世界，中国宗教和谐共处的美好图景愈显弥足珍贵，其中蕴含的和谐智慧可为国际社会解决宗教争端提供借鉴。

宗教是社会的重要组成部分，作为一项文化设置受到社会发展方向和制度的影响，同时也会对社会产生反作用。多元宗教和谐相处是中国宗教发展的重要特征，有着深厚的社会基础和文化渊源。中国人宽容的文化态度和较为温和的政教关系为多元宗教和谐相处与共同发展提供了较好的生存环境。多种宗教在社会发展过程中，相互认识、相互理解、相互尊重、相互借鉴、相互融合，形成了中国多元宗教和谐相处的基本格局。这对社会整合、社会认同、社会变迁等产生了深远影响。推动多元宗教和谐相处，是建设社会主义和谐社会、加强和创新宗教管理、引导宗教与社会主义社会相适应的重要内容之一。

云南作为拥有 26 个人口在 5000 人以上的世居民族、五大宗教俱全、少数民族宗教和民间信仰多样的边疆省份，多元宗教和谐相处更是具有典型性和代表性。在云南，不仅宗教内部有和谐结构，宗教之间也有和谐关系，从而使宗教共存成为一种长期的状态，内在和谐、外在和谐、共在和谐有机统一，相互促进。多元宗教和谐相处的文化图景是云南少数民族文化的架构和底蕴，是打开少数民族文化和心灵密码的一把钥匙，是云南的一张名片，要了解云南就必须了解云南少数民族瑰丽多姿的宗教文化。对这一文化图景进行客观细致地描述和深入系统地分析，揭示其蕴含的对人类宗教关系发展的整体性意义，是本书可能具有的理论贡献之一。思考和谐就是要学会和谐地思考并和谐地行动。在当代中国，我们正经历着深刻的经济转轨、社会转型，但与之相适应的心灵转向尚待探索。社会管理必须重视对社会心态的管理。目前，社会上不少人精神空虚、道德沦丧，人生观、价值观和世界观严重扭曲。在社会主义核心价值观的引领下，深入挖掘云南宗教文化中蕴含的敬神利人的伦理观念、法天济物的生态哲学、与人为善的公益理念以及内涵丰厚的宗教艺术等，能够为心灵转向提供有益的和谐智慧资源，从而有助于社会转型、经济转轨。

二　如何研究云南多元宗教和谐相处

《道德经》说："少则得，多则惑。"① 云南多元宗教和谐关系涉及方方面面的内容，面对的研究对象越纷繁复杂，我们的思路就越应简洁明朗。我们拟定，首先从理论上对宗教和谐的相关概念进行清晰界定，再将宗教和谐置于云南边疆民族地区独特的社会场景中并还原为一种社会关系和社会事实，从资源、行动、结构、功能的视角寻找多宗教能够和谐相处的原因和动力，并提炼出具有推广意义的经验模式和具有学术价值的理论模型，提出推动云南宗教和谐关系持续呈现的对策建议。在研究过程中，我们始终根据研究对象的客观维度，以宗教社会学为主，综合历史学、民族学、政治学、哲学等多学科的方法，从现象的、关系的、思想的、政策的角度入手分析，做到理论联系实际、宏观兼顾微观、历史结合现实。

第一，宗教和谐关系不能在真空中绝缘存在，必须有其明确的对象、载体、内容与过程机制。宗教以特定的人群为界限，任何以普世性相标榜的宗教，也不可能掌握全世界的所有人口，只能是影响范围相对较大而已。所以，随着人群的交往，各种宗教之间的相遇成为必然。人类社会越发展，不同宗教间的传播交流就越发达。当不同宗教在特定地域中相遇时，必然会产生宗教间的各类关系，从两种极端的情况而言，既可能相互

① 朱之谦撰：《老子校释》，中华书局1984年版，第92页。

冲突，也可能和谐共处。作为客观社会现象，无论宗教冲突还是宗教和谐，人们都已司空见惯；背后隐藏的深层次原因、机制等，也逐渐成为学术研究的热点，形成文明冲突理论、宗教对话理论等诸多学说主张。然而，任何人只能发现真理而不能穷尽真理，摒除相关研究不适应中国本土宗教情境的西方因素不谈，相关理论也忽视了诸多问题。例如，对以宗教和谐为中心的宗教关系理论的整体把握，宗教和谐的概念类型、具体模式、资源动力、政策选择，宗教宽容与宗教和谐的关系等进行系统研究。

　　关于云南多元宗教和谐相处的研究，迄今为止仍然以客观描述为主，理论探索性和政策建议性的研究刚刚发轫，相关成果寥寥无几，仍有诸多值得拓展和突破的理论空间。例如，从理论上对云南多元宗教和谐相处类型特点的整体把握、对云南多元宗教和谐相处原因的系统探讨、对云南多元宗教和谐相处典型社区的系统实证研究、对云南多元宗教和谐相处经验的系统总结和理论提升等，都是刚刚起步，甚至个别问题至今无人问津，这恰恰为本书研究留足了理论创新的空间。我们既对宗教和谐的概念、类型、模式、要素、特征、原因、过程、结构、目的、功能、结果等理论要素进行系统探讨，同时又选取怒江、德宏、西双版纳、红河等地的典型社区进行深入地田野调查，在此基础上提出合理的可操作的对策建议。

　　第二，谈论宗教关系，就必须将宗教限制在特定的地域、人群和时间范围内。宗教是在特定的地域和人口范围内以神圣化的方式展演而成的一种社会文化现象。人们将自我与心灵、个体与他人、个体与自然、个体与社会等方面的关系，集中表现为人与神的关系并曲折地反映在所信仰的宗教中。举凡人类从日常生活至社会生产的各项活动，诸如政治、经济、哲学、道德、文化、艺术等无不受到宗教的深远影响。宗教镶嵌在社会整体之中，宗教文化是社会文化的有机组成部分，宗教蕴含着人类文明的基因。梁漱溟先生指出："人类文化都是以宗教开端，且每依宗教为中心。人群秩序及政治导源于宗教，人的思想知识以至各种学术，亦无不导源于宗教。"① 随着社会的发展进步，宗教在思想、仪式、制度、载体等方面不断发生变化。宗教跨越特定地域空间争取更多人口成为信徒的努力即是宗教传播，如果另一地域中的人口为不同宗教的信徒，则发生宗教间的相遇，其结果可能是冲突，也可能是和谐，也可能是另一人群放弃原有宗教

────────────

① 梁漱溟：《梁漱溟全集》，山东人民出版社 2005 年版，第 97 页。

而改宗，还可能是以某一宗教为主的彼此融合。按照人口和地域规模为限制范围，我们可以将形形色色的宗教分为世界宗教、民族宗教、区域宗教等类型。在调研中我们认识到，云南多元宗教和谐相处因地域、人群等因素的不同，呈现出较大的差异性。因此，我们在研究一般性的规律时，必须兼顾不同地区的特殊性。

云南是一个典型的山地省份，平坝面积不足6%，"对面看得见，要走走一天"的民谚是云南山区交通状况的形象写照。由于高山河谷阻隔等原因，按照自然因素而划分的地域不一定与政治意义上的地域完全重合，而且政治地域的划分受人为因素影响较大，常常处于变化状态。例如，现在隶属曲靖市的会泽县，在中华人民共和国成立后一度隶属昭通专署和昆明市东川区。在2011年11月28日云南省建设厅发布的《滇东北城镇群规划（2011—2030）意见》征求意见稿中，曲靖市会泽县名列以昭通为中心的滇东北城市群中的副中心城市之一。然而为了研究的可操作性，我们仍然以政治地域的划分为主，将云南多元宗教和谐的地缘因素由高到低分为省域、市（州）域、县域、社区四个层次。

第三，在相关研究中我们还必须把握云南多元宗教和谐关系的现实性与时代性。经济全球化和区域一体化使任何民族都不可能闭关自守，民族宗教也将在现代化进程中有所扬弃。世俗化的每一步发展，都将使宗教的神圣领域有所减少。农业社会中的神祇在工业社会中没有多少用武之地，一些与现代社会格格不入的功能性信仰必然为人们所放弃。云南少数民族宗教中自然崇拜、图腾崇拜、祖先崇拜等一些反映农业社会甚至原始社会的内容不可避免地在现代社会中消失，而一些曾经与农业生产、狩猎活动、渔牧活动有关的祭祀仪式，或者衰退，或者融入民俗。在现代市场经济中，宗教出现"人员逃离"、"精神抽离"、"行为疏离"、"文化剥离"、"社区脱离"等现象。我们不能为少数民族宗教复制传统社会的生活场景，也不能任其自生自灭，应深入挖掘阐释其现代价值。宗教作为一项社会建制，其基础不在天国而在人间。少数民族宗教必须与社会发展同步协变，才能在传统社会向现代社会的转型中求得生存和发展。少数民族宗教是各民族传统文化的内核，它能够从过去延续至今，必然包含诸多有价值的文化因素，这也是它迎接现代化挑战，从现在向未来发展的有力保证。不可否认，对神灵保持应有的敬畏，对于保护生态环境、维护社会秩序等具有重要作用，但不能因此走向极端，成为束缚民族社会发展进步的精神枷锁。应进一步加强对少数民族宗教信仰的管理和引导，提升其现代文明素质，发挥其现代功能，推动"理性宗教、人文宗教、道德宗教、公益宗教、社区宗教"五项建设，建立少数民族宗教信仰作为社会性和精神性资源推动民族社会发展的长效机制。

三　宗教和谐关系研究的学科可能性与必要性

和谐是中国文化对待事物关系的根本态度和原则，具有完整的体系性和异常丰厚的内涵。我们完全能够也极有必要构建中国气派的"和谐学"，并从中分支出"宗教和谐学"，而不是照搬和借用西方的"宗教对话"等理论。不可否认，经过潘尼卡、尼特等诸多重量级学者的研究与提倡，"宗教对话"也蔚然具有学科的规模，但其中不适合中国宗教情况的命题也不在少数。对话只是达成和谐的一种手段，和谐才是终极目标和价值，手段在特定情景中有效与否仍然值得认真研究。我们可以说宗教对话为了宗教和谐，而不会反过来说宗教和谐为了宗教对话。因此秉持中国文化精神、深探中国文化内核的"和谐学"在人类文明相遇加速、多元化成为主流趋势的 21 世纪将大有作为。

如何构建"和谐学"与"宗教和谐学"？如何界定该学科的学术地位以及处理与其他学科的关系？如何培育学科研究力量并搭建交流平台？如何运用并提炼云南的本土性材料？一系列学术性和事务性的难题接踵而至。对此，我们应该立足现实、拓展思路、兼收并蓄，以强烈的问题意识构建理论体系，以强烈的使命精神建设研究团队，并促使其成为大学课堂中讲述的系统性知识。通过对和谐精神的提炼、和谐理念的推广、和谐思维的内化，使之成为全社会处理各类关系的思想共识和行动指南。因此，和谐学本身即是一个由和谐实践、和谐研究、和谐教育构成的和谐体系。

对于和谐学的研究，必须要以和谐思维为基础展开。所谓和谐思维，就是要辩证性地思考，认识到和谐与冲突是两个如影随形的相互关联问题；简单地、消极地、粗暴地化解冲突不能实现和谐，需要我们从正面促成和谐内外条件的实现，使其自然而然地呈现。所谓和谐思维，就是要关系性地思考，从更为广阔的视野将宗教和谐关系看作宗教互动关系的一个可能类型，在宗教内、宗教间、宗教与其他社会建制如政治、经济、文化的良性互动和协调运行中实现平衡、互利、共赢。所谓和谐思维，就是要现象性地思考，将和谐作为具有统一性、结构性的客观存在，寻找其能够发挥支配作用的结构性原因。所谓和谐思维，就是要整体性地思考，在立足大局的基础上，兼顾细节问题，使其更完美地呈现。所谓和谐思维，就是要过程性地思考，和谐关系的达成不是一蹴而就的，是在各种条件具备之后，各要素之间经过长期涵化演变、协调交往形成的较为稳定的结构，这一结构有可能向坏的方向滑向冲突，也可能从好的方向实现持续和谐。所谓和谐思维，就是要功能性地思考，要立足和谐的正功能，注重实效，发挥其积极的建设性作用。相应地，使冲突发挥正功能，也有助于其向和谐的积极转化。和谐思维的六个方面，具有较强的可操作性，为和谐学理论联系实际架起了桥梁。

和谐学旨在对事物间差异平等互补关系的系统性、创新性研究，在建构的过程中将不断发现新的研究对象和研究领域，因而具有开放性的特征。和谐没有止境，对和谐的研究也没有止境。和谐学是面向实际的学问，其目标是在"和而不同、异而兼美、互利共赢、各擅胜场"的价值基础上，以和谐的思维和手段，建设一个更加美好的人类世界。因此，和谐学必定要探讨摒弃仇恨、弭除暴力、化解冲突的可操作性措施。我们需要识别、分析并最大限度地消除各种形式的不和谐因素，通过软性手段治理社会冲突，探讨达成和谐的条件和手段。和谐作为一种关系渗透弥散到事物之间，自然界需要和谐，人类社会更需要和谐，和谐是人类永恒的追求。和谐学涉及人类关系的方方面面，是一个包容性极强的综合性学科，也是一个极具发展潜力的新兴学科。实际上，任何社会关系的重要方面，都有可能成立一门特殊的和谐学分支学科，宗教和谐学即是其中的重要一个。

宗教和谐不是仅仅以美丽的语言描述出来的一个美丽的梦想，它确确实实在云南这一方土地上客观存在。现在，就让我们走进云南宗教文化和谐共处的图景中，去探寻其现实性的关联，收获其精神性的启示！

目　录

理　论　篇

现　实　篇

对　策　篇

理　论　篇

一 关于和谐的理论分析

概念是构成理论大厦的基石，对概念所含变量及其内涵、外延的认识清楚与否，直接关系到后续研究能否清晰准确地展开。因此，对和谐等相关概念的界定，构成了本书的逻辑起点。和谐是一种开放的、动态的、结构的和可持续性的关系，我们必须从最广义的视角和最宏阔的视野予以辩证分析。在这一部分的探讨中，我们首先分析两个要素之间的和谐关系，然后再将之扩展至三个乃至更多要素之间。实际上，行文中所揭示的两要素间和谐关系之规律，也适用于多个要素，只不过多要素的分析模型更为复杂而已。

(一) 和谐的概念界定

和谐首先意味着存在两个及以上的元素，此元素既可以是微观的个体，也可以是宏观的建制。和谐并不是元素之间相互关联的必然结果，和谐关系的呈现需要具备一定的客观条件。当两个或两个以上不同元素在平等互补的基础上彼此连接并相互对象化时，就可能呈现和谐状态。因此，存在两个以上相互关联的不同元素是呈现和谐关系的最基本前提。为了取消差异，用各种手段消除异己的行为，不仅不能带来和谐，还会导致灾难性的后果。《国语·郑语》记载史伯对郑桓公说："夫和实生物，同则不继。以他平他谓之和，故能丰长而物生之。若以同裨同，尽乃弃矣。"[1]可以说，和谐是多元事物相互关联的一种完美状态和最高法则。和谐要求我们在思维习惯上首先学会如何正视并尊重事物之间的差异，然后在差异的基础上以平等、互利、共赢的原则形成关系的统一。

"和谐"自古以来就是哲学家、思想家研究的重要范畴。古希腊哲学家毕达哥拉斯认为，整个宇宙就是一个和谐；赫拉克利特认为，和谐产生于对立的东西。中国典籍中更是充满了关于和谐的论述，如《尚书·尧典》载："克明俊德，以亲九族。九族既睦，平章百姓，百姓昭明，协和

---

① (春秋) 左丘明：《国语》，凤凰出版社 2009 年版，第 200 页。

万邦"①；《论语》载："君子和而不同，小人同而不和。"② 辩证唯物主义的和谐观认为，和谐是对立事物之间在一定的条件下，具体、动态、相对、辩证的统一，是不同事物之间相辅相成、相反相生、相异共赢、互助合作、互利互惠、互促互补、共同发展的关系。我们认为，和谐就是差异互补的平等统一。这一九字定义虽然简洁，内涵却极其丰富，概括了和谐应有的内涵和外延。

事物之间的差异是普遍存在的。莱布尼茨说："世界上没有两片完全相同的树叶。"孟子说："夫物之不齐，物之情也。或相倍蓰，或相什百，或相千万。子比而同之，是乱天下也。"③ 正是因为差异性的存在，整个世界呈现丰富多彩的美好格局；正是因为差异性的存在，物质间的运动成为必然规律。"天何言哉，四时行焉，万物生焉。"④ 自然界中彼此差异的事物在本质上是平等的，并能自觉顺应其相互关联的脉络理路，实现统一共存。但是，当自然界长期演化并孕育出异己力量——人类社会时，和谐的自然性和自觉性遭到了人为破坏。人类的自然差异非常小而社会差异却异常大，身体最高的成年人比最矮的成年人最多不高过5倍，而最富有的人比最贫穷的人相比差距何止千万倍。自然界中的差异以平行性关系为主，也就是说具有差异性的个体处于彼此对等的水平地位上，因而可以形象地称为横向差异。而人类社会中的差异却以上下性关系为主，也就是具有差异性的个体以上下、尊卑、贵贱等人为制造的价值判断予以划分，彼此之间并不对等，而是处于垂直地位上，可称为纵向差异。横向差异依然存在，但人类社会不是尊重和正视差异，而是受纵向差异思维模式的影响，经常走向两个极端：或企图以简单粗暴的方法取消差异，或企图以粉饰虚张的手段夸大差异。不仅人类社会被区隔划分，自然界也因人类意志的干预而危机四伏，自然和谐状态面临着人类社会的诸多挑战。道家经典《道德经》提出的黄金法则"道法自然"，其核心理念即是将人为因素"损之又损，以至于无为"⑤，重新树立自然规律的至高地位，并以之作为人类社会和人类个体行动的最高法则。

① 慕平译注：《尚书》，中华书局2009年版，第2页。
② 张燕婴译注：《论语》，中华书局2006年版，第199页。
③ 杨伯峻译注：《孟子译注》，中华书局1960年版，第115页。
④ 《论语·阳货》，张燕婴译注：《论语》，中华书局2006年版，第272页。
⑤ 朱谦之撰：《老子校释》，中华书局1984年版，第192页。

实际上，中国和西方宗教文化传统中蕴含着十分丰富的和谐思想。但本书的重点不是宗教文化传统中和谐思想的哲学解读，而是宗教客观现象中和谐共处关系的社会学分析。当然，前者我们也会涉及，但是在研究方法上从属于后者。前者属于内在和谐，后者属于外在和谐，只有内在和谐与外在和谐有机统一，才有可能导致多元事物之间的共在和谐。在研究中，我们将宗教和谐思想置于特殊的社会情境中，客观分析其在信众之间以及社会之中对实现宗教和谐、社会和谐状态而发挥的实际作用。换言之，我们基于社会学的理论思考，从呈现和谐的要素、结构、状态、过程等方面，重点对什么是和谐、怎样实现和谐、为什么需要和谐等问题，予以动态的、关系的、现象的视角分析。

（二）和谐本质的辩证分析

和谐不是简单意义上的合作，也不是单纯意义上的融合。和谐是在他向性关系基础上通过现实要素呈现出来的具有完美结构、完善功能、完备水平的我向性行为、过程、状态和结果。和谐思维的核心内容是关系论，而和谐关系的中心内容是互补共享。没有外在物质性的和谐，人无法生存；没有内在精神性的和谐，人无法生活；没有作为中介的行为性和谐，人无法享受生命。

第一，和谐具有动态性和静态性。要素间的相互关系有很多种表现，和谐只是其中一种，并处在不断与其他关系进行转化的过程中。在特定的时空背景下和谐可以演化为冲突，而冲突如果具备相应的条件，也能转化为和谐。如果取消要素之间的合理差异，则和谐关系将转化为消极意义上的融解置换关系。所以事物的和谐状态并非一成不变，促成和谐的努力也不可能一劳永逸。和谐的动态性要求我们系统研究达成和谐的条件、要素、过程和手段，推动和谐状态的可持续呈现，而可持续呈现的和谐，就处于相对静止和稳定的状态。仅有动态性而无静态性，我们就无从把握和谐的本质，也就不能发挥出和谐应有的功能。

第二，和谐具有整体性和局部性。和谐是两个及以上要素之间的一种特殊关系。所谓关系，本质上是一组具有多种可能选择和取值的相互性指向。关系因其变量和取值的不同，随时呈现不同的内容，同样具有动态性的本质。在社会情境中，一组关系中的行为主体既可以是平等的，也可以是不平等的；既可以是主动的，也可以是被动的，而且不同程度上带有长期积淀而成的惯习，但无疑都是指向他人的。人们一般根据层次和规模，将事物分为宏观、中观和微观三个层次。实际上，我们的思维还应具有超越宏观而探索无限的所谓"超观"。从自然界而言，和谐是无限宇宙、"大全实在"的一个根本属性；从人类社会发展的终极趋势来看，建立在不平等基础上的社会关系，必然趋于分裂和瓦解，这也符合马克思主义揭示的社会发展规律。在宏观、中观、微观层面的社会现实关系中，能否实现和谐，在一定程度上取决于行为主体之间的意向性选择。层次不同，和谐的表现就有所不同。整体和谐不是局部和谐的简单加总，同样，局部和谐也不是整体和谐的简单分化。

第三，和谐具有关系性和结构性。两个及以上不同要素以稳定、有序形式相互连接并形成统一整体式是达成和谐状态的必然要求。在社会情境中，行为主体的和谐既可以是主观的一种建构，也可以是客观的一种结构，可以用主次、先后、上下等范畴予以概括和描述。结构在本质上具有关系性，没有关系，结构也就无从谈起。从语义学的角度分析，"和谐"既可以作为形容词前置于不同的名词，也可以作为谓语，后置于主语。前者如和谐世界、和谐社会、和谐家庭、和谐个体；后者如政治和谐、文化和谐、宗教和谐、心灵和谐，如此等等，可以罗列而出的何啻百条。言语是现实世界关系的一种反映，和谐的结构不仅表现在行为主体之间，也表现在行为主体之内。深入研究和谐的关系类型和结构类型，并以适当的行动策略推动其外化和固化，是实现社会和谐的重要手段。

第四，和谐具有必然性和偶然性。构成和谐的各种条件，从"独在"的角度看，永远都处于必要且不充分状态，即是说"无之必不然，有之不必然"，当各种条件同时具备的时候，和谐状态方能实现。而且因和谐的层次、结构、趋向等因素不同，需要同时具备的条件就有多与少的区别，各种条件同时具备的难易程度也就不同。无论是日常生活的经验还是哲学观察的智慧都告诉我们，一定范围内出现无秩序的偶在、混乱和破坏是相当容易的，容易到几乎被认作是自然而然；而有秩序的必在、统一和建设却要付出艰辛努力，精心经营方能维持。本质与存在是事物自我呈现的两个既相互关联又彼此不同的方式。所谓本质即是"性"，必然性、偶然性等术语属于这一范畴；所谓存在表现于"在"、"偶在"、"必在"等术语。我们既可以说和谐具有必然性但却是偶在的，也可以说，和谐具有偶然性但却是必在的。从哲学上说，理解了和谐的本质，就不难理解和谐的存在；同样，理解了和谐的存在，也就不难理解和谐的本质，存在与本质是一而二、二而一的统一关系。在社会情境中，我们更需要认真探讨本质与存在这一对范畴的内涵和外延。具体到社会和谐关系，就是重点探讨其必然性与偶在、偶然性与必在所折射的现实内容。

除此上述八个紧密相连的特征之外，我们还可以对和谐的特征做出更为多样化的概括分析。但静态性和动态性、整体性和局部性、关系性和结构性、必然性和偶然性是最为重要的，把握了这些特征，就等于把握了和谐性质的一半内容。我们不妨再用黑格尔味道极浓的语言，为和谐下一个定义：和谐是内部统一关系的外在圆满显现。这一定义至少揭示了和谐还具有内部性与外部性、主观性与客观性、开放性与封闭性、多元性与一体性、工具性与价值性、理想性与现实性等诸多辩证特征。我们可以提炼总结并表述如下：对于和谐而言，多元性为基础，差异性为前提，平等性为条件，开放性为原因，动态性为过程，时空性为情境，层次性为架构，客观性为内容，整体性为表现，持续性为目的，稳定性为作用，圆满性为结果。这 12 个方面的特征为我们初步勾画出作为过程、状态、结构、现象以及关系的"和谐"这一概念图景的清晰轮廓。

需要说明的是，本部分围绕"什么是自然和谐与社会和谐？"这一问题逐层展开分析。我们隐含的理论假设是：自然界的和谐状态与社会界的和谐状态是既相互区别又相互联系的一体两面。因为本书讨论的主题"宗教和谐"在本质上是社会和谐的一种类型，所以对和谐的探讨，是以社会和谐为主，兼顾自然和谐。

（三）和谐的条件与实现

和谐并非悬置在要素条件之外的想象性建构，而是有其必不可少的结构性要素和条件。对前文所述和谐本质的诸多辩证性关系，我们可以用另外一种方式进行表述：关系性和谐与结构性和谐、整体性和谐与局部性和谐、动态性和谐与静态性和谐、开放性和谐与封闭性和谐、理想性和谐与现实性和谐、内部性和谐与外部性和谐等。可谓"一笔写不出两个和字"，上述这些不同类型的和谐在本质上只是一个和谐。虽然不同类型的和谐因要素主体、对象客体、环境情景等的不同而具有特殊性，但在基本规律、结构和过程等方面却具有普遍性。此部分即从普遍规律的角度，将和谐置于社会情境中，同时兼顾自然界和谐的一般规律，探讨达至和谐的条件与过程。换言之，本部分的论述是围绕着"自然和谐与社会和谐何以可能"这一问题展开。

古希腊哲学的集大成者亚里士多德综合了前贤的成果，提出事物及运动普遍存在质料因、动力因、形式因、目的因的"四因说"。所谓质料因，是指"事物所由产生的，并在事物内部始终存在着的那东西"；所谓动力因，是指"那个使被动者运动的事物，引起变化者变化的事物"；所谓形式因，是指事物的"原型"，亦即表达出本质的定义；所谓目的因，是指事物"最善的终结"。① 美国社会学大师帕森斯继承了韦伯社会学理论的传统，将社会行动作为社会学研究的基本内容。他基于结构功能理论的视角，指出任何类型的社会行动系统都必须满足适应（Adaption）②、目标达成（Goal attainment）③、整合（Integration）④ 和模式维持（Latency pattern maintenance）⑤ 四个最基本的功能要求，并取四个功能模式的英文首写字母简称"AGIL 模式"。无论是四因说还是"AGIL 模式"说，对我们分析一般意义上、作为整体研究对象的和谐，都具有十分重要的启示意义。从社会存在的角度而言，和谐关系是一种客观的社会事实，具有特定的结构与功能；从动态的角度而言，和谐关系的达成需要一定的条件和过程。我们可以将前文所论和谐的 12 个关键特征归结为资源（resource）、行动（action）、结构（construction）、功能（function）四个核心概念范畴，并用以解释和谐之所以能实现、之所以能延续的原因。其中资源是和谐系统赖以存在的各种物质性和精神性要素，包括特定和谐系统的外部环境以及内部条件、制度、基础设施等，以及规则、价值、思想、信仰等各种意识形态。行动是特定和谐系统得以达成和延续的各种有目标的意向性行为，其主体是和谐系统中的各构成要素，它们之间稳定的、有秩序的安排，即形成特定和谐系统的结构，而结构具有持续固定化和沉淀化的行动

---

① ［古希腊］亚里士多德：《形而上学》，吴寿彭译，商务印书馆 2009 年版，第 7—9 页。此版本将"四因"译为"本因：本体亦即怎是；物因：物质或底层；动因：动变的来源；极因：相反于动变者，为目的与本善，因为这是一切创生与动变的终极。"

② 系统的存在与外部环境息息相关，只有具备从环境中获取所需资源的能力，系统才能存在和延续。

③ 行动系统以特定的目标为存在导向，系统必须具有调动资源以实现目标的能力。

④ 行动系统必须具有使各个部分协调一致、统一行动并发挥整体功能的能力。

⑤ 行动系统保持固有模式并保障在运行遭遇干扰时能够恢复并重新开始。

倾向，这一倾向可以用"结构化"① 一词予以概括。透过结构化，和谐系统的资源得以积淀，意义得以固化，功能得以发挥。资源这一范畴对应着十二个关键特征中的基础（多元性）、前提（差异性）、条件（平等性）；行动对应着十二个关键特征中的原因（开放性）、过程（动态性）、情境（时空性）；结构对应着十二个关键特征中的架构（层次性）、内容（客观性）、表现（整体性）；功能对应着十二个关键特征中的目的（持续性）、作用（稳定性）、结果（圆满性）。资源支持行动，行动内化为结构，结构产生功能，功能又积淀为资源，从而形成了和谐系统的动态循环模式。这一模式是双向的，它具有吉登斯所言的结构化"二重性"特点。为简洁起见，我们取资源、行动、结构、功能四个英文单词的首写字母，称为和谐系统的"RACF"循环。

作为"理想类型"② 的分析，这一循环动态模式在现实生活中是有载体存在的，正如任何运动和关系都不能缺少载体一样，和谐也同样不能缺少。最简单的和谐关系存在于两个载体之中，我们可以假设为 A 与 B，互动关系只有 A－B 一对；当 C 在系统中出现时，载体变为三个而相应的互动关系就有 A－B、A－C、B－C、A－B－C 四对，关系的维度也随之增加，C 可能是一般的关系人、介入者，也可能会成为仲裁者、领导者、谋利者，还可能会成为附和者、跟随者。随着载体的增加，互动关系的维度也更为复杂，社会学中也相应地发展出了社会网络分析方法。

双向动态循环模式将和谐视为一个可以自我行动、自我维持、自我满足、自我实现的功能系统。和谐既是一种价值，也是一种过程，还是一种状态，更是一种能力。在和谐关系的双向循环系统上，我们还可以分解出资源—行动、行动—结构、结构—功能、功能—资源、功能—行动、资源—结构六对双向关系模型。只要具备上述六对核心关系范畴，从任何一点上开始，我们都能达成和谐，既可以有顺时针的方向循环，也可以有逆时针的方向循环。如果将和谐视为一种"理想类型"，和谐系统则具有开放性、无碍性、完满性、圆融性等特征。在具体的社会情境中，我们必须

---

① 结构化一词为英国社会学家吉登斯的关键理论术语，其主旨在于消弭社会学传统理论中以个体主义—整体主义等方法论的二元对立，强调结构具有二重性，注重行动与结构的相互作用影响。

② 理想类型是德国社会学家韦伯提出来的重要学术概念，用以抽象反映事物的本质特征，并作为对社会行动进行"同情式理解"和"因果式解释"的基本分析工具。

认识到，和谐关系必然要求具有相应的载体，正如我们不能想象没有物质的运动一样，我们也不能想象没有载体的和谐。和谐是无法"被"制造的，当其所需基本条件同时存在时，和谐就成为一种自觉、自为、自我实现的完美秩序。

在人类生活中，社会无时无处不"在场"。和谐是一种合理差异基础上的互补性结构和不断趋近完美结果的一种动态呈现。我们不能仅仅从理论上作出上述判断，还要寻找差异、平等、互补、统一的社会来源、社会条件、社会表现等。互补性是和谐结构的核心内容、过程、途径和渠道。在特定时空结构和情景下的各主体、力量、行动等，虽有强弱，但不恃强凌弱；虽有大小，但不以大压小；虽有先后，但不因先摒后。上述状态的出现，需要坚持"尊重差异、包容多元、提倡平等、追求互补"的四项基本原则。相反，冲突就是在夸大一元的基础上，为了满足一元的利益而打击其他因素的强制性对立状态。美国结构功能主义社会学家科塞认为，冲突是在价值观、信仰以及稀缺地位、权力和资源分配上的斗争，斗争中的一方旨在伤害、战胜或消除另一方。

科塞对冲突的研究发轫于德国大百科全书式社会学家齐美尔"社会冲突是一种基本的社会过程形式"的思想。在科塞看来，冲突并不必然总是具有破坏的负功能，也具有减泄压力、维护秩序、导向社会进步和变迁的正功能。实际上冲突与和谐是一对密切相关的概念。将各种冲突因素消除，在一定条件下就能实现和谐，而和谐关系处理不好，有可能在特定条件下走向冲突。实际上，和谐与冲突是个体与社会的两种关系，冲突中有和谐的因素，和谐中也有冲突的因素。要对和谐有深入系统的研究，就不能缺少对冲突的分析。

表1　　　　　　　　　　　和谐构成要素分析

构成要素	主要表现或相关假设
前提	尊重差异、包容多元
动因	平等沟通、功能互补
内容	团结统一、各擅胜场
结构	交叉重叠、融合相通
目的	规范价值、指向实践
功能	整合资源、持续发展

（四）和谐的关系变量与行为选择

社会关系是个人在自身条件与特定环境下进行意向性选择行为的一种结构性外显。作为社会关系的一种，和谐关系在本质上是主体在特定情境下的一种行为选择模式。以简单的二元互动关系为例，在特定的社会系统中，A 可能进入系统的时间较早，掌握了较多的资源，成为规则的制定者和信息的发布者，直至垄断资源，限制其他主体介入。这样 A 与拟进入或后进入特定系统的 B 至少形成高低、主次、先后、强弱、左右、内外、我他七种关系类型，其中，前四种可以总归为垂直关系，后三种可以总归为平行关系。在社会情境中，垂直关系将人进行分等，平行关系对人进行分类。而分等的因素有收入、财富、阶级、职业、声望等，分类的因素有性别、种族、宗教、年龄等。在不合理社会中，分类因素也具有分等的功能与性质，人为制造社会差异和距离；而在合理社会中，即使"分等因素"也只是扮演了分类的功能，仅仅作为判断一个人"是谁"的社会标签。

不同的关系类型沉淀了不同的资源规则并形成特定的内部结构，处在不同地位上的行动个体会根据自身在日常生活经验中延续的"知识库存"、特定系统内部结构、社会整体意识形态等因素做出行动的理性选择并付诸实践。因和谐关系类型的取值不同，行动者付诸实践的选择对关系的影响模式也就不同。在行动过程中，行动者还会有相应的行动选择，也就是帕森斯所言的五个"模式变量"：普遍性与特殊性、扩散性与专一性、情感性与中立性、先赋性与自获性、私利性与公益性。和谐的七大关系模式和行为选择的五个模式变量，共同组成和谐系统动态而又复杂的行为过程。社会行动者通过这些模式变量，将主观和客观、个体与社会有机结合起来。实际上，所有状态都是趋向于和谐与平衡，而冲突只是一种手段、工具和过程，和谐是最终目的。或者说，和谐具有自然性。将不平等转化成异质性，在尊重差异的基础上统一和谐。实际上也是从多维轴线上界定的一个地位维度的复合作用。本节的分析仅以最简单的二元互动为类型，得出的相关规则可以应用于三元及以上的互动分析中。

1. 社会行动的五个模式变量①

模式变量理论是帕森斯用来区分行动者在互动过程中主观取向的类型学工具，个人行动通过模式变量的结构化而外显为不同的角色、制度乃至社会系统。

第一，普遍性与特殊性。涉及互动过程中特定行动标准的适用范围。普遍性标准意味着行动者在同其他任何人的互动中都遵循同样的规范性标准；而特殊性标准则意味着行动者因人而异地改变自己的行动标准。例如，医生和病人的关系以普遍性为准则，母亲与子女的关系以特殊性为准则。

第二，扩散性与专一性。涉及互动双方权利义务关系的宽窄和清晰程度。扩散性意味着互动双方相互给予或取得的满足是广泛和不受限定的；而专一性则意味着互动双方的义务是狭窄的并被明确限定的。例如，朋友间的义务具有扩散性，而雇主与佣人的义务则具有专一性。

第三，情感性与中立性。涉及互动双方是否将感情因素带入关系之中。情感性意味着互动双方不是以利益为行动导向，而是投入或获得感情；中立性则意味着互动双方基于理性选择，避免感情因素的介入。前者如亲友关系，后者如律师和委托人之间的关系。

第四，先赋性与自致性。涉及互动双方彼此对待的基本标准。先赋性基于对方的家庭背景和社会出身进行判断，强调对方是"谁"；自致性基于对方的表现和成就进行识别和评价，强调对方"做什么"。前者如亲王，后者如音乐家。正如贝多芬对李区诺斯基亲王所说："您之为您，是靠了偶然的出身；我之为我，是靠了我自己。亲王们现在有的是，将来也有的是，至于贝多芬，却永远只有一个。"②

第五，私利性与公益性。涉及互动双方利益选择的优先性问题。私利性意味着将自身利益置于优先地位，而公益性则是将对方或整个集体的利益放在优先地位。前者如商业关系，后者如公共福利事业。

帕森斯认为，普遍性与特殊性、扩散性与专一性、情感性与中立性、先赋性与自获性、私利性与公益性五种模式变量是可以自由组合的，能够

---

① "社会行动的五个模式变量"的相关论述，主要整理自贾春增主编的《外国社会学史》（第三版）第189—192页相关内容，同时加入了笔者的理解。

② ［法］罗曼·罗兰：《名人传》，傅雷译，译林出版社2000年版。

演化出 32 种不同的关系类型，反映出所有可能的社会关系。滕尼斯所区分的共同体与社会，恰恰位于模式变量取值的两个极端。

2. 和谐系统的七个关系变量

和谐系统的七个关系变量分别代表了两种极端化的取值，而和谐正是以较为合理恰当的方式处理极端化情况达成的中间稳定状态。

第一，高低关系。互动双方有一方在特定系统结构序列中居于较高地位的状态，在社会关系中反映为上级和下级关系。上级因占据较多资源而对下级具有一定的支配作用，下级以顺从换取必需的资源。但是如果不尊重和考虑下级的利益需求而以权威模式强制推行单方面意见，则极可能引起冲突。高低关系是基本的类型，可以分化出主次、先后、强弱三种亚类型，各亚类型与主类型之间在行动逻辑上具有相同性。这几种亚类型都由掌控资源的集团以神圣化的方式对高低、主次、先后、强弱之间的不平等进行合理化论证与合法化说明，[①] 典型的如印度婆罗门教传说，梵天从嘴中生出婆罗门，从双臂生出刹帝利，两腿生出吠舍，两足生出首陀罗。[②]同时还以神圣化的方式内化了特定的价值观念和规则，如服从、忍让、温顺等，要求被统治阶级遵守和践履，典型的如中国儒家"天不变道亦不变"、三纲五常的说教，等等。

第二，主次关系。互动双方有一方在特定系统结构序列中居于主要地位，因而可以获取和掌握绝大部分资源，使对方只有通过自己才能获得必要资源的状态。在社会和政治情境中，主次关系表现为统治与被统治之间的关系，典型例子如地主与租种其土地的佃农，而主人与客人并不在列。

第三，强弱关系。互动双方有一方在特定系统结构序列中居于关键地位，能以绝对优势获取资源并能在一定程度上控制另一方的状态。强势者拥有权力，即使在遭遇反抗的情况下也能以各种手段推行自己的意愿，以

---

① 美国社会学家贝格尔认为，合理化是指用来解释和证明社会秩序合理地在社会中客观化了的"知识"。合理化论证是要回答任何一种关于制度安排之原因的问题。合法化是指以各种手段使行为、事实等符合法律要求，或使权力能为特定系统的个人所尊重和承认。韦伯关于传统型权威、克里斯马型权威、法理型权威的划分即是对合法化研究的经典个案。

② 印度社会中的四大种姓。婆罗门是祭司贵族，主要掌握神权，居于社会中的最高地位。刹帝利是军事贵族，包括国王及以下的各级官吏，主要掌握政权。吠舍是中下阶层劳动者，包括农民、手工业者和商人，负有缴纳赋税的义务。首陀罗是失地农民或被征服者，相当于奴隶，居于社会底层。

硬性手段维持的强弱关系往往直接导致冲突，因而强势一方总是以各种软性措施为自己进行辩护。

第四，先后关系。互动双方有一方在特定系统结构序列中居于优先地位，因而可以优先获取资源，但并不一定能保证以绝对优势控制另一方。典型的如社会组织中的论资排辈，先到者只是更容易获取资源，并制定各种规则抵制后来者，但很难以此形成控制关系，有时反而会出现"后来居上"的情况。先后关系的垂直等级色彩越来越淡薄，平行性有所增强，处于从垂直差异向水平差异的过渡阶段。如家庭系统中的兄弟姐妹，有时最小的子女反而从父母那里获得更多的疼爱。

第五，左右关系。互动双方在特定系统结构序列中居于平等地位，在获取资源和运用权力方面相互对等的状态。典型的如社会系统中的朋友，彼此负有相互平等的责任和义务。但是平行关系往往会受到社会价值观念的影响而带有垂直性质，比如本应处于平等地位的夫妇，在母系社会和父系社会的权力系统中却被赋予高低等级。这种转化同样伴随着意识形态上的合法化论证。

第六，内外关系。互动双方有一方处于特定系统结构序列外部，彼此之间需要特定渠道进行沟通的状态。即是说，互动双方属于不同的两个系统，在资源获取方面等有较大的不同，彼此所信奉价值观念等也有所不同。内外关系并不因为差异的存在而使另一方居于主导地位，而是具有潜在的功能互补趋势。宏观经济政策上常对等提起的国内、国外市场，工业、农业关系可以视为典型的内外关系。所谓内与外，实际上是特定个体或系统在获取资源时的两种不同方向动态，对于不同方向上的个体、特定系统或具有凝聚力、向心力或具有离散力、扩张力。

第七，我他关系。内外关系主要是一种客观的描述，而我他关系则带有主观的价值判断。以特定系统的意识形态对外部因素进行清晰的界定，将之作为与我截然不同的类型进行社会区隔、社会排斥，则产生我他关系。内外关系则仅仅是区分系统及系统成员的一种客观标志，而我他关系则由区分进一步上升为区隔与排斥。内外、我他也是看待不同个体的两种思维模式。特定系统内部会有彼此相联系的子系统，各子系统成员如果以简单的内外关系看待对方，则特定系统仍然成其为统一整体；如果以我他关系看待对方，则特定系统很可能产生分裂，最终不复存在。我他关系也会产生较强的芥蒂心理，如"非我族类，其心必异"① 的说法。所谓党同伐异，历史上诸多冲突的重要目的之一就是消除非我同道的异己。当然这是较为极端的我他关系，而温和的我他关系实际上是一种内外关系。

3. 作为社会行动选择结果的和谐关系

这七种关系在二元乃至多元社会互动中是无处不在的客观现象，而且每一种都代表了特定的思维，一种人们彼此对待的看法。例如，上下关系是对社会等级的一种客观描述，相应地延伸出一种等级性思维，上层因养尊处优、颐指气使而心安理得。七种关系中左右关系延伸出平等性思维方式，这是颇符合和谐要求的思维原则。而主次关系、强弱关系、先后关系同样延伸出等级性思维。内外关系既可以向好的一面延伸出互补性思维，也可以向坏的一面延伸出排斥性思维，而我他关系则延伸出伐异性思维。对于客观存在的关系变量类型，我们所做的不是消除，而是将之处置在合理的水平之内，同时在主观思维模式上变等级性、排斥性、伐异性思维为互补性思维，在尊重差异的基础上，使数者和谐统一。

调和不是简单的折中，二者是两个区别微妙但结果却大相径庭的行动概念。宋代哲学家张载说："有象斯有对，对必反其为。有反斯有仇，仇必和而解。"② 追根溯源而言，冲突与和谐是同一境遇下两个不同方向的可能取值，所以冲突并不可怕，而美国社会学家科塞等人更是以研究冲突的正功能而著称。理论上简单，实际操作起来却很费力，当涉及利益的问题掺杂进来、二元之外的其他主体介入进来后就更加复杂了。

处于特定社会系统内的二元互动个体，不仅内化了特定类型延伸出来的思维模式，还以帕森斯模式变量的角色取值互相对待，因而使互动关系更为多样。例如，居于高级、主导、关键地位的一方，其权力既可以是先赋的，也可以是自致的；以中立性态度看待我他关系则有可能淡化为内外关系，以情感性看待内外关系则更可能强化我他界限。如此等等，使二元关系行为选择的可能取值域的面积扩大，也使和谐状态的可能性明显增强。

我们也可以垂直关系为纵轴，以平行关系为横轴，标出特定社会系统互动关系在理论上可能的取值域以及和谐中线。

---

① 杨伯峻编著：《春秋左氏传》，中华书局 2009 年版，第 818 页。

② （北宋）张载：《张载集》，中华书局 1978 年版，第 10 页。

图 1　冲突和谐趋势

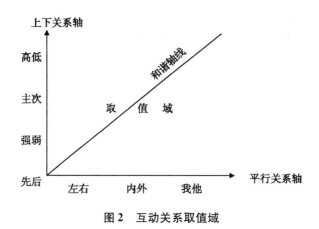

图 2　互动关系取值域

二　关于宗教和谐的理论分析

在系统探讨和谐的一般规律之后，再分析宗教和谐，思路就清晰多了。宗教和谐既遵循和谐的一般规律，又因自身特点而具有特殊性。作为一个高度概括和抽象的复合概念，宗教具有广阔的外延，从世界宗教到世界诸民族的原始宗教，相互之间在教义模式、信徒规模、组织结构、文化特征等方面存在极大的差异性，以致彼此贬抑，不将对方视为宗教大家庭中的一员，必欲排之而后快。没有共同的特点与规律，在理论上宗教就不成其为一个整体性概念；没有宽容的精神与态度，在现实中宗教就不能和谐相处。因而对于宗教和谐的研究，首先应在整体性的基础上突出比较性，其次应在多元性的基础上强调互动性，再次还应在多维基础上强调一致性。

（一）宗教概念界定

宗教是人类一种特有的文化和社会现象，从它诞生之日起，就在有限与无限、生命与死亡、神圣与世俗、信仰与科学、情感与理性等人类至今迷惑不已的矛盾漩涡中纠缠、互构、演进。宗教本身包含着人走向神的隐喻。对神的无限敬仰、向往和依赖，是宗教这一人类创造的最重要、最有影响力的信仰形式的核心内容。神学宗教就是人类运用理性的结果：人无可奈何地认识到自身存在的有限性，从而构建出一种超越有限世俗走向无限神圣的信仰。随着人类认识水平的提高，越来越多的人试图运用理性对宗教进行反思。自麦克斯·缪勒以客观公正的立场系统比较和研究人类宗教现象以来，经过一百余年的发展，宗教学研究积淀了丰硕成果。在宗教的概念、本质、要素、结构等基础性理论方面，我国学术界基本形成了较为一致的共识。笔者另辟蹊径，在认真学习借鉴前辈学者有关成果的基础上反复思考，认为从横向视野看，宗教是由情境、资源、结构、行动四方面要素相互建构起来的一种特殊社会活动有机体；从纵向历程看，宗教经历了魔本主义、神本主义和人本主义三种样态。

1. 宗教的综合性定义

宗教现象自古有之，对宗教的反思性比较批判从古希腊时代起就不绝如缕，尤其以黑格尔的"宗教哲学"研究肇端，经费尔巴哈"宗教的本质"研究定调，至19世纪末德国语言学家、宗教学之父麦克斯·缪勒"比较宗教学"研究奠基，一门系统研究人类宗教现象的综合性学科——宗教学问世。与宗教现象的多样性相伴，学者们对宗教概念的理解也呈现多元态势，相关定义何啻百千。恩格斯认为，"一切宗教都只不过是支配日常生活的外部力量在人们头脑中的幻想的反映。在这种反映中，人间的力量采取了超人间的力量的形式"①。有学者将形形色色的宗教定义归结为实在性、功能性、象征性三大类型。

实在性定义突出宗教的本质，其概念的核心问题是回答"何为宗

---

① ［德］马克思、恩格斯：《马克思恩格斯选集》第3卷，人民出版社1995年版，第666—667页。

教"，并以人与神的关系为轴线展开。典型的如：门辛认为，宗教是"人与神圣真实体验深刻的相遇、受神圣存在性影响之人的相应行为"①；缪勒认为，宗教是"人对于无限存在物的渴求、信仰和爱慕"②；泰勒认为，宗教是"对灵性存在的信仰"③；弗雷泽认为，宗教是"人对能够指导和控制自然与人生进程的超人力量的迎合、讨好和信奉"④；施密特认为，宗教是"人对超世而具有人格之力的知或觉"⑤；海勒尔认为，宗教是"人与神圣的交往、相通和结合，是对神圣的生动经历"⑥；范·德·列乌认为，宗教是"人与神秘力量的独特关系"⑦；奥托认为，宗教是"对超自然之神圣的体验，表现为人对神圣既敬畏而向往的感情交织"⑧；施莱尔马赫认为，宗教是"人对神的绝对依赖感"⑨；蒂利希认为，宗教是"人的终极关切"⑩。

功能性定义突出宗教的现实功能，其概念的核心问题围绕"宗教何为"展开研究。典型的如：英格尔认为，宗教是"人们借以和生活中最终极问题相斗争的信仰与行动系统"⑪；贝格尔认为，宗教是"用神圣的方式进行秩序化的人类活动"⑫；涂尔干认为，宗教是"一种既与众不同、又不可冒犯的神圣事物有关的信仰与仪轨所组成的统一体系，这些信仰与仪轨将所有信奉它们的人结合在一个被称为'教会'的道德共同体之内"⑬。

---

① 百度百科·宗教，http：//baike. baidu. com/view/9438. htm。

② ［英］麦克斯·缪勒：《宗教学导论》，陈观胜、李培茱译，上海人民出版社1980年版，第13页。

③ ［英］泰勒：《原始文化》，连树生译，上海文艺出版社1992年版，第412页。

④ ［英］弗雷泽：《金枝》，徐育新等译，新世界出版社2006年版，第50页。

⑤ 转引自百度百科·宗教，http：//baike. baidu. com/view/9438. htm。

⑥ 同上。

⑦ 同上。

⑧ ［德］鲁道夫·奥托：《论"神圣"》，成穷、周邦宪译，四川人民出版社2003年版。

⑨ ［德］施莱尔马赫：《论宗教》，邓安庆译，人民出版社2011年版。

⑩ ［德］蒂利希：《文化神学》，陈新权、王平译，中国工人出版社1988年版，第8页。

⑪ ［英］弥尔顿·英格尔：《宗教的科学研究》（英文版），麦克米兰出版公司1970年版，第7页。

⑫ ［美］彼得·贝格尔：《神圣的帷幕——宗教社会学理论之要素》，高师宁译，上海人民出版社1991年版，第36页。

⑬ ［德］鲁道夫·奥托：《论"神圣"》，成穷、周邦宪译，四川人民出版社2003年版。

象征性定义突出宗教的符号意义，其概念的核心问题是回答"宗教为何"，围绕宗教的文化价值展开分析。典型的如，格尔茨认为，宗教是"（1）一个象征体系；（2）其目的是确立人类强有力的、普遍的、恒久的情绪与动机；（3）其建立方式是系统阐述关于一般存在秩序的观念；（4）给这些观念披上实在性的外衣；（5）使得这些情绪和动机仿佛具有独特的真实性"①。

我们认为，应该从综合性的角度对宗教进行定义，即是说，必须同时回答"宗教何为，何为宗教、为何宗教、宗教为何"等问题，即是说，要包括宗教的性质、原因、功能、目的等理论要素。综合而言，宗教是以虚幻而又虔诚的方式诉诸神灵，本质上却仍然运用自身力量追求成功、接近完美的特殊人类活动，以及与此活动有关的一切制度。宗教产生的重要原因是处于匮乏、无力和不确定性情境（这一情境既可以是主观的，也可以是客观的）中的人们，向神秘莫测的自然力量和社会力量（这一力量被人格化为神灵）寻求帮助，以解决生存、发展的迫切问题。原始宗教中人们诉诸神灵的要求大都属于同生产生活息息相关的物质层面。即使在现代社会中，人类改造自然和社会的能力极大提高了，但是只要人类存在，指向未来的不确定性仍然存在，心理时时会遭受匮乏感、无力感、漂泊感的袭扰，人类仍然需要"万能神灵"的帮助。

2. 宗教"四要素说"思考

随着在社会系统中的演进，宗教逐渐从个体意识领域延伸至各项社会建制领域，并形成了明确的组织体系和仪式制度，发展出相应的场所满足各类宗教活动，宗教的维度不断立体化，内容也不断丰满。吕大吉先生在系统研究马克思主义宗教观和西方宗教学说史的基础上，指出宗教是一种社会文化形式，提出宗教具备宗教观念、宗教体验、宗教行为、宗教制度的"四要素"说②；牟钟鉴先生则提出宗教具备宗教信仰、宗教理论、宗教实体、宗教文化的"四层次"说③。无论是四要素说还是四层次说，都是对宗教多维特征的理论阐释。我们认为，宗教是由情境、资源、结构、

---

① ［美］格尔茨：《文化的解释》，纳日碧力戈等译，上海人民出版社 1999 年版，第 105 页。
② 吕大吉：《宗教学通论新编》，中国社会科学出版社 1998 年版，第 74—79 页。
③ 牟钟鉴：《中国宗教学 30 年》，http：//www.douban.com/group/topic/6140272/。

行动有机建构的人类活动有机体。

所谓宗教情境，是指宗教赖以存在的特殊自然环境和社会环境。西方宗教的情境与东方宗教的情境有很大的不同，这些客观存在的情境事实形塑了不同的宗教性，宗教只有在不断适应客观情境的基础上才能生存发展并衍生出独特的文化脉络。同时，宗教也通过自身的反作用机制影响客观情境，使之打上不同的宗教文化烙印。在宗教情境中，交织并充满着各种宗教关系。即是说，只有从作为信仰与建制的宗教与自然的、社会的、政治的、文化的、经济的等互动网络中，我们才能准确地定位宗教的整体面貌。

所谓宗教资源，是指使宗教成为可能并发挥功能的一切物质和非物质因素。从广义的角度而言，宗教情境也能转化为宗教资源，而宗教资源也可充实为宗教情境。狭义的宗教资源主要包括：①宗教信徒，包括宗教平信徒和神职人员等，他们既是宗教存在的载体也是宗教发展的客体，没有一定规模的信徒宗教就无法延续自身，所以信徒数量的增长是衡量宗教传播程度最为重要的指标；②宗教场所，为宗教存在提供空间性支持，没有特定的宗教场所，宗教很难扩大自身影响；③宗教资产，任何可以支持宗教生存和发展的资金及设施，广义的宗教资产包括宗教场所；④宗教教义、宗教情感和宗教意识，作为精神性资源为宗教提供自我生存和发展的理论证明，并直接指向信徒，既可以在宏观层面具有集体性，也可以在微观层面具有个体性。宗教信徒是宗教资源中活的、能动性的、创生性的因素，是宗教资产、宗教场所、宗教教义等物质性、精神性资源发生的根本原因。从宗教自身发展来看，对宗教资源的争夺，归根结底是对宗教信徒的争夺，能否合理解决信徒的宗教身份归属问题，是宗教冲突与和谐的内在分野，也是宗教与世俗社会关系好坏的重要标准。中国宗教之所以呈现和谐局面，与各大宗教允许信徒在身份上同时兼容有关，例如，在成为佛教徒的同时也可以成为道教徒，还能保留儒教徒的身份；而西方宗教在信徒身份上却具有唯一性，即是说成为基督徒就不能成为异教徒。宗教的排他性表现为对资源占有的垄断，宗教之间的冲突往往围绕资源的争夺展开，宗教之间的和谐也以资源的支撑为基础。

所谓宗教结构，是指宗教表现为稳定性建制并发挥特定功能的秩序性安排。主要表现为特定的宗教组织和宗教制度。如同世俗组织一样，宗教组织也是为实现特定的目标，以相互协助合作形式连接的特定团体。韦伯及其高足特洛尔奇将宗教组织分为"教会"（church）和"教派"（sect）两大类型。前者的成员大多本来就生长在这种信徒家庭，即是说信徒身份具有先赋性；后者的成员大多是自己选择的初代信徒，即是说信徒身份具有自致性。在宗教组织二分法的基础上，逐渐发展了"膜拜团体、教派、宗派和教会"的四分法。与宗教组织相表里，宗教形成了固定的制度，即一套要求信徒共同遵守的行动准则和管理规范。例如成熟的世界宗教都有一套僧侣晋升的教阶制度，其内部的森严等级甚至令世俗社会咋舌。如天主教的教会教阶一般分为教皇、大主教、主教、神甫、修士、修女等，在教务方面按照级别逐级对下行使管理权。又如，西双版纳南传上座部佛教僧侣分为八个等级：帕（沙弥）、都（比丘）、祜巴（都统长老）、沙弥（沙门统长老）、僧伽罗阇（僧主长老）、帕召祜（佛师、阐教长老）、松迪（僧正长老）、松迪阿伽摩尼（大僧正长老）。① 宗教结构是特定宗教系统延续传统的一种特殊积淀，也是宗教功能得以发挥的重要秩序性保证。宗教结构的形成过程就是在特定宗教情境中不断内化宗教资源并产出行动规则的过程。因此宗教结构具有中介地位，沟通了宗教情境、资源与行动。

所谓宗教行为，是宗教情感和宗教意识的一种行动性外显，既包括直接意义上的各种宗教活动，如宗教膜拜、宗教传播、宗教交流、宗教朝圣等，也包括情感升华后进行的各类宗教艺术活动，如宗教舞蹈、宗教绘画等。从纵向角度看，既包括宗教组织的集体行为，如宗教传播、宗教交流，也包括宗教信徒的个体行为。宗教行为与世俗行为既相互依赖又相互区别，它以神圣性为明确的意图指向，是宗教扩展自身的重要动力机制。

我们还可以从动态与静态两个角度看待宗教的四个基本因素，前者表现具体过程，以"化"为后缀，即是情境化、资源化、结构化、行为化；后者表现为内在本质，以"性"为后缀，即是情境性、资源性、结构性、行为性。宗教情境、宗教资源、宗教结构和宗教行动，四个基本因素相互通合、彼此连接，通过内在沟通机制将宗教整合成为有机统一体。从四因素出发，有助于我们更深入地理解人类宗教现象的本质。同样，围绕四方面要素对宗教和谐关系进行分析，也更容易抓住问题的关键。

---

① 刀述仁：《南传上座部佛教在云南》，http://www.fjdh.com/wumin/2009/04/23295540015.html.

向外，宗教在社会情境中呈现了诸多不同的模态。向内，宗教自身结构中不断增加关系的维度。宗教内部结构的多维性与宗教外部的多元性是相辅相成的一体两面。人类早期社会具有平面性，仅仅指向满足人类最基本的生存需要，相应的社会中的宗教也具有平面性，服务于人类原始社会的单一需求；社会文明化程度的进程在本质上使社会的需求和功能不断增加，社会结构也呈现立体多维状态，相应的社会中的宗教也呈现出立体性。如同外部模态，内部维度之间同样也存在冲突、和谐等多种关系类型。尤其值得研究的是，同一地域内多元宗教之间的关系更是复杂微妙，有些地区宗教对立冲突严重，有些地区多元宗教和谐相处。云南即是多元宗教和谐相处的典型，并因此受到中央领导的高度评价。

3. 理解宗教的三个基本维度

借用流行的说法，理论上宗教经历了魔本主义、神本主义和人本主义三个样态。以存在于云南省域的宗教形态而言，在某种程度上可以说，云南少数民族传统宗教是较为典型的魔本主义宗教，基督教、天主教和伊斯兰教是较为典型的神本主义宗教，而中国文化传统中的佛教、道教、儒教和民间信仰则是典型的人本主义宗教。可以说，夏商朝以鬼为本，西周以神为本，东周以后就是以人为本了。所以宗教服务于人，而不是人服务于宗教。这些成熟的观点在儒家有着深刻的表现。孔子称赞夏朝的奠基者大禹说："禹，吾无间然矣。菲饮食而致孝乎鬼神，恶衣服而致美乎黻冕，卑宫室而尽力乎沟洫。"[1] 透露出来的信息是，在我国文明社会的开始阶段夏朝，宗教信仰处于"魔本主义"阶段。国家的最高领袖大禹平日自奉甚简，但在祭祀鬼神时却穿着华美的衣服，准备丰盛的祭品讨鬼神欢心。商代宗教仍然大量保留魔本主义色彩。《吕氏春秋·顺民》记载，商王朝的建立者汤在攻灭夏朝后五年大旱，汤祈祷于桑林："余一人有罪，无及万夫。万夫有罪，在余一人。无以一人之不敏，使上帝鬼神伤民之命。"于是汤"剪其发，磨其手，以身为牺牲，用祈福于上帝"，准备自焚以作为向鬼神祈雨的祭品。因为汤能够"达乎鬼神之变"，所以才能"人事之传也"[2]。有商一代，统治者几乎每事必问鬼神，河南安阳殷墟出土的大量甲骨文即是例证。到了孔子生活的西周末期，人本主义的宗教思

---

① 张燕婴译注：《论语》，中华书局2006年版，第112页。
② 许维遹撰：《吕氏春秋集释》，中华书局2009年版，第201页。

想逐渐定格，统治者绝不会准备自焚以祈求上苍保佑。孔子的宗教思想即是一个例证，"敬鬼神而远之"①，"不语怪力乱神"②，"未能事人，焉能事鬼？""未知生，焉知死？"③ 等，都表明了孔子理性的人本主义宗教信仰态度。在以孔子为代表的儒家思想塑造下，中国宗教较早奠定了人本主义的基础，这在世界宗教文明史中是绝无仅有的，由此也形成了中国人包容、宽和、理性而又带有功利主义的宗教信仰特质。人本主义宗教信仰鬼神是为了人的现实需求而不是相反，理智的人又怎么会为了宗教信仰而争吵不休、大打出手呢？所以，这就能为宗教和谐奠定宏观的文化环境和微观的心理基础。

宗教是人与神互构、圣与俗交织而成的一种特殊社会后果。人建构出了神，并将之作为一种社会结构、心灵结构、行动结构，反过来控制人。但是人还具有反结构、解构的能力，在一定的情况下，人会自己动手打破自己建构起来的神圣结构。因而人神互构关系具有选择性、实在性、同向性、逆向性等一系列特征。神字从示从申，意指人祈祷的对象。所有与人相对，成为人祈祷对象的事物都是神；神只有在与人形成的特定关系中才可以理解和解释，这可能就是古人创造"神"字时加载其中的文化信息。任继愈先生主编的《宗教词典》有关"神"的词条指出："神的观念始于原始社会后期，最初是由物神观念演化而来。随着社会结构和文化形式的发展变化，神的形象和类别也日益多样化。"④ "神"对一些人意味着神圣，对一些人意味着神灵，对另外一些人则可能只是一种神奇、神妙。这些认识外化的行动结果，则表现为有人是宗教信仰者，有人是不信教者，而宗教信仰者中一些人更富有人文精神，一些人更富有迷信色彩，一些人更具有功利主义倾向，等等。正如先秦思想家荀子对"星坠木鸣"之类的异常现象所评论的："怪之，可也；而畏之，非也"⑤；"君子以为文，小人以为神。以为文则吉，以为神则凶"。我们需要的"神"是一个经过新型现代性改造过了的"神"，是宗教文化中所有有益于人类自身、人类社会和人类文明发展的精华之指代名词，是宗教文化中与时代精神相协调

① 张燕婴译注：《论语》，中华书局 2006 年版，第 80 页。
② 同上书，第 95 页。
③ 同上书，第 157 页。
④ 任继愈主编：《宗教词典》，上海辞书出版社 1981 年版，第 824 页。
⑤ （清）王先谦撰：《荀子集解》，中华书局 1988 年版，第 312 页。

的所有超越性与肯定性。积极引导宗教与社会主义社会相适应，即要求宗教信徒认同并实践宗教中禁杀护生、与人为善、圆融和谐、平等博爱的神圣因素，自觉摒弃宗教中神秘、神奇、神异等不符合科学精神和时代精神的内容。

　　是神创造了人还是人创造了神，在这一根本问题上的不同见解构成神学家和宗教学家立场的基本分野，也构成有神论和无神论对立的理论前提。人神关系的研究同样围绕这一问题展开，主要形成了建构主义和结构主义两大视角，建构主义认为人创造了神，神只不过是人的一种主观想象或者人本质的一种异化，这更符合科学事实；结构主义认为神创造了人，而且作为一种"客观存在"对人产生实际作用，这更符合宗教事实。笔者认为，要对这一复杂的事实进行较为中正公允的考察，最好的视角莫过于"建构的结构主义和结构的建构主义"两者有机结合的"二重性分析"。也就是说，我们应该从宗教事实中提炼出科学事实，并以科学事实解释宗教事实。我们不能因为宗教事实"荒诞不经"，就用科学事实粗暴地干涉宗教事实，也不能因为科学事实"无神无圣"，就用宗教事实粗暴地干涉科学事实。这既是学术研究的需要，也是现实生活的需要。我国宪法明确规定，公民有信仰宗教的自由，任何人不得在宗教场所宣传无神论，也不能在学校教育中宣传有神论。"二重性分析"应该成为研究人神关系问题的根本方法。

　　神与人从来都不是绝对分裂的，神也并非总是高高在上，他是普通人通过修养可以达到的一个境界，这是一种"生成性的神"。"神，聪明正直而壹者也，依人而行"①；"圣而不可知之谓神"②；"神也者，妙万物而为言者也"③。如同"圣"一样，"神"也能成为人的一种能力，我们常常把具有技艺超群的人称为神工、神医。人神关系是贯穿宗教所有关系类型中的一条主线。宗教是人神之间的交往方法，借以追求人生的终极意义，来解决生存问题的社会现象。从某种意义上说，神的本质是人，人的本质也是神，只有人才能不断超越自我，迈向更高更远的目标，进入出神入化的境界。理解了人，也就理解了人类的神；而理解了神，也就理解了

---

① 李学勤主编：《十三经注疏·春秋左传正义》，北京大学出版社1999年版，第300页。

② 杨伯峻撰：《孟子译注》，中华书局1960年版，第310页。

③ （宋）朱熹注：《周易本义》，凤凰出版社2005年版，第99页。

人自身。人神关系作为宗教古老而永恒的现象，是透视宗教秘密的一扇窗口，是任何对宗教进行科学研究都无法避开的根本问题。

儒家信仰的最高人格境界为圣人，圣人并不神秘，将人善的本质纯粹化、极致化之后就是圣人。孟子说："可欲之谓善，有诸己之谓信。充实之谓美，充实而有光辉之谓大，大而化之之谓圣。"[①] 在儒释道三教相互借鉴吸收、互为表里的过程中，"圣人"的概念进一步泛化。圣人不仅是儒教的概念，也为佛教道教所共用。宋代著名理学家朱熹曾为福建泉州题联："此地古称佛国，满街都是圣人。"中国道教作为人本主义的宗教，追求肉身成仙、长生不老，追求生的快乐，极力避免死的痛苦。佛教在中国化的过程中，其略带神本主义色彩的教义也一而再、再而三地向人本主义转化。典型的如唐代慧能一系禅宗，主张顿悟，"一念觉众生即佛，一念迷佛即众生"，人人都具有内在的佛性，都可以通过内在的努力而成佛，不需要任何外在力量的帮助，由人到佛的华丽转身甚至就在刹那间。这种极度自由的人本主义宗教精神是很难为神本主义的基督宗教所接纳和理解的。在基督宗教的传统中，人只有借助上帝的恩典才能得到救赎，如果不信仰唯一至上的上帝，即使个人如何努力、如何为善都不可能进入天堂。在这种情况下，人只好匍匐在神灵脚下，委身于神，完全丧失自主性。由于注重信徒身份的唯一性，即是说，只能信仰我宗教而不能信仰他宗教，神本主义宗教在救赎的名义下具有极强的排他性；而人本主义宗教对于信徒身份的态度是"无可无不可"[②]，允许在信仰"我宗教"的同时也信仰"他宗教"，甚至允许在我宗教无法满足自身需求时，转向他宗教，持极端温和态度的人本主义宗教基本不具有排他性。

神的反面即是魔。宗教中所谓之魔，实际上是对自然界、社会和人类自身存在的邪恶破坏力量的虚幻反映。相应地，神是对自然界、社会和人类自身存在的积极建设力量的虚幻反映。当然不同的宗教对神有不同的理解，神不纯然是全善的，他也会运用超然的力量进行破坏，但这种破坏往往被教徒解释为指向正义的目的。从自然宗教到人为宗教的演变过程中，至少贯穿了三个角色主线：魔、神、人。最初的宗教信仰对象是神魔不分

---

① 杨伯峻撰：《孟子译注》，中华书局1960年版，第310页。

② 这种看待事物的态度同样具有深厚的儒家传统。《论语·微子》孔子谈到遗民、隐士、柳下惠等人的行为准则时表示，"我则异于是，是无可无不可"。

的，鬼即是神，神即是鬼，祭鬼即是祭神，祭神即是祭鬼，这一点在云南少数民族宗教中仍有孑遗。例如独龙族传统宗教、景颇族传统宗教。早期宗教重在区分"人—鬼"，以云南少数民族宗教为例，其宗教活动围绕着如何送走恶鬼而展开；后期宗教重在连接"人—神"，宗教的拉丁文原义即是"人与神的再连接"。当人类改造自然和社会的力量逐渐强大后，自我意识随之进一步苏醒，善神、恶鬼有了截然不同的区别，同时在宗教中也具备了拟人化的样态，人逐渐成为宗教的主角。由虚幻的反映人与神的关系，到现实的呈现人与人的关系，作为一项社会建制的宗教在其发展演化过程中，关系的维度不断多元、立体、复杂，与人类的政治、文化、经济、哲学、组织、个体心理等宏观、中观、微观之各层面都密切相关。

无论对于魔本主义、神本主义还是人本主义都有极端与温和之分。极端的人本主义必将会导致宗教信仰性的淡化和世俗性的增强，从而模糊宗教与世俗的界限，不宜大力提倡。极端的魔本主义和神本主义宗教，甚至会将人作为祭品奉献给信仰对象，人毫无自由幸福可言。秉持此种态度，必定为了虚幻神灵的利益，剥夺人的所有权利。宗教和谐呼唤温和的、理性的人本主义精神，以此为支撑，可以使人与其信奉的神灵和谐相处，使信奉不同神灵体系的人与人之间和谐相处，从而使内在和谐、实在和谐与超在和谐实现有机统一。

（二）宗教和谐概念辨析

和谐是一种良好的交往状态，是彼此在差异基础上的互补统一，是多元关系在动态中达至的平衡结构，是一种精神、一种习惯、一种力量、一种理想。宗教和谐是两种以上不同类型宗教之间基于平等、交流、互补、理解、协作基础上的一种彼此依赖关系和可持续性结构。和谐具有差异性、多元性、客观性、动态性、开放性、平等性、相互性、时空性、持续性等几大特征。和谐关系中可以是一方居于主导和关键地位，但在本质精神上二者必须平等，不能将自己的单方面意志或者模式强加给对方。同样，宗教和谐不是宗教融合。宗教融合是将差异抹平并取消一方独立存在权利的行为。宗教和谐带来的是多元宗教平衡互补、共同发展的勃勃生机。有差异不可怕，没有差异才更可怕。取消不同声音，只留下一种声音，导致的是单调、枯寂和死气沉沉。这些分析同样适用于宗教和谐关系。

　　宗教和谐既是一种过程，又是一种目的，还是一种文化传统。就客观而言，是一种现象与状态；就主观而言，是一种理念和理想。客观现象与状态必定需要特定的时空界限以及载体、内容、表现等；主观理念和理想必定需要特定的体系、过程、原则等。就我国而言，自魏晋南北朝以来，儒释道三个主要宗教之间就以和谐相处为主线；唐、宋以后，即和谐共处于中国的庙堂乡野，"三教合一"成为中国人的思维模式，培育了中国人美美与共、包容多元的宗教和谐精神。

　　从整体上判断，宗教和谐是中国宗教关系的一种常态。近代以来，西方列强借助坚船利炮打开了晚清封闭已久的大门，基督教也借助强大武力在中国的城市乡村四处传播，秉持独一神宗教的内在逻辑，一厢情愿地强迫"中华归主"，宗教之间的和谐关系因外来宗教排他性的强势介入而顿时紧张。通俗地说，即是客人不但不遵循主人的规矩，反而还要为主人制定规矩，鸠占鹊巢，反客为主。彼时基督教以"异教"视中国本土宗教，"异教徒"视中国本土宗教信众，则中国本土宗教也以"洋教"、"鬼子教"对待外来基督教，教案冲突不断。全国形势如此，各地方也是如此，近代史上几乎找不出一处没有发生"教案"的省份，地处西南边疆的云南也不例外。实际上，所谓反洋教，反"洋"在先，反"教"在后。很多情况下，中国群众主要因不满个别外国传教士为非作歹、飞扬跋扈，并非针对基督教本身，中国宗教的宽容精神仍然表现得淋漓尽致。中华人民共和国成立经过三次爱国运动①的改造，尤其是十一届三中全会以来，宗教信仰自由政策深入人心，在秉承中国宗教宽容精神的文化传统中，基督教、天主教、伊斯兰教、佛教、道教、汉族民间信仰和中国少数民族宗教和谐相处成为一种常态。在中国文化情境中研究宗教和谐，不能忽视中国宗教关系长期和谐的传统，这本身就是我国宗教的一种特殊国情。

　　宗教和谐关系具有多元性、开放性、动态性等特征。多元性是内在前提，没有两种及以上不同类型宗教的存在，且实际发生交往互动的情况，就不会衍生所谓的和谐。特定地域和人群中现有的宗教关系结构总是伴随新的宗教相遇而发生变化，需要持续不断地寻求差异互补基础上的共赢，一旦断裂则和谐关系很可能向冲突关系转化。开放性、动态性是从和谐关

---

　　① 实际上，基督教本土化的努力从清末民初就已经开始，"自治、自传、自养"的精神伴随基督教传播的始终。

系的结构与过程方面分析的；从结果与功能的角度看，宗教和谐还具有平衡性与稳定性。宗教生存与延续的基础在于不断获取信徒，信徒的流失既可能是因老信徒去世而自然性发生的，也可能是因老信徒改教而人为性发生的，还可能是因为各种原因无法补充新信徒而发生的。所以历史上时常看见为了获取足够数量的信徒，各宗教之间采取极端的方式，强迫本宗教信徒留在教内，强迫他宗教信徒改信本宗教。中国历史上儒、释、道关系紧张时期，冲突的重要根据即在于此：三教皆发展出了自成体系的护教理论，并相互攻击对方。但中国宗教最终通过包容信徒同时信奉多种宗教而和平地解决了对信徒身份的争夺，从而为三教合一打下了资源性的基础。随着护教理论的发展，中国宗教最终也发展出了正视对方长处、兼美通融的三教合一理论，比如南宋皇帝理宗主张"以儒治世，以佛修心，以道养身"就是典型。而不能包容多元信徒身份，又不能尊重其他宗教信仰、正视其他宗教优点的宗教，具有严重的狭隘性、排他性，为了争夺信徒在手段上会达到无所不用其极的地步，不仅有理论上的护教，还会有武力上的护教。

护教的策略目标和行动逻辑往往从两个方面入手：向内，稳定已有信徒群体，力争不使其流失，又可分为宗教垄断、宗教裁判、武力惩罚等硬措施和宗教感化、辩论对话等软措施；向外，传播扩展以争取新教徒，其方式也有硬措施与软措施之分。如果新教徒同时又是其他宗教徒，冲突在理论上就难免发生。所以一个社会中特定宗教徒的数量越多、影响越大，则与外宗教相遇时冲突发生的可能性就越大，这也要求我们研究宗教和谐关系必须限于一定时间、地域、人群水平之上。宗教之间如果和谐共处，需要信仰政策上的相宜、信仰理性上的相通、信仰伦理上的相合、信仰身份上的相容、信仰背景上的相符、信仰结构上的相类、信仰功能上的相补、信仰思维上的相近、信仰情感上的相惜，这既是手段又是过程。我们不妨将"宜、通、合、容、符、类、补、近、惜"形象地称为宗教和谐共处的"九字真言"。

宗教和谐是在现实关系的无秩序状态中，通过物质性、精神性和行动性资源的支撑转化而达到秩序化存在的结构与规则的整合过程，同时运用结构化的手段将各种价值理念乃至虚幻想象植入一套特定的教义体系中，并对教徒发挥支配性作用。在此转化、整合与植入的过程中，自我中心主义是必须克服的思想阻碍。一个宗教抬高自己，必然要贬抑其他宗教，不能做到彼此尊重与功能互补。因此我们必须将和谐视为一种精神理念、思维模式并内化为信徒的行动准则，然后才能通过信徒这一宗教最为重要的载体之间的和谐，推动宗教间的和谐共处。即是说，宗教的内在和谐、外在和谐、共在和谐是有机统一的"和谐整体"。就终极性而言，特定地域内的宗教和谐，必然要表现为信徒群体和信徒个人之间的和谐。

（三）宗教和谐的变量因素分析

此小节探讨与宗教自身规模有关的地域、人口和时间因素，以及与宗教交往方式有关的直接性和间接性因素。

宗教是在特定的人群、地域和时间中存在和发展，时间、空间和人口三个维度构成的立体坐标可以准确定位宗教的具体形象。立体坐标轴系中的任何一个点具有动态性，任何宗教在动态演化过程中，仍然有一条稳定的轨迹，而这一轨迹则足以成为描述该宗教特征的客观依据。就宗教发展的整体趋势而言，多元化是一个必然的趋势：向内，宗教因社会的发展而不断增加维度，呈现多维化态势；向外，宗教因人类交往的增加而不断相遇交流，乃至在同一人群、地域和时间中相处，呈现多样化态势。宗教和谐相处是二元及以上宗教之间可能关系中的一种，并且能与其他类型的宗教关系动态转化。其他可能的宗教关系主要是宗教冲突和宗教融合，前者包括宗教战争、宗教排斥等子关系类型，后者包括宗教置换、宗教消解等子关系类型。同样，宗教和谐也包括宗教对话、宗教和平等子关系类型。对于宗教和谐的理解，一定要具有宏观的视野、动态的思维和多元的理论。

齐美尔说："天狼星的居民对我们来说并非是真正陌生的"，"因为他（它）们根本不是为了地球人而存在的，因而与我们之间没有远近之分"。[①] 同样，不在同一空间、时间和人口范围存在的宗教就无所谓宗教关系。宗教和谐作为一种特定的宗教关系类型，首先必须要有某一类型的宗教作为载体，其次是作为载体的宗教之间能够相互接触交往。我们不可以设想云南边疆民族地区与美国西海岸之间的宗教和谐，因为二者不在同一可能性地域中存在；我们也不可以设想现代中国人与古代埃及人之间的

---

① ［德］齐美尔：《社会是如何可能的：齐美尔社会学文选》，林荣远编译，广西师范大学出版社2002年版。

宗教和谐，因为二者不在同一时间、空间及人群中存在。当两个及以上类型的宗教在同一或可能交叉的时间空间与人口序列下，具有实实在在互动的关系发生时，才可以谈论宗教和谐。

从宗教和谐的变量关系而言，地域空间越小、人口规模越小、互动程度越强的宗教之间和谐关系的研究就越具有典型性。可以说，我国任何一个省、市、县乃至社区都有多元宗教共存现象存在，且其关系的主导模式为和谐。宗教关系和宗教交往归根结底是人的关系和人的交往。随着地域、人口规模的扩大，宗教之间交往的直接性减弱、间接性增强，导致变量之间的关系越来越弱化。相关研究只能是对客观现象的描述，而不能是对因果关系的解释。反之，在社区层面，影响宗教和谐的变量因素更为集中、直接的相互关联，在因果关系假设的基础上进行解释性研究也就更具可操作性。以常识言之，如果多元宗教信仰能够和谐地存在于家庭之内，必然也能和谐地存在于社区之内；若能在市域中和谐共处，必然也能在省域中和谐共存；反之却不必然。

虽然，现代交通和信息技术的发展使人们交往的距离越来越短，产生了道教传说中的缩地效应①，纵然两人相隔千万里的空间距离，通过信息传媒技术也可以实现即时沟通。然而，任何间接沟通方式也无法替代面对面的直接沟通。人们反而因交通、通信的便捷变得更为陌生。不难设想，花费一天一夜时间步行百余里与乘坐火车花费一小时拜访一位朋友，中间的感情因素孰轻孰重？现代科技在社会中的运用常常带来悖论式的效果。在当今社会背景下，通过各种科技手段，人的沟通越来越发达，人与人之间的联系貌似增强了，但是随之而来的是人与人之间的交往越来越倾向于运用间接方式，面对面的直接交流反而越来越少。同时，各类中介的作用日益凸显，在日常生活的各个领域无孔不入，人类社会已经迈入了"间接时代"。通过各类中介进行交往，理性因素和功利色彩增强，情感因素和价值色彩减弱。"间接社会"的来临，必然在貌似亲密的外表下，进一步拉大人们之间的距离。如果相互之间没有直接交往，甚至连间接交往也不存在，则彼此不存在关系，更谈不上和谐。在扩大了的地域范围，或较小地域两个封闭系统之间，假设两类宗教没有直接交往，彼此虽"老死不相往来"，但却相安无事，这种平静并非和谐。没有交流就没有理解，

---

① 《神仙传》载，东汉方士费长房擅长"缩地术"，能"缩千万里于咫尺"。

没有理解就不会尊重，没有尊重就难以和谐。纵观历史上和现实中的宗教冲突，往往都是由于信徒之间互不理解尊重，因直接交往的小事而引起矛盾并扩大升级。信徒各自所属的宗教组织或社会网络，可以将冲突在更大的范围内迅速传播。

（四）宗教和谐的类型与命题

所谓殊途同归，和谐虽有共同的精神、原则与规律，但和谐状态的达成却没有一成不变的途径与手段，在结果上也表现出丰富多样的模态。宗教和谐在本质上是一种社会关系，依其行动载体的层次可以分为个体与个体、个体与集体、集体与集体三种互动关系，相应地，宗教和谐即包括微观和谐、中观和谐与宏观和谐。从动态性过程而言，宗教和谐是相关主体与客体不断彼此建构并形成稳定结构的平衡性状态，因而我们可以将宗教和谐分为结构性和谐与建构性和谐，或称主观性和谐与客观性和谐。从作为有机体的宗教构成要素来说，我们可以将宗教和谐分为情境的和谐、资源的和谐、结构的和谐与行为的和谐。四种类型的具体内容，我们以如下10个相互联系的命题进行归结。从相反方向说，这10个命题同样可以解释宗教冲突的类型。

第一，情境性命题。

包括宽容性命题和边缘性命题两个彼此关联的子命题。一个社会中特定宗教信徒的数量越多、宗教影响越大、宗教干预社会生活的层面越广，则宗教跃居于中心地位，发展到极致，则成为宗教独裁和神权专制，中世纪的欧洲即是如此。因此，必须将宗教及其活动限制在合理的、可控制的范围内，树立"在人类面前宗教彼此平等"的理念，培育宗教接纳多元文化的宽容精神，培养宗教间彼此尊重、和谐共处的惯习，达成"宗教为人类社会服务而不是人类社会为宗教服务"的共识。宗教世俗化的过程实际上就是宗教在社会中不断被边缘化的过程。被边缘化的程度越高，就越不可能获得更多的资源而扮演主动积极的角色，去挑动宗教冲突。宗教在塑造特定人群的文化传统中曾经扮演了重要角色，传统一旦形成会通过社会机制向个体心灵内化，反过来影响人们对宗教的态度与想象，这是一种辩证促进的过程。社会环境宽容与否，直接影响到个人对宗教的看法，也影响到宗教之间的关系。在现代社会中，宗教依然居于社会中心地位的情境越来越少，我们"捍卫宗教"就是捍卫一种神圣性，就是要保护和传承一种特殊的文化。宗教性从属于社会性，对于宗教关系的研究必须置于社会关系的整体中进行研究和考虑。

（1）宽容性命题：宗教相遇的社会情境越宽容，则越容易和谐相处。

（2）边缘性命题：彼此相遇的宗教在各自社会情境中越是处于边缘地位，则越容易和谐相处。

第二，资源性命题。

包括意识性命题、身份性命题、自我性命题三个彼此关联的子命题。首先，必须强调宗教在精神性资源上的相通，做到"和而不同，异而兼美"。即是说，无论从理性上还是情感上，不同类型的宗教都应当将彼此体系中有价值的东西吸收接纳进来，并外显为行动的规则与指南。如全真道主张儒、释、道三教合一，三教经典《道德经》、《心经》、《孝经》成为本派道士共享的根本典籍。正如费孝通先生所说的那样："各美其美，美人之美；美美与共，天下大同。"其次，强调物质性资源上的平等。特定社会情境系统中的互动的宗教之间虽有主次、强弱、先后、内外、我他之分，但并不因此而恃强凌弱、排除异己，而是在正视差异的基础上平等共处，各擅胜场。最后，强调身份性资源的共享。一定规模的信徒和神职人员是宗教存在之本。信徒身份具有特殊性，信仰独一至上神的宗教长期以来以自我为中心，认为"除我之外，别无拯救"，形成较强的排他性，不允许本宗教信徒同时成为其他宗教信徒，但是中国多元神信仰的宗教体系却呈现信徒身份的交叉重叠态势。所以基督宗教传入中国之后，就有所谓的"礼仪之争"。中国本土宗教之间经过长期涵化，以理性主义的宽容精神构建起了和谐的信徒身份丛和角色丛。当本土宗教、传统宗教面对外来宗教和新兴宗教之时，已有的信徒身份系统将面临着失衡的问题。因为后者必须通过占领前者现实或潜在的信徒资源才能拥有自己的信徒。宗教关系中最为敏感的问题其实就是争夺与捍卫信徒市场的问题。当前颇为流行的术语"宗教生态平衡"，同样应从精神性系统的平衡、物质性系统的平衡、身份性系统的平衡三个层面进行分析。

（3）意识性命题：彼此相遇的宗教在情感和理性上越能平等相

待，则越容易和谐相处。

（4）身份性命题：彼此相遇的宗教信徒身份重叠的可能性越高，则越容易和谐相处。

（5）自我性命题：彼此相遇的宗教信徒自我中心意识越淡薄，则越容易和谐相处。

第三，结构性命题。

包括目的性命题、开放性命题、规则性命题三个彼此关联的自命题。结构是内化资源与规则的稳定性秩序安排，并在特定的情境中以特定组织和制度为框架性载体。宗教结构的目标首先指向神圣性，同时因需求及功能之不同而呈现多样化特征。自我意识较强、排他性较强、居于社会中心地位的宗教组织，越可能以扩张自身为目的。当两个同样强势的宗教系统相遇，冲突就越有可能出现，反之亦然。规则是特定结构中的行为准则，既可以是客观存在的规律，也可以是主观内化了的特定要求。对于行动者而言，有被动要求遵守的，也有主动自觉奉行的。宗教信条也是特定意义上的规则，而极端则有原教旨主义，不但在基本立场上没有通融余地，在一些行为细节上也是如此。规则的变通性越弱则越容易引发冲突，灵活性越强则越容易和谐相处。特定宗教组织越容易吸纳新教徒，或承认异教徒的身份，则开放性就越强，与其他宗教则越容易和谐相处。在宗教的组织类型中，膜拜团体的封闭性最强，与主流社会存在偏差，甚至会走到社会的对立面而蜕变为邪教，也最容易与其他宗教发生冲突。

（6）目的性命题：彼此相遇的宗教组织的目的性越弱，则越容易和谐相处。

（7）规则性命题：彼此相遇的宗教规则越灵活，则越容易和谐相处。

（8）开放性命题：彼此相遇的宗教制度开放性越强，则越容易和谐相处。

第四，行为性命题。

脱离特定情境、资源和结构，我们无法谈论行为。所以行为性命题与前三类命题密切关联，并由理解性命题和升华性命题两个子命题构成。宗

教行为是宗教意识的意向性外显，从中我们可以理解不同的宗教性。宗教
性，是德国社会学家齐美尔率先分析的概念。所谓宗教性，是"无私的
奉献与执著的追求、屈从与反抗、感官的直接性与精神的抽象性等的某种
独特混合"①。齐美尔认为，宗教性先于宗教，后者是前者在经验上的一
种转换。同样，宗教行为是内在宗教性在特定情境下的外显。在豪华教堂
中礼拜的人和穷乡僻壤里对大青树献祭的人，在宗教行为上虽然有极大的
差别，但内在的宗教性却有相通相似之处。如果两类宗教信徒能够通过宗
教性理解彼此之间千差万别的宗教行为，而不是采取偏激的对立态度否定
和贬抑另一方，宗教之间则会倾向于和谐相处。中国诸宗教正是因为能在
相互尊重对方宗教行为的基础上，进一步融合吸纳对方宗教仪式中的合理
部分而做到弭除芥蒂、和谐相处的。宗教性既有感性的一面，也有理性的
一面。既包括在宗教情感支配下的直接行为，如膜拜、敬礼等，也包括以
间接形式并经提炼、崇高化为宗教艺术的行为，如绘画、舞蹈、音乐等。
在弗洛伊德的精神分析理论中，"升华"是一种特殊的自我防御机制，通
过升华作用可使个体改变冲动的目的和对象但并不抑制它们的表现。换言
之，升华是指改换原来的冲动或欲望，用社会许可的思想和行为方式表达
出来，一般总是把原有的冲动或欲望转向比较崇高的方向，因而具有创造
性和建设性意义和价值。越是经过升华机制的宗教行为，越能过滤掉宗教
性中狂热的不合理因素，也越能符合人类生活的需要，而以此为媒介展开
宗教间的交往则更容易促进彼此理解。

（9）理解性命题：彼此相遇的两个宗教在行为上越具有理解性，
则越容易和谐相处。

（10）升华性命题：彼此相遇的两个宗教在行为上越具有升华
性，则越容易和谐相处。

（五）宗教和谐的动态过程模式

宗教和谐是两种以上宗教在交往相处过程中，持续动态的互益共存状

---

① ［德］格奥尔格·齐美尔：《宗教社会学》，曹卫东译，上海人民出版社 2003 年版，第
6 页。

态。就人类宗教发展史的一般规律而言，某一地域或人群中最初往往只有一种特定宗教，随着交往传播范围的扩大，其他宗教逐渐进入。因占有资源和控制人群的能力不同，特定地域中的本土宗教与外来宗教之间存在高低、主次、强弱、先后、左右、内外、我他七种关系，相应地产生冲突、和谐、融合三种可能结果，每一种可能结果又可细分为多种子类型。按冲突在本土宗教中孰先孰后的地位来分，有主动冲突和被动冲突；按冲突在特定宗教地域和人群中的影响范围来分，有全面冲突和局部冲突；按冲突在特定时间中的表现模式来分，有现实冲突和潜在冲突；按冲突手段的性质来分，有软冲突和硬冲突等。特定规模水平上的宗教和谐也可分主动和谐与被动和谐、全面和谐与局部和谐、现实和谐与潜在和谐等子类型。宗教融合也可作出如上分类。需要指出的是，宗教冲突或融合的目的导向是一教独存，而宗教和谐的目的导向是多教共存。冲突的结束，或者因一方全面胜利，在特定区域和人群中形成一元独尊状态；或者两方势力平等，在特定区域和人群中共享资源，达成和谐相处结果。而宗教融合，在某种程度上也可以说是一种宗教和谐，只不过有时带有消极的色彩。为便于理解，我们将宗教关系的动态过程图示如下，而宗教和谐是其中一种可能的关系类型。

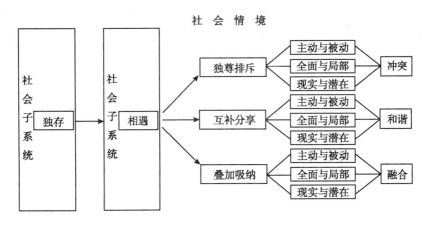

图 3　宗教关系动态过程

　　"相遇"一词，在中国文化传统中最早见于《诗经·郑风·野有蔓草》。"有美一人，清扬婉兮。邂逅相遇，适我愿兮"①，表现出主人公与

———————

① 赵逵夫等编：《诗经三百篇鉴赏辞典》，上海人民出版社 2007 年版，第 159 页。

心上人不期而遇的兴奋心情。关于文化相遇研究，学术界至今仍然没有系统展开。此处所言之相遇，是指不同文明在特定时间、地域和人群序列中的彼此接触。相遇具有偶然性，也具有必然性。韦伯说："我们不能抽象地理解两个历史偶然事件之间存在着某种联系这一现象，而只是在承认在它具体形成的方式上存在着某种内在一致这样的基础上来把握。"① 相遇是人类文明交往进程中永恒不变的主题，没有在相遇基础上的进一步涵化影响，人类社会就不会形成丰富多彩的文化体系。在经济全球化进程加速发展的当今世界，人类社会早已不可能是"老死不相往来"的小国寡民社会了，各种文化主体间的相遇更是不可避免。相遇为具有自主行为的主体之间的互动关系拉开序幕。上页图3显示，正是宗教相遇之后遵循不同的思维模式和关系路线，产生了三种不同的结果。追溯宗教相遇的源头，可以促成宗教冲突、宗教融合向宗教和谐的积极转化。

　　宗教作为一种特殊的社会文化体系，承载着人类社会不同文明的基因，保护一种宗教文化就是保护一种文明。宗教的相遇环境不在天国，而在世俗的社会土壤，必然带有特定社会的文化烙印。如果相遇带有明显的挑战性，其中一方带有强烈的主体性和控制愿望，自视甚高、自恃甚强，不尊重另一方，则冲突在所难免。冲突既可以采取较为温和的文化手段如辩论，也可以采用极端的暴力手段，上升为宗教战争。在冲突思维的作用下，人们习惯为不同文化的相遇埋下分歧的伏笔。媒体上诸如"当十字架遇到中国龙"、"当印度象遇到中国龙"之类的字眼，暗含的隐喻就是双方必须分出高下，一方战胜另一方才是被期待的结局，然而客观的结果往往是两败俱伤。而和谐思维则恰恰相反，在特定范围上相遇的文化主体求同存异，在尊重对方文化传统的基础上互益双赢。在此过程中相遇双方也可能会发生分歧，但经过势力范围的重新划分而能各得其所、相安无事。融合思维带有一定的消极性，其过程是取消事物的差异，将多元转化为一元，表面貌似和谐，而实质却不是和谐。

　　文化相遇既有客观化的一面，也有主观化的一面，经过长期的互动沉淀出特定的文化心理和文化习惯。所以，我们应重点探讨文化相遇的社会背景和文化情境、行为主体、导向目标等理论要素。宗教相遇在特定的时

---

　　① ［德］马克斯·韦伯：《社会科学方法论》，韩水法等译，中央编译出版社1999年版，第46页。

空和人群中发生，在微观层面表现为宗教徒之间的相遇。虔诚宗教徒的个体性相遇，必然各自带有所信仰宗教长期形塑而来的思维模式、心理特征和行动逻辑。一种宗教代表着一种文化传统，也代表着一种风俗习惯，同时也以神圣的方式赋予传统和习惯以毋庸置疑的崇高地位。19世纪法国大革命将罗兰夫人推向断头台，临刑前她感叹说："自由，自由，多少罪恶假汝之名以行之！"纵观人类社会发展史，我们发现，圣洁崇高、博爱慈善为神圣旗帜的宗教，恰恰也成为众多罪恶的渊薮。问题在于：宗教本以终极性的价值为目标，但不幸被不同利益的团体工具化为维护自身利益的手段，甚至个人也以宗教相标榜，认为自己信仰宗教即表明个人道德高尚，以此贬抑不信仰宗教的他人。抱持如此心态信奉宗教的人们甚至比将宗教信仰简单功利化的人们更可怕。宗教的神圣性恰恰可以从相反的方向助推冲突，并且使沉浸其中的人们毫无反思自己行为的准备。我们不得不感叹："宗教，宗教，多少冲突假汝之名以行之！"我们有必要深入研究各大宗教看待本宗教、看待他宗教的传统态度，尤其要重点剖析带给宗教相遇以狭隘性、排他性的传统态度，并以文化宽容之精神对之予以改造，由态度之转变、心灵之转向开始，塑造"厚德载物、大度恢弘、和而不同、异而兼美"的新型观念，使不同宗教相遇走向互益共存的和谐状态。中国宗教文化中常说的"一念善则天堂，一念恶则地狱"之类的话语，并非无稽的神秘之谈，而是充满了指导心灵转向的智慧。

　　从宗教发展史来看，独存是宗教在特定地域中和人群中的一种原初存在状态。人类社会中总有一段时期，特定宗教作为唯一的结构要素，仅仅向特定的人群共同体内部渗透。当特定宗教越过特定人群边界时，必然会与另外人群范围中的宗教相遇。借用基督教的术语，通向宗教关系和谐状态的是一条"窄门"，当且仅当社会结构上、文化习惯上、心理上等各种条件具备时才能实现。中国社会恰恰有助于培育这些条件，多元宗教和谐相处成为一种常态。向左，通往宗教排斥、宗教冲突、宗教战争；向右，通往宗教消解、宗教异化、宗教虚无。能否平等互补，是不同宗教关系走向不同道路的分水岭。对于宗教关系可能的极左道路与极右道路的研究，都应围绕着宗教和谐这一中间道路展开。需要指出的是，左、中、右三条，仅仅是一种形象化的比喻说法，并非严格地从空间方位上进行描述。

　　从宗教相遇的载体而言，可以分为教徒与教徒的相遇、教徒与非教徒的相遇两大类。其中，教徒间相遇又可分为同教徒相遇和异教徒相遇。异教徒相遇发生冲突的可能性较大，教徒与非教徒相遇次之，同教徒相遇最小。比如，伊斯兰教有穆斯林之间为兄弟的说法，彼此相遇往往互道"色俩目"，有互助互爱的责任。但基督教对于作为异教的云南少数民族宗教自始至终是持排斥打击态度的。即使同一宗教内部较为独立的几个派别之间也会因为对教徒的争夺而发生冲突。比如近代云南基督教传播史上所谓的"五派分滇"。1921 年，在云南传教的内地会、圣道公会、圣公会、五旬节会、青年会五个教派联合成立"昆明基督教联合会"，规定凡部署联合会成员的教会组织，不经联合会同意不得随意在云南进行传教活动，并对无教会的传教范围做了划分：滇中、滇西为内地会传教范围；昆明、大理、曲靖为圣公会传教范围；滇越铁路沿线为五旬节会传教范围；滇东北地区为圣道公会传教范围；青年会可在全省范围内活动，但只能把信教者介绍给其他四个教会，并由它们协助其吸收会员和进行募捐等活动。① 划分出各自明显的势力范围后，势力均衡暂时达成，但随着基督教其他派别的逐渐进入和背后不同国家势力的消长，旧有平衡局面被打破，新的平衡又在动态中逐渐达成。

（六）宗教和谐的价值化与工具化

以上分析，多带有理论思辨的色彩。对于宗教和谐的实证研究，应该从其关系的载体入手。宗教不仅是一种意识形态，还是一种社会力量。在微观层面，借助信徒个体而呈现；在中观层面，借助教会、教派之类的团体而呈现；在宏观层面，借助民族或国家的整体而呈现。我们基于韦伯"理想类型"的方法论，将宗教个体、团体、整体视为有选择和行动能力的分析单位。如果在个体水平可以宽容一个人信奉多种宗教，那么在团体和整体水平，也必然允许一个社团、一个民族、一个国家存在多种宗教信仰。宗教在不同的层面上，既具有整合的力量，也具有分裂的可能，其中发挥关键作用的是宗教对待他者的态度。在西方文化传统中，宗教整合在一定程度上是建立在区别分割基础上的。即是说，首先将宗教徒划分为我宗教、他宗教等具有强烈道德、价值、界限判断的类型，在此基础上再团结统一。然而由于无限扩大差距，区别与分割往往失去了整合的可能性，宗教遂成为标榜自我、划分人群、排斥异己的锐利武器。

---

① 云南省编辑组编：《云南民族民俗和宗教调查》，云南民族出版社 1985 年版，第 274 页。

浪漫主义与功利主义是人们对待宗教的两种根本态度。浪漫主义的宗教观将宗教理想化、道德化和价值化，视为真、善、美的终极范型，在行动上表现为对最高精神和完美状态的一种无限趋近和追求；功利主义的宗教观将宗教现实化、利益化和工具化，视为实现个体目标的最佳途径，在行动上表现为对个人需求的手段化满足。宗教冲突往往是因为将宗教工具化，而宗教和谐往往是因为将宗教价值化。或者说，工具化内含冲突趋向、价值化内含和谐趋向。所谓宗教剥落神圣色彩，越来越世俗化的内在本质即是工具化：宗教越来越关乎利益，越来越偏离理想。宗教在发展过程中，具有了装饰化的功能。在宏观上，可以装点太平粉饰政治；在微观上，可以粉饰个体的道德崇高。越是精神性的资源被工具化，潜在的冲突力量就越大。我们既要研究以社会和谐为前提的宗教和谐，更要建构以宗教和谐为基础的社会和谐。

三　宗教互动关系的其他类型

宗教关系是客观存在着的一种特殊社会关系，相对于宗教冲突、宗教融合，宗教和谐是最为理想的宗教关系类型。宗教和谐是两种以上不同类型宗教之间基于平等、交流、互补、理解而产生的一种相互协调关系和平衡结构。宗教冲突是同一宗教内部或不同宗教之间将差异扩大化后采取极端措施的行动结果。在主客观条件同时具备的基础上，以尊重多元为前提进行的宗教融合将带来宗教和谐；如果从正向维度努力，宗教冲突也可转化为宗教和谐。

（一）几组相关术语解释

以宗教为主语，向后加以表示动作、过程、状态的谓语，则可以组合出描述宗教互动关系类型的动态化术语谱系：宗教相遇、宗教相处、宗教对话、宗教和谐、宗教融合、宗教冲突、宗教战争等，这些我们已经予以较为系统的探讨。同样以宗教为主语，向前加以表示维度、规模、水平的形容词，则可以组合出描述宗教互动关系类型的静态化术语谱系：多元宗教、多样宗教、多种宗教、多极宗教、多维宗教、多宗教，等等。这一组术语貌似相同，但却有着细微的差别，可以折射出宗教内部和宗教之间关系的不同样态。

牟钟鉴先生在深刻研究中国宗教整体关系的基础上，提出了中国宗教文化的"多元通和模式"，指出："中华民族的民族格局是多元一体的，它的宗教文化是多元通和的。从发生到发展，其文化基因即包含着多元性、和谐性、主体性、连续性、包容性、开放性。这样一种模式在世界文明大国中是独一无二的。"① 笔者认为，用多元形容宗教，强调的是宗教相遇的场域性、宗教关系的整体性、宗教地位的平等性、宗教互动的结构性和宗教交往的动态性。而陈晓毅博士以"宗教生态"理论分析贵州青岩古镇和谐共存的汉族、布依族、苗族三种民俗宗教以及儒教、佛教、道教、天主教、基督教宗教关系时，所用的术语为多样宗教，并提出了以民俗宗教为底层、以儒释道传统宗教为中层、以基督教天主教等一神教为上层的"三层楼结构"范式。② 笔者认为，用多样形容宗教，强调的中心问题是宗教关系的外在性、宗教身份的差异性。我们还可以用多种、多极、多维等词语形容宗教。所谓多种宗教，强调的是宗教类别的区隔性，带有静态的色彩；多极暗含地指涉为宗教互动过程中彼此地位的不平等性，彼此之间有较大的差距；多维是从宗教内部而言，强调宗教信仰体系的不断丰富与完善，宗教互动关系的不断复杂与立体，其影响也不单单局限于宗教领域，而是扩展至社会关系的方方面面。其极致便是马克思评价说的那样："宗教是这个世界的总理论，是它的包罗万象的纲领，它具有通俗形式的逻辑，它的唯灵论的荣誉问题，它的狂热，它的道德约束，它的庄严补充，它借以求得慰藉和辩护的总根据。"③

何其敏教授和张桥贵教授则以多宗教统称上述关系，并一再将其与特定的地域和人群结合起来进行实证研究，从而带有浓厚的宗教社会学色彩。他们主编的《流动中的传统——云南多民族多宗教共处的历程和主要经验》④ 一书即是这种研究理路的体现。笔者认为"多宗教"这一术语，涵盖了多元宗教、多样宗教、多种宗教、多极宗教、多维宗教等术语

---

① 牟钟鉴：《中国宗教文化的多元通和模式》，http://lbo2269041.blog.sohu.com/101620205.html。

② 陈晓毅：《中国式宗教生态：青岩宗教多样性个案研究》，社会科学文献出版社2008年版。

③ ［德］马克思、恩格斯：《马克思恩格斯选集》第1卷，人民出版社1972年版，第1页。

④ 何其敏、张桥贵主编：《流动中的传统——云南多民族多宗教共处的历程和主要经验》，宗教文化出版社1988年版。

的所有指涉，既强调宗教互动中各自的独立性，又兼顾关系的整体性；既关注宗教信徒身份的个体差异，又兼顾宗教地位的内在平等，因而可以作为相关研究的首选术语来使用。

（二）宗教冲突

研究和谐就必然要正视冲突。冲突是两个或两个以上主体在特定利益基础上的直接或间接性对抗。冲突并不必然具有破坏性，在可以控制的规模、范围和水平上的冲突，为了特定的目标而发生，往往具有潜在的建设性。我们可以将之视为过渡型冲突，它有别于终极性冲突。过渡型冲突是暂时处于不完善结构上的事物向完美状态转化过程中的良性对抗；而终极性冲突是矛盾和利益不可调和的事物为了战胜和消灭另一方的强烈对抗。冲突所围绕的利益和矛盾的消解，必然在更高的阶段产生新的关系类型——和谐。这正是北宋思想家张载"有象斯有对，对必反其为。有反斯有仇，仇必和而解"[1]　这一哲学名言所揭示的深刻内涵。

1. 宗教冲突的类型

从社会学角度将冲突作为特定互动类型研究的鼻祖为德国学者齐美尔。他将冲突视为"一种基本的社会过程形式"，并将之划分为战争、派别斗争、诉讼、非人格的冲突四种类型，涉及冲突的规模、手段、内容、性质等要素。战争即群体之间的冲突；派别斗争即群体内部的冲突；诉讼即通过法律途径处理的冲突；非人格的冲突即思想观念上的冲突。[2]　宗教冲突有广义和狭义之分。广义上的宗教冲突包括任何在起源上因宗教的、目的上为宗教的、载体上有宗教的、结果上是宗教的所有直接和间接性的对抗活动，其中宗教不是唯一性的过程要素。狭义的宗教冲突仅仅指以宗教为载体，在宗教内部和宗教之间发生的对抗活动，宗教是唯一性的过程要素。

冲突研究的重要人物美国社会学家科塞将冲突分为现实冲突与非现实冲突、初级群体冲突与次级群体冲突、内部冲突与外部冲突、意识形态下的冲突四种类型。在此基础上，我们还可以进一步从卷入资源类型的角度，将宗教冲突分为物质性冲突、精神性冲突和行动性冲突三种类型；从

---

① 　（北宋）张载：《张载集》，中华书局 1978 年版，第 10 页。
② 　贾春增主编：《外国社会学史》，中国人民大学出版社 2008 年版，第 80 页。

涉及规模大小的角度，将宗教冲突分为个体性冲突、团体性冲突和集体性冲突；从关涉性质的角度，将宗教冲突分为恶性冲突、中性冲突和良性冲突；此外，还可以从冲突目的和功能的角度，将宗教冲突分为终极性冲突和过程性冲突、价值性冲突和工具性冲突，等等。对于宗教冲突类型进行系统探讨，有助于我们深入理解冲突的本质，进而化解矛盾，发挥冲突的正功能，抑制其负功能，推动冲突向和谐转化。

物质性冲突是最为常见的冲突类型，所涉及的是对宗教信徒、宗教经济、宗教场所等支撑性条件的争夺，往往具有直接性和外显性。精神性冲突涉及宗教情感、宗教教义等内容，大多数情况下被压制在意识形态领域而以无形和潜在方式进行，一旦被突发性事件所引爆，极容易升级为强烈的直接对抗。行为性冲突具有中介性，既可表现为前两类冲突的载体，也可因为宗教徒之间彼此存在的不恰当他向性行为而发生，比如不尊重对方的宗教风俗、强迫对方改教等。

个体性冲突是宗教冲突最常见的表现形式，具有情感性、无秩序性和突发性等特点，常常因宗教信徒之间发生口角、侮辱对方而触及宗教神圣情感等激发。个体冲突往往可以通过宗教自身的组织网络和传播网络夸大升级为宗教团体间的冲突，甚至在更大的范围内酝酿为整体性的冲突。当然整体性的冲突并不必然由个体性冲突扩大而来，往往是在利益诉求的支持下长期有计划的行为。比如中世纪基督教针对伊斯兰教的"十字军东征"，表面上看是为了宗教信仰，背后却是宗教集团之间现实利益的争夺。整体性冲突会形成一种支配性的文化氛围，使分属不同宗教的团体和个体陷入习惯性的、狂热的、毫无目的的对抗之中。

冲突具有两面性，一方面具有破坏性，另一方面具有建设性，从辩证的立场看，二者是相互统一的。良性冲突就是建设性的作用压倒了破坏性的因素，发挥到极致即为和谐。相反，恶性冲突即是破坏性的作用压倒了建设性的作用，发挥到极致即为战争。一般情况下，处于温和中间状态的就是中性冲突。冲突只是手段，而不是目的。如果为了冲突而冲突，且涉及核心价值如神圣性观念等，则冲突具有终极性，破坏性随之上升，矛盾很难协调；如果为了和谐而冲突，没有涉及核心价值，仅仅是为实现特定目标的手段，则冲突具有过程性，建设性随之呈现，在矛盾协调的基础上达成新的动态平衡。和谐并不排斥有限度的冲突，反而常常以冲突为自我实现的手段。我们今天所见到的多元宗教和谐相处局面，几乎都经由可控制范围内的冲突磨合而来。

2. 宗教冲突的表现及原因

从理想类型的关系分析，和谐应该是宗教关系的常态。但是现实世界以其无数事例告诉我们，宗教冲突是客观存在的事实。即使我们目前看到的宗教和谐状态，几乎都是经历宗教冲突而转化过来。我国宗教处于长期和谐共存状态，但回顾历史即可发现，儒、释、道三教的关系并不从来都是和谐的，而是经历了物质性、精神性和行为性改造后的结果。佛教初传入中国时，同样顶着一个"夷狄之教"的帽子，被偏执的华夏文明中心论者指责为"入国破国、入家破家、入身破身"，要"人其人，火其书，庐其居"①。在西方文化情境中，宗教冲突的表现形式就更为多样。我们找不到没有宗教存在的民族，同样也找不出在宗教相遇过程中，从来没有发生过冲突的民族。

宗教冲突因而具有动态性和普遍性，但我们不是由此扩大冲突的破坏作用，而是本着"吾以观其复"的精神，期待"反者道之动"，完成从冲突向和谐的转换。对于由冲突解决而带来的和谐状态，我们必须用制度化的手段使之动态持续。中国文化土壤正是培育出了这一文化结构，而这一结构正是西方文化结构中所缺少的。

宗教冲突的表现由温和到极端依次有分歧、争吵、排斥、隔离、战争。宗教分歧是对客观存在的教理教义、仪式活动等方面的差异进行主观化区别对待的结果，行动主体不是以尊重来对待差异，而是贬低、丑化、扭曲对方。宗教争吵是在分歧的基础上，采取语言暴力的形式解决问题，它向恶的极端可发展为辱骂，向善的方面可发展为理性的辩论。魏晋南北朝时期，经常由皇帝召集的儒释道三教辩论即是典型。早期辩论中常见剑拔弩张的激烈言语攻击，如道教"老子化胡"之说即是抬高自己贬抑佛教的语言策略；后期则多为在彼此尊重基础上形成的平等对话。宗教排斥是某一宗教企图垄断资源，驱逐异己，通过各种硬性和软性措施在特定的地域和人群中独享信徒的行为，既包括对物质性资源的垄断，也包括对精神性资源的垄断。宗教排斥的结构性结果即是宗教隔离。因宗教方面的差异而划分人群，并逐渐向内产生凝聚力，向外产生扩张力，划分为泾渭分明的"我教"与"异教"界限，就会失去沟通理解的基础，只能以冲突

---

① （唐）韩愈：《原道》。

和暴力解决问题。宗教战争是宗教冲突的最高形式，它在宗教的名义下发生但影响涉及人类社会的方方面面，具有暴力性、全面性、直接性、集中性、组织性等特点，因而破坏性也最大。宗教战争反过来培养了根深蒂固的冲突式思维，在宗教狂热情感的助推下，极易陷入复仇式的恶性循环。在西方社会中，宗教战争不绝如缕，而中国社会中虽有宗教争吵、宗教排斥，但却没有发生过严格意义上的宗教战争。

宗教冲突的根本原因可以归结为两个方面。第一，没能正确对待差异。第二，没能正确处理利益问题。在对待差异之时，总是过于强调神灵观念、信仰体系、崇拜仪式、文明素质等方面的不同，夸大宗教信徒之间分属不同宗教的我他界限，培养并内化出我宗教对他宗教的优越感、强势宗教对弱势宗教的支配欲，从而引发语言的、行为的对抗。从极端的角度而言，整个人类都是某一宗教的潜在信徒，不幸的是：个别世界性宗教极端膨胀到企图垄断全人类作为自己的信徒，并视为禁脔，不允许其他宗教插手。宗教的利益在于获得有助于自身发展的各项资源，其中最为重要的是信徒的身份性资源。对内残暴的压制已有信徒，防止其有思想自由和选择宗教信仰的权利；向外残酷的排斥打击异教徒，必使其信仰皈依，如争取不到就采取肉体消灭的手段，这不但导致宗教间的冲突，还严重阻滞了人类文明的进程。

3. 宗教冲突的和谐转向

经过科塞和达伦多夫等社会学家的研究，人们普遍认识到冲突不仅具有负功能，更具有正功能，如增进团体内部团结、促进社会整合、保持系统平衡、维护社会稳定的"安全阀"，等等。既然和谐是包容差异的统一，有限度的冲突也是达至和谐的重要手段。冲突是一种客观存在的社会互动关系类型，我们切不可将之外化为结构与规则，内化为态度与信念，而是以和谐为最终目标促成其积极转换。从行动逻辑上说，冲突也具有转化为和谐的内在可能性，二者有相同的关系原点。前者将差异单方面非理性地扩大化，后者是以求同存异为前提追求共享双赢。差异并不可怕，可怕的是以差异为支点，以狭隘和排他主义为杠杆，撬动分歧和冲突。同样，我们也可以差异为支点，但以共享互利为杠杆，撬动宽容与和谐。

和谐是不同主体性在同一环境中获取资源之时的共享性、互补性状态，主体之间彼此依赖又不能相互替换取消对方，这种关系在自然界中有着很多生动的表现。但人类的狂妄与自大却容易走向自我中心主义，"卧榻之侧岂容他人鼾睡"，拔高自己而贬低他人，必欲除之而后快。殊不知，在有着良好互动关系的情境中消灭对方造成的损失往往由自己承担。这种习气在宗教神圣性的作用下，将更为淋漓尽致地发挥。以上帝和神灵的名义，进行反自然和人类的活动，是人类的一项"伟大发明"。宗教的原初精神不是排斥，而是整合，宗教在原始社会的凝聚团结中扮演神圣旗帜的角色，但是人类创造出来的宗教却不能越过人群的界限整合他者。如果宗教的传播具有世界性，但是宗教的精神却不具有世界性，不能容纳不同的信仰体系，在世俗力量和利益的推动下，必然导致冲突。在经济全球化的今天，人类世界的大同图景已经初露端倪，但是宗教却仍然秉持着部落时代的狭隘性，这种内在矛盾又怎么可能不导致宗教冲突进而引发所谓的"文明冲突"？

宗教冲突是同一宗教内部或不同宗教之间将差异扩大化后采取极端措施的行动结果。其结果因规模水平的不同而分为不同的等级，既有语言上的冲突，也有行动上的冲突；既可以是排斥隔离，也可以是消灭，严重者将上升为战争。宗教具有强烈的神圣符号性，其影响渗透到了社会的方方面面。宗教冲突可以越过宗教自身的界限，在更多、更广的社会领域制造混乱与对抗。人类历史上诸多文明对抗和重大冲突，都有或明或暗的宗教因素，都可以从宗教中寻找到最初的源头。研究宗教冲突，就是为了批判将宗教差异扩大化的不良习惯，将其根源和生存土壤一并拔掉，从正向的维度努力，化干戈为玉帛，转冲突为和谐。

（三）宗教融合

宗教间的互动关系是一个可以有多项取值的泛化谱系，无论积极意义上的宗教和谐，还是消极意义上的宗教冲突，都是在特殊社会情境中对客观事实的一种关系性呈现。如果在内外条件同时成熟的基础上，以尊重多元为前提进行的融合将会带来和谐；如果在主张一元的基础上，强制取消差异进行的融合将导致冲突。即是说，秉持和谐思维和行动逻辑，则宗教融合可发展为宗教和谐；秉持冲突思维和行动逻辑，则宗教融合可发展为宗教冲突。所以，在宗教互动关系谱系上，宗教融合处于中性状态。

以和谐为导向的宗教融合在人类发展史上发挥着积极作用。在原始社会中，一个部族被迫放弃原有的图腾信仰则意味着该民族被同化或融合了。伴随着多元神灵体系的合一，原先不同宗教信仰的人群在文化意义上组建为新的群体。进入文明社会后，战争的胜利者也总是利用自己的宗教信仰同化其他民族。根据有关学者考证，中华民族龙凤图腾的诞生即是一个典型。《尔雅翼》载：龙"角似鹿，头似驼，眼似兔，项似蛇，腹似蜃，鳞似鱼，爪似鹰，掌似虎，耳似牛"[①]。我们从龙的身上可以看到原始时代众多动物图腾的属性，它是古代氏族走向融合过程中宗教融合的文化表现。凤同样也是多种禽类氏族图腾融合的结果。龙凤图腾在原始社会诸多地区性图腾信仰求同存异的整合过程中实现了有机统一，逐步通过艺术加工的想象力成为全国性的神圣符号象征，并与华夏文明的超稳定结构相结合，成为中华文明尊重多元、宽容差异、求同融合、兼美共赢精神的生动注脚。

宗教融合一般会产生新的、更为复杂、有机统一的内在整体性结构。杨凤岗先生基于美国宗教学家斯达克和芬克《信仰的法则——解释宗教之人的方面》一书的"宗教市场论"，提出了分析中国宗教的"三色市场理论"，认为政府加强宗教管制只能导致宗教市场的复杂化，即出现合法的红市、非法的黑市以及既不合法也不非法或既合法又非法的灰市。[②] 笔者也以颜色为形象的标记，提出宗教融合的"三色结构理论"。特定地域和人群中最初存在的各类原生型信仰或在斗争中占据优势的宗教信仰，作为宗教融合的基础构成"底色"，即使此类宗教的外围特征都被消解同化殆尽，但精神性的内在核心却仍然顽固地沉淀下来，并成为深层次的支撑性因素。特定地域和人群中由原生型信仰或优势宗教吸纳其他宗教而衍化出的各类次生性信仰，成为宗教融合的"涂色"，并在不断与外来宗教相遇交流的进程中，继续吸纳新鲜元素，在较为稳定的结构体系上不断涂抹"亮色"。这三层颜色的涂抹，有其自发的行为机制。《大方广佛华严经》以形象的比喻说："心如工画师，能画诸世间。"社会即是为宗教融合不断涂抹色彩的工画师，从而为宗教勾勒出多姿多彩的靓丽形象。

四　中西方宗教和谐关系的比较分析

我们反复强调，宗教和关系的研究必须以特定的时间、地域和人群为

---

① （南宋）罗愿撰：《尔雅翼》卷28，转引自牟钟鉴、张践《中国宗教通史》，社会科学文献出版社2000年版，第43页。

② 杨凤岗：《中国宗教的三色市场》，载《中国人民大学学报》2006年第6期。

范围，以特定的事件、过程和结果为依据。在中西方文化背景中，宗教关系呈现出了不同的状态。当然，我们并不是说中国宗教关系一定就是和谐的，西方宗教关系一定就是冲突的，任何宗教都有内在和谐的要素与外在和谐的条件。对于中西方宗教和谐关系的比较研究，有助于我们在更为广阔的关系谱系中把握和谐，在更为现实的立场上把握时代主流，阐释宗教在中国及中国宗教在世界的地位问题。

（一）中西方宗教和谐的文化差异

1．从神学基础来看

宗教是以特定神圣观念整合起来的一种特殊人类共同体，因而"神"的本质是和谐而不是分裂。问题在于，作为诸宗教之母的"神"之间千差万别，现存的"神学"皆以本宗教立场进行护教式辩论，忽视了对"神"之为"神"的共同本质的探讨。我们必须将"为神的神学"进一步提升为"为人的神学"，在经过一番正反辩证统一之后，重新回归以人为本的宗教科学研究。是人创造了神，而不是神创造了人。所谓一元神论、多元神论、泛神论、理神论、自然神论等人对神的态度，各代表了不同信仰体系中的人们对待不同宗教态度所能追溯到的认识论根源。无数经验事实表明：越是在神灵观念上秉持多元化的民族，宗教之间的冲突就越可能减少，宗教之间的关系就越可能呈现和谐状态。中国人的宗教观念即是一个典型。相反，越是在神灵观念上推行一元化的民族，也就是说信奉一元至上神宗教的民族，宗教之间的冲突就越可能增多，宗教和谐的神学基础就越薄弱。摩西十诫的第一条便说："我是耶和华——你的上帝，曾将你从埃及地为奴之家领出来，除了我之外，你不可有别的神。"一元至上神具有强烈的排他性，在结构上易于形成神权专制主义。道理很简单，如果允许其他"神"存在，一元至上神就不成其为一元至上神了。从宗教内部来看，多神信仰为接纳其他宗教的神灵进而为在整体上接纳异教创造了前提。正如人具有神性，神同样具有人性，诸神之间的争吵，实际上是不同人群的争吵。从有着"最后一位希腊护教士"和"第一位拉丁教父"双重美誉的基督教早期神学家德尔图良的名言"雅典与耶路撒冷何干？学院与教会何干？异教徒与基督徒何干？"[①] 我们不难看出基督教神

_____

① ［古罗马］德尔图良：《护教篇》，涂世华译，上海三联书店 2007 年版。

学上的一元独尊主义。

2. 从身份意识来看

中国人不是没有宗教信仰，而是淡化了宗教信仰的身份色彩。华裔美籍社会学家杨庆堃先生从结构功能主义的角度，区分了中国宗教的两种结构：制度性宗教（institutional religion）和分散性宗教（diffused religion）。① 前者有自己的神学、仪式和组织体系，独立于其他世俗社会组织之外；后者的神学、仪式、组织与世俗制度和社会秩序其他方面的观念和结构紧密相连。与基督教、佛教、伊斯兰教等"制度性宗教"相比较，民间宗教是一种"分散性宗教"，它有着广泛的形式。杨庆堃先生的二元分类极具启发性，但是遗憾的是他在著作《中国社会中的宗教——宗教的现代社会功能与其历史因素之研究》中，以大量的，翔实的证据描述了两种类型，对中国宗教分为两种类型的原因阐释所用笔墨甚少。笔者认为，导致中国宗教"分散化"的重要原因之一即是信徒自我身份意识的淡薄。

中国的宗教重视信徒的心灵感悟和行动指向，而不是身体归属和身份结构。而西方宗教则更为强调身份确认，不论信徒的虔诚程度如何，行为好坏如何，首先必须是本宗教的信徒。只有成为本宗教的信徒，才能享有恩典，获得救赎。这也就不难理解基督教在近代中国传播的过程中特别注重洗礼仪式，甚至有"基督将军"冯玉祥用水龙头喷水为士兵集体洗礼的故事。西方宗教的仪式活动往往指向一个人从非宗教徒或异宗教徒变为本宗教信徒的身份转折；中国宗教的仪式活动不是以身份转化为本位的，而是指向日常生活中的功利化目标，多与世俗生活的人生节点有关，围绕人生中的重大事件展开。比如结婚时的看八字，丧葬时的看风水，以及有大事发生时"登三宝殿"求签问卜等。特别重视教徒身份的唯一性，是宗教不能宽容异教徒的一种表现。在中国文化传统里，并没有对异教徒特别强烈的身份歧视和心理排斥。实际上，每一个普通中国宗教徒几乎都是身兼数任，而其信仰的神灵也是身兼数职。既然无法从身份上进行我与他的区别，也就不能以此判断谁的信仰更纯粹，也就不能以此作为歧视和区隔的标准了。

---

① 杨庆堃：《中国社会中的宗教——宗教的现代社会功能与其历史因素之研究》，范丽珠译，上海人民出版社 2007 年版。

不仅信徒具有身份结构，神灵同样也具有身份结构。宗教冲突严重的宗教，往往是信奉一神教的宗教。多神信仰可以模糊彼此的身份意识和宗教界限，所以没有强烈的狭隘性与排他性，有助于相互间的理解和沟通。教徒在多神信仰以及身份多元化营造的宽松氛围，自然不会为信不信宗教、信哪一种宗教而喋喋不休地争吵，更不会诉诸武力。

3. 从社会结构来看

迈入文明社会以后，中国几乎没有出现神权专制的情况，皇权在两千年的封建社会中始终处于至高无上的地位。"不依国主，则法事难立"①成为宗教生存与发展必须遵守的铁律。一旦宗教超越合理的界限，政权就会采取强硬手段打压宗教。从这一种意义上说，中国虽然没有大规模的宗教间的战争，却存在政权与神权之间的冲突。中国社会在兴衰替代中形成了超稳定结构，对于宗教的态度也随之沉淀继承。无论在社会、经济、文化各方面，中国宗教都被驯服在可以控制的范围之内了。驯服后的中国宗教不再具备扩张的野心，因而在传教模式上，不是主动走出去，而是坐待登门拜访。在天下家国一体的封建社会结构中，中国人天生都是宗教徒，又天生都不是宗教徒，并在代际之间生生不息的传承延续。

从社会结构上进行分析，宗教和谐可以分为如下两种类型：一类是自下而上的，随着个体信徒间的和谐交往在自然而然甚至是无意识过程中呈现；另一类是自上而下的，在上层建筑有意识的建构引导下经过努力实现的。

多元宗教和谐相处不仅在特定社会的政治结构、文化结构中展开，也在经济交往结构中展开，对于这一过程我们可以分析如下。

第一，宗教和谐关系是两个及两个以上宗教在特定地域和人群中互动而呈现的平衡、互补、共赢的持续稳定状态。经济交往的一项重要功能就是使不同区域、不同人群实现互通有无、利益共享、互利双赢，所以宗教交往与经济交往在内在结构、功能上有相通性。经济交往可以促进宗教交往，宗教交往也可以促进经济交往。在宗教居于中心地位的社会中，经济交往更是带有宗教性。

第二，经济交往的主体应为人群，人群在本研究个案中体现为民族。不同民族的成员有可能：（1）信奉不同的宗教，（2）信仰同一种宗教。

---

① 语出东晋僧团领袖释道安。

经济交往的方式多种多样，可以是行商，也可以是坐贾，可以是小规模的，也可以是大规模的，等等。但在云南民族地区的一个显著特点就是面对面的直接交易，这可以促进人们的相互交流，打破封闭的社会结构。经济交往的发达，促进人群的流动。越是占据交通、贸易优势的地方，越是多宗教共存的地方。当外来商人在某一陌生文化地域形成一定的规模实力后，为满足宗教生活和经济生活的需要，往往为自己信奉的神灵修庙建寺，久而久之也影响当地群众的信仰结构。

第三，在上述分析的基础上，经济交往促进宗教和谐的过程和机制可以概括为：相遇—聚合—扩散—互补。所谓相遇，就是经济交往使两个以上宗教彼此在特定的地域和人群中有了直接的、面对面的接触，从而增强了彼此了解的机会。所谓聚合，就是经济交往通过人群的流动促使越来越多不同类型的宗教向交通、贸易最为发达的地域空间集中，从而使某一地成为多宗教共处的舞台。所谓扩散，就是多宗教共存局面形成后，宗教通过自己特定的网络不断争取新的信徒，扩大自己的影响，在中国文化传统对待宗教的宽容态度作用下，宗教共存呈现和谐局面，不同民族信奉不同宗教的现象逐渐与不同民族信奉同一宗教的现象叠合。所谓互补，是指多元宗教和谐相处局面形成之后，因为功能上的互补，使每一宗教都有自己存在的理由，达成势力的相对均衡，从而保证多元宗教和谐相处不是短暂的，而是可以持续的长久状态。

宗教和谐不仅仅是宗教内、宗教间的和谐，还是宗教与各项社会制度系统的和谐。宗教的载体是人，蒂利希说"宗教是人的终极关怀"，反过来，我们可以说人是宗教的终极载体。宗教和谐离不开人的努力，宗教和谐的意义应该在社会中寻找。宗教学是一种特殊的人学，有关宗教的任何研究，最终都要落实到人的身上。宗教和谐归根结底是人的和谐。

4. 从文化心理来看

宗教之间能否和谐，关键一点是如何对待其他宗教。西方社会经历极大周折和漫长斗争而呈现的宽容精神，在中国却过早成熟了。在宗教信仰上，人们普遍持一种积极的无原则主义，"无可无不可"①，"宁可信其有，不可信其无"②，摇摆在现实与理想、神圣与世俗、超脱与功利之间。这

---

① 张燕婴译注：《论语》，中华书局 2006 年版，第 285 页。
② 语出《增广贤文》。

本无可厚非，而恰恰反映出中国人对待宗教时具有兼容并蓄的文化胸襟、实用主义的信仰态度、化他为我的实践智慧。罪恶和报复性的惩罚是宗教仇恨的一种根源。在文化心态上，基督教强调人犯有"原罪"，受基督教文化熏陶成长起来的个体处在罪感文化心理下，被动等待上帝的裁判。而以儒家耻感文化为背景的个体强调"知耻近乎勇"，主动自我反省并改正错误。从这种意义上罗素认为，"如果将罪感消除，世界上残酷总量就会大大地减少"①。

（二）　中西方宗教宽容的文化比较

针对"为什么资本主义精神只在近代欧洲出现"这一核心问题，韦伯对世界各大宗教的经济伦理进行了比较分析，奠定了宗教社会学研究所必须具有的问题意识。相应地，我们也应保持韦伯式的宝贵学术好奇心：为什么中国历史上没有出现过较大规模的宗教战争，各宗教之间长期和谐共处，儒、释、道三个主体性宗教形成了彼此交融的互嵌式结构并影响了整个社会的文化心态？作为中华文明之子，我们也应认识并反思："这些现象存在于一系列具有普遍意义和普遍价值的发展中，究竟应归结为哪些事件的合成作用呢？"② 宗教作为一种由现实与想象双重织构而成的意义之网，深深地嵌入到特定的社会情境之中。追随韦伯的脚步，我们拟从中西方社会的文化情境中解读宗教宽容与狭隘的成因。

1. 信仰特征的比较分析

（1）救赎型宗教与伦理型宗教

杨庆堃运用结构功能主义的方法，将中国社会中的宗教分为制度性宗教和分散性宗教两种类型。前者"有自己的神学、仪式和组织体系，独立于其他世俗社会组织之外。它自成一种社会制度，有其基本的观念和结构"；后者的"神学、仪式、组织与世俗制度和社会秩序其他方面的观念和结构密切地联系在一起"。这一对著名的类型划分成为分析中国宗教的重要概念。在此概念启发下，我们对社会情境与宗教结构进行交叉分析，对比中西方宗教之间的异同，并分析这些差异如何导致宗教宽容方面的差异。

---

① ［英］罗素：《论历史》，何兆武等译，三联书店1991年版，第113页。

·② ［德］马克斯·韦伯：《新教伦理与资本主义精神》，康乐、简惠美译，广西师范大学出版社2010年版，第1页。

表 2　　　　　　　　　　　宗教结构—功能比较分析

结构 ＼ 功能	内在	外在
开放	儒教	基督教
封闭	基督教	儒教

我们将宗教视为一个特殊的子系统，在更大范围内与其他社会系统互动中，形成对内、对外两种结构。关于结构的开放或封闭，我们借用韦伯的界定："一种社会关系，不管在任何的特质上是共同体或结合体的，只要其秩序体系不排斥任何想加入者的参与（通常这些人实际上也有能力就此加入），便可称作是对外开放的。另外，根据行动者主观意义和具有约束力的规则，使特定人的参与被排斥、限制或限定于某些条件，那么相对于局外人而言，这便是一种封闭的关系。"① 一般而言，以儒教为代表的中国宗教，内在结构上相对开放而外在结构上相对封闭，更注重信徒的内在修养而不太强调对外扩张传教，在救赎理论上提倡"人人皆可成佛"、"满街都是圣人"，甚至不需要借助神灵的帮助，通往成圣、成佛、成仙的宗教终极之路的是一道"宽门"。"佛教的比丘绝不会吝于将整个世界甚至再生于极乐，施舍给人，就算那个人并不期望进入涅槃。"② 以基督教为代表的西方宗教则恰恰相反，内在结构非常封闭而向外不断扩张争取资源，信徒得救必须依靠上帝的救赎，经过一道"窄门"者才能成为上帝的"选民"。韦伯指出，"当救赎贵族主义在神的命令下为了神的荣耀而去制御罪恶的现世时，所谓行动的'圣战士'现象便由此孕生出来"③。可以说，一个宗教越是对内向信徒允诺了宽泛的终极成功之路，同时向外扩张的欲望也较弱，则越能宽容不同宗教，与外界的张力和冲突也就越少，因而更倾向于同其他宗教和谐共处。

从教义上说，基督教中的上帝高高在上，人永远也不可能成为神，人与神之间的鸿沟是不能逾越的，人与神之间的关系呈断裂状态，只能依靠

---

① ［德］马克斯·韦伯：《社会学的基本概念》，顾忠华译，广西师范大学出版社 2011 年版，第 80 页。

② ［德］马克斯·韦伯：《宗教社会学》，康乐、简惠美译，广西师范大学出版社 2011 年版，第 149 页。

③ ［德］马克斯·韦伯：《宗教与世界》，康乐、简惠美译，广西师范大学出版社 2011 年版。

上帝力量的作用才能获得救赎，而获得救赎成为基督徒追求的最高标准，其价值取向是彼世的，因而我们可以将之称为彼世救赎型宗教。而在中国儒、释、道三教的理论中，人与神之间的关系是连续的、重叠的，人性中充满神性，人依靠自己修持特别是道德力量的作用，最终可以成神，没有任何宗教性恩宠状态的观念，其价值取向是此世的，因而我们可以将之称为此世伦理型宗教。当然救赎型宗教与伦理型宗教只是相对而言，救赎型宗教也强调伦理，伦理型宗教也会有救赎。中国宗教的入世伦理也具有一定的出世取向，道教立善成仙的教义即是代表。流传颇广的《太上感应篇》说："欲求天仙者，当立一千三百善。欲求地仙者，当立三百善"，将伦理道德与宗教终极目标紧密联系了起来。舍弃伦理道德的救赎是不值得追求的，佛教传入中国最初即是因为违反了儒家"君君、臣臣、父父、子子"的伦理规范而备受责备，直到佛教与儒家道德有机结合之后，才能真正被各阶层广泛接受。韦伯指出："基督教式的冲突，也就是发生在个人灵魂救赎之关注、与自然社会秩序之要求二者间的冲突，对于儒教徒而言是难以想象的。"① 在中国宗教中，是绝对不会出现要求宰杀亲生儿子献祭神灵以证明信仰虔诚的教条的。

（2）内敛型宗教与扩张型宗教

中国人除了佛教徒特别关心彼世命运外，其他几乎全部为此世利益而祈祷，而祭祀。与中国宗教此世伦理信条相联系的还有此世功利主义，数不胜数的神灵都有自己特殊的功能，指向人们心理、生理以及社会性的各种需求。韦伯以"功能主义神灵的大杂烩"来形容中国宗教庞杂的神灵系统不无道理。人们"无事不登三宝殿"，在信仰上表现为理性与盲目共存、怀疑与虔诚并在的状态。如果神灵"帮助"人们实现了功利性的需求，人们则以"还愿"的方式对神灵进行丰厚的物质性酬报。如果人们祈求神灵的需要没有得到满足，则神灵很可能要遭到人们的抛弃甚至被施予责罚。功利主义的信仰态度使人们"宁可错拜一千，也不去得罪一个"，倾向于宽容多元信仰，不会因为信仰上的不同而大动干戈。此外，中国儒家文化具有强烈的内敛性，不将自我价值强加于人，提倡"己所不欲，勿施于人"，主张"万物皆备于我，反思而诚，乐莫大焉"，追求

---

① ［德］马克斯·韦伯：《中国的宗教：儒教与道教》，康乐、简惠美译，广西师范大学出版社2010年版，第282页。

"内圣外王"的境界。受儒家价值的影响熏陶，中国宗教一般不主动向外传教，讲究"机缘"，强调信徒对宗教价值的内在遵守，而不是简单扩张信徒身份或强调信徒数量。这与基督教"传遍福音于世界"的理念形成鲜明对比。

（3）实用主义的信仰态度

在《中国的宗教：儒教与道教》一书中，韦伯分析了儒教维护社会秩序而道教居于辅助地位的结构。"中国的家产官僚体系不曾受到一个独立自主的教权制的制衡，就像它从未受到一个不断扩张的封建制度或一个从未得到发展的市民阶层势力的侵扰一样。像中东、伊朗或印度那种在社会上拥有势力的先知预言是闻所未闻的。"① "尽管允许道教存在，但就我们由历史所致，从没有出现过强而有力的教士阶层。更为重要的是，根本就不曾有任何独立的宗教力量足以开展出一套救赎的教义或一套自主的伦理与教育。属于官僚阶层的主智主义得意自在地展开，从内心深处蔑视宗教，除非宗教成为驯服一般大众的必须手段。"② 实际上，儒生能够通过竞争十分激烈的科举考试获得做官的资格，事件本身意味着他受到了神灵的庇佑。普通老百姓相信，儒家高级知识分子是"文曲星"转世，高级官员身上具有某种神圣力量，最高统治者皇帝受命于天，是真龙天子，具有至高无上的权力。神灵只有受到王权依据实用主义和功能主义原则的敕封，才具有合法性和神圣性，孔子、关羽正是在历代封建统治者的加封下成为"文武两圣人"。《礼记·祭法》说："夫圣王之制祭祀也，法施于民则祀之，以死勤事则祀之，以劳定国则祀之，能御大灾则祀之，能捍大患则祀之。"③ 此外，"日月星辰，民所瞻仰也；山林川谷丘陵，民所取财用也"④，也在祭祀的范围之内。儒家实用主义、理性主义然而又具有人文、宽容精神的信仰态度随着儒教的独尊地位成为主流社会心态。因而儒家知识分子特别反对帝王崇奉宗教，在他们看来，宗教与其体现一种价值理性，不如作为一种工具理性。统治者利用宗教维护统治则可，沉溺其中则有亡国之虞。李商隐著名的《贾生》一诗讽刺汉文帝谈论鬼神之事而不

---

① ［德］马克斯·韦伯：《中国的宗教：儒教与道教》，康乐、简惠美译，广西师范大学出版社 2010 年版，第 200 页。

② 同上书，第 201 页。

③ （元）陈澔注：《礼记集说》，上海人民出版社 1987 年版，第 255 页。

④ 同上。

顾国家社稷："宣室求贤访逐臣，贾生才调更无伦。可怜夜半虚前席，不问苍生问鬼神。"

（4）一神信仰与多神信仰

一般而言，多神教更倾向于宗教宽容，而一神教更倾向于宗教狭隘。近代德国进化论者海克尔致力于同宗教蒙昧主义进行斗争，他指出："某一教派越是将自己看成是'唯一的救世主'——天主教就是如此——越是将这一信念热忱地当作最神圣的心事加以捍卫，那么他们自然就会越来越厉害的攻讦所有其他的教派，越会狂热的挑起可怕的宗教战争，这已经成为文明史册中最惨痛的篇章。"① 除了容易激起信仰上的狂热之外，一神教也容易形成对社会资源的控制，借助所控制的社会资源，才有力量挑起宗教战争。从某种程度上可以说，正是多神信仰和发散性结构使中国宗教免于宗教狂热也无力制造宗教流血冲突。殊途同归、万法归一，成为在中国占主体地位的儒、释、道三教的共同认识。中国宗教的宽容状态，并非由于人们对神灵信仰的漠不关心，而是基于特定社会文化生态的作用。

2. 政治结构的比较分析

托克维尔指出："无论政治组织也好，宗教组织也好，当它们紧密联合、结构严密时，就好侵占，少宽容，本能地、间或盲目地坚持本团体的特殊权利。"② 在欧洲中世纪，基督教同世俗政权紧密结合，甚至长期控制世俗政权，强行压制异端，维护自己的权威地位。同样，中国的事例也表明，如果宗教与政治势力结合在一起，也倾向于宗教排斥和迫害。有时虽然不得已，但起到推波助澜的作用。北宋以前，中国历史上发生过著名的三武一宗灭佛法案，除了压制佛教过分膨胀的寺院经济、开拓新的兵源税源、维护政治稳定等因素的考虑，这些帝王普遍对道教存在好感，北魏太武帝拓跋焘干脆奉道教为国教，视佛教为"夷狄之教"，借排斥佛教彰显自己的华夏正统地位。北宋以后，没有再出现大规模的灭佛运动，但仍然有宋徽宗、明世宗崇奉道教裁抑佛教。与欧洲中世纪对比值得注意的是，中国历史上的宗教排斥事件其动作主体是政府，而欧洲中世纪的宗教迫害事件，其动作主体是基督教，这在一定程度上反映出二者不同的王权

① ［德］恩斯特·海克尔：《宇宙之谜》，苑建华译，陕西人民出版社2005年版，第286页。

② ［法］亚历克西·德·托克维尔：《旧制度与大革命》，冯棠等译，商务印书馆1992年版，第151页。

与教权的关系。

从政权结构的层面思考，中国形成相对宽容的宗教环境主要原因有：第一，因为王权一直高于教权，政府经常作为最高调解仲裁机构采取宗教辩论等方式化解宗教矛盾。从南北朝开始，政府经常召集儒、释、道三教的代表人物辩论义理，以思想解决思想争端，而不是诉诸武力。经过长期辩论，在政府调解下，儒、释、道三教发现自身相同之处多于相异之处，所以更求同存异、合作共赢，共同服务于政权稳定成为三教的基本共识。南宋理宗皇帝"以儒治世，以佛修心，以道养身"的名言更是为三教互补互融、和谐共处的局面一锤定音。宋朝以后，三教合一成为主流，这一宗教文化形态在民间衍生出了为数众多的民间宗教组织。第二，正是因为王权高于教权，教权逐渐被政权所驯服。东晋著名僧人道安的名言"不依国主，则法事难立"，为南北朝时期"沙门不敬王者"的争论提供了答案。中国的佛教、道教从未真正在根本上掌控全体社会资源，即使处于较高地位的儒教也是如此。儒教的地位是王权扶持的结果，自然要通过"神道设教"为王权进行合理化论证。宗教信徒除了宗教身份之外，还有一个更为根本的政治身份——臣民。"普天之下，莫非王土；率土之滨，莫非王臣"。一旦教徒身份挑战臣民身份，王权就施加强有力的打击。而在西方的宗教改革之初，教民与臣民之间存在严重的身份冲突。阿克顿研究指出："天主教国家的新教徒不可能发自真心地成为它忠实的臣民，也因而不能得到它的宽容。在一个正教国家，异教徒绝无权利可言，而一个有异教信仰的君主对于其持正教信仰的臣民也无任何权威。"① 第三，中国历史上的宗教宽容是有条件的，仅仅宽容那些归顺王权的宗教，而利用宗教造反的异端教派，则坚决予以镇压。即使某一宗教没有反叛倾向，如果违反王权的既定伦理或社会秩序，也会遭到严厉的排斥。当西方传教士违反"利玛窦规矩"而禁止中国天主教徒祭祖拜孔时，以开明宽容著称的清朝康熙皇帝断然禁止天主教在中国传播。而欧洲漫长的中世纪，教权高于王权并形成了宗教专制统治。王权的合法性依赖教权的论证，不是社会驯服了宗教，而是宗教驯服了社会。在基督教高压措施的惩戒下，欧洲几乎集体失语。只是经过宗教改革、文艺复兴、启蒙运动以及近代民族国

① ［英］阿克顿：《自由的历史》，王天成、林猛、罗会钧译，贵州人民出版社2001年版，第67—68页。

家兴起等，摧毁了教皇专制权力之后，王权才最终驯服教权。

因此，在近代欧洲，逐渐兴起的民族国家君主试图掌握宗教权力，目的在于通过控制宗教而实现社会控制，例如，15 世纪末，英格兰都铎王朝（Tudor dynasty）的建立者亨利七世自封为教会领袖，认为对宗教事务的统治权是国王大权的一部分，将天主教看作对政府生存的一个威胁，支持天主教被认为犯了叛国罪。亨利七世通过法律界定了所谓的"侵害王权罪"，创设高等宗教法庭来裁判教士的案件。后来，玛丽女王废除了这个法庭，但伊丽莎白女王又把它恢复过来。伊丽莎白女王时期，存在着某种来自教皇党的危险，当时，带进教皇训谕、神的羔羊图像或其他可表明支持教皇权力的东西，支持天主教神学校，或隐匿天主教神甫，都被宣告是犯了叛国罪。① 所以从某种程度上说，一部宗教宽容史就是一部政教分离史。

中国古代疆域非常辽阔，而由于交通、控制技术相对落后，在王权专制和教权专制薄弱的地带，宗教宽容的程度就会更高，这一点在边疆民族地区表现得十分明显。既然中央政府在边远地区推行土司制度，有什么理由不保持其宗教和文化上的多样性？统治者更愿意将少数民族的宗教看作一种文化风俗，"修其教不易其俗，齐其政不易其宜"成为一种政治策略。实际上，由于政治上的凝聚力和文化上的吸引力，边疆各民族往往主动"慕义"，学习汉族较为先进的儒家文化，也吸纳汉族信仰的佛教、道教文化，同时也保留原有的传统信仰。而中原文化向边疆大规模传播时，儒、释、道三教合一已经成为主流思潮，也为宗教宽容创造了文化心态的条件。

3. 社会情境的比较分析

（1）日常生活的淡化作用

中国宗教的扩散化特征与其隐含的民间化路径密切相关。官方之外的一切领域都属于民间，这是一种非常松散的存在状态。中国虽然有佛教、道教的统一名称，但是在民间化的生存状态中，每个寺庙几乎就是一个独立世界，彼此互不统属，无法形成集中力量，更谈不上宗教专制。实际上，在中国古代，儒、释、道三教之间的争执与冲突从未间断过，之所以

---

① ［英］坎南编：《亚当·斯密关于法律、警察、岁入及军备的演讲》，陈福生、陈振骅译，商务印书馆1962年版，第81页。

没有升级为宗教战争，重要的原因之一是宗教因其离子化的生存状态无法动员、掌控社会资源。整体而言，在中世纪的欧洲，社会结构嵌入到宗教中，而在中国古代，宗教结构嵌入到社会中，日常生活成为淡化宗教冲突的重要机制，人们不会因为宗教信仰上的分歧而聚讼纷争，现世秩序和生活幸福才是人们追求的目标。霍尔巴赫批评说："为了一些神学上的臆说，一些民族和另一些民族便势不两立；君主防范着自己的属下，公民们对自己的同胞兵戎相见，父辈厌弃自己的子女，子女则用利剑残杀自己的父兄，夫妇离异，亲属不相认，一切联系都被断绝了；社会亲手把自己撕毁。可是就在这些吓人的混乱中，每个人却都硬说自己是符合于所侍奉的上帝的心愿的，而且对于为了上帝的缘故而犯的那些罪恶，谁也不肯对自己加以任何责备。"[①] 这种情形在中国社会是不会大规模出现的。中国人的宗教情感本来就较淡，倾向于将宗教视为个人的私事，一般不会因为宗教上的差异去干涉别人的信仰。

（2）对社会秩序的追求

基于不同的社会情境比较世界各大宗教的经济伦理之后，韦伯指出，"跟古伊斯兰的封建武士所有的热情与狂放比起来，我们在中国发现的是警觉性的自制、内省与谨慎的特色，尤其是我们会发觉到，所有热情的形式，包括欣喜在内，都受到压抑，因为热情会扰乱了心灵的平静与和谐"[②]。"秩序的正当性可以由纯粹内在的方式保证，宗教是一种手段，通过对依赖于某种拥有救赎资源者，方能得救的信仰来保证。"[③] 儒家文化更是特别强调通过心灵秩序的和谐促进外在秩序的和谐。实际上，心灵秩序的内在和谐与社会秩序的外在和谐是有机统一的。孔子说："不患寡而患不均，不患贫而患不安。盖均无贫，和无寡，安无倾。"即使在物质贫乏的状态下，只要做到公平、公正，使人们内心感觉和谐，则也能维持外在秩序的稳定。所以当子贡假设将"足食、足兵、民信之"三个从政基本条件去掉一个时，孔子的顺序是"去兵"、"去食"，因为"自古皆有死，民无信不立"。然而，当前我们对社会秩序的管理恰恰忽视了心灵秩

---

① ［法］霍尔巴赫：《自然的体系》，管士滨译，商务印书馆 1977 年版，第 200—201 页。

② ［德］马克斯·韦伯：《中国的宗教：儒教与道教》，康乐、简惠美译，广西师范大学出版社 2010 年版，第 221 页。

③ ［德］马克斯·韦伯：《社会学的基本概念》，顾忠华译，广西师范大学出版社 2011 年版，第 65 页。

序的向度。

中国宗教的伦理与世俗伦理高度重合，几乎全部指向人与人的关系，具有极高的生活化倾向，对维护日常生活秩序具有积极的指导作用。而基督教的摩西十诫的前四条都是指向人与神的关系。其中，第一条："我是耶和华——你的上帝，曾将你从埃及地为奴之家领出来，除了我之外，你不可有别的神。"第二条："不可为自己雕刻偶像……因为我耶和华——你的上帝是忌邪的上帝。"第三条："不可妄称耶和华——你上帝的名。"第四条："当纪念安息日，守为圣日。"当人与人之间的关系同人与神之间的关系发生冲突时，基督教更倾向于牺牲前者。摩西十诫第二条明确说："恨我的，我必追讨他的罪，自父及子，直到三四代；爱我、守我戒命的，我必向他们发慈爱，直到千代。"而中国宗教更倾向于维系人际关系的和谐而赋予神灵以道德伦理意义。例如，关羽之所以被后世神化，除了他勇武过人之外，更为重要的是他所具备的忠义品质。

一般而言，人本主义的宗教与社会系统张力较小从而容易保持和谐，而神本主义的宗教与外界张力较大而容易导致冲突。从某种程度上可以说，宗教宽容的历史，就是神权统治、宗教控制逐渐剥落的历史，就是神本主义向人本主义转化的历史，其中伴随着社会环境的开放与多元。宗教的基本功能不应仅仅是来世救赎，而应注重对现世秩序的维护。基于维护统治秩序的考虑，宗教也应奉行宽容原则，与其他宗教和谐共处。

（3）经济交往的制衡作用

我们更容易在经济交往中发现对异端宗教的宽容，当然不可排除此种情境下宗教宽容作为一种态度、美德、行动、制度所带有的一定功利性。人类学家毛斯强调："各个民族正是通过把理性与情感对立起来，用和平的意志来对抗这类意外的疯狂，从而成功地用联合、礼物与贸易代替了战争、隔离与萧条。"[1]"氏族、部落和各民族知道了——而且明天在我们的文明世界里，各阶级、国家和个人理应知道——如何相互反对而又不相互屠杀，如何互惠而又不牺牲对方。这就是它们的智慧与团结一致的永久秘密之一。"[2] 房龙在《宽容》一书中生动地描写了欧洲在新航路开辟后伴

---

① ［法］马塞尔·毛斯：《社会学与人类学》，佘碧平译，上海译文出版社 2003 年版，第 224 页。

② 同上书，第 225 页。

随国际贸易的发展，"生意益于宽容"的生动事例。他指出："纽约人如果掀起一场运动，驱逐所有犹太人、所有天主教徒和外籍人，华尔街就会乱作一团，劳工运动冲天而起，一切都化为废墟，不可收拾"；"中世纪后半期正是如此，莫斯科是一个貌似公爵的小小伯爵的所在地，可以激恼新教徒，但是在国际商业中心的诺夫格罗德却需要小心从事，不然便会惹恼前来做生意的瑞典、挪威、日耳曼和佛兰芒商人，把他们赶到维斯比去"；"如果威尼斯人、热那亚人和布吕赫人在他的围墙里开始屠杀异教徒，那么代表外国公司的人便会马上外流，随之资金也会被抽回，使城市陷于破产"；"不少国家并不能从根本上汲取教训（如西班牙、教皇统治区和哈普斯堡的领地），却依然被所谓的'对信仰的忠诚'所左右，无情地把信仰的敌人驱逐出去。结果，它们不是化为乌有，就是缩小到第七等国家。"韦伯也以具体实例指出："正如沉默者威廉或更早的腓特烈二世大帝的宽容，或如利用教派成员作为技术劳工的某些庄园领主，或如阿姆斯特丹成立教派成员为实业生活之担纲者所享有的宽容，是皆取决于经济的动机。"①

实际上，不同地域环境和经济形态中的人们在物质产品和宗教信仰上的差异同样巨大，正是为了互通有无，人们彼此交换。因此形成的市场往往成为多元宗教的交汇之地，为了商业上的利益，人们更倾向于宽容对方的信仰。泉州之所以有"世界宗教博物馆"之称，同它历史上作为海外贸易的重要港口城市密切相关，我们可以从世界各地举出大量类似事例。马克思说："商品就其本身来说是超越一切宗教、政治、民族和语言的限制的。它们的共同语言是价格，它们的共性是货币。"② 探讨宗教宽容以及多元宗教和谐相处问题，不能绕开其经济基础。

（4）宗教宽容与差序格局

在中国语境下，宗教宽容上升为一种泛化的包容，即是说，当其他宗教与自己存在竞争或冲突时，也能允许对方存在。在现代化和全球化语境下，宗教宽容成为各种宗教之间和谐共处的原则。佛教虽然有判教思想，但也是以肯定其他宗教的存在为前提，即使站在自我的立场上提高自己、

---

① ［德］马克斯·韦伯：《支配社会学》，康乐、简惠美译，广西师范大学出版社 2010 年版，第 425—426 页。

② ［德］马克思、恩格斯：《马克思恩格斯全集》第 13 卷，人民出版社 1998 年版，第 142 页。

贬抑他人，也不会导致武力消灭对方。而基督教对于异端的批评，是以否定为前提的，往往借助武力来解决思想冲突。宽容暗含着我者与他者、强者与弱者等一系列等差式预设。所谓强者，不仅表现在力量上，也表现在伦理上。即是说，当他者较弱、犯了可容忍的错误时，我者可以给予恩惠式的谅解。因而，宽容有其自身界限，如果突破了我者能够容忍的标准和范围，则可以采取否定性的行动而不被谴责为狭隘。在各大宗教传统中，都有对这一标准和范围的阐释。其中，佛教基本持无限式的界定，即"无缘大悲，同体大慈"，为了促进对方的福利甚至可以牺牲自我。基督教在伦理教条上也趋向无限式宽容的主张，劝导教徒"爱你的敌人"；道教"以德报怨"的道德信条与此相类似，而现实主义的儒家则倾向有限式的宽容，主张"以直报怨，以德报德"，其宽容也形成了明显的"差序格局"。一般人总倾向于容忍自己的过错，对直系亲属的过错也采取较为容忍的态度。韩愈的新儒学虽然否定了对于自己过错的容忍态度，但并没有反对宽容的差序格局。

　　宽容具有对自己和对他人两种维度，一般认为，对人宽容是一种美德，对己宽容是一种犯罪。因此，我们更应以他者的眼光审视宽容的内涵与外延。宽容是一种处理差异的艺术，是对自我与他者界限的一种理性承认、赞美合作，是面向他者时应有的一种文化态度与制度修养。然而，人类历史上却长期缺乏这种态度与修养，以致引发了很多流血冲突。进入21世纪，我们必须将叙事结构从以我为中心转化为以他为中心，以美美与共、合作共赢的态度欣赏对方，倡导一种"第三人称文化"。古希腊哲学教导我们："人啊，认识你自己"，而现代社会的要求我们在认识自己的同时，还要充分认识他人。以他人为镜鉴，反思自己。在处理自我与他者关系时，必须秉持一种开放文化的心态与社会结构。如果首先以保守立场将自己封闭起来，很难正视他者的文化价值，在唯我独尊的文化心态驱使下，极易简单粗暴地否定他者，将之排斥驱逐了事。被历史赞为明君的清朝乾隆皇帝面见请求通商的英国使臣马戈尔尼时不无骄傲地说："天朝物产丰盈，无所不有，原不藉外夷货物以通有无"，这即是养尊处优的自我中心主义的流露，客观上反映出当时中国人对于世界文明发展进程的无知。认识自己固然重要，认识他者更必不可少。宽容是面对他者时，从认识、肯定到合作、共赢这一文化过程的双向产物，在良性循环中，促进人类社会的文明进步。

　　一般而言，对应于经济的宽容是最容易做到的。在对他者无所求的情况下能保持宽容，实属不易；在对他者有所求的情况下保持宽容，不伤害对方而促进自己发展，获得双赢，则更不容易。宽容应该成为相互对待的行动标准，当我们对他人宽容时，也极易得到他人对我们的宽容，所以宽容的行动者应该互为主体。然而，具有较强地位的行动者可能设想，当我可以轻而易举消灭弱者时，为什么还要宽容对方呢？如果能从狭隘中获得的利益比宽容时还要大时，为什么还要保持宽容？答案就是狭隘在局部范围、短时间内可能为某一行动者带来利益，但是从长远结果看，狭隘是戕害人类文明的一把利剑，最终不会有赢家。宽容是文化多元的有力保障，应该作为价值理性而非工具理性。

4. 宗教生态的比较分析

　　马克思精辟地指出："至于宗教，可以归结为一个一般的、从而是易于回答的问题：为什么东方的历史表现为各种宗教的历史？"① 这为东方宗教的多元特征提供了概貌。一般来说，越是宗教多元、派别多样的地域，越容易形成宗教宽容。关于教派，韦伯的界定是："就社会学的意义而言，教派一词指的是由宗教达人或具有特殊禀赋的宗教人士所组成的一种排他性的团体，成员必须通过资格审查，并以个别身份加入。相反的，作为一种普世的、大众救赎之机构的教会，就像国家一样，认为每个人或至少其成员的所有子孙，从一出生即属于此一团体。"② 韦伯进一步指出，"纯正的教派必然是支持国家与教会分离和宽容的"，他将教派与教会相比较分析前者主张宽容的原因有四："一、教会根本就不是一个用以压制罪的普遍性救赎就够，其不能容忍政治控制与规制的程度，并不低于其对教权制之控制与规制的拒斥；二、没有任何官职权力能够施予不够资格的个人救赎，并且，政治权力之于宗教问题上的任何运用，都是毫无意义可言的，或者根本就是魔鬼的勾当；三、教派与教外者毫不相干；四、总而言之，在其不愿放弃其存在于活动之最内在的宗教意义的情况下，教派本身除了是个由宗教上够资格者绝对自由地形成的团体外，并无其他。"③

---

　　① ［德］马克思、恩格斯：《马克思恩格斯全集》第28卷，人民出版社1990年版，第255页。

　　② ［德］马克斯·韦伯：《印度的宗教：印度教与佛教》，康乐、简惠美译，广西师范大学出版社2010年版，第8页。

　　③ ［德］马克斯·韦伯，《支配社会学》，康乐、简惠美译，广西师范大学出版社2010年版，第425页。

韦伯以具体实例论述说："诸如罗马、中国、印度、日本这些政教合一的国家里，是说得上良心的自由与宽容的，因为他们都允许被其征服或兼并的国家之各种可能的崇拜存在，并且没有任何宗教的强制。然而，此中自有其原则上的界限，亦即政治权力之国家的官方崇拜，诸如罗马的皇帝崇拜、日本之宗教性的天皇崇拜或者包括中国的皇帝之上天崇拜在内，是皆基于政治理由而非宗教……真正的教派必然在特殊的宗教理由之下要求政治权力的不干涉与'良心的自由'。"①

宗教改革之后，基督新教内部出现了大量新兴教派，其中以贵格会等倾向于宗教宽容。贵格会又称教友派或者公谊会，是基督教新教的一个派别。该派成立于 17 世纪，创始人为乔治·福克斯，因一名早期领袖的号诫"听到上帝的话而发抖"而得名，中文音译贵格会，意译为"震颤者"。该派反对任何形式的战争和暴力，不尊敬任何人也不要求别人尊敬自己，不起誓，主张任何人之间要像兄弟一样，主张和平主义和宗教自由。贵格会信徒曾受到英国政府迫害，与清教徒一起移民到美洲，但又受到清教徒的迫害，大批贵格会教徒逃离马萨诸塞州而定居在罗得岛州和宾夕法尼亚州等地。该教会坚决反对奴隶制，在美国南北战争前后的废奴运动中起过重要作用。贵格会在历史上提出过一些很进步的思想，其中一部分现在得到广泛接受。

实际上，仅仅存在一种宗教信仰并不意味着没有纷争。相互联系的多元宗教之间在生态文化上的关系，既有同心圆式的，也有叠合圈式的，也可由两种类型复合而成更复杂的关系类型。在中国古代，儒、释、道三教即是相对权威的中心型宗教，无数民间宗教派别由之衍生出来，但三教的伦理道德主张始终是众多民间宗教的典范。即使有政治野心的民间教派也是针对政府而不针对其他宗教。

五 从宗教宽容到宗教和谐

一部宗教宽容的历史就是对宗教狭隘进行反思与批判的历史。按照霍尔巴赫的说法，宗教产生仇恨、政治腐败、民族迷信，毒害人类精神，宗

---

① ［德］马克斯·韦伯，《支配社会学》，康乐、简惠美译，广西师范大学出版社 2010 年版，第 425—426 页。

教必须排除独断论的危害。经历启蒙运动以及人类文明的发展进步，碎片化思想和理论闪光最终汇集成为时代主题，宗教内人士也逐渐接受宽容的价值标准。德国神学家施莱尔马赫（Schleiermacher，1768—1834 年）主张放弃"应该只有一种宗教"的无益而愚蠢的希望，抛掉对宗教多样性的所有厌恶。① 可以说，宗教宽容的核心是允许多元宗教共存，二者互为表里，为人类文明保留了一笔宝贵财富。宗教宽容必须成为现代人的基本文明素质之一。孔子说："如有周公之才之美，使骄且吝，其余不足观也已。"② 对于宗教来说也是如此，宗教狭隘主义可以将宗教的美德"一票否决"。

一部宗教宽容的历史就是消除狂热而回归理性的历史，就是摒除迷信而回归人文的历史。随着人类社会的发展进步，与中世纪相比，我们已经处于相对宽容的情境。然而，当今世界民族宗教冲突频仍，不可排除背后隐藏着因宗教文化上的差异而导致的狭隘对立。没有宗教宽容就没有宗教和谐，没有宗教和谐，就没有社会和谐。我们距离真正的宗教宽容还有漫长的道路要走。除了考虑社会系统的综合作用外，我们更应该对宗教自身进行改革，通过神学思想建设、寺庙管理制度建设、僧团队伍建设、信教群众工作、文化建设、经济建设与社会服务等方面的实践，引导宗教走向人文化、理性化、民主化、道德化、社区化、公益化、现代化的发展之路，从根本上促进宗教宽容。宽容并非无原则地一味容忍退让，而是通过对他者的宽容谅解而推动对方的和谐增长。即是说，我们应倡导积极的宽容，抑制消极的宽容。在现代社会中，宗教宽容仍然是"尚未完成之工程"，需要我们共同努力完成。

（一）相关概念辨析

要想更为深入地了解宗教宽容的历史、现状与发展，就要系统地分析宗教不宽容的相关表现。在人类宗教发展史上，宗教宽容的历史不过两百年，而宗教不宽容的历史超过两千年，后者比前者给人类文明的影响更为深远。因此我们有必要先了解一组与宗教不宽容有关的术语：宗教偏见、宗教歧视、宗教迫害、宗教专制主义。这组术语在内涵上逐渐从个体扩展

---

① ［德］施莱尔马赫：《论宗教》，邓安庆译，人民出版社 2011 年版，第 214 页。
② 《论语·泰伯第八》。

至社会，在外延上从心理状态逐渐固化为社会制度，从而在客观上给人类文明进程带来较大破坏。宗教偏见、宗教歧视等极端主义的心理、态度是宗教不宽容的认识论源头，而宗教迫害、宗教专制通过各种措施反过来又深化、固化了这些不良认识，形成心理—行为—制度的恶性循环，并同世俗利益交织在一起，越来越难以和解。

1. 宗教偏见

宗教偏见是根据不真实信息或刻板化印象对宗教作出的一种负向主观判断，由之形成保守化的意向性态度，并作出封闭化的社会性表达行为。宗教偏见既包括宗教之间的偏见，也包括宗教与世俗社会之间的偏见，前者为狭义概念，后者为广义概念，本文主要指前者。宗教偏见是宗教不宽容精神的认识论起点，一方面由于宗教自身的缺陷，另一方面也因为外在体系的结构性缺陷。其特征是以偏概全，将个别教徒的不良行为过分夸大化、固执化、刻板化和广泛化，为整个宗教涂上一层污色。例如，谈到天主教则联想起性虐待儿童；说到伊斯兰教，则联想起恐怖袭击与原教旨主义；谈到佛教密宗则联想起男女双修；谈到道教则联想起房中术等。一则报道说，在英国伦敦，乘客看到一名伊斯兰教徒司机在公交车上祷告，且车上有一个背包，竟然没有人敢上车。宗教偏见是渐次生成的，生成之后很容易在更大的社会范围内传播并在代际之间传承，并逐步被赋予了深刻的政治、文化、社会以及历史意义。宗教偏见一经产生，并在更为广阔的社会范围内固化，则会形成一种强大的压制性力量。恩格斯指出："谁要反对某种陈旧的、极受人尊重的偏见，谁就会加倍地倒霉，假如这种偏见是宗教偏见，那他就会倒霉透顶。"[①]

宗教之间的冲突，往往由偏见引起。韦伯指出，"宗教性怨恨观念的发展，可能是受到下列两类因素的影响：一是特定的禁欲理论，二是特殊的神经质的倾向。"[②] 战斗无神论者霍尔巴赫在《袖珍神学》中以调侃的语气写道："仇恨，是好基督徒身上非常值得称赞的感情。僧侣认为，为了神的利益需要激起这种感情，因为神的敌人全都是教士的敌人。这样，根据僧侣的指示，虔信的基督徒可以心安理得地仇恨任何引起僧侣不满的

---

① ［德］马克思、恩格斯：《马克思恩格斯全集》第 1 卷，人民出版社 1995 年版，第 627 页。
② ［德］马克斯·韦伯：《宗教社会学》，康乐、简惠美译，广西师范大学出版社 2011 年版，第 142 页。

人而不违背爱邻人的原则。"① 显然，宗教偏见将阻碍宗教间的对话交流，形成彼此敌视态度，并逐渐形成制度性的隔阂。只有深入接触、交流、对话、理解之后，宗教之间才能逐渐消除隔阂与偏见而实现和谐共处。

2. 宗教歧视

宗教歧视是因为信仰上的差异，而对某种宗教及其信徒进行的整体性贬斥态度与各种不公平的制度安排。宗教歧视以信徒身份为中心，表现在教理教义、仪式制度、信仰行为等方方面面，并以此严格划分"我群体"与"他群体"的概念，与社会分层、政治待遇联系起来。凡是信仰同一宗教的"自己人"，则享受较高的待遇；凡是信仰不同宗教的"异端"，则剥夺各种参与机会。宗教歧视是占优势地位的宗教对弱势宗教采取的不公平、不合理、排斥性的制度行为，其程度有轻重之分。较轻的如近代以来，基督教在云南少数民族地区传播时采取的区别对待措施，基督教信徒可以免费就学、看病，而信奉民族宗教的群众则需要交钱，以此作为吸引信徒的手段；较重的如公元 7 世纪伊斯兰教在其武力征服的地区，对非穆斯林群众征收重额赋税，从而胁迫他们信仰伊斯兰教。从本质上说，宗教歧视是宗教偏见的行为化显现与制度性安排，在特殊情境下还可与社会歧视结合起来，形成根深蒂固的社会等级传统。例如，古印度的种姓制度中僧侣贵族婆罗门居于顶层，而法国大革命之前天主教僧侣也高居第一等级。在宗教不宽容的心理与行动谱系上，宗教歧视居于中间地位，虽然有过激的敌对行为，但还是允许宗教异端以较为消极的姿态存在。化解宗教歧视应从消除宗教偏见开始，从个体心理到社会心态、从微观措施到宏观制度都应形成包容差异、尊重多元的情感与行动安排。

3. 宗教排斥

宗教排斥是在宗教偏见与宗教歧视的基础上，在较大的范围内，通过政治性、社会性、经济性、文化性措施对某种宗教及其信徒实施的排挤、驱逐行为。"宗法社会之民，未有不乐排外者……此不待教而能者也。"② 一般而言，宗教或多或少都具有排外性，尤其是崇奉独一真神的宗教，将不可崇拜偶像、不可有其他神灵信仰写入教条。宗教的内在排斥性一旦被

---

① ［法］保尔·霍尔巴赫：《袖珍神学》，周以宁、单志澄译，商务印书馆1996年版，第28页。

② 张枬、王忍之编：《辛亥革命前十年间时论选集》第 1 卷，三联书店 1960 年版，第784页。

社会制度放大成结构性的行为，则将在更大社会范围内造成破坏。实际上，主体强势宗教必须依靠宗教之外的政治、社会力量才能实现对弱势宗教的排斥，达到垄断信仰市场的企图。如伊斯兰教历史上的第二任哈里发欧麦尔借助强大的军事政治力量，驱逐阿拉伯半岛上的犹太人和基督教徒，规定非伊斯兰教徒必须缴纳人丁税。宗教排斥必然导致宗教迫害，即使信仰环境相对宽容的中国古代，也曾发生过"三武一宗灭佛法案"①。此外崇信道教的宋徽宗赵佶也对佛教采取排斥态度。《西游记》中描述的车迟国、祭赛国、玉华州的国王，或者因崇信道教而排挤佛教，或者因偏听偏信驱逐僧人，实际上是对明世宗朱厚熜崇信道教的写照。因为宗教的载体是特定的社会人群，宗教排斥必然导致社会排斥。在中国历史上，居于主流地位的儒教、土生土长的道教面对日渐壮大的外来宗教——佛教曾采取排斥主义的态度，但在世俗政权基于政治稳定目的而进行的调解下，最终达成和解。

4. 宗教迫害

宗教迫害的心理性根源在于宗教偏见、宗教歧视，是以"合法化"的手段对异端宗教及其信徒进行的严重压迫与损害行为。迫害者采用思想压制、肉体消灭、法律制裁、社会排斥等极端措施消灭异己宗教，控制信徒行为，不仅侵犯了宗教信仰自由权利，也侵犯了基本人权，是一种严重犯罪行为。例如，在18世纪，法国宣布胡格诺新教徒的婚姻无效，剥夺其子女的继承权；天主教的宗教裁判所也大肆迫害持异端思想和怀疑态度的进步人士；英国清教徒被剥夺了圣公会教徒所享有的公民权利，排斥在公共职务和大学校门之外。正如学者批评的那样，"代替基督教之爱的是对一切异教徒的疯狂仇恨，而火和剑不但屠杀了异教徒，而且也屠杀了那些已较好地认识到要敢于反对教皇绝对权力主义迷信教条的基督教教派……教皇的权力一连几个世纪在其高位上惨苦蹂躏着妨碍它统治的一切"②。"宗教认为有害社会的行为不是犯罪，而有害僧侣的行为是犯罪。"③ 在宗教狂热的氛围下，宗教迫害却披上了神圣化、合法化的外衣，

---

① "三武一宗"指北魏太武帝拓跋焘、北周武帝宇文邕、唐武宗李炎、后周世宗柴荣。

② ［德］恩斯特·海克尔：《宇宙之谜》，苑建华译，陕西人民出版社2005年版，第300页。

③ ［法］保尔·霍尔巴赫：《袖珍神学》，周以宁、单志澄译，商务印书馆1996年版，第36页。

不以为罪恶，反以为正义。整个社会也由之笼罩在不宽容的高压氛围之下，整个社会制度成为参与宗教压迫的工具，异教徒若想免于宗教迫害，必须从现有社会中逃离出去。

为反抗英国国教的迫害，分离派清教徒纷纷前往北美殖民地，在1620 年 9 月 16 日开往北美的第一艘帆船"五月花号"上发表宣言："此行的目的乃是荣耀上帝，以及传扬基督的信仰。"在日益多元化的世界中，宗教控制政治、垄断社会资源的时代一去不返。罗素指出："在一个现代的、紧密结合在一起的世界中要得到幸福，你就必须容忍你的邻人也幸福，无论你可能是多么仇恨他。"[1] 宗教必须反思自我，将信仰行为嵌入到理性制度中去，重新评判不宽容的价值信条，消除宗教原教旨主义、沙文主义、激进主义以及宗教优越感，作为纯粹的信仰形式而实现宗教间的和谐相处，同时积极服务社会，成为推动社会良性运行的力量。

5. 宗教专制

宗教专制是指宗教控制并垄断政治、经济、社会、思想、文化诸资源，以神圣信仰为名义、以神学价值为标准、以宗教组织为核心、以世俗取向为利益而形成的一种特殊制度。恩格斯指出："封建制度的巨大的国际中心是罗马天主教会。它在尽管发生各种内部战争的条件下还是把整个封建的西欧联合为一个大的政治体系，同闹分裂的希腊正教徒和伊斯兰教的国家相对抗。它给封建制度绕上一圈神圣的灵光。它按照封建的方式建立了自己的教阶制，最后，它本身就是最有势力的封建领主，拥有天主教世界的地产的整整三分之一。要想把每个国家的世俗的封建制度成功地各个击败，就必须先摧毁它的这个神圣的中心组织。"[2]

宗教专制往往同君主专制结合起来，恩格斯说："路德的宗教改革确实创立了一种新的信条，一种适合专制君主制需要的宗教。德国东北部的农民刚刚改信路德教，就从自由人降为农奴了"[3]。宗教专制内含着宗教权威与宗教压制的结构，不论对方愿意与否，都将特定的宗教信仰强加给别人，如果遇到反抗，则采取暴力手段进行压迫。欧洲中世纪的基督教会是宗教专制的典型势力。彼时，基督教在罗马建立了教皇国，其势力一度

① ［英］罗素：《论历史》，何兆武等译，三联书店 1991 年版，第 216 页。
② ［德］马克思、恩格斯：《马克思恩格斯选集》第 3 卷，人民出版社 1972 年版，第 390 页。
③ ［德］恩格斯：《社会主义从空想到科学的发展》，1892 英文版导言，人民出版社 1995 年版，第 13 页。

凌驾于王权之上，国王要借助罗马教皇的加冕才能获得统治的合法性，教皇有权开除君主的教籍，不仅在神学上剥夺了其"进入天堂"的权力，而且实际上也操纵了西欧不少君主的罢黜之权。教会严格控制科学思想的传播，使哲学成为神学的婢女；拥有独立的裁判权，可以随意审判被怀疑为异端倾向的人员，动辄处以火刑。1096—1291 年，罗马教皇以"从伊斯兰教手中夺回圣城耶路撒冷"为号召，连同西欧封建领主发起了九次"十字军东征"，在地中海东岸"争地以战，杀人盈野；争城以战，杀人盈城"，导致了极大破坏。德国学者海克尔指出："在臭名昭著的异端裁判长托尔奎马达（1481—1498 年）手下，单单在西班牙就有八千名异教徒被活活烧死，九万人被剥夺了财产和受到最严厉的忏悔处罚；同时在荷兰的查理五世统治下，死于宗教屠杀的至少有五万人"；"在罗马天主教极盛时期，约有一千多万人成为基督之爱的狂热的信仰仇恨的牺牲品，还有远远超过一千万的人暗中牺牲于独身、告解和良心逼迫上，这是教皇专制主义为害最广和最可诅咒的制度"①。空想社会主义者圣西门在他的最后一本著作《新基督教》中"指控天主教成立的两个与基督精神完全背道而驰的机构，这就是宗教裁判所和耶稣会"，指出"宗教裁判所的精神是专横和贪婪；宗教裁判所的武器是暴力和残酷"②。教会宣传只有将一切献给上帝死后才能升入天堂，并通过买卖圣职、兜售赎罪符、征收什一税等，积累了惊人财富。宗教专制具备世俗专制的一切特点，同时也具备自己的特点，其中最为突出的是奉神圣之名行世俗之事。宗教专制是宗教不宽容的制度性根源，具有偏执性、独断性、随意性、狂热性等特征，其直接后果是某一宗教唯我独尊，形成对异端、其他宗教乃至整个社会的偏见与迫害。实际上，宗教在内部也不断采取压制手段，否定人的基本需求，向外采取措施压制各种可能危害信仰统一性的事物也就不难理解。所谓"佛袈裟下失人身，重得人身有几人"，宗教在专制主义的泥淖中越陷越深，自身也成为受害者。休谟指出，"宗教在政治上的专断，只会使得势的教派气焰嚣张，带来无止境的争吵、竞争、迫害和内乱"③。宗教宽

---

① ［德］恩斯特·海克尔：《宇宙之谜》，苑建华译，陕西人民出版社 2005 年版，第300 页。

② ［法］昂利·圣西门：《圣西门选集》第 3 卷，董果良、赵鸣远译，商务印书馆 1985 年版，第 174 页。

③ ［英］休谟：《自然宗教对话录》，陈修斋、曹棉之译，商务印书馆 1962 年版，第 91 页。

容的实现，必须打破宗教专制主义、独裁主义以及集权主义。

（二）宗教宽容的内在结构

宽容是面对差异时，客观肯定并欣赏对方价值，以宽和包容的态度允许对方存在的积极状态。伏尔泰的名言"我不能同意你说的每一个字，但是我誓死捍卫你说话的权利"，彰显了一种宽容的态度。迈克尔·沃尔泽指出："宽容是指一个人虽然具有必要的权力和知识，但是对自己不赞成的行为也不进行阻止、妨碍或干涉的审慎选择。宽容是个人、机构和社会的共同属性。"① 宗教宽容即是特定宗教或社会团体容忍异教或异端存在，毫无偏见地包容与自己不一致的宗教观点。相对于宗教狭隘主义，宗教宽容首先在认识上消除对异教的偏见，其次在情感上不因宗教差异而有所歧视，同时在行动上不因信仰身份不同而排斥异己，在社会制度上有营造宽容和谐氛围的组织机构，能发现不同宗教的价值，进而予以多元化的接纳吸收。从内在结构看，宗教宽容包含思想、心态、行动、政策四重维度。世界各大宗教中蕴含着丰富的有关宽厚包容的思想智慧，而世界各民族的世俗伦理也将宽恕容忍奉为黄金律则。然而在人类历史长河中，因宗教信仰之间的差异而不惜刀戈相见的流血冲突事件并不鲜见，使经典文本中论述宽容的话语成为一纸空文。洛克在批评基督教的狭隘主义时指出，"福音书迭次宣布，基督的真正门徒一定要忍受迫害，但是说基督的教会应当去迫害别人，甚至以火和剑来强迫人们接受它的信仰和教义，这却是我在《新约》的任何章节里永远无法找到的"② 。要理解这一思想与行动之间的吊诡现象，必须对宗教所处的不同社会情境进行分析。

迪尔凯姆指出，"一切行为方式，无论它是固定的还是不固定的，凡是能从外部给予个人以约束的，或者换一句话说，普遍存在于该社会各处并具有其故有存在的，不管其在个人身上的表现如何，都叫社会事实"③ 。宗教宽容作为一项社会事实，对人类社会以及个体发展产生了重大影响。在这项社会事实中，宗教既可以作为主体，也可以作为客体，即是说，宗

---

① ［美］迈克尔·沃尔泽：《论宽容》，袁建华译，上海人民出版社 2000 年版，第 67 页。

② ［英］洛克：《论宗教宽容——致友人的一封信》，吴云贵译，商务印书馆 1982 年版，第 4、11 页。

③ ［法］E. 迪尔凯姆：《社会学方法的准则》，狄玉明译，商务印书馆 1995 年版，第 34 页。

教宽容包括社会对宗教、宗教对社会、宗教对宗教三种层次上的宽容。三者缺一，就不能实现真正意义上的宗教宽容。用哲学的语言说，宗教宽容应实现主体客体化与客体主体化的有机统一。宽容应内化为宗教思想结构中的关键性要素，同时也外化为指导宗教与宗教以及宗教与社会关系的行动准则。

1. 作为思想形式的宗教宽容

（1）各大宗教经典关于宽容的思想

中国古代社会对宗教宽容的环境与占统治地位的儒家思想中富含宽容精神有一定的关系。《论语·为政第二》载孔子言论："攻乎异端，斯害也已"，历来注释者众说纷纭，其重点则围绕"攻"字的解释展开。我们倾向于将这句话理解为"以狭隘的态度攻击与自己不同意见的人，是非常有害的"，这一理解符合孔子主张宽容和善的一贯之道。《论语·阳货篇第十七》记载，孔子将"恭、宽、信、敏、惠"作为仁政的内容，指出宽厚则能得到民众的拥戴。孔子将宽厚中和奉为统治阶级的政治美德，《论语·八佾第三》说："居上不宽，为礼不敬，临丧不哀，吾何以观之哉？"孔子的宽和思想对其弟子和后世产生了深远影响，《论语·子张第十九》记载子张听到的孔子教诲："君子尊贤而容众，嘉善而矜不能。我之大贤与，于人何所不容？我之不贤与，人将拒我，如之何其拒人也？"意思是说，尊重贤人、嘉奖好人容易做到，而容纳普通人、同情能力差的人却是更高的道德要求。实际上，君子应时刻提升自己的修养，提高自己的容人之量。正如《易经》所言，"天行健，君子以自强不息；地势坤，君子以厚德载物"，《中庸》也主张："万物并育而不相害，道并行而不相悖。"宽容是温文尔雅的君子应该具有的美德，也是君子个人修养的体现。如果自己做得很好，什么人都可以容纳；如果自己做得不好，没有人愿意同自己交往，又何从谈起拒绝排斥他人呢？以儒家道统自居的韩愈在《原毁》一文中指出，"古之君子，其责己也重以周，其待人也轻以约"，将宽容作为君子的基本品质。律己严、待人宽是一种美德，反过来待人严、律己宽却是一种恶行。由之可以看出，宽容是一种指向他者的道德规范与行动准则。可惜的是，人们往往将宽容的指向倒转过来，一味指责别人而从不反思自己。

佛教是提倡宽和平等的宗教，将布施、持戒、忍辱、精进、禅定、智慧奉为达到彼岸、涅槃成佛的六种基本方法。所谓忍辱包括向内向外两个维度，既要忍受一切攻击辱骂和恶劣环境，也要克制内心的各种欲望。《金刚经》提到"忍辱仙人"遭哥利王无端肢解而心无嗔恚，最终使哥利王皈依修道的故事，指出真正的佛教徒"无我相、人相、众生相、寿者相"，所以不会心生嗔恨。《无量寿经》倡导佛教徒应"于一切万物，随意自在，为诸庶类，作不请之友"；"兴大悲，愍众生。演慈辩，授法眼。杜三趣，开善门。以不请之法，施诸黎庶。如纯孝之子，爱敬父母。于诸众生，视若自己，一切善本，皆度彼岸"。① 在印度佛教思想中，有"禁食、苦行固然佳，宽恕罪过更伟大"的教诲。对于宽容的品质，佛教《梵网经》等从心理学的角度进行了翔实解析，将之同"慈、悲、喜、舍"四无量心结合起来，不分亲仇善恶，不可以怨报怨。《大乘百法明门论》对于同狭隘有关的心理品质如六种根本烦恼：贪、嗔、痴、慢、疑、不正见以及二十种随烦恼：忿（嗔心遽发）、恨（嗔藏心内）、恼（恨之极点，恼怒形于外）、覆（愤恨藏于心，待时暗害人）、诳（假仁假义）、谄（谄媚）、憍（自负）、害（损害于人）、嫉（妒忌）、悭（悭吝）、无惭（不知惭，自视太高）、无愧（不知愧不如人）等，进行了细致入微的分析。佛教认为犯有过错甚至十恶不赦之人，只要放下屠刀，也可立地成佛。曾经受业于鸠摩罗什的中国高僧竺道生"孤明先发"，认为即使不信佛法或断了善根的"一阐提"之人也具备佛性，彰显了中国佛教的宽容精神。而佛教经常举行的各种"解冤"仪式，以独特的宗教逻辑告诉人们"冤仇宜解不宜结"，应以宽容之心善待他人。

道家和道教根本经典《道德经·第八章》以水来比喻最高道德："上善若水，水善利万物而不争，处众人之所恶，故几于道。居善地，心善渊，与善仁，言善信，政善治，事善能，动善时"，指出跃居于高位者越应具备谦下的品质，越应具有容人之量，"致虚极，守静笃"，将谦虚、慈善、宽容、仁爱、诚信作为行动准则。体悟最高道德的人，能够具备最高的宽容品质，对于万事万物无所不包，"善人者不善人之师，不善人者善人之资"；"常善救人，故无弃人；常善救物，故无弃物"②，无论事物有用无用都能使之各得其所，各安其位。《道德经·第十六章》："知常容，容乃公，公乃王，王乃天，天乃道，道乃久，没身不殆。"即是说，

① 鸠摩罗什等：《佛教十三经》，中华书局2010年版。
② 《道德经·第二十七章》。

能够包容一切才能做到大公无私，进而不偏不颇、客观公正，具备圣王的品德，从而顺天应理，合乎大道，永垂不朽。实际上，从《道德经》的通篇思想判断，该书主要阐释了统治之术，是写给统治阶级的"政治教科书"。在老子看来，宽容是一种极高的政治品德，首先应是主动式的宽容，"和大怨必有余怨，安可以为善。是以圣人执左契，而不责于人"，不要结怨于人，不要过于苛责逼迫于人；其次应是被动式的宽容，"受国之垢是谓社稷主，受国不祥是为天下王"，能够包容全国的污垢，承担国家的屈辱，解救国家的灾祸，才能成为真正的君主，这与商朝开国圣王成汤之言"朕躬有罪，无以万方；万方有罪，罪在朕躬"有异曲同工之妙。东汉末年张陵创制五斗米道，将《道德经》作为信徒必须修习的经典，后世道教徒对于《道德经》的注解层出不穷，并演化出了较为系统的宽容修道思想。例如，约出于隋唐之际的《洞玄灵宝太上六斋十直圣纪经》将"慈心万物，忍性容非"列为五戒十善之一，倡导保持慈爱之心，容忍他人的过失。唐代道士施肩吾①在《西山群仙会真记》中说："大其心容天下之物，虚其心受天下之善，平其心论天下之事，潜其心观天下之理，定其心应天下之变。"体现了道教宽容思想注重心灵修养的特征。②

《圣经》中包含了大量关于慈善、宽容、忍耐的训言，宗教宽容符合耶稣基督的福音，并同人类的理智完全一致。《德训篇》说："不宽恕人的也不得宽恕。愤恨与生气，二者都是可憎恶的，但罪人却坚持不放。"③其实，宽容别人的同时也在解放自己的心灵。"你要以己度人，在一切事上要压制自己。"④ "主的仆人不应当争吵，但要和气对待众人，善于教导；凡事忍耐，以温和开导反抗的人，或许天主会赐他们悔改而认识真理。"⑤ 同样，《圣经》，中也有关于宗教和民族狭隘主义的言论，"求你赐给那不寻找你的万民都敬畏你，让他们知道，除你以外别无天主，使他们传扬你伟大的作为。求你举起你的手来，攻击外邦的人民，使他们见到

---

① 一说施肩吾为晚唐道士，曾于唐宪宗元和十五年（公元820年）中进士，后隐居江西南昌西山修道，道号华阳真人；一说为北宋道士，隐居南昌西山，自号华阳子。

② 施肩吾撰，李竦编：《西山群仙会真记》。

③ 中国天主教主教团教务委员会编译：《圣经》，2009年，第1118页。

④ 同上书，第1122页。

⑤ 同上书，第1866页。

你的威能。求你大发雷霆，发泄义怒，铲除敌对，消灭仇人。"①　"我必向我的敌人雪恨，我必向我的仇人复仇。"②　针对基督教在思想和行动方面的悖论，斯宾诺莎说："我常怪自夸信从耶稣的人，以仁慈、欣悦、和平、节用、博爱炫于众，竟怀忿争吵，天天彼此憎恨。这倒是衡量他们信仰宗教最好的标准。而他们自称所具诸德不足为凭。"③　可以说，在以基督教为文化传统的西方社会，宽容与狭隘思想同基督教的关系同样密切。房龙在《宽容》一书中形象地描写了教会在宽容与狭隘之间的悖论："教会的支持者在为残酷镇压异教徒而辩解时，讲得都是头头是道。他们说：'教会和其他组织一样，犹如一个村庄、一个部落和一片森林，必须有一名总指挥、一套明确的法规和细则，所有成员都必须遵守。一切宣誓效忠教会的人就等于立誓尊敬总指挥、服从法规。如果他们做不到，就要根据他们自己作出的决定，自试其法，从教会滚出去。'"④

《古兰经》反复强调，"真主是至恕的，是至赦的"，会在最大限度上宽赦异教徒和罪犯，一般伊斯兰教徒也应以此为榜样宽容异己。伊斯兰的阿拉伯语原意即"顺从"、"和平"，教徒称为"穆斯林"，意为"顺从者"。在信奉伊斯兰教之前，阿拉伯的主体民族贝都因人的道德伦理中包含勇敢和宽容两项原则，前者表现为保卫自己部落，后者针对非血亲复仇之外的敌人。在统一阿拉伯世界的过程中，伊斯兰教获得广泛传播，并吸收希腊古典哲学、拜占庭政治制度、波斯文学、印度数学、中国四大发明等文明成果，形成辉煌的"阿拉伯—伊斯兰文化"，成为影响欧洲文艺复兴的重要力量。《圣训》强调，"宽恕人者愈高贵，虚心者愈进步，施济者愈富有"。伊斯兰教虽然在内向上有较为宽容的文化氛围，但在信仰上却倾向于独裁专制主义，在其所征服的地区中，强迫异教徒改信伊斯兰教。在阿拉伯国家历史上，奉行宗教宽容较为典型的是倭马亚朝王朝，其建立者穆阿维叶对基督教徒采取宽容态度，以确保叙利亚对他的忠诚，他也曾鼓励被征服的各族人民改奉伊斯兰教，并许诺与阿拉伯人享受平等的免税待遇。但是随着倭马亚王朝经济的捉襟见肘，宗教宽容的环境逐渐受到压迫。

---

① 中国天主教主教团教务委员会编译：《圣经》，2009 年，第 1127 页。

② 同上书，第 1152 页。

③ ［荷］斯宾诺莎：《神学政治论》，温锡增译，商务印书馆 1963 年版，第 7 页。

④ ［美］房龙：《宽容》，胡允桓译，生活·读书·新知三联书店 2009 年版。

整体而言，各大宗教的宽容思想可分为心灵主义与制度主义两种模式。以儒、释、道为核心的中国宗教二者兼具，因而在宗教宽容上较为彻底；而以基督教为中心的西方宗教往往具备心灵主义的宗教宽容思想，缺少制度主义的组织保障，因而在宗教宽容方面较为缺乏，甚至走向宗教狭隘主义的对立路线。

（2）马克思、恩格斯论宗教宽容

马克思、恩格斯宗教思想的本质即宗教批判，异化理论则是其最为有力的批判工具。马克思、恩格斯在批判地继承前人宗教研究成果尤其是费尔巴哈宗教思想的基础上，对宗教问题进行了深入研究。马克思在《黑格尔法哲学批判导言》中指出："反宗教的批判的根据就是：人创造了宗教，而不是宗教创造了人"；"宗教把人的本质变成了幻想的现实性，因为人的本质没有真实的现实性。因此，反宗教的斗争间接地也就是反对以宗教为精神慰藉的那个世界的斗争"；"废除作为人民幻想的幸福的宗教，也就是要求实现人民的现实的幸福"。① 在《反杜林论》中，恩格斯指出："一切宗教都不过是支配着人们日常生活的外部力量在人们头脑中的幻想的反映，在这种反映中，人间的力量采取了超人间的力量的形式。"② "当谋事在人，成事也在人的时候，现在还在宗教中反映出来的最后的异己力量才会消失，因而宗教反映本身也就随着消失。"③ 宗教必须依据其经济、社会和政治诸条件来解释，基于这一辩证唯物主义和历史唯物主义的认识，马克思、恩格斯将对神学的批判转变为对政治的批判，将对天国的批判转化为对尘世的批判。马克思、恩格斯反对借助法律、政治力量消灭宗教的行为，他们批评了普鲁士铁血宰相俾斯麦倡议的国家严格控制天主教的"五月法令"，批判了杜林企图人为消灭宗教的思想。但马克思、恩格斯批判宗教并不等于消灭宗教，宗教宽容也是他们在宗教问题上的一个基本主张，而这一点恰恰为学术界所长期忽略。

近代以来，欧洲宗教冲突在本质上是现实需求和实际利益的差异和冲突。恩格斯在《社会主义从空想到科学的发展》中指出，资产阶级在发展壮大中离不开现代理性和科学，而科学此前一直是教会的婢女，被严格

---

① ［德］马克思、恩格斯：《马克思恩格斯选集》第1卷，人民出版社1972年版，第1页。
② ［德］马克思、恩格斯：《马克思恩格斯选集》第3卷，人民出版社1972年版，第354页。
③ 同上书，第356页。

限定在宗教信仰所允许的范围内，因而作为欧洲革命因素的新兴中等阶级必然要同现存的教会发生冲突。"第一，在反对罗马教会权利的斗争中，最有直接利害关系的阶级是资产阶级；第二，当时反对封建制度的历次斗争，都要披上宗教的外衣，把矛头首先指向教会。"① 这一运动很快从城市资产阶级扩散到了乡村农民，"他们为了活命不得不到处同他们的精神的和尘世的封建主搏斗"②。马克思对费尔巴哈撇开历史的进程、孤立地观察宗教情感进行了批判，主张从人的本质角度即一切社会关系总合的角度分析宗教的本质。

要实现宗教宽容，首先应将笼罩在政治制度和社会制度上的神圣外衣剥下来，彻底打破中世纪以来形成的神学统治。马克思在《黑格尔法哲学批判导言》中，将神学统治区分为"信神的奴役制"即天主教宗教专制和"信仰的奴役制"即人人皆僧侣的世俗制度，僧侣不仅仅是一种身份，也是心灵的吃语。"路德战胜了信神的奴役制，只是因为他用信仰的奴役制代替了它。他破除了对权威的信仰，却恢复了对信仰的权威。他把僧侣变成了俗人，但又把俗人变成了僧侣。他把人从外在宗教解放出来，但又把宗教变成了人的内在世界。他把肉体从锁链中解放出来，但又给人的心灵套上了锁链。"③ 要实现宗教宽容，肉身与心灵是一对矛盾，宗教宽容不仅是心灵的维度，也应具有身体的维度。恩格斯在《德国农民战争》中评价神学统治说："中世纪是从粗野的原始状态发展而来的。它把古代文明、古代哲学、政治和法律一扫而光，以便一切从头做起。它从没落了的古代世界承受下来的唯一事物就是基督教和一些残破不全而且失掉文明的城市。其结果正如一切原始发展阶段中的情形一样，僧侣们获得了知识教育的垄断地位，因而教育本身也渗透了神学的性质。政治和法律都掌握在僧侣手中，也和其他一切科学一样，成了神学的分支，一切按照神学中通行的原则来处理。教会教条同时就是政治信条，圣经词句在各法庭中都有法律的效力。甚至在法学家已经形成一种阶层的时候，法学还久久处于神学控制之下。神学在知识活动的整个领域中的这种无上权威，是教会在当时封建制度里万流归宗的地位之必然结果。"④ 可以说，在神学统

① ［德］马克思、恩格斯：《马克思恩格斯选集》第3卷，人民出版社1972年版，第390页。
② 同上。
③ ［德］马克思、恩格斯：《马克思恩格斯全集》第1卷，人民出版社1956年版，第461页。
④ ［德］马克思、恩格斯：《马克思恩格斯全集》第7卷，人民出版社1972年版，第400页。

世俗统治紧密结合的情况下，宗教与政治相互渗透，互为支持对方狭隘利益的工具，不仅宗教异端思想遭到驱逐压迫，一切与统治地位的神学相左的文明形式也都会遭到排斥。在马克思的批判视野中，"宗教具有渗透着政治倾向的论战性的毒素，并且或多或少是有意地在为十足世俗而又极其荒诞的贪欲披上圣洁的外衣"①。

要实现宗教宽容，必须奉行政教分离，宗教应去国家化，国家也要去宗教化，即"宗教不再是国家的精神"。宗教偏见等，都带有政治的性质，如果没有国家和社会的力量推波助澜，单凭纯粹的宗教信仰形式，则难以形成较大规模的冲突。马克思指出，犹太人和基督徒之间最顽强的对立形式是宗教的对立，应该将相互对立的宗教只看成人类精神发展的不同阶段，而不应卷入政治斗争的旋涡。②"当国家从国教中解放出来，就是说，当国家作为一个国家，不再维护任何宗教，而去维护国家自身的时候，国家才按自己的规范，用合乎自己本质的方法，作为一个国家，从宗教中解放出来。"③ 同样，宗教也必须从国家中解放出来，"一个国家有几个平等的教派，而国家也不去侵犯各个教派的权利，那它就不可能是一个宗教国家，它便不再是那种把其他宗教的拥护者指责为异端、根据信仰配给每片面包并把教义变成个人和他作为国家公民的存在之间的唯一纽带的教会了"④。马克思认为，宗教、国家的结合，使双方都具有了不完备性。"只有消灭了世俗桎梏，才能克服宗教狭隘性。"⑤

要实现宗教宽容，就必须废弃以宗教和神学为标准对个人或团体进行身份划分，进而推行差异化的区别待遇。马克思在论述土耳其宗教及其政府宗教政策时观察到，"古兰经和以它为根据的伊斯兰教法律把各个不同民族的地理和人文归结为一个简便的公式，即把他们分为两种国家和两种民族—正统教徒和异教徒。异教徒就是'哈尔比'，即敌人"。当时土耳其社会，地位最高的基督徒在遇见社会下层的穆斯林时也必须让路。在非此即彼的对立思维下，宗教之间的冲突倾向必然增强。应正视并尊重每个人的正当宗教需求，"每一个都应当有可能实现自己的宗教需要，就像实

① ［德］马克思、恩格斯：《马克思恩格斯全集》第 1 卷，人民出版社 1956 年版，第 59 页。
② 同上书，第 421 页。
③ 同上书，第 426 页。
④ 同上书，第 425 页。
⑤ 同上。

现自己的肉体需要一样"①。如果宗教本身使人民的生活境况变得更坏，社会宽容情境变得更差，则人民应该抛弃该宗教或者进行宗教改革。宗教改革只是在信仰范围之内进行的改革，他们的宗教哲学思想依然带有神学的印记。

要实现宗教宽容，必须实现真正的宗教信仰自由。1832 年 8 月 15 日即圣母升天节里，教皇颁布通令说，凡人皆有信仰自由之权利，此实属荒谬之论，而出版自由则为首恶。对此，马克思进行了严厉批判。在《论犹太人问题》中，马克思引述了 1791 年人权和公民权宣言以及美国宾夕法尼亚宪法等有关宗教信仰自由的条款规定，指出信仰任何一种宗教、用任何方式信奉宗教、举行自己特殊宗教仪式的权利是一项基本人权。1791年《人权宣言》指出："自由是人在不损害他人权利的条件下从事任何事情的权利，自由就是做一切对他人没有害处的事情的权利。"当然，宗教信仰自由不能妨碍他人和公共利益。

要实现宗教宽容，就必须使宗教独立于法律之外，使之成为纯粹的道德形式。"人在政治上从宗教中解放出来，也就是把宗教从公法范围内驱逐出去，转到私法范围。"② 绝对权力导致绝对腐败，宗教掌握太多资源也极易戒律弱化、道德废弛，走向腐败之路。有时候，人们为了宗教上的一些"可笑的特权"，如"占有伯利恒星、随便一块什么样的帷幕、圣殿的钥匙、祭坛、陵墓、宝座、圣枕"③，大打出手，流血不止。马克思对诸如此类的宗教狂热进行了深刻批判，我们应该以促进人类幸福为目标为宗教立法，而不是相反。

（3）近代西方思想家论宗教宽容

经过漫长的宗教狭隘主义和宗教专制主义以及无数宗教冲突、宗教迫害和宗教战争，近代欧洲有识之士逐渐认识到，"在民族之间用火与剑来相互残杀的所有战争中，以宗教战争最为残酷，在所有破坏家庭和个人幸福的纠纷中，又以因宗教信仰不同而引起的宗教纠纷最令人愤恨"④。18世纪，欧洲争取宽容的运动势头大增，反教权主义、改革呼声以及对宗教

---

① ［德］马克思、恩格斯：《马克思恩格斯全集》第 1 卷，人民出版社 1972 年版，第 23 页。

② ［德］马克思、恩格斯：《马克思恩格斯全集》第 1 卷，人民出版社 1956 年版，第 429 页。

③ 同上书，第 183 页。

④ ［德］恩斯特·海克尔：《宇宙之谜》，苑建华译，陕西人民出版社 2005 年版，第 286 页。

信仰的批判等法国启蒙运动的重要内容无疑声援了宽容运动。伏尔泰的名字通常与宽容问题联系在一起，重农学派和杜尔哥等重农主义追随者也拥护宽容思想，大批泛神论者、自然神论者对基督教信仰进行反思，提倡理性信仰，抨击了宗教狭隘主义和教条主义。① 莱辛、门德尔松等德国作家不断呼吁以道德和理性为基础的宽容。德国境内星罗棋布的共济会强调人类普遍的手足之情，为宽容提供了哲学上的支持，中欧德语地区官方对于宗教多样性表现出不同的态度。可以说，欧洲文艺复兴和启蒙运动的火把最先从提倡宗教宽容开始点燃。经过启蒙运动的洗礼，宗教宽容逐渐成为欧洲的主流社会思潮。其中，洛克的宗教宽容思想较为集中，较有代表性。

　　① 洛克的宗教宽容思想

　　邹化政在《人类理解论研究》一书中指出："英国 17 世纪中等阶级的清教徒，一般都宽容而忠厚，富有道德精神，有自信力，并且热爱自由。洛克的父母就是清教徒，康德的祖先和父母也都是清教徒。"② 作为自由主义思想家和启蒙运动主力的洛克宗教宽容思想的最大特征是将政教分离、信仰自由同宗教宽容结合起来，并为世界许多国家的宪法所采纳。洛克首先基于政治学的立场为宗教划定清晰的界限，主张将教会的功能仅限于灵魂拯救，不能以此为手段控制公民的身份。人们可以自由选择加入某一教会，也有权自由退出该教会。教会只能管辖宗教事务，"不应、也不能受理任何有关公民的或世俗财产的事务，任何情况下都不得行使强力"，对于持有异端思想的教徒，教会只能采取规劝、训诫和勉励的方法，最多将之开除教籍，而不能进行肉体迫害。宽容应该成为教会的基本职责。

　　当时的欧洲充满各类宗教冲突，尤其是宗教改革之后形成的诸多基督教派别除了同罗马天主教争吵，彼此也因为宗教教义、仪式、制度等方面的小差异纷争不已。同时，世俗政权往往与某个宗教派别结合起来，为实质性的宗教冲突加油添火、推波助澜，残酷的宗教战争、迫害乃至屠杀屡见不鲜。相同教派的身份认同甚至是政治认同的必要条件，所谓 1688 年

────────────────

　　① ［法］亚历西斯·德·托克维尔：《旧制度与大革命》，桂裕芳、张芝联、冯棠译，商务印书馆 2012 年版，第 187 页。

　　② 邹化政：《人类理解论研究》，人民出版社 1987 年版，第 116 页。

的英国"光荣革命"，起因在于英国资产阶级和新贵族为了防止信奉天主教的詹姆斯二世复辟天主教，而从荷兰迎接詹姆斯二世的女婿、清教徒、荷兰执政奥兰治亲王威廉及其妻子玛丽来英国，以保护宗教和财产自由。在这种情境下，洛克将批判的矛头直接指向政教不分的旧制度，指出教会以拯救灵魂为借口插手世俗政治，不符合基督教的原初精神。"虽然没有绝对地摆脱一切谬误，但只要他们不试图建立对他人的辖治，不对曾经教育过他们的教会要求民法豁免权，也就没有任何合理由不对他们实行宽容。"洛克指出，一个真正的基督徒，应该具备仁爱、温顺、宽容、忍让的美德，以此实现"纯正的教会"。当然，洛克的宗教宽容思想也有局限性，其对象不包括无神论者。"那些否认上帝存在的人，是根本谈不上被宽容的。诺言、契约和誓言这些人类社会的约制对无神论者是不可能具有约束力的。虽然他们只是在头脑里摒除了上帝，但却使一切化为乌有。此外，那些以无神论来破坏和毁灭一切宗教的人，也便不可能以宗教为借口，来向宽容的特权进行挑战。"毫无疑问，洛克的宗教宽容思想对当时英国乃至整个欧洲摆脱宗教狭隘主义以及宗教狂热，推动社会文明进步，起到了不容忽视的作用。

②激进主义与保守主义的两种态度立场

除洛克之外，西方启蒙思想家如伏尔泰、卢梭、霍尔巴赫、亚当·斯密甚至宗教界人士如让·梅叶等人都曾公开提倡宗教宽容。我们认为，可以将当时形形色色的宗教宽容思想分为激进主义和保守主义两种立场。激进主义同宗教批判紧密相连，甚至主张消灭宗教，如战斗无神论者霍尔巴赫认为，无知和恐惧是宗教产生的根源，将宗教看作"傻子遇到骗子"的产物。自然神论者伏尔泰最初持较为激进的立场，将天主教看作"一些狡猾的人布置的一个最可耻的骗人罗网"，批评教皇为"两足禽兽"，教士为"文明恶棍"，号召"每个人都按照自己的方式同骇人听闻的宗教狂热作斗争"。不过，伏尔泰晚期逐渐倾向保守主义的立场，认为宗教有助于控制人类情欲和恶习，是统治人民必不可缺的工具，"即使没有上帝，也要造出一个上帝来"。卢梭主要对基督教狭隘的神学思想进行了批判："无论哪一个上帝，要是他单单只挑选一个民族而排斥其他的人类的话，他就不是人类共同的父亲；要是他使得最多数的人注定要遭受永恒的痛苦，他就不是我的理性所告诉我的慈悲和善良的神。"① "如果硬要他们信仰荒唐的事物，结果不是导致狂热就是导致怀疑。"② 以经济学之父闻名的亚当·斯密在其《国富论》中则对基督教的专制主义进行批判："在东罗马帝国存续的期间，希腊教士不知曾在君士坦丁堡惹起了多少次革命，往后几百年间，罗马教士也曾在欧洲各地惹起了许多次动乱，这些事实充分证明了，一国君主如没有控制国教或统治宗教教师的适当手段，他的地位，就该是如何危险，如何不安定。"③ 而控制的手段，是"使教士阶级大多数人有所恐惧而又所有希求。褫职或其他处罚，是他们所恐惧的；升迁禄位，是他们所希求的"④。实际上，当时的有识之士普遍提出宗教权力必须限制在有限范围之内，国家为了自身安全以及社会和平必须控制宗教；君主应掌握牧师的任免权，成为教会的真正首脑；应以非暴力的手段，引导宗教走向纯粹道德的发展道路。

宗教宽容实际上也是一种神学意义上的思想解放，将人性摆脱神性的束缚控制而获得自由。因此，16—18 世纪以布鲁诺、斯宾诺莎等为代表，认为神存在于自然界一切事物之中的泛神论（pantheism）；17—18 世纪由英国思想家 L. 赫尔伯特创始，以伏尔泰、孟德斯鸠、卢梭为代表，回应牛顿力学对传统神学冲击，主张上帝创造世界后不在对之产生影响的自然神论（Deism）（自然神论又称理神论，因其推崇理性，坚决反对蒙昧主义和神秘主义，将上帝解释为非人格的始因而得名）。等神学哲学思潮在一定程度上推动了宗教宽容思想进而影响宗教宽容实践。与无神论相比，上述思潮相对保守。以边沁为代表，一些功利主义思想家也提出大量关于思想、知识自由以及宗教宽容的观点。从启蒙运动开始，作为一股反对封建专制和宗教压迫的力量，宗教宽容思想就与人类宗教信仰自由和思想解放密切联系起来。可以说，宗教宽容是西方近代民主政治的重要源头。

③ 乌托邦精神与宗教宽容

自 16 世纪以来，西方思想史上著名的乌托邦著作，如托马斯·摩尔的《乌托邦》、康帕内拉的《太阳城》、培根的《新大西洋大陆》、摩里斯的《来自乌有之乡的消息》以及空想社会主义者克劳德·昂列·圣西

---

① ［法］卢梭：《爱弥尔》第 4 卷，李平沤译，商务印书馆 1978 年版，第 496 页。

② 同上书，第 644 页。

③ ［英］亚当·斯密：《国富论》，王亚南译，商务印书馆 1979 年版，第 356 页。

④ 同上。

门、查尔斯·傅立叶、罗伯特·欧文等在其制度设计中都有关于理想宗教的描述，客观上推动了宗教自由与宗教宽容的实践与发展。学术界迄今尚没有关于乌托邦精神与宗教宽容的系统论述。我们以 19 世纪法国七月革命期间的活跃分子、被马克思称为"最有声望然而也是最肤浅的共产主义的代表人物"的埃蒂耶纳·卡贝的乌托邦著作《伊加利亚旅行记》为例，来分析经过启蒙运动和法国大革命洗礼的空想主义者的宗教宽容思想。

　　卡贝的宗教宽容基于普遍主义的制度设计，主张不但宽容异教，也要宽容无神论者。他借助伊加利亚居民瓦尔摩之口说出："长期以来，我们的祖先实在过分迷信和狂热，太不容忍，太喜欢迫害和杀戮异教徒了。宗教本来是用来拯救人类的，但是，长期以来却成为人类的祸害，因为不同信仰的人如果相互惩罚，诉诸战争，不就是像喜欢吃红果的人和喜欢吃杨梅的人彼此过不去，甚至斗殴起来一样地荒谬悖理吗？迫害唯物论者不也像排斥那些在天文、医药等科学领域里的无数问题上持少数意见的人一样，是一种不公平、带压迫性的行为，一种野蛮的行为吗？"① 卡贝将生活幸福作为宗教信仰的最高标准，与促进人类幸福的事业相比，任何宗教之间的差异都微不足道。因此，为了避免宗教纷争影响人民幸福，必须赋予人民自由选择宗教信仰的权利。"既然全国人民都十分幸福，有那么几个人对宗教有他们自己的看法，又有什么关系呢？再说，我们的宗教信仰不也是取决于我们的意志吗？你不是也有信仰宗教和不信仰宗教的自由吗？信仰不是也应该像人们的爱好一样受到尊重吗？"②

　　为促进宗教宽容，首先应普及国民教育。卡贝在《伊加利亚旅行记》中设计了一套普通教育体系，男 17 岁、女 16 岁时，由哲学教师而非传教士介绍各种宗教思想，让他们自由选择信仰，无论什么教派都一律平等，但因为大家在信仰真理上的趋同性，实际上最后基本接受一致性的宗教信仰。"既然人民不相信宗教，就不可能命令他们相信。"③ 没有任何力量有权强迫人民信仰宗教。

　　其次，应严格实行政教分离的原则，确立法律权威。卡贝指出，教会

---

　　① 〔法〕埃蒂耶纳·卡贝：《伊加利亚旅行记》第 1 卷，李雄飞译，商务印书馆 1976 年版，第 226—227 页。

　　② 同上书，第 227 页。

　　③ 同上书，第 230 页。

没有任何政治权力，在任何情况下都必须服从法律；而法律也应保护宗教信仰自由，发挥其正能量，避免其负功能，必要时对宗教进行干涉。

最后，应对宗教自身进行改造，使之成为一种纯粹的道德观念或哲学观点，宗教的行动准则是"爱己及人；己所不欲，勿施于人；己之所欲，必施于人"①。伊加利亚人民信奉的宗教既没有仪式，也不用修行，以此避免传教士获得某种特权。"教士没有任何权力，连神权也没有，只是宣传道德，谈经讲道，提供意见，劝慰别人。"②

现实世界中的宗教差异被人为无限扩大了，背后既有社会利益的原因，也有心理的原因，随着差异扩大化，宗教之间的裂痕越来越深，对立冲突难以避免。卡贝认为，充斥地球上的无数种宗教，都是人们为了支配和统治人民而想象和建立起来的。"宗教的历史实际上是一部集中了一切恶性、罪愆的历史，是所有损毁人类的恶棍坏蛋们的历史。"③ 时至今日，"《圣经》仅剩下某些道德信条还算是可取的，至于其余内容，都已经变成错误明显、荒诞不经的了，甚至是猥亵和不道德的，不但无益，反而有害"④。对宗教进行理性化的改造，任重而道远。

④ 宗教宽容与时代精神

有一代明君之称的普鲁士国王腓特烈二世在 1740 年登基后随即颁布法令，要求所有宗教与教派相互容忍。其"人人平等"的原则不仅在法律面前，也在上帝面前。他曾经说："纵然行事方式各异，但人人都可到达天堂。"当时，在柏林的弗里德里克花园并排修建有一座基督教堂和一座天主教堂，这绝对算那个时代独一无二的景致。这一时期，宽容也成为知识分子的高频词汇，他们以理性的目光审视基督教的时代命运。无论是自然主义的还是自由主义的思潮，都聚焦宗教宽容问题，其分析的维度具有哲学、政治学、宗教学、社会学诸多学科的意义。其中，伏尔泰居功甚伟，他唤起了社会大众的理性思维，实际上，在当时情境下，只有社会才是抵制宗教狂热的有效手段。时代精神是每一个时代特有的普遍精神实质，是一种超越个人的共同集体意识。时代精神反映一个时代人类社会发

---

① ［法］埃蒂耶纳·卡贝：《伊加利亚旅行记》第 1 卷，李雄飞译，商务印书馆 1976 年版，第 229 页。

② 同上书，第 230 页。

③ 同上书，第 229 页。

④ 同上书，第 376 页。

展变化基本趋势并已成为世界绝大多数国家和人民共同的心愿、意志和精神追求。经过宗教改革、启蒙运动以及政治革命、人文思潮等多方面因素的推动，宗教宽容最终成为18、19世纪的时代精神。

对于境内的不同宗教信仰，统治者更应该采取宽容的态度，以强力手段镇压或消灭某一宗教，往往成为战争的导火线。1843年，瑞士信奉天主教的7个州卢塞恩、乌里、施维茨、翁特瓦尔登、楚格、弗赖堡和瓦利斯因强烈不满反教权的激进派关闭阿尔高州天主教隐修院、驱逐耶稣会士，而结成"宗德崩德"，又称分离主义者联盟。1847年7月，瑞士议会关于解散分离主义者联盟、驱逐耶稣会士的决议成为"宗德崩德"与激进派武装冲突的导火线，双方交战一个多月后，"宗德崩德"战败而被迫解散。

2. 作为社会心态与行动策略的宗教宽容

宗教改革和启蒙运动以来，宗教宽容逐渐从少数思想家的头脑中走出来，在普通大众中间传播，从个体心态汇聚成社会心态，与逐渐宽容的社会环境相结合，成为控制性的决定力量。文化心态在本质上也是一种社会心态。反思中世纪欧洲宗教狭隘的历史，人们逐渐认识到宽容他人、接纳差异、包容多元的同时也是造福自己。人们逐渐以宽容作为行动策略去对待异己事物，既包括宗教，也包括更广阔范围内的文化。新航路开辟，人类文明交往进一步深入，人们看到一个更为多元的世界，居住在不同地域的人民创造出了如此丰富多彩的文明和宗教形式，基督教唯我独尊的文化形态逐渐被打开，封闭和保守逐步为开放和激进所代替。启蒙运动时期的思想家伏尔泰、莱布尼茨等人惊讶地发现，当欧洲大部分地区还处在蒙昧状态时，中国文明已经高度发展起来了，孔子、老子表现出来的高度智慧值得全人类借鉴，以科举取士为基础的文官行政系统具有极大的科学性，儒教对于异端思想表现出极大的宽容精神。中国的宗教文明经过伏尔泰等人不无溢美之言的宣传后，在欧洲思想界产生了一定的连锁反应。而前往中国的传教士也不断将有关中国文明的报道带回欧洲。例如，元朝的蒙哥皇帝曾对圣方济会教士罗伯鲁说："景教、佛教、道教和伊斯兰教，正如一只手上的五根手指一样"。我们绝不会因为五根指头在长短胖瘦形状等方面的略微差异而以某一根为标准，砍掉其余的四根；同样，我们也不应该以某种宗教为唯一标准而排斥压迫其他宗教。

彼此宽容、和谐相处是多元宗教之间应有的态度，也由此产生更为积极的社会正能量。对于思想上的差异，只能采取思想的方式来解决，不能借助强力、暴力、武力的力量进行压制。从魏晋南北朝开始，中国皇帝主要采取辩论的方式解决佛教、道教之间的冲突，有时儒士也会参与辩论，儒释道之间有较为平等的发言权。而西方中世纪则采取武力压迫乃至肉体消灭的方式对待异端，为此，英国自由主义思想家阿克顿评价说："要让异端改宗，需要借重的是圣经而非火刑，倘若不是这样，那么刽子手便当是最杰出的博士了。"①

对于一项较为复杂多元的概念，我们与其从正面解释它是什么，有时还不如解释它不是什么，或者干脆从反面阐释它的相对意义。对于宗教宽容的解释，也包括对宗教狭隘和宗教冲突的解释。一般来说，当感知外部面临较大压力之时，宗教倾向于对内加强团结而对外增强冲突。当感知到的宗教压力来自异教时，表现出来的对立性行动即是典型的宗教冲突。宗教冲突源于宗教性的外部张力，其手段从温和的辩论直到激烈的暴力斗争。而其差异化的表现程度同特定社会的政治、文化乃至经济情境有很大关系。在欧洲天主教历史上，宗教狂热和狭隘形成过两次高潮，一是12世纪开始延续一百余年、主要针对伊斯兰教的八次十字军东征；二是1618年爆发、针对新教徒的30年宗教战争。两次宗教战争产生的破坏作用极大。血淋淋的残酷现实迫使人们反思宗教狂热的危害，逐渐形成了冷静的思考。尤其是30年战争之后签订的《威斯特伐里亚和约》具有政治、宗教上的双重意义，尼德兰（荷兰）从此脱离西班牙获得独立，德国境内的天主教和新教获得平等地位。

3. 作为政策措施的宗教宽容

在基督教占据统治地位并形成宗教专制的欧洲中世纪，形成宗教宽容的氛围实际上也就是在解决社会文明进步问题。而这一局面的形成，需要体现在法律精神上即为宗教宽容立法，而这一切努力，我们可以总括为政策措施方面的努力。

（1）法律精神：宗教宽容法令

在法律史上，关于宗教宽容的条款是一项重要内容。当洛克有机会为英国殖民地卡罗利拉立法时，即将宗教自由、宗教宽容的条款放在最显眼

① ［英］阿克顿：《自由的历史》，王天成、林猛、罗会钧译，贵州人民出版社2001年版，第65页。

的位置。伯尔曼在《法律与宗教》中写道："法律若不被信仰，则形同虚设。"当这一系列条款为人们所真正信仰和实行时，便促进了宗教宽容的实现。

西欧历史上最早的宗教宽容法令当属法国国王亨利四世在 1598 年 4 月 13 日颁布的南特敕令，为调解当时法国不断升级的天主教和法国加尔文宗胡格诺教徒之间的宗教冲突，在法律上承认法国胡格诺教徒自由选择信仰的权利，并赋予他们同等的公民权利。为平衡占绝大多数的天主教徒的情感，亨利四世同时宣布定天主教为国教。然而南特敕令刚刚签署，就立刻遭到了天主教徒的强烈反对。远在罗马的教皇克莱孟八世也视为"对我有害的东西"。颁布不到 90 年，路易十四基于国家存在不同宗教将危害王室权威统一性的专制主义信念，于 1685 年颁布《枫丹白露敕令》，废除了《南特敕令》，勒令胡格诺教徒改宗天主教。少部分胡格诺信徒违心地屈服，大多数人则逃到刚刚独立的尼德兰联省共和国以及柏林、英格兰等地区。被誉为法国启蒙运动先驱的培尔持宗教怀疑主义的立场，他曾经强烈抗议路易十四取消南特敕令，主张基督教各派之间乃至同犹太教、伊斯兰教实行宽容，而培尔的抗议虽有部分开明人士附和，但并未发挥实质性作用。只有作为一种流派交汇到启蒙运动中后，培尔的宗教宽容才作为一种社会理想，产生了广泛影响。可见，只有宽容成为全体社会普遍认可的信念和心态之后，其相关法律才能发挥实际作用。

从法国南特敕令颁布的 1598 年至《枫丹白露敕令》颁布的 1685 年，为宗教宽容法令的波折期，宽容与狭隘纠结斗争，而后者在专制君主和仍占据优势的罗马教皇支持下，经常占据上风。与英国对宽容问题展开的最初的思想探讨相呼应，作为光荣革命和解的组成部分，1689 年英国颁布了有限的《容忍法案》。这个法案承认非圣公会新教徒（不从国教者）的信仰，却未取消对他们生活方式的其他限制。直到 19 世纪，英格兰才推行了充分的宗教宽容，解除了对非圣公会教徒的权利限制。

受逐渐兴起并深入人心的启蒙运动和法国大革命等一系列大事的影响，宗教宽容的立法进入稳定期。这一时期，罗马教皇的无限权力受到质疑，民族国家兴起的过程中出现了一大批开明君主，也为宗教宽容提供了政治制度的保障。1781 年，宗教宽容立法在奥地利取得成绩，约瑟夫二世颁布了《宽容法令》，授予所有非天主教徒公民权，境内犹太人和新教徒获得信仰自由，宗教偏见和歧视被明令禁止。在法国大革命前夕，宽容运动终于赢得了官方的承认。1787 年颁布的《宽容法令》授予法国新教徒公民权，废除了针对其婚姻的禁令。1784 年，另一项法令取消了法国犹太人必须缴纳的各种特别税。① 法国大革命期间 1791 年颁布的《人权和公民权》宣言第十条规定："任何人都不应该因为自己的信仰，即使是宗教信仰，而受到排斥。"为宗教信仰自由立法。在宗教备受批判的时代，深受法国大革命影响的美国独立运动，在建国后，将宗教宽容的原则写入《美国宪法》和"美国人权法案"。实行了政教分离，各州可自行决定是否支持官方教会；至 1833 年，美国各州都将政教分离的原则写入法律。马克思曾经高度关注和评价这些法令："1793 年人权宣言第七条将信教自由列为人权"；"宾夕法尼亚宪法第九条第三款，人人生来都有受自己信念的驱使而信奉上帝这种不可剥夺的权力，根据法律，任何人都不得违背自己的意愿被迫信奉、组织或维护任何一种宗教或任何一种宗教仪式。任何世俗权力机关在任何情况下都不得干涉信仰问题和控制灵魂的能力"；"新罕布什尔宪法第五、第六条，有些自然权力按其性质来说是不能被剥夺的，因为它们具有不可比拟的重要意义"。托克维尔在实地游历和考察美国之后，写下《美国的民主》一书，也高度评价美国的宗教信仰自由政策以及宗教宽容的社会氛围。从这一时期开始，宗教宽容和信仰自由逐渐成为世界大部分国家法律所明文规定的条款。宗教宽容立法从稳定期进入成熟期。

纵观宗教宽容的立法史，我们可以看出，它最初带有君主制的单向意愿，具有一定的随意性；而在民主制下具有更多的稳定性，体现了人民的意义。法律并不能自然导致良风益俗，反而是良风益俗导致理性的法律。虽然宗教宽容法令中也有矫枉过正的偏激之举，如五月法令，但基本上都能体现中庸和实用的理性态度，避免从一个极端走向另一个极端。冷冰冰的法律也应具有温情脉脉的人文关怀，将宗教宽容和自由作为人的基本权利加以保护，正是人类社会文明进步的表现。

（2）政教分离：体现在政治理想中

一般来说，在中世纪较长的时期内，西欧社会教权大于王权，"政教分离"是世俗政权为争取自身权益而实行的一项政治策略。而在中国社

---

① ［法］亚历克西·德·托克维尔：《旧制度与大革命》，冯棠译，商务印书馆 1992 年版，第 187 页。

会，王权明显高于教权，二者之间即使有结合，也是王权利用教权维护自身统治，在与自身利益有冲突时，王权会毫不犹豫也毫不费力地抛开教权。因此，政教分离在中国不是一个十分重要的政治历史话题。而在近代西方社会，政权欲摆脱教权的长期压制，必须借助政教分离的运动。1555年，在德国奥格斯堡签署《宗教和平协议》，提出了"教随国定"的原则，即"谁的国家，谁的宗教"。其实质是斩断当时处于优势地位的罗马教廷的宗教控制权，世俗君主有权为了各自利益而将宗教活动限制在私人领域。16世纪，马丁·路德以及加尔文等人发动宗教改革之日，正是欧洲民族国家萌芽和兴起之时。在西欧，一个国家内部不仅形成天主教与新教之间，也形成新教各派之间的对峙和冲突，甚至引发延续数十年的宗教战争。例如，宗教改革形成的新教两大派别路德派和加尔文派，从一开始就相互攻讦，各不相让。当时一位新教作家悲观地叹息："新教徒之间不幸的争斗已经积聚到如此程度，以至于在末日降临之前似乎没有希望使这些叫器、诽谤、谩骂、指责、诅咒趋于结束。"① 为此，开明君主和思想家主张国家与教会分离，国家以不偏不倚的态度确保境内所有教派享有信仰自由，不能支持一派，打击一派。而对于宗教，更是主张将之限制在私人领域，作为促进个人道德修养保持"良心"的手段，在自己的场所内活动，不允许干涉世俗教育，更不能干涉国家政治生活。政教分离将宗教所能控制和利用的政治资源降到最低，客观上有利于多元宗教和谐相处。

　　关于政教分离有利于多元宗教和谐相处，亚当·斯密在《国富论》中做了分析："假若政争不曾要求宗教的援助，而胜利的党派，博得胜利时，又不曾特别采用任何教派的教理，那么，这个政党，对于一切不同的教派，就会平等看待，一视同仁，让各人去选择自己认为适当的牧师和宗教。"② "一国法律，如对于国内一切宗教的教师，一视同仁，不分畛域，则这些教师与君主或行政当局，就不必要保持何等特定的或直接的从属关系，而同时君主或行政当局，也不必要在他们职务的任免上，有所处置。在这种情况下，君主或行政当局对待他们，亦可如对待其他人民一样，其唯一任务，就是维持他们彼此之间的和平，即阻止他们相互的迫

---

　　① 吕大吉：《西方宗教学说史》，中国社会科学出版社1994年版，第242页，转引自詹森《德国民族史》第10卷，第258页。

　　② ［英］亚当·斯密：《国富论》，王亚南译，商务印书馆1979年版，第350页。

害、侵侮或压迫，此外，便无其他关注的必要了。但是，一国如有国教或统治的宗教存在，那情形就完全两样。在那种场合，君主如对于该宗教的大部分教师，没有掌握一种有力的控制手段，他就永无安全的日子。"①在斯密看来，废除国教、政教分离、以法律手段保证国家对宗教的控制权，是在一个国家内实现宗教和平的必要措施。

在王权渐次抛离教权的过程中，针对教会控制的大量财富也展开了争夺。现在人们耳熟能详的"世俗化"一词最初仅指宗教战争结束后，原来被教会所控制的领土、财产从教会向世俗社会的转移。后来，该词又指称教职人员回归世俗社会、现代人脱离宗教保护而获得自由、放弃宗教信仰而无所畏惧等现象。总之，政教分离后，宗教在西欧社会从无所不在的影响退缩至有限的社会领域内。而这一过程，伴随着韦伯所说的"祛魅化"和理性化，客观上有利于宗教成为一种较为纯粹的信仰形式，逐渐削弱其对世俗社会的影响，成为现代社会兴起的一个必备条件。从这一角度说，宗教世俗化实际上也是神圣化。相反，教会逐渐发展壮大掌握教权并影响政权的"神圣化"过程在某种意义上是世俗化。二者的对立统一构成了"世俗化"理论的悖论，而学者恰恰忽视了这一悖论逻辑。

（3）政府控制：实用主义的态度

从政治与宗教的关系入手，是理解宗教宽容历史的一个很好视角。在欧洲中世纪，教权并非从一开始高于皇权，而是逐渐形成的，此在过程中双方经历了多次较大的较量。从公元 1 世纪开始，至公元 313 年罗马帝国皇帝君士坦丁一世颁布米兰敕令承认基督教的合法地位为止，这一被外界视为群众运动的"地下宗教"长期处于帝国的边缘地位。公元 476 年，西罗马帝国被日耳曼人攻灭，大批日耳曼人皈依基督教，教会以其严密的组织在帝国很多地方维护社会秩序，逐渐控制并几乎垄断了欧洲政治、经济、文化、教育资源，成为中世纪最为强大的势力。为了保持自己的垄断地位，基督教严厉制裁"异端"，在宗教信仰上奉行狭隘主义。政府更倾向于推行宗教宽容政策。例如，1560 年，时任法国首相的罗必大致力于结束宗教斗争，强烈呼吁"宗教宽容"，希望政府不受宗教观念影响，应维护和平、秩序与正义。罗必大认为，如果法国人全部信仰同一种宗教，无疑可以促进团结，使法国强大，但问题是国内存在天主教、胡格诺教等

---

① ［英］亚当·斯密:《国富论》，王亚南译，商务印书馆 1979 年版，第 354 页。

多元宗教，因为人们无法统一判断宗教好坏的标准，大家应该相互容忍，和谐共处。虽然有政界人物呼吁，但当时的宗教界却应者寥寥，胡格诺教派与天主教的冲突不断升级，以致在 1572 年 8 月 24 日晚上发生了天主教徒屠杀胡格诺教徒的"圣巴托罗缪之夜"流血事件。① 在宗教狂热的主导下，宗教狭隘引发的冲突升级可直接促发战争。历史上狂热的宗教战争往往与狂热的宗教激情有关，敌视的宗教从相互符号化、妖魔化开始，将对方视为必须消灭的邪恶力量，并试图将自己认为的"真理"强加给对方，并将这种强迫他人的行为冠以"拯救邪恶"的道德冠冕，而自己以神灵代理人和英雄自居。实际上，自我宗教的优越感、他者宗教的贬斥感等，在很大程度上只是一种主观的错误判断。而政府的错误判断与宗教的错误判断相互叠合认同，并引入世俗政治力量参与其中时，宗教冲突从概念转化为实践。

　　与理智的心态相对立，国王甚至还将宗教利益置于政治利益之上，人为制造宗教狂热。如 17 世纪初，曾经统治尼德兰、西班牙、西属美洲以及几近一半意大利国土的菲利普二世致教皇信说，"与其让真正的宗教及服侍上帝受到最轻微的伤害，我宁愿失去我所有的国家乃至一百次地献出自己的生命，因为我不是也不愿做异教徒的统治者"。② 摆脱教权对王权的控制成为欧洲近代民族国家兴起的必要条件，在《旧制度与大革命》一书中，托克维尔评价西欧历史上王权和教权之间的关系说："尘世君王权力加强，教会势力随之削弱。教会一度凌驾于王权之上，继而与它平起平坐。"经过长期斗争后，教会"最后则沦落为君王庇护的对象；在君主与教会之间，达成一宗交易：君主向教会提供物质力量，教会向君主提供道义权力，君主令臣民信守教规，教会使信徒服从君主意志。当革命时代临近时，这是危险的交易，对于一个建立在信仰而不是建立在强制之上的势力，这样做永远是不利的"③。因而，近代著名思想家洛克、霍布斯、卢梭等提出社会契约论的思想，对抗"君权神授"的封建思想，从思想上否定了宗教与国家之间的关系。国家负有评判是非、仲裁纠纷的权力，当然不能允许境内各宗教之间流血冲突的存在。法国大革命之后，欧洲不

---

　　① 吕大吉：《西方宗教学说史》，中国社会科学出版社 1994 年版，第 244 页。

　　② 同上书，第 944 页。

　　③ ［法］亚历克西·德·托克维尔：《旧制度与大革命》，冯棠译，商务印书馆 1992 年版，第 187 页。

少国家认识到并非奉行一种宗教就能确保国家的思想统一，实行宗教宽容更有利于国家统治稳定。实际上，历史上伟大的君主一般倾向于将宗教宽容作为工具，以此增进辽阔疆域内具有不同信仰民族的政治向心力。波斯征服者居鲁士实行宗教宽容政策，每攻下一个城池，都要表示关心民间疾苦，礼拜城中神庙。其子康比斯继位，全改父道，波斯帝国很快分崩离析。古代印度的阿育王、戒日王，古希腊的亚历山大大帝，波斯的居鲁士，古苏美尔的阿拉贡等君主都是奉行宗教宽容的典范。

（4）信仰自由：文化选择的权利

为达到控制信众的目的，不少宗教倾向于采取权威主义做法，从意识形态上维系教义的绝对正确、重要和不可怀疑。因而，神学宗教习惯于将信徒对自己教义的绝对信仰放在首要位置，基督教将"信、望、爱"作为对信徒的基本要求，德尔图良"正因为荒谬，所以我才信仰"的说法虽然不无偏激，但马丁·路德"因信称义"的主张影响了基督教发展的历程。佛教将"起信"作为成佛的必要条件，《华严经》指出："信为道元功德母，长养一切诸善根，断除疑网出爱流，开示涅槃无上道"。为了将信徒保留在自己的教会之内，在信仰上采取绝对主义态度，直至走向盲目信仰，在历史上造成了极大危害。曾几何时，控制绝对资源的宗教不惜采取恐怖主义策略，对异端思想进行残酷迫害。宗教的权威胜过其他的一切权威，宗教造成的恐怖胜其他一切恐怖，压制了社会文明的进步。因此，应还原宗教作为纯粹信仰形态的本来面目，宗教不能干涉公民的信仰自由。

（5）社会制衡：体现在文化生态内

当恶习成为风俗之时，整个社会将被罪恶所桎梏。例如，中国汉族从宋代以后逐渐盛行的妇女裹脚之风，在清朝早期虽经顺治、康熙皇帝三令五申禁止，但仍然没有成效。习惯是个人的第二自然，风俗则是社会的第二自然。习惯是较长时间形成的，其破除也需要长期的努力。尤其是集体性习惯——风俗的形成，与特定的意识形态、价值标准、物质利益等息息相关，对个体行为产生极大的控制作用，与之相适应，产生一种病态的文化生态。仍然以中国历史上的裹脚陋俗为例，"三寸金莲"成为衡量女性美的一项重要标准，并同婚姻结合起来，不裹脚的女孩长大后甚至嫁不出去。而社会舆论也对"天足"施加压力，整个社会的参与最终固化了这一陋俗。当所有人都以裹脚为正确时，天足反而变得不正常了。历史上，当宗教狭隘主义成为社会普遍风气时，宗教宽容反而受到谴责，其背后遵循着同样的逻辑。习俗在特定社会中固化的过程，也是将社会内部反对力量驯化的过程。

因此，宽容不应仅仅是一种宗教哲学，更应成为一种普遍的社会文化生态。从宏观意识形态到微观个体行动，都应遵循理性的态度，且政治、经济、文化、教育诸领域内都应形成反对宗教狭隘的自觉性制约力量。社会和谐远比宗教更为重要，相比共同目标，宗教间的差异不值一提。伏尔泰指出："人类是兄弟，不应该因各种微小的差异而导致相互迫害和相互憎恨。"因宗教间的差异而流血冲突，只是一场意识形态上的噩梦。在迫害异端的同时，宗教也在自我戕害，丧失了宝贵的宽容精神，拒绝反思和认识自身的错误，宗教将在狭隘的道路上越走越远。布鲁诺即是在这一意义上对审判他的天主教人士说："你们宣读判决书时，要比我听宣判更感到害怕。"

（三）宗教宽容的当代发展趋势

宽容在本质上要求摒除自我中心主义，将自我标准绝对化，作为普世价值而强加给他人。戴着自我中心和绝对主义的眼镜看他人，极容易导致胜人一等的优越感，看不到他文化的价值，产生将自己文化强加给他人的行动逻辑。在人类全球化和一体化趋势加快的当今世界，"宗教共同体"初现端倪，"任何一种宗教都要准备承认以不同的方式出现在别的宗教里的有价值的成分，同时要避免一切强求一律的企图"[1]。实际上，我们可以将阻碍宗教宽容的诸多因素分为价值、行动、制度三个方面。价值方面主要表现为自我中心主义、绝对主义、普世主义，行动方面主要表现为排他主义、狭隘主义，制度方面主要表现为专制主义、独裁主义。相应地，我们也应从这三个方面实现宗教宽容。而实现宗教宽容的过程，也是推动多元宗教和谐相处的过程。由之，宗教也将完成理性化、道德化、人文化、公益化、社区化、现代化的改造。

1. 理性宗教

理性应该成为宗教信仰的应有态度，人们之所以摆脱巫术而信仰宗教，认识论上的重要原因即是承认自身能力的有限性，同时将无限性让渡给彼岸的神灵。实际上，相对于巫术，认识到人的局限性，是宗教理性的

---

① 吕大吉：《西方宗教学说史》，中国社会科学出版社1994年版，第950页。

一大进步；接下来更大的进步是认识到神的局限性，神必须在特定的范围内展示自身，而不是全面干预人类的所有活动。可以说，宗教理性化的关键即是将人为神灵立法，将之纳入合理领域活动，自然神论、泛神论等思想恰恰从内部为宗教理性化提供了温和的思想基础。泛神论（Pantheism）曾流行于 16 世纪到 18 世纪的西欧，代表人物有布鲁诺、斯宾诺莎等，其核心思想是将神与自然界等同起来，否定神具有超越自然的主宰力量。自然神论（Deism）由 17 世纪英国思想家 L. 赫尔伯特始创，流行于 18 世纪前后的英国和法国，其代表人物有伏尔泰、孟德斯鸠、卢梭等，因推崇理性原则而又称为理神论，认为上帝创造世界之后便不再干涉其运行，上帝只是"世界理性"或"有智慧的意志"；主张用"理性宗教"代替"天启宗教"，视"预言"和"神迹"为教士争取信众的手段而予以批判；提倡"我自己的头脑就是我自己的教会"（托马斯·潘恩语），否定教会组织的权威，但并不否定上帝信仰。值得一提的是，伏尔泰等人还将孔子描述为自然神论者，高度评价中国文化。至 19 世纪，德国思想界又兴起泛自然神论（Pantheism）的哲学观点，认为上帝创造宇宙及其规则之后，自己化身为宇宙万物。

20 世纪以来，西方学者将理性宗教的思想进一步推向深入。他们将促进社会文明进步、实现人类生活幸福作为宗教信仰的终极目标，而宗教理性即是推动信徒的思想和行为符合上述目标，自觉摒除宗教蒙昧、狂热、专制等阻碍人类进步的因素。韦伯将理性化视为现代化的核心，其中，宗教的理性化至关重要，他希望"僧侣是首先过合理生活的人，他们努力以规律的、理性的手段，为了达到'彼岸'此一目标而奋斗"[1]。在美国著名学者桑塔亚纳（George Santayana，1863—1952）所撰的《宗教中的理性》一书，分析了迷信中的合理因素，认为宗教是对自然生活所做的一种诗意的变形，以便使自然生活获得一种道德秩序，宗教可以也应该成为理性的化身。[2]

宗教应以理性为标准，重新调整自己的伦理观念与道德指向，康德《单纯理性限度内的宗教》一书的主旨即是将宗教归结为理性的道德，教

---

[1] ［德］马克斯·韦伯：《支配社会学》，康乐等译，广西师范大学出版社 2010 年版，第 187 页。

[2] ［美］乔治·桑塔亚纳：《宗教中的理性》，犹家仲译，北京大学出版社 2008 年版。

会应成为维持道德目标的团体。帕斯卡则认为，宗教首先绝不可违反理智，其次才因为它可敬而获得尊敬，然后再因为它可爱而使人们需要，最后则指明它千真万确。"可敬，是因为它充分了解人类；可爱，是因为它允诺了真正的美好。"① 海克尔说，"人们崇拜上帝的最好方式是过一种虔信的、合乎美德的生活"②；"我们所要保留的是基督教道德的精华乃是仁爱、容忍、同情和助人这些人道的训诫"③。一切宗教信仰都应经过理性天平的检验，而其标准则是看它是否能够促进信徒生活幸福、社会和谐稳定、文明发展进步。不经过理性审视的宗教是不值得信仰的，正如苏格拉底所言，"未经理性审查的人生是不值得活的"。理性应该成为审判宗教的最高法庭，也应成为宗教信仰的最高诠释者，引导宗教回归理性生活。当代宗教的发展必须以理性为第一准则，诸如道德宗教、人本宗教、社区宗教、联合宗教等皆为理性宗教的衍生产物。理性化是原则，人本化是前提，道德化是保证，纯粹化是制度。

2. 道德宗教

康德说："道德不可避免地要导致宗教，然而，宗教却并不总是道德。"④ 历史上，以宗教信仰为名义进行违反人类道德的行为屡见不鲜。因为指向极端的神本主义或魔本主义价值而不惜以人为牺牲的宗教祭祀活动折射出宗教极端残酷的一面。而为了维护所谓信仰的纯正而严厉镇压异端的行为也反映了宗教狭隘主义的一面。狄德罗幽默地讽刺说："基督徒的上帝是一个很看重他的苹果而很不看重他的孩子们的父亲"⑤，一语道破基督教作为神本主义宗教的价值取向。费尔巴哈指出，"近代哲学的任务，是将上帝现实化和人化，就是说，将神学转变为人本学，将神学溶解为人本学"⑥。只有以人本主义为指向，使人与神的关系彻底服从人与人

---

① ［法］帕斯卡尔：《思想录》，何兆武译，商务印书馆1986年版，第88页。

② ［德］恩斯特·海克尔：《宇宙之谜》，苑建华译，陕西人民出版社2005年版，第252页。

③ 同上书，第320页。

④ ［德］康德：《单纯理性限度内的宗教》，李秋零译，中国人民大学出版社2003年版，第78页。

⑤ ［法］狄德罗：《狄德罗哲学选集》，江天骥、陈修斋、王太庆译，商务印书馆1997年版，第39页。

⑥ ［德］路德维希·费尔巴哈：《费尔巴哈哲学著作选读》，三联书店1958年版，第122页。

的关系，才能从根本上塑造道德化的宗教，纠宗教极端主义之偏。

康德从人感知道德律令的主观能动性角度区分了启示宗教与自然宗教。"如果在一种宗教中，为了把某种东西承认为我的义务，我必须事先知道它是上帝的诫命，那么这种宗教就是启示的（或者是需要一种启示的）宗教。与此相反，如果在一种宗教中，我必须在能够承认某种东西是上帝的诫命之前，就知道它是义务，那么，这种宗教就是自然宗教。"①显然，自然宗教更接近道德宗教的理想类型，起码它会不以上帝启示的名义，标榜自己绝对善良、永远正确，采取惩罚性措施改造异端，"即使活活烧死异端，也算正义行为"②。实际上，启示宗教倾向于将排斥异端定为自己首要的宗教责任，并以上帝的名义将之内化为信徒的道德义务。罗素不无批判地评价中世纪基督教历史说："教会作为一种组织无所不在，从生到死，控制着一个人的所有行为。由其神圣的名义，又可以为各种罪行进行论证和开拓。"③同时，罗素指责基督教"将彻底消灭被征服的种族上升为一种宗教责任，而且哪怕宽恕了他们的牛羊也是对上帝的不虔敬"④，那么宗教狭隘主义被基督教制度化并借助对政治资源的控制上升为宗教专制，残酷镇压异端也就不难理解了。在极端仇视异端且采取暴力手段的情况下，宗教实际已经去道德化了。因此，缺少宽容作为道德信条和行为准则的宗教是不完善的宗教。我们不能强加道德标准于他人，而应向内约束自己；我们也不能放纵容忍自己的错误，宽容更多是向外指向他人。即是说，道德必须出于自愿，尤其应当避免以道德优越感自居而苛求指责他人的"道德专制主义"。道德与宽容相互促进、良性循环，在现代社会中可以发挥出更大的作用。

宽容作为一种道德，其主体、客体、载体以及标准、界限、等级各是什么？宽容暗含着内外、强弱、优劣、远近等多种对立而统一的伦理假设，是行动主体与他者之间存在的一种客观关系。可以设想，如果我们处于正确、优势而对方处于错误、弱势的情况下，能够宽容对方，这算得上一种勇气和美德。相反，如果我们居于错误或弱势的情况，似乎谈不上对

① ［德］康德：《单纯理性限度内的宗教》，李秋零译，中国人民大学出版社2003年版，第159页。
② ［英］罗素：《论历史》，何兆武译，广西师范大学出版社2001年版，第87页。
③ 同上书，第53页。
④ 同上。

正确、优势一方的宽容。假如对方伤害我们时，仍然宽容对方，似乎更值得称赞。问题是，我们凭什么判断自己正确而对方错误，自我利益受到他人侵害？受到他人侵害时还要不要宽容他人？如果一味宽容忍让是不是纵容犯罪？无限度的宽容是否导致社会秩序的混乱？如果不首先回答这些问题，确立宽容的原则性标准，则很难实现真正的宽容。中世纪欧洲的宗教裁判以上帝的名义，认为自己永远不会错，即使烧死异端也是为了拯救他的灵魂，拒不采取宽容行动。实际上，近代以来主张宗教宽容的思想家洛克仍然提倡"有限宽容"，对于"那些否认上帝存在的人，是根本谈不上被宽容的。诺言、契约和誓言这些人类社会的约制对无神论者是不可能具有约束力的。虽然他们只是在头脑里摈除了上帝，但却使一切化为乌有。此外，那些以无神论来破坏和毁灭一切宗教的人，也便不可能以宗教为借口，来向宽容的特权进行挑战"①。佛教经典中记载释迦牟尼以身饲虎，忍辱仙人即使受哥利王肢解也发愿将来成佛时第一个度脱哥利王。这虽然有神话的成分，但"无限宽容"确实是佛教追求的理想境界。儒家主张严于律己、宽以待人，将宽容与君子的道德修养紧密联系起来；相反，宽以待己、严以律人却为儒家伦理所鄙视，可以说儒家主张的"折中宽容"较为合理。

简单地说，宽容是对差异性他者的肯定或接纳，是一种基于理性的道德选择或文化行为。世界上没有无界限的宽容，也不应有无界限的不宽容。林则徐有一句名联："海纳百川，有容乃大；壁立千仞，无欲则刚。"然而，如果是一条重度污染的河流，大海要不要接纳？一个生态系统要不要接纳有害的外来物种？相应地，社会要不要接纳一个危害群体的成员？从这一意义上看，基督宗教之所以不宽容异端，是出于自身信仰危机感的考虑，希望能通过惩治异端而保持思想的统一性。然而，恰恰相反，被其迫害的异端大多符合人类文明进步的要求，而中世纪的天主教已经朽败，太需要外部新鲜血液的补充了，基督教完全有理由、有必要采取宽容异端的立场，因为如此可以促进自我进步。休谟认为，"宗教教义在本质上都是违反理性的，违反自然的。宗教的害处愈演愈烈，近代基督一神教的害处就远远超过了希腊和罗马多神教的害处。近代基督教是一个非常专横、

---

① ［英］洛克：《论宗教宽容——致友人的一封信》，吴云贵译，商务印书馆 1982 年版，第 41 页。

排斥异己的宗教，它扼杀了自由、道德和知识，阻碍了人类的进步。此外，还使人自卑，阻止了理性发展"①。面对构不成威胁的他者时，人们较容易采取欣赏、接纳的宽容态度；感觉到威胁时，人们倾向于采取排斥、镇压的狭隘态度。实际上，轻率地主观断定他者文化存在威胁，又简单地采取拒斥态度，最终使自己封闭起来而日益保守，成为阻碍人类文明进步的一大弊端，这从中国近代史中可以清楚地看到。

美国学者迈克尔·沃尔泽指出历史上存在五种宽容的体制：多民族帝国、国际社会、联盟制、民族国家、移民社会，在接纳差异性和促进和平共处方面各不相同②。在观察美国宗教宽容政策实施情况后，沃尔泽指出，"天主教和犹太教逐渐看上去越来越不像其他国家的天主教和犹太教，教区控制减弱，牧师言论缺乏权威性，个人要求宗教独立，游离宗教社区，不同教徒之间通婚，从宗教改革早期就出现的分裂倾向，成为美国宗教生活的普遍特征"③。即是说，宗教宽容将导致扩散化的存在状态，这实际上也为中国宗教的案例所证明。扩散化宗教的大量存在，反过来又促进了宗教宽容。

3. 纯粹宗教

宗教间的差异并非不可调和的对立矛盾，完全没有必要为此大打出手、流血冲突。人类历史上之所以此类事件层出不穷，主要原因是宗教信仰已经不单纯是宗教信仰，宗教利益也不单纯是宗教利益，而是交织着政治、经济、社会、文化诸多复杂因素。尤其是宗教与特定政治集团相结合，成为控制资源的强大力量，因此极易发动暴力冲突，"以宗教为口实，迫害、折磨、屠杀和毁灭他人"；"如果每一方都把自己限制在各自的范围之内，一个管理国家的世俗福利，一个掌管灵魂的拯救，双方之间是不可能发生任何冲突与不和的"④。假如"釜底抽薪"，将宗教可以控制的社会资源剥离，再大的怒火也燃烧不起来，而这是宗教纯粹化的第一步。所谓纯粹宗教与康德所说的"单纯理性限度内的宗教"在本质上相同，是回归纯粹信仰的宗教，是以理性为中心，人文为旨趣，文化为依

---

① [英] 休谟：《自然宗教对话录》，陈修斋、曹棉之译，商务印书馆 2002 年版。

② [美] 迈克尔·沃尔泽：《论宽容》，袁建华译，上海人民出版社 2000 年版，第 14 页。

③ 同上书，第 67 页。

④ [英] 洛克：《论宗教宽容——致友人的一封信》，吴云贵译，商务印书馆 1982 年版，第 2 页。

托，道德为内涵的宗教理想类型。实际上，宗教最初的纯粹信仰成分较多，后来不断被注入各种砝码和维度，既被世俗利用又利用世俗，逐步偏离原初轨道。例如早期佛教规定僧侣不得蓄积财物，甚至不能在同一棵树下再次停留；《圣经》记载耶稣对法利赛人说："上帝的归上帝，恺撒的归恺撒"。实际上，各大宗教为了实现自身的纯正信仰，曾经在戒律等方面做过很多具体规定，只是在发展过程中因为过度与非宗教因素黏连而身不由己。因此，剥离宗教中的非宗教因素，恢复其纯正信仰的本来面目，既符合宗教发展的方向，也符合社会发展的方向。即是说，我们既要为宗教立宪，也要为宗教"立限"，后者更为根本。立宪目的在于限制宗教一度膨胀的势力，使之在合理范围内活动，而不是取消宗教。立宪突出外在力量的作用，立限强调内在的主动性。宗教必须被限制，否则将导致狂信。

宗教纯粹化不应仅仅在教会组织层面改善，更应在信仰方面努力，宗教职业人员应该将自己的行为约束在特定的范围内，致力于人们道德境界的提升以及"灵魂拯救"事业。洛克希望："所有那些自诩为使徒继任者的教士们和平而谦谨地踏着使徒们的脚步行走，不要干预国家事务，以便全心全意地致力于促进灵魂拯救的事业"；"真正的宗教……并不是为了制定浮华的仪式，也不是为了攫取教会的管辖权或行使强制力，而是为了依据德性和虔诚的准则，规范人们的生活"①；"公民政府不能授予教会以新的权利，教会也不能授权予公民政府；无论官长加入或脱离某个教会，教会依然和过去一样，是一个自由的、自愿的团体。它既不因官长的加入而获得剑的权力，也不因官长的退出而丧失其教导权和革除教籍权"②；"不论我们表示相信什么样的信仰、遵从什么样的外部礼拜形式，如果我们在自己的内心里不是充分确信前者为纯正的信仰，后者为上帝所喜悦，这样的表白和礼拜便毫无裨益，而且注定会成为我们灵魂拯救的巨大障碍"。在《论宗教宽容》一书中，洛克认为宗教纯粹化的本质即是政教分离、道德提升，"把那种宽容（不同信仰各教派的基督徒之间互相宽容）誉为纯正的教会基本特征的标志"③。洛克进一步要求，基督教会和信徒应将宗教宽容内化为自己的行动准则，"所有教会均像私人之间的关系一

---

① ［英］洛克：《论宗教宽容——致友人的一封信》，吴云贵译，商务印书馆1982年版，第25页。

② 同上书，第13页。

③ 同上书，第1页。

样，永远共同遵守和睦、平等和友好的准则，而不得以任何借口谋求超越或统治对方的权限"①。宽容是基督教应承担的伦理义务，如果一名基督徒"把同他持有不同见解的人视若仇敌，残酷虐待，那就是怂恿这种与基督徒的名字不相称的不义和不道德的行为"②；"缺乏仁爱温顺以及对全人类乃至对非基督徒的普遍的友善，他自己当然也就不配为一个真正的基督徒了"③。亚当·斯密则直言不讳："各种宗教将会因为洗去了教士们的肮脏利益而更加纯洁和高尚，并且随着这些教士的肮脏的利益一起，那些宗教的争执和仇恨也就会逐渐地消失"④，表现出"经济学之父"从斩断宗教与世俗利益结合入手推动宗教纯洁化进而促进宗教宽容的敏锐观察。同时，斯密坚信，通过"向一切宗教派别灌输宽容和和睦精神，即使最顽固、最迷信的愚人，也会由此而逐渐地得到理解和醒悟"⑤。

让·梅叶从法国一个乡村牧师成为无神论者的历程具有传奇色彩，他所著的《遗书》在18世纪启蒙运动中产生过重大影响，书中的一段话表明了他对宗教纯粹化的看法，至今仍有启示意义："你们要联合起来，团结一致地决心摆脱他们那些可恨可恶的暴政压迫，摆脱那些假宗教的空洞而迷信的仪式。于是在你们中间除智慧和风俗淳朴朴的宗教以外，就再不会有其他任何宗教了，除诚实和端正的宗教以外，就再不会有其他任何宗教了；除内心真诚和心灵高尚的宗教以外，就再不会有其他任何宗教了；除决心彻底消灭暴君和消灭崇拜神灵及其偶像的迷信仪式以外，就再不会有别的宗教了；除力图普遍维持公道和正义以外，就再不会有其他任何宗教了；除共同诚实地劳动和美好地生活的那种宗教以外，就再不会有其他任何宗教了；除渴望保卫人民自由的宗教以外，就再不会有其他任何宗教了；最后，除彼此互爱、巩固地维持和平并在你们这些人中间保持善良意见的一致性的宗教以外，就再不会有其他任何宗教了。"⑥ 可以说，纯粹

① ［英］洛克：《论宗教宽容——致友人的一封信》，吴云贵译，商务印书馆1982年版，第13页。

② 同上书，第3页。

③ 同上书，第1页。

④ ［英］亚当·斯密：《国富论》，王亚南译，商务印书馆1979年版，第276页。

⑤ 同上。

⑥ ［法］让·梅叶：《遗书》，陈太先、何清新、眭茂译，商务印书馆2011年版，第249页。

宗教在思想、仪式、道德、制度、行为各方面都对信徒提出了要求，涉及社会生活的方方面面。

在西欧中世纪，宗教是最为强大的力量，社会、政治、经济、文化无不纳入其中，被其覆盖和影响。随着世俗化的运动深入，后者逐渐从宗教中剥离出来，形成独立的建制和领域。宗教逐渐向纯粹信仰限度内的理性活动发展，因为不再掌握社会资源而逐渐失去动员能力，而宗教只有成为一种纯粹理性的宗教，才可能从根本上解决宗教的矛盾与冲突。

4. 社区宗教

宗教曾经作为这个社会的神经中枢发挥着整合、凝聚作用。涂尔干说："真正的宗教信仰总是某个特定集体的共同信仰，这个集体不仅宣称效忠于这些信仰，而且还要风行与这些信仰有关的各种仪式。"[①] 然而，宗教过度整合涵化社会，却阻碍了社会发展进步，也使个体失去自我，被宗教的神圣化符号所异化、所宰制、所奴役。经历"政教分离"和"世俗化"运动，宗教对社会的控制日益松散，其无所不在的影响逐渐退缩至特定区域和人口范围内，我们可以将这一过程概括为从社会性宗教向社区性宗教的演化。宗教与政治、社会、个人之间的界限日渐清晰，为消解宗教与外部环境的张力提供了结构性保证。因此，承认信徒的公民身份，引导宗教合理融入其所在社区，积极适应主流文化，努力服务现实建设，可以为宗教信仰创造更为宽松的环境，也有助于宗教的健康发展。在宗教过度涵化社会的中世纪，所谓宗教宽容问题，首先是宗教如何宽容社会，而在祛魅化之后的现代社会，这一问题的实质则是社会如何宽容宗教。尤其在中国，无神论居于优势、有神论相对弱势的信仰堕距决定了我们应在社区层面解决问题。哈贝马斯主张将宗教引入公共领域，信教公民和不信教公民互相学习、加强信任，由此使不同信仰造成的冲突得到化解，公民间的团结和合作加强，从而发挥宗教对社会和人生的积极作用。这一主张应该成为宗教社区化的行动策略。

六　云南多元宗教和谐相处的理论与实践

云南多元宗教共存的格局是在特定的地域和人群中，经由历史的演化

---

① ［法］爱弥尔·涂尔干：《宗教生活的基本形式》，渠东、汲喆译，上海人民出版社2002年版，第39页。

而生成。从社区层次说，云南宗教同样经历了从独存到相遇的阶段。由于高山大河的地理阻隔，部落性宗教间的最初交往有限，然而伴随人群关系的展开，宗教间的交流也随之增加。我们能够从同一地域氛围内有密切交往人群信奉的宗教中发现很多相同或类似的信仰因素，便是一个证明。这一趋势的极致化发展便是同一宗教为不同民族信仰。例如西双版纳的傣族、布朗族、德昂族、景颇族等民族都信仰南传上座部佛教，丽江的藏族、部分纳西族、普米族等都信仰藏传佛教，这些宗教信仰上的融洽，有力推动了民族关系的和睦。

与宗教关系多元化趋势相呼应，还存在宗教关系一元化的发展，这主要是指强势宗教对弱势宗教的取消、置换。同一宗教为不同民族信仰，必定削弱民族宗教的类型。最初一个民族只信仰本民族传统宗教的一一对应关系逐渐被一多关系、多一关系以及两者交叉的混合关系所取代。这符合人类宗教发展的趋势。在全球化交往的背景下，任何一种宗教都已经不再可能单独存在于特定地域和人群中而不受打扰了。

（一） 云南多元宗教关系的历史生成

历史发展的结果是，云南孕育出了多民族多元宗教和谐相处的特色局面。在这块美丽、神奇、富饶的红土高原上，繁衍生息着包括汉族在内26个人口在五千人以上的世居民族。云南宗教形态纷繁复杂，从原始宗教到世界宗教，种类齐全，内容丰富，佛教、道教、天主教、基督教、伊斯兰教五大宗教俱全，尤其具有汉传、南传、藏传三大主要佛教部派，而成为世界上独一无二的地区。云南许多民族至今仍不同程度地保留着本民族的传统信仰，如本主崇拜之于白族，毕摩教之于彝族，东巴教之于纳西族；有些民族几乎全民信仰某一种宗教，如藏传佛教之于藏族，南传上座部佛教之于傣族，伊斯兰教之于回族。在漫长的历史演化进程中，这些宗教已成为各民族历史文化、现实生活以及社会心理的有机组成部分，成为它们独特民族风情的底色。

1. 佛教

佛教约于公元7世纪从印度、缅甸、西藏和中原多路传入云南，历史上曾形成了阿吒力教、汉传佛教、南传佛教和藏传佛教四大派系和众多的小派别，多源多流、教派繁多、文化内容丰富的特点十分鲜明，并在边疆少数民族社会生活中具有广泛的影响。由于传入渠道各不相同，加之各地自然环境、社会发展、生活习俗等存在的差异，云南佛教表现出了强烈的地域性特点。

阿吒力教属印度密教，唐代中期传入云南大理，曾在洱海地区的白族和彝族中有较大影响。元明两朝，阿吒力教的宗教地位和政治地位逐渐衰颓，清康熙时又被视为邪教加以禁止，此后虽然仍有组织及活动，但规模及影响都已衰落，庙宇和教徒多被汉传佛教的禅宗所融合，仅在民间有其残余变种流传。目前，云南阿吒力教僧侣也演变为类似居士的信徒，只在农村从事念经、驱邪禳灾、超度亡灵等活动，并兼任民间组织"莲池会"坛主，在重要佛教节日中主持活动。

汉传佛教约在公元8世纪中叶分别从中原和四川两路传入云南，宋、元、明时期达到鼎盛时期，清代以后逐渐衰微。现主要分布在昆明、大理、保山、玉溪、红河、楚雄、曲靖、临沧、昭通等地，为部分汉族、白族、纳西族、彝族、拉祜族群众所信仰。主要寺庙有昆明圆通寺、筇竹寺、华亭寺，安宁曹溪寺、晋宁盘龙寺，大理崇圣寺、感通寺，宾川鸡足山寺庙丛林等。

南传上座部佛教大约于公元7世纪以后从缅甸传入西双版纳，13世纪晚期传入德宏。15世纪以后逐渐发展到临沧、思茅等地，成为傣族全民信仰的宗教并被当地其他一些民族如布朗族、德昂族所接受。南传上座部佛教在中国唯云南独有，并与傣族传统文化相融合。主要寺庙、建筑有景洪市曼飞龙塔、景真八角亭，芒市菩提寺，瑞丽姐勒大金塔，沧源广允缅寺等。

藏传佛教约于公元7世纪传入云南迪庆藏区，11世纪以后有较大规模的发展。早期以萨迦派（花教）、宁玛派（红教）和噶举派（白教）为主，清代以后格鲁派（黄教）日益兴盛，而其他各派则日渐衰落。除藏族外，丽江的纳西族、永宁的普米族、摩梭人也有部分群众信仰藏传佛教。主要寺庙有中甸归化寺（松赞林寺），德钦县德钦寺，丽江玉峰寺、指云寺、文峰寺等。

2. 道教

道教在云南有悠久的历史。自东汉末年张陵在四川创立五斗米教以后，便在川滇交界的金沙江南岸地区产生了一定程度的影响。由于早期道教注重占星祭天、祀神驱鬼的"鬼道"，与当地的原始宗教十分相似，因此其教义也就融入了这些民族的原始信仰中。此后，由于统治者的政策变化以及受诸葛亮入滇征战等历史事件的影响，不少道徒陆续进入云南，逐渐在巍山地区以及澜沧江、金沙江流域获得发展。唐代以后，道教在云南的影响不断扩大，成为当时主要的宗教信仰之一。明代中期以后，随着中原地区大批汉人迁入，道教的发展空前繁荣。清代中期以后道教逐渐衰落，主要从事超度亡灵、求雨、建房奠土等活动。

云南道教派别繁杂，仅全真道就有天仙派、龙门派、随山派、长春派等流传于昆明、巍山、保山、腾冲、临沧等地区。道教长期与儒教、佛教融合交流，从传入之初就与彝、白、纳西、壮、瑶等少数民族的原始宗教相互吸收融合，形成了鲜明的地方民族特色，并影响了洞经会、圣谕坛、同善社等各类民间宗教团体。云南道观主要有昆明的金殿、黑龙潭、西山三清阁，腾冲云峰山，昭通大龙洞，临沧三元观等，而巍山县巍宝山更是集萃了准提阁、巡山殿、文昌宫、灵官庙、玉皇阁、老君殿、斗姥阁、朝阳洞、长春洞等宫观，成为云南著名的道教圣地。

3. 基督教

基督教（新教）于1881年从缅甸传入云南，是全国传入基督教较晚的省份之一。早期由于传统文化的抵制，发展十分缓慢。1904年，循道公会英国传教士伯格里在滇东北苗族地区获得成功，推动基督教先后在昆明以及滇东、滇北、滇西北、滇西、滇西南、滇南各地获得了较快的发展，在少数民族特别是边疆少数民族地区产生了很大的影响。尤其是传教士通过创制推广苗文、景颇文、傈僳文、拉祜文、佤文、独龙文等少数民族文字，使这些民族的社会生活面貌发生了较大的变化。

4. 天主教

根据史料记载，唐代和元代曾先后有"景教"和"也里可温"在云南活动，但未能流传下来。明末清初天主教再次进入云南，主要集中在滇东北川滇两省交界的偏僻山村。此后由于"百年禁教"的影响，逃迁或发配入滇的信徒渐多，向各地缓慢发展，先后设立了昆明、大理、昭通三个教区以及西藏教区云南铎区，最终形成了以滇中、滇东北、滇南、滇西为主的分布格局，主要为汉、彝、苗、傈僳、景颇等民族部分群众所信仰。

5. 伊斯兰教

1253年，伊斯兰教随元世祖忽必烈蒙回军队征战云南而传入。明代又有大批外省回民军士及农民、商人进入云南，使云南成为回民的一个主要聚居区。经过元、明两朝的大规模入滇，穆斯林在云南的人数和分布地不断扩大，使伊斯兰教得到广泛的传播和发展。清代前期，随着经堂教育的逐渐兴起而至盛极一时，云南成为中国经堂教育的三大中心之一，造就了"云南学派"在全国范围内的地位和影响。云南伊斯兰教分格底木（老教）、哲赫林耶（新教）、伊赫瓦尼（新新教）三大派别，都不同程度地受到中国传统文化的影响。云南伊斯兰教主要分布在昆明、玉溪、红河、文山、大理、保山、昭通、楚雄、思茅和曲靖等地，为回族和部分傣族、白族、藏族、彝族群众所信仰，产生独特的傣回、白回、藏回、彝回等现象。

6. 原始宗教

云南民族众多，且各民族的社会发展极不平衡，导致云南少数民族原始宗教内容丰富、形态多样。中华人民共和国成立前，独龙族、基诺族、傈僳族、怒族、布朗族等几个居住在山区的少数民族基本处于原始社会末期向阶级社会过渡的历史阶段，小凉山地区的彝族还保留着奴隶制，傣族、藏族还保留着封建农奴制，其他如壮、苗、白、哈尼、阿昌、纳西等少数民族已进入封建社会。处在不同发展阶段上的云南少数民族，都不同程度地保存着原始宗教内容的残余。其形态有自然崇拜、动植物崇拜、图腾崇拜、鬼魂崇拜、祖先崇拜、性力崇拜、灵物崇拜等。在现代社会中，原始宗教对云南少数民族的影响有所衰退，并呈现出民俗化的特点，但作为一种文化现象，仍将长期存在。

（二）云南宗教互动关系的主要特征

1. 信仰载体的民族性

宗教作为社会历史现象，是云南许多民族历史和现实不可分割的一部分，在漫长的发展演化过程中与民族生活方式紧密结合，从而对民族传统及文化教育、风俗习惯、行为规范乃至心理特征均有程度不同的影响，并由此熔铸出相关的民族心态，形成了"宗教—民族"相互对应的文化关系，如藏族与藏传佛教、傣族与南传佛教、瑶族与道教、白族与本主崇拜、纳西族与东巴教、回族与伊斯兰教，等等。例如西双版纳、德宏州信奉南传佛教的傣、布朗、德昂、阿昌等民族，基本上每寨一寺，佛节活动以村寨为单位同时进行，不论男女老少人人参加。即使基督教与天主教，也一定程度上民族化了。苗族、傈僳族、景颇族、拉祜族等民族部分群众从 20 世纪初接受了基督教信仰以后，通过创立民族文字、使用民族语言传教、成立民族教会等活动，逐步改变了传统的信仰和生活方式，并使基督教作为一种文化因素融合到了自己的社会文化之中。"宗教—民族"的相互对应关系，导致了民族传统文化的宗教性内涵。一些少数民族的服饰，从形状、式样到图案、色彩，都隐含着特定的神性意识。例如彝族的火焰纹、虎头图案，体现的是崇火、崇虎的观念；纳西族的羊皮披肩，是图腾崇拜意识的外化；傣族的衣服则很像和尚的无领衣。在居住习俗方面，佤族的住房有专为鬼魂出入而设的鬼门，屋内供设着各种祭祀用品和鬼神象征物；基诺族屋顶装饰有象征房主父母灵魂的草排；傣族竹楼则力图模仿缅寺的尖顶方角或屋顶重叠的式样。云南各民族的神话、史诗、传说、故事、祭祀歌舞、民间体育竞技也与宗教文化有着千丝万缕的联系。少数民族的创世神话既是各民族最恢宏壮丽的原始文学作品，也是各民族最系统的原始宗教经典。如彝族的《查姆》、白族的《开天辟地》、傣族的《莱叭》、傈僳族的《木挂布》、纳西族的《崇搬图》，等等。[①] 民族旅游绕不开也不能绕开内涵丰富的本民族传统宗教，民族旅游因之具有浓厚的宗教特色；同样，宗教文化旅游也带有浓厚的民族特色。通过丰富多彩的宗教文化旅游，游客能够较为全面、深入了解云南少数民族的文化风貌。

2. 信仰形态的多样性

云南是我国宗教形态最多的省份，境内有佛教（包括显密二宗，南传佛教、藏传佛教、汉传佛教、阿吒力教四系，以及各系中的诸多派别）、道教、伊斯兰教、基督教、天主教，以及异彩纷呈的各民族传统宗教和民间信仰形式，宗教文化氛围浓厚。同时，云南又是我国少数民族种类最多的省份，共有 26 种世居民族。云南地处青藏高原连接中南半岛的中间地带，是各民族沿横断山脉南北迁徙的走廊。历史上随着北方氐羌族群的南迁，南方百越族群的西移以及中原文化的进入，再加上历史上的土著族群，使云南成了众多民族集团构成的汇集中华历史文化最为丰富的地区之一。多民族、多宗教、多元文化和谐并存，成为云南文化的典型特征，一个民族同时信仰好几种宗教，一种宗教同时为好几种民族所信仰的现象非常普遍。比如彝族群众既有信奉毕摩教的，又有信奉佛教、道教

---

① 参见刘稚、秦榕《宗教与民俗》，云南人民出版社 1991 年版。

的、近代以来也有信奉天主教、基督教的；南传上座部佛教既为傣族信仰，也为布朗族、阿昌族信仰，还为德昂族、佤族信仰。尤其是佛教和道教包容性更强，可以共居一山，也可以彼此供奉对方尊神。云南宗教文化内容多样、形态完整、兼容并蓄，为宗教关系的和谐打下了坚实的基础。

3. 信仰活动的民俗性

在云南各民族的社会文化系统中，宗教文化不仅仅作为一种观念体系，而且作为一种实践体系存在于人们的日常生产生活中，形成了民族传统的文化习俗和伦理道德，对人们的实践活动以及社会文化发展有巨大的、直接的影响和作用。在社会发展日趋多样化、世俗化的背景下，少数民族宗教融入民俗的步伐正进一步加快。实际上，在云南民族地区，没有哪一种宗教不曾与民俗相结合，世界宗教如此，民族宗教更是如此。伊斯兰教以宗教的形式引导回族群众的生活习俗；基督教也以宗教形式涉足教徒人生礼仪的各个主要环节，佛教对其传播地区人们的衣食住行、行为举止、婚丧嫁娶等方面影响至巨。在少数民族的婚姻、丧葬、农事、建房、生育、节庆等每一方面、每一环节的风俗习惯中，都包含了相应的宗教观念或宗教活动的内容。如南传上座部佛教的浴佛节演变为傣族的泼水节；始于唐代汉传佛教的"观音街"演变为大理白族的民俗节日"三月街"；藏族传教的"萨噶达娃节"①、祈福节、跳神会等均演变为藏族、普米族及摩梭人的风俗节。

4. 信仰分布的地域性

云南地域呈自西向东逐渐下降的趋势，由此形成了在云南的山间和平地风格多样迥异的山川风貌和自然风光，所谓"一山有四季，十里不同天"。云南有北半球最南端终年积雪的高山，也有西双版纳茂密热带雨林，还有险峻深邃的怒江大峡谷和发育典型的喀斯特岩溶地貌，盆地和湖泊星罗棋布。云南众多少数民族以大杂居、小聚居的方式生活在这块土地上，形成了多姿多彩的民俗风情、神秘邃远的宗教文化。由于地理环境的多样性，造成了云南民族宗教文化发展的不平衡和多层次特点。同时，历史上形成的这些具有多形态、多层次特点的文化成分，在云南相对封闭、稳定的自然和社会历史环境中，被最大限度地保留下来。时至今日，云南宗教仍呈现出鲜明的地域特征。藏传佛教主要分布在滇西北的香格里拉，

---

① 释迦牟尼诞生节。

南传佛教主要分布在滇西南的西双版纳、德宏，汉传佛教主要分布在滇中昆明、楚雄以及滇西的大理、保山一带。

5. 信仰立场的功利性

云南少数民族宗教信奉的生灵体系丰富多样，且大多为与生产生活紧密相关的功能神，在特定的生产环节和生活事件发生时，人们以较少的祭品换取神灵无限的庇佑。如果反复献祭的结果被证明无效，人们会放弃该神灵而转向其他神灵。生活在同一社区的民族，当本民族的神灵体系失效时，便会向其他民族的神灵祭拜，同时也会将当地现实关系中民族团体力量的强弱曲折地反映在宗教神灵系统上。例如怒江地区的怒族会认为汉族的鬼神最厉害，其次为傈僳族，再次为白族。信仰的功利性导致了神灵体系的重叠，信徒身份意识的模糊。在基督教传入云南少数民族地区后，经常可以观察到的现象是，群众为了从传教士那里得到医疗以及其他物质性实惠而入教。当一场瘟疫使原始宗教信徒的畜产遭受较大损失而基督教信徒的却安然无恙时，他们可能会放弃原始宗教而成为"基督教徒"，当相反情况出现时又会有大规模的反教行为。

6. 信仰功能的公共性

云南诸多少数民族的宗教活动具有鲜明的集体性和公共性。所谓信仰的公共性是指以村寨、社区甚至整个部落、氏族为单位，所有成员参与某项宗教活动，而祭祀对象也多为村寨、社区、部落或氏族的保护神，久而久之演化为本民族共有的宗教节庆。生活在滇南、滇西南的哈尼族、傣族、阿昌族、德昂族、布朗族等民族，每个村寨都有寨神，定期集体祭祀。集体活动也从宗教生活延伸到日常生产、生活之中，全寨成员相互帮助，提高了集体凝聚力，从而增强了宗教内的和谐维度。在各民族间经济交往、相互通婚营造出来的宽容社会文化氛围中，宗教内部的和谐会不断向外转化为宗教之间的和谐。信仰的公共性可以有力地促使这一转化。当然，如果遇见不利的外部环境，宗教内部的团结反而会引发更大规模、更高水平的冲突。

（三）云南少数民族宗教文化发展面临的挑战

韦伯认为，西方社会的现代化本质上是"理性化"，是社会逐渐脱离宗教影响的"祛魅化"发展史；正是马丁·路德和加尔文的新教改革产生了以"天职观"为核心的经济伦理，通过特定的社会机制转化为资本主义精神，进而促进了欧洲资本主义的发展。以理性化的眼光审视，曾经的云南少数民族宗教可谓是一座"巫术花园"，精华与糟粕并存。经过现代社会的洗礼，历史上不合理的宗教特权、宗教歧视、宗教禁忌基本废除，云南少数民族宗教的信仰素质和文明素质明显提升，逐步走上理性发展之路。

云南少数民族宗教的发展，不仅面临着现代化、全球化、世俗化的整体挑战，也面临着基督宗教"后来居上"的挑战。前者使少数民族宗教的信仰环境发生重大变化，后者使少数民族宗教的信仰生态产生危机。恰如《道德经》所言，"祸兮福之所倚，福兮祸之所伏"[1]，云南少数民族宗教发展面临的挑战，正是其提升自身信仰素质与文明素质，融入现代社会的可贵契机。

1. 少数民族宗教信仰环境变化的挑战

经济全球化和区域一体化使任何民族都不可能闭关自守，民族宗教也将在现代化进程中有所扬弃。随着中国—东盟自由贸易区的设立和云南连接南亚东南亚国际大通道战略的实施，云南少数民族宗教将受到外来宗教和文化的巨大冲击，而云南少数民族社会文化的脆弱性结构，使其宗教在与外来宗教的博弈中极易处于下风。与云南为邻的东南亚地区，历来是民族众多、宗教复杂、文化交流十分活跃的地区。特别是处于前沿的跨境民族地区，传统宗教的生存和发展将面临日益严峻的压力。云南跨境民族地区与周边国家同民族同宗教现象十分普遍，境内外同一民族宗教信仰状况的任何变化必然会传导至国内。尤其是基督教的传播使少数民族成员越来越脱离传统信仰而走进教堂，代代传承的信仰逐渐淡化了宗教色彩，而转化为一种民俗活动，有些甚至直接消亡。与制度型的世界宗教不同，少数民族宗教是扩散型的宗教，缺乏统一的组织、严密的教义、固定的活动场所等。若不采取有力措施，任其在世俗化、多样化的社会中自由发展，少数民族宗教必将进一步扩散，最终结果很可能是信仰色彩越来越淡，淡之又淡，以至于消散，飘荡为历史和文化的云烟。

世俗化的每一步发展，都将使宗教的神圣领域有所减少。云南少数民族传统宗教具有明显的功利性色彩，之所以信仰不计其数的鬼神，是因为所有鬼神都有其各自不同的专司职能，人们为了自己的现实利益对其献

---

① 朱谦之撰：《老子校释》，中华书局2000年版，第235页。

祭。如果反复献祭的结果被证明无效，人们会放弃该神灵而转向其他神灵。宗教作为一种上层建筑，必有其安立之上的经济基础。新中国成立后特别是改革开放以来，少数民族地区的经济社会发生了极大变化，原始社会、农业社会中的很多神祇在现代社会中丧失了用武之地，一些与现代社会格格不入的功能性信仰必然为人们所放弃。云南少数民族宗教自然崇拜、图腾崇拜、祖先崇拜中一些反映农业社会甚至原始社会的内容不可避免地在现代社会中消失，而一些曾经与农业生产、狩猎活动、渔牧活动有关的祭祀仪式，或者衰退，或者融入民族风俗。比如，彝族历史上曾流行图腾崇拜，植物中有竹、松树、葫芦等，动物中有虎、牛、羊、鸡等。新中国成立后，局部地区仍有一些图腾崇拜的遗迹，现今已不复存在了。但彝族婚丧嫁娶等活动仍由毕摩来主持，其风俗习惯仍与其宗教信仰紧密联系在一起。

现代社会的发展使少数民族传统宗教不得不面临从其原生环境中脱离出来的危险，对此我们或可用"脱域化"来形容：少数民族宗教面临着迥异于传统社会的生存环境，必然会在教义、文化、制度、行为诸方面作出调适。涂尔干指出，"任何宗教都是对既存的人类生存条件作出的反应，尽管形式有所不同"①。社会性是宗教的本质属性，宗教的变迁与社会的变迁同步进行。在民族地区，我们经常看到大批青少年出入于网吧、歌厅、电影院，热衷于现代娱乐方式，对本民族的宗教文化缺少了解，缺乏兴趣。成年人忙于生计，无暇顾及传统宗教活动，同时受到历史上极"左"思潮的影响，将传统宗教视为"封建迷信"而不愿参加。而本民族宗教的巫师、祭司虽然有较为丰富的传统宗教知识，但大都年事已高，面临后继无人的危险。虽然有些民族地区如西双版纳，几乎所有的村子都重修了佛寺，但很多是有寺无僧，更缺乏高级僧才，重要的宗教活动要到缅甸去请佛爷来主持。众所周知，宗教作为一项社会建制，其基础不在天国而在人间。一旦失去信仰环境，信徒和教职人员数目锐减，宗教即将陷入巨大的生存危机。面对多元化、世俗化、现代化的客观信仰环境，少数民族宗教已无力回天，也不可能再重返原始社会。所能改变的只是宗教自身的结构、素质以及态度。少数民

---

① ［法］爱弥尔·涂尔干：《宗教生活的基本形式》，渠东、汲喆译，上海人民出版社2002年版，第2页。

族宗教必须与社会发展同步协变，才能在由传统社会向现代社会的转型中求得生存和发展。

2. 市场经济发展的挑战

随着市场经济的进一步发展，云南少数民族也加入了打工的洪流，在为当地带来开放理念和经济收益的同时，也造成了不少负面影响，例如，青壮年大量外出务工，仅仅留下老人、小孩，形成所谓的"空巢村"；尤其是大量女青年外出打工并远嫁他乡，大量当地男青年无法找到对象而出现"光棍村"。一些本民族的节庆以及仪式在年轻人中几乎得不到呼应。例如，双江县邦丙乡南直村的插花节，过去有专门的人组织，青年男女一起庆祝，跳帕节舞、蜂桶鼓舞等，寨内非常热闹。而现在南直村的青年人，已经很少有人会跳这些舞蹈了。同样，在布朗族聚居的云南省临沧市云县忙怀村，青壮年常年在外打工，传统的祭祀活动基本没有人参与，布朗族的音乐、舞蹈、口头文学等非物质文化遗产濒临失传，一些古老的祭祀仪式也逐渐淡出人们的生活视野。由于布朗族只有语言没有本民族文字，相关的仪式和口传经文随着祭司和民间老艺人的去世而失传。许多少数民族的宗教祭司同时也是本民族传统文化的传承者，民间宗教的衰落，一定程度上是传统文化的衰落。

我们曾经在西双版纳傣族自治州勐海县的拉祜族村寨访谈，到处可见人们忙于修建自家的新房，但村寨入口用于祭祀的公房已经破败不堪，例行的宗教仪式也很久没有举行了。过去，拉祜族家中都有一个终年不息的神圣火塘，是年轻一代接受本民族传统宗教文化的重要场所。但现代建筑逐渐取代传统建筑，火塘也为电磁炉所取代，其宗教文化功能也随之消失。少数民族是其宗教传承和发展的重要载体。如果没有信仰的主体，少数民族宗教的发展就是无源之水、无本之木。离开少数民族来谈民族宗教的发展，无异于离开物质而谈运动。这种现象，我们可以概括为宗教在现代社会中的"人员逃离"、"精神抽离"、"行为疏离"、"文化剥离"、"社区脱离"，宗教在现代市场经济中的境遇将进一步恶化。

3. 基督宗教传播的挑战

云南向以多民族、多宗教、多种文化形态并存为世人瞩目。经过长期的历史演化，各种宗教都拥有相对稳定的信仰群体，彼此之间形成一种动态的结构平衡。近代以来，基督教传入云南，给包括少数民族宗教在内的云南宗教带来不小的挑战，很多传统宗教信徒都改信了基督教，苗族、彝族、傈僳族、怒族、拉祜族、佤族、景颇族、哈尼族等少数民族受基督教影响尤深。基督教传播的主要原因，固然与西方国家的支持有关，但更为重要的是，基督教的文明素质高、信仰素质高、社会服务功能强，而且信仰成本低。宗教事业与社会事业紧密结合，是基督教能够冲破由政治、社会、风俗、心理等因素设置的强大阻碍获得传教成功的重要原因，客观上也促进了少数民族的现代化进程。这些少数民族历史上深受汉族和大民族的欺压剥削，社会发展水平低，生活在贫困、短缺和边缘化的处境中。传教士紧紧抓住他们生活中的苦难与不幸，抓住他们寻求拯救和关怀的心理需要，通过创立传教文字、创办教会学校、设立医疗机构和慈善机构等举措，赢得了他们的信任，为传教成功奠定了坚实的社会基础，也使这些民族的社会面貌和精神面貌发生了巨大变化。由于基督教与少数民族传统宗教发展水平的差异，基督教在传播过程中基本上没有吸收传统宗教的因素，信奉基督教的少数民族群众，是在放弃他们传统宗教的基础上获得新信仰的。其客观结果是，这些少数民族群众日渐分为信仰传统宗教的和信仰基督教的。每增加一个基督教徒，就会减少一个传统宗教信徒。基督教每向前一步，少数民族宗教就向后退一步。民族文化的整体性面临分崩离析的危险。长此以往，极有可能扩大同一民族内部基督教徒和传统宗教信徒之间的差距，促成民族文化的解体。

对于云南宗教关系特征进行动态分析，有助于我们从理论上把握云南宗教关系的整体，为进行"知其然又知其所以然"的原因探讨打下了基础。

（四）云南多元宗教和谐相处的主要原因

多元宗教和谐相处，在云南边疆民族地区的现实土壤中，成为一种既定的客观现实，也作为地域文化的传统沉淀为一种客观结构与规则，并内化为人们的一种思维习惯。因而对云南多元宗教和谐相处原因的分析，需要综合关系的视角、现象的视角、文化的视角和心理的视角。就现有情况而言，凡是多元宗教和谐相处的地方，必然也是多民族和谐相处的地方；同样，凡是多民族和谐相处的地方，必然也是多元宗教和谐相处的地方。从滇西北的香格里拉到滇西南的西双版纳，莫不如此。多元宗教和谐相处，不仅带来了民族间的和谐，更使云南以民风古朴、文化多元、生态多样为世人所瞩目。探讨云南多元宗教和谐相处的原因，既有助于我们加深对云南历史和文化的理解，更有助于我们进一步巩固云南多元宗教和谐相处的局面，对于构建和谐边疆、和谐云南具有重要的理论意义和现实意义。

1. 各民族经济上相互依赖

云南省位于祖国西南边陲，是一个典型的山地省份。在 39.4 万多平方公里的国土面积中，山地占 84%，高原、丘陵占 10%，大都沟壑纵横，交通不便。在山地、高原中，镶嵌着很多相对平坦的山间小型盆地、小型河谷冲积平原、河谷阶地、河漫滩和冲积扇、起伏较和缓的高原面和剥蚀面及其上的宽谷浅丘、较大的山谷等地貌类型，其面积不大，但数量很多。这些相对低平的小地貌类型，在云南省俗称"坝子"。坝子往往由于自然条件较好、物产较为丰富、交通较为便利等原因成为区域性的政治、经济和文化中心。由于云南历史上民族迁徙往来不断，民族关系错综复杂，在长期的发展演化过程中，各民族形成了相对稳定的居住格局。居住于滇西北高原和高山区的有苗、傈僳、藏、普米、怒、独龙 6 个民族和部分彝族；居住在半山区的有哈尼、瑶、拉祜、佤、景颇、布朗、德昂、基诺 8 个民族和部分彝族、满族；居住于内地坝区和边疆河谷的主要有白、回、纳西、蒙古、壮、傣、阿昌、布依、水 9 个民族和部分满族；占全省总人口 66.71% 的汉族居住于城镇和坝区。壮族聚居的文山州就有"苗族住山头，瑶族住箐头，壮族住水头，汉族住街头"的形象说法；傣族聚居的西双版纳自治州，"西双"是十二的意思，"版纳"是坝子的意思。在民族地区，坝子往往是主体民族居住的中心，同时也是与其他民族经济、文化往来的中心。以西双版纳傣族自治州勐海县为例，傣族居住在坝区，哈尼族、拉祜族、布朗族等少数民族大都居住在山区。山区自然条件艰苦，基本没有水田，所产粮食不够吃，但是出产优质茶叶和各种土特产品。至今勐海县贺开、布朗山等地仍然保留着上万亩连片古茶园，系布朗族先民在七八百年前人工栽培而成。山区的少数民族群众经常以茶叶、"山茅野菜"等土特产品向坝区群众交换粮食、食盐、布匹等物品。各民族在经济往来的同时，必然在语言、文化乃至宗教上相互接触，彼此交流。勐海县的拉祜族、哈尼族、布朗族群众很多不会说汉话，但都能以傣语相互沟通，傣语在一定程度上扮演了"普通话"的角色。布朗族更是受到傣族较深的影响，大多数群众信仰南传上座部佛教，同样"赕佛"，过"泼水节"。"汉族离不开少数民族，少数民族离不开汉族，各少数民族间也相互离不开"①，在云南有着突出的表现。由于云南极为特殊的自然地理条件和生存环境，决定了云南各民族只有相互依赖、互通有无、彼此团结，才能共同战胜自然环境的严酷压迫。

云南地势西北高东南低，海拔高差悬殊。最高点为滇藏交界的德钦县梅里雪山主峰卡格博峰，海拔 6740 米；最低点在与越南交界的河口县境内南溪河与元江交汇处，海拔仅 76.4 米。两地直线距离为 900 公里，高低相差 6000 多米。立体的地理地貌形成了立体的气候、立体的植被、立体的农业分布、立体的民族和立体的宗教文化。因而形成了各民族之间相互依赖，山区和坝区之间互通有无。分布在最高处的信仰藏传佛教的藏族，和分布在较低处的信仰汉传佛教的汉族、白族等少数民族，以及分布在最低处的信仰南传佛教的傣族等少数民族。虽然相隔千山万水，但历史上藏族从事畜牧业，食物结构中往往没有蔬菜，只能通过饮茶来补充维生素等多种营养成分，离不开低海拔地区的茶叶、食盐等生活必需品，低海拔地区的民族也需要高海拔地区的山货、牛羊、皮毛。这一相互依赖的通道历史上是畅通的，一旦受阻就可能会诉诸武力来疏通了。纵观中国历史，北方民族屡屡攻入关内，往往与这一事关生计的通道受阻不畅或中间出现了严重的不公等危机有关。而在和平年代，中原地区与少数民族地区开放互市，彼此互通有无，又成为不可阻挡的历史潮流。云南著名的茶马古道、南方丝绸之路将山区和坝区连为一体，使云南呈立体分布状态的各民族能够互通有无，并在地理和自然条件优越的交通要道上形成一个又一个多民族聚居、多宗教并存、多文化交汇的重镇。在这样一个不同文化要素汇聚的多元场域里，每个民族的宗教、文化都能为其他民族所接触、所接纳，并都能找到自己生存的一席之地。

例如，位于云南省怒江州贡山独龙族怒族自治县北部滇藏交界、怒江大峡谷深处的丙中洛乡。该乡北靠西藏察隅县察瓦龙乡，南邻本县捧当乡，东接德钦县燕门乡，靠近缅甸和印度。由于特殊的地理位置，丙中洛成为怒江北部重要的集贸市场，又是茶马古道进出滇藏的中转站和商品集散地。从内地来的客商将商品物资运到这里，有的在当地换成山货药材，

---

① 1990 年，江泽民在新疆视察时指出："我们伟大的中华民族是由 56 个民族构成的，在我们祖国的大家庭里，各民族之间的关系是社会主义的新型关系，汉族离不开少数民族，少数民族离不开汉族，各少数民族间也相互离不开。"

有的又经茶马古道运往西藏。特殊的自然环境和独特的文化环境使丙中洛
成为一个多民族、多宗教、多元文化并存的少数民族社区。居住在这里的
怒族、独龙族、傈僳族、藏族等少数民族，和睦相处。藏传佛教、天主
教、基督教和原始宗教并存，有两百多年历史的藏传佛教圣地普化寺、一
百多年历史的重丁天主教堂、香巴拉宫遗址和黄金洞遗址。虽然各种宗教
之间尤其是藏传佛教和外来的天主教、基督教之间有过争斗，但是在各民
族彼此经济往来、互相通婚、和谐相处的整体背景下，各种宗教和谐的共
处在这块"天人合一，人神共居"的净土上。在丙中洛乡，一家数口人
中信仰不同宗教却又祥和宁静生活在一起的现象，屡见不鲜。又如，昆明
市南郊的官渡古镇，曾经是五百里滇池的重要港口，万商云集，百货具
备，商业盛极一时。在不到 1.5 平方公里的面积内汇集了二塔、六寺、七
阁、八庙，不仅供奉有藏传佛教、汉传佛教、道教、儒教的尊神，还供奉
有当地的土主神。

　　宗教的最初传播往往沿着交通要道开始，繁荣的商业中心往往也是
多种宗教交汇的中心。例如，从长安出发，经甘肃、新疆，到中亚、西
亚，并联结地中海各国的陆上通道"丝绸之路"，是古代东西方经济文
化交流的重要通道。佛教、基督教、伊斯兰教、道教、摩尼教、祆教等
多种宗教都曾经在这条丝路之上洒下花雨。同样，云南著名的茶马古道
和南方丝绸之路不仅驮来了茶叶、丝绸、食盐，更驮来了"释迦牟
尼"、"玉皇大帝"，茶马古道上的重镇几乎都是多元宗教和谐相处的典
型代表。经济基础决定上层建筑，各民族在经济上相互依赖、互通有
无、彼此和睦相处，是形成云南多种宗教交汇并存、和谐相处的重要
原因。

2. 各民族之间一直通婚

　　云南省地处青藏高原连接中南半岛的中间地带，发源于青海唐古拉山
北、南两侧的澜沧江、怒江流经云南过中南半岛分别进入南太平洋和印度
洋。在历史上，云南是各民族沿横断山脉南北迁徙的走廊，氐羌、百越、
百濮等古老族群都曾经在这里生息繁衍。一般来说，古代分布在云南境内
属于氐羌系统的族群，分别发展为汉藏语系藏缅语族中的白族、彝族、哈
尼族、纳西族、景颇族、傈僳族、阿昌族、拉祜族、怒族、独龙族、藏
族、普米族、基诺族等；属于百濮系统的族群发展为现在南亚语系孟高棉
语族中的佤族、布朗族、德昂族等；属于百越系统的族群发展为现在汉藏

语系壮侗语族中傣族、壮族、布依族、水族等。[1] 在云南各民族发展演化的过程中，互相往来、彼此通婚发挥了十分重要的作用。民族作为特定人群共同体的诞生，最初都是由特定的宗教信仰作为核心价值而支撑的，所以通婚的过程既是民族融合的过程，也是宗教融合的过程。

相关文献和考古资料表明，聚居在大理白族自治州的白族源于中国西北古老的氐羌族群中的一支"僰人"，经过与楚人、汉人、当地土著及其他民族长期通婚而形成。在历史上，白族建立过本民族的政权"大理国"（公元937—1253年），受儒家思想文化影响颇深，既崇拜本民族的本主，也信仰佛教，同时道教、巫教也相当活跃。而白族的本主中既有本民族的英雄，也有汉族的人物。唐朝天宝年间率领十万大军讨伐南诏的将军李宓赫然在列，并成为大理市区内较大的一个本主祀神，每年农历八月十五白族同胞都会举行盛大的"将军洞"庙会。史载，李宓的十万大军在西洱河全军覆灭。实际上，这些人不可能全部被杀死，而是被俘虏之后与当地民族通婚，融入白族先民中了。民族的融合表现在宗教信仰上，便是白族的本主神中增添了很多汉族的历史人物。在大理，白族和汉族之间相互通婚的现象至今仍然十分普遍。云南回族的形成也与民族通婚有紧密的关系。相关文献记载，元朝在云南建立行省，进驻云南的将军、官吏、士兵和奴仆中，有不少中亚、西亚的"回回"和新疆的"畏兀儿"，分散在云南全省的交通要道上，进行统治、镇戍、屯田或经营工商业等活动。这些人不仅阶级出身不同、民族成分各异，而且来云南时大多数没有带眷属，落籍云南后，多数和汉族或其他民族通婚。云南回族中间传说"我们的老祖婆是汉人"，正反映了回族和汉族长期通婚的历史。云南各少数民族之间相互通婚的现象就更多了，如居住在大理州鹤庆县的白族和彝族、居住在西双版纳州勐海县的拉祜族和哈尼族、居住在临沧市双江县的佤族和布朗族等。在居住空间上，这些民族本来就相互交错在一起，彼此村寨山水相连，相互之间经济往来密切；在族源上，这些民族本来就源于同一个古老的族群；在宗教信仰、风俗习惯上曾有很多相同或相似之处，汉文史籍对这些民族先民的记载清楚地说明了这一点。

民族融合进而导致宗教融合是一个长期演化的社会过程，而宗教向特定地区的传播以及传入之后与本土宗教和谐相处却可以因特定的事件而频

---

[1] 尤中：《云南民族史》，云南大学出版社1994年版。

频出现，通婚尤其是民族上层之间的通婚就是这样的事件。民族间的通婚不仅仅是娶妻嫁夫、生儿育女的人口流动或人口增长，同时也可以将生产技术、文化风俗、宗教信仰等带入新地区。通过婚姻将宗教信仰带入其他民族地区的情况不乏其例。公元641年，唐太宗将文成公主嫁给松赞干布，随行人员中有不少高僧大德，所携嫁妆中有大量佛经佛像，文成公主本人也是一位虔诚的佛教徒，对推动佛教在西藏地区的传播具有一定的作用。

婚姻是人生中最重要的事件之一，不仅关系到个人，也关系到家庭乃至整个社会。婚姻不仅使一对男女成为夫妻，也使两个家庭成为"亲家"，也能使两个国家缔结"秦晋之好"。自古以来，人们就制定了很多关于婚姻的标准，并人为设置了很多障碍，防止"门不当、户不对"的婚姻发生。如果民族之间经常通婚，表明民族之间相互平等，不存在歧视现象，彼此尊重对方，能够接受对方的风俗习惯乃至宗教信仰。通婚可以将多元宗教和谐相处带到日常生活的层面，使宗教和谐在家庭之中得到展演，使子女耳濡目染，并从小养成尊重他人宗教信仰的良好习惯。家庭是组成社会的细胞，不同宗教信仰在家庭内部和谐相处，既可以通过代际纵向传递，也可以通过交往横向扩散，在全社会形成良好的氛围，正所谓"齐家、治国、平天下"。长期以来，云南各民族之间一直相互通婚，彼此的宗教信仰不但不成为阻碍因素，反而通过婚姻进一步和谐相处。多元宗教和谐相处不仅存在庙堂之上，也存在家堂之上。佛教寺庙里有时会有道教的神，同样道教宫观里也会有佛教的神。而且佛道两种殿堂上有时还会出现孔子、关公"文武二圣人"。在同一家庭中，可能父亲信仰道教，母亲信仰佛教，儿子信仰基督教，彼此却仍然和和美美，互不干涉。这一令外国人赞叹不已的现象，并非因为中华民族的宗教观念淡薄，而是因为中华民族将宗教和谐安立在家庭和睦、社会和谐的基础之上。如果没有宗教和谐的家庭基础，也就没有宗教和谐的社会基础。

通婚历来在各民族和谐相处中发挥着非常重要的作用，上几辈人之间的恩恩怨怨，甚至是不共戴天之仇，都会随着下一代在相互交往中产生的恩恩爱爱而云消雾散，尤其是随着下一辈人的爱情结晶——小孩的诞生，过去的那些深仇大恨都会化为乌有。因此，婚姻可以突破宗教、民族、血缘等设置的界限，带来友好相处的和平。历史上汉族统治者与少数民族贵族的和亲政策客观上发挥了积极的作用。当然，少数民族普通群众之间的婚姻并不像统治阶级上层的婚姻那样作为一种政治策略，但是婚姻所具有的促进民族和谐、宗教和谐的社会功能仍然在其日常生活中得到充分的展现。通婚加强了民族之间的相互了解、彼此尊重，使民族和谐相处的同时，其信奉的宗教也能够和谐相处。

虽然近代以来，基督教传入昭通、怒江、普洱等地后，限制信徒和非信徒之间的正常婚姻，在少数民族群众中造成了信教群众与不信教群众之间的矛盾冲突；但是对于不同民族之间信仰基督教的群众来说，相互通婚仍然不存在障碍。此外，基督教坚持严格的一夫一妻制，主张婚姻自由，反对结婚收取彩礼，很多贫苦的男女青年通过改信基督教而解决了婚姻问题；一些人婚后受配偶的影响也改信基督教。基督教的传入并没有危及多元宗教和谐相处的家庭基础和社会基础，相反，经过民族化和本土化，基督教的伦理道德促进了家庭和谐，基督教与其他宗教和谐相处于少数民族地区。

3. 各宗教之间实力相对均衡

云南既有佛教、伊斯兰、基督教等世界性宗教，也有中国土生土长的道教，还有东巴教、毕摩教等民族性宗教，更是因同时具有汉传、藏传、南传三大佛教部派而成为世界上独一无二的地方。经过长期的历史演化，各种宗教都拥有相对稳定的信仰群体，彼此之间形成一种动态的结构平衡。宗教之间没有为争夺信教群众而发生大规模的流血冲突和宗教战争，各宗教教义也都相互融合，在基本社会伦理、道德观念上达成共识；各宗教间无论是上层僧侣还是普通信众都能和谐相处，与不信教的群众也能彼此尊重，为共同的社会目标携手共进，而不是为各自不同的信仰争吵不休。

在云南，并不排除在某一民族或某一地区内，某种宗教更具优势的现象。比如，在西双版纳傣族地区，南传上座部佛教就比汉传佛教更具优势；在香格里拉藏族地区，藏传佛教同样比汉传佛教更具优势，但这种优势是相比较而言的。在滇中地区，无论是南传佛教还是藏传佛教，都无法与汉传佛教的影响相比。由于云南地域广大、民族众多，各种宗教都能找到自己的"势力范围"，"失之东隅，收之桑榆"，因而在整体上取得了均衡，没有形成对其他宗教占绝对优势的宗教。除了具有鲜明的地域性特点外，云南宗教的分布态势还呈现出鲜明的民族性特点，而且地域性与民族性紧密交织在一起。对于傣族而言，没有哪一种宗教的影响可以和南传上座部佛教相比；对于藏族而言，没有哪一种宗教的影响可以和藏传佛教相比；同样，对于回族而言，没用哪一种宗教的影响可以和伊斯兰教相比。云南的民族虽然有大小之分，宗教信仰程度虽然有强弱之别，但是由于各民族在经济上互通有无、彼此依赖、相互通婚，民族间的和谐相处，也使各民族宗教的和谐相处成为既定事实。

宗教与民族并不完全重合。在漫长的演化过程中，一个民族同时信仰好几种宗教，一种宗教同时为好几种民族所信仰的现象在云南普遍存在。比如彝族群众既有信奉毕摩教的，又有信奉佛教、道教的，近代以来也有信奉天主教、基督教的；南传上座部佛教既为傣族信仰，也为布朗族信仰，还为德昂族信仰。从民族与宗教的关系角度，可以将云南25个世居少数民族的宗教信仰状况概括为原生型、次生型、混生型三大类型。原生型是指信奉本民族的原始宗教，如本主崇拜之于白族，毕摩教之于彝族；次生型是指本民族的原始宗教在历史上已经为外来宗教置换并成为民族文化传统的重要部分，如南传上座部佛教之于傣族、道教之于瑶族；混生型是指既受到原生型、次生型宗教的影响，又受到基督教的影响，如基督教之于苗族、傈僳族、怒族、景颇族等。各民族原始宗教、传统宗教与基督教之间有过矛盾，尤其是基督教曾多次试图进入香格里拉、西双版纳等地，最终因遭到藏传佛教、南传佛教僧侣和信徒的顽强抵抗而告失败。如果我们将云南少数民族宗教文化看作一幅多彩画卷，那么内涵丰富的原生宗教信仰奠定了本色，儒教、佛教、道教的长期濡染晕开了底色，而近代以来天主教、基督教的传入则涂抹了一层亮色。

近代以来，基督教借助帝国主义势力强势进入，并对苗族、彝族、傈僳族、怒族、拉祜族、佤族、景颇族、哈尼族等少数民族影响较深，也曾一度强制信众放弃本民族的"偶像崇拜"，但是经过"本土化运动"、"三自爱国运动"，基督教已纳入社会控制的范围之内，并积极寻求与社会主义社会相适应。即使历史上基督教的强势也是相对而言的，帝国主义的坚船利炮虽然可以轰开紧闭的国门，但是却很难摧毁社会习俗设置的壁垒。基督教要想传播成功，必须采取本土化、民族化的策略，并迎合少数民族的信仰特征。例如，传教士利用景颇族崇拜诸葛亮的心理大力宣扬"耶稣是孔明转世，信耶稣就是信孔明"；"诸葛老爹在世很好，可是他的事情忙，不能来看你们。现在有一位耶稣，是诸葛老爹的兄弟，诸葛老爹派他来救你们。你们既信服诸葛老爹，就是要听他兄弟耶稣的道理"①。拉祜族在反清起义失败后，传说其领袖"铜金和尚"会派一个骑白马的人来拯救自己，传教士利用这一传说，将自己说成"铜金和尚"的朋友，也骑着白马四处传教。②

基督教在少数民族地区的传播，并没能使本民族的传统信仰绝迹，很多少数民族信徒在信仰基督教的同时，仍然祭祀鬼神、崇拜祖先。多元宗教和谐相处不仅存在于社区之中，在个人身上也有着鲜明的体现。正如林语堂形容苏东坡所言："为人父兄夫君颇有儒家的风范，骨子里却是道教徒。"③信仰基督教的少数民族虽然在宗教身份上是基督教徒，但骨子里仍然流淌着本民族宗教文化的血液。还有一些教徒在基督教和传统宗教之间摇摆不定：多次杀牲祭鬼无效后可能会转向基督教；而一次较大的瘟疫导致信教群众的牲畜大量死亡而不信教群众的牲畜安然无恙的偶然事件可能会放弃基督教。可以说，云南特殊的历史、地理和文化条件，使云南少数民族"天然地"享有宗教信仰自由，各宗教之间也相对平等，没有形成占统治地位的宗教。新中国宪法中有关宗教信仰自由的精神，实际上很早就为云南少数民族所实践。我们有理由相信，在国家宗教信仰自由政策和民族自治政策营造的良好氛围下，云南多元宗教和谐相处的美好图景，会迎来更加绚丽的明天。

多民族和谐相处与多元宗教和谐相处、互为因果、互相促进，保证了云南社会的和谐稳定。宗教既是一种意识形态，也是一种社会力量，涂尔干将宗教定义为"一种既与众不同、又不可冒犯的神圣事物有关的信仰与仪轨所组成的统一体系，这些信仰与仪轨将所有信奉它们的人结合在一个被称为'教会'的道德共同体之内"④。相应地，民族既是一种社会力量，也是一种意识形态，安德森将民族定义为"一种想象的共同体——并且，它是被想象为本质上有限的，同时也享有主权的共同体"⑤。宗教

---

① 张笏：《腾越边地状况及殖边刍言》，转引自韩军学《基督教与云南少数民族》，云南人民出版社 2000 年版，第 67 页。

② 钱宁：《基督教与少数民族社会文化变迁》，云南大学出版社 1998 年版，第 197 页。

③ 林语堂：《信仰之旅》，陕西师范大学出版社 2009 年版，第 2 页。

④ ［法］爱弥尔·涂尔干：《宗教生活的基本形式》，上海人民出版社 2006 年版，第 42 页。

⑤ ［美］本尼迪克特·安德森：《想象的共同体——民族主义的起源与散布》，吴叡人译，上海人民出版社 2006 年版，第 6 页。

与民族都是联系、团结、掌握一定人群的共同体。如果说宗教是以某种禁忌、道德和仪式将人们团结起来的共同体，民族是以某种相互认同、归属的情感为纽带将人们团结起来的共同体，那么从历史和现实的情况来看，宗教与民族经常互为载体。族际和谐可以促使教际和谐，教际和谐也可以促使族际和谐。而促进族际和谐最主要的原因有两个，其一是经济上相互依赖，这是从宏观角度而言；其二是彼此通婚，这是从微观角度而言。由于各民族间经济、文化、人员往来密切、彼此依赖，基本上没有形成对其他宗教占绝对优势的宗教，各宗教之间实力相对均衡，这也是云南多元宗教和谐相处的主要原因之一。我们将宗教性视为社会性予以考察，试将宗教置于云南民族社会的具体场景之中，结合经济互动、日常生活互动等一系列具体的过程、事件，对云南多元宗教和谐相处的主要原因作出上述分析。基于同样的研究进路，我们可以对云南多元宗教和谐相处的经验进行提炼，并试图在合理的范围内进行推广。

（五）云南多元宗教和谐相处的经验模式

越是民族的就越是世界的。云南边疆民族地区的多元宗教和谐相处的本土经验在某种意义上也具有全国乃至全世界的意义。相关研究如果缺少了对本土经验模式的系统分析和认真提炼，无疑是不完善的。我们即在探讨经验一般概念的基础上，探讨云南宗教和谐相处的系统性知识，并以此为根据分析云南经验的启示，提出如何推广云南经验的建设性意见。

1. 何为经验

经验是日常生活中应用极广的一个大众熟语，对于再熟悉不过的事物人们声明自己有十足的成功把握时总会说"这个我有经验"。经验也是科学研究中应用极广的一个专业术语，哲学上围绕经验展开了持久不衰的探讨，所谓"先验论"、"经验主义"等各成体系，公说公有理，婆说婆有理。然而从学术研究上，哲学、心理学对经验的分析成果居多，社会学几乎没有系统地展开。我们不应该仅仅关注经验作为心理体验的一面，还要关注经验作为社会存在的一面。在展开研究之前，我们有必要弄清楚经验这一概念的内涵和外延，既能反映出事物的客观属性，又能反映人们在生产生活和科学研究中对经验的主观认识。

第一，经验具有实践性。从最广泛的意义说，人类的一切活动都属于实践范畴。哲学意义上的实践，专指"人们改造自然和改造社会的有意识的活动"，"是主观见之于客观，包含客观对于主观的必然及主观对于客观的必然"。① 人类的经验即是从社会实践中产生的，但其向序为客观作用于主观，即是说，人类在接触客观事物的活动中，通过感觉器官获得并在意识中进行的各类主观反映。此类反映的内容为所接触事物的现象、关系甚至是规律。经验经过大脑的初步加工，是各类知识的萌芽。个体存在的人都有其从实践中得来的经验，不同的人接触同一事物获得的经验也不尽相同。因此经验带有个体性、分散性、混沌性、琐碎性等特点。一旦将琐细的经验进行系统化的总结提升，便能从中概括出系统的知识，经过反复实践提炼再提炼，能够上升为特定学科。人类知识和智慧的宝库，即是从经验的矿藏中不断提炼升华而来的。

第二，经验具有持续性。从时间序列上看，经验从过去而来，向未来而去。我们将曾经的与事物反复接触发生的各类知识沉淀起来，既可以指导我们将来的实践，也可以与不同的个体分享。从分散到整合、从个体到整体、从个别到一般、从过去到将来，经验的聚集有其特殊的社会机制。这一机制保证了经验不是一闪而过的流星，而是能长久发射智慧光芒的恒星。我们的语言、行为都具有流逝性，一旦讲出来、作出来就再也不能在时空中存留了。我们都在向死而生，都不能回归过去。这一带有悲剧性的生存本质通过社会文化的结构却能在一定程度上避免。人类的诸多文明制度、技术手段实际上就是为了消解这一生存悲剧而诞生、而设计的，宗教即是其中之一，它的重要功能之一即是教会我们如何正确面对自我和他人的死亡。通过此类社会机制，我们得以重复、循环、再现流失的美好事物，回归过去。因此人记忆什么、如何记忆都带有不同文化的烙印。人能面对记忆，也必须不断更新记忆。逝去的经验沉淀为记忆，一旦情境再现，触及个体的真实感，经验的无意识作用就能自动指导个体的行为。通过集体效应，记忆不仅仅是个人的事情，还是社会整体的事情。现象学社会学理论中所言之"知识库存"、"袖里乾坤"即是由经验积淀而来的。积淀起来的经验对个体乃至集体行动具有支配作用，也一直是人类社会中权威力量的重要来源。资格老的、经验丰富的人，常常向新手炫耀："我走的桥比你走的路还多，我吃的盐比你吃的饭还多"，以此增强自己的权威性，并获得尊重、敬仰和成就感。尤其在传统社会中，经验是一个人十

---

① 百度百科·经验，http://baike.baidu.com/view/21717.htm。

分重要的资本,具有社会的、文化的、符号的、经济的诸多价值和意义。

第三,经验具有观察性。经验具有变化的一面,也有稳定的一面。我们既控制经验,也被经验所控制。我们从经验中观察人,又从人中观察经验。一个人的经验通过积淀能够形成较为稳定的支配结构,我们可以通过经验判断一个人的性格,推测其行为。人类经验的重要来源是日常生活,同时,日常生活也是"各种各样的社会活动和社会关系得以萌生与成长的土壤和滥觞,也是一切活动的汇聚地、纽带与共同的基础"①。在日常生活批判理论家列斐伏尔看来,单调、重复的日常生活隐含着深刻的内容,从一个女人购买半公斤砂糖这一简单的事实,通过逻辑的和历史的分析,最后就能抓住资本主义,抓住国家和历史。这样,日常生活的平凡事件呈现出两方面的意义:一方面是个人的偶然小事;另一方面是更为丰富的社会事件。经验本身即包含了知识,还是个体指向社会关系的一条明确主线。通过对日常生活经验的观察与分析,我们能够更好地认识人以及人类社会。

第四,经验具有转化性。经验的转化作用是其之所以能够沉淀、持续、可观察、反复实践的基础。通过这一作用,既可以向内发展出相互联系的知识网络,过滤掉琐细的、无用的知识,而成为带有支配性的知识体系;也可以向外发展彼此关联的社会网络,是享有共同经验的人组成稳定的群体,而此群体也成为相关经验转化的助推容器。从这一意义上说,宗教共同体即是不同个体之间分享神圣性体验的社会网络。通过共享经验,有助于增进个体之间的相互认同,加强人群之间的联系,有助于形成统一的组织,加强内部凝聚力和团结度。

综上所述,我们认为,经验是从社会实践中获得的具有指向性、持续性、转化性、可观察性、可操作性特征的知识、技巧及其综合。

2. 何为宗教经验

宗教经验除了具备上述的基本特征外,还具有非常重要的关系主线。宗教经验的第一逻辑就是将主观客观化,因而宗教经验在主观与客观互动方面更具有典型性。某一宗教经验的东西,可能为其他宗教非经验的,相反亦然。宗教经验中还存在很多无法客观验证的因素,比如天堂、地狱、神灵,而这些恰恰构成宗教信仰的核心关键要素;反过来,许多可以客观

---

① 百度百科·列斐伏尔,http://baike.baidu.com/view/628193.htm。

验证的事物却全然不能构成宗教经验。信徒可以通过虚幻或想象的方式，曲折地体验并不存在的事物。越是虚幻的事物，就越容易被赋予神圣性和终极意义；越是不能被证伪的神灵信仰，就越能牢牢地把握信徒。中国土生土长的道教之所以为外来的佛教击败，神学上的关键因素就是道教信仰的肉身成仙、长生不死很容易被证伪，而佛教追求的极乐世界却无法被实践经验所证伪。

宗教经验的第二逻辑，指具有心灵性与身体的双重结构。既以心灵进行感悟、用身体进行实践，同时又以身体进行感悟、用心灵进行实践。肉身为个体存在带来了空间和时间的限制，而心灵却不受此限可以自由自在地翱翔创造。宗教经验因此具备了天马行空的想象、海阔天空的结构、多姿多彩的维度。在这里，有必要指出宗教的身体学问题。宗教经验必须靠身体去实践，这是社会学研究的重点内容。宗教长期压抑身体的经验和实践，对身体的行为进行道德贬抑，对身体的形象进行丑化加工，对身体存在的批判否定。例如，道教经典《道德经》说："吾有大患，为吾有身；及吾无身，吾有何患？"[①] 但宗教经验和宗教行为又不得不借助身体来完成，这就形成根深蒂固的悖论。既要将身体隐藏，进而将身体与生带来的肉欲否定，又不得不将身体推向前沿，使其承载心灵的自由与升华。文明宗教的禁忌与戒律往往都是为了压抑、惩罚肉体而设置的。对于宗教，身体是一个大问题，但却长久以来被宗教学的相关研究摒除在外。对此我们必须高度重视，有必要对宗教进行身体社会学的系统思考，必能发现现有研究没有发现的宗教衍生规律。当尼采喊出"上帝已死"的响亮口后，紧接着就是"身体万岁"！反宗教人士实际上已经在从事"打倒上帝，解放身体"的工作了。

宗教经验的第三逻辑，指具有个体主义与集体主义的分野。人类宗教经验中，再没有可以像宗教经验那样能够激发集体性的狂热情感了。能够上升为集体狂热的情感，即使其目的是针对世俗的，都或多或少带有宗教性。宗教个体经验通过分享能够上升为集体经验，反过来又暗示、支配个体经验。基督教聚会中信徒常常做的"见证"即是个案。

宗教经验的第四逻辑是神圣与世俗、现实与超越的融合，具体表现为宗教生活与日常生活的融合。对于最为虔诚的信徒，两方面生活合一，且

---

① 朱谦之撰：《老子校释》，中华书局1984年版，第49页。

以前者为主导覆盖后者；对于最不虔诚的信徒，也是两方面合一，但却是以后者为主导覆盖前者。信徒的宗教经验一般都只在二者的交叉领域展开。由此，我们也多了一条判断教徒宗教信仰虔诚程度的操作性标准。在交叉结构的过程中，信徒的宗教生活具有了日常性，同样日常生活也具有了宗教性。

简单地说，宗教经验以特殊的神圣事物为感知对象，以特定条件范围内的人群为主体，以日常生活和宗教生活为内容，并通过整合、积淀、传承机制在社会层面散播开来。对于宗教经验的研究，多从心理学的角度展开，社会学的研究寥寥无几，而这正是本书所要突破的方法论方向。通过社会学的研究，我们更能理解如何由宗教经验架构出宗教和谐相处关系的历程与结果。

我们不妨来看一下《基督教大辞典》是如何从心理学的角度阐释宗教经验的。

"宗教经验（Religious Experience），指信众的一种与宗教内容相关的体验。这种体验常被视为宗教信仰产生的直接来源。美国近代实用主义心理学家詹姆斯在其名著《宗教经验种种》中，认为宗教经验是心理意识对一种精神的东西的实在性所作的严肃、庄重的反应，而宗教就是个人与他所认为的神圣对象保持关系所发生的经验和行为。宗教经验大致包括敬畏的经验、皈依的经验、重生的经验、合一的经验、彻悟的经验、神魂超拔的经验等。宗教经验常具有神秘性，其特征为：①不可言喻性，即不能用言语明确说出其内容，至多只能以一种否定性的方式间接地表述它。②心智直观性，指一种推论的理智所不能涉足的、直接洞观真理的奥秘的认知状态。③易逝性，指这种状态不能长期维持，在其消失之后，它的内容仅能在记忆中不完整地复制出来。④被动性，指神秘思想不管从何而来，受感悟者原来的思绪即行停止，而为更高的力量所抓住、所控制。这种宗教的神秘经验有对未来的洞见、对心灵的解读、对文本的顿悟以及对遥远事件的预感。宗教经验既是可感的也是超验的，被认为在启示和认知两方面都具有重要价值，是领悟和传递宗教真理的心理基础。"[1]

---

[1] 丁光训主编：《基督教大辞典》，上海辞书出版社 2010 年版。

3. 何为云南宗教经验

从经验可以积淀为支配性的结构这一角度看，能否共享某一经验，是不同宗教和谐相处的重要条件。我们可以假设两种极端情况：不同宗教发生融合，则在宗教经验上能够全体共享；不同宗教发生冲突，则在宗教经验上丝毫不能共享。宗教和谐程度随着宗教经验共享程度的提升而提升，其中值得注意的是：客观存在的不仅有神圣性的宗教经验，还有世俗性的宗教经验，前者在结构中的支配作用更大。所以只有神圣性经验的共享才能最终导致宗教和谐。

对于宗教经验进行社会学研究，就是要找出宗教经验能够共享的制度性原因，这一过程必须置于特定的社会文化土壤中，并还原为信徒之间的日常生活互动和宗教生活互动。日常生活的互动，导致宗教世俗经验的共享；宗教生活的互动，导致宗教神圣经验的共享。日常生活中的互动，最为重要的交往形式有经济往来、通婚；宗教生活中的互动，最为重要的交往形式有神灵共享、仪式借鉴。

经济往来的形式多种多样，目的和功能在于解决人类自身的生存问题，包括满足衣食住行等方面的物质性需要。经济交往具有较强的世俗性，可以促使不同宗教共享特定的生存资源成为可能，从而为进一步交往的开展提供基础性的先决条件。关于云南地域内经济交往推动宗教和谐共处的分析前文已较为详细介绍，此处不再赘述。通婚是人类为了解决自身再生产的问题而通过社会文化建构出来对两性行为的合法化模式。人类经历了多种多样的婚姻形式，最终使动物性的、原始的、自发的性关系成为社会性的文化行为。在这一过程中，限制通婚的因素逐渐增多，并与其他制度性因素一道，成为区隔人群的工具。不同的宗教信仰也是阻碍通婚的重要因素。如果异教徒之间能够通婚，不仅有人口再生产的统计学意义，更能使不同的宗教也有"联姻"的性质，从而再生产出新型的宗教信徒，为宗教和谐共处奠定人口学的基础。详细分析可参见"云南多元宗教和谐相处的主要原因"部分，此处不再赘述。

宗教生活中对神圣性资源的共享，因世俗性资源的共享而奠定基础，反过来，又有力推动了日常生活中的人群互动，从而形成了多民族多元宗教和谐相处的良性循环。宗教经验即是由日常生活中通过特定机制获得的有系统性的神圣情感。宗教经验不强调知识，而强调感觉。借助德尔图良之口说，就是"正因为荒谬，所以我才信仰"。此外，从心理学的角度研究宗教经验强调个体性，而从社会学的角度研究宗教经验则强调集体性。我们对多元宗教和谐相处关系的强调，其层次的重点不在个体，而在中观的社区和团体。

在同一地域共存的宗教，越是具有相同的神学内容、情感内容、仪式内容等，就越会趋于和谐共处。在云南特定的社区中，我们常常能够见到不同民族的神灵体系相互借用的现象。有时是直接拿来为我所用，有时是改头换面重新包装，换一个本民族的名字即可。其中一个重要原因是这些民族本来就是从同一远古族群演化而来。比如云南氐羌族群中的民族对巫师的称谓十分相似，为"毕摩"、"白马"、"呗摩"等，而且都有过新米节的风俗。在特定地域内长期交往的基础上，不同宗教在神灵体系和仪式活动上逐渐具有趋同性。具体表现为多个民族信奉区域内主体民族的主体宗教，但同时也保留本民族的原有宗教。神灵之间因千丝万缕的世俗关系，结合为相亲相爱的大家庭，对神灵的祭拜仪式，同样也会你中有我，我中有你，彼此不分家。

云南多元宗教和谐相处经验的最大启示，即是通过文化自觉和社会无意识机制的作用，使宗教生活与日常生活有机融合、良性互动，在个体和社会两个层面上，实现各类资源的共享，主要是宗教神灵体系、信徒身份、宗教场所的共享，并通过特定的再生产机制将此共享成果积淀并衍生下去。宗教经验的共享，必须以人为本，通过社会化、现实化的机制来完成。

现　实　篇

子调研报告之一:

民族之间通婚与多元宗教和谐相处的关系研究

——以云南省西双版纳傣族自治州为例

西双版纳傣族自治州地处我国西南边陲,同老挝、缅甸接壤,与泰国、越南等东南亚国家邻近;下辖景洪市、勐海和勐腊两县。在这片美丽而神奇的土地上居住着 45 个民族,其中少数民族人口占全州总人口的 70.90%,有傣族、汉族、哈尼族、彝族、拉祜族、布朗族、基诺族、瑶族、苗族、回族、佤族、壮族、景颇族 13 个世居民族。众多民族在此繁衍生息,创造孕育着多彩灿烂的文化。仅就宗教信仰而言,南传佛教、伊斯兰教、道教、基督教以及各少数民族的民族宗教繁杂交错,共存共美。同一民族可能信仰不同的宗教,不同民族也可能信仰同一种宗教,再加上各民族比较盛行的族际通婚,民族、宗教与家庭三种联系纽带相互缠绕,彼此相依,造就了西双版纳多宗教"各美其美,美人之美,美美与共,天下大同"的和谐共处态势。在景洪市区,曼斗村的佛寺佛塔、曼允村的基督教堂和城区的清真寺相距不过千米,同处共存,相安无事;勐海县勐海镇曼短村委会的曼赛回和曼赛龙只相隔一条街,曼赛回带有傣族建筑风格的清真寺和曼赛龙的佛寺是各自村民参加宗教活动的场所,但在世俗生活中两个村寨不仅有通婚现象,在各自的节日还相互邀请,相互造访。

一 西双版纳民族地区信仰空间的社区架构

民族不仅仅是一个抽象概念和"想象"的建构,更是一个实体概念,需要具体呈现在一定的地域空间中。"空间决定了民族形成与发展过程中所面临的各种自然环境、社会环境以及人文环境,它既包括地理方位、地域地貌、资源分布，也限定了人口密度、群体结构、民族生存空间等。"①
信仰空间不仅指涉信仰神灵的空间体系；还应指涉信仰主体的分布空间；
也应包括信仰主体理解教义、举行宗教仪式、获取宗教救赎的"路径"
空间。在民族地区信仰主体的空间分布与民族群体是密切相连的。民族群
体在日常生产生活中以村落社区为基础的社会空间，以此与信仰空间相互
建构，铸就了信仰空间的社区架构。社区架构基础上，不同信仰空间呈现
出栉比鳞次的排列。在新形势下，由于社区的屏蔽性和宗教的穿透力，各
类信仰空间有着不同的扩展态势。自然环境与社会形态相辅相成，铸就了
西双版纳"天人合一"的人文地理景象与多元宗教和谐相处的文化生态。

（一）立体生态造就民族村寨的立体分布空间

西双版纳地质上属于西南槽褶皱区中的三江（怒江、澜沧江、金沙
江）印支褶皱的南段，澜沧江深断裂南北纵贯于本区中部，形成了景洪
断裂、勐海隆起、勐腊凹陷的"马蹄形"地貌特征。西部、北部、东北
部有天然寒流屏障无量山、哀牢山及其怒山余脉，中部为澜沧江及其支流
侵蚀冲刷形成的阶梯式盆地平坝，西南、东南紧邻孟加拉湾和北部湾。州
内坡度在8°以下、面积大于1平方千米的坝子共49个，万亩以上的坝子
有23个。这些平坝大都处在河谷盆地，周围是丘陵高山，地势上的立体
差别造就了自然生态的立体分布，更从总体上形成了平坝与高山丘陵的交
错分布，这深远地影响着州内各民族的居住态势。②

关于民族的立体分布前人已做过深入研究，并形成一定的共识。第
一，民族居住格局与历史上的民族冲突有关。"各民族之间为了争夺较好
的生存空间，经常发生民族之间的冲突和战争，其结果往往是势力强大的
民族占据了条件好的地区，而势力小的民族则被排斥到山区或者边远的地
区生存。"③ 在历史沿革中，各民族为了争夺自己的生存空间，扩展自己
的势力范围，彼此之间经常发生战争和民族迁移。南诏时期，彝族控制着
云南大部分地区。到南诏晚期（唐咸通年间，860—874年），逐渐强大起
来的西双版纳傣族北上，攻陷银生府（治今云南景东县），占据蒙乐山

① 郝亚明：《试论民族概念界定的困境与转向》，载《民族研究》2011年第2期。
② 西双版纳傣族自治州地方志编纂委员会编：《西双版纳傣族自治州志·上册》，新华出版社2001年版，第159页。
③ 郑杭生主编：《民族社会学概论》，中国人民大学出版社2011年版，第60页。

区。伴随傣族群体的北进，彝族群体被迫退守北方，重心转移到楚雄。受此影响聚居在蒙乐山区的哈尼族多数向东移居哀牢山区。后白族段思平在滇东曲靖集结三十七部，举兵西向，进入洱海。由此，白族在苍山洱海间繁衍生息。① 宋淳熙七年（1180 年），傣族首领帕雅真通过征战统一勐泐，建立景陇王国，成为西双版纳的统治民族，占据了所有坝区。其他民族主要争夺山林的占据权。如"百濮"支系的布朗族原先居住在哀牢山地区，由于民族争斗或民族压迫，不断地由北向南迁徙，最后到达中缅边境的布朗山。而在其迁移路途中也留下了生生不息的"遗迹"。现在由哈尼族、"山头汉族"居住的南糯山、格朗和等处的老茶山，就是布朗族当年栽种的。第二，民族居住格局直接影响到民族的生活方式。"在对自然环境的适应中，各民族对气候、地貌、土质乃至经济类型经历着从适应到依赖的历史过程，形成一种居住和分布定势。"② 如氐羌支系的哈尼族、拉祜族和彝族等多数居住在高海拔的凉爽山区，主要从事刀耕火种的粗放种植业；而百越支系的傣族、壮族在河谷地带长期生活中，也逐步适应了湿热气候，主要进行水田稻谷种植。西双版纳处于亚热带地区，旱季和雨季分明。在旱季山上民族下到坝区或是到土司家服劳役，或者是做短工，外地汉商也会进入坝区赶街串寨，买卖商品。但到了雨季，整天阴雨连连，气候湿热，容易得疟疾（俗称"黑尿病"），"瘴疫发生，到夷区（傣族）的汉人及其他民族这时都不敢再留在平原中而回返到本土去"③。傣族长期生活在低热的河谷地带，体质上已经适应了这种气候，并发展出相应的医药文化。在民族迁移中，各个民族也会"寻找理想的生存环境，其中特别是适合自己生存和发展的自然生态环境"④，傣族寻找适于水稻种植的河谷，山地民族寻找凉爽的山地，从而形成民族群体的立体分布。各民族适应了各自的生态环境，形成独具特色的生产生活方式，安守各自的生存空间，和平相处。自然生态与民族关系共同影响了民族群体的居住选择，又客观上造就了多民族群体的立体分布。

　　西双版纳 13 个世居民族已经在长期的生存历练中形成固定的居住格局。傣族在西双版纳两县一市均匀分布，几乎占据了全部大大小小的坝

---

①　《哈尼族简史》编写组：《哈尼族简史·修订本》，民族出版社 2008 年版，第 26 页。

②　赵世林、伍琼华：《傣族文化志》，云南民族出版社 1997 年版，第 5 页。

③　江应樑：《摆夷的经济文化生活》，云南人民出版社 2008 年版，第 63 页。

④　赵世林、伍琼华：《傣族文化志》，云南民族出版社 1997 年版，第 6 页。

区，是西双版纳唯一的坝区民族；其他 10 个少数民族都可统称为山地民族，居住在围绕坝区盆地的山区和半山区；而来此做官、经商、当兵的早期汉族和回族，集中居住在"街头"。总体来讲，傣族在西双版纳境内人数最多，却被大山分隔在大小不一的坝区内，力量也不便于集中。而其他山地民族也被平坝盆地割裂开来，民族群体也只是占据各个孤立的山头。虽然各民族都有聚族居住的特点，但并没有形成联合成片的单一民族群体。民族是群体划分的一个参数，但真正具有实际意义和社会影响的是以村寨为依托而形成的村寨群体。各个民族都聚族而居，形成一个个零星分布的村寨。在平坝到山地的立体生态空间中，民族村寨呈现出分层次的交错居住格局。比如勐腊县易武乡地处西双版纳州西北部，辖区以山区为主，间有零星河谷小坝。最高海拔是 2023 米的刮风寨黑水梁子，最低海拔是回洼坝子，为 600 米，相对高度为 1423 米。全乡总人口 14449 人，主要有汉、彝、傣、瑶等 13 个民族。傣族占据河谷平坝，如勐渤、大坝、岔河、回洼、勐户等傣族村寨；汉族居住在交通线上，如曼腊、张家湾、易武老街、纳么田等为汉族村寨；瑶族住在交通线两边高山上，如分水岭、热水河、桥头寨、丁家寨、刮风寨等村寨；在汉族和瑶族之间杂居着彝族、佤族、哈尼族，如麻黑、曼落、易比、易田、高山、洒代、三合社等村寨。

（二）土地所有制支撑民族村寨的生存空间

传统社会，西双版纳实行封建领主经济。傣族"召片领"和各勐土司在名义上拥有包括坝区和山区在内的所有土地。陈翰笙和江应樑将西双版纳傣族占据的土地分为四类。陈翰笙分为：全村的公共土地——"纳曼"、官员的俸禄土地——"纳召"、庙地——"纳洼"以及租借村寨的荒地——"纳贝"。① 江应樑分为村民共有土地、土司的庄园、头人酬劳田和特种需用田地。两者的分类可谓大同小异。现以陈翰笙的分类为主线，综合江应樑的相关内容进行具体分析。第一类为村民的共有土地——"纳曼"：村寨里的每个家庭都可以领得一份，可以传给子孙，但不能转卖他人；如果搬离本寨土地也无条件地收回；新迁入本寨的家庭可领得一

① 陈翰笙：《解放前西双版纳的土地制度》，中国社会科学出版社 1984 年版，第 17 页。

块土地；非本村住户不能耕种本村寨的土地。① 第二类为官员的俸禄土地——"纳召"。这些土地都是由村民以劳役的形式为官员（头人）耕种，并把所得收成进贡给占有这份土地的官员。第三类为庙地——"纳洼"，主要用于村寨所要共同承担的各种费用，如赕佛、官员招待费等。第四类为纳贝，是住户获取村寨的荒地耕种，前五年不收取地租，五年后向头人交少量地租（归为村寨的集体收入）。纳贝不划入村寨土地分配范围。而租种纳贝的住户并没有土地所有权，只有永久租佃权。② 由此可见，西双版纳傣族倾向于以村寨为单位占有和耕种土地，并集体承担相应的赋税义务，是一个紧密的利益集体。

西双版纳境内，哈尼族、布朗族、基诺族、拉祜族、苗族、瑶族、佤族、彝族等居住山区。各民族也多数是以村寨和氏族的形式占有土地，并按"氏族"、"大房子"等分配给各个家庭。村民使用村寨、氏族的土地是以在本村寨为范围的，某户外迁就要把土地归还村寨或氏族，不能私自出卖。这些民族"村民的结合虽然是以地缘为基础，然而仍然具有浓厚的血缘残余。这表现在每个地缘村寨中事实上还普遍存在着以血缘为纽带的氏族，大多数村寨都是由若干个氏族组成，一个村寨为一个氏族的例子极少。土地为村寨公有、氏族公有、家庭私有，氏族公有是最主要的形式"③。但村寨作为以地缘为基础的组织形式，成为维护集体土地财产主要力量。比如布朗族在与外寨涉及土地租借或各种纠纷的涉外事务，都需要全寨成员民主决议，统一行动，并由代表村寨的头人出面解决。④ 基诺族各村寨之间有着严格的地界，并做界标。在界标上钉木刀、木枪表示禁止侵占本寨土地，绑有"达留"用来辟邪驱鬼。每年"洛嫫洛"节，祭祀祖先时，村寨长老都要带人巡视边界，维修界标。⑤ 基诺族通过神圣和世俗两种方式保护着村寨土地免受侵犯。由此可见，虽然山地民族主要以氏族的形式占用和使用土地，但是氏族归属村寨，并与村寨内的各氏族形成一个稳固的地域利益集团。所以，村寨集体是山地民族从事农业生产的

① 江应樑：《摆夷的经济文化生活》，云南人民出版社 2008 年版，第 29 页。

② 陈翰笙：《解放前西双版纳的土地制度》，中国社会科学出版社 1984 年版，第 25 页。

③ 尹绍亭：《一个充满争议的文化生态体系——云南刀耕火种研究》，云南人民出版社 1991 年版，第 154 页。

④ 赵瑛：《布朗族文化史》，云南民族出版社 2001 年版，第 51 页。

⑤ 于希谦：《基诺族文化史》，云南民族出版社 2000 年版，第 60 页。

主要依托。

在村落规模上，傣族因占据坝区河谷地带，土地肥沃，单位面积产出高，适于定居生活，所以傣族人口比较集中，村寨规模相对较大。居住在山地的民族的土地相对贫瘠，单位面积产出低，而且随着土地费力的逐年衰减必须经常轮歇，耕作的流动性比较大，由此山地民族的村寨规模普遍较小。居住在山区的民族普遍采用刀耕火种的耕作方式。根据尹绍亭的分类刀耕火种可分为定耕刀耕火种和游耕刀耕火种。定耕刀耕火种是住所和土地都已经固定下来的刀耕火种。比如布朗族、基诺族、部分拉祜族和哈尼族就采用此种刀耕火种方式。游耕刀耕火种是住所和土地均不固定的刀耕火种。在西双版纳，苗族、瑶族、部分哈尼族和拉祜族、克木人都采用游耕刀耕火种。① 实行定耕刀耕火种的民族随着人口增长，寨子规模扩大，周围的土地不足以养活如此众多的人口，就要进行分寨。将村寨的部分人口搬迁到属于本村寨的较远土地上，建立新寨，开垦土地，重新过活。父寨、母寨分出子寨，老寨分出新寨。一个寨子最后分出几个寨子，但每个寨子的人口都控制在一定规模。实行游耕刀耕火种方式的民族为寻找更适合耕种的土地经常迁移，"连收三四熟，地瘦则弃置之，另择他所"，"数易其土，以养地力"。在频繁的迁徙中，这些民族的村寨规模必定不会太大，这样才能保证流动的灵活性，更容易找到养活村寨人口的适量土地。总之"坝区的村寨要比山地的村寨规模要大些。除集镇外，坝区少数民族的村寨一般在千户以内；山区一般在300户以内，多为几十户，甚至还有'独户村'。不仅分散，而且规模为中小型，鲜有大的村落"②。总结而言，西双版纳由于特殊的地理地貌和民族特性形成了各世居民族以村落聚居为基础，坝区民族（主要指傣族）与山地民族立体式交错分布格局。各民族聚族而居，但从未形成连接成片的单一民族大同盟。

（三）民族村寨的生活空间与信仰空间相互建构

在传统社会，社会生产力低下，个人面对强大的自然界，有一种势单

① 尹绍亭：《一个充满争议的文化生态体系——云南刀耕火种研究》，云南人民出版社1991年版，第137页。

② 赵世林、伍琼华：《傣族文化志》，云南民族出版社1997年版，第7页。

力薄之感。只有人与人之间的团结互助，才能在残酷的自然环境下求得安身立命之所。村寨作为一定区域内的群体组织，保证了成员间相互依赖与合作，形成村寨意识，并凝聚成宗教信仰。个人只有在村寨内才能求得衣食之需、人身安全、种族延续和身份认同。"一个人或一个家庭要是得不到村寨的合作协助，其生活便立刻会发生问题的。"① 西双版纳地区，各少数民族村寨都是团结互助的集体。不论是婚丧嫁娶、搬迁建房时亲戚邻里的相互扶持，还是劳役贡赋的共同承担、公共财富的平均分配都普遍存在于民族村寨。各少数民族通过宗教信仰维护着村寨的凝聚力和权威，不断强化村民的村寨认同力和归属感。

宗教作为上层建筑受经济基础决定，又为经济基础服务。西双版纳的各少数民族原始宗教和制度性宗教都诞生并成长于农业社会，为土地村社制度服务，保证村寨的团结和凝聚力，维护村寨利益统一体。西双版纳地区的少数民族宗教，普遍有祭祀寨神的信仰和活动，如傣族、基诺族、布朗族和拉祜族等都祭祀寨神，哈尼族也有祭寨门的活动。傣族的寨神是建寨氏族的氏族神。当氏族公社演变为封建领主制，以血缘为纽带的氏族神也变成了区域性的社神，成为全寨所有家族共同崇拜、祭祀的对象。寨神处在寨子的中心，又称为寨心神，是寨子生命和灵魂的象征，保佑村寨能食物丰裕、人丁兴旺。通常每年二三月祭祀一次。本寨有成员外迁或有人迁入也要祭祀寨神，征得寨神和村寨成员的同意。届时，要重修寨门，并封闭寨门和路口，拒绝外人进入，也禁止寨子里的人外出。全寨人员聚集在寨心，由年长者主持仪式，并请佛爷念经。祭毕，全村人聚在寨心，吃"百家饭"，暗示只有在寨神的护持下全寨人才能衣食无忧。祭祀寨神使全寨成员确认自己的群体身份，有助于培养寨子成员的认同感，大家同心同德，增强了全寨的凝聚力。傣族由寨神祭祀又发展出勐神祭祀，也就由一个村寨的凝聚扩展到整个部落联盟或勐的团结。② 布朗族的寨神是由男女氏族神"代袜么"、"代袜那"演化来的。寨神作为村寨的保护神，主宰着每个成员的祸福吉凶。村寨里有婚丧、建房、生病或迁入新户都要由召曼（头人）祭祀祷告。当南传上座部佛教经中南半岛传入傣族和布朗族地区，傣族、布朗族寨子普遍建起佛寺，成为全寨人员举行宗教活动的

① 江应樑：《摆夷的经济文化生活》，云南人民出版社 2008 年版，第 50 页。
② 铁锋：《宗教文化》，云南教育出版社 2006 年版，第 73 页。

场所。在"泼水节"、关门节、开门节和赕佛全村人都要聚集在寺院礼佛念经，举行佛事活动。佛寺成为傣族、布朗族村寨传承文化，增强凝聚力的又一场所。

西双版纳哈尼族把寨门（哈尼语称"竜巴门"）作为整个寨子的保护神。哈尼族每建新寨都要在进出村寨的路口立寨门，一般每个寨子要立3道寨门，每年农历三月在原先的寨门前再立一道寨门，满3道为止，其中一道为主寨门，作为人鬼分界线。哈尼族根据不同的情形进行立寨门、换寨门、祭寨门等活动，由寨主主持，每家选一名男子参加，全村人不准外出。哈尼族的寨门祭祀活动增强了村民对村寨的归属感，强化了村寨的凝聚力。瑶族的原始宗教融合了道教信仰，丰富了护持本民族的神灵体系。每年举行打斋，祈求"盘王"、"玉皇"诸神保佑村寨平安兴旺；同时进行"扫寨"，驱除妖魔鬼怪。① 瑶族村寨保留着古老的"寨老制"，以解决村寨内部事务，对抗外部群体的骚扰和攻击。② "度戒"被视为瑶族男子进行社会化的一个重要途径；更为重要的是这个仪式保证了瑶族社会群体的神圣性和庄严感，培养了民族、村寨的认同感，促进了群体的团结。基诺族尊称寨神为"左米思巴"，并有盛大的"洛媄洛"祭祖节。其间，村民巡查村寨的土地边界，子寨拜望父寨，子女拜父母，弟弟拜哥哥，村民拜寨父寨母（即卓生卓巴，是寨神的代表）等礼仪。③ 在圣神的宗教仪式中，基诺族再现了村寨界限，加强了村寨间的联系，融洽了村民关系，强化了村寨的凝聚力。

（四）信仰空间对村寨社区的依附与突破

在民族地区，民族群体之间为获得生存空间而相互竞争，并与占据的空间环境发生互动，产生与环境相适应的体质、生产方式和组织方式。由此，"空间变成了人的空间，而人也成了这种空间之中的人"。民族群体"必然会将自我的意志体现在外部空间上，占有空间成了他主体性的体现"④。适应不同的空间环境，民族群体以规模不等的村寨形式繁衍生息，并形成特色鲜明的宗教文化空间。西双版纳民族地区，宗教信仰的空间分

---

① 徐祖祥：《瑶族文化史》，云南民族出版社2001年版，第115页。
② 同上书，第188页。
③ 于希谦：《基诺族文化史》，云南民族出版社2000年版，第156页。
④ 童强：《空间哲学》，北京大学出版社2011年版，第8页。

布是"地域性与民族性紧密交织在一起"① 的，以坝区傣族的南传上座部佛教信仰空间为中心，扩展到周围山腰区域哈尼族、布朗族、彝族等民族的信仰空间，再到山顶区域苗族、瑶族、拉祜族等民族的信仰空间，呈现出"条块式"排列格局。在这些"条块"中点缀着村寨社区，成为信仰空间的坚实地基。基督教突破了宗教信仰的社区限制，从不同民族村寨中吸收信徒，从而横跨"条块"界限，架构出别样的信仰空间。

在西双版纳更多的是单一宗教信仰的村落社区。傣族、布朗族信仰的南传上座部佛教、哈尼族、阿克人、拉祜族、彝族、瑶族、苗族、佤族等各自的民族宗教信仰都是以民族群体的分布为基础的。各民族群体形成明显的村落界限，也造就了宗教信仰的村落分布状态。伊斯兰教主要是由迁移到西双版纳的穆斯林携带而来。穆斯林以聚族居住为其传统。即使存在族际通婚，也是伴随着普遍的非穆斯林一方改信伊斯兰教为前提的。所以维持了村落社区的伊斯兰教单一信仰。基督教在西双版纳的传播就较为复杂。最早是由美国传教士在一个傣族村落——曼允村传播福音。这个寨子被称为"琵琶鬼"村，是被傣族集体大家庭排挤、抛弃的小集体。勐罕镇曼景村委会曼列村也是由于此类原因改信了基督教。而嘎洒镇曼播村委会曼响村、勐罕镇曼景村委会曼孟村是因患麻风病的群众被迫或自愿脱离原来的群体，聚众成寨，改信了基督教。在傣族传统信仰中，这些村民已经失去原属村寨的社会支持，只能转向一种陌生的文化秩序寻找精神依托。被排斥和敌对是明确群体界线的一个重要原因。其次是从普洱市墨江县迁移到西双版纳哈尼族基督教信徒携带而来。这些民众是以血缘、地缘结群，搭伙而来，安顿下来后也是聚众为村落，也带有信仰的村落性特点。

在西双版纳，基督教相对于其他宗教团体来说人数发展较快。究其原因，各民族的原始宗教是民族传统文化的承载体，带有本民族的全民信仰性，是凝聚民族社区文化力量。但由于民族差异的限制，各民族原始宗教的信仰群体只能靠本群体的人口自然增长，不存在吸收外来人员的可能性。南传上座部佛教、道教、伊斯兰教等制度性宗教在西双版纳更接近于民族性宗教和社区性宗教。比如南传上座部佛教之于傣族和布朗族，道教之于瑶族，伊斯兰教之于回族。所谓社区性宗教主要是针对农村社区的宗

---

① 张桥贵：《云南多元宗教和谐相处的主要原因》，载《世界宗教研究》2010 年第 2 期。

教信仰情形而言，比如信仰伊斯兰教的曼峦回和曼赛回村寨，信仰南传上座部佛教的傣族和布朗族村寨，信仰道教的瑶族村寨，信仰基督教的曼列村寨，还有信仰原始宗教的各民族村寨。作为社区性宗教，社区成员也自然是其宗教群体的成员。所以，民族的天然特性和社区的区域界隔使得南传上座部佛教、道教、伊斯兰教以及各民族宗教的信仰人数增长缓慢。基督教在西双版纳并没有上升为某个民族的单一信仰，而且信仰基督教的农村社区，其宗教的区隔性也相对较小。比如景洪市勐罕镇曼景村委会曼列村寨全村信仰基督教，并建有基督教堂。旁边曼孟村的基督教信徒也来这个教堂做礼拜。再如瑶区乡沙仁村委会和纳卓村委会各有一个基督教堂，覆盖周围几个寨子的信徒。这些寨子是瑶族、汉族、傣族、哈尼族村寨，有部分村民信仰基督教。这些民族的基督徒穿透了社区的地域限制、规则束缚、民族性界限，形成一个纯粹的信仰空间。基督教没有民族和社区的限制，信徒在信仰选择上更为自由。所以基督教发展相对较快，尤其是迁移而来的各个民族更倾向于选择信仰基督教。比如曼允基督教堂以前主要是傣族信徒，现在汉族信徒已经超过了傣族。

总之，在民族互动、人与环境互动过程中，形成了以村落聚居为基础，坝区民族与山地民族立体式交错分布格局。土地占有形式和耕作方式支撑起村寨的生存空间。在村寨生活中，通过宗教信仰维护着村寨的凝聚力和权威，不断强化村民的村寨认同力和归属感，达到村寨生活空间和信仰空间的相互建构。西双版纳地区，信仰空间呈现出从坝区到周围山区的"条块式"布局。而基督教突破了宗教信仰的社区限制，从不同民族村寨中吸收信徒，从而横跨"条块"界限，架构出别样的信仰空间。

二　民族之间通婚对多元宗教和谐相处的影响

在民族地区，思考问题，处理事情一定不能忽视民族性因素。民族性对民族地区普通大众的生活始终具有现实或潜在的影响作用。尤其是宗教与民族有着形影相随的天然联系，探究宗教问题怎样也回避不了与民族性因素的牵连。比如西双版纳傣族自治州的傣族历史上全民信仰南传佛教，回族信仰伊斯兰教，这不仅是两种宗教教义教规的区别，更带有民族传统的文化习俗的差异。再如勐海县勐海镇曼短村委会曼峦回和曼赛回的回傣，他们说傣语，穿傣服，住傣楼，但民族身份是回族，虔诚地信仰伊斯兰教。如此来看，在民族地区宗教问题与民族性因素是分不开的。家庭是社会组成的细胞，是以感情、血缘、亲情和礼俗为联系纽带的初级群体组织。夫妻双方组成家庭，并不单纯是两个人的结合，也使各自所归属的群体建立了联系，并在家庭的延续发展中交往逐步增多，关系愈加密切，两个群体都能和睦共处。在西双版纳"各民族发展演化的过程中，互相往来、彼此通婚发挥了十分重要的作用。民族作为特定人群共同体的诞生，最初都由特定的宗教信仰作为核心价值而支撑的，所以通婚的过程既是民族融合的过程，也是宗教融合的过程"①。由此，民族、宗教间的通婚可分为四种情况进行分析：相同民族相同信仰之间的通婚、不同民族相同信仰之间的通婚、相同民族不同信仰之间的通婚和不同民族不同信仰之间的通婚。这四种通婚形式对多元宗教和谐相处产生各自不同的影响。

（一）相同民族相同信仰之间的通婚对多元宗教和谐相处的影响

由于历史形成的聚族居住模式、民族传统习俗、饮食起居差异、民族世仇与民族偏见在短期还不能完全消除，这也会影响民族之间交往的机会、婚姻对象的选择、婚后生活习惯的适应、融入新社区的难易程度。这样人们更容易也更倾向于在本民族内，找相同信仰的对象结婚。如在西双版纳傣族自治州，傣族全民信仰南传佛教，加上传统习俗、民族偏见、利益驱使等原因，族内通婚现象较为普遍。勐腊县勐满镇曼赛囡村是一个比较大的傣族村寨，有300多户，全是傣族，信仰南传佛教，建有佛寺。本寨子村民一般只与傣族通婚，而且寨子之内男女通婚现象更为普遍，差不多全寨子的人都有亲缘、血缘关系。这样，曼赛囡村在民族、宗教、血亲等联系纽带相互重叠、相互纠缠的情况下，形成一个内部高度凝聚对外相对封闭的独立体。又如景洪市勐罕镇曼景村委会的傣族与曼么村委会的哈尼族也主要是在本民族内找对象，相互之间很少通婚。曼景村委会（五乡）的傣族村落包括曼景、曼纳老寨、曼纳新寨、曼养等几个村寨，都在平坝，村民普遍信仰南传佛教；曼么村委会（六乡）的10个村寨都是哈尼族，住在山区，村民信仰万物有灵和祖先崇拜。两个民族、两种信仰、两类居住模式再加各自的婚姻纽带使两个村委会的"社会距离"显得很远。勐海县勐海镇曼短村委会曼峦回和曼赛回的回傣一般也是盛行族

---

① 张桥贵：《云南多元宗教和谐相处的主要原因》，载《世界宗教研究》2010年第2期。

内婚制。①

　　民族、宗教和家庭都是划分社会群体的类别参数，同时也隐含着这些都是群体内交往、团结的联系纽带。相同民族相同宗教信仰之间通婚意味着民族、宗教和家庭三个类别参数重叠。民族的传统习俗、文化认同，家庭的亲情纽带、血缘联系与宗教的信仰归属相叠加，提高了群体内交往机会，增强了群体凝聚力。居住在平坝、信仰南传佛教的傣族，聚族而居、信仰伊斯兰教的回傣，居住在山间、信仰万物有灵和祖先崇拜的哈尼族，如果都普遍实行内婚制，那么人们的人际交往与社会联系在民族、宗教、婚姻家庭内重合叠加。婚姻的血缘亲缘纽带同时也是民族团结，巩固信仰的砝码。换言之，宗教信仰的差异同时也可能意味着婚姻的隔阂。如果各种群体差异之间有着很高的相关性，就会抑制那些群体成员之间的社会交往。相加强的参数所隐含的社会差别会彼此强化并会扩大社会阻碍，从而迫使人们转而从所属的内群体中寻求社会支持，并加强了亚群体的团结，从而分裂社会。② 相同民族相同信仰之间的通婚使得民族、宗教、家庭三类群体团结纽带合而为一，巩固了民族内的凝聚力，却加剧了不同民族之间的隔阂。

（二）不同民族相同信仰之间的通婚对多元宗教和谐相处的影响

　　西双版纳是多民族杂居、多元宗教并存的文化宝库。各种民族宗教以及外来宗教在这里交汇，相互之间的交流、扩散、融合比较频繁。多个民族信仰同一种宗教，一个民族内部存在几种宗教的现象在这里很普遍。作为西双版纳主体民族的傣族信仰南传佛教，其信仰承载着本民族较为先进的生产方式、政治制度、文化习俗向周边较为落后的布朗族、壮族、佤族扩散。基督教在19世纪初前后开始在西双版纳传播，全州共有24个教堂（景洪市有9个，勐腊县有15个，勐海县还没有建立教堂，只在县城有个活动点），官方注册人员为八千多人，实际已近两万人，包括汉族、傣族、哈尼族等13个民族。景洪市城区基督教堂注册信众有两千多人，平时参加活动的也有1200人左右，包括傣族、汉族、哈尼族、拉祜族、苗

---

　　① 西双版纳有五个清真寺，景洪市有一座（景洪市清真寺，以来景洪做生意的缅甸穆斯林为主），勐海县有四座：勐海县城有一座，曼赛回有一座，曼峦回有一座，勐遮镇有一座。
　　② ［美］彼特·布劳：《不平等和异质性》，王春光等译，中国社会科学出版社1991年版，第172页。

族、彝族、壮族、白族、基诺族、瑶族、佤族、回族、满族、侗族等十几个民族。[①] 相同的宗教信仰对打破不同民族间的民族隔阂、通婚禁忌有较强的促进作用。而且不同民族的群众在参加同一宗教的活动中增加了相互交往的机会，为结为更深层的婚姻关系准备了条件。

布朗族受傣族文化的影响比较深，不仅信仰南传佛教，过泼水节（傣历年）、关门节、开门节等佛教节日，并且讲傣语，起傣族名字（布朗族男孩一般姓岩、女孩姓玉）。两个民族的文化相通性比较强，但婚姻习俗却又有较大的差异性。布朗族在中华人民共和国成立以前正处于父权制社会，实行父系男子传承制，男子地位较高，结婚后妻子都要到丈夫寨子居住。布朗族虽然保留着古老的"望门居"传统[②]，却极力排斥男子入赘结婚。而傣族把女儿当作"家乡宝"，不愿让女儿外嫁，时兴招赘男子上门结婚。这样在婚后家庭生活中，傣族女孩的地位要相对高一些。所以婚俗的差异阻碍了傣族与布朗族之间的通婚。但信仰的相同，文化的相近，却有利于两个民族的接触和交往。比如泼水节的"赶摆"活动，还有两个民族临近寨子之间相互串姑娘，都为青年男女寻找意中人创造了条件。两个民族距离比较近的寨子比相距较远的寨子相互通婚的比例要高，也印证了交往机会的增加有利于族际通婚。如勐遮镇和西定乡的布朗族和傣族村寨交错杂居，两族通婚比较多，而在布朗族聚居的布朗山，布朗族和傣族通婚就相对较少。

勐腊县有 3 个壮族村寨，即勐伴镇曼燕村委会的曼蚌村、勐伴村委会的曼里村、瑶区乡沙仁村委会的沙仁村。他们的祖先是从广西经云南省的文山、红河、元阳、江城、勐养，老挝，辗转来到勐腊县安顿定居，形成第一个壮族村落——曼里村。以后随着人口的增长和流动，又分出了曼蚌村，曼蚌村又分出了沙仁村。这三个村落与傣族杂居相处，相互通婚，相互浸润，文化出现重叠现象。如这里的壮族穿傣族服装、说傣族语言、有傣族名字、存在佛教信仰，但本民族的部分传统也根深蒂固地保留下来，如过春节而不过傣历年，老人也都有壮族的姓氏。这里的壮族 1982 年以前也一直认为自己是傣族，在第三次人口普查进行民族识别调查后才更改

---

① 数据由景洪市城区基督教堂提供。

② 望门居，即妻方居住婚。男女结婚后，男子在女方居住三年，白天回自己家干活，晚上在到女方家住。三年后双方依旧恩爱，丈夫就迎娶妻子回到自己家居住生活。

为壮族。

访谈1：沙仁村寨老村长，男，50岁，壮族。本村共有63户，305
人，家庭规模有一个的、三四个的，最多的一家八口人。

> 我们村是瑶区乡最大的村寨，是这里的老住户。我们村有五个民
> 族：傣族、壮族、瑶族、汉族和哈尼族（只有一个，已经六十多岁，
> 是来上门的，年轻的没有），还有克木人嫁过来的。本村壮族主要同
> 傣族、瑶族、汉族通婚。我们本寨子之内通婚的比较多。和傣族通婚
> 的有二三十个，和瑶族的只有两个，和汉族有两三个，剩下的就都是
> 壮族通婚了。我们的风俗习惯都是傣族的，穿傣族衣服，讲傣族语
> 言。我们壮族姓李的、火的、刀的、董的都是一些老人，现在的年轻
> 人男的姓岩，女的姓玉，都跟着傣族姓了。现在大部分都会说汉语
> 了。以前我们瑶区乡沙仁村委会的沙仁村就是从勐伴镇曼燕村委会的
> 曼蚌村分出来的，而曼蚌村又是从勐伴村委会的曼里村分出来的，因
> 为离得也比较远，我们现在和这两个村寨很少通婚了，只有五六个。
> 我们这里都过春节和关门节、开门节，但不过傣族的泼水节（傣历
> 年）了，也不像傣族要每个星期都要去寺院礼拜一次。沙仁村也没
> 有寺院，开门节和关门节就在自己家里过了，吃红米饭。

由于语言、信仰、居住模式、生活习惯、世仇的隔阂，传统上哈尼族
和傣族是禁止通婚的。哈尼族语言属汉藏语系藏缅语族彝语支，但无文字；
傣族语言属汉藏语系壮侗语族壮傣语支，有自己的文字。傣族信仰南传佛
教，男女较为平等；哈尼族信仰万物有灵和祖先崇拜，有父权制传统。傣
族住平坝，以种植水稻、香蕉为主；哈尼族住山上，以种植玉米、谷子等
旱地作物为主。有一种说法，早先傣族和哈尼族为争夺平坦、肥沃、宜居
的平坝地区而发生战争，最终以傣族获胜占领平坝，哈尼族退居山林。两
个民族人数实力平分秋色，各自都保持了自己的传统文化习俗，矛盾隔阂
也一直延续下来。两个民族间通婚也鲜而有之。但当基督教传入西双版纳
地区以后，哈尼族和傣族的部分民众都接受了它，尤其是在景洪市和勐腊
县信仰基督教较为普遍，哈尼族和傣族是主要信众。两个民族在耶稣基督
的感召下，信仰上帝，聚集在教堂礼拜，产生了宗教信仰认同，增加了接
触交往的机会。再加上两个民族的基督徒都受到各自民族的排挤与非难，

顿有同病相怜之感，宗教群体的归属感和凝聚力随之增强。两个民族的基督徒相互通婚也在情理之中。据曼允基督教堂负责人介绍，有两名哈尼族女子嫁给曼允村的傣族，一个是嘎洒镇的，一个是勐龙镇的。她们的父母都在景洪工作，她们是在教堂做礼拜时认识这两个傣族小伙的。

在相同信仰的润滑下，两个民族的信众在接触中碰撞出爱情的火花，结成连理之好，反过来又促进了多宗教的和谐共处。一方面，两个民族的传统宗教由于家庭的纽带作用，能相互了解，容忍和接受。比如布朗族在信仰南传佛教的同时也把本民族的祖先崇拜和寨神崇拜融入进去，使两种信仰融为一体，相得益彰。再如信仰基督教的哈尼族和傣族结婚，不仅有利于基督教与南传佛教、哈尼族万物有灵和祖先崇拜共存共生，也为南传佛教与哈尼族的民族宗教交流建立了桥梁。另一方面，两个民族的矛盾因通婚而削减以至化解，而宗教间的矛盾也因与民族交织繁杂，而不至于分裂为独立的矛盾对立集团。如布朗族和傣族因信仰南传佛教而通婚，家庭和信仰的纽带把民族分化的伤口给弥合了。哈尼族和傣族因信仰基督教而通婚，首先使两个对立的民族集团力量削弱了，从各自的集团中分离出一部分社会力量，矛盾的激烈度降低。再则，基督教与哈尼族的民族宗教和南传佛教的矛盾也因家庭的纽带而减弱，三个宗教矛盾体和两个民族矛盾体错综交叉就会分化为六个更小的矛盾体，降低了矛盾的针对性，模糊了矛盾对象，抑制了矛盾的破坏力。

（三）相同民族不同信仰之间的通婚对多元宗教和谐相处的影响

风俗习惯、历史传统、语言使用、居住区域等方面的一致为同一民族群众的通婚提供了便利条件，但是宗教信仰的类别差异却会为同一民族内的通婚造成阻力，而且这个阻力可能远远大于同一民族所提供的便利条件。尤其是在民族和信仰都存在具有社会影响力的群体组织时，宗教的类别差异和民族的传统影响就成为两个不相容的矛盾聚焦点。比如景洪市曼允村是最早信仰基督教的傣族村寨。曼允基督教堂的负责人介绍了曼允村信仰基督教及通婚情况。

访谈2：曼允基督教堂负责人，39岁，女，傣族，信仰基督教，高中文化，对象也是傣族。

以前傣族把发高烧、说胡话的村民认为是琵琶鬼附身，将这些人赶出寨子。而这些被认为是琵琶鬼附身的村民不能再回村，与以前的村寨断绝关系，他们聚众居住，久而成村。曼允村就是这样一个村子。18世纪末19世纪初美国和英国的传教士来到这里建医院、建学校、建教堂，给村里的人看病，教他们读书，给他们传福音，我们的祖辈就开始信仰基督教了。其他人都说我们是琵琶鬼，跟别的村寨通婚很难。我们村里的小伙子到村上去找那些女孩，但是到结婚的时候真的很麻烦的，因为人家要调查、要了解。知道是我们村的男孩，家长就一直反对，要嫁过来就要断绝关系，以后过了几年，有的十多年才恢复关系的，家里人才承认她。因为信仰不同，再加上我们被称为"琵琶鬼"，"鬼"那是很恐怖的，所以家里的人就不允许姑娘嫁过来。

曼允村首先是因傣族传统习俗被排斥出以前的群体，这时在民族内部就已产生了一条很难愈合的心理鸿沟。在经过一个"推"与"拉"的社会互动过程以后，曼允村也就顺理成章地改信基督教。曼允村又在信仰的纠葛中，与其他傣族村落再一次拉大了距离。所以，曼允村的村民与其他傣族村的村民通婚存在很大的阻力。

西双版纳信仰基督教的以哈尼族和傣族居多。在勐腊县有15所注册的基督教堂，以哈尼族为主。但深入了解才清楚，信仰基督教的主要是从墨江搬迁到勐腊县的哈尼族碧约支系。他们在为追求幸福生活举家搬迁来勐腊时，也把他们的信仰一同装入了行囊。伴随墨江哈尼族碧约支系在勐腊县落脚扎根，繁衍生息，其上帝信仰也在此开枝散叶，倔强成长。而在西双版纳世居的哈尼族两个支系——阿卡、爱尼都保持本民族的传统信仰，几乎没有信仰基督教的。在勐海县瑶区乡纳卓村委会，纳卓二队和立新村寨都是从墨江搬迁来的哈尼族碧约支系，有相当部分的村民信仰基督教，而与两个村寨相隔不过3公里，本村委会的会宽老寨和会宽新寨也是哈尼族爱尼支系却不信仰基督教，再加上两个支系语言不同、服饰有异等原因，两个支系几乎不存在通婚现象。而碧约支系与瑶族、汉族存在一定数量的通婚。

同一民族不同信仰间的通婚难度相对较大，但只要两位新人以坚贞不渝的执着爱情冲破重重阻力结为夫妻，组建家庭后，这类通婚对多元宗教和谐相处的作用是不可低估的。首先，夫妻二人因是同一民族，在婚后生活的适应上遇到的困难就比较少，如语言沟通、传统风俗的习惯、生活习惯的协调等，都使得婚后生活能尽快步入正轨。所以在民族文化的适应上，同一民族的两位新人结合就不存在"文化震惊"现象，使两位新人以及各自的家庭能有余力和信心去调适和适应不同宗教信仰带来的不适与阵痛。其次，不同信仰之间通婚一般会有一方改变信仰以适应婚后的社区生活。比如普通傣族嫁到曼允村就要改信基督教，以便尽快融入家庭和社区生活。从南传佛教信仰改为基督教信仰不只是单纯的个人信仰选择，而且在现实生活中拉近了两个信仰群体的距离，建立了两个群体交往的人际纽带。此人不仅保留了以前在南传佛教信仰群体中的亲属关系和友谊关系，并在基督教信仰群体中加深与新家庭的关系，结交新的朋友。进而通过此人的人际网络两个信仰群体会在"走亲串友"和各类聚会中接触、交往、相识。那些从一个社会位置转移到另一个社会位置的人要受到这两个位置的影响。既要保留部分旧有的角色属性和角色关系，又要接受新的角色属性，建立新的角色关系。① 而且通过流动性成员的桥梁作用，群体间流动促进了两群体的非流动成员之间的人际交往。再次，两位新人各自的家庭对对方的宗教信仰理应会变得开明，抱持理解和接纳的态度，提高了对不同信仰的容忍度，从而促进了多宗教的和谐共处。这一宗教态度的改变可能需要一个较长的过程，也可能会经历心理学上提出的从抵触到漠视再到承认、接受的心理变化阶段。但这类宗教复合家庭对不同宗教信仰的较高容忍度已是不争的事实。最后，不同信仰组成的家庭毕竟会存在一定的矛盾，但是将信仰群体的矛盾化解到单独的家庭中去处理就更容易，矛盾的破坏力也相对较小。把信仰的大矛盾化解为家庭的小矛盾，而家庭的小矛盾又通过亲情依托与利益共享的稀释作用顺利消除。

（四）不同民族不同信仰之间通婚对多元宗教和谐相处的影响

由于民族、宗教两个异质性参数的分化、阻碍作用，理应不同民族不同信仰之间的通婚稀少才对。但在现实生活中，此类通婚是以上四种通婚模式中最普遍、最常见的。究其原因，民族和宗教两个参数或重叠或交叉使得群体间的异质性增强，随之各群体人际互动机遇增多，恋爱通婚的可能性增强。

① ［美］彼特·布劳：《不平等和异质性》，王春光等译，中国社会科学出版社 1991 年版，第 164 页。

而且两个参数的交叉也模糊了单一参数对群体划分的界限。如傣族中不仅有信仰南传佛教的，也有信仰基督教的，信仰把傣族分为两个群体；而哈尼族中有信仰基督教的，还有保持本民族信仰的，信仰又把部分傣族和部分哈尼族团结为一个群体。所以，从前单纯的两个民族群体和三个信仰群体，现在转化为四个边界模糊的民族宗教混合群体。群体的增多无形中提高了群体间的交往机会，群体边界的模糊拉近了群体的距离，民族宗教间的通婚也随之增多。另外，群体内部矛盾的产生、激化造成群体的分裂，通过引入第三方来消解或转移矛盾。比如景洪市勐罕镇曼景村委会的曼列傣族村寨因信仰基督教而与传统信仰南传佛教的曼景、曼纳等傣族村寨隔阂较大，通婚较少。而曼列和曼景、曼纳都转向"置身事外"的基诺族村寨（基诺乡巴来村委会与曼景村委会相邻）寻找自己的终身伴侣。

景洪市勐罕镇曼景村委会（五乡）地处勐罕镇和基诺乡交会处，还有橄榄坝农场的两个生产队。在这个地区民族众多，信仰繁杂，不同民族之间通婚、不同信仰之间通婚的现象比较普遍。通婚的具体情况因民族、信仰而不同。

访谈3：曼景村委会支部书记，男，傣族，53岁，信仰南传佛教。

曼景村委会有十个自然村，包括曼景（水傣）、曼纳老寨、曼纳新寨（山傣）、曼列（信仰基督教的水傣）、曼孟（麻风病村，水傣，有几户信仰基督教）、曼辉（阿卡人）、曼养（花腰傣）、曼么新寨（爱尼支系）等。曼纳的傣族，别人都叫他们是布朗傣，不是的，他们和布朗族在体质上相差很大的。他们应该是山傣吧，他们也说傣语就是比较慢。我们之间是通婚的。曼养是花腰傣，他们不过傣历年，只过春节。我们的语言也不一样，但是我们通婚。曼列和我们一样是水傣，但他们信仰基督教，我们之间就不通婚了，他们和基诺族通婚的多。以前各民族通婚的不多，这几年才多起来的。像曼孟村因为得病，我们当地人一般都不和他们结婚，只有汉族和他们结婚，主要是四川的，还有一个云南墨江、景谷的。汉族过来没有什么田地，为了生活，也就不管麻风病这些事了，他们上门到那边寨子就有很多的田地和橡胶树，就可以过日子了。傣族嫁到基诺族的没有，都是基诺族嫁到傣族来。傣族一般是男的娶基诺族、阿卡人、爱尼支系的女孩，爱尼支系和阿卡人都属于哈尼族的支系，但两者在语言、习惯还有很大的差异。傣族的女孩一般不嫁给基诺族、阿卡人和爱尼支系的男的。也没有找这些民族的男的上门的。只有曼纳村那里有一个是阿卡人上门到傣族的，其他的都没有。阿卡人自己也不愿意去女方上门的。傣族有嫁到河南、山东，我们曼景有三四个嫁到汉族去的，曼列嫁给汉族的比较多。阿卡人嫁出去的多，因为不想待在寨子里了，汉族来做生意、打工，就跟着走了。我们与曼纳的傣族通婚的不是很多，只有几个。曼列和帮沙通婚的只有一个，与基诺族有三四个。曼列和汉族结婚的最多了，嫁出去的也有，上门的也有。汉族和任何民族或寨子都可以结婚。阿卡人与汉族结婚上门的少，嫁出去的多。来我们这里做生意主要有湖南、四川、大理白族。

访谈 4：曼列村村长，男，傣族，信仰基督教，对象也是傣族。

曼列村有 120 户，五百多人，全村都信仰基督教，在五乡还是比较特殊的，还有一个村是麻风村有几户信仰基督教。我们大部分都是本村通婚，与哈尼族、汉族（主要是男的，有 10 户）、基诺族（有两三个）都有通婚现象。我们村还有一个男孩与美国的女孩快要结婚了。基诺族加进来以后就改信基督教了。信佛的傣族嫁进来，信佛还是信我们的宗教都随她自己。

访谈 5：基诺乡巴来村委会干事，男，哈尼族，大专，25 岁。

巴来村委会有 7 个小组，493 户，2030 人。主要和哈尼族、汉族、傣族通婚。基诺族说基诺语，傣族说傣族语言，但大家交流都用汉语，现在 90% 以上的人都能讲汉语。哈尼族存在祖先崇拜、信仰万物有灵，没有图腾。基诺族主要信仰太阳神，有太阳鼓，也存在祖先崇拜，不过是个女性。

访谈 6：在巴来村委会盖房的包工头：男，汉族，27 岁，祖籍云南省文山州，是来五乡（曼景村委会）上门的，对象是哈尼族。

我结婚两年了，已经会说哈尼语。我是来这里打工认识我对象

的，我们文山老乡在这里上门的有五六十个。我家就在曼辉，村里还
有两三个四川来上门的。

访谈7：农场会计：男，汉族，58岁，祖籍湖南，西双版纳支边者的
后代。

农场有100多人，以汉族为主，还包括傣族、彝族、傈僳族、哈
尼族、回族、瑶族等。我们农场汉族与周边的傣族通婚的比较多，都
是女的嫁进来，来了之后很少去佛寺，还有一家是回族与汉族通
婚的。

在这些通婚现象中，存在着一种女性"梯级外嫁"的形式。由于经
济发展水平、居住生活环境、文化熏陶、历史传统等方面的影响，一些发
展相对较好民族的男子在民族间择偶过程中具有一定优势。如山区哈尼族
女性嫁给平坝傣族男子，而傣族女性不会嫁到哈尼族村寨；山区基诺族女
性嫁到平坝傣族村寨，傣族女性很少嫁给基诺族男子；傣族、哈尼族和基
诺族女子嫁给汉族男子的现象更为普遍。这符合人们择偶过程中的"有
限理性选择"理论。尤其是那些远嫁异地他乡的姑娘，在并不十分了解
对象的各种情况下就怀着一种对美好生活的憧憬步入了婚姻的殿堂。

又如勐海县曼短村委会的曼赛回和曼峦回，由于周围没有回族或其他
民族的穆斯林，他们除了实行内婚制外，更多的还是要找其他民族的非穆
斯林结婚。所以，勐海县的回傣穆斯林在族际通婚方面显得比较开放。而
且回傣这一特殊群体也是信仰南传佛教的傣族与信仰伊斯兰教的回族通婚
所得爱情的结晶。据说，回傣的祖先是大理巍山的回民，经商路过此地，
看这里土地肥美、民风淳朴就在此定居，娶傣族姑娘为妻，生儿育女，繁
衍生息。所以，现在回傣既沿袭了傣族的风俗习惯，又恪守伊斯兰教规。

访谈8：曼赛回村长，男，回傣，43岁。

曼赛回有81户，403人，本村嫁进来的多，嫁出去的少。大约
50人嫁进来，缅甸的有3人（也是傣族），其他的有四川、云南的澜
沧、勐混、勐遮等，主要是傣族，也有汉族、拉祜族，因为语言、生
活习惯不同，所以不与哈尼族通婚。男的上门，女嫁进来都可以，只

要改信伊斯兰教就行。我们在生活习惯、语言等都和傣族一样，周围生活的都是傣族，所以和傣族通婚的比较多。

访谈9：嫁到曼赛回的拉祜族妇女，31岁，父亲是汉族，母亲是拉祜族。

娘家就在邻近曼赛回的大兴寨，已经结婚两年，丈夫是回傣，35岁。我是结婚后就改信伊斯兰教了，实际上在谈恋爱期间就开始了解伊斯兰教的教规和禁忌，等嫁过来以后和公公婆婆住在一起，在日常生活中就更容易去了解和适应伊斯兰教的教规了。开始交往时，我和我丈夫也都考虑到伊斯兰教的信仰。嫁过来以后很习惯这里的生活，和大家处得很好呢，我们一起打牌啊，聊天啊等，还是好玩儿的。现在正跟师傅学习经文，经文很难，不好学。经常回娘家，在那边吃什么东西也有专门准备的锅、碗啊，比较方便。我们两人结婚还是主要考虑感情，感情不和就不结啊。这边嫁进来的姑娘都已经改信伊斯兰教，如果不改就不好了。结婚以后，出去和我爹妈在，就不用改信伊斯兰教了。这边嫁出去的不再信仰伊斯兰教的也有。现在姑娘嫁出去也比较多，嫁给汉族也有，嫁给傣族也有，嫁出去的大部分还信仰伊斯兰教，少部分改掉了。

不同民族不同信仰之间通婚现象比较普遍，但婚后生活遇到的困难要相对较大。新婚夫妇以及他们的家庭不仅面临两个民族传统的差异，还要克服不同信仰对家庭生活的影响。这种类型的婚姻实际是把民族、宗教的群体矛盾化解为各个家庭小范围内部的矛盾。这样积累到家庭中的矛盾和不便就更多，对家庭个人的冲击相对较大。但这毕竟是家庭内部矛盾，对整个社会的稳定和团结不会造成太大的危害。再加上家庭的情感纽带、血缘纽带、亲缘纽带"千丝万缕"的纠结作用，这些矛盾也会消解在家庭生活的"柴米油盐"中，从而使得民族、宗教的隔阂与矛盾转化成了家庭的"和和美美"。社会的和谐并不代表不存在矛盾。矛盾无处不在，无时不在，矛盾具有普遍性和客观性。矛盾是事物变化、社会进步的根本原因，矛盾的演化与克服是事物发展的根本动力。不承认矛盾的和谐是假和谐，是死板的和谐。真正的和谐应是存在能有效地预防、调节、消除、克服困难的合理机制，是充满生机的和谐。

不同民族不同信仰组建的家庭内就存在了民族间、宗教间的人际互动。这种人际互动又加深了民族、宗教群体间的彼此了解、相互认可，模糊群体界限，促进了社会团结，营造了多元宗教和谐相处的良好局面。各群体间的交往虽然会减缓剧烈的群际冲突，但其代价是出现了更为频繁的人际冲突，原因并不是群际交往比内群体交往涉及较多的冲突，而是因为那些促进整合性交往的结构条件也会增加人际冲突的可能性。[①] 因为人们接触机会增多，不但有利于社会交往，而且发生人际冲突的概率也相应增强。对此，我们要正视群体间交往所产生的人际冲突。不要因为群际交往会产生人际矛盾就限制群际交往的进行，转而寻求内群体的交往。过量的内群体联系，会妨碍社会整合，易于导致社会分裂。只要人们在群际交往中抱有理解、包容之心，社会做好人际冲突的调解和疏通工作，群际交往中的人际冲突不仅不会对人们的生活造成太大影响，更不会影响社会的稳定，而且还会成为有益于社会稳定的安全阀机制。一个社会成员的多群亲和促进了许多相互交叉的冲突和反抗力量，这就防止了把社会撕得粉碎的两个对立阵营之间对立和敌视的发展。

访谈 10：景洪市允景洪街道办事处曼阁居委会曼斗村小组一位老太太 A，55 岁，傣族。

> 我有四个女儿，大女儿和二女儿的对象是傣族，三女儿和四女儿的对象是汉族。三女婿老家是大理，四女婿老家是浙江。我四个女婿都是上门的。我们跟汉族结婚一般不会让女儿嫁出去，因为汉族有重男轻女思想，生个男孩还好，如果生个女孩，公爹公婆会给脸色看，在那边受气。我们傣族生男生女一个样，都一样爱护。我们村有家把女儿嫁到汉族去了，因为生了一个女孩在那边受气，现在和她老公已经搬过来住了。我们这边就是一个独儿子的也有去上门的，男女都一样。男的来上门每月给他的父母寄点生活费过去就可以了。小女儿留家里跟我们一起住，其他三个都给他们另建房子，分家出去了。傣族就是傣历年、关门节、开门节三个最主要的节日。我们不过汉族的春

---

① ［美］彼特·布劳：《不平等和异质性》，王春光等译，中国社会科学出版社 1991 年版，第 174 页。

节和清明节。我汉族的女婿有时过年过节就带孩子回他们老家去拜年。我汉族的女婿他们过春节，在家里摆祖宗牌位、摆供品、烧香、许愿、磕头，他的儿子、女儿跟着拜，我们也不干涉。我们过节的时候，他们要跟我们一起到寺院里拜佛。两边的风俗传统都不能丢的。嫁到我们寨子或到我们这里上门的有拉祜族、爱尼人、阿卡人、布朗族、汉族，汉族最多。本村内结婚也很多。做生意、上班嫁到外边也很多，也有回来的，那边天气冷待不习惯，公爹公婆不关心她，就回来了。这边的父母看她在那边受苦，就把她和她老公一起叫过来住。嫁到汉族的傣族，汉族过年过节他们也跟着一起过，汉族没有寺院不能拜佛，但心里还有我们的菩萨。

三　影响民族之间通婚的社会因素

民族之间通婚有利于多宗教的和谐共处，但民族之间通婚只是多元宗教和谐相处因果链条上的一个中介因素；它不仅是多元宗教和谐相处的因，还是其他社会因素的果。这些社会因素通过民族间通婚这一中介变量间接促成了多元宗教和谐相处的良好局面，它们作为社会学路径分析中的外生变量才是多元宗教和谐相处的原初动力。通过路径分析来研究这些因素如何通过民族间通婚这一内生变量影响宗教的和谐共处将更具实际意义。

关于影响族际通婚的因素，一直备受民族学研究的关注。学习借鉴前人三个因素（民族基本特征、历史关系特征、两族共处特征）[1]、两个层次（第一层次为经济文化和人口因素，第二层次为族际交往和族际关系）[2] 的理论模型，并结合西双版纳地区的实际情况，把影响族际通婚的因素归纳为文化因素、人口因素、国家政策和经济发展四个方面。

（一）文化因素：单一社区和异质社区对民族之间通婚的影响

各民族之间通婚的难易主要是由于文化的差异引起的。民族之间的文

---

①　马戎：《民族与社会发展》，民族出版社 2001 年版，第 186—187 页。

②　李晓霞：《新疆族际婚姻的调查与分析》，载《新疆大学学报》（哲学社会版）2008 年第 3 期。

化差异包括语言、宗教信仰、风俗习惯等，尤其是宗教信仰的差异对族际通婚的阻隔作用更为明显。在访谈中，当问到"为什么两个民族不通婚?"时，回答最多的是"语言不通"、"风俗习惯不同"、"两个民族没有通婚的习惯"、"两个民族以前打过仗"、"信仰不一样"等。这些多涉及了文化的差异，从表面上看文化因素成为族际通婚的关键。但文化毕竟是一种意识形态，属于精神层面，它必须有一定的物质承担者才会具有社会意义。承担一种文化的是一个个独立的人，同时还是一个关系紧密的群体，其社会影响是不同的。虽然民族文化是以活灵活现的个体展现出来，但是真正起作用的却是民族群体。而在现实生活中，民族的群体性作用更多的是以村落、社区的形式表现出来。所以，要探究民族之间文化差异对族际通婚的影响，就不能忽视民族社区的存在。在实际调查中，民族单一社区和民族混合社区的族际通婚比例有着明显的差别，就证明了这一潜在事实。

"社区是进行一定的社会活动、具有某种互动关系和共同文化维系力的人类群体及其活动区域。"① 社区的地域性、群体性、人际互动性和文化维系性都对族际间的通婚产生影响，而且这四个特性又相互影响、相互促进，相辅相成地影响族际通婚的难易和多寡。这主要表现在社区规范的监督强度、群体的凝聚力度、人际互动频繁与否、对异质文化的接受程度等方面。民族单一社区和民族混合社区在这几个方面形成鲜明对比，直接造成两类社区族际通婚的悬殊差距。

1. 民族单一社区对族际通婚有较强的阻碍作用

民族单一社区有着相同的历史经历、风俗传统、语言服饰、宗教信仰，有着亲密的人际互动，再加上地缘、血缘、亲缘的联系纽带交织叠加，这一社区成为内部联系紧密、高度团结的封闭性群体。所以群体的排他性使带着异质文化的个体很难进入，即使能成功进入还要面临如何适应新环境的重重困难。单一民族社区不利于其他民族的群众通过婚姻进入这一小社会，平静幸福地生活。这些民族村寨的高度监督性就像一个"过滤网"把异质文化挡在了寨门之外。西双版纳有比较多的单一民族村寨，勐海县的傣族村寨、回傣村寨、哈尼族村寨、拉祜族村寨、布朗族村寨，景洪市的哈尼族爱尼支系村寨、阿卡支系村寨、傣族佛教村寨、傣族基督

① 郑杭生主编:《社会学概论新修》，中国人民大学出版社 2002 年版，第 272 页。

教村寨、基诺族村寨，勐腊县的瑶族村寨、傣族村寨、彝族村寨、壮族村寨、哈尼族村寨，族际通婚现象相对较少。第一，这些村寨与本民族的个体交往机会更多，男女之间发展为夫妻关系的概率更大。第二，社区的文化排他性，成了隔断两个民族男女长相厮守的无形"天河"。

访谈 11：勐海县一哈尼族小伙儿，25 岁，高中学历。

如果我们傣族和哈尼族结婚一般都出来工作，在外面求发展的话，大家都不会反对。但如果回到寨子里去，不讲外界的影响，就你自身要融入当地环境就很困难。因为你回到寨子里要遵从寨子里的习俗，哈尼族的习俗规范是很多的，傣族和哈尼族的习俗差别很大，比如我们哈尼族在家是以男人为主的，父亲是一家之主。而傣族女人的地位更高一点吧。两个人在寨子里是没法生活的。

访谈 12：景洪市允景洪街道办事处曼阁居委会曼斗村小组一位老太太 B，50 岁，傣族，老伴是拉祜族。

我们是傣族村寨，一般不娶哈尼族的姑娘，也不找哈尼族的老公上门，因为他们来到这里不好过，大家都排斥他，关系不会很融洽，生活不好过。我老伴就是一个例子，他来我们村上门，里里外外都是我来做，他很想帮我但做不好。

在民族单一社区，虽然对族际通婚有这么多消极作用，但也并非完全斩断了人们追求美好爱情的希望之线。在这种情况下，无论是嫁进来的媳妇还是来上门的姑爷，一般都会"入乡随俗"，学说当地的民族语言、改信当地的宗教信仰、参加本村的社交活动，以尽快转变为一个"当地人"。如嫁到勐海县曼短村委会曼赛回的媳妇一般都改信伊斯兰教；到勐海县曼短村委会曼赛龙上门的哈尼族男子要学傣语①，过泼水节、关门节和开门节，到勐腊县瑶区乡沙仁村委会南贡山村寨上门的汉族要学瑶族语言，自己的儿子也要像一般瑶族孩子一样进行"度戒"；嫁到景洪市勐罕

① 在调查中了解到，嫁到或上门到民族单一村寨的男女都会说这一民族的语言，两年就可以进行流利的日常交流了。

镇曼景村委会曼列寨的基诺族要改信基督教。只有如此，才能融入这个大家庭，成为"大家中的一分子"，为自己今后的日常生活营造一个宽松、友好的氛围。这在无形中也把两种不同的文化群体连接在了一起，宗教的和谐共处将以此为开端。

2. 民族混合社区的族际通婚现象比较普遍

民族混合社区主要包括西双版纳州的城市社区和几个聚居形成的村落，其中又以汉族村落最为突出。汉族村寨是以汉语为主要语言交流工具，多民族杂居的村寨。如西双版纳的十个国营农场有二十多万人，每个农场每个生产队几乎都是多民族杂居的混合社区，勐海县勐海镇的曼打贺、大兴寨、小兴寨、火盘山老寨、桥头新村都是汉族、傣族、哈尼族、拉祜族、布朗族杂居村寨；勐腊县瑶区乡沙仁村委会的会都村有汉族、彝族、傣族、瑶族等七个民族杂居。在这里少数民族语言使用的环境已不存在，大家都以汉语为交流手段。在民族村寨不仅语言有生存的空间，而且本民族的风俗习惯、宗教信仰、亲戚网络也得以保存。在单一的民族村寨社区民族间的通婚并不是很普遍，村内通婚、民族内通婚比较多。其他民族因结婚进入该村有一个适应的过程。异质性更强的汉族村寨对多元文化的容忍度更强，不存在民族习俗、宗教信仰以及关系网络的排斥与约束，民族之间的通婚在这里就更为普遍。

民族混合社区的民族众多，文化异质性强，社区的监督力度相对较低。社区不再是一个单一群体，而是多个民族群体、文化群体的混杂交错。社区的凝聚力也不是完全靠遵守统一的文化规范来团结群众，而更多的是通过各群体的交流合作、相互依赖来提高社区的整合力度。所以在实现社区团结的同时并不会牵连社区排他性的提高，民族混合社区更能容忍异质文化的出现。这种情况就有利于族际通婚的产生和普及，不仅通婚的阻力小，而且婚后生活的不便也相对较少。笔者曾参加一对年轻夫妇的婚礼。丈夫是勐海县的拉祜族，妻子是曲靖的回族，信仰伊斯兰教，两个人是云南民族大学的同学，又同在西双版纳广电网络分公司工作，并在城区百盛小区买了房子，二人恋爱结婚也在情理之中。男的在结婚之前到景洪市清真寺皈信了伊斯兰教，但据清真寺的阿訇反映笔者这朋友皈信后并没有去做过礼拜。由此看见，在民族混合社区人们受到社区规范的约束比较小，两人基于彼此的情感结合，而不必顾虑太多。而且在民族混合社区不同民族群众的人际交流机会也更多，年轻男女发展恋爱关系、夫妻关系的可能性也更大。

访谈 13：农场会计：男，汉族，58 岁，祖籍湖南，西双版纳支边者的后代。

这个农场是以前的第二橡胶生产基地，二区六队，1951 年建场。农场的历史很长，首先是南下军人，再是湖南支边，以后就是普洱的景谷、景东、墨江招工，再以后就到了知青下乡，上海知青、北京知青、四川知青、昆明知青，不过这些知青留下的比较少，最后就是转业军人（在云南当兵的，就地复员）。农场以汉族为主，还包括傣族、彝族、傈僳族、哈尼族、回族、瑶族等。

访谈 14：前勐海县教育局局长，男，汉族，56 岁。

傣族和哈尼族过去是不通婚的。现在两个民族通婚现象存在，但也不是很普遍。这两个民族通婚多是在这样一些人群里面。比如说这个哈尼族出来工作了，在他们工作单位或其他单位里面有傣族成为了同事，慢慢地出现通婚的现象，但也不是太多。出来上班就不再受他们寨子民俗的约束，民族之间就可以通婚了。傣族和爱尼支系，傣族和拉祜族之间通婚的在这个工作人群里面还是有的。

访谈 15：会都村寨村长，男，彝族，45 岁。

这个村寨有彝族、傣族、瑶族、哈尼族、壮族、汉族，还有一个民族是从老挝过来的，其中最多的是彝族。这个村子有将近七十年的历史了。原来最早在这里有八户，彝族、傣族，克木人，现在有五十五户，有二百五十四人。这里的彝族同样用汉族语言，在结婚的过程中，这些民族和汉族是一样的习俗。人去世时，一般都会请师父看书选日子，出殡埋葬。有的看瑶族的道书，有的看傣族的傣历，好像差不多都一样，是万年历。我们彝族办葬礼就出去找瑶族的师父，本民族的师父（毕摩）在这边没有。找瑶族看日子哪天适合结婚、丧葬，有时也找傣族的师父或小佛爷那些会看书的。我们这个村子基本上不分什么民族。只要两个孩子相爱，男方就找两个媒人去女方家说亲，家长同意就可以结婚了。彝族有二十二户，傣族有十多户，壮族有两户，其他的都是民族混合家庭了。哈尼族是嫁过来的那些媳妇，嫁给彝族，是从墨江来的碧约支系。这里的汉族是从四川来这里上门的，没有几户。彝族也是从普洱的景东迁过来的。我们这里的傣族不过傣历年，也不过开门节和关门节，都过春节和中秋节。我们村有几户信基督教的，不烧香，不拈纸，只读《圣经》。他们同样和其他人通婚。有八户信基督教的，十几个人，八户并不是全家都信。在我们村也不会受到歧视，一家信基督教娶了本村不信教的媳妇，信基督教对通婚不存在什么影响。我们村光瑶族媳妇就有二十多个，我们村子嫁给瑶族的有，傣族嫁过来的有，老挝嫁过来的才有两个，嫁给傣族，不知她们是什么民族，她们是人在，户口不在。嫁到汉族去的有，嫁到江西、湖南、广州、四川的，有四五户。在这边的信仰比较淡漠了。外边傣族过泼水节，我们去看热闹，瑶族的盘王节我们也去。我们过春节也会有傣族的朋友过来。

3. 村落居住模式的交错性

民族是群体划分的一个参数，但真正具有实际意义和社会影响的是以村寨为依托而形成的村寨群体。民族与信仰的群体力量主要是通过村落的形式表现的，尤其成分单一的少数民族村寨，更具有现实的影响力，内部凝聚力，礼俗的规范力，对外排斥力，群体动员力。但是民族村寨的群体力量毕竟有限，并在经济现代化潮流冲击下也显得不那么牢固了，村寨的民族纽带逐渐变得松弛。景洪市勐罕镇曼景五乡和曼么六乡、农场五分厂一队和二队、基诺乡的巴来村委会交结在一起，傣族、阿卡支系、爱尼支系、基诺族、汉族等众多民族，南传佛教、基督教、基诺族的民族信仰、哈尼族的民族信仰等多种信仰；在勐腊县瑶区乡纳卓村委会的傣族、瑶族、爱尼支系、碧约支系、汉族各自聚族而居，各自信仰南传佛教、道教、爱尼支系的民族宗教、基督教、碧约支系的民族宗教等[①]。民族交错杂居，信仰也交错分布。民族和信仰都没有连接成片，这两个联系纽带的团结力度就减弱了。所以，民族或宗教在极端情况下的团体破坏力就减弱

---

① 哈尼族的爱尼支系和碧约支系在宗教信仰上有一定的区别，爱尼支系过哈尼族的传统节日——"嘎汤帕"节（在公历1月2日至4日），而搬迁来西双版纳的碧约支系只过农历春节。

了，处理、协调的难度也就相对减轻了，有利于维护社会的和谐、民族的和谐、宗教的和谐。

访谈 16：曼么村委会村支书的儿子，男，26 岁，爱尼支系，对象是勐海的爱尼支系。

我们村委会有十个寨子，四个寨子是爱尼支系，六个寨子是阿卡人。曼么村委会在曼么上寨，有十九户，向上最近的有三公里，是帕当上寨（阿卡人）有三十多户，在向上是曼么老寨（爱尼支系）有八十多户，最远的是十多公里外的三家村（爱尼支系）有十多户。帕迁在曼么村委会的下边，有两个寨子一个老寨（三十多户），一个新寨（一百多户），都是阿卡人。向下还有曼么下寨（爱尼支系）有五十多户。帕当下寨要从曼辉那条路上去，有十多户。还有曼阁（四十户左右）和光罕（七十多户）。

访谈 17：勐腊县瑶区乡纳卓村委会支书，男，48 岁，傣族，南传佛教。

整个纳卓村委会有八个自然村，共四百多户，两千零八十人，有瑶族、傣族、哈尼族、汉族。纳卓和曼帕是傣族（老户），都有佛寺。会宽新寨和会宽老寨是爱尼支系（老户），纳卓二队和立新寨是碧约支系（从墨江搬迁来的），南崩是瑶族（老户），桥头新村是汉族（是从普洱搬迁来的）。

（二）人口因素：族际通婚的"始作俑者"

社区是影响族际通婚最现实的环境因素，即是族际通婚的外因。而细究其原初的实际动力最终还是要落实到人身上。一个民族的人口规模、人口迁移、信仰转变、习俗的传承与沿革都是通过鲜活的个体行为实现的。群体规模、人口迁移都对族际之间的交往产生影响，而交往机会影响通婚的概率。个体对习俗、信仰的态度以及能力大小都对族际通婚产生更现实的作用。在西双版纳，汉族对族际通婚的作用是不容忽视的，当地较大民族的次属群体的存在也影响族际通婚。

1. 汉族在民族之间通婚的作用

在西双版纳，汉族人口仅次于傣族，数量相对可观。并且普遍与各少数民族杂居共处，民族之间的交往机会较为频繁。汉文化对于族际通婚并没有禁忌性规定，尤其是在当代民族平等政策深入人心以及国家对少数民族的政策倾斜也无形中为汉族与各少数民族通婚大开方便之门。中国性别比例失调严重，内地男子找对象压力比较大，而且来此打工经商的汉族主要是单身男性，就地找少数民族的姑娘为妻更为现实。而且近20年来随着改革开放的不断深入，汉文化已扩散到西双版纳的各个角落，各少数民族普遍能听懂，会讲汉语，不存在沟通障碍。汉族的宗教信仰单薄，又远离自己的传统社区，婚后融入少数民族社区羁绊相对较少。汉族在西双版纳各企事业单位任职，在大街小巷经商打工的比比皆是。我们在景洪市勐罕镇、基诺乡调查时发现，在各个较大村寨都有从四川或湖南来的汉族在经营小商店，当地少数民族村民把自己的土地租给汉族"老板"种香蕉、辣椒、西瓜等经济作物。所以此地各族女性外嫁四川、湖南，或四川、湖南上门到各个民族生活的非常多。举个例子，景洪市勐罕镇曼景村委会曼孟村是一个麻风病村，当地人都不与他们通婚。而汉族男子迫于生活压力上门到这个村，与本村女子结婚以此获得土地和橡胶林，解决自己的衣食住行。在勐腊县瑶区乡政府驻地的大街上，几乎全是从湖南、四川、云南文山等来的汉族经营的商店、餐馆、游戏厅、五金店、家具电器店、化肥农药店。这边的土地同样是租给汉族种各类经济作物。在这里汉族与瑶族、傣族、彝族、哈尼族爱尼支系、哈尼族碧约支系、壮族等都有通婚。

访谈18：前勐海县教育局局长，男，汉族，56岁。

> 汉族在民族间通婚起的作用非常大。一般来说这个汉族和任何一个民族都可以通婚。因为过去咱们西双版纳是少数民族聚居的地方。新中国成立以后我们国家派了很多的南下干部、支边的、知青，一九五几年南下干部就来到这里了。来到这里以后接触到的都是少数民族，再加上汉族比较开通，和当地少数民族结婚的还是很多的。所以说我们这里有很多少数民族是不会说他们少数民族语言的，他们同汉族结婚以后就脱离了他们民族的文化环境，但他的血统还是有少数民族的成分。比如说他的爸爸是汉族，他的妈妈是傣族，这是汉族和傣族共同养育的儿女，他的血液里有汉族的成分也有傣族的成分，他说

汉语，可能穿傣族服装信仰南传上座佛教，血缘成分和文化因素在这里交汇。总的来讲，在特定的区域里还是很难突破传统形成的通婚制度和禁忌。在新时代，汉族与少数民族通婚的情况更为普遍，大家已融为一体。

2. 相对较大民族群体的内部分裂

人数众多的民族，族际通婚的比例相对较小，会存在更多的族内通婚。但随着群体规模的不断增大，将会产生民族内部分化，形成更多的次属群体与派系。群体内部结构的复杂性和异质性增强，内部矛盾和冲突也更为显著。群体规范就会变得更为宽泛，更能容忍异样的声音了。

傣族在西双版纳属于主体民族，人口众多又有南传佛教的感召力和凝聚力，但其内部并非铁板一块。傣族不仅有水傣、旱傣、花腰傣等的区分，还有因为世仇而禁止通婚的情况。在勐海县勐遮镇勐遮村委会的曼吕村、曼章龙和曼章零与景真村委会的傣族村寨是禁止通婚的。在傣族民众中流传着一个有关《葫芦信》的故事。

> 传说勐遮国的王子召罕勒娶了景真国的公主南波罕为妻，以此两国结为盟好。但后来勐遮王谋划发动战争吞并景真国。景真国公主南波罕无意中得知了这一消息，就把情报写成书信装进葫芦里，再把葫芦放入河中，漂到了景真国。景真国收到公主的葫芦信后，抓紧了备战。结果，勐遮国大败而归。当勐遮国王查出是景真公主南波罕泄露了机密，便把王子和公主一起活埋了。在他的眼中，勐遮国的女人是祸水。并从那以后作出规定，两国之间划清界限，断绝往来，永不通婚。①

不仅如此，在傣族传统佛教信仰的海洋中出现了几个基督教信仰的孤岛。在景洪市有三个村信仰基督教：允景洪街道办事处曼阁居委会曼允村，勐罕镇曼景村委会曼列村，嘎洒镇曼播村委会曼响村。这三个村同周边的傣族村很少有通婚现象，并在年轻人中经常出现冲突。景洪市勐罕镇曼允村委会的曼列村全体村民信仰基督教，而与周围的曼景、曼纳、曼养

---

① 引用网址 http://xkxxyx01.blog.163.com/blog/static/318052352008311102939724/。

等传统傣族村落不仅通婚的比较少，而且青少年之间的打架冲突也比较多。在曼景村委会所在的集镇上曾经发生过一次恶性聚众斗殴致人死亡事件，说是曼列村的年轻人和曼景、曼纳、曼养等村的年轻人喝醉酒后发生口角，以致引起冲突。笔者的傣族学生信仰南传佛教，在一同去曼列基督教堂做调查时想上厕所。笔者建议他去基督教堂里边的厕所，他怕因信仰不同进厕所对自己不利，只能作罢。

西双版纳的哈尼族也有几个支系，如爱尼支系、阿卡人、碧约支系。景洪市勐罕镇曼么村委会包括的村民都是哈尼族，但分属爱尼、阿卡两个支系。两个支系各自聚族而居，普遍都是支系之内通婚。曼么村委会共有10个自然村，6个阿卡村寨和4个爱尼村寨，阿卡人只在本寨子或其他阿卡人村寨找阿卡人的对象，爱尼支系也是如此。勐腊县瑶区乡的碧约支系和爱尼支系也鲜有通婚现象。西双版纳的瑶族支系：平地瑶、蓝靛瑶、顶板瑶之间的通婚也比较少。勐腊县瑶区乡的壮族与自己的老寨的联系很少，之间的通婚还不如与傣族、瑶族的多。

（三）国家政策：族际通婚的政策保障

国家政策和法律是在国家层面调整社会关系、处理社会矛盾的主要手段，是群体关系、人际关系协调发展的条件性保证。民族平等政策、宗教信仰自由政策、婚姻自由政策等为不同民族之间通婚、不同信仰之间通婚营造了一个宽松、坚实的政策环境。这些政策的主旨是把传统礼俗社会中的群体性互动降低、分解为法理社会的个体性互动，消解群体所固有的禁锢、隔离、保守的消极影响。这有助于消除民族传统风俗对信仰、通婚阻碍性作用，使信仰和婚姻成为个人选择、决定的私事，不受群体规范的羁绊。

访谈19：曼斗村一基督教徒，53岁，傣族，信仰基督教，是曼允基督教堂傣族唱诗班的成员（曼允基督教堂有汉族和傣族两个唱诗班）。

> 我和老伴都信仰基督，现在信仰自由，我们可以选择信仰基督教也可选择信仰佛教。我们信仰基督教也遇到一些阻碍。我们村都信仰佛教，村民要出钱供养村里的寺院。我们不信佛，不参加他们的活动，也没有义务供养那些和尚。村长要我们交钱，我们不交，他就扣我们的地租分红，但也没敢都扣光。现在国家政策规定宗教信仰自

由，他们不敢做得太过分，我们也没有告他们，毕竟我们还要在村里生活。只要他们不干涉我们信仰上帝，我们的主会原谅他们的。

（四）经济发展：冲破宗教限制的"世俗战车"

随着我国改革开放的逐步深入，市场经济体制的不断完善，社会结构、人们思想观念都发生了深刻变迁。从东部沿海到祖国内地再到西南边陲，只要经济战车的车轮碾过之地，顿时就有天翻地覆的变化。具体到西双版纳，旅游经济发展得如火如荼，生态旅游、人文旅游都办得别具一格、有声有色；景洪市、勐腊县以及勐海县的打洛地区只要条件允许都把普通林木改种为橡胶树，农业耕地也由一般的水稻种植改种香蕉、辣椒、西瓜等经济作物；勐海县是普洱茶的真正发源地，茶叶种植已成为当地群众增收的主要来源。在经济发展中，伴随着经济结构的调整、人口的社会流动、人们思想观念的转变。人们走出世代居住的村寨，走出大山，走进更广阔的天地，打工、经商、跑运输、搞养殖，有着更精彩的人生、更多的选择。而四面八方、五湖四海的人也来到西双版纳谋求发展，讨取生活。如西双版纳的十大农场都是外地人通过各种途径来到西双版纳，在各个村落经商打工的也是来自湖南、四川、大理、文山等地的。民族之间、宗教之间的人际流动频率加大，人际交往机会增多，为民族、宗教间的通婚创造了条件。

在西双版纳的民族之间通婚中，存在着少数民族妇女"梯级外嫁"的现象。各少数民族妇女都有嫁给汉族的现象，并且比较普遍，但汉族女子嫁给少数民族的数量很少。哈尼族、布朗族、基诺族、瑶族妇女有嫁给傣族男子的，但傣族妇女一般不会嫁给哈尼族、布朗族、基诺族、瑶族男子。汉族到各少数民族妇女家上门的现象也比较普遍，这也是为了寻求一个安身立命之处。在经济利益的驱使下所发生的族际通婚，一般都会伴随宗教信仰的改变或自己持守信仰的淡漠。如嫁到农场或内地的傣族、布朗族一般会减弱佛教信仰（因为佛教信仰的社区环境已不存在，信仰的监督力度、传承支持力度降低，信仰的保持有一定的困难）；嫁到曼赛回、曼峦回的傣族、汉族、拉祜族一般会改信伊斯兰教；上门到瑶族的汉族男子逐渐会有道教信仰情怀。这些都模糊了宗教之间的界限，增强了宗教之间的联系和了解，有利于多宗教的和谐共处。

四　影响族际通婚的因素与多元宗教和谐相处的因果链

　　文化因素、人口因素、政策因素和经济因素不仅可以通过影响族际通婚作用于多元宗教和谐相处，而且也直接对多宗教的和谐共存产生影响。族际通婚促进了多宗教的和谐共处，而宗教的和谐共处又反过来为族际通婚创造条件。这表明宗教和民族都是一般社会因素，这些因素相互联系，相互影响，共同造就了西双版纳地区的社会和谐。

　　我们可以将族际通婚影响多元宗教和谐相处的路径图示如下：

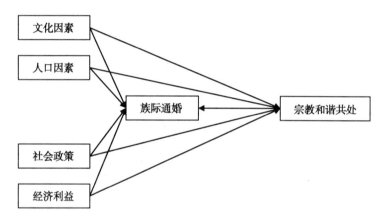

图 4　族际通婚与多元宗教和谐相处关系

子调研报告之二：

德宏州盈江县族际通婚中的宗教融合

德宏傣族景颇族自治州地处云南省西部中缅边境，位于东经97°31′—98°43′、北纬23°50′—25°20′，是云南省8个少数民族自治州之一。德宏，傣语意为"怒江下游的地方"，东和东北与保山市的龙陵、腾冲相邻，南、西和西北三面与缅甸联邦接壤，全州除梁河县外其他县市都有国境线，国境线长达503.8公里。从秦代开始，这一地区就是中国内地通往缅甸、印度、巴基斯坦各国的主要商道，是滇西南乃至大西南各省区对外进行经贸活动的重要枢纽。盈江县位于云南省德宏傣族景颇族自治州西北部，三面与缅甸联邦接壤。盈江县幅员辽阔，国土总面积4311.74平方公里，生活着汉族、傣族、景颇族、傈僳族、德昂族、阿昌族等25个少数民族。多民族的县情决定了多宗教的存在，县内佛教、道教、天主教、基督教、伊斯兰教五大宗教俱全，同时还保留着较为广泛而完整的原始宗教或民间信仰形态。

据统计，2009年年末，盈江县总人口299681人，少数民族人口172979人，占总人口的57.72%，其中傣族101983人，景颇族44170人，傈僳族19658人，阿昌族1109人，德昂族417人，回族435人，其他民族5207人。2010年年末，全县信教公民达145931人，占全县总人口数的48.7%；合法登记在册的宗教活动场所305处，临时活动点40个。其中，汉传佛教活动场所22处，临时活动点1个，信众14433人；南传上座部佛教活动场所125处，信众103381人（傣族101873人，阿昌族1093人，德昂族415人）；道教活动场所1处，4信众52人；基督教活动场所155处，临时活动点37个，信众26991人，含受洗信徒10674人、慕道友16317人（景颇族17593人，傈僳族8798人，汉族408人，傣族110人，阿昌族16人，德昂族2人，其他少数民族64人）；天主教活动场所2处，临时活动点1个，信徒239人，含受洗信徒106人、慕道友133人（景颇族 238 人，汉族 1 人）；伊斯兰教临时活动点 1 个，信众 435 人，全部为回族。全县教职人员 315 名，其中佛教比丘、沙弥 63 人，比丘尼、沙弥尼 32 人；道教民间主持 1 人；基督教牧师 7 人，传道员 27 人，礼拜长、长老、执事 155 人，教师 28 人；天主教传道员 1 人；伊斯兰教阿訇 1 人、伊玛目 1 人。全县设立有爱国宗教团体 2 个，即佛教协会、基督教协会和基督教三自爱国运动委员会，有天主教、道教管理小组各 1 个，伊斯兰教回族服务站 1 个。①

民族和谐有助于宗教和谐，而宗教和谐反过来可以推进民族和谐。在云南各个民族发展演化的过程中，族际通婚一直发挥着十分重要的作用。通婚的过程既是民族融合的过程，也是宗教融合的过程。② 德宏州作为云南的一个少数民族自治州，由于诸多原因，各少数民族社会发展不平衡，在各个历史发展阶段中形成不同的社会经济形态。然而，在漫长的历史岁月中，各民族之间经济、文化及生活方式相互交流融合，形成了一个相互联系的整体。这为调查提供了天然的"原材料产地"，具有研究的典型性。

德宏是居住着傣族、景颇族、阿昌族、德昂族、傈僳族五个世居少数民族，每个民族都有着悠久的历史文化，柔情潺美的傣族水文化、刚毅激昂的景颇族音乐文化和德昂族茶文化、阿昌族的口头文学等各具特色。各种文化在这里交融共生，和谐共荣，如同一个天然的文化大观园。③ 因地处中原文化和边地文化、汉族文化和少数民族文化、东方文化和西方文化、中华文化和南亚文化的交汇地，德宏州境内多民族多宗教现象十分突出，通过日常交往、族际通婚、血缘融合等方式，使得不同民族、不同宗教间得以和谐相处。族际通婚作为衡量不同民族相互关系和深层次融合程度的一个重要指标，在研究民族与宗教间和谐共处方面具有重要的意义。从某种程度而言，族际间的婚姻关系到两个民族乃至整个社会，而不仅仅是两个人的事情。随着人们破除传统守旧的婚姻标准，族际通婚成为民族间平等友爱、宽容理解的表现。但是族际通婚需要面对的问题也非常多，如何应对各个民族间宗教的摩擦与误解，如何进行宗教之间的交流与合

---

① 本数据由盈江县政府民宗局宗教管理股提供。

② 张桥贵：《云南多元宗教和谐相处的主要原因》，载《世界宗教研究》2010 年第 2 期。

③ 资料来自网络百度百科 http：//baike. baidu. com/view/686786. htm。

作，如何进行宗教的对话、理解与宽容，进而推动多民族多宗教和谐相处，是本书研究的现实意义与创新之处。

一　影响族际通婚的因素

姻缘关系作为一种强社会关系，一直是社会群体维持紧密性的重要因素，因为它能够催生一种更为紧密的社会关系——"血缘关系"，增强群体内部的凝聚力。民族之间的通婚可以将难以化解的民族矛盾转化成家庭内部的小矛盾，进而大而化小、小而化了，这对多民族多宗教的和谐共处具有良好的推动作用。影响民族间通婚的因素有很多，分析这些因素在促成民族间多元宗教和谐相处链条中的媒介作用，以及它们所产生原初动力，同样具有重要的理论与现实意义。

关于影响族际通婚的因素，一直是各专家学者关注的重点。课题组借鉴前人三因素（民族基本特征、社会关系特征、两族共处特征）[1]、两层次（第一层次为经济文化和人口等因素，第二层次为群际交往和族群关系）[2] 的理论，结合调查点德宏地区的实际情况，将影响族际通婚的因素归纳为宏观与微观两大方面，宏观方面包括历史渊源、地域条件、政策法规等不受人为影响的定量因素；微观因素包括文化因素、人口因素、经济利益等因人为而不断变动的变量因素。

（一）影响族际通婚的宏观因素

1. 历史渊源

根据各民族的历史记载和习惯法规定，不同民族间的关系也各不相同。如果史料记载中两个民族间有过战争或者相处不和谐的神话传说，那么依照祖上的规矩，两个民族间通婚的概率就较低；如果两个民族在历史上就有共同抵御外敌、相互联姻等事件发生，虽是不同民族，但彼此通婚的概率较大。

从历史的角度看，以政治作为基础的族际联姻加强了中央王朝与边疆

---

① 马戎：《民族与社会发展》，民族出版社 2001 年版，第 186—187 页。
② 李晓霞：《新疆族际婚姻的调查与分析》，载《新疆大学学报》（哲学社会版）2008 年第 3 期。

少数民族的政治、经济、文化交流，使少数民族社会逐步发展进步。史料中的相关记载，同时也为民间的族际联姻提供了权威例证和相应引导。《史记·西南夷列传》记载，庄蹻"以其众王滇，变服从其俗，以长之"①，很大程度上涉及与土著部落女子通婚，以达到繁衍生息的目的。部落之间为了联合抵御外敌，也通过联姻的方式增强民族之间的联系。樊绰《云南志》记载："独锦蛮者②，乌蛮之苗裔也。在秦藏川南，去安宁两日程。天宝中命其长为岜州刺史。其族多姓李。异牟寻母，独锦蛮之女也。牟寻之姑，亦嫁独锦蛮。独锦蛮之女为牟寻妻。"③ 这是南诏国三代首领与其他部落交好的佐证。中央王朝也会通过与云南民族部落之间的联姻，来巩固边疆的统治。据记载："广明元年，唐命少卿李龟年，以宗定女为化长公主与南诏和亲。七年，昆仑国进美女子南诏。（元）和元年滇主归唐。唐光启元年，滇王遣杨奇肱送公主归唐。"④ 从魏晋以来，云南历史上就有所谓的"遑耶"制度，即南中大姓与少数民族上层通婚而形成一种政治互助关系，持续若干代不断联姻就形成所谓的"百世遑耶"。这种借以通婚的模式将血缘融合、文化认同合为一体的民族间互动，在不断地摩擦和适应中维持自身发展。这种婚姻模式是长期以来部落与部落之间、部落与中原王朝之间维持关系平衡的一个方式。这种联姻关系的确立是从政治性的危机感出发，进而形成一种固定阶层关系，并且成为一种相当稳定的模式。

2. 地域条件

云南少数民族的空间居住规律一般是"大杂居、小聚居"，长期以来杂居的习俗使得他们具有了共同的地缘。共同的地缘使得各个民族长期以来相互融合，在日常交往过程中已没有特别大的民族界限和隔阂。受历史条件的影响，在没有大的民族世仇情况下，杂居民族间的通婚概率较大，而单独居住的民族与其他民族通婚的概率相对较低。外加交通条件的制约，同一地方的不同民族间交往比较多，相互了解的机会大，族际通婚的概率大；相对距离较远的民族，因日常交往的机会少，相对了解较少，族际通婚的概率较低。

---

① 方国瑜主编：《云南史料丛刊·卷一》，云南人民出版社 1990 年版，第 52 页。

② 独锦蛮，我国古代西南少数民族。

③ 方国瑜主编：《云南史料丛刊·卷二》，云南人民出版社 1990 年版，第 34 页。

④ 方国瑜主编：《云南史料丛刊·卷三》，云南人民出版社 1990 年版，第 782 页。

　　课题组田野调查的云南省德宏州盈江县古里卡村就是一个多民族混居的村寨。村寨主体民族是景颇族，并与傈僳族、汉族杂居在一起，彼此相处十分融洽。景颇族聚居在村道的一侧，汉族和傈僳族杂居在村道另一侧，形成了"大杂居、小聚居"的典型居住格局，在德宏州地区此类村寨比比皆是。①

3. 政策法规

　　国家政策法规是在国家的宏观层面上调整社会关系，维持社会稳定发展的重要手段。民族平等、宗教信仰自由、婚姻自由政策为不同民族间的族际通婚营造了一个相对宽松的社会环境。《中华人民共和国宪法》第36条规定："中华人民共和国公民有宗教信仰自由。任何国家机关、社会团体和个人不得强制公民信仰宗教或者不信仰宗教，不得歧视信仰宗教的公民和不信仰宗教的公民。国家保护正常的活动宗教。任何人不得利用宗教进行破坏社会秩序、损坏公民身体健康、妨碍国家教育制度的活动。宗教团体和宗教事务不受外国势力的支配。"在具有法律保护的情况下，宗教的选择与婚姻的自由不再是跨越不过的横沟。以前虽然老一辈人中有逼婚、买卖婚姻，或者只允许本民族通婚的强制现象，但是现在由于观念的改变，人们变得更加开明，使得族际通婚的现象更为普遍。

　　访谈1：瑞丽市帕色基督教堂内一位基督教徒，傣族，45岁。

　　　　在傣族村寨像我们这样信基督教的人还是会受到一定程度的排挤，主要是从信仰的角度排挤，老人会骂，说些什么等你死了以后没人帮忙，不准埋葬在公共的墓地，甚至会被赶出村寨，但是在信仰的人心里还是有很多的兄弟姐妹在身边的。对于受排挤的信教群众，教堂都是采取疏导、教育的方式，告诉我们"分别为圣"的道理，上帝的是给上帝的，不是上帝的是世界的就给他们，没什么，村里有什么活动，该给钱我们还是给钱，政府现在提倡信仰自由，所以他们不敢作出很过分的事情。给大家一个缓和的过程，慢慢地也就不会怎么了，安静地仰望上帝，上帝自然会给出路。

---

　　① 古里卡村位于云南省德宏州盈江县弄璋镇境内，弄璋镇辖区内有傣族、汉族、景颇族、傈僳族、阿昌族五种民族为世居民族，古里卡村为景颇族、傈僳族、汉族三民族的混居村寨。

（二）影响族际通婚的微观因素

1. 文化差异是影响各民族之间通婚的主要因素

语言、习俗、信仰方面的差异往往对族际通婚的阻隔最为明显，在笔者的访谈中，在提及"为何两个民族之间不通婚"等类似问题时，最多的回答就是"语言不通"、"习俗不同"、"以前两个民族就没有通过婚"、"宗教信仰不一样"、"两个民族之间有偏见，他们那个民族不好处"等，这些都是文化差异的体现。文化作为一种意识形态，宗教作为文化的一部分，要通过某些物质的载体才能体现出来。文化的冲突不是一开始就存在的，而是在文化起源和发展的过程中逐渐积累的；文化的和谐也不是一开始就形成的，而是在文化的碰撞中不断磨合与适应的结果。承担这种文化的是群体中的个人，通过人与人之间的交往将文化的差异与融合体现得更加淋漓尽致。

对于婚配的原则，任何群体或社区都存在着自己的界限，存在着一个外圈，也同样存在着相当的内圈。超出外圈的行为被勒令禁止，走不出内圈的婚姻也被排斥。对外界事物接受能力比较强的群体，外圈的范围相对较大；相对而言，对规范、民俗等比较单一、固执的群体，接受能力较差，外圈的范围相对较小。

（1）文化单一的社区对族际通婚具有较强的抵触心理，进而产生阻碍作用

生活在民族单一、文化闭塞的社区里，社区群体在相同的历史、风俗、语言、信仰和紧密的人际网络作用下，对外来文化的排斥作用会很大。这种高封闭的群体的排他性使得异质文化的存活空间较小，在短期内可能不会产生多大的激烈后果，但是长此以往就会明显地受到排挤。在这种村寨族内通婚的概率很大，族际通婚的现象较少，就算有，可能因为文化的差异也不能回到原来的村寨生活。

访谈2：盈江城内 一位傣族老人，70岁。

　　我和我老伴都是傣族的。我经常看电视什么的，汉话现在说的算是在老人中比较好的啦。我们一共生了6个女儿，4个儿子，全部都是和傣族结的婚，当年他们找对象不喜欢找其他民族的，主要原因是语言方面的沟通困难和宗教信仰方面不一样，也没有想到要找其他民

族的，可能还是本民族的，处起来好处点。

虽然文化单一的社区对族际通婚存在一定的消极作用，但是并未完全斩断人们对美满婚姻的向往。在这种情况下，一般嫁来的其他民族都会选择"入乡随俗"，融入到现在的生活中，学习民族语言、了解民族风俗、改信当地的宗教，尽快地成为"大家当中的一分子"，为自己营造一个相对宽松、友好的氛围。这在无形中就拉近了两个民族间的距离，将不同的文化连接起来，迈出了宗教和谐相处的第一步。①

（2）文化多元社区的族际通婚现象相对普遍

这些社区多以城乡结合和多民族杂居村寨为主，文化异质性强。在日常生活的交往中，逐渐适应了不同民族间的交往，也对新文化的接受能力较强。在民族混合社区族内通婚和族际通婚没有很大的差别，往往杂居的民族越多，族际通婚的比例就会越高，甚至超过族内婚的比例。

在这里少数民族语言的使用环境已经不复存在，大家已经将汉语作为日常交往的通用语。不仅如此，各个民族的风俗、宗教信仰也得到了保存。多种文化的交融使得社会监督力相对较低，对于族际婚姻的容忍度较大，从而有利于族际通婚的产生与普及，在婚后双方相处也没有大的问题。

（3）汉文化在族际通婚中的作用

在盈江地区，汉族人口占的比重很大，2009 年年末，全县总人口为299681 人，少数民族人口 172979 人，汉族人口 126702 人，汉族人口占总人口的 42.27%。② 在族际通婚中汉族起到了十分重要的作用。具体体现在以下四个方面：

① 汉族文化的引导作用

汉族大量迁移到少数民族地区，给少数民族带来汉文化"兼容并包"的广阔胸襟。从历史的角度来看，大量的汉民移民到云南，实为巩固中央王朝的统治，在带来了内地先进生产技术的同时，还带来了兼容并蓄的汉文化，对边疆地区人民的生活具有一定的冲击，但是不可否认的是这样的

---

① 张桥贵、李守雷：《民族之间通婚影响多元宗教和谐相处的研究——以云南省西双版纳傣族自治州为例》，载《世界宗教研究》2011 年第 6 期。

② 本数据来自盈江县政府民族宗教局宗教管理股。

冲击有利有弊，适当地利用好这样的资源，"取其精华，去其糟粕"，对少数民族地区各方面的发展都作出了不小的贡献。

访谈3：德宏州民宗局办公室主任，女，汉族，35岁。

> 德宏州地处汉文化交融之地，境内各个宗教得以和谐共处的主要原因是受汉族文化的影响，汉文化强调兼容并蓄，因此包容性较强。再者就是不同宗教都共享一个经济的市场，没有为任何一个宗教民众建立独立的市场。

② 汉语的通用作用

少数民族地区各民族都有自己的语言，语言上的不相通使得日常交往中多民族之间无法交流，很多小的矛盾得不到及时解决，从而加深了民族之间的隔阂。近20年随着改革开放的不断深化，汉文化扩展到少数民族地区的每个角落，各少数民族几乎都会说汉语，听得懂汉语，汉语变成了不同少数民族间进行交往的"通用语"，不同民族有了共同交流的工具，减少了民族间的芥蒂，推动了民族间的和谐相处。

访谈4：盈江县弄璋镇古里卡村委会村民，40岁，景颇族。

> 我们村是三个民族一起杂居，在我们附近有傣族村寨，也有像我们这样杂居的村寨。我感觉大家其实没什么差别，平时的时候我自己在家就说景颇语，到外面和别的民族一起的时候就说汉话，大家都听得懂也都会说。在我们这里娶什么民族的其实无所谓，大家一起那么久了，关系好就行了。我老婆就是傈僳族的，我小时候和傈僳族的娃娃玩儿，多少也会说点傈僳语，不行我们就拿汉话沟通，还是挺方便的。

③ 汉族在通婚中的媒介作用

很多少数民族的地区犹如一座孤岛，只准本民族内部通婚，这样的内婚圈使得民族自身的张力降低，经不起外来文化的冲击。汉族在民族间的通婚中起到了很大的作用。一般来说，汉族可以与任何一个民族通婚，少数民族经过这样的磨合后，对其他民族通婚的制度也不会像以前一样抵触，从而推动了民族间通婚的进行。

访谈5：德宏州梁河县邦歪村村民，38岁，景颇族。

　　我们村的名字是汉族人给起的，这里有很多邦歪村，具体什么意思我们也不明白，从祖辈就开始用这个名字。我们是个纯景颇族的村子，但是有从外面过来的汉族，傣族嫁到我们这里，大部分是家里亲戚朋友介绍的，因为她们村子也不可能不出去打工，或者有亲戚在外面之类的。我们这里大部分都愿意娶汉族的姑娘，说勤快、会过日子，现在语言方面都已经能听懂一些了，而且他们大部分都在说方言，除非老一辈之类的。

④ 汉族在民族交往中的缓和作用

　　在日常交往中，汉族可以不改变少数民族本身的文化特性，逐渐通过长久共处融入到当地风俗之中，汉族与少数民族相互交流接触，对民族团结和睦具有良好的推动作用。各民族平等友好的关系建立在文化习俗世代相互尊重的基础之上，可以说彼此尊重是民族关系的"润滑剂"。

　　德宏州在外做生意的多是汉族，但是在交往中经常听见汉族人说"我们傣族"、"我们景颇族"，这表示汉族在文化上认同德宏各少数民族，虽然部分地区的民族界限仍然比较严格，但是在整体上已经形成彼此理解、宽容与尊重的氛围。

（三）人口因素

　　人作为族际通婚的主体，作为影响族际通婚的内因，在每一次社会变迁、民族转变的过程中，都起到了无法替代的作用。

1. 人口流动范围的增大及流动数量、范围的不规则性

　　上学、打工、经商是社会人口流动的主要途径，因为交通的便利及学业、事业方面的需求，部分人会走出现有的生活环境。在云南因为自身环境优越、气候宜人，很少有男孩辍学之后外出打工，而是大部分留在农村或者在家就近做工；但是女生通过升学、打工等原因走出了农村，这就造成了特殊的婚姻隔离现象。在农村男性比例较高，造成了到适婚年龄依旧单身的现象；来到都市的女性因为工作的压力等找不到称心的丈夫，成为"剩女"。空间的迁移和社会地位的差异，成为阻断男女之间的"天河"。笔者认识的在昆明工作的女大学生很多，因为远离了原有生活的环境，独

自在外打拼，很多到了 28 岁、29 岁适婚的年龄，但是还未找到合适的对象结婚。生活在农村的适婚男女成婚率较高，而大部分身在异乡打拼的人由于工作压力和地域原因仍未成婚。

2. 民族内部群体的分化

随着民族人口的增多，群体的规模也在不断地扩大，出现民族内部的分化，形成更多滋生派别的体系是在所难免的。比如说傣族就分为汉傣和水傣，[①] 在此基础上又因宗教信仰的不同，而分为信仰南传佛教的傣族和信仰原始宗教的傣族，现在改信基督教的傣族也有一定数量。在景颇族和傈僳族中，差不多 10% 左右的信仰基督教或天主教，而信仰原始宗教的仍占大部分，这样群体内部结构的复杂性和变动性，使得民族内部的矛盾和隔阂也不在少数。因为这样的不断摩擦，本民族的群体规范变得更加宽松，也更能容忍异样的声音。

（四）经济互动打破宗教限制的物质基础

1. 经济互动打破世俗的隔阂

随着市场经济的发展，山区与坝区、坝区与坝区、本地与外地都要进行经济往来、互通有无。这就将人与人之间的地理距离拉近，空间与时间相互重叠。市场不仅是商品相互交换的场所，也是人与人之间交往的场所。山区需要坝区提供的米、菜、工具等，坝区同样需要山区的茶、棉花等。这样的经济交往，使得不同民族、不同地区之间联系更加紧密，彼此更为依赖。当地群众通过这些定期"赶街天"的交往，对其他民族、地区的认识也更深，对族际通婚有良好影响。

访谈 6：盈江县集市上一老人，78 岁，汉族。

> 我是汉族，和他爸结婚就是在集市上认识的。他来给我们家做工，开始的时候不知道他是少数民族，他骗我说也是汉族，感觉小伙子挺能吃苦、挺上进。后来结婚了才知道他是哈尼族。后来儿子的婚事也是我跑到红河山区说的媳妇，女方和舅舅一起来了我们家，看到条件不错，就答应了。

---

① 汉傣是指吸收汉文化较多的傣族，水傣是保持本民族文化较多的地区的傣族。盈江县的傣族自称"傣勒"，即汉傣。

　　德宏州是通往东南亚和南亚的重要通道，全国各地来做玉器和进出口
贸易的商人和打工者众多，有湖南的、福建的、四川的，还有云南省其他
州县的。经济发展将不同地域的人口和文化交汇于此，初步形成了开放包
容的人际交往氛围，也为不同民族、宗教间通婚提供了宽松条件。

　　2. 经济利益促使少数民族女性"梯级外嫁"

　　德宏州少数民族地区的女性存在"梯级外嫁"现象，她们更愿意嫁
到生活环境更优越、经济条件更富裕的地区生活。比如生活在山区的女
性，就更愿意嫁到坝区，因为那里地势平坦，生活优越。家庭经济收入较
好的女性，更愿意嫁给比自己条件更好的男性。就算没有梯级上升，也宁
愿水平流动，不愿意向下滑落。坝区女性往往不愿意嫁到山区去，山区女
性流动到坝区甚至更好的地区，造成山区女性的短缺；地区环境恶劣、自
身经济条件不好的男性结婚非常困难。另外，环境优越的地区因为外来女
性不断流入，本地女性极少流出，导致女性比例增高，也容易出现"剩
女"。

　　因利益驱使产生的族际通婚，一般都伴随着宗教信仰的改变或者对自
己信仰的淡漠现象。比如嫁到坝区傣族家庭的布朗族或者佤族，就要削弱
自己的信仰，来迎合坝区家庭的信仰；嫁给经济条件好的回族，就要改信
伊斯兰教，改变自己的饮食习惯。如果不做这样的改变，婚姻将难以维持
下去。实际上，日常生活行为模糊了民族、宗教之间的界限，增强了不同
民族、不同宗教之间的联系和了解，也有利于宗教的和谐共处。[①] 但是一
味地单方面流动，势必造成部分地区妇女"过剩"或"过缺"，需要通过
共同发展来平衡这些利弊。

二　族际通婚的类型分析

　　民族、宗教间的通婚按类型可分为四种情况：同一民族同一信仰之间
的通婚、不同民族同一信仰之间的通婚、同一民族不同信仰之间的通婚和
不同民族不同信仰之间的通婚。这四种通婚形式对多元宗教和谐相处产生
的影响各不相同。

---

① 张桥贵、李守雷：《民族之间通婚影响多元宗教和谐相处的研究——以云南省西双版纳
傣族自治州为例》，载《世界宗教研究》2011 年第 6 期。

（一）同一民族同一信仰之间的通婚

由于历史、文化、地缘、血缘等各种因素的作用，人们更倾向于在同一民族、同一宗教成员中寻找通婚对象，因为彼此在宗教信仰、生活习惯方面的相似性较多，更容易理解和相处。族内婚在盈江县傣族村寨最为常见，为了延续自己的文化传统，邻近的傣族村寨相互通婚，入赘现象较为普遍，从而形成一个内部高度凝聚、对外相对排斥的群体。对于族际通婚的回避或禁止，主要源于对不同于自己群体的排斥性，以及与此相伴的各类附属观念。①

访谈 7：芒市丙门村傣族村寨某女，傣族，55 岁。

我们傣族不像其他民族那样，重男轻女，我们女儿都是很精贵②的。我们自己在家都不舍得她们出去吃苦。现在到外面苦钱③都不容易，嫁得太远被婆婆家欺负什么的都没有人帮着撑腰，再加上外地的气候、生活环境、饮食习惯什么的都不适应，要是我们有条件，招个上门女婿也是可以的。我们村都是傣族，嫁出去的、娶进来的都是傣族，可能也有个别的是汉族，但是其他的民族就没有了，感觉处不来，语言也是个问题，文化也不一样。

（二）不同民族同一信仰之间的通婚

德宏州盈江县是多民族杂居、多宗教并存的地区，一个民族信仰不同宗教、多个民族信仰一种宗教的事情十分普遍。基督教自 1916 年传入以来，对盈江县的世居民族产生了不同程度的影响，不同民族的信徒聚在一起参加各种宗教活动，增加了彼此交往机会，打破了民族隔阂，为成功缔结婚姻奠定了基础。

访谈 8：教堂周边群众，张某，景颇族，45 岁。

---

① ［芬兰］E. A. 韦斯特马克：《人类婚姻史》，李彬等译，商务印书馆 2009 年版。

② "精贵"：云南方言，意为宝贝、宝贵。

③ "苦钱"：云南方言，意为赚钱。

我们全家都是基督徒，祖上就传下来了，到我已经是第四代了。我大儿子结婚娶了一个苗族的媳妇，他们是在读神学院时认识的，一起在瑞丽市区工作，在相同信仰的基础上结合为夫妻。

访谈9：基督教信徒张某，汉族，40岁。

我最初通过和朋友聊天开始了解基督教，后来又到神学院进修，成了虔诚的信徒。我妻子是景颇族基督教堂的长老，是我来这个教堂里传教认识的。我觉得我们两个人是因为上帝才走到一起的，是主让我们结合的。我信教以后，还传教给自己的父母，开始时父母都有抵触，后面看见我信教以后的改变，就觉得基督教是个好教，所以也就开始信了。

在基督教信徒结婚的比例中具有共同信仰的较多，不同的较少；有与天主教通婚的，但与南传佛教通婚的较少。无论是什么民族，都是主让我们在一起，我们不分你我，都是兄弟姐妹，只要教友有困难，大家都会去帮忙。

在相同信仰的推动下，两个不同民族的信众通过交往而结成秦晋之好，促进了多民族间的和谐相处。模糊了民族间的界限，将不同民族间大的矛盾体转化成小的矛盾单元，在通婚的作用下相互磨合，从而得到较好的解决。

（三）同一民族不同信仰之间的通婚

介于共性认同和差异认同的作用，同民族不同宗教的民众通婚难度相对较大，这样的婚姻不仅可能带来文化、信仰上的冲击，而且要随时面对个人角色的新旧转变。宗教的差异与民族的传统往往会成为无法逾越的鸿沟，挡在了他们的面前。

访谈10：德宏州民宗局办公室舒主任，女，汉族，35岁。

在芒市周边的遮放村有改信基督教以后傣族民众离婚的案例。案主妻子是信南传佛教的傣族，不知道是他改信了基督教以后离婚，还是离婚以后改信基督教。但是一般信基督教的人都属于弱势群体，或因病或因残，性格孤僻也不合群，可能是基督教满足了民众聚会的心理，符合少数民族的性格。

案例1. 盈江县旧城镇拜掌村民小组，2010年

旧城镇东丙村拜掌村民小组是一个纯傣族村寨，2010年11月村民进新房、小孩满月、婚丧嫁娶等红白喜事不断增多，原有矛盾随之激化。2010年11月11日基督教信徒邵某结婚，8日晚上村民召开全体大会，要求不准去邵某家帮忙和做客，不听话的群众罚肉150斤；一律不准外来客人进寨做客，进来就打。邵某没有办法，为了婚礼能正常进行，就把客人请在盈江县某酒店吃饭。①

然而在非全民信仰某一宗教的其他少数民族中，对基督教信仰的反应就不会如此强烈。

访谈11：瑞丽市帕色天主教圣伯多禄堂，包某，景颇族，25岁，天主教信徒。

信天主教是受到母亲的影响，出生一个月就接受了婴儿洗。我妻子是景颇族，也信天主教。但是我的大嫂和二嫂原不信天主教，但在结婚那天有神父主婚，开始正式改信天主教。她们改教的事情都是双方商量同意的，我们一家人其乐融融，没有什么矛盾出现。

通过对此类现象的深入研究，可以清楚地看到，宗教信仰和民族分类的界限对于族际通婚的影响十分重要，群众以民族身份作以初步的筛选分类，在长期接触中，又再次通过界定宗教文化来区分个体的差异。当部分的异质性在一致性极高的大环境中达到无法承受的地步时，就会出现分化现象，将原本同类的群体划分开来。

（四）不同民族不同信仰之间的通婚

因多种异质性的叠加，使得不同民族、不同宗教间通婚的现象看似是

---

① 材料来自盈江县政府宗教管理股。

这四类通婚类型中最难结合的一类，但是在现实中却较为普遍、较为常见。究其原因在于民族和宗教异质性的增加，使得不同民族、不同宗教间的交往更加错综复杂，人与人相互接触了解的机会增多，人是社会中的人，任何人任何群体都不是孤立存在的，不断地交往模糊了群体的界限，促进了族际通婚的产生。频繁的日常交往使个人对民族间的认识更为客观，多民族聚居的地区更容易产生族际通婚现象。

盈江县弄璋镇古里卡村委会为山区村委会，是 2004 年山上泥石流发生后搬下山的，共有 165 户 660 名村民，其中傈僳族 500 人左右，景颇族 100 人左右，大部分信仰基督教；50—60 名汉族，大部分信仰原始宗教、民间信仰，各民族杂居在一起，仅有一道村路相隔，周边都是些傣族村寨。村里也有几户不同民族不同宗教通婚的现象，有嫁到外面的，也有村里紧邻的人家通婚的现象。

访谈 12：盈江县弄璋镇古里卡村委会书记，45 岁，景颇族。

村里娶缅甸女子的景颇族有 10 个左右，傈僳族有 8 个，大部分是通过亲戚介绍认识的。因为很多居住在国界线附近的缅甸景颇族、傈僳族大部分是 1958 年左右从中国迁出到缅甸定居的，大家之间都有亲戚关系。因缅甸女子户口问题很难落实，一般都没有结婚证，只有暂住证。对于此类婚姻政府会备案，持默认态度，但在法律上并不受保护。

对基督教的信仰要追溯到新中国成立初期，在山上一个村只有五六户的时候就信了。"文化大革命"的时候不让信，但还会偷偷地信，直到现在。

本村的牧师是七十多岁的傈僳族老人，娶的是户撒那边的傈僳族女子。开始时，女的也不信基督教，但是在长时间耳濡目染下，现在也信了。

对于不同民族不同宗教之间通婚的现象，在我们这里也是时有发生，先说住在村里的这些。

A. 外地景颇族女子嫁给村里汉族男子

女子信仰基督教、男子信民间宗教，两个人年龄在 40 岁左右，嫁过来以后女方随了男方的信仰。共育有三个孩子，民族身份为景颇族，因为少数民族考试可以加分，在学校申请些补助也方便点，他家有一男孩是村里第一个大学生，现在就读于滇池学院。

B. 本村汉族女子嫁给本村傈僳族男子

原来女子家信原始宗教、男子信基督教，两人25岁左右，女方去男方家后就随男方信了基督教，但是女方家里还是按照自己以前的风俗习惯生活，没有受女儿的影响。他们共育有1个小孩子，民族身份为傈僳族。

C. 外地景颇族女子嫁给本村傈僳族男子

女子信仰基督教，男子也信仰基督教，两人30岁左右，信仰没有任何改变，但是因为女方来到这里，以前一起做祈祷的那些教友都不怎么见面，而且又要重新认识这里新的教友，所以会造成一定的困扰。开始时她也不来做祈祷，也不怎么和村里的人说话。但是时间长了，大家慢慢熟悉了以后，这样的事情就没有发生了。他们共育有2个小孩子，民族身份随男方为傈僳族。

嫁到外村的女子有五六个人，有远嫁到江苏、山东的。有打工时候认识的，有男方直接去村里找的。

A. 傈僳族女子嫁给旁边傣族村寨的傣族男子

在村里的时候女子一家都信仰基督教，而男子信仰南传佛教，女方因就住在原村附近，而且现在不同民族、不同宗教的群体都杂居在一起，已经都能理解彼此的信仰，都有信仰的氛围在，所以女方坚持了自己的信仰，还会看见她经常回来做礼拜。

B. 傈僳族女子嫁给远处傣族村寨的傣族男子

女子信仰基督教，男子信仰南传佛教，女方因为嫁得比较远，也不知道有没有改教，但是她远离了原来的信仰团体，并生活在南传佛教信仰密集的村寨，从来没有看见她回来做礼拜，也没有听她的家人提起过，应该不再坚持自己的信仰，随男方的信仰了。

和谐并不代表没有矛盾，矛盾具有普遍性和客观性，只有承认了矛盾的存在，才会在不断的磨合和变化中得到真正的和谐。对于不同民族不同宗教这一通婚模式，是面对困难最大的，也是对宗教和谐最具推动力的一种通婚模式。他们的家庭不仅要面对民族传统差异的冲击，同时也要在生活中克服不同宗教习惯的影响。但是这毕竟已经成为家庭内部的矛盾，对整个社会的总体没有很大的伤害，而且一些民族间、宗教间的大隔阂被划分为生活中的小矛盾，被家庭中"柴米油盐"所淡化，变成了夫妻生活中的"和和美美"。这样的和谐来之不易，是通过调节、磨合、理解进而克服困难，才达成充满生机的和谐状态。

三　族际通婚与宗教信仰间的摩擦

在民族自豪感的驱使下，人们对异族缺乏认同感或感到排斥厌恶，这是内婚制实行的主要原因。但是在长久的交往中，双方进行不断地接触、磨合和交融，这些厌恶感日益减弱，因为地缘、人缘、血缘的融合，民族间的界限逐渐模糊，取而代之的是日常交往中的情感，从而不断扩大着族际通婚圈的范围。族际通婚的相关规则不是死化石，不是一成不变的，而是随社会环境的变化而相应变化的，是社会体制的组成部分，是在不断变化中发展起来的，更趋向合理化、人文化。宗教信仰作为影响族际通婚的一个外部因素，在民族交往中有着不同的表现形式，也难免因为自身差异产生一定的摩擦。

（一）族际婚姻中不同宗教信仰之间的摩擦

从历史唯物主义的立场出发，在德宏地区，不同宗教间的矛盾是普遍存在的，民族和谐、宗教和谐都存在政治因素的影响，大群体歧视小群体是难免的，即使不在行动上歧视，也会在言语上歧视。但是大的冲突是没有的，小的冲突也会得到妥善的解决。

1. 不同宗教信仰之间的摩擦

德宏州是以傣族全民信仰南传佛教信仰的地区，在基督教刚刚传入少数民族地区时，以南传佛教与基督教之间的矛盾最具有代表性。

访谈 13：德宏州民宗局办公室舒主任，女，汉族，35 岁。

2000—2005 年政府对宗教的监管有所放松，就发生了基督教在傣族进注①的时候到寺院发放傣语的传单进行传教的事件，损害了宗教间的关系。对于这些比较过激的行为，我们的原则是发现一起就会

---

① 每年傣历 9 月 15 日，大约公历 7 月，按傣族的信仰和风俗，就是"进注"期，通常称"关门节"。"注"的意思是静静地坐下来恭听诵读经文。

制止一起，通过一系列的宣传和规范教育，2008 年以后这样的事件就没有发生过。对于南传佛教，政府的政策主要是加强它的自身管理，对于基督教主要是规范其传教的方法。

案例 2. 盈江县平原镇姐岗，2005 年

新莲村姐岗村民小组一户傣族农户因转信基督教，后来老人病逝，因葬礼仪式不同，村寨群众不让其埋在祖坟地而引起了矛盾纠纷。此为盈江地区因傣族改信基督教而引发矛盾的第一个案例。

案例 3. 盈江县旧城镇东丙村，2007 年

旧城镇东丙村拜掌村民小组是一个纯傣族村寨，共有 137 户，672 人。2007 年村内有 36 人转信基督教，大多数村民认为傣族改信基督教有违村规民约和民风民俗，时常会引发分歧。这是大规模矛盾的初期阶段。

案例 4：盈江县旧城镇拜掌村，2010 年

11 月 20 日来报，18 日一个信徒老人过世，寨子不准村民来帮忙办丧事，还强迫几家基督教信徒在协议上签字，要求他们不准信基督教，否则就不准别人来他们家帮忙。无奈，死者和 4 户基督徒签了协议，还有 3 家没签。签了协议的 4 户基督徒就去死者家帮忙了。村里还有一户老妈一个人信基督教，儿子拿刀逼老妈签字，不签字就让她去死。后来通过调解得到了解决。①

2. 因宗教习惯的不同引发的生活矛盾

人作为宗教信仰的主体，往往通过日常生活习惯将宗教信仰差异表现出来，有时因为未考虑其他人的利益而引发一定的矛盾。

访谈 14：盈江县太平镇村民。

---

① 材料来自盈江县政府民宗局宗教管理股。

　　女方为傈僳族，男方为汉族。女方信仰基督教，男方结婚后受女方信仰影响也成了基督徒。但是男方母亲是比较保守并典型的原始宗教信仰者。结婚后儿子就与父母分家住，但是婆婆看不惯儿媳妇每个周末去做礼拜，不在家里干活，反对他们信仰基督教。后来就跑到儿子家将十字架画撕掉，儿媳妇就跑到婆婆家把家堂香炉和祖先供像都打翻了。婆婆就把全村人叫来去抓她的媳妇准备打骂，村长就来进行调解，说："你这个老太太就不对啦，信仰是自己的，你信这个，她信那个，你怎么能把人家的十字架画撕下来呢？"通过调解，矛盾化解了。虽然两家信仰不同，后来还是互相往来。

访谈 15：瑞丽帕色基督教堂，张某，汉族，大理人，38 岁，基督教信徒。

　　信教者的家人如果对信仰不了解是不让他去参加学习聚会的，这其实是一种"争战"。教堂会建议他暂时不要来做礼拜，等情况缓和下来以后再过来。因为信仰冲突而离婚的较少，教会也不建议信徒这样做。习惯可以慢慢磨合，比如说有些矛盾是因为信徒周末要礼拜，没有办法在家里干活，家人难免会说上两句，只要后面把该做的做好，长时间下来家里人也就不会再说什么了。只有出现第三者才是必须离婚的，其他的都可以忍耐。对于我自己，还是不支持与不同信仰者结婚，因为有信仰的人道德好，人品自然不用担心。

3. 宗教信仰仪式的不同引发的冲突

　　在族际婚姻中婚礼仪式作为一种民俗体现，包含着很多宗教意义，也是不同宗教间彼此区分的一个重要表现。仅仅仪式方面的差异不足以深入感情内部，但是长此以往，对于婚姻生活的和谐仍有不良影响。

　　访谈 16：盈江县天主教堂，金某，景颇族，27 岁，天主教信徒。

　　在卡场镇，我认识有一个信天主教的小伙在政府工作，女方的父亲也在政府中工作。天主教的这个小伙很优秀，女方家是景颇族，很信原始宗教，女方家长也愿意将女儿嫁给这个小伙。但是要求婚礼一定要按照女方家的习俗去办，就是要以原始宗教的仪式（烧香、磕头等）。小伙很喜欢这个女的，个人是可以接受的，但是男方家庭的父母是很虔诚的天主教徒，怕家人受不了，会伤心，所以两人无奈地分手了。

宗教仪式作为信仰的外在表现形式，体现着不同宗教间的差异，也包含着各自宗教的文化与内涵。一个小小的宗教行为，在不信仰者看来可能没有任何意义，但是在信仰者心目中，却是无比神圣、不容玷污的。可以说，宗教信仰作为影响族际婚姻的重要因素，起着潜移默化的分化选择作用。

（二）族际婚姻中双方家庭成员的矛盾磨合

自古以来父母之命、媒妁之言对婚姻的影响甚大，虽然现在不再是封建社会，但得到父母同意、亲友祝福也十分重要。在族际通婚过程中，父母的态度具有很大的影响。通过调查研究发现，父母对子女族际通婚的态度，具有层次推进的特点。

●——第一类民族，族内文化、宗教信仰等规定严格，一般实行族内婚，不与外族通婚。

▲——第二类民族，族内文化等相对第一类民族宽松，以实行族内婚为主，不排斥与外族通婚。

■——第三类民族，族内文化兼容性较强，婚姻的民族取向无特别规定。

（1）父母结合的形式为●＋●，对子女与异族通婚的态度多持反对态度，这不仅是自身民族发展的需要，也受到民族内部压力的影响。希望子女的婚姻与自己的模式相同，找一个同族同宗的配偶结婚。但也不排除因财富、地位等外部原因的影响而改变观点。

访谈17：

男：周某，48岁，四川攀枝花人（23岁到大理打工，现是大理户口），现在是滇西纺织印染厂退休职工，家住下关福文路滇西纺织印染厂宿舍，汉族人，无宗教信仰；女：马某，46岁，云南巍山大仓人（24岁到大理打工，现是大理户口），现在是滇西纺织印染厂职工，家住下关福文路滇西纺织印染厂宿舍，回族人，信仰伊斯兰教。

双方于 1988 年结婚，一直和睦相处，生有一子，户口报为回族，可以享受少数民族考试加分政策。

在这之前周某为汉族，无明显宗教信仰，为了与马某结婚自愿加入回族，遵守伊斯兰教义及规定，洗胃净身，不吃猪肉。有矛盾的是回方，回方家长一致认为这件婚姻是件很错、不好的事情，她将一辈子在亲朋面前抬不起头，还要连累其父母。滇西地区的回族宗教信仰观念较强，与异族通婚产生压力在所难免。汉方家属觉得有点丢脸且极其不合理，其父亲很生气，母亲为之哭泣。对于男方而言，如果真成了穆斯林，则要完全改变自己二十多年的生活习惯，这是很多人无法忍受和适应的。汉族入教的不少，最终坚持下来的是少数。回汉通婚的结果是汉族被同化为回族，之前的生活习惯为伊斯兰教所规训。有利的一面是夫妻之间有一种互相包涵的关系状态，可以互相支持、相互鼓励的生活。

在这样的民族群体中，个人的婚姻与宗教信仰联系紧密，他们往往不是为自己寻找婚姻，而是为自己所属的民族或所信的宗教来寻觅依靠。"跨越民族界限的婚姻，仍具有局限于本宗教群体之内的明显倾向。"①

（2）父母家庭形式以●＋▲、▲＋▲、●＋■为代表，对子女异族通婚的态度因自身经验的不同而不同，此类情况较为复杂，总体来说态度相对较为中立。

如果上一辈自身的婚姻为●＋▲或●＋■，受到●民族内部的压力或刁难，过得不是十分幸福，这样的父母对子女同样选择自己的模式将表现出本能的担心和排斥。

如果上一辈的婚姻和谐而幸福，那么父母对于子女的婚姻选择就不会过多干涉，而是根据子女自身的喜好进行选择；但是也并不赞同子女改变宗教信仰，对于另一方的信仰就并不强求。

访谈 18：瑞丽市帕色天主教圣伯多禄堂，包某，景颇族，25 岁，天主教信徒。

在天主教里，不同信仰的男女结为夫妻的事情时有发生。在我们

①　[美] 米尔顿·M·戈登：《在美国的同化：理论与现实》，载马戎编《西方民族社会学的理论与方法》，天津人民出版社 1997 年版，第 65 页。

这里就有一个案例，男方是傣族，随女方信天主教了。天主教徒与不信天主教的人结婚，缅甸那边的老人会反对，但本地老人还是很民主的，没有刻意反对，主要还是看当事人自己。

（3）父母婚姻的模式以▲＋■或■＋■为代表，对子女与异族通婚较为赞同，并无明显的反对迹象。因为自身民族对文化的兼容性较强，会在与其他民族的相处中相互理解、相互尊重，且自身无过多禁忌，对子女日后的宗教信仰采取不干涉政策，主要看子女的意愿。这些父母对族际通婚有很强的相容性和适应性，未将严格的族内文化规范强加于家庭之上。

父母开明、包容的态度是成功缔结族际通婚的重要因素，而父母态度的不同往往取决于家庭中宗教信仰与文化传统的关系。如果不同宗教信仰的并存未对家庭文化产生很大的冲击与碰撞，这样的家庭对族际婚姻的态度就相对的宽容与赞同；相反，不同宗教信仰的相处，会使家庭传统、生活模式产生变化，出于自身发展的考虑和外部环境的压力，两个家庭中内聚性相对较强的一方，往往对族际婚姻的态度多持反对态度。

（三）婚姻家庭中认知角度不同引发的摩擦

"共性认同"与"差异认同"是笔者使用的一个新词，主要是指在参照群体为民族"我族"或"我群"和"他族"或"他群"的情况下，在主位认同和客位认同的基础上产生的对宗教认同方面的差异。宗教具有自身的独特性和价值，承认彼此的差异性是民族间、宗教间彼此对话的基础。

云南是多民族聚居的省份，没有一个民族具有绝对的优势，大部分民族都以"大杂居、小聚居"的方式穿插在一起，在原本的民族认同基础上还形成了对地域、历史记忆等方面的认同，这种认同成为云南地区多民族和谐相处不可或缺的因素。

这些族群因为不同的场景而产生不同的归属情感，就使得民族间的认同具有层次性、多元性的特点。比如，两个人是不同的民族，但是生活的区域相近，故会产生两个人为相同地区的认同；两个人是相同民族，生活区域相近，那么产生的认同就会比前者更进一步；但是如果两个人是不同民族、不同地域，而且日常无任何交往，那么这样的认同就比前两者更弱。

宗教的认同也就来源于这些，民族间的认同是具有层次感、多元性的，但是民族内部的认同这些变化就会体现得比较薄弱。在一般人的认识中同一民族具备着相同的语言、文化、习俗和信仰，当被族内的民众打破这样的常规认识改信其他宗教时，受到的反对与阻碍就会很大，对族内的民众冲击也是最大的。当发展到其他人难以接受的情况下，往往族内民众会产生背叛、忘本等负面情绪，族内民众对于产生这一变化的因素会格外敏感和反感，那种希望回到原有共性的情绪会高涨，所以对于本族异教徒或打破常规者的反省或排斥就是十分强烈，进而会发生较为过激的行为。

相反，不同的民族在同样的情况下，受到的排斥就会降低，因为民众会认为不同民族间的语言、文化不同，具有不同的信仰也是很平常的事情，故产生笔者对宗教认同的一些认识。

"共性认同"与"差异认同"具有以下特点：

（1）具有较强的民族性。它的出现就是在民族的基础上产生的，对我族内部文化的坚守使得这一现象十分的普遍；对他族文化的欠缺，更加强化了这样的认同心理。

（2）认知前后顺序不同。在无冲突的情况下，族内宗教认同大于族间认同，但当常规被打破时，族内宗教认同的难度往往大于族间认同。民族内部宗教认同具有共性认同的特点，是先有共性，后有差异；而民族间宗教认同具有差异认同的特点，先有差异，后找出共性。

（3）认知的角度不同，对待相同的问题态度、想法与处理手段也就不尽相同，族内民众对本民族的认知是来自长久以来潜移默化的教育，很难更改或变迁；而对他族文化的认识是在以后的生活交往中，逐步地了解的。这样的过程使得他们对自我和他人的要求各不相同，这也是接受同族异教者比接受异族异教者更困难的原因。宽松多元文化的大环境可以包容差异，而单一文化的小环境则希望通过信仰同一宗教来凝聚整个民族。族内出现异教徒会造成一种信仰缺失的危机恐慌，这种恐慌可能动摇族内其他民众。

（4）强调"认同"，在不同民族信仰宗教的外部表现的框架下，民众看到了差异的存在，但是在内部的结构中，往往存在着相通之处。"我们自己的宗教与邻人的宗教框架中被看到，诸宗教不是彼此孤立的存在，而是相互对照而存在。"① 这不仅促进了文化的结合，也推动了民族间的

---

① ［西］雷蒙·潘尼卡：《宗教内对话》，王志成译，宗教文化出版社 2001 年版，第 10 页。

认同。

访谈 19：芒市丙门村傣族村寨万某，男，傣族，80 岁左右，蒋某某翻译（女，15 岁）。

> 对于改信其他宗教的人，以前的时候寨子管事的人会让老人去骂他们，现在不咋个了，也不会处罚什么的，但是我自己的子女不可以改教。改教的人在寨子里承受的外来压力很大，除了自己的家人不理解以外，自己的家人也会因为自己受到寨子的压力。

在处理认同危机时，对人们来说重要的是血缘、信仰和家庭。因为这些既定的因素，使得联系更加紧密，并且可以使得族群的文明得以延续。

（四）混合民族家庭中子女宗教身份的不确定性

民族混合家庭的子女社会化过程往往比单一民族家庭的子女更为复杂，时常受到父母双方文化背景的双重身份的行为期待。子女在年幼时期与母亲的接触较多，其信仰在初期受母亲影响较大。但是因为女性社会地位较低及在家族信仰中的边缘化，使得女性信徒身为宗教信仰的主力军，但又无法继承延续自己信仰的尴尬境地。子女在青年时期就会在以父权为主导的家庭结构教导下，先入为主地选择父亲所持有的文化，缺乏自我的选择与张性，在文化的认同中时常会脱节，出现在混合民族、多宗教家庭中子女宗教身份游走的现象，从而无法坚定自己的信仰，具有随时改教的可能性。

访谈 20：盈江县中学学生，16 岁，女，傣族。

> 年轻人对宗教仪式、意义不是十分了解。我都不怎么去奘房，一般都是我奶奶她们那些老人约着一起去。我妈是汉族，因为考试可以加分，我的民族就随我爸，是傣族。我有的时候也和妈妈回去她那边给老人烧烧香，都是一个仪式，没有什么特别的意义了。还是老人对这些事情更为关注，更为重视。而且老人在傣族村寨的身份、地位很高，说话的分量不是一般的年轻人或是政府工作人员可以反对的，也较难说服。

（五）家庭中弱势群体宗教文化的消弭

民族混合性家庭的价值取向是多元的，具有民族差异性，但是在关系和制度的融合当中，具有主体导向的特征，即以某种民族为权威主体。女性在维系民族血统、传承民族文化中的地位较低。族际通婚往往是女性无法坚持自己的文化、信仰，而男性是民族认同的重点，对民族传承及信仰延续方面，相对女性占绝对优势，在家庭中也是如此。身处弱势群体的女性，以及其所在的民族在长期的家庭生活中，民族文化会逐渐地被削弱，无法坚持自己的信仰或习惯。

访谈21：德宏州民宗局，李某某，男，景颇族，基督徒，40岁。

> 宗教间的矛盾是存在的，历史上有过冲突，但是现在没有了，大家都会在政策的层面上和谐相处。男权主义在民族地区仍然很重，如果家中男方不同意女方去做礼拜的话，也只能不去，要听丈夫的话。对主的认识深度越深、对主的爱越深，从信仰的角度选择配偶的比重就越大，这是认识层面的问题，认识的角度不同，偏重也就不同。

访谈22：瑞丽市帕色天主教圣伯多禄堂，李某，景颇族，30岁，天主教信徒。

> 对于结婚双方的信仰不一的问题，也存在改教的现象，也有不改的，但是一般情况都是女方随男方，以男方的宗教信仰为主。在婚姻生活中还是孝为先，都会以家庭为主。

男性娶进易，女性嫁出难，在男性居于上风的社会中，男性在家庭中变教的风险低，而女性多"从夫居"，对于改变自身地位与生活，她承担的风险是未知的。在单纯的文化中，逐渐夹杂了太多的利益纷争，太多的不定因素，当一种文化被普遍认同时，就意味着与之相反的文化或对立的文化在被人逐渐地遗忘或者摒弃。

（六）宗教选择的功利性

鉴于宗教信仰在族际通婚中的重要性，在虏获对方的芳心时，往往采取一些不理智的行为，有的人谎称自己的民族，有的人谎称自己的宗教，以便与心仪的一方结婚。但是这样的欺骗行为都会在长期的相处中显露出来，成为婚姻矛盾的导火索。

访谈23：德宏州民宗局，李某某，男，景颇族，基督徒，40岁。

　　90%以上的基督徒都是与具有相同宗教的人结婚的。在条件相同的情况下，会选相同宗教的人结婚。但是条件不同的话，就会各得所需，为了生活而选择对象。其实在村寨里信仰宗教的民众是淳朴的、可爱的，同时也是幼稚的。为现实而信教，比如说是结婚、有好处等因素。他们追求的目标是人，而不是宗教本身。这就是认识问题的偏重、角度不同。在条件相同的情况下，一定会选择相同信仰的人，但是条件有偏差了以后，女教徒与男党员也会相互选择。女方自身漂亮、条件好，而男方有前途，各得所需，为生活而选择对象。

访谈24：瑞丽帕色基督教堂，张某，汉族，大理人，38岁，基督教信徒。

　　在基督教中，有被欺骗结婚的案例，比如说你不信基督教，但是为了娶到某个女人，或嫁给某个男人，就骗对方说自己也是信徒。等结婚了以后才发现，根本就不是那么回事，结婚前还会陪着对方一起去基督教堂，后来一次都不去甚至也不让对方去，但这样的婚姻能继续维持下去的比例非常少。

这样对婚姻的欺骗行为，不仅是对感情的不诚实，同样也是对对方宗教信仰的亵渎。宗教的差异是普遍存在的，是可以通过理解与交流而达成共识，如果总是采取不诚信的行为去欺骗感情，就算侥幸走入了婚姻的殿堂，这样的婚姻也会慢慢走入自掘的坟墓。

四　族际通婚与宗教和谐

盈江地区的少数民族处于"你中有我，我中有你"的杂居状态，在这样的"民族结合部"中，各民族不会刻意强调本民族的文化内涵，在尽量模糊自我文化的同时，采取兼容并蓄的方法对其他民族的文化进行吸收和利用，实现文化与宗教的共享。换言之，各民族更加强调"结合"，在未对本民族造成伤害的同时，淡化民族性，交错杂居。族际通婚中宗教融合体现在很多方面。

（一）宗教仪式的融合

在民族范畴中，男女之间的婚姻不仅需要双方有坚实的感情基础、双方近亲的同意，而且需要得到双方所属群体的支持与包容。因为人是社会的人，不是独立存在的，由于婚姻的存在将两个相对陌生的家庭乃至两个更大的亲属群体联系在一起，在此之间建立了新的纽带，因此，双方亲属在此事上发挥作用、产生影响，也不足为奇了。

婚礼是人生中的重要大礼，不仅对新婚双方，而且对各自的家庭来说都是一件需要重视的大事，而婚礼中固定的礼节与程序都是本民族文化约定成俗的，同样是宗教在世俗生活中的重要表现。正因为婚姻的重要性，婚礼往往成为体现民族特色、展示民族文化的重要舞台。族际婚姻的婚礼仪式采取什么样的形式，按照夫妻哪一方的礼仪进行操办，对双方的家庭都具有特殊的意义。在族际婚姻中多采取相互妥协、兼顾双方的方式，俗称婚礼的混合式。在婚礼进行前，亲属对婚礼的行程安排会进行系统的商讨，有时还成为测量双方是否尊重双方的一种手段。

访谈25：瑞丽市帕色天主教圣伯多禄堂，包某，景颇族，25岁，天主教信徒。

> 在天主教里面，婚姻有两种祈祷方式，祝福性祈祷和坚贞祈祷。祝福性祈祷是针对夫妻双方有一方不是天主教徒的情况，请神父在教堂里念诗来祝福他们的婚姻；坚贞祈祷要求夫妻双方均是天主教徒，会给他们发放天主教结婚证，因为"天主结合的人不可拆散"。如有婚礼需要到家中祈祷的，会提前一两个星期到教堂里通知，到时候就会去村子里做祈祷。祈祷以后结婚请客都是一样的请客，除仪式不同之外，与普通的传统一样。如果有亲戚或朋友关系，无论是何种宗教信仰，都会来参加婚礼。不同宗教、不同民族的吃饭坐在一起都无所谓。
>
> 我那时候结婚就是先去女方家办的婚礼，然后招待好女方家的客

人以后，过几天把女的讨回来，在我自己的家里又请客。因为两家离得有点远，把亲戚朋友请在一起办酒席是不可能了。一般都是先去女方家办，人家把养了 20 年的姑娘都嫁给你了，难道你还不能等那么几天？在女方家是按女方那里的规矩办，在我家就按我们这里的习俗，这样两边都不得罪，也能让双方家长开心。

访谈 26：盈江县基督教锡安圣堂，密牧师，景颇族，43 岁。

现在基督教基本的婚姻仪式与国际化接轨，和在电视剧里看到的情景大同小异。只要夫妻双方有一方信基督教，就可以去家里为其祈祷，主持仪式；如果双方都信基督教就可以在教堂举行婚礼。但也存在信仰不同、婚礼仪式不同意以基督教方式主持的现象。但一般都会在结婚之前事先约定好，不准干涉双方信仰，不可强迫另一方改教。一般情况下，一方信基督教，婚礼仪式多以基督教仪式为主，吃饭、送礼等方面与平时相同。

在德宏地区特殊的是，基督教和天主教共用一本《圣经》，这就代表这里的天主教没有像罗马教会般的政治色彩，所以在宗教信仰上没有大的冲突。总体来说，天主教和基督教之间的交往相对多一些，与佛教的交往相对较少。在平时大的活动中，天主教和基督教会有一定的合作，如圣诞、元旦等，都会有集体活动。虽然礼仪不同，但是会一起做礼拜、组织晚会、祈祷等。这些小节日会一起过，但是大节日还是各做各的。

我们调查时正值基督教与天主教的圣诞节，还接到了他们的邀请函。在当天的活动中有人民政府、宗教局及其他宗教领袖参加，一般在各宗教团体有重大活动的时候还是通过下请帖的方式邀请，是以团体的名义下帖。在重大节日、会议、培训的时候，宗教领袖之间还是保持往来的。

（二）宗教信仰者自身的心理调适

在面对一些宗教信仰比较严格的人，其他人与其相处通常会出现压迫感，生怕自己的行为和言语会对其产生一定的负面影响，所以在相处的过程中都处于高度紧张和小心之中。这些现象产生的原因，一部分是由于对其宗教的不了解，只是一知半解的状态，所以生怕自己触犯到对方的禁忌；还有一部分可能是因为其宗教本身的行为规范比较严格，与其他不信仰的民众会有一定的隔阂。

在现代的社会，不与时俱进的宗教是不存在的，比如回族信仰伊斯兰教，对猪肉可以做到禁忌，但是烟、酒却没有做到真正的忌讳。基督教传统上只过圣诞节，但是在中国的传统节日春节时也会为信徒送上基督教的春联。所以在日常交往中，作为宗教的信仰者应调适好自身，消除压迫感、增加理解度，做到感同身受。

访谈27：德宏州民宗局办公室舒主任，女，汉族，35岁。

> 傣族从南传佛教改信基督教以后会遇到的问题就是如果别人到他的家里，他做的饭别人不会吃，也会反对信基督教的傣族在死后埋在村社的公共墓地里面。面对改信基督教的傣族民众受到排挤的现象，政府是不建议这样做的，在民众情感的程度上还是进行疏导，劝说傣族老人其实他们的宗教在人间是无冲突的，都是教人向善，就算是死后有的去天堂，有的去极乐世界，也是不冲突的。佛教说得好，"破除我执"，其实只要放下心中的执念，也可以做到集各家之大成。

在各种宗教中传扬的善往往是相似的，利用其善的一面，引导各民族、各宗教向积极、正面的方向发展，这也是"扬其善，解其难"。

（三）家庭内部宗教文化的调适

家庭是社会的细胞，家庭关系某种程度是社会关系的再现。可以说，混合家庭中的文化冲突也是社会中文化冲突的缩影。在两个人的家庭中，完全改变一方而适应另一方的婚姻是无法长久的，只是在以一方为侧重的基础上，从家庭的角度作出让步而已。家庭混合文化并不意味着完全消弭各自文化的差异，而是在保持自身某些文化的基础上进行适应与彼此协调，是相互适应的共享，也是妥协后的折中。

在对族际通婚家庭的研究中，家庭内部文化通过对双方文化的学习、适应，可以削减差异性，增加共同性，这样的过程需要有足够的耐心与宽容。适当的改变是民族间融合的表现，也为后代面对异质文化的宽容态度打下了基础。如果社会中更多的人用对待家人般的宽容与理解去看待其他民族的成员与文化，那么我们所生活的世界会减少很多的纷争与不幸。

访谈28：盈江县天主教堂，金某，景颇族，27岁，天主教信徒。

    我是从初中的时候才开始接触天主教的，最开始的是受哥哥、姐姐的影响。因为哥哥、姐姐去缅甸过圣诞节，开始的时候也是什么都不懂，就是觉得热闹、好玩儿，回来就说入教了。家中原来是信迷信的（原始宗教），村里有巫师，每年都会杀牛祭祀什么的，所以开始的时候对其他的宗教特别排斥。有从缅甸的传教员来以表演的形式来村里传教，自己都非常反感。但是回来自己通过读书、学习发现天主教的一些教义，都与自己的想法很接近，就打动了自己，觉得这个信仰值得自己去追求。在去神学院学习的时候是想做神父，但是遇到了妻子，故改做了传道员。有亲戚朋友都劝自己该找个正经的工作，但是自己觉得应该将所学的回报给教堂，在自己还能做的情况下回报主。

    现在我有一个10个月大的儿子，但是我并未给儿子做圣洗。因为信仰是自己的事情，等儿子长大了有自己的判断力，让他自己选择。这是种对信仰的尊重，也是种对自己家人的尊重。

混合民族家庭所发生的文化交融对多民族社会的文化交融起到了有益的作用，也为不同民族的彼此了解和往来提供了机会，混合家庭的子女往往成为两个民族交往的桥梁。他们在社会化过程中不同程度地接受了两种文化的内涵，具有双重认同的心理宽度，成为两种文化的"中介人"。

（四）混合宗教家庭对族际通婚选择的宽容态度

跨越宗教界限的族际婚姻有时因家庭或社会的阻力，而对社会稳定造成危害。为了避免族际通婚可能引发民族纠纷，自治州党委、政府对待族际通婚方面格外的慎重，对于因为此类事件而引发的矛盾，多采取劝说、调节的方式，争取做到内部问题内部解决，不对社会造成不良影响的原则。

访谈29：瑞丽基帕色督教堂，张某，汉族，大理人，38岁，基督教信徒。

我有一个女儿，是妻子与前夫所生（前夫不同意妻子信仰基督教，于几年前因车祸身亡），她是上帝给我的礼物。对于女儿嫁一个不信教或异教徒，我也不会反对。现在的"90后"很现实、很物质，想让她和我们一样是不可能的，无论她如何选择这都是上帝的安排，但是还是倾向于有共同的信仰，因为这是个好的信仰。

访谈30：芒市丙门村傣族村寨万某，男，傣族，80岁左右，蒋某某翻译（女，15岁）。

现在子女找对象时我们都不介意对方是否是傣族和是否信仰南传佛教，只要孩子自己喜欢就好。但是还是希望自己的儿女和孙女都信仰南传佛教，不可以因为结婚而改教，其他倒是也没有什么要求了。

随着社会的进步和民族间宗教间芥蒂的淡化，人们对族际通婚的态度随之缓和。对于是否与相同的民族和宗教的人结婚，七八十年代时候的老人可能对婚姻的要求比较严格，尽量不允许。但是现在就没有那么多的规矩，还是看子女的意愿，还是主要讲究感情的。

五 结语

家庭的建立一般是由缔结婚姻开始的，在族际婚姻的家庭中，其家庭成员面对的社会认可与民族认同、家庭内部文化的调适等都不再是个人及其家庭的私事，往往成为民族关系的感应器、族际文化的显示仪。

根据调查对象类型的不同，绘制如下宗教信仰与族际通婚交互表，以便直观表现民族与宗教间通婚的情况。

表3 宗教信仰与族际通婚交互

宗教 \ 民族	同一民族成分	不同民族成分
同一宗教信仰	A	B
不同宗教信仰	C	D

本书涉及相关田野调查访谈30例，案例分析4例，各种类型宗教信

仰与族际通婚交互方面涉及访谈 20 例。其中同民族同宗教通婚的访谈者
涉及 5 例、不同民族同宗教通婚的访谈涉及 4 例、同民族不同宗教的调查
访谈 3 例、不同民族不同宗教通婚的访谈 8 例。现将 ABCD 各类型在访谈
对象中所占比例做以下分析：

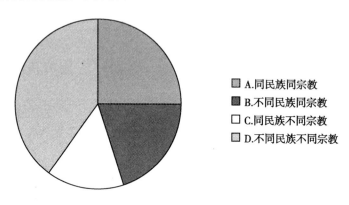

A.同民族同宗教
B.不同民族同宗教
C.同民族不同宗教
D.不同民族不同宗教

图 5　不同民族宗教通婚比例

民族间、宗教间的通婚促进了不同文化的相互了解和融合，在同一个
家庭中，持有不同文化内涵的两个人朝夕相处，文化的交流和了解达到较
高的程度，这对民族的发展、宗教之间的融合都有很大的促进作用。从民
族发展的角度出发，族际通婚能有效扩展各民族之间交往范围，提高各民
族对不同宗教信仰、生活习惯、语言的接受能力，对民族自身的发展也有
裨益。从宗教的角度出发，族际通婚使得不同宗教的人获得彼此了解的平
台，在坚守好自己信仰的基础上，对他人的宗教信仰有所了解，并表示出
友善、理解、包容的态度，使得宗教间的对话不再是"隔空喊话"，而是
在现实的日常生活点点滴滴之间得以体现。

综上所述，族际通婚与宗教和谐共处，实际上是在差异中寻求互补共
赢的问题。所谓族际，就是不同民族之间；所谓宗教和谐，是以多元宗教
为前提。族际通婚与宗教和谐之间可能存在互为因果的关系，产生的
"叠加效应"可以形成一种良性循环。在实际生活中，既有因宗教信仰不
同而引发婚姻矛盾的反面案例，也有对宗教与婚姻保持宽容态度的正面观
点，关键是要有化解冲突的机制。对于族际通婚的模式与机制研究，我们
赞同"和而不同，多元一体"的观点。云南"十里不同天，百里不同风，
千里不同俗"，正是在文化差异的基础上，形成丰富多彩的云南民族文
化。通过族际婚姻的缔结，使得不同民族的成员生活在一起，由姻亲关系

发展至血亲关系，文化交流与融合随之进一步发展。这种交融现象是各民族、各宗教间隔阂与偏见逐渐弱化甚至趋于消失的现实体现。可以预见，随着族际通婚现象的增多，民族间、宗教间的联系将更加紧密，多元宗教和谐共处的社会基础将更加坚实。

子调研报告之三：

经济交往对云南多元宗教和谐相处的影响

　　经济交往是社会交往体系中最普遍、最基本的现象，也是马克思主义交往理论体系的核心。按照马克思主义基本观点，宗教作为社会上层建筑，必然受到经济基础的根本性制约，宗教间的相互关系也同样受到经济因素的决定性影响。历史上著名的丝绸之路、茶马古道不仅是著名的贸易通道，也是宗教文化沟通的纽带。不同文明在经济交往的同时，促进不同形态的宗教文化进一步接触交流，并在交通要道或中心地域形成开放性的市场。为吸引更多人前来贸易，就不能排斥、歧视对方的宗教信仰，兼容并蓄的文化氛围由此形成，从而有助于多元宗教的和谐共存。这一过程包括支撑、促动、涵化、形成四个关键步骤，同时贯穿生产、交换、分配、消费的全部经济过程。

　　云南地处我国西南边疆，境内多元民族杂居而住、多元宗教和谐相处，是我国民族宗教关系最为和谐的地区之一。深入分析其文化背景，云南多元宗教和谐相处与境内各民族、地区间的经济交往有着密切的联系。按照马克思主义基本观点，宗教作为社会上层建筑，宗教间的相互关系必然受到经济基础的根本性制约。因此，本报告对经济交往影响云南多元宗教和谐相处的现实表现、作用路径、类型模式等进行较为深入的分析。通过调查分析，我们认为在云南多元经济文化的背景下，不同地区和民族之间的经济交往在一定程度上推动了不同宗教的交流与传播，从而促进了多元宗教并存格局的形成和发展。在此基础上，不同信仰群体通过日常经济交往活动，对共同生存和发展问题的认同淡化了信仰上的差异，推动了宗教理解与互动，从而构建了云南多元宗教和谐相处的格局；最后进一步结合实际，提出了在相遇—冲突—调适—共存的宗教关系演变中，解决矛盾冲突的现实途径和协调机制。

一　云南的地理与人文状况

　　云南地处我国西南边陲地区，位于多种文化圈的交汇地带。在独特的自然地理和文化区位基础上，受到多样性地理环境、气候类型和历史文化的影响，广泛分布于云南境内的各民族地区，无论在经济类型、生产方式、生活方式还是物产方面都呈现出多样化、差异性及互补性的特点，云南也因此被视为"一部活的社会发展史"。除了社会经济形态多样以外，云南境内民族种类和宗教类型丰富多样，多元民族"大杂居、小聚居"和多元宗教"一教多族、一族多教"的特点明显，是我国民族宗教关系最为和谐的地区之一。

（一）区位、地理状况及特点

　　云南位于北纬 21°8′32″—29°15′8″和东经 97°31′39″—106°11′47″，北回归线横贯南部，属于低纬度、高海拔的内陆地区。[①] 云南东部与广西和贵州相接壤，南部与老挝、越南两国为邻，北靠四川省，西部同缅甸毗邻，西北紧隔西藏自治区。从整个地理位置上看，云南处在"世界屋脊"的青藏高原东南面，南临太平洋及印度洋，北依亚洲大陆，地势自西北向东南倾斜，境内山川起伏，河流纵横，汇集了长江、珠江、红河、湄公河等亚洲几大江河的上游，因而被称为"亚洲的水塔"和"扇子骨水系"的汇集地。[②] 这些江河不仅与众多的高山山脉一同构成了复杂多样的自然地理环境，同时也成为云南与西藏高原、东亚、南亚及东南亚联系的便利通道。

　　从文化区位的角度看，云南地处汉文化的西南边缘、印度海洋文化的北部边缘以及青藏高原文化的东南边缘，是古代世界两大文明和三大文化圈的交汇地区。云南省的北部和东部分别与广西、贵州、四川等省相接壤，南部地区与越南相连，由于其特殊的地理位置条件以及历史的原因，云南省属于我国传统的大陆型中原文化区。云南省的西部、西南部因与缅

---

　　① 中共云南省委政策研究室主编：《云南省情 1949—1984》，云南人民出版社 1986 年版，第 3 页。

　　② 尹绍亭编译：《云南与日本的寻根热》，载《云南社会科学论丛之二》，云南省社会科学院内部资料，1988 年，第 13 页。

甸、老挝和柬埔寨、泰国等国家和地区为邻，成为东南亚海洋文化的传播区，在历史上一度受到印度海洋文化即小乘佛教文化的熏染。云南省还属于青藏高原的南延部分，其北部的青藏高原地区就是古代吐蕃文化以及藏传佛教两种文化的兴盛地区。因此，云南省不但地处大陆文化特色的中华文明与海洋文化特色的印度文明这古代世界两大文明的交叉地带，同时还是东南亚海洋文化和我国内地中原文化以及青藏高原文化这三个文化圈的交汇和边缘地区。①

（二）自然地理与人文地理

云南的地形以元江谷地和云岭山脉的南端宽谷为界，分为东西两大地形区。西部属青藏高原的南延部分，为横断山脉高山峡谷区，山河相间、山高谷深，相对高差大，地势险峻；东部属云贵高原，缓和的低山和浑圆丘陵波状起伏；南部为中、低山宽谷盆地区，河谷开阔，地势相对缓和。② 由于受到地势、地貌、山脉走向、河流分布等方面较大差异的影响，形成了云南省东西两大地形区高原波状起伏、高山峡谷相间、地势阶梯递减、断陷盆地星布、河川湖泊纵横的地形地貌特征。从地势上看，全省的海拔相差甚大，地势自西北向东南倾斜，大致成阶梯形递降的形式，③ 从西北部向东南部逐次降低，大致形成了三个梯层：滇西北是地势最高的一级梯层，海拔一般在 3000 米至 4000 米，其中德钦县梅里雪山主峰卡格博峰高达 6740 米；滇中的高原为二级梯层，海拔在 1700 米至 2600 米；滇南部、滇东南部和滇西南部是最低的三级梯层，主要由海拔为 1200—1400 米的低山丘陵和海拔不到 1000 米的盆地、河谷组成，其中最低处的红河河口海拔仅有 76.4 米。④

由于云南的地势及地形地貌复杂，境内山高谷深纵横交错，加之受不同纬度和海拔高度的影响，形成了独特的立体气候类型。全省有北热带、北亚热带、中亚热带、南亚热带、南温带、中温带以及高原气候区共 7 个气候类型，兼具有季风气候、高原气候和山原气候的特点，主要表现为年

---

① 林超民：《滇云文化》，内蒙古教育出版社 2006 年版，第 10—17 页。

② 中共云南省委政策研究室主编：《云南省情 1949—1984》，云南人民出版社 1986 年版，第 23—24 页。

③ 同上书，第 5—7 页。

④ 同上书，第 3 页。

温差小，日温差大；降水充沛，干湿分明，分布不均以及气候垂直变化明显。[①] 滇南地区，因纬度和海拔较低，四季无明显变化，为典型的热带季风气候；滇中的高原地区属于过渡型的亚热带气候，年温差小，日温差大；北部地区的海拔和纬度相对较高，气候寒冷，冬长夏短，属于寒冷的高山型气候类型。"山高一丈，大不一样"和"一山分四季，十里不同天"正是对滇云立体气候的写照。[②]

在多样性的地理环境和气候类型的影响下，云南的人文环境也有着独特的区域性特征。就其垂直变化的立体气候而言，云南北部高纬度、高海拔的高寒山区就孕育了具有游牧民族特征的山地文化；而在南部低纬度、低海拔的地区则形成了典型的热带民族文化。受不同地形地貌的影响，云南既有山地游牧文化，同时又有平坝地区的稻作农业文化。[③] 平坝地区往往是人们的主要栖息之地和经济最发达的地区，滇西北地区的高坝地势高、气温低，是高寒农作物区；滇中和滇东高原地区的中坝水土条件好，经济文化水平高；滇南、滇西、滇西南边缘地带的低坝多为热带或亚热带气候，是热带作物区。这些坝子已成为各地政治、经济、文化和农业生产的中心基地。[④] 云南人口的分布大体上就是以坝子为核心，其边缘山区为外围，形成了一个个相互分割、相对独立的社会文化地理单元，如大理的白族文化、纳西族的东巴文化、彝族的贝玛文化和傣族的贝叶文化等，构成云南丰富多彩的文化类型。同时，受地理区位和环境的作用，这些山间坝子分散零碎，中间有山峦阻隔，交通不便，极大地限制了各个坝子的人们的相互往来，形成了坝子对内地自身文化的保存和对外来文化的区隔作用。从而造成了云南文化的分散性、差异性和多样性的特征。

（三）多元经济状况及特点

由于受到自然地理条件的影响，广泛分布于云南境内的各民族的社会经济发展极不平衡，因各民族地区呈现出多样的社会经济形态，云南被视为"一部活的社会发展史"。云南的经济发展，无论在经济类型、生产方

---

① 中共云南省委政策研究室主编：《云南省情 1949—1984》，云南人民出版社 1986 年版，第 23—24 页。

② 林超民：《滇云文化》，内蒙古教育出版社 2006 年版，第 8—9 页。

③ 同上书，第 36 页。

④ 董绍玉、陈永森：《云南坝子研究》，云南大学出版社 2007 年版，第 35—37 页。

式、生活方式还是物产方面都极为多样化，并具有差异性及互补性的特点。

1. 经济类型的多样性

受特殊的自然地理条件和气候特点的影响，云南省的经济类型十分多样，既有坝区的农耕业，也有高山区"逐水草而居"的畜牧业和游耕业，又有山区半山区半农半牧的经济类型，还有低热河谷地区精耕细作的稻作农业，以及以采集渔猎与刀耕火种相结合的原始经济等多种经济形态。

从生产活动的方式上看，境内居住在不同地区的各民族根据不同的外部自然条件，采取自己适应的生产活动方式，获得自己所需的生活资料。人们或农耕，或畜牧，或渔猎，或采集，进行所需生活资料的生产和再生产。并且，人们的生产方式具有多样性，往往是农耕与畜牧相结合，或畜牧与渔猎和采集相结合的方式进行。就农耕这种生产方式而言，既有低热河谷地区的稻作农业，又有山区半山区的山地农耕，还有边远地区的刀耕火种和轮歇耕作等，同时还创造了不同的劳动方式和生产技术。这种依外部自然条件的变化而变化的生产活动所生产的物产也极具多样性。坝区的水稻、蔬菜，山区半山区的旱谷、玉米、茶叶；热带地区的水果、咖啡，高寒山区的畜牧产品等，加之各种各样的野生动植物，不仅展示了十分丰富的物产品种，而且表现出了鲜明的区域性特点。

"一方天地造一方物；一方水土养一方人"。在不同的经济形态和生产方式及其所产生的物产的影响下，人们的衣食住行等生活方式也呈现出明显的多样性，并且形成了多样性的民族民间工艺技术。湿热多雾地区的人们住凉爽透气的干栏式房屋、穿轻薄衣裙、吃酸辣清淡饮食；高寒山区的人们住防风保暖的土掌房和木楞房、穿厚重皮衣、吃浓烈多脂食物。此外，由于山峦阻隔、道路艰险、交通不便，人们出行多依靠步行和骡马，除了平坝地区使用马车、牛车外，山区则大多依靠步行和骡马运输，并促进了马帮运输的发展。多样化的生活方式，不仅展示了多样的文化内涵，也催生了各具地方民族特色的工艺技术，例如剑川白族的木雕技术、大理白族的扎染、建水乌铜走银技术、昆明官渡彝族手工饵块、傣族的织锦技艺、贝叶经制作技艺和制陶技术等，表现出鲜明的多样性和地方民族特点。

2. 多元经济的差异性和互补性

经济的多样性，在山峦、坝子交错的区隔和保存的影响下，造成了经济多样性基础上的差异性，也使得不同经济类型之间产生了互补性。例如，滇西北地区冬长夏短、草场优良，适合高寒农作物和畜牧业，主产牛羊等肉类食品和皮毛山货；滇南地区则气候炎热降水充沛，主产稻米、蔬菜、热带水果等。南北两地之间物产从而具有了差异性和互补性。再如，云南的热带亚热带地区盛产茶叶，而高寒地区则可以用畜牧产品交换便于运输和保存的茶叶来补充蔬菜的不足，由此形成了低海拔地区和高海拔地区的经济互补。又如，云南的山区半山区种植旱地作物，生产粗放、粮食短缺，但却有着丰富的药材、山货和土特产品资源，而坝区精耕农业的生产技术先进，粮食富裕，但皮毛山货资源不足，因而山区和坝区之间的物产交换也就自然形成了。根据 1953 年的调查，西双版纳集市交易的货物类别就反映出了这种差异性和互补性①（见表 4）。

表 4   新中国成立初期西双版纳集市交易货物情况

	售　出	购　入
坝区傣族	大米、茶叶、樟脑、槟榔、烟草、瓜果、蔬菜、家禽、家畜、水产、土陶制品、傣锦、竹木制品、金银饰品	犁铧、锄头、棉花、棉纱、布料、鞋袜、染料、日用杂品
山区民族	茶叶、棉花、紫胶、芝麻、山货等	大米、食盐、烟草、铁制小农具、日用杂品
汉族	手工业品为主，犁耙、锄头、镰刀、砍刀、铁锅、石臼、棉纱、陶器、器皿、衣帽鞋袜、药品、日杂用品	大米、茶叶、樟脑、紫胶、象牙、麝香、虎骨、犀角等山货土产

总之，低海拔地区和高海拔地区之间、山区与坝区之间的经济类型和物产的差异性，造成了相互之间的互补性，而且自然而然地推动着不同地区之间的经济交往，同时也对不同地区的各民族的发展演变和相互关系产生了巨大的影响。

（四）民族宗教的分布特点

受自然环境的影响，云南各民族的分布，除了呈现出"大杂居、小聚居、交错分布"的特点以外，还呈现出立体分布的特点。如傣族和阿昌族等民族主要居住在较为低热的河谷地区；回族、壮族、白族、纳西族

---

① 西双版纳傣族自治州地方志编纂委员会编：《西双版纳傣族自治州志·中册》，新华出版社 2001 年版，第 741 页。

等民族则主要居住在平坝地区；彝族、哈尼族、景颇族、德昂族、布朗族、拉祜族、佤族、瑶族多居住在半山区或边远山区；苗族则多居住在高寒山区；藏族、普米族、独龙族、怒族和傈僳族居住在滇西北的高原地区。具体而言，"居住于滇西北高原和高山区的有苗、傈僳、藏、普米、怒、独龙6个民族和部分彝族；居住在半山区的有哈尼、瑶、拉祜、佤、景颇、布朗、德昂、基诺8个民族和部分彝族；居住于内地坝区和边疆河谷的主要有白、回、纳西、蒙古、壮、傣、阿昌、布依、水9个民族；占全省总人口66.71%的汉族居住于城镇和坝区"①。各民族居住的立体分布特点较为明显。

与此相适应，各民族的宗教信仰也呈现出明显的多元性和交错分布的特点，并且往往是一个民族信仰多种宗教，一种宗教被多个民族共同信仰，即"一教多族、一族多教"的特点明显。藏传佛教主要分布在滇西北高原和高山区的藏族和部分傈僳族、怒族、普米族中；南传佛教则主要分布于滇西和滇南地区居住在低热河谷地区的傣族中；而汉传佛教则主要分布在平坝地区的汉族、白族等民族中。此外，道教主要分布在居住于半山区的苗族、瑶族和平坝地区的纳西族、壮族、布依族、阿昌族等民族中；基督教和天主教主要集中分布在居住于半山区和高山区的彝族、景颇族、拉祜族、佤族、苗族、傈僳族、怒族等民族中；伊斯兰教主要分布在内地平坝地区的回族中。各宗教的分布，在总体上呈现出藏传佛教分布在最高的西北高原和高山区，基督教、天主教和道教主要分布在高山区和半山区，汉传佛教分布在平坝地区，而南传佛教主要分布在最低的河谷地区的立体分布特点。

二　区域间的经济交往与宗教交流

不同区域间的经济交往与宗教交流对云南多种民族多种文化相互交往、多元共聚格局的形成有着极大的影响。根据马克思主义的基本观点，宗教交流、宗教理解和宗教包容的形成，有着深刻的经济根源。从经济层面上看，经济的逐利性、文化的差异性以及互补性（经济上的），二者共同作用形成了大小不一的文化圈、经济圈。云南境内不同区域间交通通道

---

① 张桥贵：《云南多元宗教和谐相处的主要原因》，载《世界宗教研究》2010年第2期。

的开辟,加速了通商活动的发展,推动了各地区物产和产品的交换。通商
活动同时也推动了宗教的传播,带动了不同地区、不同民族的宗教和文化
之间的交流。在经济交往的推动下,不同宗教文化间的交流促进了相互之
间包容与理解。不同宗教间的这种交流、理解和包容又促进了宗教互动的
形成。在交往与互动的过程中,各宗教保持彼此之间的信仰界限,相互尊
重、相互理解、相互包容,最终推动了云南境内的各宗教既相互交流又相
互隔离的多元共存格局的形成和发展。

(一) 区域间的经济与文化交流

在云南省范围内,各地之间以及区域内部也形成了许多商贸通道。较
大范围的跨地区商贸通道有蜀身毒道、茶马古道等,小范围的区域间经济
交往通道有村寨道、勐间道、驿道、边贸道和巡边道等。区域间交通的开
辟,加速了通商活动的发展,推动了各地区物产和产品的交换。同时,这
些商贸通道,不仅承载着经济活动的交流,也承载着不同地区、不同民族
的文化往来。因而,对云南多种民族多种文化相互交往、多元共聚的格局
有着极大的影响,对云南各个地区之间,以及云南与周边国家和地区之间
的经济文化交流起到了重要的沟通作用。

1. 交通与通商

云南是一个多山区的省份,新中国成立前,由于长期的封建割据,云
南的交通运输极其落后。省内无铁路与全国铁路网相通;公路的数量也很
少,且大部分集中在以昆明为中心的滇中、滇东地区;内河航运也极不发
达,只有少量木帆船分散于一些河段和湖泊用以渡人和农副产品运输。[①]
受到地理地势环境的限制,省内现代化的交通工具很少,以人力、畜力运
输工具和人马驿道为主。"山间铃响马帮来",就是对云南地区驮着生产
资料和生活必需品来往于山区各地的马帮的形象描述。

云南的交通运输条件相对落后,但自古便是中国连接东南亚的重要通
道。其中有两条古代著名的国际通道,一条是秦汉时期兴起的起于成都
(蜀)经云南到达印度(身毒),被称为"南方丝绸之路"(西南丝路,
也称"蜀身毒道")的通商孔道。特指从四川经云南至缅甸、越南、印度

---

① 中共云南省委政策研究室主编:《云南省情 1949—1984》,云南人民出版社 1986 年版,
第 637 页。

等东南亚和南亚国家直至西亚乃至欧洲的商贸和文化交流通道。南方丝绸之路主要有两条线路：一是西道，又称"旄牛道"。从成都经西昌等地进入云南，又经大理到永昌（保山），之后或经腾冲至缅甸密支那，或经瑞丽至缅甸八莫。二是东道，又称"五尺道"。从成都经宜宾进入云南，又经昭通、曲靖、昆明，然后或者经大理与旄牛道重合进入缅甸和东南亚地区，或者经晋宁、通海、石屏、建水、蒙自到河口转为水路沿红河进入越南，是沟通云南与中南半岛的最古老的水路。[①] 另一条是唐代兴起的"茶马古道"。茶马古道的兴起是由于康藏高原地区与中原地区茶叶与骡马互补的"茶马互市"。康藏属高寒地区，以糌粑、奶类、酥油、牛羊肉为主食，而茶叶既能够分解脂肪，又能够防止燥热，因此藏族人民在长期的生活中，形成了喝酥油茶的高原生活习惯。由于藏区产良马而不产茶，需要川、滇的茶。内地和澜沧江流域盛产茶叶但不产良马，同时又需要大量骡马供民间役使和军队征战，于是，具有互补性的茶叶和骡马的交易便应运而生，并逐渐扩大到周边国家和地区，形成了一条以马帮为主要交通工具的国际商贸通道，也是中国西南各民族经济文化交流的走廊。[②] 茶马古道分为青藏线（又称"唐蕃古道"）、川藏线和滇藏线三条线路。其中：滇藏线的主线起于云南茶叶主产区普洱和西双版纳，经大理和丽江、香格里拉进入西藏又转口印度、尼泊尔，而其支线则几乎贯通了整个滇西南的茶叶生产和主要贸易地区。除了云南与藏区之间的茶马贸易之外，在云南还形成了一条向京城运送贡茶的通道，即从西双版纳茶叶贸易中心易武经普洱到昆明，再经昭通或曲靖进入四川或贵州转运北京的"贡茶古道"（官马大道）。[③]（参见图6）

　　古代的这些跨地区、跨文化的商贸通道，虽然以物资贸易为目的，但同时也承载着不同地区、不同民族的文化往来，因而对云南各个地区之间，以及云南与周边国家和地区之间的经济文化交流起到了重要的沟通作用，同时也增进了人们相互对彼此不同文化的了解，对云南多种民族多种文化相互交往、多元共聚的格局有着极大的影响。

　　除了上述较大范围的跨区域跨文化的经济交往之外，小范围的区域间

---

① 　江玉祥：《古代西南丝绸之路研究》，四川大学出版社1995年版，第12页。

② 　韩海华、周斌星：《茶马古道：民族文化之路》，载《茶叶》2008年第3期。

③ 　木霁弘：《茶马古道上的民族文化》，云南民族出版社2004年版，第25—27页。

图6　云南的南方丝路、贡茶古道和茶马古道走向示意

经济交往通道更是数不胜数。在云南省范围内，由于物产差异及地理阻隔的影响，各地之间以及区域内部也形成了许多商贸通道。以西双版纳为例，近代以前，当地交通逐渐形成了一个较为完善的系统，大致分为村寨道、勐间道、驿道、边贸道和巡边道（参见图7）。①

在这些道路中，村寨道是连接各村寨之间的通道，是各村寨相互往来的主要通道，多行于密林间，并以土法设置专门标识，方便路人行走。

勐间道是连接各个"勐"②之间的主要通道。以景洪为中心，大致分东西南北四条线路连接州内各勐。其中：（1）东线由景洪经勐罕、勐宽、

---

①　地图线路参考《西双版纳傣族自治州志·上册》（新华出版社2001年版）第616—622页相关描述绘制。

②　"勐"，傣语音译，意为小块的平地，旧时西双版纳地区土司制度下的行政区划单位。

图7　西双版纳勐间道、驿道、边贸道走向示意

勐仑、易武，再从易武向北行经曼洒、曼松可到倚邦；从易武向南可经勐醒、勐远到勐腊，由勐腊转西南经勐捧、勐润、勐满进入老挝；或由易武向南经新山、勐伴、补蚌到勐腊，由勐腊转东南经尚冈、磨憨进入老挝。（2）西线从景洪经嘎洒、南糯山、勐海到勐遮，由勐遮向西北经勐满可到澜沧县，或由勐遮向北行可到勐阿；由勐海向南经勐混向东可达大勐龙，并可由大勐龙经勐宋进入缅甸，或由勐海北向至蚌岗。（3）南线由景洪经嘎洒、曼播、小街至大勐龙，并可由大勐龙经勐宋进入缅甸。（4）北线由景洪经勐养向东北经司土、革登至倚邦；或由勐养向北经关平到达大渡岗，再经景讷到整控（思茅港）和勐往，或由大渡岗向东北经普腾（普文）至勐旺。

驿道是中国古代陆地交通主通道，又称驿路、官道，多设于通衢大道，沿途按一定距离设置驿站，驿站内有备用车辆和马匹。历史上西双版纳以茶叶闻名天下，先是澜沧江东曼洒（易武）、倚邦、革登、蛮枝、蛮砖、悠乐（基诺）六大茶山所产茶叶被列为贡茶，后是勐海普洱茶异军突起，成为对外交流的主要物品，因而当地有三条主要的驿道与内地相连。一是从思茅（今普洱）至易武的"思易马道"，在雍正十三年（1735年）就被列为驿道，由普洱黄草坝经普文、勐旺、补远、倚邦、曼松、曼洒至易武；二是"九龙江①大道"（普洱至景洪大道）自宋代"景陇王国"时期就成为与内地往来的要道，自景洪向北经小勐养、关坪、大渡岗、普腾（普文）至普洱；三是由佛海（今勐海）至思茅（今普洱）的"佛思道"，从勐海向北经勐阿、勐康、坝散、勐往、整控（思茅港）到普洱。

边贸通道是为了与周边国家和地区开展边境贸易而开辟的交通通道。到了清末，随着边境贸易的繁荣，西双版纳形成了两条主要的边贸通道。一是"易乌茶马道"（易武至老挝孟乌），由易武向北经曼洒、曼腊、倮德进入普洱市江城县南下至老挝孟乌，再东行到越南莱州换船沿黑水河—红河可至越南海防；二是由佛海（勐海）至缅甸景栋的"佛景茶马道"，由勐海西行，经勐混、勐板、打洛至景栋，由此向南可达曼谷、仰光，或转印度、锡金到达西藏。

在以上各类通道中，除了巡边道主要用于巡防边境、保卫国土之外，其余的通道都成为人们日常交往与经济交流和商贸往来的重要通道。通过这些通道，不同区域之间以及同一区域内不同地区的物产相互流动，不同民族的人们相互往来，由此推动了不同文化之间的交往。

2. 经济交流

受到不同自然地理条件的影响，人们因地制宜地生产出特有物品。当所产物品自给有余的时候，交换就有了可能。并且，由于不同地区的人们的生产方式、生活方式和物产各不相同，这种多元经济的差异性和互补性将不同地区的人们紧密联系起来。

区域间交通的开辟，加速了通商活动的发展，推动了各地区物产和产品的交换。例如，通过南方丝绸之路，从印度和缅甸运来了毡、缯布、棉花、象牙、燕窝、鹿茸以及珍珠、海贝、琥珀等珠宝玉器，同时则有大量的丝绸、缎匹、食盐、黄铜、雄黄、金银等从中国运往印度和缅甸。② 又如，在茶马古道上，在以茶叶和马匹作为主要交换货物的同时，食盐、

---

① 九龙江：澜沧江—湄公河的别称。湄公河在湄公河三角洲（九龙江三角洲）支流众多，在柬埔寨、越南共有九个海口，故名九龙。九龙江流域地区盛产大叶种茶，在南亚东南亚久负盛名。

② 徐冶、王清华、段鼎周：《南方陆上丝绸之路》，云南民族出版社1987年版，第130页。

酒、铁器、药材、山货等物品也随之输入各地。如在西双版纳，络绎不绝的以汉族为主的商队马帮把内地铁器、药物、衣帽鞋袜、日杂用品以及食盐等物品，在西双版纳换成茶叶、樟脑、紫胶运往缅甸、泰国、老挝和越南出售，并购回棉布、针纺、百货、洋靛、西药等西方工业品运回西双版纳销售；或者在西双版纳购进象牙、麝香、虎骨、犀角、熊胆等土特产运回内地销售。

　　同时，在物产的交换和交流过程中，各种各样的经济活动也随之展开，推动了全方位经济交流的形成。其中主要包括从事经贸活动的人员和随着贸易兴盛而形成的集镇，以及生产技术和生产工具、生产方式等方面。例如，随着南方丝绸之路的开通，形成了一大批从商者。印度人曾经这条古道到云南定居。汉晋时永昌（保山）就云集了国内外商贾和工匠。据《华阳国志·南中志》载："（永昌郡）……有闽濮、鸠獠、僄越、裸濮、身毒之民。"[1] 其中僄越即缅甸（骠国）人，身毒之民即印度人，就是当时最早的缅甸和印度的从商侨民。同时在汉代以前也曾有不少古羌人移居印度，如现今在印度那加兰邦还有羌族万余人，此外据说该邦的那加人属蒙古人种，远古时就从中国的西藏和缅甸的一些地区来到印度北部居住。[2]

　　在经商人员的流动和聚集的推动下，古道沿途逐渐形成了许多经济文化中心，如川西的蜀国、黔西北的夜郎国、以滇池为中心的滇国、以大理为都城的南诏国，以及滇西北的腾冲等，都建立在南方丝绸之路的要道上。[3] 同样，在茶马古道上，内地的制革、淘金、种菜、建筑、金银加工等技术伴随茶马贸易进入藏区，推动了藏区农作技术、采金技术和皮革加工、卡垫、毪子和民族手工艺品的发展，同时使藏区的虫草、贝母、大黄、秦艽等药材被开发出来，商业活动也在当地迅速兴起。[4] 又如，在西双版纳，物资的交流促进了当地商贸活动的发展，早在元明时期就形成了以"街子"（期街）为主的交易场所，定期举行交易活动。随后滇南石屏的汉族大量到易武、倚邦等地定居，开发茶山，经营茶叶，腾冲等地茶商也到勐遮设立商号经营茶叶贸易，逐渐在比较大的集镇形成了经常化和固

　　① （晋）常璩撰，刘琳校注：《华阳国志校注》，巴蜀书社1984年版，第430页。
　　② 杨学政主编：《云南宗教史》，云南人民出版社1999年版，第7页。
　　③ 徐冶、王清华、段鼎周：《南方陆上丝绸之路》，云南民族出版社1987年版，第15、17、52、59、69页。
　　④ 格勒：《"茶马古道"的历史作用和现实意义初探》，载《中国藏学》2002年第8期。

定化的交易场所——集贸市场，最终形成了以汉族为主体的易武、倚邦、曼乃、曼砖、佛海等城镇。① 与此同时，内地与当地、山区与坝区之间货物交换的同时，也把一些生产技术和手工技艺带给了西双版纳的少数民族，如基诺族在 200 年前跟汉族学会了打铁，后来又学会了制作火药枪和马鞍。②

3. 文化交流

历史上，商品物资的交流不仅承载着经济活动的交流，也承载着文化的交流。例如，张骞通西域时，从西域带回长安一批歌舞杂技艺人和西域乐器"横吹"，还带回来名为"摩诃兜勒"的乐曲。"摩诃兜勒"据考证为梵文，意为大曲，是赞颂菩萨的一支佛曲。汉武帝命宫廷乐师李延年根据"摩诃兜勒"的形式，创作了 28 首乐曲，供军队使用，军乐曲的名称为"横吹曲"。③

南方丝绸之路不仅是一条物资交流的通道，同时也是一条文化传播的纽带，促进了中原、西南以及印缅之间楚文化、巴蜀文化、青铜文化、佛教文化的互相交流和互相融合。由于南方丝绸之路的沟通，中原的"龙"传递到了印度以及南亚和东南亚国家和地区，早在汉代以前，哀牢夷就以龙文刺身以为龙子，古印度的岩画也刻有龙的形象，东南亚一些民族中也有文身刺龙的习俗；其余如印度人互相洒水祈福庆丰以及拜柱等习俗，都通过古道传入云南，成为傣族泼水节以及西南少数民族较普遍的祭柱习俗的来源。④

随着茶马古道的开通，藏族与汉、回等外来民族亲密和睦，藏文化与汉文化、伊斯兰文化、纳西文化等不同文化并行不悖，沿途既有金碧辉煌的喇嘛寺，还有清真寺以及道观、关帝庙、土地祠等汉文化的建筑；各地的会馆及川剧、秦腔、京剧等戏剧形式也在藏区出现，还出现了不同民族的节日各民族共同欢庆、饮食相互吸纳的现象。⑤ 同样，源于滇西楚雄的铜鼓，体现了中原、西南乃至东南亚的加工技艺，并沿着古道传到了古代

---

① 西双版纳傣族自治州地方志编纂委员会：《西双版纳傣族自治州志·中册》，新华出版社 2001 年版，第 739—742 页。
② 于希谦：《基诺族文化史》，云南民族出版社 2000 年版，第 75 页。
③ 李进新：《丝绸之路宗教研究》，新疆人民出版社 2009 年版，第 97—98 页。
④ 木霁弘：《茶马古道上的民族文化》，云南民族出版社 2004 年版，第 79—80 页。
⑤ 李旭：《滇藏茶马古道的宗教文化》，载《云南民族学院学报》1994 年第 3 期。

缅甸、泰国、柬埔寨、老挝、越南、马来亚、印度尼西亚等地区，成为亚太地区最有代表性的民族特色极强的青铜文化。①

此外，交通贸易和经济交流的开展，也推动了民族之间的交往与融合。例如，通过南方丝路和茶马古道的沟通，中国西部的各个古代族群之间和族群内部的互动、演变，氐羌系族群逐步形成藏缅语族的各个民族；百濮系族群逐步形成孟高棉语族的各民族；百越系族群逐步形成壮、侗、语族的各民族等，最终形成了 30 多个民族 100 多个支系世代生息与交流的局面，也使这一地区成为中国民族种类最为丰富的地区。②

（二）区域间的宗教交往

区域间交通通道的开辟，不仅加速了通商活动的发展，也推动了宗教的传播。云南境内各个宗教的传播和发展，无论是佛教、道教、伊斯兰教、天主教还是基督教都表现出沿交通要道传播的特点。这些宗教在传播过程中，除了信仰的交流之外，还伴随着经济和文化的交流，促使不同文化间的相互认识和理解，也在信仰的领域勾画出不同民族和不同文化之间的信仰边界，促成了多元文化并存格局的出现。

1. 宗教传播

宗教传播是伴随着文化交往而出现的必然现象。随着古代交通和经济与文化交流的发展，区域间的宗教传播也随之出现。例如，南方丝路是魏晋南北朝和隋唐时期佛教在我国传播的重要途径。就云南佛教的四大支系来看，印度密教在公元 7 世纪时就沿着蜀身毒道从缅甸北部进入云南，又经过腾冲、保山至大理的"博南古道"，随着商贩的往来传入南诏；汉传佛教最早也主要是南诏与唐王朝的交往过程中，沿着南方丝路通西川道的清溪关道和石门关道这两条道路，从四川传入云南；藏传佛教同样是在 7 世纪时，随着吐蕃势力的南下，经滇藏茶马古道传入云南；而南传佛教则由印度经勐兰戛（斯里兰卡），转由海路（海上丝绸之路）到金地（缅甸）后传入云南傣族地区。③

东汉时期形成于四川的道教，在云南的传播也与古代交通有密切联

---

① 江玉祥：《古代西南丝绸之路研究》，四川大学出版社 1995 年版，第 25—30 页。

② 谭继和：《南方丝路与民族文化》，载《中华文化论坛》2008 年第 12 期。

③ 杨学政主编：《云南宗教史》，云南人民出版社 1999 年版，参见《佛教各支系传入云南情况》。

系。随着战国时期"僰道"以及秦代"五尺道"和西汉"南夷道"的开通，到汉武帝时，从道教发源地成都鹄鸣山经宜宾（僰道县）进入云南昭通（朱提）和滇池地区的交通已全面沟通，四川与云南的交通已形成了"栈道千里，无所不通"、"商旅往来，络绎不绝"的状况。因此，道教也势必会被往来于川滇两地的人们携入云南。①

云南的伊斯兰教虽然是元代以后才随着穆斯林的大规模入滇而兴盛起来的，但根据有关资料的记载，由于南方丝绸之路的沟通，早在 7 世纪中叶，来自波斯、大食等阿拉伯国家的商人就到达南诏洱海地区进行商业贸易活动，带来了伊斯兰教和阿拉伯文化。② 此外，在唐代的时候，也曾有40 位阿拉伯长老前往长安途经昆明，其中还有一位因病死亡而葬在了昆明；此后又有 17 位阿拉伯商人到昆明经商，他们在从事商业活动的同时传播了伊斯兰教。③

天主教和基督教同样沿着这些重要的通道传入云南。据学者们研究，唐代兴盛一时的景教（天主教聂斯托利派）首位传教士阿罗本，就很有可能沿着南方丝路，从叙利亚和波斯一带经缅甸进入云南，然后又经四川才最终到达长安。④ 而清代天主教在云南的传播，则主要是沿着古老的"南方丝绸之路"，或者从四川进入云南昭通，或者是由东京（越南北部）沿红河北上进入云南的；⑤ 基督新教最早进入云南的路线也是沿着南方丝路展开的：1881 年英国内地会传教士乔治·克拉克（George Clark）夫妇二人从上海出发，绕道缅甸进入云南，经腾冲、保山等地来到大理开办了教会；1883 年前后英国传教士索理仁（Thornd）等人则由上海沿长江而上，经四川宜宾到达昭通传教，随后又在东川开办了教会。⑥

总之，古老的交通通道不仅承载着商品的交流，也承载着文化的交流

---

① 萧霁虹、董允：《云南道教史》，云南大学出版社 2007 年版，第 14—15 页。

② 云南省编辑组：《国家民委民族问题五种丛书之一·云南回族社会历史调查（四）》，云南人民出版社 1988 年版，第 150 页。

③ 云南省地方志编纂委员会编：《云南省志·宗教志》，云南人民出版社 1995 年版，第165 页。

④ 刘鼎寅：《天主教初传云南考》，载《云南宗教研究》1997 年第 1 期。

⑤ 刘鼎寅、韩军学：《云南天主教史》，云南大学出版社 2005 年版。

⑥ 杨学政、韩军学、李荣昆：《云南境内的世界三大宗教——地域宗教比较研究》，云南人民出版社 1993 年版，第 156 页。

和宗教传播，在信仰的领域勾画出不同民族和不同文化之间的边界，也促使不同文化间的相互认识和理解，促成了多元文化并存格局的出现。

2. 传播中的经济与文化交流

不同地区和民族之间的经济交往，推动了宗教的传播。在宗教传播过程中，除了信仰的交流之外，必定也伴随着经济和文化的交流。在云南，随着佛教、天主教、基督教等宗教的传播，一些新的经济因素和文化内容也随之而来，对少数民族传统的经济生活和文化发展产生了较大影响。

例如，闻名世界的印度佛经故事《罗摩衍那》随着南传上座部佛教传入傣族地区，在傣族文学中产生了重大影响，经过傣族人民及其歌手、艺人的不断改造、充实，最后形成了现在的云南傣族中广为流传的著名长诗《兰嘎西贺》。同样还有云南傣族地区家喻户晓的民间故事《召树屯》，以及在藏传佛教中流传的《树屯阿波陀那》（亦名《素吞阿波陀那》）也都是源于印度佛教的《素吞本生经》。这些佛本生故事虽然最初源于印度，但随着佛教的传播，在不同的佛教系列、不同的国家民族中形成了各具特色的文学作品以及戏剧和歌舞等各种形式的精神财富。① 此外，佛教的传入还把大量的佛教文化融入到云南的雕塑和绘画艺术中，形成了剑川石钟山石窟、金华寺山摩崖石刻，以及禄劝密达拉摩崖石刻、晋宁摩崖石刻、安宁法华寺石窟和凉山博什瓦黑线刻画像等一大批艺术水平较高的石刻雕像。②

又如，据傣文经书《帕萨坦》的记载，傣族的贝叶经（全部用傣文书写）最早从印度传入，促成了傣族的傣那文（德宏傣文）、傣泐文（西双版纳傣文）、傣崩文（瑞丽、孟连傣文）、傣毫文（金平傣文）这四种傣文的创制。佛教沿南方丝绸之路的传播，吸引了傣族等民族信仰南传上座部佛教，最终，在傣族中形成了具有民族特色的贝叶文化。③ 此外，南传佛教促使傣族创造文字，还使社会分化出知识分子阶层（僧侣），从而使傣族的天文、历算、数学得以长足发展。④

---

① 杨学政主编：《云南宗教史》，云南人民出版社 1998 年版，第 204—205 页。

② 参见《南方丝绸之路》，文化特色部分，http://baike.baidu.com/view/900625.htm。

③ 张泽洪：《贝叶经的传播及其文化意义——贝叶文化与南方丝绸之路》，载《贵州民族研究》2002 年第 6 期。

④ 杨学政：《南传佛教在中国与各国文化经济交流中的作用》，载《云南社会科学》1994年第 2 期。

再如，天主教在云南的传播，传教士们不仅带来了耶稣信仰，也把小粒咖啡、葡萄及酿酒工艺带到了当地，成为今天云南小粒咖啡和葡萄酒两大知名品牌的先行者。此外，传教士们还给怒江大峡谷带去了苹果和梨等新物种。同样，基督教传教士们则通过创制少数民族文字，开办学校、医院等，将文字和现代学校教育以及医疗技术等带到少数民族当中，并通过禁止杀牲祭鬼和禁止吸烟酗酒等，使信徒们在接受基督教信仰的同时，也逐渐接受了一种新的生活方式，对少数民族的经济发展和文化变迁产生了很大的影响。

（三）经济交往与宗教交流的意义

不同区域间经济交往带动了不同宗教之间的交流。在经济交往中，人们都要维护自我生存和共同利益，因此，其活动的逐利性促进了不同宗教间的相互理解。在经济效益最大化原则的基础上，为了双方都能互利共赢，达到相对的平衡状态，形成某种相互包容的模式。不同宗教间的这种交流、理解和包容又促进了宗教互动的形成。在交往与互动的过程中，各宗教保持彼此之间的信仰界限，相互尊重、相互理解、相互包容，最终推动了云南境内的各宗教既相互交流又相互隔离的多元共存格局的形成和发展。

1. 推动宗教交流

经济交往的一个重要作用，就是能够充分发挥经济的整合功能。也就是通过不同经济形态之间的相互交往，把不同地区不同文化联系起来，带动不同文化之间的互补性和交融性互动，在这种互动过程中实现文化间的相互整合，在原有的文化系统中添加异文化因素，带来了新的活力。同时，持续的经济交往，还有助于保持文化间相互联系的稳定性和持续性，并对社会文化变迁以及宗教间的相互交流、互动和整合产生很大的推动作用。

从历史和现实上看，文化间的交流和宗教的交流，总是伴随着经济交往的步伐开展的。人们为了经济目的而开展的经济交往活动，不仅带来了异域的物产，同时也带来了异域的文化和宗教信仰。从大的范围看，丝绸之路和茶马古道的开通，不仅带动了古代中国和波斯乃至西方的物资交流，也使许多异域宗教传播到了中国，如汉代的佛教、南北朝时期的拜火教（琐罗亚斯德教，又称祆教）、唐代的景教和伊斯兰教、元代的也里可温，以及明清时期的天主教和基督教等。从较小的区域看，在云南的地理环境中，经济交往同样也对坝子与坝子之间、平坝与山区之间的宗教交流产生了很大的推动作用。

作为经济交往产物的宗教间的交流，也对经济和文化交往起到了很大的促进作用。例如，在历史上，佛教传入中国后，带来了大量的佛经和异域的信仰方式，逐渐引起人们的关注和兴趣，并推动一批中国僧人到"西天取经"。这种宗教文化交流活动，使得单纯的经济交往活动进一步深化。

2. 加深宗教理解

经济交往能够推动不同文化和宗教信仰之间的相互了解。以经济利益为目的的经济交往中，为了更好地满足经济交往的逐利性，人们在交往中必须了解和尊重对方的宗教信仰和风俗习惯，才能更好地完成商品和物产的交换。随着经济交往而出现的不同宗教的相互交往，使人们对陌生的异域宗教有了更多的感受和了解，认识到了不同宗教信仰的信仰特点、物质需求和宗教禁忌。为了提高经济交往的有效性，人们便会在经济交往活动中利用这些感受和了解，投其所需、避其所忌，从而使双方的交往活动具有了更加明确的规范性和有效性。这样，在经济交往的逐利性推动下，人们对来自异域的不同宗教的认识不断加深，从相互"了解"发展到了相互"理解"的理性认识阶段。

从宗教理解的含义上来看，我们认为：宗教理解的动力，来源于人们经济活动的逐利性；宗教理解的基础，在于人们相互间的平等交往；宗教理解的内涵，是人们在相互交往的感受中形成的理性认识和相互认可。一方面，宗教理解首先是建立在由于宗教交往带给人们的相互了解的基础上的，这种相互了解的感性认识在以提高交易效率为目的的交往过程中不断得到深化，人们认识到自己与不同宗教文化之间的差异，而为了保证经济活动的有效性，人们对这种差异采取了承认和认可的态度，这样就达成了双方乃至多方的相互理解。另一方面，宗教理解除了对其他宗教的了解和认识之外，还包含着对其他宗教存在的认可，这样也就在无形中明确了各个宗教的信仰界限，双方都会相互尊重对方的宗教信仰，不去干涉或妄自评价对方的宗教信仰、宗教禁忌和宗教习俗。这种相互承认和认可的态度，也就为不同宗教留下了各自生存发展的空间。

3. 促进宗教包容

从历史上看，在缺乏交往的封闭的文化环境中，宗教是特定社会文化的产物，并且为特定社会群体服务，其产生和发展总是处于一种内敛的自在状态，因而具有较强的排他性。早期的自然宗教或氏族宗教尤其如此。随着经济交往的开展，不同群体的地域性封闭状态被打破，社会文化的封闭性也随之被打破，各种宗教间的交流日益增加，因而具有排他性的宗教开始进入相互调适和整合的过程中。在这个过程中，一方面，出于经济利益的动因，不同的社会文化群体之间会形成相互碰撞冲突的局面，较为强大的群体总会试图吞并较为弱小的群体，从而获取更多的经济利益，使自己变得更为强大。但在另一方面，由于文化兴衰是关系到民族存亡的大事，文化和种族灭绝的吞并行为必然会导致激烈的反抗，造成双方的两败俱伤，再加上自然环境和经济形态等客观因素的制约，不同文化群体的相互吞并和冲突又会根据经济利益最大化原则，在一定程度和范围内达到相对平衡的状态，形成某种相互包容的模式。

从云南普遍存在的实际情况看：某个区域中较为强大的民族对其他较小民族实行政治上的直接统治或间接统治，而在文化上特别是宗教信仰方面则实行相对宽容的政策。例如，历史上傣族作为云南西部地区势力较大的民族，其封建领主统治覆盖了这一地区的拉祜族、佤族、哈尼族等诸多势力较小的民族，对统治区内的拉祜族和佤族聚居地区，保留了其原有的村社形式，为拉祜族和佤族的传统文化保留了较大的社会生存空间，因此作为傣族传统文化核心的小乘佛教，也就未能深入多数拉祜族和佤族地区。[①] 这样就使得拉祜族和佤族的传统文化和宗教信仰能够保存下来。再如，澜沧拉祜族曾在清中叶时利用汉传佛教建立了政教合一政权，"三佛祖"李通明进入西盟佤族地区后，设立了四大"角码"实行政教合一统治，但只以佛教的名义迫使当地百姓每户每年缴纳大米一小碗，[②] 并没有强行消灭或改造佤族的传统文化，当地佤族仍然保留着自己的传统文化和宗教信仰。因此，大一统的政治统治，以及文化包容的共存模式，虽然不符合群体文化的扩张性要求，但却可以在很大程度上避免两败俱伤的文化冲突，是在现实条件下以最小代价获取最大经济利益的较好选择。

---

① 韩军学：《基督教与云南少数民族》，云南人民出版社 2000 年版，第 80 页。
② 《佤族简史》编写组：《佤族简史》，云南教育出版社 1985 年版，第 28 页。

4. 促进多宗教并存格局的形成和发展

宗教是社会文化的产物，特定的宗教是与特定的自然环境和生产方式、文化模式密切相关的，具有较明显的适应性。例如，有的民族居住在湿热的平坝，以种植水稻和蔬菜瓜果为生；有的民族居住在高寒山区，以种植旱谷和采集狩猎为生；还有的民族居住在高原，以游牧为生。这些民族不同的生产和生活方式，造就了与之相适应的文化和宗教信仰。这种文化和宗教信仰也对生产和生活方式起到了维护作用，一旦这种文化和宗教信仰解体了，就会对人们的生产和生活产生很大的影响，甚至导致物产的改变，从而影响到经济交流的走向和发展。例如，在云南的佤族等许多山地民族中，保护森林和山林物产的观念比较浓厚，而这种观念是通过许多宗教仪式和宗教禁忌加以维系的，一旦这些宗教意识和禁忌被破坏了，这种观念也就会逐渐淡薄乃至消失，就会造成自然环境破坏的加剧，当地特有的山林物产也会发生变化乃至消失，原有的经济形态也会随之发生变化。此外，各个民族在长期的实践活动中，摸索出了许多有着自己特点的生存技巧，如民族医药以及卜卦和驱鬼治病等，这些生存技巧大多包含在宗教体系中，或者通过宗教意识和禁忌习俗得到强化，并使得各个民族能够适应不同的生存环境。因此，在自然环境、生产方式、生活方式的多元化环境中，保持文化和宗教信仰的多元性，对保持物产和商品的多样性是有利的。在经济交往和宗教文化交流过程中，尽管不同宗教间有着相互对立和相互取代的内在倾向，但为了维护不同物产的延续，使经济交流顺利进行，所以不同宗教得以保留下来，并在不同的民族群体之间形成了一定的自然环境和文化边界，促进了多宗教并存格局的形成和发展。正因为如此，在云南多元自然环境和多元民族文化共存的基础上，经济交往沟通各宗教间交流的同时，也使得云南成了我国多元宗教并存格局最为典型的地区。

经济交往推动下的宗教间的互动，由于信仰的不同，仍然保持着自身的特殊性，因而造成了各宗教彼此之间的信仰界限，最终形成了各宗教既相互交流又相互隔离的多元宗教共存状况。这种状况在云南特定的地理环境中表现得尤其突出，而在较小的村寨之中也是如此表现。例如，在实地调查过程中，我们发现，在一个有多种宗教共存的村落中，人们的居住常常表现出依据民族和信仰相对集中的倾向；同时这个村落中的各种宗教活动，也都有着相互之间较为明确的时间界限、地域界限和信仰群体之间的界限。

　　总之，经济交往带动了不同宗教之间的交流；经济活动的逐利性促进了宗教理解，宗教包容则是在经济效益最大化原则基础上形成的。反过来，多元宗教并存的格局也对经济交往起到促进作用。从历史上看，不同区域中的宗教并存状况，往往促成区域性文化和经济类型，例如云南山地民族的原始宗教和坝区民族的佛教，对不同的生产方式和生活方式起到了强化作用，形成了区域和文化间的差异性，而这种差异性又推动了经济交往的产生和发展。此外，在经济交往过程中，经济交往的中心往往形成了贸易中心或市场，不同宗教信徒和宗教汇集其中，为了保障市场秩序和经济交往的顺利开展，往往会形成一种处于主导地位的信仰和文化价值标准，对人们的经济行为加以规范和调节。

三　日常生活中的经济交往与宗教互动

　　经济因素对宗教间的相互关系有着决定性的影响，其中人们的日常经济交往活动最为基本。这种影响一方面来自经济交往带来不同宗教之间的相互交流和互动，另一方面来自不同信仰群体为了生存和发展的共同目的所带来的不同宗教之间的相互包容和相互理解。在日常经济交往活动中，共同的生活需求弱化了不同宗教信仰之间的差异性，使宗教信仰关系处于次要的、被淡化的地位。人们基于对共同生存和发展问题的认同而求同存异，加深了宗教理解，推动了宗教包容，奠定了多元宗教和谐相处的社会文化基础，从而构建了多民族多元宗教和谐相处的格局。

（一）日常经济交往活动的类型和频度

　　不同宗教信仰群体及信徒与非信徒间的日常经济交往活动可简单分为生产活动中的交往、生活活动中的交往以及节庆活动中的交往三类。为了深入考察这个问题，我们以多民族、多宗教较为典型的怒江州贡山县丙中洛乡和德宏州瑞丽市户育乡为调查点，采用问卷调查和个案访谈相结合的方式进行。其中，在丙中洛乡发放问卷60份，回收有效问卷59份，有效回收率98.3%；在户育乡发放问卷60份，回收有效问卷60份，有效回收率100%。

表5 丙中洛乡和户育乡的宗教信仰情况

信仰 地点	传统宗教		藏传佛教		南传佛教		基督教		天主教	
	频率	%	频率	%	频率	%	频率	%	频率	%
丙中洛乡	5	8.5	24	40.7	0	0	15	25.4	15	25.4
户育乡	29	48.2	0	0	20	33.2	7	11.6	4	7.0

1. 生产中的相互交往

在农业地区，传统生产的季节性很强，无论是播种还是收割都要严格按季节进行。并且，一些客观的地理环境以及相对落后的生产力水平，决定了在生产活动中无论是信徒还是非信徒都需要通过相互交往、互帮互助来进行劳作。这种交往主要体现在劳动的交换上，有无偿换工和有偿雇工两种形式，其目的都是能按时完成生产。

（1）换工

换工是一种集体性的互助协作制度，是在农忙时节利用家外劳动力按时完成生产的一种较为普遍的办法。经调查得知，丙中洛地区的人们在历史上就有换工协作的习俗。如人们为了解决耕牛不足的问题自愿结成"牛亲戚"①，在农忙季节相互帮工，共同劳动；丰收季节则相互做客，畅谈农事，共叙友情。② 这种在生产活动中的协作与互助的换工方式是人们互相交往的一个重要渠道，使信徒与非信徒以及不同宗教信仰者之间的相互交往成为可能。

如表6和表7所示，根据丙中洛乡不同信仰者之间在换工和帮工中互动意愿情况的问卷统计：有66.1%的人"一般会参加"不同宗教信仰者的帮工或换工；有27.1%的人"有时会参加"；只有6.8%的人"从来不参加"。同样，关于户育乡不同信仰者之间在换工和帮工中实际互动情况

---

① "牛亲戚"最早开始于丙中洛的傈僳族人民。搭"牛亲戚"一般为江边河谷地带的傈僳族为一方，山区半山区的傈僳族为另一方。一方有公牛，一方有母牛，经过双方自愿，将公牛和母牛配成一对，由劳动力较多的一方喂养半个月后，双方共出一些粮食和酒肉，举行"牛亲戚宴席"，表示结成"牛亲戚"，并世代友好下去。随着"牛亲戚"关系的不断发展，傈僳族与周边的怒族、藏族、独龙族、汉族等民族也有搭成"牛亲戚"的，各民族在生产生活上相互往来，共同协作生产。参见吴成立《三江并流地区族群文化和谐存合的人类学考察——丙中洛乡的个案研究》，载《广东技术师范学院学报》2010年第2期。

② 吴成立：《三江并流地区族群文化和谐存合的人类学考察——丙中洛乡的个案研究》，载《广东技术师范学院学报》2010年第2期。

的问卷统计显示：有83.0%的人在农忙的时候请过信仰不同宗教的人来帮忙，仅有17.0%的人从没请过与自己信仰不同的人来帮忙。可见，大多数村民有较强的参加不同信仰者之间换工和帮工的倾向，在农忙时节都会和其他村民换工协作、相互帮助。大家都认为换工协作既能按时完成生产，在劳作过程中也不会觉得劳累乏味，还能拉近村民之间的感情。

表6   丙中洛乡不同信仰者之间在生产活动中的互动意愿情况①

参与情况	一般会参加	有时会参加	从来不参加
频率	39	16	4
百分比（%）	66.1	27.1	6.8

表7   户育乡不同信仰者之间在生产活动中的实际互动情况②

互动情况	请过	从没请过
频率	50	10
百分比（%）	83.0	17.0

以下是我们为了解村民的换工意向，在东风一组对一位村民进行的访谈：
个案1：甲生村，李××，傈僳族，基督教信徒

问："在农忙时节，您更愿意请谁来帮您？"
答："一般会请亲戚或邻居，有时候也会请要好的朋友。"
问："如果有许多家同时请您去帮忙做农活，您会帮谁？"
答："我会帮先前也帮过我们的那一家，因为他帮过我一次，我就得帮还他一次，下次他才会再帮我。"
问："如果请您帮忙的人里面没有在之前就帮过您的，那您会帮谁？"
答："看是谁先请我我就去帮谁了，也可能会去帮人手较少的那一家。"

从访谈中可看出，人们在帮工和换工时，最看重的是对方"之前有没有帮过我"，其次看"是谁先请我去帮忙"，即请帮工的先后顺序，以

---

① 问题：如果和您信不同宗教的人家请您去他家帮忙做农活，您会去参加吗？
② 问题：您家在农忙的时候，是否请过和您信不同宗教的人来帮忙？

及对方的人手困难程度等，并没有把宗教信仰考虑在内。此外，多数村民表示自己更愿意选择与亲戚和近邻换工，无论对方的信仰是否与自己相同。从这里也可以看出，在人们的日常生活中，亲缘关系以及村社伦理道德规范下的人际关系在人们的生活当中有着非常重要的影响，而宗教信仰则居于较为次要的地位。

（2）雇工

有偿雇工是人们普遍采用的一种使用家外劳动力的劳作方式。近年来随着社会经济的不断发展，丙中洛作为旅游地区也开始出现了这种新的生产方式。有偿雇工这种劳作方式使得人们的劳动交换不需要再以"一工换一工"的方式进行，而只要雇用人的一方给被雇用者一定的金钱或其他有价值的东西作为劳动报酬即可，从而使劳动交换的规模得以扩大，形式也更加灵活。同时，随着旅游业的发展，丙中洛地区逐渐出现了一些以开办餐饮兼住宿的农家乐等旅游服务业作为谋生方式的村民，如甲生村的丁大妈家就是当地最早开办农家乐的农户。值得注意的是，这些开办农家乐的农户并没有脱离农业生产，他们既要经营农家乐，又要兼顾农业生产，有些在寺里或教堂做管事的农户还要兼管寺里或教堂里的事物，这样往往会造成劳动力缺乏的问题。尤其在旅游旺季，客流量较大，劳动力缺乏的问题就更加明显。因此，人们会选择以"雇工"的方式来解决劳动力缺乏的问题，雇用来的人以进行旅游服务业或农业生产为主。由于农业和旅游业均有较强的季节性，当地的"雇工"方式以短期雇工较为普遍，人们一般在人手不够的情况下，临时请村民来"帮忙"几天。调查得知，在选择被雇用者时，对被雇用人的标准主要是诚实、能干、不偷懒，一般偏向于请自己的亲戚，因为人们都觉得亲戚更靠得住；而对被雇用者而言，只要雇主不拖欠工钱，都愿意去帮忙做事。其中也没有过多考虑对方的宗教信仰因素。

2. 生活中的相互交往

从人们在日常生活中的互助交往关系看，宗教所表现出来的制约作用较小，不同宗教信仰群体间及信徒与非信徒间的日常经济交往贯穿生活中的各个方面，主要表现在互助建房和婚丧嫁娶等生活活动中。

（1）建房

云南境内的许多少数民族都有互相帮助建房的习俗。根据对丙中洛地区的调查得知，当地的住房形式多为干栏式竹木楼（又称"千脚落地"房）、木楞房、土墙房和石片顶房。由于受到特殊的地理地势的限制，从建造过程来看，无论是修葺旧房还是另建新房，都需要多人协作才能完成。此外，当地人认为新房在一天之内建成才吉利。因此，当地人们一直都有邻里之间协作建房的互助传统。要建新房时，主人家会提前准备好建盖新房所需材料，并通知亲朋好友建新房的时间，人人都会主动应承帮忙，尤其是亲戚、朋友和近邻。届时，人们会早早来到主人家中，大家共同协作建造新房，往往当天完成。建造新房是件大喜事，新房建成后，村民们还会带上贺礼（钱或鸡、肉、粮食等）前来祝贺，主人家用酒肉酬谢前来贺喜和帮忙建房的人。男女老少都围着簸箕喝酒吃饭，绕着火堆唱歌跳舞，将一家人的喜事变成全村人的欢乐。

（2）婚姻

婚礼是人一生中的一次重大礼仪。同时，婚礼现场也往往成为人们在日常生活中相互交往的场合，为不同宗教信仰群体间的互相交流与了解提供了平台。丙中洛地区从历史上就留下了每逢婚姻大事，人们要从经济和劳力方面互帮互助的传统。例如，按照传统，怒族男子结婚时，同一村寨的人家不论亲疏远近都要慷慨解囊资助结婚男子，一般赠钱、粮、猪、鸡等；独龙族青年要结婚时，一般是男方所有亲属共同送礼给女方家，女方家也同样在收到彩礼后给同一家族每人分送一份，并由家族父母兄弟将新娘送到男方家。[①] 一般情况下，在结婚前一两天，亲朋好友都会到新郎或新娘家去帮忙杀猪、烧水、煮饭等。到结婚吉日，所有亲朋好友都会前来参加婚礼，并会给新郎新娘赠送钱、粮、酒、鸡等以示祝贺，有些亲戚朋友还会买被子、壶、盆等家具送给新人。新郎新娘则会办酒席招待客人，大家一起吃饭、唱歌、跳舞。

根据调查，丙中洛地区的人们认为选择对象时最主要的标准不是两个人的宗教信仰是否一致，关键是"人好就行了"。如表 8 所示，户育乡关于被调查者对配偶的信仰期望的问卷分析也显示，占 58.3% 的人对"是否希望配偶与自己有相同的宗教信仰"持无所谓的态度，而希望配偶与自己有相同信仰的人只占 41.7%。并且，这些人只是希望夫妻双方能有相同的信仰，并不绝对排斥信仰不同宗教的可能。

---

① 林超民主编：《云南乡土文化丛书·怒江》，云南教育出版社 2003 年版，第 113—117 页。

表8 　　　　　　　　户育乡被调查者对配偶的信仰期望①

信仰期望	希望有相同信仰	无所谓
频率	25	35
百分比（%）	41.7	58.3

表9 　　　　　　　　户育乡被调查者亲友的信仰情况②

信仰情况	有信仰不同宗教的亲戚	有信仰不同宗教的朋友
频率	32	40
百分比（%）	53.3	66.7

表10 　　　　　户育乡不同宗教信仰者在婚礼中的互动意愿情况③

不同宗教信仰者在婚礼中的互动意愿情况	愿意	不太愿意
频率	58	2
百分比（%）	96.0	4.0

表11 　　　　　丙中洛乡不同宗教信仰者在婚礼中的实际互动情况④

实际参与情况	一般会参加	有时会参加	从来不参加
频率	20	24	15
百分比（%）	33.9	40.7	25.4

　　一对新人要结婚时，请谁来参加婚礼是根据对方与自己是否是亲戚、朋友或与自己的要好程度来决定，并没有把对方的宗教信仰考虑在内。户育乡被调查者的信仰情况统计，占53.3%的被调查者有信仰不同宗教的亲戚，占66.7%的被调查者有信仰不同宗教的朋友。可见，不同宗教信仰者在婚礼中相互交往和互动的可能性极大。根据户育乡不同信仰者在婚礼中的互动意向的调查：有96%的人愿意请信仰不同宗教的人来参加婚礼，仅有4%的人不太愿意邀请不同宗教信仰的人来参加婚礼。丙中洛乡

①　问题：您希望您的配偶和您有同样的宗教信仰吗？

②　问题：您的亲戚中，有没有和您信不同宗教的人？／您的好朋友中，有没有和您信不同宗教的人？

③　问题：如果您家有人结婚，您愿意请和您信不同宗教的人参加吗？

④　问题：您会去参加和您信不同宗教的人的婚礼吗？

关于不同宗教信仰者在婚礼中的实际互动情况的问卷分析显示：在各种宗教信徒中，占74.6%的绝大多数人都"一般会参加"或"有时会参加"其他宗教信仰者的婚礼活动，只有25.4%的人"从来不参加"。可见，绝大多数人都有较强的参与不同宗教信仰者的婚礼的互动意向。并且，大多数人都会参加其他宗教信仰者的婚礼活动。

（3）丧葬

视死如生是云南少数民族对待死亡的一种态度。在丧葬活动中，各群体间的互助交往更加明显。如表12和表13所示，户育乡被调查者参加不同信仰者葬礼的意愿情况统计：有78.4%的人愿意去参加和自己信不同宗教的人的葬礼，仅有3.3%的人不愿意去，而18.3%的人的态度是如果对方请了就会去参加。丙中洛乡不同宗教信仰者在葬礼中的实际互动情况统计表明，占62.7%和28.8%的人"一般会参加"和"有时会参加"其他宗教信徒的葬礼活动，仅有8.5%的人"从来不参加"。可见，人们在丧葬活动中有着较高的互动倾向和实际互动比例，尽管依照死者的信仰来办理的葬礼中有较多的宗教性仪式。这既体现了当地村民对葬礼的重视，也反映出当地各宗教间较为宽松的相互关系。

表12　　　　户育乡不同宗教信仰者在葬礼中的互动意愿情况①

不同宗教信仰者在葬礼中的互动意愿情况	愿意	如果对方请了就去	不愿意
频率	47	11	2
百分比（%）	78.4	18.3	3.3

表13　　　　丙中洛乡不同宗教信仰者在葬礼中的实际互动情况②

实际参与情况	一般会参加	有时会参加	从来不参加
频率	37	17	5
百分比（%）	62.7	28.8	8.5

笔者在丙中洛乡调查了一位天主教徒的葬礼，村中家家户户都有人到丧家帮忙杀猪、煮饭、烧水、炒菜、赶做棺材。死者的亲友和乡亲们前来参加葬礼时，都会带上一些自酿酒水、粮食、蔬菜等物品给死者的家属以

① 问题：您是否愿意参加和您信不同宗教的人的葬礼？
② 问题：您会去参加和您信不同宗教的人的葬礼吗？

示悼念。在场的亲友与死者道别后，就给死者入殓、下葬。整个过程都有天主教教友为死者唱诗，有神父为死者做仪式。葬礼结束，所有参加葬礼的乡亲回死者家吃饭，丧家会给每人回赠两杯白酒和两片肉以示感谢。晚上乡亲要陪死者的亲人守夜。"一方有难，八方支援"在葬礼中表现得十分明显。

3. 节庆中的相互交往

从总体上讲，不同宗教信仰群体间及信徒与非信徒间在节庆活动中的相互交往主要表现在民族传统节日和各宗教的大型节日中。人们在宗教信仰上的这种交往，表明人们的信仰与各自的民族文化已经在个人的文化体系中得到了某种程度的调适和整合，最终使不同的观念得到不相冲突的安排，并体现在个体行为上。

由于受到各民族历史上长期交融的影响，共同参与同一地域内的民族传统节日已成为当地群众日常生活中相互交往的一种方式，民族传统节日里的欢庆活动为人们相互间的交往提供了一个平台。丙中洛境内分布着怒族、傈僳族、独龙族和藏族等众多少数民族。由于地域相对封闭，各民族共同杂居生活，相互间的交往频繁，有些民族的传统节日不但成为境内各民族共同欢庆的节日，还受到了其他民族的影响。如怒族原先隔三年才过一次年，到 20 世纪初，受汉族、白族的影响，改为一年过一次。① 又如，贡山丙中洛的藏族过的中秋节和鲜花节是受了汉族和怒族的影响，过节的仪式也是大同小异。② 尽管，一些民族传统的民族节日里还会含有一些与生产生活密切相关的宗教性祭祀内容，如每到农历三月十五的仙女节时，怒族群众都会到岩洞祭奠蔑视权贵、造福乡邻的阿茸姑娘；又如，独龙族在年节的第二天要举行涉猎大典，祭祀山神，并举行"剽牛祭天"活动共祝来年丰收、人畜兴旺。但一些皈信了藏传佛教、天主教基督教的宗教信徒在坚守自己信仰的同时，也会去参加本民族和其他民族的节日欢庆活动。

丙中洛境内各大宗教在宗教节日时都会互相庆贺。这种跨宗教间的互动，增进了各宗教间的了解和友谊。例如，每到藏传佛教的涅槃节、佛诞节（已与当地传统节日"鲜花节"融合）、跳神节等节日法会，天主教的

---

① 林超民主编：《云南乡土文化丛书·怒江》，云南教育出版社 2003 年版，第 125 页。

② 同上书，第 132 页。

圣诞节、复活节、圣神降临节和圣母升天节，基督教的复活节、感恩节和耶稣诞辰节时，各宗教都会邀请其他宗教的负责人员来参加。其他宗教也会派代表前往祝贺，并会做数量不一的奉献或功德。就一般的信教群众而言，也会去参与同一地域内宗教节日的庆祝活动。表14是丙中洛乡关于被调查者参与其他宗教的节日和活动情况的统计。

表14　　　　丙中洛乡不同宗教信仰群体在宗教活动中的互动情况①

参与情况	一般会参加	有时会参加	从来不参加
频率	8	18	33
百分比（％）	13.6	30.5	55.9

从表14可知，一般而言，大多数人都倾向于不参加其他宗教的节日和活动。但是，"一般会参加"和"有时会参加"的比例也占到了44.1％。这说明：各宗教的节日活动之间有一定程度的封闭性，但也存在较多的群体间的人际交往和互动。例如，春节期间，普化寺在寺院广场举行"喇嘛舞"会时，丙中洛乡各村村民都会不分宗教信仰前往观看演出。在喇嘛舞会演出的间歇时间里，前往观看的群众会对歌竞赛，有的青年（除天主教徒和基督教徒外）还会参加跳舞，喇嘛舞会已成为当地群众集歌舞交融为一体的宗教节日交往活动。

各宗教之间的交往还表现在召开"联谊会"、换届选举会和培训教职人员方面。据调查，瑞丽市各宗教每年都会召开"宗教团体联谊会"。"联谊会"由不同宗教轮流作为组织者负责召开，户育乡各宗教的人都会参加。"联谊会"上，各宗教介绍各自的教义教规、观念和行为要求等基本情况和管理宗教工作的相关经验，并商讨解决问题的办法等。同样，贡山县每年都会组织各乡的宗教人士开展"爱党、爱国、爱教"培训活动，丙中洛境内各宗教干事都会参加。在培训期间，大家同吃同住，相互交流。这种跨宗教间的交往不但加深了各宗教间的相互了解，还增进了彼此之间的感情。如2004年，贡山县基督教"三自"爱国委员会就曾帮助天主教传道员培训过傈僳语的《圣经》，这正体现了各宗教之间友好互助的良好风尚。此外，各宗教开办的换届选举会议是各宗教之间相互交往的又一途径。各宗教都由教职人员来管理日常事务和做宗教决策工作，当任期

---

① 问题：您会参加或参观其他宗教的庆典仪式或宗教活动吗？

满时就要开展换届选举会议，选举产生出新的教职人员。各宗教在举办换届选举会议时，其他宗教会有相关负责人前往参加会议。

（二）日常经济交往的特点和群体差异

任何宗教信徒除了宗教的身份角色之外，还同时具有家庭成员、社区成员和民族成员等社会角色，这些角色在宗教生活之外的日常生产生活中发生人际交往与互动时，呈现出了一些各自的特点和群体差异。

1. 日常经济交往活动的特点

不同宗教信仰群体间的日常经济交往贯穿于生产生活的各个方面，不同宗教信仰群体间在日常经济交往活动中呈现出以下几个主要特点。

首先，对于宗教信教群众而言，在宗教活动中的交往对象以同一宗教的信教群众为主，而在生产生活活动中的交往对象则以亲友、邻里等群体成员为主。在以信仰为主的宗教活动中，联系人们的纽带是信仰。共同的信仰才使人们聚在一起，做相同的宗教仪式，唤起信教者共同的宗教情感。在这种以精神信仰为主导的宗教生活中，人们交往的主要对象是与自己有共同信仰的信教群众。但是，由于受到特殊的地理位置和客观的生存条件的限制，人们为了"求同存异，共谋发展"，只能依靠相互间合作的力量共同生存下去。因此，当人们离开精神世界，回到现实的日常生产生活中时，宗教信仰退居其次，处于被淡化的地位，人们的主要的交往对象变为亲戚、朋友、邻里等群体成员。这些群体成员中包括各村落、各宗教、各民族、各家庭的群体成员。

其次，无论是信徒还是非信徒，在生产生活活动中，均不参加其他宗教的宗教性仪式活动，即采取"宗教回避"的原则。在农忙季节，人们通过互助换工或有偿雇工的方式协作生产。在生活中有互助建房的传统，遇到婚丧嫁娶等红白喜事，不论亲疏远近，人们都会放下农活前往帮忙，并会送鸡、粮、酒肉等给主人家，以示祝贺或悼念。各民族、各村落、各家庭之间的日常经济交往贯穿生产生活活动的各个方面。然而，由于受到宗教信仰的不同程度的影响，日常生产生活活动中都会或多或少地包含一些宗教活动的内容。例如，信仰原始宗教的人家在选好地基，着手起建新房以前会祭祀各种鬼神，祈求保佑安康幸福。又如，信仰藏传佛教的新人在结婚时会请喇嘛念经祈福，信仰南传佛教的信徒会请佛爷为新生婴儿诵经祈福，天主教信徒在结婚时也会请神父为新人做祷告等。人们在相互交往的过程中，若遇到诸如此类的宗教性仪式活动，非信徒与其他宗教的信徒只会在旁观看，不会参与到宗教仪式中。换言之，人们相互间的日常经济交往仅限于生产生活范围内，而不包括宗教性的仪式活动，即人们在相互交往的过程中采取了"宗教回避"的原则。

再次，对大多数信教群众而言，生产生活活动中的日常经济交往比宗教活动中的交往更为频繁。例如，迫于特殊的地理位置和客观的生存条件的限制，居住于丙中洛境内的群众大多数仍以从事农业生产为主，无论是生产活动中互助换工的协作传统和有偿雇工的雇佣关系，还是生活活动中协作建房的互助传统和婚丧嫁娶中礼尚往来的经济交往，都是人们日常生活的组成部分，换工与雇工、建房与婚丧在日常生活中随处可见、时有发生。反之，各宗教的宗教活动却没有像生产生活活动那样常见。因此，信徒与非信徒之间及不同宗教信仰群体之间在宗教活动中相互交往的机会比在生产生活活动中更少。另外，生产生活活动中的日常经济交往更具有生活化的特点，宗教所表现出来的制约作用较小，无论是信徒还是非信徒都有参与互动的可能。但是，无论是各宗教举办的宗教活动还是在日常生产生活中举行的宗教性仪式活动都富含有浓厚的宗教信仰因素，有一定程度的封闭性，从而减少了其他信教群众参与互动的可能。故纵观整体，对大多数信教群众而言，在生产生活活动中的日常经济交往比宗教活动中的交往更为频繁。

最后，不同宗教信仰群体间的日常经济交往具有反向互动的特征。就如同结成"牛亲戚"的村民在农忙季节相互帮工、共同劳动，丰收的季节则相互做客，共叙友情一样，不同宗教信仰群体间在生产生活活动中的日常经济交往强调"相互"性。如果有许多人家同时请一个人去帮忙做农活，他会选择去帮在之前就帮过他的一家。同样，在婚丧嫁娶中，如果一个人去参加了别人的婚礼或葬礼，送钱、粮或酒肉等给别人，并帮忙煮饭、烧水和招呼客人，待到他家也举办红白喜事时，别人也同样会来帮忙，并会送给他价值相当的钱、粮或酒肉等。如此你来我往，人们在经济关系、亲缘关系及民族关系的基础上构建了主要的人际关系网络。正是这种"礼尚往来"的传统使得不同宗教信仰群体间及信徒与非信徒间的日常经济交往活动得以正常进行和继续。

2. 日常经济交往中的群体差异

基于信仰上的不同，不同宗教信仰群体在具体的日常经济交往活动中难免会受到自身信仰的影响，其实际的交往和互动行为也呈现出一些差异。下面就以贡山县丙中洛地区为例，对不同宗教信仰群体在日常经济交往中的群体差异做简要概括。

一方面，较之原始宗教和藏传佛教的信教群众而言，天主教和基督教教徒与其他宗教信徒相互交往互动的倾向相对较弱。其原因在很大程度上是由于天主教和基督教对信教群众的组织性较高，信徒的群体意识较强。天主教和基督教都由教堂作为信徒的固定活动场所。天主教的主要节日为圣诞节、复活节、圣神降临节和圣母升天节，平时的活动时间为周六晚上7：00—8：00，周日上午10：30—12：30，晚上7：00—8：00。基督教的主要节日是复活节、感恩节和圣诞节。每周也有三次活动，具体时间为：周三晚上7：00—8：00，周六晚上6：30—8：00，周日上午9：30—10：30，中午11：00—13：00，晚上6：30—8：00。届时，教徒们都会聚集到教堂做礼拜，宗教活动频繁，且组织性较强，因此，天主教徒和基督教徒们的群体意识相对较强。藏传佛教中，除了到规定的几大节日时会举办宗教活动外，只有到每月的农历初十，信教群众才会自行带着供品去甲生村的白塔祭拜、烧香、跳舞等。此外，在原始宗教信仰中也存在"遇事才祭鬼，有事才求神"的现象，且不同民族的原始宗教信仰又有所不同，信仰的同一性较差。与天主教和基督教相比，藏传佛教和原始宗教中宗教活动的组织性相对松散。究其原因，正是因为天主教和基督教频繁的宗教活动和较强的群体组织，加之一些不唱情歌、不跳民族舞等严格的教义教规减少了天主教徒和基督教徒与其他信教群众交往互动的倾向。不同的宗教对信徒的整合力和凝聚力有所不同，从而使不同宗教的信教群众与其他宗教信徒相互交往互动倾向也有所不同。

另一方面，较之天主教和基督教教徒而言，藏传佛教和原始宗教的信教群众在宗教活动中与其他宗教信徒和非信徒有更多的交往互动活动。在宗教活动中，天主教和基督教在平时的主要宗教活动就是听讲道、祈祷、唱圣歌等，礼拜结束，信徒们各自返家。因其他宗教信徒均不参加他们的宗教性仪式活动，只会在旁观看，而在宗教仪式活动结束后又没有一些能使非信徒与其他宗教信徒融入其中的歌舞活动。因此，天主教徒和基督教徒在宗教活动中与其他宗教信徒和非信徒交往互动的机会较少。反之，藏传佛教和原始宗教中的宗教活动具有更大的开放性，信仰藏传佛教或原始宗教的信徒或者不信教者之间的交往互动往往体现在宗教活动结束后的歌舞娱乐活动之中。总的来说，原始宗教和藏传佛教的宗教活动具有更大的开放性，同时，其信徒与其他宗教的信徒参与互动的倾向也较强。基督徒则不参与互动的倾向较强，因为基督教有禁止饮酒、禁止唱民族歌、跳民族舞等比较严格的教规，信徒为了持守戒律，在一些生活习惯上显得相对独立。但是，亲戚朋友及关系较好的邻里的婚礼，他们还是参加的。不同民族和宗教间的相互理解和包容，淡化了宗教间的差异和矛盾，促进了不同民族和信仰群体之间"和谐共存"、"互助共荣"的文化共识，奠定了多元宗教和谐相处的社会文化基础。

（三）日常经济交往中的矛盾冲突及原因分析

由于信仰对象的差异、教义教规的不同等原因，不同宗教信仰群体在日常经济交往中难免会产生一些矛盾和冲突。论文以云南省红河县哈尼族聚居地区的基督教与哈尼族传统宗教间的冲突与调适为范例，来阐释不同宗教信仰群体在日常经济交往中的矛盾冲突问题。

红河县位于云南省南部，红河哈尼族彝族自治州西南部，跨东经101°49′—102°37′，北纬23°05′—23°26′，国土总面积2057平方公里，下辖13个乡镇，91个村（居）委会①。红河县是一个以哈尼族为主体的，并居住有彝族、傣族、瑶族、汉族等民族的边疆少数民族山区农业县，是我国哈尼族最为集中的县域之一。受新中国成立前封建领主制和自身村社经济发展的影响，当地的哈尼族传统文化保留得较为完整。多神崇拜是当地哈尼族的传统宗教信仰，其传统宗教活动具有较强的集体性色彩，对人们的生产和生活的影响和制约作用较大，仍作为联系民族共同体及村寨集体的纽带较为完整地保留着。20世纪70年代以后，基督教传入红河县哈尼族地区，信教人数最多是达2000余人，并形成了两个基督教信徒分布区，即以洛恩乡为主的哈尼族聚居片区和以宝华乡和乐育乡为主的哈尼族、彝族杂居片区。由于信仰上的差异，基督教受到了哈尼族本土文化的抵制，两种宗教文化之间发生了较为激烈的矛盾和冲突，两种宗教信仰群体间的一些对抗行为还引发了一系列的社会问题。

1. 矛盾冲突的类型和表现

红河哈尼族地区不同宗教信仰群体在日常经济交往中由于信仰上的差

---

① 参见云南数字乡村·红河县县情简介，http：//www.ynszxc.gov.cn/S1/S664/S785/C2585/DV/20090414/77792.shtml。

异而引发了一些行为上的矛盾冲突，这些矛盾和冲突主要表现在两个方面，即不同宗教信仰者个人之间在日常生产生活方面的冲突和基督教信徒与传统村社生活在祭祀活动方面的冲突。

（1）不同宗教信仰者个人之间的矛盾冲突

不同宗教信仰者之间由于信仰上的差异而引发的在日常生活方面的矛盾冲突，主要表现在生产生活中的互帮互助和婚丧嫁娶等方面。红河地区的哈尼族在历史上就有每逢婚丧嫁娶以及建房迁居等生活大事都要互帮互助的传统。凡遇到结婚、生子或建房迁居等喜事时，主人家里会大设宴席，邀请临近村落的村民来参加，一些关系好的亲朋好友都会远道而来，给主人送上鸡、鸭、粮食、酒肉或钱，以示庆贺。主人家则会一一记下，等到别人也举办同样的庆贺活动时，再给别人送去价值同等或更高的贺礼。这种"礼尚往来"同样体现在丧葬活动中。若村中有人死亡，不论是远亲还是近邻都会到丧家，一是为陪伴死者的家属，二是为帮忙丧家准备后事。人们还会给丧家送钱或粮食等以示悼念，一些亲戚还要抬猪、羊、鸡等到丧家，先为祭祀死者，后用以招待前来参加葬礼的人。

基督教传入以后，不同宗教信仰者由于信仰的不同而引发了一些行为上的差异。以下就是两例相关访谈：

个案2：普长老，男，彝族，65岁，宝华乡宝华村下寨人，宝华基督教教会活动点长老

> 我母亲去世的时候，因为我和我弟弟都是信基督的，所以要按照基督教的仪式给我母亲举办葬礼。但是，我的三个妹妹都不信教，她们坚持要求按照我们的民族传统给我母亲举办葬礼。当时，我们五个兄弟姐妹因为意见不一而发生了争吵。因为我们信主，所以到清明节的时候，也不去上坟祭献，这也会引起亲友的不满。

个案3：马执事，男，彝族，宝华乡甲五六村人，宝华基督教聚会点执事

> 我有三个儿子，都信教，我希望以后的儿媳妇也能信基督教。我儿子结婚时，在婚礼仪式方面，无论儿媳妇她是否信仰基督教，我们都会按照基督教的仪式来举办婚礼。若她家要按照民族传统来举办婚

礼，那我们也会依从安排，但我们绝对不会烧香磕头。

随着一些村民皈信基督教，以信仰不同为由，婚丧嫁娶时要求按照基督教的礼仪举办，由此引发了家庭内部的矛盾。并且，基督教信徒因反对在婚丧嫁娶以及建房迁居等活动中都包含祭神敬祖、燃香供酒、跪拜磕头等宗教性的敬拜仪式，而不去参加亲友以及村里其他人的类似活动，造成了与亲友及村社成员之间的矛盾。另外，在当地哈尼族的传统文化中，其生产过程也到处充满了宗教性的色彩，如播种前要祭种子；秧苗抽叶时要祭秧苗；稻谷成熟时要采新祭祖；开镰收割时要给谷子叫魂；等等。一些基督教信徒将这些视为封建迷信活动，而不愿与信仰传统宗教的村民在农忙时换工协作。因此，基督教信徒的一些在行为上的差异不仅引发了家庭内部及邻里之间的矛盾，也破坏了当地互帮互助的传统，影响了民族的情感。

（2）基督教信徒与传统村社生活之间的矛盾冲突

基督教信徒与传统村社之间的矛盾冲突主要集中在祭祀活动方面，具体表现为基督教信徒不参与村寨集体活动，因而遭到村社排斥。按哈尼族传统，每年农历二月或三月都要由祭师"贝玛"主持举行以个体家庭为主体、以传统村寨为单位的"祭竜"活动。在举行"祭竜"活动之前，"竜头"会到各家各户去收取祭祀费，即每家每户都要为祭祀活动所需的费用"凑份子"。以前，每户凑5—20元不等，现在每户凑40—60元。村民承担祭祀活动所需的费用代表了对传统村寨集体的认同。祭祀当日，每家每户都要派一名男子参加祭祀。结束后，大家会聚在一起吃饭，并进行"分肉"活动，即把生猪的肉均分给每家每户。"分肉"活动又体现出了村寨集体对个体家庭的认同，不参加"分肉"活动的人家，将被看作失去了"寨籍"。

基督教信徒以信仰上的差异为由，拒绝参加这种被视为是民族身份认同标志的宗教活动，其他村民认为基督徒不遵守村规民约，不尊重哈尼族传统的风俗习惯，是叛离哈尼人，基督教信徒因此遭到村寨集体的排斥。此外，按照哈尼族传统，凡遇村寨进行重大村社集体性活动（如村寨水利、电力、公共建筑、修路挖渠等集体建设）时，也要由各家各户凑份子举行集体性祭祀活动。一些基督教信徒将此视为迷信活动，往往以信仰不同为由而拒绝参加，因此被其他村民视为不参加集体公益活动。为了惩罚基督徒的"叛逆"行为，一些村民甚至把信徒家的电线剪断，并守住水井，不让信徒来挑水，为此引发了"断水断电"事件。

个案4：杨××，洛恩乡茨农村委会王沟村基督教教会活动点负责人，男，哈尼族

问：你们这里有多少个基督教信徒？

答：我们村子有72户人家，其中全家信基督的有30户，还有三四家是妻子信丈夫不信、不参加活动的，总共有100个左右了。

问：你们信基督以后，还参加哈尼族传统的宗教活动吗？

答：一开始参加过两三年，我们在参加的时候他们也逼迫我们不准信主，后来就不参加封建迷信了（当地人口语中，封建迷信指传统宗教）。

问：你们不参加哈尼族传统的活动，你们承担活动的费用吗？凑份子吗？

答：我们没有出钱，也没有出鸡、鸭等物质。

问：你们和村里的非信徒村民之间关系怎么样？

答：关系不好，他们都不理我们，不和我们说话，像敌人一样。

问：那你们参不参加村寨里组织的活动？

答：不参加哈尼族传统的祭祀活动，但是在茨农盖学校，我们参加背砖、背沙，我们出力，可是我们村委会的却向乡政府反映说我们基督徒什么都不参加。

2. 矛盾冲突的产生的原因

在社会发展过程中，冲突作为社会整合的一种形式，是多元文化走向共存的必经阶段。基督教作为一种外来文化，在哈尼族地区的传播打破了哈尼族传统宗教一统人们信仰的局面，因此必然要受到来自哈尼族传统文化的本土抵制，引起两种宗教文化之间的矛盾冲突。其原因主要表现在以下几个方面：

首先是宗教本身教理教义的不同而引发的冲突。以多神崇拜为主要特征的传统宗教是红河地区哈尼族的传统宗教信仰。其中，鬼魂崇拜和祖先崇拜在传统信仰中占有重要的地位，人们的生产生活中到处都充满了神鬼观念和献祭活动。这种以血缘、族缘、地缘关系为基础的传统宗教活动基

本上以村寨为单位进行，具有浓厚的多神性、民族性、民俗性等特征，有较强的民族凝聚力和排他性。① 然而，基督教作为一种外来文化，是典型的一神信仰，从宗教本身的教理教义上就与哈尼族的传统宗教截然不同。这种信仰对象和教理教义层面上的差异往往造成了双方的相互误解。传统宗教信徒因为不了解基督教，而把基督教信徒看成是"异类"。说基督教信徒生病不用找"贝玛"，不用吃药，也不用看医生，只要做祷告就行，并且死后还会升天；在生活中不杀生，是连蚂蚁都不会踩的好人。而基督教信徒认为信仰哈尼族传统宗教的村民的思想是迷信思想，极为封建落后。这种信仰上的差异造成的矛盾不能从根本上去消除，只能通过日常生活中的相互交往加深相互理解，从而消除对对方的误解，来达到和谐共处。

其次是宗教观念及习俗的不同而引发的冲突。在红河哈尼族地区，传统宗教作为当地的一种民族宗教信仰已经深入人心，并渗透到了人们的日常生产生活中。皈信了基督教的哈尼族村民却将祭竜视为封建迷信活动，并拒绝参加祭祀活动和"凑份子"活动，甚至将"竜树"砍倒。基督教信徒也往往因此被视为"异类"和对哈尼族传统的背叛。此外，在传统的婚丧嫁娶，以及建房迁居等活动中都含有焚香跪拜、祭神告祖等仪式，基督教信徒以信仰的差异为由而拒绝参与。可以说，在不同宗教观念的支配和影响下，以祭司"贝玛"和有声望的老人为代表的包括所有哈尼族传统宗教信众的传统力量的主要目的在于维持传统文化既有的权威，而那些已经皈信了基督教的信徒的主要目的则在于改变既有的权威，转为对自身利益的诉求。正因如此才形成了基督教信徒与传统宗教信众在现实生活中的行为上的强烈反差，由此引发了一些社会问题，加剧了村寨矛盾，破坏了民族的团结，影响了社会稳定。

再次是社会经济层面上的利益需求而引发的冲突。上述冲突虽然具体原因不同，表现也不同，但归根结底是社会经济层面上的利益需求而引发的。每个社会都是由各种利益诉求的集团所构成的，每一集团都追求自身的利益。② 宗教间的相互关系问题也同样涉及信仰主体间现实利益的关系问题。从表面上看，引发哈尼族传统宗教和基督教冲突的具体原因很多，

① 刘江岩：《基督教与民族传统宗教冲突探析》，载《民族论坛》2012 年第 8 期。

② 孙尚扬：《宗教社会学》，北京大学出版社 2001 年版，第 23 页。

但除了一些极端事件如砍竜树之外，主要都是一些围绕现实利益所导致的矛盾和冲突，如基督教徒不凑份子钱，不参加村寨集体公益活动和传统的婚丧嫁娶活动等。这种在社会经济层面上的利益需求而引发的矛盾和冲突破坏了传统村社的整体性，削弱了传统社会力量的权威，也影响了基督教信徒与传统村民的和睦关系，对传统的社会平衡、权力格局和利益关系造成了危害。

（四）日常经济交往对多元宗教和谐并存的影响

日常生活的层面上，不同宗教信仰群体间的日常经济交往活动贯穿了生产生活的各个方面。在这种日常经济交往活动中，共同的生活需求弱化了不同宗教信仰之间的差异性，使宗教信仰关系处于次要的、被淡化的地位。人们基于对共同生存和发展问题的认同而求同存异，加深了宗教理解，推动了宗教包容，奠定了多元宗教和谐相处的社会文化基础，从而有助于多民族多宗教的和谐共存。

1. 日常经济交往中宗教交流的特征

日常经济交往是人们在社会日常生活层面上的一种交往和互动行为，不同的宗教信仰群体在日常经济生活的交往中还伴随着一些宗教交流，并呈现出以下三个主要特征。

一是宗教互动。互动就是双方在交往过程中产生相互作用的一个过程。人们在日常生活中进行互动与对话才能了解其他宗教，才能在同一环境下求同存异。各宗教只有通过相互之间不断地互动与对话，才能使宗教关系更为和谐。贡山丙中洛地区各宗教之间的互动特点十分显著。如怒族"仙女节"现已成为藏传佛教四大节日之一。每到"仙女节"时，普化寺都要组织喇嘛们到仙女洞念经，甚至成为怒族群众祭祀仙女活动的组织者。在"仙女节"中，当地怒族信仰的传统宗教与藏传佛教产生了交互影响。另外，丙中洛境内的各大宗教在欢庆各宗教节日时互相送礼做奉献和颂功德以示祝贺；在"爱党、爱国、爱教"培训期间，所有参与者同吃同住，相互交流；各宗教在开办换届选举会议时，其他宗教会有相关负责人前往参加会议。2004年，贡山县基督教"三自"爱国委员会还曾帮助过天主教传道员培训傈僳语的《圣经》，这正体现了各宗教之间友好互助的良好风尚。

二是宗教宽容，即求同存异。不同宗教文化之间存在差异是一个不争的事实，尤其信仰层面上的差异是不可调和的。但是，人们基于对共同生存和发展的认同，在日常经济交往活动中弱化了不同宗教信仰者之间在行为上的差异，为了求同存异而对其他宗教信众持宽容态度，在交往中包容，认可差异。贡山丙中洛地区的基督教信徒一般都遵守不抽烟、不喝酒、不跳民族舞蹈等教规，因此在日常生活的互助交往活动中，只要注意基督教信徒不吃带血的东西、不喝酒、不抽烟就可以了。出于禁忌烟酒的原因，基督教信徒的婚宴上不摆酒，但是想要喝酒的亲友可以自带酒水赴宴。有时贺喜的亲友也会给信仰基督教的新人送酒水，对此，主人并不认为不敬，也会收下，然后再另作安排。这种对异教信徒的宽容在求同存异的基础上为人们的相互交往赢得了更大空间。

三是宗教回避。宗教回避是日常经济交往中宗教交流最为明显的特征。"回避"乃避讳、避让、躲避之意。不同的宗教信仰者在日常经济交往中的宗教回避行为可简单解释为人们在日常生活中互帮互助、相互交往，但不参与生产生活中的宗教祭祀活动，即不同的宗教信仰者对其他宗教的宗教活动采取回避原则。如红河地区信仰传统宗教的哈尼族在举行"祭竜"活动时，一些皈信了基督教的哈尼族为了获得村寨集体的认同，参与了"凑份子"活动和祭祀结束后的聚餐活动，但却不参与祭祀过程中的具体跪拜活动，在聚餐时不吃祭祀过的东西，这是遵守宗教禁忌习俗的表现。贡山丙中洛地区的藏传佛教在春节期间举办"喇嘛舞"会时，村民都会前往观看演出，甚至进行对歌竞赛，但其他宗教的信徒并不会参与敬拜活动。这种"宗教回避"的原则有效避免了不同宗教信仰的人们在同一活动中发生信仰冲突。

2. 日常经济交往对多元宗教和谐相处的作用

信徒与非信徒及不同信仰群体间的日常经济交往贯穿了生产生活的各个方面。无论是换工、雇工生产，还是协作建房及婚丧嫁娶中的日常经济交往，都成为人们互相往来的一个渠道，为不同宗教信仰群体的合作交流提供了一个平台。人们在这种交往活动中，虽然各自的信仰不一样，但是居住在一个特殊的地理环境中，其生存和生活的需要与相互间的合作需求都是第一考虑要素。由于日常生产生活中的诸多活动都需要人们相互间的互助才能完成，共同的生活需求弱化了不同宗教信仰之间的差异性，使宗教信仰关系处于次要的、被淡化的地位，从而为具有宗教差异的村民或家庭成员提供了相容共处的生活基础。

　　同时，每个信徒在生活中都扮演着多种社会角色，当一个信徒在扮演家庭成员、民族成员或社区成员等角色时，血缘关系、族缘关系和宗教关系交织在一起，唯有遵循"求同存异、相互尊重"的原则，才能相容共处，避免因宗教差异而引发的个人、家庭矛盾或社会冲突。信徒与非信徒及不同宗教信徒之间在日常经济交往中淡化了不同宗教间的差异和矛盾，促成了相互间的理解和包容，为多宗教的和谐共存营造积极氛围，促进了不同民族和信仰群体之间"和谐共存"、"互助共荣"的文化共识，奠定了多元宗教和谐相处的社会文化基础，使多元宗教和谐相处的发展和维系成为可能。

四　经济交往与宗教关系

　　在云南多元经济文化的背景下，不同地区和民族之间的经济交往在一定程度上推动了不同宗教的传播与交流，经济活动作为建构宗教关系的主导因素，主要通过经济发展、经济利益以及其他的一些社会关系途径来影响宗教关系的构建，其建构过程顺应了社会文化发展的"相遇—冲突—调适—共存"的一般规律。在交流与互动的过程中，宗教参与和宗教回避是不同宗教与信仰群体既能增进与其他宗教交流与理解，又能规避触犯宗教禁忌的明智的行为选择。面对在交流与互动的过程中，由信仰上的差异而引发一些社会层面与行为层面上的矛盾和冲突，应"把宗教信仰问题还原为社会问题"[①]。在经济交往的基础上，根据双方经济利益最大化的原则均衡利益，有效利用调适过程中形成的文化和政策层面上的引导机制、日常生活层面上的行为规范机制和社会层面上的民间协调机制，通过双方平等对话的方式，具体针对双方矛盾冲突的焦点和实质问题来解决矛盾，调适冲突，达到多元宗教的和睦共存。

（一）经济交往与宗教关系的内在联系及影响

　　不同地区和民族之间的经济交往，推动了宗教的传播。在宗教传播过程中，除了信仰的交流之外，也伴随着经济文化的交流，可以说，经济活

　　[①]　张桥贵主编：《云南跨境民族宗教社会问题研究（之一）》，中国社会科学出版社2008年版，第85页。

动是建构宗教关系的主导因素，经济交往是推动宗教交往的根本动力，经济利益是调整宗教关系的核心力量。在经济交往中所构建的不同宗教之间的共存关系，从信仰层面上看主要表现为信仰上的矛盾关系，从社会的层面上看则表现为均衡互利的共处关系，而从文化层面上却主要体现了多元一体的包容关系。经济因素作为决定和调整宗教关系的核心力量，主要通过经济发展、经济利益以及其他的一些社会关系途径来影响宗教关系的构建。

1. 经济交往与宗教交流的内在联系

在经济交往的推动下，各种不同的宗教之间必然发生不同程度的相互交流。从表面上看，各种宗教之间的相互交流，主要表现为在信仰层面上不同信仰之间的相互交流、碰撞和理解；宗教交流的内在联系方面上，不同宗教之间的交流有着更深层次的内在因素，其中主要表现为经济方面的因素。

首先，经济交往是推动宗教交流的根本动力。由于宗教信仰本身具有排他性，因此不同的宗教之间并不会主动发生相互交流，而总是在一些其他因素如战争、人口流动以及政治经济和文化交往的推动下，产生不同宗教之间的相互交流。例如，人们在远古时期，就为了实现产品或商品交换的经济利益，开辟了商贸通道，不同信仰的人也为了获取商贸经济利益而相互交往，从而使不同的宗教信仰发生了相互交流。

其次，经济活动是建构宗教关系的主导因素。在经济交往过程中，随着经济活动的不断深入开展，宗教间的交流也不断深入，并在此基础上建构起了不同宗教间的相互关系。在这个过程中，各宗教间的地位和主次关系，是由不同信仰群体的经济实力以及经济活动的参与程度决定的。例如，从傣族信仰体系的演变过程看，早期南传佛教传入后，主要在荒山野岭建寺修行，被称为"野寺"、"野和尚"，没有深入傣族村寨和人们的社会生活和经济活动中，因而相对于傣族的原始信仰而言，南传佛教处于从属地位。而随着南传佛教进入村寨，深入人们的各种经济活动中，又把许多与人们生产生活密切相关的经济——信仰活动如祭祀田神、水神等纳入自己的信仰体系，同时形成了"赕佛"、"做摆"等与经济活动紧密结合的信仰活动，大大提升了自己的经济实力和社会影响，因而最终取代原始宗教确立了自己的主导地位。

最后，经济利益是调整宗教关系的核心力量。一般而言，宗教关系不是一成不变的，而是随着社会变迁处在不断变化中，表现为一个不断重构的过程。在宗教关系不断变化和重构过程中，经济利益起到了核心力量的作用，是双方进行自我调适的根本出发点。例如，在我们对红河县哈尼族传统宗教与基督教冲突的调查中发现，虽然双方的冲突表现为宗教信仰上的差异，基督徒不参加传统宗教的活动，但深层次的原因却在于基督徒不参加传统宗教活动的"凑份子（各户平摊宗教费用）"，因此双方在信仰层面上的差异就演化为社会层面的矛盾冲突，不同宗教关系也就变成了对抗关系。同样，随着双方在"凑份子"问题上的不断调适，也就导致宗教关系发生变化，最终形成了当地基督教和哈尼族传统宗教之间的共处模式。

2. 经济交往中的宗教关系

正如前面所说，宗教关系往往是在经济交往中建构起来的。一般而言，宗教间的相互关系，不但涉及信仰对象及教理教义间的关系问题，还涉及信仰主体间现实利益的关系问题，甚至涉及人类社会文化各个方面的问题，因此，宗教关系的建构也就涉及了信仰以及社会文化等多个层面的相互关系。在经济交往和经济利益的驱动下，宗教关系的建构过程，一般体现为矛盾状态下的共存关系。这种关系，我们可以从以下三个层面加以理解。

从信仰的层面上看，不同宗教的共存关系主要表现为信仰上的矛盾关系。由于不同宗教的信仰对象、教理教义、礼俗禁忌和价值取向有所不同，宗教间的差异是始终存在的。特定的宗教是在特定的民族文化及生产生活方式基础上形成的，具有较为明显的排他性。换句话说，民族和文化之间的差异，以及保障民族文化自身存在和发展的需求，造成了宗教信仰之间的差异，只要有民族和社会文化差异的存在，宗教差异也就会存在。正是这种差异的存在，导致了不同宗教之间始终处在一种矛盾的状态中，因而在信仰的层面上，经济交往中的宗教关系主要表现为矛盾的关系。这种矛盾扩展到人们的社会生活中，就会引发不同信仰群体间的矛盾和冲突。从云南的实际情况看，由于信仰差异引发的社会矛盾和冲突并不少见，如1905年滇西北地区藏传佛教和天主教之间发生的"维西教案"（又称"德钦教案"或"阿墩子教案"），以及目前滇西地区和红河地区出现的傣族南传佛教和哈尼族传统宗教与基督教之间的冲突，等等。尽管不同信仰间的差异和矛盾始终在经济交往中存在，但这种信仰上的矛盾差异在向人们社会生活扩展的时候，总会受到社会文化诸多方面的影响和制约，表现出"和而不同"的现象。

从社会的层面上看，不同宗教的共处关系主要表现为均衡互利。在人们的实际生活中，尽管信仰不同，但日常生产生活中的相互交往却是不可避免的。这样，在不同信仰群体共处的社会环境中，人们为了相互交往，就必须了解对方的宗教信仰和风俗习惯，认识不同宗教信仰的信仰特点和宗教禁忌，认识到自己与不同信仰群体之间的差异，并对这种差异采取承认和包容的态度，避其所忌、投其所需，不断调整自己的行为，才能在相互交往中互惠双赢，并形成双方均衡互利的共处关系。因此，信仰上的差异可以在人们的实际生活中并存。这种差异并存的社会基础，主要在于不同的信仰群体为了维护自我生存发展和现实利益的基本要求，在无法强力消除群体界限和文化差异的客观环境下作出的合理选择。为此，不同的信仰群体在面对差异和冲突时，往往会依据基本的社会规范，如习惯法和传统习俗等，通过不同的途径和形式如商谈和权威裁判等，并借助具有影响力的社会力量如村社头人和家族领袖等，对各自的行为加以调整，从而使双方达到一种均衡互利共存的状态。当然，这种均衡互利的共处关系并不是表明双方在政治、经济和文化等各个方面的平等，而是表现为在经济利益的权衡下，双方达到一种社会生存空间上的平衡，或者势均力敌的相互包容共存，或者强势的一方在基本满足了政治和经济方面的要求后，给对方留下一定程度的文化生存，特别是宗教生存的空间。例如，在前面谈到的基督教与红河哈尼族传统宗教冲突的事例中，面对冲突焦点即是否缴纳"份子钱"和是否参加传统村社活动问题上，双方都根据力量对比而对自己的行为进行了调整，形成了不同的共处模式：或者双方互不干涉各行其是；或者基督徒缴纳份子钱而不参加村社宗教活动，或者既缴纳份子钱又参加村社宗教活动但不参加祭祀仪式。

从文化的层面上看，不同宗教共处主要体现了多元一体的包容关系。一般而言，不同的生存环境形成了不同的地域文化，而不同文化都有各自发展的内在要求，因而文化主体必须对文化发展路径作出理性选择，在不同文化间相互学习、取长补短。① 从具体情况看，文化间的互动和包容是

---

① 纳麒：《文明对话"三部曲"：差异、碰撞与整合——兼论中国"回儒"对话的历史轨迹》，载《云南民族大学学报》2006 年第 5 期。

在现实的社会生活中展开的。如上所述，在现实利益的驱动下，人们在交往的过程中，为了交往活动的有效性，在不断加深对不同宗教的了解和认识的同时，对其他宗教的存在采取了认可和尊重的态度，并不断对自己的行为作出调整，以实现双方均衡互利的共处关系。实际上就是双方信仰差异与现实生活之间不断磨合、调适的过程。这一过程的不断重复和积累，最终在文化层面上表现出了鲜明的包容性特点。

就云南而言，许多少数民族都有关于民族间共同起源的神话传说。例如，普米族经典《查子查打》（人类的来历）说，所有人都来源于先祖"牙拉丁督"和"童阿拉木"所生的九个儿子。他们各自发展繁衍成了普米族、藏族、纳西族和摩梭人以及汉族等民族。孟连县哈尼族的起源传说认为，佤族、傣族、爱尼人（哈尼族）、汉族等所有的人，都是由始祖母"阿嘎拉优"生出来的。[①] 元阳县哈尼族的再生神话也说，躲过灭世洪水的"莫佐佐龙"和"莫佐佐梭"两兄妹婚配：从腹部生下了住在森林旁的哈尼族；从腰部生下了住在山腰的彝族；从手指生下了住在平地的汉族；从脚底生下了住在河坝的傣族；从耳朵背后生下了住在森林的瑶族等。[②] 红河县哈尼族的再生神话也说，"其备"和"里收"两兄妹婚配传世生下一个肉团，他们把肉团砍碎后撒弃山间变成了各种动植物，其中一块肉团长出了一个葫芦，兄妹俩砍开葫芦后，先后走出哈尼族、彝族、汉族、傣族、瑶族和卡贵人和拉帕人等。[③] 这种各民族同出一源的观念，使得不同民族和睦共处成为一种文化共识，积淀在各民族传统文化中。例如，普米族经典《查子恰打》（训世书）说：不是一种人（意为不同民族）不能相互歧视。又如，哈尼族创世史诗《奥色密色》中也说："房子盖好了，汉人来了要留他们住，傣族来了要留他们住，汉人来了要舂姜，傣族来了要舂蒜，不管来多少客，都要留他们住。"我们相信，这种不同民族和睦共处的观念和相互包容的文化共识，是各民族在长期的现实社会生活中互动的结果，并奠定了不同宗教信仰共处的文化基础。

---

①   云南省民间文学集成办公室编：《哈尼族神话传说集成》，中国民间文艺出版社1990年版。

②   云南省民间文学集成办公室编：《哈尼族民间故事集选》，上海文艺出版社1989年版。

③   云南省民间文学集成办公室编：《哈尼族神话传说集成》，中国民间文艺出版社1990年版。

3. 经济因素影响宗教关系的途径

经济因素是推动人们相互交往的最根本原因，也是决定和调整宗教关系的核心力量。从云南的实际情况看，一方面，一个宗教能够被人们接受并获得发展，最直接的原因是它给人们的生活带来了实际好处。例如基督教禁止杀牲祭鬼、禁止酗酒的做法，使傈僳族等少数民族的经济生活得到了保障和改善，因此吸引了很多人来接受基督教信仰。另一方面，经济发展是推动宗教关系变化的根本力量。例如，近年来我国少数民族地区的经济发展较快，政府也不断提高对少数民族的扶持力度，境内少数民族生活水平迅速提高，许多早年迁居到缅甸的傈僳族基督徒大量回流到境内，使一些地区的基督教人数快速增加。以陇川县为例，由于境外傈僳族信徒的回流，再加上怒江地区傈僳族信徒的迁入，使得当地傈僳族基督徒的人数从1957年的112人，猛增到2005年的2828人，增加了24倍，[①] 远超过其他宗教的增长速度。宗教信仰人数的变化，改变了不同宗教之间的力量对比，也由此改变了不同宗教之间的相互关系。

在现实的社会生活中，经济利益和经济关系往往隐藏在各种社会关系的背后，人们的交往并不常常直接表现为利益关系，而是通过各种各样的社会关系和相互交往表现出来的。因此，除了经济发展和经济利益的直接推动之外，宗教关系的变化也会通过其他的社会关系途径表现出来。一方面，各民族之间的相互通婚对云南多民族多宗教和睦相处局面的形成发挥了重要作用。婚姻关系的变化对宗教关系的变化同样发挥着重要作用。我们在调查中发现，在一个不同民族或不同信仰群体共处的环境中，嫁入（或者入赘上门）其中并随之改变信仰的人数就会增加。另一方面，传统人际关系和文化习俗的变化也会引起宗教关系的变化。例如，云南各个少数民族都有生产生活中的互助传统，这是维护群体团结的重要纽带。近年来这种传统有所淡化，而基督教信徒间的互相关爱互相帮助的做法引起了人们的注意，许多人也因此加入了基督教，增强了基督教的势力，从而引起了当地宗教关系发生变化。总之，无论是婚姻关系还是传统人际关系的变化，经济因素都是不可忽视的重要因素。在引起宗教关系的基本因素——信徒人数——的变化方面，人们总是根据现实利益来选择自己的信

---

① 张桥贵主编：《云南跨境民族宗教社会问题研究（之一）》，中国社会科学出版社2008年版，第183页。

仰或者改变自己的信仰，信徒人数的变化改变了宗教间的力量对比，也使宗教关系发生了改变。

（二）经济交往与宗教关系的演变进程

综观云南形成多元宗教并存格局的历史进程，各宗教往往伴随不同地区之间的经济交往而开始传播、相遇与汇聚，而不同宗教的信仰群体也往往因为经济交往中的一些经济利益问题发生矛盾或冲突。但基于矛盾双方对共同生存和发展的认同，且基于经济利益最大化的原则，在经济交往的基础上均衡利益，调适矛盾冲突，达到各宗教在同一区域内和睦共存。

1. 相遇与冲突

随着不同地区和民族之间经济交往的开展，不同地区的地域性封闭状态被打破，不同社会文化的封闭性也随之被打破，推动了不同宗教在各区域间的传播。综观云南各个宗教的传播和发展，都表现出伴随着不同地区经济文化的交流。就小范围地区而言，不同宗教交流与相遇也同样是伴随经济交往而出现的。如前所述，西双版纳的山地民族和坝区傣族之间的物产交换，以及孟连傣族与拉祜族和佤族等民族之间结成的"宾弄赛嗨"互助关系，都表明了由于物产和生产方式的差异性和互补性，推动了山区和坝区各民族之间的经济交往，由此导致了区域间各个民族不同宗教信仰的相遇或汇聚。

不同宗教在交流、相遇或汇聚的过程中，不同的宗教文化群体之间往往会出于经济利益的动因，形成相互碰撞冲突的局面。例如，贡山县丙中洛地区"天主教的传入侵犯了当地喇嘛教的利益，而且天主教还阻止入教的教友向喇嘛寺纳贡缴税，这样就引起了当地喇嘛寺的不满，也遭到了群众的反对"[①]。又如，基督教传入以南传上座部佛教为主要信仰的德宏和西双版纳傣族地区以后，改信基督教的傣族由于信仰方面的差异，也不愿为传统宗教活动缴纳费用，形成了"另类群体"，遭到其他傣族群众的排斥，甚至被要求没收改信基督教的傣族村民的田地和房子，或者不让他们享受各种国家补助和帮扶政策。

在社会发展过程中，不同宗教文化的相遇和冲突不可避免。表面上

[①]　高志英：《贡山县丙中洛地区多种宗教从冲突到并存、交融发展历史研究》，载《云南师范大学学报》2001年第1期。

看，不同宗教文化相遇时，其冲突的根源是由于信仰上的差异和矛盾造成的。实际上，两种宗教文化之间引发冲突，很多都表现为围绕信仰上的差异引起的行为上的差异，所导致的现实利益上的矛盾和冲突。这种现实利益方面的矛盾和冲突影响了不同宗教信仰群体之间的关系，对传统的社会平衡、权力格局和利益关系造成了危害。因此，伴随着经济的交往，在不同宗教文化相遇与冲突时，不同的宗教信仰群体必须根据经济利益最大化原则才能调适冲突，在一定程度和范围内达到相对平衡的状态。

2. 调适与共存

调适伴随冲突而进行，可以说，调适本身就与冲突相对应，是冲突双方通过不断调节自己的行为或改变原来的立场对冲突的情境加以适应的状态或过程，是从对抗走向共存的必经阶段。我们认为，两种或两种以上的宗教文化相遇时，双方经过相互间不断地调适，可以实现由冲突转变为和睦共存。其中，不同宗教信仰群体间在经济交往过程中的经济利益是调适矛盾冲突、调整宗教关系的核心力量。

宗教关系涉及信仰主体间的现实利益的问题，不同宗教在相遇与汇集的过程中所产生的矛盾冲突也主要表现在经济利益的问题上。曾经发生在贡山县丙中洛地区的藏传佛教与天主教之间的"白汉洛"教案也是以清政府赔偿白银十余万两，并转赔重丁、查腊、秋那桶等地的田产给天主堂而告终。① 一般情况下，经济利益是双方进行自我调适的根本出发点，不同宗教间的调适都是围绕经济利益这一焦点而展开的。例如，红河县哈尼族传统宗教与基督教的冲突，从表面上看似由信仰上的差异而引发的冲突，实际上，其真正原因则在于基督教信徒不参加传统宗教中的"祭竜"活动和"凑份子"活动这一根本问题上。这样，随着双方在"凑份子"问题上的不断调适，基督教信徒在以村寨为单位的宗教祭祀活动或集体公益活动中，通过"经济参与"和"人力参与"等方式获得其他村民的认同，两种宗教逐渐向和睦共存的方向转化。在调适矛盾和冲突的过程中，我们应当意识到，不同的宗教在信仰上的差异是不可调适的，因此，应当把信仰问题还原为社会问题，根据双方经济利益最大化的原则，在经济交往的基础上均衡利益，调适矛盾冲突，达到各宗教和睦共存。

---

① 高志英：《贡山县丙中洛地区多种宗教从冲突到并存、交融发展历史研究》，《云南师范大学学报》2001 年第 1 期。

同时，我们还应当认识到，多元宗教之间的和谐共存，除了在经济利益层面上的均衡互利以外，还包括社会和文化等层面上的和谐。对信仰层面上的差异而引发的经济利益层面上的矛盾冲突的不断调适和化解，可以在社会层面上达到均衡的状态。双方经过信仰差异与现实生活之间不断磨合、调适，最终在文化层面上表现出了对不同宗教的包容性特点。因此，不同宗教之间应当通过不断地互动和对话，努力达到社会层面上的均衡互利和文化层面上的互相包容，实现各宗教间真正的和谐共存。

（三）经济交往与宗教和谐的模式与机制

在云南多元经济文化的背景下，根据双方对话与交流程度的不同，境内多元宗教共存关系主要表现为静态共存与动态共存两种模式的并存。此外，在一些局部地区还有更加丰富和具体的共存类型和表现形式。不同宗教文化之间只有通过不断地互动与交流，才能促使各宗教关系从静态的稳定共存向动态的和谐共存转变。在交流与互动中，宗教参与和宗教回避是不同的宗教与信仰群体既能增进与其他宗教交流与理解，又能规避触犯宗教禁忌的明智的行为选择。在这一过程中，信仰上的差异难免会引发一些社会层面和行为层面上的矛盾冲突。对矛盾冲突的调适，应"把宗教信仰问题还原为社会问题"[①]，有效利用调适过程中形成的在文化和政策层面上的引导机制、日常生活层面上的行为规范机制和社会层面上的民间协调机制，通过双方平等对话的方式，具体针对双方矛盾冲突的焦点和实质问题解决矛盾。

1. 多元宗教的共存模式与宗教和谐

在云南多元经济文化的背景下，不同宗教文化之间的互动与交流是各宗教从静态的稳定共存转向动态的和谐共存的一种途径，同时，也是现代社会中发展的必然趋势。也只有通过不断地互动与交流，才能使各宗教在互动中学会自觉理解与包容，才能促使各宗教关系从静态的稳定共存向动态的和谐共存转变，从而使各宗教共同以宗教文化的多样性满足人们不同的宗教需求，并为社会的和谐创造条件。

静态共存模式下，就云南境内多元宗教共存的整体情况而言，各宗教

[①] 张桥贵主编：《云南跨境民族宗教社会问题研究（之一）》，中国社会科学出版社 2008 年版，第 85 页。

之间在客观事实上是互不相干的。一般都是在社会管理与社会控制下，在国家法律和政策规定的允许范围之内，遵循社会的基本秩序，根据宗教自身的价值吸引力和自身的补偿功能来满足信众的需求，彼此之间多半处于静态共存的状态。例如，基于历史上"大杂居小聚居"的民族分布特点，云南大多数少数民族的传统宗教同时存在于同一地区或临近地区。但是，由于传统宗教的民族传统归属性，彼此之间在观念上却是相互区隔的、敬而远之的态度。除各民族传统宗教外，云南境内的道教、佛教、天主教、基督教和伊斯兰教各宗教在总体上也还处于一种缺少互动或互动较少的彼此之间相安无事的静态稳定共存状态。

在现代化进程中，随着市场经济的发展，不同社会文化之间的交往和互动带来的冲击，决定了各宗教从静态共存逐渐转向动态共存的趋势。可以说，不同宗教打破相互区隔的静态模式，相互之间发生行为和观念上的碰撞就进入了动态共存状态。云南省贡山县的丙中洛乡是我国多民族多元宗教和谐相处的典型地区，同时兼有藏传佛教、天主教、基督教和各民族的传统宗教。现在，当地的基督教与天主教会联合起来共同庆祝节日，藏传佛教在组织宗教活动时，其他宗教的信徒都会前往观看，信奉基督教、天主教和藏传佛教的信徒也同样会参加本民族的传统节日。丙中洛地区的各宗教在动态的发展与互动中已自觉形成"求同存异、相互尊重"的原则，在整体上长期保持动态和谐共存的局面。在这种动态发展的过程中，不同宗教之间的互动可能会带来宗教竞争，并在一定程度上或时段内也可能发生打破传统社会秩序而危及社会稳定的问题。但是，这些可能出现的差异与冲突会促使互动主体在互动过程中发现问题，并通过不断的调适来解决问题，进而达到相互间的和谐。

2. 宗教互动的行为选择

宗教互动，是现代社会开放与发展中难免的趋势。云南境内的各大宗教在整体上虽然还处于一种彼此之间互动较少的静态共存状态，但是在一些局部地区仍然有许多伴随着经济交往的宗教交流与互动。不同宗教之间的互动既可以是发生在社会层面上的互动，也可以是发生在个体层面上的互动。在宗教互动中，互动者的行为选择对各宗教关系的发展至关重要。一般来说，不同宗教文化在交流与互动中如果互动者的行为能得到某种程度的调适和整合，不但可以增强互动的有效性，还能促进互动关系的持续性；反之，在互动过程中一些不恰当的行为选择则会破坏良好的宗教互动关系，甚至会影响到宗教关系和谐与稳定。我们认为，宗教参与与宗教回避是不同的宗教与信仰群体在互动中在保持自身宗教信仰的同时，又能增进与其他宗教交流与理解，规避触犯宗教禁忌的明智选择。

一是宗教参与。参与宗教行为与活动包括宗教祈祷、祭献和禁忌等，从广义上讲，还包括为宗教活动所做的一切准备工作。社会层面上的宗教互动行为主要表现在参与宗教交流方面。就贡山县丙中洛地区而言，各宗教干事每年都会一同参加"爱党、爱国、爱教"培训活动，在培训期间，大家同吃同住，相互交流。相关负责人还会互相参加选举产生新的教职人员的换届选举会议和各宗教节日里的欢庆活动。当地的基督教"三自"爱国委员会还曾帮助天主教传道员培训过傈僳语的《圣经》。藏传佛教在春节期间举行"喇嘛舞"会时，各村村民都会不分宗教信仰前往观看演出，大家会在演出的间歇时间里对歌竞赛，有的青年（除天主教徒和基督教徒外）还会参加跳舞。红河哈尼族地区的一些基督教信徒也同样为了赢得传统文化观念较强村民的认同，他们在不违背基督教信仰的基础上，适当调适自己的行为，参与哈尼族传统"祭龙"活动中的"凑份子"和聚餐活动，以及以村寨为单位组织的在修路、挖渠等重大事件中举行的一些传统祭祀活动的准备工作。基督教信徒通过经济参与和人力参与的方式赢得了村民的认同，也赢得了在村寨中的生存空间。这种参与互动行为体现了不同宗教组织和信仰群体所接触的不同宗教文化已在各自的文化体系中得到了某种程度的调适和整合，并体现在实际行为选择上。

二是宗教回避。宗教回避根据双方交往与互动程度的不同，可分为回避整个宗教活动与回避部分宗教仪式两种。例如，孟连县民间称作"宾弄塞嗨"①的传统互助交往关系就是一种典型的回避整个宗教活动的案例。在"宾弄塞嗨"中，以傣族为主的民族与邻近的拉祜族、哈尼族、佤族甚至汉族等不同民族的家庭之间会结成如亲戚般的世交关系，这种关系的核心内容是经济互助、生活互帮、资源共享的世俗目标。对此目标而言，宗教并非该经济活动中的必要因素，但却又对对方极为重要，而且还有着诸多禁忌而容易犯错，破坏世俗情谊。因此，在这种以实现经济目标

---

① "宾弄塞嗨"系孟连县傣语，"宾弄"意为亲戚，"塞嗨"意为朋友。"宾弄塞嗨"是指傣族与其他近邻民族以家庭为单位结成的"像亲戚一样的朋友关系"，以经济生产生活中的互帮互助为主要内容，并往往世代相传。

为焦点的世俗交往中，通过自然的积累对对方宗教有所了解，在具体活动中自觉地回避介入对方真正的宗教生活（带有宗教色彩并已世俗化地方化的节日除外）。因而"拉祜族来傣寨串亲时一般不进缅寺，傣族去拉祜寨串亲时也不关心其宗教活动"①。在交流与互动中，刻意保持彼此不同信仰间的距离，通过宗教回避把宗教这个敏感因素排除在交往和交流范围之外，有效避免了不同宗教信仰的人们在同一活动中发生信仰层面上的冲突。宗教回避虽是以消极的方式推动了宗教和谐，但在多元宗教和谐相处的形成过程中，实为一种非常有用并且能够有效规避风险的共处策略。

总之，从信仰的层面上看，宗教间的差异和矛盾普遍存在；从社会的层面上看，宗教间的信仰差异又是可以并存的，其所引发的矛盾冲突也是可以通过调适而化解的。双方在社会层面和行为层面的矛盾冲突，可以在现实社会中，通过多方面的调适，达到包容差异、化解矛盾、和睦共存的状态。

五　结语

宗教作为一种社会上层建筑，来自经济方面的影响和制约是最根本的和基础性的，宗教间的相互关系受到了经济因素的决定性影响。在所有的经济因素中，经济交往是最为积极、最为活跃的因素之一。无论是不同区域之间的经济交往，还是一个区域内部的经济交往，以及人们日常生活中的经济交往，都是推动不同地区、不同文化、不同人群相互交往、沟通的基本动力。经济交往带动了政治、社会、文化的全面交往，因而也对宗教关系形成了多方面的影响。对于宗教关系而言，经济交往既是促使不同宗教之间相互交流和相互了解的基本动力，也是调适宗教矛盾冲突，达到相互包容和相互理解的现实途径。一方面，经济交往使不同的宗教聚合在一起，使得宗教间的互动以及碰撞和矛盾得到了充分的展现；另一方面，经济交往又成为调适宗教矛盾、建构宗教和谐关系的基本途径。因此，在宗教关系发展所表现出来的"相遇—冲突—调适—共存"的整个过程中，经济交往的影响都是最为明显和积极的。

---

① 刘军：《"宾弄赛嗨"：族际互助传统的当代价值》，载《中国民族报·理论周刊》2012年6月15日第5版。

在现实社会中，宗教关系的表现形式是多样的，其中最主要的就是在经济交往基础上建立的"共处"关系。经济交往把不同区域和不同文化之间的不同宗教联系起来，使他们形成了不同形式的共处关系。从云南各个宗教的"共处"关系来看，大致有对立型共处、分立型共处、离合型共处、融合型共处等多种多样的类型。其中既有静态的共处关系，也有动态的共处关系；既有和谐的共处关系，也有不和谐的共处关系。但无论宗教共处关系如何复杂多样，我们都可以按照经济决定论的思路，从现实生活中找到一些经济因素。这些经济因素就是建构和影响宗教共处关系的最基本的因素。在所有的经济因素中，经济交往是最具有基础性的因素。只有在经济交往的基础上，其他的经济因素乃至社会文化因素才能发挥作用。区域间的、区域内的以及人们日常生活中的多层次、多方面的广泛的经济交往，为宗教互动奠定了基础，为宗教理解和宗教对话创造了条件，也为宗教矛盾和冲突的解决提供了基本保障，最终达到宗教间的和谐共处。

当然，经济决定论并不否认其他方面的因素对宗教关系的影响。本文仅从经济交往的角度，对云南多元宗教和谐相处的影响做了初步分析，而在现实生活中，宗教作为一种意识形态和文化形态的社会存在，贯穿在人们的思想认识、精神追求、伦理道德、行为方式等各个方面，有着丰富的历史文化内涵和广泛的社会联系，因而也受到了来自多方面的制约和影响，政治制度、政策规范、民族关系、婚姻关系、风俗习惯乃至一些突发事件等，都会对宗教以及宗教关系产生影响。在经济因素的基础上，这些非经济因素从不同的层面，以不同的方式对宗教关系产生影响。因此，在当前建构宗教和谐关系、维护社会稳定的时代背景下，我们应该充分发掘和利用各种有利因素，调适宗教矛盾，促进宗教和谐。

子调研报告之四：

丙中洛多元宗教和谐相处的历史与现状

丙中洛的多元宗教并存现象并非从来就有，而是伴随民族迁徙、多民族共居、社会经济文化而形成的。在清代雍正年之前，丙中洛世居民族——怒族支系阿怒人全民信仰万物有灵的原始宗教；之后迁入的藏族、傈僳族，以及从阿怒中分化出来的一部分俅人——独龙族皆一度以信仰各自传统的原始宗教为主。他们的原始宗教具有基于同区域内的共性自然生态环境的自然崇拜的一致性特征。雍正六年（1727 年）维西改土归流，丙中洛隶属维西康普（叶枝）纳西族土司统治，藏传佛教由此传入丙中洛。大约在 1898 年法国天主教传入丙中洛。20 世纪 30 年代基督教传入丙中洛地区，多元宗教并存局面最终形成。

多元宗教在丙中洛产生与传播的历史过程，就是一个多元宗教从冲突到和睦并存的过程，也是丙中洛民族从单一到多元的过程。究其根源，在于丙中洛文化生态的多样性特征，在于丙中洛宗教的民族性、地域性特点，以及不同宗教所具有的功能性之不同。而从丙中洛多元宗教并存与交融现状来看，旅游经济驱动下宗教的世俗化则导致了多元宗教之间的相互交融。

一　丙中洛民族关系发展与多元宗教发展历程回顾

回溯丙中洛多元宗教并存的历程，即是民族关系不断发展，社会环境越来越复杂化的过程。

（一）丙中洛土著怒族的传统宗教信仰

贡山县丙中洛乡位于怒江傈僳族自治州的最北端，北靠西藏，与西藏察隅县察瓦龙乡接壤；向南经傈僳族、怒族聚居地棒打乡至贡山县城所在地茨开镇；西临独龙族聚居地独龙江，可经此而入缅甸；东依迪庆，毗邻云南唯一的藏区。因特殊的地缘关系，历史上不断有周围民族先后迁入丙中洛，使丙中洛成为一个多民族杂居的地区。

在丙中洛众多的少数民族中，最古老的民族就是怒族。《元方舆胜览·金齿诸路·潞江》曰：怒江"俗名潞江，出潞蛮。"其中所指之"潞蛮"，即居住怒江两岸最早的怒族的先民。《元一统志》中载："丽江路，蛮有八种：曰麽些、曰白、曰罗落、曰冬闷、曰峨昌、曰撬、曰吐蕃、曰卢，参错而居。"其中之"卢蛮"，为今天怒族与怒江傈僳族先民，是古代乌蛮后裔在从澜沧江流域迁移至怒江流域过程中，先期到达怒江中上游地区，并被山水分隔于贡山县北部、福贡县、原碧江县而各有称呼，在20世纪五六十年代的民族识别中一部分被识别成为怒族，另一部分在明代之后融入同源于氐羌系统乌蛮集团中同属于"施蛮"、"顺蛮"、"栗粟两姓蛮"后裔而被称为傈僳族[1]。因此，在元代，"卢在西部之南北多有之"[2]，即怒族、傈僳族先民在元代就已经广泛分布于怒江、澜沧江流域。因而，怒江之得名源于因最早为怒人居住，或怒人因居住怒江边而得族名，彼此其先其后诸问题，一直争论不休。赵元祚《滇南山水纲目》曰："以其来自怒彝，故名怒江。"蒋彬《南诏源流纪要》：异牟寻以澜沧江、金沙江、黑惠江、潞江为四渎。"潞江……或疑即泸水，黑色为卢，有毒之水名之曰泸，其理似近。泸与潞音相近，沿讹未可知。……由丽江西北有怒江，江浒夷人即为怒子，疑即此潞江，怒讹为潞，容或有之。"[3] 严德一说："怒江江边，古宗人的居地，达到菖蒲桶和打拉，再南到捧大、永拉干、茨开、普拉底各地，土族则另是一种怒子民族。……人数实在不多。怒子因住居这段怒江而得名。乐观估计，总共不能超过一千户。"[4] 方国瑜说："怒族居怒江地区，唐时已著名，抑以居怒江之民而称怒族耶。"[5] 在唐代樊绰《云南志》中早也有记载："高黎贡山在永昌西，下临怒江。"《新唐书·地理志》载贾耽路程曰："永昌故郡西渡怒江至诸葛

① 高志英：《唐至清代傈僳族、怒族流变历史研究》，载《学术探索》2004年第8期。

② 方国瑜：《中国西南历史地理考释》（下册），中华书局1987年版，第847页。

③ （清）吴大勋：《滇南见闻录》。

④ 严德一：《怒江边的怒子》，载李绍明等编《西南民族研究论文选（1904—1949年）》，四川大学出版社1991年版，第315页。

⑤ 方国瑜：《中国西南历史地理考释》（上册），中华书局1987年版，第562页。

亮城。"而唐代尚未怒族（人、蛮）之名，说明怒江之名早于怒蛮之名，怒族之来源即"施蛮"、"顺蛮"后裔西迁怒江（潞江）而得名"卢蛮"，后同音异写为"潞蛮"、"怒蛮"等，因此说怒江地区最早的主人是怒族该是无疑的。总之，综合怒族、傈僳族先民在唐代南诏统一战争中的迁徙路线以及后来藏彝走廊西部地区民族迁徙路线，丙中洛一带应该是藏彝走廊民族由东向西迁徙的重要途径，因此，丙中洛一带最早的居民也应当是怒族。① 同理，我们也可以认为，当时怒族所信仰的原始宗教就是该区域最早的宗教类别。对此，前人曾有调查：

贡山怒族所信奉的是原始的万物有灵崇拜，他们主要信奉山鬼"木里布拉"、水鬼"昂布拉"、路鬼"木胡希拉"和树鬼"穷那底布"等十余种。这些都被视为主不祥之邪鬼，能祟人生病和死亡，并使庄稼遭灾，每年都要祭奉。还有一个通管各种鬼灵的神"强布拉"，各氏族成员每年分别在不同的时间集体祭祀，以祈求赐予安宁云云。②

贡山怒族的原始宗教即万物有灵观，认为山、水、石、树均有灵魂，而这些灵魂皆邪恶并随时作祟于人。树鬼"木胡布拉"会模仿人声、鸟声，使人灵魂离开身体，尤其是妇女和儿童易遭其伤害；路鬼"木胡布拉"常引诱行路者误入歧途，跳入深箐；水鬼"昂布拉"发出的怪吼声使过溜索的人坠入滔滔怒江；石头鬼"龙不拉"会张口说话，还吞食小孩。在贡山怒族众多的民间神话传说中，有天神派骏马踩踏石头鬼的故事。从怒族居住区前往西藏察瓦龙的路上，有一形状酷似张口青蛙的巨石，当地人对之充满敬畏。对于怪石嶙峋，怒族群众都奉为鬼灵的化身。当地人禁止怀孕的妇女及幼婴儿在大石块上休憩、玩耍，否则疾病会附身。丙中洛甲生石门关的传说以及石门关在人们心目中的神圣地位，在一定程度上反映了贡山怒族的石块崇拜。③

贡山怒族称崖神为"吉米达"，是集山神、猎神、谷神、雨神、生育神、婚配神、保护神等诸神职能于一身的重要神祇。因而，崇拜和祭祀崖

① 高志英：《藏彝走廊西部边缘民族关系与文化变迁研究》，民族出版社 2009 年版，第56 页。

② 张文照：《怒族宗教情况》，载《怒族社会历史调查》，云南人民出版社 1981 年版，第114 页。

③ 罗孟：《贡山怒族的宗教信仰》，载云南省社会科学民族学研究所编《民族学》1988 年第 1 期。

神是贡山怒族原始宗教的最大特点。崖神具有山神职能，司植物生长，可以从以下两个传说中看出：（1）很久以前，迪麻洛村的才当崖壁附近绿树成荫，草木茂盛，后来男崖神死了，女崖神即改嫁而远走他乡，所以这里现在是树木枯萎、草木凋零，一片荒凉。（2）在白汉洛村附近，"达粗"、"能门然"、"叭给"三堵崖壁呈三角形分布。其中，南边的"达粗"和"能门然"这两个崖神被认为是男性，他们合伙欺负北边被认为是寡妇的"叭给"崖神。"叭给"不堪"达粗"、"能门然"的凌辱而离家出走，从此，"叭给"崖壁附近亦草枯木败、荒芜凄凉。① 此外，贡山怒族还认为树木野草都是崖神的头发和胡须，飞禽走兽是崖神的财物。崖神又是雨神，体现在"望夫崖"的传说中。当地群众只要看到"吉娜木忍"崖峰上有云彩缭绕，便断定会降雨，由此带来了"吉娜木忍"崖神司降雨的说法。崖神主宰着庄稼的生长和歉丰，还司人间的生育和婚配，人们普遍认为崖神安排的婚姻是无法抗拒、不可更改的。

贡山怒族的崖神崇拜中已经有了最初的偶体观念，这就是喀斯特地貌中的石灰岩溶洞里各种各样酷似人物、禽兽形状的钟乳石和悬崖峭壁。丙中洛附近的一个溶洞，怒语称"扒母乃"，意为"母猪神神洞"，因洞外有一形似母猪的钟乳石而得名。当地群众认为，该处的崖神是一个母猪。此外，洞口的一根被称为拴马柱的钟乳石柱，也是当地怒族的崇拜物之一。被称为"仙女洞"的闪当溶洞，是贡山怒族一年一度欢庆"鲜花节"的圣地。该洞崖神被认为是女性，曾经发现过形态酷似当地妇女的钟乳石。石门关对面的龙差溶洞，因洞口有一对形同小鸟的钟乳石，而被称为"双石雀仙洞"，该洞崖神被认为是一对飞鸟。位于怒江西岸的石门关，传说不时有裸体妇人隐隐约约地在云雾缭绕的岩壁中显现，因而这里的岩神也被说成是女性，受到当地群众的祭祀和信奉。

贡山怒族的崖神中，多数被认为是凡人变的，因而崖神和人一样，有男女之别，有喜怒哀乐和人间的情欲，也有家庭和配偶，它们或者相亲相爱、悲欢离合，或者相互厮杀。然而并非所有的崖神都被怒族供奉，因为崖神中有善恶之分。行善的崖神能庇护并赐予人们好运，如保护人畜平安兴旺、风调雨顺、谷物丰登，保佑人们婚姻美满、出猎时满载而归；险恶

① 何叔涛主编：《中国各民族原始宗教资料集成·怒族卷》，中国社会科学出版社 2001 年版，第 856 页。

的崖神则强虏人们的妻子儿女，突降病灾，造成家破人亡等。因此，人们对行善的崖神是虔诚的爱戴和信奉，一年一度的"朝山节"，都要对他们举行隆重的祭祀和朝拜。而对作恶的崖神，人们又怕又恨，采取敬而远之的态度，有的采用一些相应的巫术来与之打交道，以期将其制服。[①]

总之，"由于一生一世辗转在山头峡谷之中，在与世隔绝的状态下，当地怒族群众认为江河森林的存在以及春播秋实、雷声电光、生命的起始、孩子的成长都是因为有一种神秘的力量在支配着。避免触怒这种神秘力量的办法是对其膜拜与小心翼翼地祭祀，事无巨细，都得祈求其宽恕。贡山怒族社会中虽然出现了神这个词，但人们却一直是把鬼神视为一体的。尽管在部分怒族群众中有树神崇拜的迹象，其宗教观念仍然处于万物有灵、多鬼神崇拜的发展层次上。"[②] 或者说，所谓贡山怒族的"神"不过是外界学者的对山鬼类的主观界定而已，而在贡山怒族心目中并没有将神从种类繁多的鬼类中抽离出来。怒族却认为自然界中只存在着保佑守护、保佑人的善鬼和专门给人带来灾难的恶鬼。他们认为只要自己遇到疾病了，就一定就是恶鬼作祟的缘故，因此他们就会请"南木萨"（称呼与独龙族同，怒语"巫师"之意）举行宗教仪式，或祈求鬼灵的原谅，或驱赶作祟之鬼灵。在怒族人的传统宗教中，每逢节庆、大型农事活动，或大的狩猎行为，怒族人都要举行祭祀，以祈求神灵的帮助，使人民能够顺利达成自己的目的，一般这种大型的祭祀活动都具有较为系统的仪式操作过程，"南木萨"在祭祀前一般都要进行占卜，而主要的占卜手段就有手卦、猪卦、鸡卦、竹签卦、酒卦、水卦等十余种，这些都是根据不同情况而采用不同形式来卜卦的。卜卦的结果不同，祭祀的时间、地点、祭品也不一样。[③]

从上述可知，丙中洛怒族以万物有灵为核心原始宗教信仰，有明显的自然崇拜特征，这正是当时沉重的自然压力幻化而成的超自然力量。这无疑也是当时的人们力图构建人与自然和谐关系的尝试与努力，或者说怒族

---

① 何叔涛主编：《中国各民族原始宗教资料集成·怒族卷》，中国社会科学出版社 2001 年版，第 857 页。

② 罗孟：《贡山怒族的宗教信仰》，载云南省社会科学民族学研究所编《民族学》1988 年第 1 期。

③ 高志英：《贡山县丙中洛地区多种宗教从冲突到并存、交融发展历史研究》，载《云南师范大学学报》2001 年第 1 期。

原始宗教的产生最根本的原因首先也是因为自然压力下的生存需要与生存智慧。恩格斯就说过:"一切宗教都不过是支配着人们日常生活的外部力量在人们头脑中的幻想的反映,在这种反映中,人间的力量采取了超人间的力量的形式。在历史时期,首先是自然力量获得了这种反映。"① 因此说,原始宗教是怒族人解释自然,认识自然,在自然界获得生存机会的重要精神诉求。原始宗教为他们解释了一切未知的自然现象和事物,通过对拟人化的超自然力量或宗教对象的膜拜,为他们的精神世界找到了一种寄托和慰藉。因此,原始宗教几乎覆盖了他们生产生活的方方面面,并长期产生重要的影响。

(二)18世纪藏传佛教的东向传入

藏传佛教传入丙中洛地区,与维西纳西族土司势力深入其境有关。《维西县志稿·大事记》载:"雍正五年,丁未,春,内附。女土千总内附,即以女土千总禾娘管辖之。雍正六年(1728年),戊申,春,设治。国家以其地位西北门户,分隶鹤庆军民府,设通判治之。……又于旧头目中给土千总二员、土把总五员、土目二十九员,共计三十六员,分治其地,而受约束于通判。"《新纂云南通志·土司考一·制度》:"土千总……维西厅属五人。土把总……维西厅属五人。"雍正六年(1728年)改土归流后,形成了土流同时管理维西的局面,而且所有记载都强调了维西"西北门户"之重要性。其中,西路土把总王吉仁,其先祖为王连。清雍正七年,王连带练助剿匪阵亡,奏准世袭西路土把总职务,传子世爵;世爵传荣,从征云州、大姚,军务有功,赏给蓝翎加守备衔;荣死,子吉仁袭。西路土把总世居康普村。东至澜沧江四十里,南至橄榄木十五里,西至怒子江一百五十里,北至渣洛箐一百八十里。② 至此,怒江中上游地区即成为维西纳西族康普土司辖境。其中,禾娘即是历史上纳西土司与怒人、俅民发生政治、宗教关系的关键人物。

康普土司从禾姓再转到王姓,是因为禾娘无子,传女阿芝,阿芝传丈夫王再锡(入赘)。(维西)"其种族之远而繁者,土职中以禾女千总禾娘

---

① 〔德〕恩格斯:《反杜林论》,载《马克思恩格斯选集》第3卷,人民出版社1972年版,第354页。

② 李汝春主编:《维西史志资料·唐至清代有关维西史料辑录》,维西傈僳族自治县县志编委会1992年编印,第272页。

裔为当。禾姓从木，据土人说：丽江木土守委人辖维西，于'木'上加撇，为'禾'，以示区别，即禾娘之先也"①。《维西县志稿·人物·宦绩》载："禾娘，世为康普一带土官。夫死，氏领夷众，人民悦服，遂称为女千总云。雍正五年（1727 年）内附，六年改鹤庆府通判为维西通判。捐资筑城池，克襄庶政，功德在民。并建隍祠，兰经、寿国两寺。迄今人民于城隍祠内供奉禾娘香位，志不朽云。"史志也记载禾娘管辖怒江上游地区的史实。"其维西境内亦有怒江，即与丽江府所属之怒江接连，彼时当将维境怒江两岸怒子、傈僳夷民一百一十一村寨分隶维西康普千总禾娘管束。"② 雍正八年，也即清朝廷分封维西诸土职的次年，发生了怒族、独龙族远赴维西求纳事件。③ 原因是：（1）怒子、俅民已经与傈僳族群发生联系；（2）二者"常苦栗粟之侵凌而不能御"④。《雍正云南通志》卷二十四曰："怒人，其在鹤庆维西边外。过怒江十余日，有野夷名怒子。雍正八年相率到维西，将麂皮十二张，山驴皮十，麻布三十方，黄蜡八十斤充贡，愿为例。"方国瑜先生考证道："以今路程考之，自维西至岩瓦（在康普南一日程），澜沧江五日至怒江边，渡江即茨开（菖蒲桶南一日程），又五日至求江之茂顶。（杨斌铨路程，载《云南北界勘察记》卷三）则雍正八年至维西之怒人，可能是求江居民，清代归维西厅管辖。"⑤ 居住于藏彝走廊西部北段的怒子、俅民向维西厅纳贡是正式归属于内地中央王朝的开始。

　　清代，维西地区藏传佛教盛行，其境内麽些官民普遍信仰藏传佛教，"喇嘛之长至，则头目率下少长男女礼拜，视家所有布施，家贫，虽釜之属取以奉之；西藏大喇嘛至，礼拜布施益甚，得其片楮只字，以数十金计，贫者得其粪溲，奉之家中佛龛，焚香而拜；或伏于道左，俟其过。举其马尾以拭目，谓可却疾。头目有二三子，必以一子为喇嘛。归则踞坐中

　　① 李炳臣：《维西县志稿·氏族》。
　　② 中国第一历史档案馆藏军机处民族类 139 号档案，转引自李汝春主编《维西史志资料·唐至清代有关维西史料辑录》，维西傈僳族自治县县志编委会 1992 年编印，第 275 页。
　　③ 方国瑜先生依据杨斌铨路程考虑，认为《雍正云南通志》所记载的"怒人"当为"俅人"，笔者依据地望和当时独龙族、怒族尚未分化，而且当时贡山北部的一部分怒族在后来迁徙到独龙江以后变成独龙族的情况，认为应该包括今天贡山怒族、独龙族的先民。
　　④ （清）余庆远：《维西见闻纪》，载方国瑜主编《云南史料丛刊》第十二卷，云南大学出版社 2000 年版，第 65 页。
　　⑤ 方国瑜：《中国西南历史地理考释》（下卷），中华书局 1987 年版，第 847 页。

庭，父与母皆拜。"①《维西县志稿》也说：（维西土职）"门户虽多，而丁口稀少。推其原因，实由于土官多迷信喇嘛，以有子女多去做喇嘛为荣所致。"土司家族亦笃信藏传佛教，"叶枝（康普）土司衙门的背后，有一个私人庙堂，一个喇嘛在里面击鼓诵经并吹海螺为土司及其全家祝福。"② 叶枝王氏家谱记载，第一代：禾娘建造了6个寺庙，晚年被削职后入寺修行；第四代王安：次子王朝辅的养子王天爵生4子，一子为寿国寺的掌教，一子为寿国寺喇嘛；第八代王国相：盖建寺庙，有4个弟弟，三弟登子为寿国寺的喇嘛，四弟国才之子文献为寿国寺掌教，三子为寿国寺喇嘛。③ 从中可见王氏土司家族有笃信藏传佛教的传统。在特定的历史境遇中，禾娘把属地内土地转赠于喇嘛寺以表虔诚之心是可以理解的。

禾娘婆媳掌管康普土司权力，缘于土司家族接连发生不幸，其结果是把藏族土司、喇嘛寺的统治引到独龙江与怒江上游地区，即一方面是广建寺院，另一方面是把独龙江和丙中洛北部地区转赠给察瓦龙喇嘛寺，该区域的怒人和独龙江俅民就落入丙中洛喇嘛寺和察瓦龙藏族土司两股政教合一的统治力量的压迫之下。在洛克搜集到的《王氏家谱》中说："王氏家谱：第一代——禾娘：禾娘为部落女将（禾）志明的婆婆。她的媳妇志明是一个勇敢、忠心的女将。继丈夫的职，单独开辟维西。不幸她丈夫早死，由一个女儿养活。禾娘和她的媳妇从事许多慈善工作，捐出土地、田地，建造了六个寺庙。"④ 其中之一就是贡山丙中洛的普化寺。"查菖蒲桶寺，原系莫多普化寺，系康乾间由女土千总禾娘、禾志明婆媳捐地土，赴西藏大宝法王前，请派喇嘛来境，建寺行教，以镇地方。"⑤ "这里（丙中洛）的土地所有权，最早属于喇嘛寺。据说原来是木土司的辖地，木土司为了加强对当地人民的统治，清乾隆时派遣喇嘛在丙中洛建寺，土地就归喇嘛寺所有了。"⑥ 说明丙中洛喇嘛寺的建

① （清）余庆远：《维西见闻纪》，载方国瑜主编《云南史料丛刊》第十二卷，云南大学出版社2000年版，第62页。

② ［美］约瑟夫·洛克：《西南古纳西王国》，刘宗岳译，云南美术出版社1999年版，第209页。

③ 同上。

④ 同上。

⑤ 夏瑚：《怒俅边隘详情》，载方国瑜主编《云南史料丛刊》第十二卷，云南大学出版社2000年版，第161页。

⑥ 云南省编辑组：《傈僳族、怒族、勒墨人社会历史调查》，云南人民出版社1984年版，第46页。

盖者是纳西土司，但并非木氏土司，而是木氏土司后裔的维西禾王姓（妻禾娘、媳禾志明）土司。① 普化寺前3任住持皆来自四川德格喇嘛寺，只有第四代主持朗乔祝格来自康普土司辖区内的白济讯（今维西），这也与维西地区藏传佛教的发展相对应。所以，乾隆年间（具体时间无从考）普化寺的修建，无疑是代表康普土司势力的藏传佛教在贡山的真正立足。

　　丙中洛喇嘛寺修建时间，史志记载多有出入，但在雍正五年（1727年）禾娘内附，雍正八年怒子充贡之后是无疑的。丙中洛普化寺"三层大殿，金碧辉煌，南有扎聪（喇嘛住处），大小喇嘛一百多人，寺产有骡马百匹，牛羊千头，是贡山喇嘛寺的鼎盛时期。查证时在1783年（清乾隆四十八年）。"② 据记载："菖属藏传佛教，系为红教。前清道光中叶，有西藏喇嘛，名教拱几者，率领古宗数人，来菖蒲桶转经，查悉其地肥沃，遂与古宗分地垦荒，建屋以居。后于丙中洛地方，创修一喇嘛寺。"至光绪十三年（1877年），大喇嘛喃穹复于菖蒲地方，又修一喇嘛寺。此教学习藏文，讽诵藏经，各自招徒传授。除大喇嘛不娶妻外，其余喇嘛，尽有妻室，生儿育女，栽种田地，不住寺内。其住寺内者，仅喇嘛管事一人。主持寺务者，系何姓大喇嘛。此等喇嘛，名为红教，无异俗人。所用法器，系大铜钵、大铜锟、牛皮鼓、大海螺、手转金钟、死人天灵盖、人脚杆骨小号，长五六尺，大铜号、小铜撒拉（唢呐）。所有大小喇嘛，到处帮人打鼓念经，混食赚钱。③ "菖属一区菖蒲地方有新旧喇嘛两所，旧寺在丙中洛，道光中叶由喇嘛都拱创修；新寺在菖蒲桶，于光绪十三年（1887年）由喃穹大喇嘛修建，内供释迦偶土像，尊尚红教。现有大小喇嘛二十七人，均各有室家，不住寺内，其管理寺者，系喇嘛管事一人，小喇嘛四人，掌教者系维西叶枝何姓大喇嘛，④ 现在维西寿国寺代务，建寺原因，纯系土司主义。"⑤ 可见，丙中洛喇嘛寺的修建，或藏传佛教的传

---

　　① 至今怒江地区各族中关于纳西土司"木老爷"、"木天王"的故事流传甚广，有可能认为凡是纳西土司皆是木氏土司。

　　② 云南省编委会编：《独龙族社会历史调查（一）》，云南民族出版社1981年版，第225页。

　　③ 《征集菖蒲桶沿边志》，载怒江州志办公室编《怒江旧志》，怒江州民族印刷厂1998年印，第141页。

　　④ 笔者疑为禾姓之误。

　　⑤ 《征集菖蒲桶沿边志》，载怒江州志办公室编《怒江旧志》，怒江州民族印刷厂1998年印，第141页。

播与维西纳西族土司势力的扩张有密切的关系。调查资料就说："贡山的藏传佛教与维西的康普土司和叶枝土司及西藏的察瓦龙土司有着密切的关系。元、明、清以来，贡山及江心坡一带就是丽江木土司的世袭领地。传说贡山的普化寺就是丽江的木土司的子孙康普土司的女土司（千总）所捐建的，禾娘共捐建滇西北十三大寺，普化寺为其中之一。'普化寺'一名，含义可能有两层，明为'普化众生'之意，暗含'康普教化众生'之意。当地藏族称此寺为'甲康普见巴'，即怒族地方的康普土司的寺庙。……普化寺的教权宗德格喇嘛寺，但事事听维西康普喇嘛寺的控制。贡山的喇嘛都说，维西和贡山的喇嘛寺名都叫康普寺，维西县的是大寺，贡山县的是小寺。因为是康普土司捐修的，实际上贡山的叫'普化寺'，维西的叫'寿国寺'"。① 可知维西与丙中洛两地藏传佛教之间的关联性。

尽管有维西纳西族土司与后来的西藏藏传佛教势力做依托，但是作为外来宗教的藏传佛教与丙中洛土著怒族的传统宗教发生冲突是不可避免的。距今大约200年前后，藏传佛教之噶举派（俗称白教）中的噶玛噶举"红帽系"喇嘛杜功建从四川德格喇嘛寺到昌都、维西，然后翻越碧落雪山到达福贡利沙底传播藏传佛教，被傈僳族抵抗，只得向北退却到福贡拉马底，同样遭到了傈僳族的反对，并最终于乾隆三十八年（1773年）辗转来到了丙中洛，开始在当地怒人中传播藏传佛教。喇嘛杜功建在丙中洛的传教活动也并非一帆风顺，同样遭受了当地怒族的强烈抵抗。"当时，怒族群众只崇拜万物有灵的原始宗教，不懂什么叫喇嘛，不肯入教，并进行了反抗斗争"②。虽然史志记载阙如，但是在村民的历史记忆中仍然有痕迹可寻。

传说有一天，当地群众30多人包围住了杜功建住的草棚，要把他驱除出村，但不知道杜功建使了什么法术，使前来包围他的人像钉子一样被钉在地上，动弹不得。于是第二年，人们又发动了一次反教斗争，重地、重丁、甲生三个怒族村子、一百多个农民，拿上大刀、长矛和弩弓来围攻杜功建。杜功建只是坐在山坡上，只见他往身边的芋头堆呼了口气，芋头就从山坡上滚向人群，最后还砸伤了十几个人。人们又惊又怕，终于慑服

① 洪俊：《贡山的藏传佛教》，载云南省编辑组编《云南少数民族社会历史调查资料汇编（一）》，云南人民出版社1986年版，第234页。

② 阿图：《喇嘛寺村的变迁》，载贡山独龙族怒族自治县文史资料委员会编《贡山文史资料》第一辑，1996年版，第162页。

了，表示愿意入他的教，从此藏传佛教就在丙中洛传播开来。①

虽然在这则传说中，我们没有看到原始宗教巫师"南木萨"（巫师）的身影，但是原始宗教观念根深蒂固的村民奋起与杜功建所代表的藏传佛教之间的冲突是明显的，而且从村民的数量可以看出原始宗教影响的广泛性。但是，因有土司势力做后盾，加之藏传佛教作为制度性宗教的优越性，最终在丙中洛站稳脚跟，并打破此地原始宗教长期一统天下的格局，喇嘛寺就成了当地最高统治机构。

杜功建在丙中洛传教 7 年后，接替他的是同样来自四川德格喇嘛寺的松娄喇嘛。松娄喇嘛把丙中洛的土地占为喇嘛寺所有。还规定，凡居住在贡山境内（除独龙江地区外）的居民都要向喇嘛寺缴纳贡税。松娄治寺 28 年里，从迪庆、西藏等地陆续搬来了 75 家藏民，在寺庙周围居住。与此同时，维西守备厅还派来 12 户那马人（白族支系）迁徙到此安家落户，替寺庙开田，引水种水稻。喇嘛寺成为当地政教合一的统治机构，丙中洛的民族结构也从原来的以怒族为主，因藏传佛教的传入又增加了藏族与那马人（白族）。可以说，丙中洛多元宗教的并存，是与各民族多元文化的并存相对应的。

从杜功建到第四任治寺喇嘛兰雀治格一世，藏传佛教在丙中洛逐渐步入昌盛时期，但喇嘛寺与怒族原始宗教的矛盾和冲突仍在继续。根据当地民众的说法，某次兰雀治格病倒了，怪罪于巫师"南木萨"，他把丙中洛境内的 9 个"南木萨"全部招来，限期治病。"南木萨"作法不灵，除昆楚一人逃走外，其余 8 人均被处死。昆楚逃到维西守备厅告状，喇嘛寺也派人前去应诉，结果普化寺输了官司，把寺内仅有的两竹筒金罚给维西厅一筒，维西厅由此加强了对丙中洛地区的政治、司法和经济控制。② 这个传说一方面是历史上藏传佛教与怒族原始宗教两者相互矛盾冲突的反映，另一方面则是藏传佛教在现实中一定程度上接受原始宗教"南木萨"巫术的表现，这应该是二者相互并存与相互交融的端倪。不过，在这一次斗争中，原始宗教和藏传佛教都元气大伤，相互之间都没有能力再发起大规模的对抗。在此后的发展过程中，由于皆受到西方基督教和天主教的巨大

①　彭兆清：《丙中落喇嘛寺简况》，载怒江州政协文史资料委员会编《怒江文史资料选集》（下卷），德宏民族出版社 1994 年版，第 1041 页。

②　彭兆清：《丙中落喇嘛寺简况》，载《怒江文史资料选集》（下卷），德宏民族出版社 1994 年版；阿图：《喇嘛寺村的变迁》，《贡山文史资料》第一辑。

冲击，丙中洛的藏传佛教最终都未能再次崛起，取得在丙中洛的宗教主导权。

藏传佛教作为首先传入丙中洛的制度化宗教，自有其原始宗教所不能及的优越性，更能够满足日渐复杂化社会中的怒族的精神需要；而藏传佛教的传入，亦即是藏族开始移居丙中洛腹地的开始，加之与其北部、东部藏区的地缘关系，藏族所信仰的藏传佛教就一直成为丙中洛主要宗教信仰类别之一。在此意义上，我们可以说，藏传佛教的传入，为多民族的丙中洛社会提供了可资选择的另一种宗教。

（三）19 世纪天主教的东向传入

1856 年，天主教西藏教区正式成立，地处滇西北的贡山与毗邻川藏的维西、德钦同属于天主教会的西藏教区。1861 年《北京条约》签订以后，天主教会就立即开列西藏教区七名传教士的名单，要求颁发护照，准许入藏传教。但当天主教进入西藏以后，却受到了全藏僧民的强烈反对，传教士被迫由昌都退到巴塘，沿金沙江而下，经盐井进入滇西北地区，并于同治末年先后在维西、德钦等地建立了教堂，并成立西藏教区云南总铎区。① 天主教在丙中洛的传播也并非一帆风顺，主要是受到来自藏传佛教势力的强烈抵制。

自清朝同治元年（1862 年）始，天主教传教士便开始在滇藏边界的阿墩子（今德钦）设堂传教，就常与当地的藏传佛教徒发生冲突。光绪十八年（1892 年），西藏察瓦龙藏民聚众前往阿墩子示威，法国神父任安守闻讯外出躲避，教堂被毁。为此，法国驻蒙自领事馆照会云贵总督要求赔偿。云贵总督委派彭国桢会同维西厅办理此案。在法领事及总督衙门的不断催促下，1894 年彭国桢会同维西通判谢光焘禀云南扶部院，并由云贵总督照会法国领事，指出阿墩子教堂虽毁，但地基犹在，而且教堂当初买时仅值银 120 两，今教会要求赔偿白银 25000 两，实为苛求，提出被毁教堂由云南代为修复，另有教堂财务 18 箱，如数交还便可结案。阿墩子教堂修复②，教堂财物也由任安守领回结案。这是任安守在藏区传教的第一次挫折。

---

① 杨学政主编：《云南省志·宗教志·天主教》，云南人民出版社 1995 年版，第 292 页。

② 云南省档案馆：106 – 5 – 2291 号案卷："滇省阿墩子夷民驱逐洋人焚毁天主堂交涉"。

19 世纪末（约 1895 年），任安守将天主教势力继续西进，和另一名神甫抵达察隅县的察瓦龙地区传教，但是后来因为触犯了当地喇嘛寺的利益而遭到了当地寺院和民众的驱逐。最后任安守逃到了贡山县的青那桶，想在此立足传教，但是最终又遭到了当地喇嘛寺僧侣和藏族、怒族民众的阻击。在逃跑途中，任安守的同伴在过溜索时被埋伏的民众用火药枪射中，掉到江里淹死，任安守则连夜翻越碧落雪山，逃回了德钦的茨宗教堂。任安守的首次贡山之行就在狼狈的逃窜中结束了。

大约 1898 年，任安守再次来到贡山传教。关于天主教传入贡山的具体经过，据说，在一百多年前，在靠近德钦的贡山迪麻洛的白汉洛村有一夫妇，接连生了六七个孩子都没有养活，村里有个"南木萨"到处扬言说："是我施巫术把那家人的小孩弄死的。"还说："今后他家同样无法生儿育女。"这对夫妇听后十分气愤，趁夜深人静手持砍刀把熟睡中的"南木萨"杀死了，然后连夜逃到德钦茨宗村，被天主教堂的法国传教士任安守收留。夫妻俩就入了教，以后又生了 3 个孩子都成活了，一家都成了虔诚的天主教徒，男的还取了个教名叫若杜。这是贡山县的第一家天主教徒。其后若杜就带领任安守到白汉洛村传教，同时给村人行医看病，博取好感，这样信教的群众也逐渐多起来，几乎有一半人口信天主教。任安守就开始在白汉洛修盖教堂，工程刚完一半左右，"由于天主教的传入和扩张，侵犯了藏传佛教的利益和民族利益，当任安守在白汉洛划占土地、修建教堂的消息传出后，丙中洛普化寺喇嘛便组织寺庙僧侣和附近的怒族、藏族群众准备前往白汉洛，向任安守提出抗议，反对修建天主教堂"[①]。在购买地皮修盖教堂中与喇嘛寺发生的冲突，据记载，任安守他们还是从喇嘛寺活佛手里获得。他们先用送礼、交朋友的手段收买了丙中洛普化寺的喇嘛兰雀治格一世，接着，在兰雀的许可下，在与德钦接壤的迪麻洛偏僻地带——白汉洛（白哈罗）买了一块地皮，修盖教堂，发展了一些教徒。据说这件事被传到西藏的贡格喇嘛耳朵里，他感到天主教的传播有损于藏传佛教的地位，就派了几百人的藏民武装，从察瓦龙进入丙中洛，前来白汉洛驱逐、讨伐法国传教士任安守。丙中洛地区的村民和喇嘛寺的僧

① 彭兆清：《贡山天主教与白汉洛教案》，载《怒江文史资料选辑》（下卷），德宏民族出版社 1994 年版，第 1062 页。

侣也响应和参加了这次斗争。① 任安守闻讯后，便叫白汉洛村的每个男人准备 100 支毒箭，每个妇女搓好 10 根弩弓绳，然后把年轻力壮的小伙子组织起来，进行射弩比赛，还规定谁能把 20 米以外的鸡蛋靶子射穿，就奖给一块大洋，用这种办法提高战斗力。几天后，任安守把这支经过训练的队伍，其中包括他从德钦带到迪麻洛居住的信徒带到阿鲁腊卡山头上，进行堵截。察瓦龙南下的藏僧、藏民与普化寺的僧人和民众到达阿鲁腊卡时，发现任安守已做好准备，便不战而退。任安守便领着人一直追到查腊村，藏族村民与僧人拆了民房以圆木扎木筏渡江逃命，天黑触礁筏沉而淹死者不计其数。他们经过松龙腊卡山顶时，每人在山顶上放了一块石头，堆成了一堆；活着回去的人，每人又把石头扔掉一块。因死者很多，原来堆放石头的地方还有一大堆石头，至今还残留在那里。② 贡山地区爆发的第一次反洋教斗争以失败告终。几年后，白汉洛教堂终于修建好了，这是贡山地区第一座天主教堂，标志着天主教已经深入丙中洛地区。

白汉洛天主教堂建好之后，当地群众与僧人的仇教情绪更高。次年，普化寺喇嘛喃良辅率领民众不卖粮食给教堂。西藏的贡格喇嘛也派遣几百人的藏民武装，从察瓦龙进入丙中洛讨伐和驱逐任安守，得到丙中洛民众和喇嘛寺僧侣的响应。但任安守早有准备，用洋枪对付僧民的弓箭和长刀，亲自用枪射伤了一个藏民，僧民死者甚众。1902 年，任安守请求丽江府派官兵一哨（80 人）开往白汉洛保护传教。但是同样不能阻止村民、僧人的反洋教斗争。

因有清兵的保护，任安守便有恃无恐地禁止当地各族群众信奉藏传佛教，不准请喇嘛打鼓念经，还规定教徒与非教徒不准通婚，引起群众的反感。1905 年，德钦、盐井、中甸和巴塘等地爆发轰轰烈烈的反洋教斗争。同年，任安守又因在丙中洛重丁村修建教堂，既遭到普化寺喇嘛的强烈反对，同时也因强派民工激起了民众的愤怒。普化寺的管事马·库乐应村民所请，对任下了 3 道驱逐令，任却置之不理。旧历七月十五，库乐指挥200 余人分两路包围白汉洛教堂。驻兵哨官杨玉林知道后，引军撤到腊早，白汉洛教堂被烧毁。任安守只身逃到腊早，雇当地商人段廷瑞护送其

---

① 彭兆清：《贡山天主教与白汉洛教案》，载《怒江文史资料选辑》（下卷），德宏民族出版社 1994 年版，第 1062 页。

② 同上书，第 1063 页。

到维西厅，抗议维西庭守李学诗治民不力，并要其下令杨玉林率兵攻打丙中洛。随后，任又到昆明，通过驻昆法国领事馆向云贵总督锡良提出抗议，要求赔偿白银 30 万两，并镇压起义民众。云贵总督令丽江府查办，知府委派红笔师爷夏瑚为阿墩子弹压委员前往勘察处理。夏瑚将李学诗斩首，又将哨官杨玉林撤职，并悬赏白银千两攻打丙中洛。清政府采取"加官赏银"的办法，封任安守为三品道台，赔偿白银 5 万两，其中由贡山县负责赔偿 3000 两。同时，在段廷瑞的率领下，清兵攻入丙中洛，抓捕起义首领 9 人，杀维西、德钦等地喇嘛二三十人，并将喇嘛寺在中丁（重）、才当、茶腊、彭当（捧当）、青那桶、永拉干等地的田产转赔给天主堂。此后，任安守用赔偿银重修了白汉洛教堂，又先后在中丁、青那桶、茶腊、彭当等地修建了教堂。① 至此，有帝国主义与清政府做后盾的任安守终于在丙中洛站稳了脚跟。

从上述可看出，在同样是外来宗教的藏传佛教与天主教之间的矛盾，要比藏传佛教与原始宗教之间的矛盾大得多，这应该与丙中洛民众与藏传佛教在地缘、族缘之间的关系相关。而且，我们不能忽略藏传佛教传入丙中洛的社会政治背景。但同样是社会政治环境的改变，使得来自西方的天主教渗入丙中洛地区。这也意味着丙中洛民族关系越来越复杂化。

通过 1905 年丙中洛天主教与藏传佛教大冲突后，二者在丙中洛的势力已明显地彼消此长。《怒江旧志》中就记载："至光绪二十二年，法教士任安守，复来传教。于二十八年，在白汉洛地方，修建教堂十余间。三十年，于茶蓝（今查腊，下同）地方，又修教堂三间。任教士四处煽动夷人入教。一区喇嘛五几等，异常仇恨。遂于光绪三十一年七月，勾结古宗（藏族）、怒子叛变，焚毁白汉洛、茶蓝两处教堂，惹起教案交涉。喇嘛寺还银三千两，清政府赔银五万两，其事乃寝。"史志也记载了白汉洛教堂重修事件："光绪三十四年，任安守重修白汉洛教堂。宣统元年，又修仲底（今重丁）教堂三间。宣统三年，改修青拉桶教堂。民国十四年，法教士安德勒，修建棒打（今捧当）教堂。十八年，任安守添修仲底教堂。统计法教堂有四，教士二人。近数年来，入教者，已达一百五十余人，尽系怒子、古宗。傈僳、曲子（独龙族）并无入教者。朝夕念经一次，每星期礼拜一次。教规见甚严。于白汉洛、仲底两教堂内，各附设有

---

① 杨学政主编：《云南省志·宗教志·天主教》，云南人民出版社 1995 年版，第 292 页。

小学一校，专授藏文。入教学生，尽系教友子女。并设教会医药。在前清时，该教士等，势力甚大，竟自受理民情。"① 可知任安守所传播的天主教在丙中洛的发展，一是具有民族性——以怒族、藏族教主为主。而丙中洛民族分布又具有地域性特征，即北为藏族，中部为怒族，南部为傈僳族，南部山区有独龙族居住，因此，天主教更多的是在丙中洛北部与中部的怒族、藏族中传播；二是教堂活动具有规范性，这是西方制度化宗教不同于丙中洛各族原始宗教与藏传佛教的特点之一，结合天主教节日活动，就将西方的时间制度引入了丙中洛地区；三是为配合传教，任安守还实施学校教育与西方现代医药，使丙中洛进入了学校教育与现代医学的时代。又加之任安守背后的政治资源，"势力甚大，竟自受理民情"是情理之中了，自然也使天主教得到发展。1924 年，天主教信徒有 600 多户 1016人，教堂 6 所，神甫 7 人，并属西康教区管理。②

显然，白汉洛教案与近代中国西南的边疆危机是联系在一起的，天主教会的扩张是藏彝走廊西部地区教案在这一时期频发的前提，由于少数教士、教民不顾及当地民众的感受任意传教，激发了当地民众的反抗。在教案中，表现出了信仰藏传佛教和当地民族传统宗教的各族民众——主要是藏族与怒族民众对天主教的疑惧和防范，而天主教方面对于当地各族民众信奉的藏传佛教和传统宗教之间的差异性是很明显的，表现在教义、仪式、日常生活等方面，并由此呈现出一种宗教间的竞争，如争夺信众，占用区域内经济资源，等等。因此，在教案背后，还应该看到藏传佛教寺院集团等掌握着地方权力的力量采取激烈的手段反对天主教渗透的行动本身，一方面是为了防止天主教信仰对藏传佛教信仰的威胁，以求维护原有的道德秩序和政治秩序，确保已有的政治和宗教势力范围的安定；另一方面也力求保证藏传佛教寺院和传统宗教巫师的经济收入，更说明经济资本与社会等级秩序的关系。值得注意的是，阿墩子教案、白汉洛教案与德钦教案皆发生在同一时期、同一区域：藏彝走廊西部之北端——藏文化边缘地带，而且教案过后都因清政府的软弱以罚银赔偿、重修教堂而告终，正反映了清朝后期，西方天主教势力深入藏彝走廊西部边缘之北端，与藏传

---

① 《征集菖蒲桶沿边志》，载怒江州志办公室编《怒江旧志》，怒江州民族印刷厂 1998 年印，第 140 页。

② 彭兆清等：《丙中落喇嘛寺简况》，载《怒江文史资料选辑》（下卷），德宏民族出版社 1994 年版，第 221 页。

佛教势力发生冲突的历史事实。[①] 这也是该时期中华民族与西方帝国主义之间的矛盾、冲突在丙中洛空间内的具体化。

但教案过后"民怨尚存，畛域巨深"[②]，天主教的传教工作仍然难以开展，因此，"可惜各大教堂，业已开办 30 年，至今教友只十余人，老司铎（任安守）谈到此处，也不禁唔然！"[③] 究其根源，首先是因藏传佛教传入时间较早，经过喇嘛寺多年苦心经营，当地民众受藏传佛教的影响甚大；[④] 其次，因地缘、族缘之关系，藏传佛教更易于被藏族及其与之长期密切交往的怒族所接受；最后，天主教的传入必然就会侵犯到当地宗教团体的宗教利益，尤其是表现在争夺信众及其背后的经济利益，因而必定会引起当地宗教团体的抵抗。不过，一方面是由传教而来的西方文明，如学校教育、医药与教会活动指导下的时间观念等，对当地民众的吸引力仍然是存在的；另一方面是因为有西方帝国主义势力的支持，因而天主教在丙中洛并非无立足之地，也就成为继藏传佛教之后可供丙中洛民众寻找精神慰藉的宗教类别之一。

（四）20 世纪基督教的北上传播

基督教传入丙中洛地区的方式与天主教不同。从上述可知，天主教可谓是法国传教士单枪匹马进入该区域传播天主教；而基督教则主要是与傈僳族由南向北迁徙相关联，即基督教在丙中洛地区的传播，与基督教核心区域的丙中洛南部地区之间的地缘和族缘关系相关。从 1913 年开始，基督教内地会、浸礼会、五旬节派等先后传播到怒江地区，并在福贡以下的怒江中游地区形成各自的势力范围。[⑤] 而福贡马吉乡以上到贡山广大区域仍然尚为空白，于是，在四川传教受挫的莫尔斯就到此安营扎寨，成为该

---

① 高志英：《藏彝走廊西部边缘民族关系与文化变迁研究》，民族出版社 2009 年版，第237 页。

② 秦和平：《近代云南历次教案述评》，载尤中主编《西南民族史研究》，云南人民出版社1988 年版，第 222 页。

③ 陶云逵：《俅江纪程》，载中国科学院民族研究所云南民族调查组编《云南省独龙族历史资料汇编》，云南省社科院民族研究所 1986 年印。

④ 教务教案档咸丰十一年八月二十九日法籍传教士艾嘉略开列的名单。转引自高志英：《贡山县丙中洛地区多种宗教从冲突到并存、交融发展历史研究》，载《云南师范大学学报》2001 年第 6 期。

⑤ 李福珊：《怒江宗教概览》（内部资料），第 33 页。

区域传播基督教的开拓者。

在贡山境内传播基督教的是滇藏基督教会，创始人是美国基督教"坎帕尔派教会"的传教士莫尔斯（J. Russell Morse）。莫尔斯于 1921 年到中国，先在四川巴塘藏民中传教，因当地信仰藏传佛教的藏族群众的强烈反对，1925 年只好携妻儿和两个藏族孤儿经云南维西、贡山逃往缅甸，并于次年成立滇藏基督教会。① 莫尔斯一行逃到贡山后，得到白汉洛教堂任安守的帮助，并派了 23 个天主教信徒护送他们翻越高黎贡山到达独龙江，再由若干独龙族人护送出境到缅甸的木克嘎村。1931 年，莫尔斯怀揣国民党政府颁发的准许在澜沧江、怒江和独龙江一带传教的证件，再次来到滇西北，先在澜沧江流域的维西县康普、叶枝等地传教，后因与土司王家禄（纳西族，禾娘后裔）发生冲突，便西迁到维西的岩瓦一带活动，发展了一些教徒。1933 年，他派维西傈僳族教徒雷妹扒、月滋扒、玛玛蒂（女）3 人翻越高黎贡山到贡山传教。两年后，莫尔斯在维西传教不顺的情况下，又带领全家 6 口人再次来到贡山，首先在腊早附近的普格勒村建教堂，并以此为据点，东连维西，南向福贡扩展，北上传到月谷、丹珠、丹当，各地傈僳族信教人数猛增。后来，莫尔斯派到维西培训过的沙木义（傈僳族）到丙中洛的双拉、比毕里一带传教，基督教就在丙中洛下段的傈僳族与少数怒族、独龙族民众中传播开来。在一段时间内，他们先以普格勒教堂作为立足点，逐渐向邻临各地扩展。还先后选送几批人到维西学习《圣经》，后来又委任为"马扒"（傈僳语，即牧师）、"密鲁扒"（傈僳语，即教会会长、副会长）、"密支扒"（傈僳语，即传导员）、"瓦恒苦扒"（傈僳语，即礼拜长）、"普寡扒"（傈僳语，即司财）等教阶职务。这样，在莫尔斯之下，形成了一系列的分工明确的宗教团队。截至 1950 年，贡山滇藏基督教会教徒已达 1400 余人，势力已远远胜过教徒 978 人的天主教。② 但是当时丙中洛地区的基督教仍然局限在棒打以下的南部地区，这与傈僳族的分布地相对应，可知丙中洛的基督教主要只是在傈僳族与部分与傈僳族杂居的怒族、独龙族中传播。

分析基督教主要局限于丙中洛南部傈僳族中的原因，主要是因为基督教传入丙中洛为后路者，当它传到丙中洛地区的时候，早已被藏传佛教和

---

① 杨学政主编：《云南省志·宗教志》，云南人民出版社 1995 年版，第 237 页。

② 同上书，第 283 页。

天主教两大宗教势力捷足先登，彼此之间都存在传教范围与经济利益上的争端，并无明显的孰强孰弱，基督教难以北上与两大宗教抗衡，而只好把注意力用于经营贡山县中南部与西部独龙江地区；[①] 其次，因为基督教传入时间较晚，传教活动还未能充分开展就因贡山解放而停止，莫尔斯本人也于1951年被驱逐出境，因而基督教在丙中洛地区的传播就只能被迫中断了。但是，基督教最终毕竟成为丙中洛地区的宗教类别之一，丰富了丙中洛宗教文化内容。至此，丙中洛原始宗教、藏传佛教、天主教、基督教四种宗教并存的格局最终形成。这背后就是丙中洛民族关系的演变，即从怒族独居到藏族、傈僳族、独龙族先后迁入。[②] 而丙中洛多民族杂居、多元宗教并存格局的形成，又与藏彝走廊民族迁徙态势，与鸦片战争以来中国社会变迁是相交织的。

（五）20世纪50年代以来丙中洛多元宗教的发展

20世纪50年代以来，因政府的民族、宗教政策因素，各种宗教都经历了从中断到恢复、发展的历程。到20世纪80年代，丙中洛各族民众纷纷恢复各自的信仰传统，而且，因为各区域、各民族的信仰选择从传统到现代都沿袭相对的民族性、地域性特征，加之中国共产党宗教信仰自由政策的实施，各种宗教之间彼此尊重，相安无事。于是，在整个丙中洛地区就呈现出和睦并存的情状。

具体而言，上述宗教从20世纪50年代以来的发展情况，首先从原始宗教看，鉴于原始宗教与大量、频繁的杀牲祭鬼，给各族民众的生产和生活带来的负面影响，中华人民共和国成立后，随着教育、科学、文化和卫生事业的发展，改变了杀牲祭祀等旧习俗。原始宗教的万物有灵和自然崇拜等观念在人们的意识中也逐渐淡薄；与此同时，主持宗教活动的"南木萨"已经逐渐消失。而天主教与基督教的传播，在信众中具有了神能够帮助其避免受到恶鬼的侵害的想法，而使更多的民众选择了相对经济、简单的天主教与基督教的祷告。但有些与民俗有关的宗教仪式仍然在进

---

① 高志英：《20世纪独龙族社会文化与观念嬗变研究》，云南人民出版社2009年版，第215页。

② 独龙族口传历史记忆中有不少氏族是从丙中洛迁居到独龙江的，但据调查，目前居住丙中洛的独龙族大多数是从前1世纪开始才从独龙江迁来丙中洛居住，并通过傈僳族接受了基督教信仰。

行。尤其是 20 世纪末发展丙中洛旅游业以来，如以山神崇拜、生殖崇拜为核心的鲜花节（又称仙女节）等节日遗俗在政府支持下重新恢复。而且，丙中洛地处边远山区，缺医少药的情况仍然存在；加之丙中洛山地生存环境幻化而成的超自然力量也仍然存在，原始宗教观念及其仪式在一定程度上仍然存在。

其次是藏传佛教。到 1949 年，藏传佛教在丙中洛发展，普化寺的历史就是一个窗口。历经与天主教多次冲突的普化寺住寺喇嘛只剩下 28 人。到 1954 年 9 月，贡山县有藏传佛教寺庙（普化寺）1 所，教徒 531 人。[1]1955 年腊楚活佛病逝于普化寺后，没有转世。1958 年，普化寺住寺喇嘛被迫全部还俗归田。[2] 此后的"文革"时期，贡山的藏传佛教逐渐淡出人们的日常与宗教生活，寺院破败。但是作为藏文化边缘地带的主要宗教信仰，因丙中洛藏族与怒族以及后期迁入的一部分傈僳族、独龙族等的信仰而得到恢复与发展。尤其因为与察瓦龙与迪庆的地缘、教缘关系，近年几任颇有藏传佛教学养的藏族住持皆来自藏区，在修改寺庙、培养喇嘛、支持民间宗教节日与丧葬仪式等方面，越来越凸显出藏传佛教在丙中洛的地位与作用。

再次是天主教。到 1949 年，天主教在贡山先后修建了 5 座教堂，有教徒 827 人。信徒中以怒族、藏族群众为主[3]。到 1954 年 9 月，贡山县有天主教教堂 4 个，教徒 1014 人。[4] 可知天主教在丙中洛的发展并非如夏瑚所写那样低落，实际上仍然有一定的发展。但天主教在"文革"时期也不能幸免于被冲击的命运，教堂被毁，任安守墓被掘，宗教活动销声匿迹。20 世纪 80 年代丙中洛天主教重新开始活动，除了政府支持之外，一度流亡境外的天主教徒捐资、当地信徒捐资修改的教堂巍峨雄壮，成为丙中洛蓝天雪山映衬下一道独特的风景，吸引着海内外游客前来驻足参观，也吸引更多信众参与教堂活动。

最后是基督教。经过莫尔斯家族与其培养的傈僳族传道员的苦心经

---

① 中共怒江州委党史征研室编：《直接过渡的历程》，怒江州民族印刷厂 2002 年印，第 110 页。

② 同上书，第 93 页。

③ 陶天麟：《怒族文化史》，云南民族出版社 1997 年版，第 136 页。

④ 中共怒江州委党史征研室编：《直接过渡的历程》，怒江州民族印刷厂 2002 年印，第 110 页。

营，基督教在丙中洛伴随傈僳族的北迁而来居上。到 1954 年 9 月，贡山县基督教教堂 25 个，教徒 2913 人。[①] 可以说基督教是当时丙中洛信众最多的宗教，这与贡山傈僳族人口众多相对应。相应地，北迁丙中洛的傈僳族越来越多，基督教信徒的数量也增多。但是，时值政权交替，社会转型对贡山县基督教的发展影响极大。1949 年新中国成立前夕，"莫尔斯对他的前途不妙像早有预感，他把牧师的权力交给丹朱的斯蒂华，斯蒂华在德钦藏族土匪叛乱时逃往缅甸。莫尔斯于 1951 年被关押在昆明，不久即被驱逐出境。继任马扒的是瓜亥（扒当村人）。1953 年掌握贡山基督教大权的瓜斯派瓜亥、乔欧到缅甸区探路和联系，至 1954 年，瓜斯即带起丹当教堂附近的教徒逃往缅甸，至拉达果，都是一些年轻力壮的人和孩子、老人少的家庭"。[②] 没有外逃的基督教徒也被迫放弃了宗教信仰。在这样的背景下，1958 年之后一直到改革开放，丙中洛基督教都处于沉寂状态。所以，丙中洛的基督教，其兴旺无不与政治社会环境变迁相关联。20 世纪五六十年代以后，很多贡山中部，南部的傈僳族因政府组织而迁入丙中洛地区，在"文革"结束、宗教信仰自由政策开始实施以后，这些迁入丙中洛中部的傈僳族也恢复了原来居住地就接受的基督教信仰，而使得基督教传播范围比之 20 世纪 50 年代之前更加北进，人数也相应增加。如在普化寺附近原无傈僳族居住，20 世纪六七十年代以来，政府组织贡山中南部傈僳族迁居于此，之后陆陆续续有傈僳族迁入，形成一个以傈僳族为主体民族的村子。其村民在 20 世纪 80 年代开始信仰基督教，修盖了教堂，基督教就发展到了丙中洛中部地区。

　　经过改革开放以来二十多年的发展，2000 年，丙中洛乡 823 平方公里范围内，藏传佛教信徒有 1369 人，天主教有 515 人，基督教有 205 人；藏传佛教有喇嘛寺 1 所，天主教堂 3 所，基督教堂 3 所；藏传佛教有喇嘛 24 人，天主教有神甫 3 人，基督教有 2 人。又经过 10 来年的发展，全乡信仰人数 3808 人，占总人口的 61.37%；其中天主教 864 人，占总人口的 13%，共有教堂 5 个，基督教 806 人，占总人口的 34.42%，寺庙 1 座（藏传佛教活动点两个）。[③] 仍然延续着同时同地喇嘛寺钟鸣阵阵、教堂唱

　　① 中共怒江州委党史征研室编：《直接过渡的历程》，怒江州民族印刷厂 2002 年印，第 110 页。

　　② 伊里亚口述，董国华翻译，洪俊记录整理：《基督教在贡山的传播》，第 112 页。

　　③ 2012 年 3 月 25 日，张灵巧调查。

诗声悠扬的历史传统。各种宗教信徒你颂你的神，我拜我的佛，各自相安无事。而丙中洛成为多种宗教文化的博物馆的前提是多民族杂居。① 截至2012 年年初，共计6461 人，共有16 个少数民族人口（包括外来人口民族）。汉族152 人，少数民族6309 人，其中怒族3275 人，傈僳族2015人，藏族540 人，独龙族413 人，其他少数民族66 人。而在宗教选择上，一定的民族性与区域性相结合。即便在同一自然村之内，多元宗教和睦并存的情况非常明显。从并存宗教的数量类型看，通过表15 可知，丙中洛境内同一自然村有多宗教并存现象，包括两种宗教并存和三种宗教并存的类型。

表15　　　　　　甲生村委会所辖自然村宗教种类和数量分布情况②

宗教种类 自然村	藏传佛教 （户）	天主教 （户）	基督教 （户）	总户数 （户）	不信教 （户）
赤科当	20	15	22	62	10
东风一组	10	0	11	24	3
东风二组	18	0	6	38	14
重丁村	32	7	1	46	6
甲生村	25	9	7	47	6
形它村	28	0	12	40	0
南木开	17	0	0	17	0
四季桶	16	1	0	17	0
羊科当	0	0	16	16	0
共 计	166	32	75	307	39

从并存宗教的种类看，第一，在两种宗教并存的自然村落社区中，藏传佛教与基督教并存的自然村，包括有形它村、东风一组、东风二组和赤科当村，共计4 个。而藏传佛教与天主教并存的自然村，只有四季桶1个。第二，三种宗教并存的自然村落社区，包括重丁村和甲生村共2 个，皆为藏传佛教、天主教和基督教3 教并存。总的趋势是同一自然村之内多

① 高志英：《贡山县丙中洛地区多种宗教从冲突到并存、交融发展历史研究》，载《云南师范大学学报》2000 年第6 期。

② 李萍：《云南跨境民族多元宗教并存调查研究 ——以云南省丙中洛为个案》，载张桥贵主编《云南跨境民族宗教社会问题研究（之一）》，中国社会科学出版社2008 年版，第228 页。

种宗教并存。目前，丙中洛境内多民族杂居和多宗教并存的特点相互对应，主要表现为：（1）同一种民族中存在不同的宗教信仰；（2）同一种宗教中具有不同的民族信仰者；（3）在民族杂居的自然村中，存在着民族变量和宗教变量相互交叉的现象。民族和宗教信仰之间交叉现象的出现，直接促成了同一民族中多种宗教信仰并存的特点。第三，在一定程度上存在着同一家庭多宗教并存现象。① 藏传佛教、天主教与基督教都存在着并存于同一家庭的情况，加之各民族原始宗教的影响仍然在一定程度上存在，那么，同一个家庭内多元宗教并存的情况也是丙中洛宗教信仰的特色之一。

综上所述，不但在丙中洛整个区域之内多元宗教并存，甚至在同一民族、同一家庭内也皆存在多元宗教并存的情况。而从 20 世纪 50 年代以来，丙中洛从未发生过因宗教冲突引起的民族矛盾，成为诸多游记中所宣扬的"人神共居之地"②。

二　多维视野下的丙中洛多元宗教发展

从上述对丙中洛地区各宗教发展历史背景的梳理，我们可以看到诸种宗教今天虽然共存于丙中洛同一区域之内，但我们也不能否认在历史上，主要是 20 世纪 50 年代以前却经历了从冲突到并存与融合的历史事实。这就有必要从历史的角度探讨其过程及其背后的诸多因素。

（一）历史学视野下的丙中洛多元宗教从冲突到并存与交融

丙中洛多元宗教并存的形成，其背后就是多民族先后迁入该地，也即是伴随 18 世纪以来各种政治势力涉足其间而来。因此，与其说是宗教从单一到多元的发展历史，还不如说是民族关系从简单到复杂的发展历史。

通过上面对丙中洛宗教发展历史的梳理我们可以知道，18 世纪，当藏传佛教传入丙中洛的时候，和当地的原始宗教之间也曾爆发了激烈的冲

---

① 李萍：《云南跨境民族多元宗教并存调查研究——以云南省丙中洛为个案》，载张桥贵主编《云南跨境民族宗教社会问题研究（之一）》，中国社会科学出版社 2008 年版，第 232—234 页。

② 丙中洛是藏语，汉语意为人神共居的地方，http://bbs.hongxiu.com/view.asp? BID = 13&id = 4571104。

突，最后以原始宗教的失败而告终。分析其原因，首先是藏传佛教传入丙中洛，或者在丙中洛建盖喇嘛寺不是孤立的宗教传播行为，而是与伴随维西纳西族土司的向西扩张，并将藏传佛教南下传播是相联系的。可以说，藏传佛教传入丙中洛，是将政教合一的统治制度强加于丙中洛民众——土著怒族，而此时丙中洛怒族仍然处于原始社会阶段。而非制度化，祭祀牺牲消费颇多的原始宗教，在具有纳西族土司与藏族土司双重政治背景的制度化宗教——藏传佛教面前，当然是不堪一击。

史志记载："怒子，居怒江内，界连康普、叶枝、阿墩之间，迤南地名罗麦基，接连缅甸，素号野夷。男女披发，面刺青文，首勒红藤，麻布短衣，男著裤，女以裙，俱跣。覆竹为屋，编竹为垣。谷产黍、麦，蔬产薯、蓣及芋。猎禽兽以佐食，无盐，无马、骡，无盗，路不拾遗，非御虎豹，外户可不扃。人精为竹器，织红文麻布，麼些不远千里往购之。性怯而懦，其道绝险，而常苦栗粟之侵凌而不能御也。雍正八年，闻我圣朝已建设维西，相率到康普界，贡黄蜡八十斤、麻布十五丈、山驴皮十、麂皮二十，求纳为民，永为岁例。头人闻于别驾，别驾上闻，奏许之，犒以砂盐。官严谕头目，俱约其下，毋得侵凌。迩年其人以所产黄连入售内地，夷人亦多负盐至其地交易。人敬礼而膳之，不取值。卫之处，自入贡以来，受约束，知法度，省志乃谓其刚狠好杀，过矣。"[①] 这是居住在丙中洛的怒族与独龙江北部一部分独龙族生产生活状况。该史料真实记载了清代傈僳族北上、西进，挤压了怒族、独龙族的生活空间，不得不"求纳为民"于维西纳西族土司以求保护，这正中了正在积极向西北地区扩张统治范围的维西纳西族土司的下怀。于是，不但维西纳西族统治势力深入丙中洛地区，也将其所笃信的藏传佛教引入丙中洛，实际上是维西纳西族土司以赠送丙中洛与独龙江北部统治权于藏传佛教寺院势力，以建构政治联盟关系的一种政治行为。藏传佛教所带来的不仅仅是单纯的宗教信仰与宗教仪式，还有与其寺院经济有关的政治制度与经济制度，这比之怒族传统的自然崇拜信仰显然属于异质宗教，彼此间的矛盾与冲突必然存在，而且孰强孰弱昭然若揭。所以，与其说是怒族原始宗教败阵于藏传佛教，不如说是其背后的各民族的宗教势力之间的博弈。

---

① （清）余庆远：《维西见闻纪》，载方国瑜主编《云南史料丛刊》第十二卷，云南大学出版社2000年版，第65页。

但是清代的土司制度已日趋没落，丙中洛藏传佛教并不能够一直依赖维西纳西族土司制度取得在丙中洛的完全统治权，最终在与原始宗教的冲突中被中央王朝在地方代表——改土归流后的维西府坐山观虎斗中两败俱伤。到 20 世纪 40 年代，"怒江江边，古宗人的居地，达到菖蒲桶和达拉，再南到捧大、永拉干、茨开、普拉底各地，土族则另是一种怒子民族。怒江江边各村，总有几家汉人杂居其间，文化虽比他们高些，还未能同化他们，或是年代尚浅罢。怒子是一种江边低地的居民，人数实在不多；怒子因住居这段怒江边而得名。乐观估计，总共不能超过一千户。而怒子则居处已改竹屋……怒子地方，虽是偏僻，才是真正风俗醇厚的社会。……他们的农事粗放极了。一切生活简单，什么都不考究，都不需要。居处近山，自也见猎心喜。屋旁临河。并不像藏族敬奉如神。他们唯一的嗜好是酒，田禾的收获，大都拿来酿酒，储备以供长时间的食用。所以到晚村前村后去访问，酒气熏天，几天不醉之客，天昏地黑。忘了关门，并不要紧，小偷失窃，是从没有的事。这种社会，是无怀氏之民欤，抑葛天氏之民欤？"① 这是 20 世纪 40 年代丙中洛怒族社会状况，其社会特点比之清代并没有本质性的改变，自然就仍然具有适应原始宗教存在的文化土壤。因此，原始宗教在清代传入的藏传佛教，以及之后的天主教与基督教的冲击下，仍然在丙中洛长期存在。

所以说，尽管在具有纳西族土司与藏族土司双重社会背景的藏传佛教面前可谓不堪一击——这在喇嘛作法慑服怒族民众转而皈依藏传佛教的传说中可见一斑。但是基于重大自然压力而产生的以万物有灵为核心的怒族原始宗教毕竟在怒族民众心中根深蒂固，而且藏传佛教对他们而言毕竟是异质性的宗教，因而彼此之间的矛盾与冲突在所难免。而且，最终聚焦于喇嘛与原始宗教巫师"南木萨"之间的冲突与斗法。综合当时丙中洛社会历史发展情势，原始宗教尚未到最终退出历史舞台的时候，就必然与藏传佛教等长期并存于丙中洛地区。

当然，藏传佛教与原始宗教之间虽然有不可避免的矛盾，但是在自唐代以来长期的经济互补与文化交往之中，在云南西北部形成了一个藏文化与多民族文化交融区带。该地带各族大都与藏族具有剪不断理还乱的族

① 严德一：《怒江边的怒子》，载李绍明、程贤敏主编《西南民族研究论文集》，四川大学出版社 1991 年版，第 315 页。

源、地缘之关系，而藏族在政治、文化上相对强势，而处于相对弱势地位的藏文化边缘地带的各民族在文化上较为容易受到藏文化的浸染，宗教信仰上也较为容易受其影响。丽江与维西纳西族土司莫不接受藏传佛教信仰，尤其是维西纳西族土司还将藏传佛教作为统治属下各族的政治手段与工具。即在藏传佛教传入丙中洛之前，其北、其东部地区都是实施政教合一的政治制度，时至18世纪将此制度延伸到政治管理尚处于空白阶段的丙中洛怒族社会可以说是顺势而成。因此，由于地缘与族缘关系，藏传佛教在丙中洛具有一定的生存空间，藏传佛教在清末就成为丙中洛藏族、怒族民众的主要宗教信仰。而其后长期的历史发展过程中，纳西族、藏族统治势力与丙中洛怒族等各族的民族关系没有发生变化，藏传佛教仍然是丙中洛相对强势的宗教。因此，丙中洛的藏传佛教在后来的发展中发生了天主教的冲突，又被改土归流之后的清代地方政府打压，但是仍然在清政府统治鞭长莫及的丙中洛继续发展。

因为丙中洛的原始宗教在藏传佛教的冲突中日渐弱势，彼此丧失了相互抗衡的必要，所以当天主教传入的时候，当地最主要的宗教矛盾就转为天主教与藏传佛教之间的矛盾冲突，而两者也在丙中洛这块土地上上演了激烈的宗教斗争，并发生了多起流血事件。但是因为当时中国已经沦为半殖民地半封建社会，因清政府的软弱无能，帝国主义势力在中国横行霸道，因而天主教以之为靠山，成为丙中洛一度最具势力的宗教，而藏传佛教却也无力与天主教一争高下。但是因为天主教是一种来自西方的异质宗教，与当地各族的传统文化系统格格不入；特别是每次教案中天主教传教士利用帝国主义的支撑对当地藏传佛教信徒的所作所为，流血、赔款、封官、重修教堂等，使广大民众对天主教一直心怀芥蒂。因此，天主教的传教工作一直无法如传教士所愿地展开。另外，藏传佛教虽然在宗教争端中落了下风，但是因为其长期经营，藏传佛教在一定程度上已深入藏族、怒族民心。因此，天主教与藏传佛教谁也不能消灭谁，只能承认现实共存于丙中洛地区。而天主教与藏传佛教皆主要在丙中洛中北部地区发展，此境居民主要为怒族与藏族。由此，又显现出丙中洛民众宗教选择的民族性与区域性。

而在基督教传入之前，丙中洛地区，尤其是丙中洛中部、北部怒族、藏族分布地区已经存在着三种不同类别的宗教了，即各民族原始宗教、藏传佛教、天主教，难以找到其传教空间了，传教活动基本很难展开；另外由于基督教进入的时间较晚，而在它尚未来得及展开大规模的传教活动的时候，就时逢贡山和平解放而被迫终止了。莫尔斯本人则于1951年被驱逐出境，所以基督教在丙中洛所产生的影响也是有限的，但毕竟布下了发展的种子。而且至20世纪五六十年代，随着大量傈僳族迁入丙中洛，他们在原居住地贡山县普拉底、腊早一带就有信仰基督教的传统。尽管因为当时的宗教政策原因而一度放弃了基督教信仰，但是一旦政策宽松，埋藏于心灵深处的信仰就开始复苏，这是丙中洛傈僳族信仰基督教的群众基础。其二，改革开放以来，怒江州宗教发展的总趋势是以基督教发展最盛，基督教已经成为傈僳族、怒族、独龙族的主要信仰选择，于是，不但原来居住于丙中洛南部的傈僳族信仰基督教，而且与之相邻的独龙族、怒族也纷纷选择基督教信仰。甚至即便在天主教堂与喇嘛寺高耸的村子，也建盖了基督教堂，信徒们唱赞美诗、念圣经、祈祷，过圣诞节、复活节、感恩节，这些活动对丙中洛民众的吸引力越来越大。这与大量傈僳族北迁丙中洛，并形成一定人口数量的聚居区有关。而丙中洛独龙族之信仰基督教，也是与独龙江独龙族在历史上是通过傈僳族传教士而信仰的基督教、使用傈僳文《圣经》等有关；怒族信仰基督教的过程，也是怒族"傈僳化"的过程，与独龙族一样使用傈僳文《圣经》，用傈僳语唱赞美诗。[①]所以说，怒族、独龙族信仰基督教，即是二者与傈僳族发生联系，接受傈僳族文化的表现形式之一。

上述20世纪50年代以来丙中洛的社会发展，同样说明了丙中洛多元宗教的并存与交融，是与其民族关系发展分不开的。20世纪50—70年代的宗教空白期正是丙中洛各民族频繁交往，文化交融的重要时期。1949年新中国成立之前，丙中洛地区已经形成了原始宗教、藏传佛教和天主教、基督教并存的格局。但是到1958年以后，中国开始了轰轰烈烈的"大跃进"运动，公开的宗教活动开始受到了影响和抑制，各宗教团体的正常活动难以展开，特别是到1966年的"文化大革命"开始以后，宗教被说成是封建迷信，成为社会重点打击的对象。这一时期，教堂、寺庙大部分被焚毁、拆除。有的虽然幸存下来，但其场地或被改为学校、仓库，或被改为公用场所，正常的宗教活动无法展开。但是在1961—1965年间，

---

① 高志英：《宗教认同与区域、民族认同——论20世纪藏彝走廊西部边缘基督教的发展与认同变迁》，载《中南民族大学学报》2010年第2期。

丙中洛地区的宗教信仰有一个短暂复苏的过程，但因为惧怕政治运动的缘故，其间基本没有人敢公开参与宗教活动。但是就是因为宗教上出现了这种空白状态的缘故，所以许多原本因为宗教派别不同，相互之间不来往的民族和人群，都开始频繁往来和接触。又因"大跃进"和"文革"时期，集体生产，集体劳动，甚至集体吃饭，各民族之间的交往变得频繁起来。因为宗教活动被迫终止，所以人们原本的因宗教差异所形成的隔绝格局就被打破，在长期的集体生产活动中，原本宗教信仰不同的民族之间、家族之间、村落之间相互的交往增多，在此基础上建构的婚姻关系、朋友关系，以及生产互助、经济互补关系等，使丙中洛这个地域并不广阔的地区重新建构起了比以往更为宽泛的民族关系网络。一旦这种基于经济与婚姻关系而建构的民族关系网络形成，就难以再被其他因素打破，这有利于促成不同宗教之间的融合。因此，在改革开放宗教信仰之际，因为在同一社区内不同宗教信仰人群参与同一事项，如丧仪、婚仪等可能性是难免的，这样，形成了背负不同宗教信仰的人群将各自宗教信仰、仪式杂糅于同一事项之中的文化场景，久而久之，形成了不同宗教的民众参与同一仪式，不同宗教的神职人员组织同一仪式的习俗——丙中洛多元宗教之间的互动交融最终形成。所以说，20世纪50—70年代宗教空白期内民族关系的发展，到20世纪80年代使丙中洛各宗教得以首次融合。之后，各民族之间的经济交往、文化互动、通婚等有增无减，意味着各民族文化、各种宗教之间的交融更加凸显。

总的来说，从怒族传统的原始宗教，再到藏传佛教、天主教以及基督教在丙中洛的发展历史，既是各民族、各种宗教势力渗入丙中洛的过程，也是各民族前后迁居于此，从文化、心理上的相互排斥到相互包容习染，从宗教上的相互冲突到和睦并存的过程。因此可以说，丙中洛多元宗教并存现状的形成，是历史上民族关系发展，现实生活中多民族和睦相处的重要内容与表现，如果撇开历史上民族关系发展特点，来谈丙中洛的多元宗教并存与交融是不可能的。

（二）从文化生态角度看丙中洛多元宗教从冲突到并存、交融

民族文化，包括民族文化的核心——民族宗教是与其文化生态息息相关的。前文所述丙中洛土著怒族的原始宗教是基于山地生存环境而萌发，这就与同样源于山地生存环境的藏族原始宗教——苯教与藏传佛教有了相

通、相融的可能。这在丙中洛怒族唯一重大节日或民俗——鲜花节中就可以看出来。

从鲜花节来源看，是出于怒族对于高山、山崖、山洞的自然崇拜，加之杂糅了生殖崇拜，这就与藏族苯教、藏传佛教的山崇拜、女神崇拜有了相通的基础。而来自藏区的喇嘛们在节日里也起着组织者的作用，喇嘛在节日仪式过程中也充当重要角色。届时，不仅是丙中洛的怒族与藏族，乃至迪庆的藏族、察瓦龙的藏族与怒族也前来一起过节，近年还有丙中洛中南部的傈僳族、独龙族也参与过节。原因是同样居处山区的傈僳族、独龙族的传统宗教中的山以及与之相关的自然崇拜也非常明显。于是，鲜花节就成为以怒族为主，由藏传佛教喇嘛组织，有众多民族共享的共同节日。虽然节日中民族众多，但是其崇拜内容多与参与民族的传统宗教信仰有关。所以说，丙中洛各民族对山及其相关的宗教信仰的历史传统，成为各民族共同参与鲜花节、共同表达山崇拜信仰的区域内共同的文化生态。没有这样的文化生态存在，藏传佛教难以在丙中洛立足，鲜花节也不会有喇嘛组织、参与，更也不会有其他民族参与。

"在藏传佛教传入贡山以后，便同怒族的原始宗教结合在一起。一方面，喇嘛寺的喇嘛活佛在观念上也深受怒族原始宗教中岩神崇拜的影响，同样敬畏岩神和参加祭祀岩神的活动；另一方面，怒族祭祀岩神的仪式也扬弃了杀牲祭鬼的办法，采取了藏传佛教一年一度朝山拜佛求仙水、仙乳的形式。"[1] 贡山怒族因受藏传佛教影响，丧葬时要请喇嘛为死者诵经，并按藏俗在墓旁树立麻布旗帜数面。[2] 这些明显的藏传佛教的痕迹，说明藏传佛教超越民族而被同一区域的怒族、独龙族所信奉，同时藏传佛教也在不断吸收其他民族宗教文化的事实。[3] 调查发现，不仅藏族、怒族、独龙族，还有傈僳族以及一些迁居于此的汉族、纳西族等都受到藏传佛教的影响。当然，他们在接受藏传佛教时，并非完全将其传统宗教信仰摒弃，而是在信仰者个体、家庭、民族身上体现出一方面接受藏传佛教与苯教，另一方面保留其传统宗教，由此在信仰与其实践两个层面实现多元宗教的

① 何叔涛：《贡山怒族的岩神崇拜》，载《怒江文史资料选辑》（下卷），德宏民族出版社1994年版，第287页。
② 云南省编辑组：《怒族社会历史调查》，云南人民出版社1981年版，第116页。
③ 高志英：《藏彝走廊西部边缘多元宗教互动与宗教文化变迁研究》，载《云南行政学院学报》2010年第6期。

交融。

丙中洛文化生态对于多元宗教并存交融的影响，还表现在丙中洛多民族杂居格局是周围多民族杂居的缩影。丙中洛之北、之东为藏区聚居区，之南为傈僳族聚居区，之西是独龙族聚居区。既有丙中洛怒族向西迁移融入独龙江北部独龙族中变成独龙族，并以独龙族身份回迁丙中洛的历史，[①] 也有怒族北迁与察瓦龙藏族杂居的历史，还有傈僳族北上丙中洛的历史。人是文化的载体，人口的迁移流动，也带来文化，包括宗教文化的流动传播。这在丙中洛独龙族与傈僳族信仰基督教中就表现得特别明显。而基督教则因为 20 世纪前半期传播过程中所进行的适应性调适而得到其他地方傈僳族、怒族、独龙族民众的普遍认同。丙中洛傈僳族之信仰基督教，主要是通过丙中洛南部傈僳族首先信仰基督教之后的影响所致；丙中洛独龙族信仰基督教，也是独龙江独龙族信仰基督教之后的影响所致；而丙中洛怒族、藏族信仰基督教，主要是通过傈僳族的影响而来。即周围与丙中洛各族频繁进行经济交往、文化互动、相互通婚的同一民族普遍存在的文化生态，同样是丙中洛多元宗教并存的接触。

丙中洛文化生态的另一个特点是，从历史到现状，都处于周围多种文化的边缘地带，如北部与东部的藏文化，南部的傈僳族文化，西部的独龙族文化，丙中洛就成为周围其他民族文化核心的多重文化边缘地带。作为边缘文化，其文化传播与影响，就难免出现强弩之末的发展趋势，因此任何一种文化都难以在丙中洛独占鳌头。从宗教文化来看也是如此，既然谁都不能够独霸一方，就承认现实，而求相安无事。

在讨论文化生态问题时，我们也不能忽略了自 20 世纪 80 年代以来政治文化生态对于丙中洛宗教发展的影响，信仰自由政策的推行为多元宗教的融合提供了可能和保证。如果说 20 世纪五六十年代的宗教空白期和族际婚姻的频发是多元宗教融合的前提和途径，那么宗教信仰自由政策的推行则是多元宗教融合产生的社会背景。通过调查发现，丙中洛民众在经过"文革"以后，对宗教的态度发生了极大的改变，许多"文革"时期形成的思想观念深深地影响了他们对于宗教的看法，例如曾经一度在怒江和云南的许多地方，当地群众大都将参加宗教活动叫作"做迷信"，这些类似的态度极大地影响到了宗教信仰在当地的恢复与发展。但是随着国家宗教

[①]　郑维川：《独龙族——贡山丙中洛乡小茶腊社》，云南大学出版社 2001 年版，第 54 页。

政策的出台与实施，使广大民众觉得自己的宗教信仰是有法可依的，是国家允许的，所以就纷纷恢复了自己原有的宗教信仰，或者坦然接受其他宗教的影响。而且在宗教信仰自由政策之下，人们可以按照自己的意愿选择宗教，最终导致了一个区域、一个社区，乃至一个家庭中有好几种宗教类别，最后促进了宗教的并存与融合。

不同民族、不同宗教信仰人群之间的相互通婚也是丙中洛多元宗教并存与融合的前提与路径。这仍然与丙中洛特殊的文化生态环境有关。在国土总面积仅823平方公里的丙中洛乡，截至2012年初，分布着45个自然村，共计6461人，共有16个少数民族人口（包括外来人口民族），其中，汉族152人，少数民族6309人。其中怒族3275人，傈僳族2015人，藏族540人，独龙族413人，其他少数民族66人。民族众多但民族人口数量较少的现实，决定了丙中洛各族之间通婚的必然性。那么，当不同宗教信仰的民族之间，不同宗教信仰的家庭之间，不同宗教信仰的个体之间一旦形成婚姻关系，不同宗教之间的相互尊重、彼此共存、相互交融是必然的，也是必要的。这也是丙中洛多民族杂居、民族文化多样性特征明显、各族人口稀少的文化生态所决定的。

如果我们今天去丙中洛地区考察，就会发现这样一个特征：一户人家如果同时存在几种宗教的话，那么其家庭的民族成分也相对比较复杂，单一民族成分而存在多种宗教共存的情况比较少见。从1958年"大跃进"运动开始，一方面，宗教信仰被取缔，当然也就不存在因信仰不同而导致的婚姻障碍；另一方面，伴随社会发展，人口的迁移流动，丙中洛传统婚姻习俗的力量也被削弱，而那段时期又是国家强调各民族相互团结的时期，民族间的隔阂也得以消除，多民族之间的通婚现象越来越频繁。这些原本宗教背景不同、民族背景不同的人群通过婚姻而被联系在一起，当20世纪80年代他们恢复自己本民族原有宗教信仰的时候，这种族际通婚关系并没有因宗教上的相互差异而被打破；相反伴随民族之间交往的加强而增多，使得多元宗教之间的融合越来越突出，这从丙中洛的藏传佛教可以看出。与其他地方的藏传佛教信仰不同，丙中洛民众在信仰藏传佛教的同时也可以信仰万物有灵的原始宗教，既可以到喇嘛寺打鼓念经，还可以请巫师"南木萨"驱鬼祭神。实际上，原始宗教已经与藏传佛教融为一体了。总之，丙中洛多民族杂居，各民族之间经济上互通有无，文化上相互影响，生活中相互通婚、来往的文化生态，导致原始宗教、藏传佛教与天主教、基督教之间，无论是在世俗生活中，还是在宗教生活中，皆无严格的界限，也无明显的排斥，而是形成一种彼此间相安无事，乃至共谋社区重大宗教文化事项的情状。

（三）从宗教功能看丙中洛多元宗教从冲突到并存、交融

多种宗教之所以都能在丙中洛占有一席之地，关键的因素还在于它们各自都具有契合当地民众需要的宗教功能。而这种功能的有用与否、满足程度如何，成为各宗教存活于丙中洛、发展于丙中洛的重要原因。

我们说多民族共居于丙中洛，尽管有一定的文化共性，但是各民族社会发展程度、民风民俗都有一定的差异性，这样就有了多样性的宗教功能需求。前文所述的怒族原始宗教，以及藏族的藏传佛教，皆基于山地生存环境而萌发，满足了山地居民处理人类与自然界的关系，减缓自然力量对于人类压力的精神需求。在周围的群山中有10座有名有姓的神山，且每座神山都有自己的神主，它们分别是：甲衣更念其布（嘎娃嘎普雪山），巴拉生更格布（贡当神山），正桶都吉江才（怒江第一湾西面的雪山），信灵干嘎日浓（怒江第一湾西边的仙人洞），衣当都吉帕姆（纳依夺村的帕姆仙人洞），扎朵达雅初姆（秩科当大悬崖），杰才木拉目吧（达拉村南菁雪山），登雀其吉布卓（仙女洞）将太下灵信木（纳依夺村悬崖），妮日宗甲姆（日宗山）。除此之外，每个奇峰怪石，每棵大树，每个箐沟都有自己的神灵。丙中洛民众对这些神山膜拜有加，目的是求其庇佑，这与藏传佛教的山神崇拜相类似。所以，怒族的原始宗教能够长期存在，藏传佛教也相对于西方宗教更易被当地各族民众所接受。但是从宗教经济学角度看，原始宗教的祭祀消费，藏传佛教的信众之于喇嘛的供养关系等，对于生产力水平落后、经济赤贫的民众而言，无疑是一种不堪重负的经济负担。这就为不信鬼神、不祭祀鬼神的外来宗教提供了可乘之机。这种情况在今天的调查中仍然明显存在。

从丙中洛最早存在的原始宗教看，对于生产力极端低下、社会发展形态尚处于原始社会末期的怒族来说，自然界的任何一种力量都可能会危及他们的生命与生存，他们对于这个未知的世界充满了疑惑和恐惧，急需一种知识系统来指导他们认识这个世界，为他们的疑惑提供解答，并安抚他们内心的不安。原始宗教就充当了这样的角色。按照怒族传统宗教思想，自然界的万事万物都是有灵魂的，山有山鬼，水有水鬼，此外还有其他一

些与人类生产生活相关的鬼，人们只有通过对他们的崇拜，才能求其庇佑，并达到禳灾祈福的目的。在原始宗教的信仰体系之中，将所有的未知力量都看成是有灵力的鬼作用的结果。这样，原始宗教为人们认识世界提供了一种解释，并以之照管了人们生活的方方面面，这就是原始宗教的功能，也是人们信仰它的起因。我们可以想见，只要丙中洛各族生产生活条件没有从根本上得到改善，原始宗教就仍然具有存在的可能性。笔者在2010年10月调查时，重丁村众多村民述说多次看见江对岸石崖上有巨蟒现身，并说是将有灾难降临之兆，等等。尽管并不宽大的丙中洛坝子，有喇嘛寺、天主教堂、基督教堂，但是村民对于该说法的惊恐之状，说明原始宗教仍然有其存在的空间与理由。

而当藏传佛教传入以后，它所带来的就是另一套更为精细、更具组织性的宗教解释系统。通过发现，藏传佛教传入以后所带来的宗教上最大的功能就是极大地丰富了当地人原有的神灵体系，即将大部分与生产生活有关的鬼都划入了神灵的体系，极大地增加了宗教中"正义一方"的力量，使人们在日常的生产生活中获得更多的心理保障。笔者在对丙中洛的怒族喇嘛信徒进行采访时，问他们当初信仰藏传佛教的初衷的时候，他们总是会说：

> 藏传佛教的神多，很多事情他们都能管得到，信了藏传佛教的人就能得到很多神的保护，以后出去做活（打工、做生意等）就不怕了。
>
> 藏传佛教的神很厉害，很多连"南木萨"都没有办法治的鬼，他们也能治，而且喇嘛有文化，所以神都是有水平的，信了好处多。

藏传佛教成了信众利用宗教的"力量"解决与自己有关的生计问题的工具。另外，藏传佛教传入以后，在寺院内部开办学校，开始招收一些藏族与怒族的男孩进入寺庙学习，"过去这个寺庙算是一个专门教育的地方，学校一样"①。当时的喇嘛寺成了丙中洛除藏族以外的其他少数民族掌握藏文化的窗口。至今，神祇多、喇嘛法力大仍然是丙中洛民众选择藏传佛教的重要原因，加上可以学习藏文、藏文化，藏传佛教对于丙中洛民

---

① 此材料得自于赵秀梅在丙中洛所做的田野访谈日记，访谈对象是普化寺的喇嘛——嘎玛龙度江初。

众仍然有吸引力。

天主教在丙中洛宗教功能主要表现在四个方面：一是早期天主教在传播的过程中，主要都是通过赠医施药的方法来传播天主教。他们在传教的过程中，免费为病人看病，并提供一些药物上的治疗。因为其治疗手段的科学性和西医药物的高效功能，丙中洛许多少数民族开始体会到西医的好处，并渐渐皈依了天主教。二是天主教所宣称的教理、教义改变了当地人的生死观。天主教宣称如果皈依天主教，并信服上帝，那么死了以后就可以升入天堂，否则就只能下地狱。在传教的过程中，天主教的传教士将天堂吹嘘得天花乱坠，而相比怒族原始信仰中的死后世界——"南木细"——如生前世界一样多灾多难，无疑前者更具吸引力，所以有很多人皈依天主教。而且天主教还宣传，只有信了上帝，死后全家人才可以在天堂得以团聚，如果信了其他宗教，那么全家人死后就不能团聚了。这种说法对于历来注重家族生活的怒族人来说，无疑具有极大的吸引力。所以，很多人为了死后能升入天堂，并能在天堂与家人团聚，而选择了天主教信仰。三是天主教的一些教义给当地人的生活带来了便利和益处。如天主教的教义中明确规定天主教徒可以饮酒，但是不能醉酒，而丙中洛一些民众已经明确感觉到喝酒对自己身体造成的伤害，但是自己平时又控制不住自己，就在他们需要一个外力来使自己达成节制酒量的目的的时候，天主教成为他们的首要选择；另外，天主教明确规定凡是教徒，除上帝外，不能崇拜其他的偶像，也不能用牛、猪、鸡等祭祀鬼怪。天主教刚传入时期的丙中洛民众因信仰原始宗教，很多农牧产品都被用于祭祀活动，这带来了极大的经济负担，甚至影响到了日常生活。而皈依天主教以后，就可以不用再搞这些祭祀活动，这样就能减少经济上的损耗，为此也有很多人选择了天主教；四是在当时社会历史背景下，帝国主义势力成为天主教的坚强后盾，为它在中国的传教提供特权，皈依天主教以后的民众自然而然也就躲到了帝国主义的保护伞之下，以躲避国民党统治势力的欺压。天主教的这种庇护能力就成为天主教徒逃避异族统治的一个工具。

藏传佛教的寺院经济，对于丙中洛穷苦民众也是一大经济负担，而天主教的献爱心奉献则相对要少得多，这对于广大穷苦民族也具有吸引力。鉴于上述原因，尽管天主教是外来宗教，对丙中洛广大民众而言是异质性的宗教，但是无论从精神需要还是现实需求，都能够给予满足的宗教功能是不可忽视的。

　　基督教传入丙中洛以后，也在当地发挥着重要的社会功能。纵观基督教在怒江的传教史，我们可以看到这样一个共同的现象，即他们都以为少数民族创造文字来作为传教的一个重要手段。另外，基督教的传教士到达某个地方以后，他们就学习当地的少数民族语言，并创造民族文字，以此来便利自己的传教活动。因此，丙中洛民众对于基督教的认同，首先是对用于基督教传播的傈僳语、傈僳文字的认同。"自耶稣教传入怒江后，英国传教士傅能仁等才创傈僳字，宣传宗教。傈僳族、怒族'瓦枯扒'识此种文字者，用其写信、记账，年深日久，读者渐多，今天的傈僳族、怒族的'瓦枯扒'很少有不识此种文字者。傈僳文字用拉丁字母拼音，子音十一，元音二十九，外国传教士制有此种文字的铅字，现用此种文字出版书籍，怒江有精装本《赞美诗》二百八十九首，《福音精华》、《福音问答》、《卫生课本》等书。"① 这些注音文字，易记易学，掌握方便，一般学习两三个月就能读能写，成为基督教的符号，扩大了教会的影响。此其一。

　　其二，傈僳族基督教歌舞文化的吸引力。美国传教士杨思慧在 20 世纪 40 年代翻译出版了一本傈僳文的《颂主歌曲》，共收集了 319 首歌曲，其内有苏格兰民族曲调，也有美国民歌曲调。还有德国大音乐家亨德尔的四部大合唱《哈利路亚》等世界名曲。这些歌曲的翻译出版丰富了充实了傈僳族文化，在怒江傈僳族、怒族基督教徒中广泛流传。此外还有基督教徒宗教生活的吸引力，日有祷告，周有礼拜，月有晚会，年有"三大节日"，活动频繁。"青年男女被认字、唱歌、礼物、集会所吸引而信教，有若干集会能找到消遣的场所。"②

　　最重要的是，外国传教士进入傈僳族、怒族地区以后，极有针对性地提出了"十条诫令"：（1）不行淫不通奸；（2）不调戏妇女；（3）不撒谎，礼拜天要休息和礼拜；（4）不做伪证；（5）不偷窃，不杀人；（6）不吸烟、不喝酒；（7）不准跳民族舞和唱山歌，不准讲述祖先历史传说；（8）接近传道人并协助传教；（9）尊敬父母，遵守国法；（10）爱

---

① 云南省编辑组：《中央访问团第二分团云南民族情况汇集》（上），云南人民出版社 1986 年版，第 29 页。

② 云南省编辑组：《傈僳族、怒族、勒墨人（白族）社会历史调查》，云南人民出版社 1984 年版，第 30 页。

人如爱己，互相帮助，不可嫉妒等。① 要求教徒严格遵守。由于"信了教，不祭鬼、不喝酒、不吸烟，可以节省很多钱，生活可以过得更好些。不信教时生病多宰鸡，不好再杀猪、杀牛，而且要招待亲戚邻舍来吃肉、喝酒，不信教时苞谷稀饭也吃不起，现在信教日子是比以前好过多了。"② 于是，"基督教对彼等发生之影响可谓甚大。其日常生活中之衣服已较前整洁，食时必祈祷上帝，住处亦较为整洁；因传教士常来之故。房中原日供奉家神之位置也改悬耶稣、玛利亚之像或其他圣经故事。星期休息并作礼拜，过复活节、圣诞节，取消原有之各种鬼神的祭祀、信仰，改变其婚丧仪式，保持诚实习惯，服从传教士。"③ 基督教传入丙中洛以后，提倡男女可以不接受父母的安排而自由恋爱，自由结合，这一主张成为当时很多年轻人摆脱父母对他们婚姻的控制力的一个重要依据，教堂由此而吸引到了大量的青年信徒。

再则，和天主教一样，基督教在传播过程中为病人义诊，赠医施药；而且，基督教也像藏传佛教一样开办教会学校，并招收少数民族学生入内就读，这些人后来就成了本民族文化的精英分子。相对于原始宗教与藏传佛教，基督教的经济负担要轻得多；相对于天主教，基督教在怒江，包括丙中洛地区的适应性变迁而发挥出来的诸多社会功能，在更多方面能够满足信众的精神与生活需求。于是，基督教在丙中洛就后来居上，成为近年发展较快的宗教。

三　结语

在阅读相关文献资料时，我们发现中华人民共和国成立前后关于宗教、民族、土地、婚姻的国家政策截然不同，所造成的宗教间关系也有如天壤之别。有必要利用历史比较方法，逐个分析国家政策、交通变迁、宗教世俗化对多元宗教和谐相处的影响。

---

① 福贡县地方志编纂委员会：《福贡县志》，云南民族出版社 1999 年版，第 473 页。

② 云南省编辑组：《中央访问团第二分团云南民族情况汇集》，云南人民出版社 1986 年版，第 42 页。

③ 西南民族学院图书馆：《云南傈僳族及贡山福贡社会调查报告》，1986 年，第 64 页。

（一）政策方面的保证作用

1949 年以前，丙中洛天主教与藏传佛教发生过几次较激烈的矛盾冲突。当时，信奉藏传佛教的多为搬迁来此的 75 户藏民的后裔及随后搬来的藏族，因同族同教的缘故，人们对藏传佛教的信奉是根深蒂固的。天主教徒任安守禁止当地各族群众信奉藏传佛教，不准请喇嘛打鼓念经，还规定教徒与非教徒不准通婚，引起群众的反感。天主教还阻止入教的教友向喇嘛寺纳贡缴税，这样就引起了当地喇嘛寺的不满，导致了三次大冲突。[①]这里有民族与宗教、宗教与婚姻（家庭）等参数整合，再加上宗教干涉和经济利益摩擦，使宗教间的矛盾不断升级。新中国成立后，我国实行宗教信仰自由政策，使宗教信仰成为个人的私事。这有利于宗教与其他参数的交叉。

中华人民共和国成立前，藏族、傈僳族和怒族为争夺土地、掠夺他族群众为奴隶经常发生民族间、氏族间的纷争。土地为氏族成员共同占有，共同耕种、收获，这一切使得各民族、氏族聚众而居，民族与村落、互助群体等参数整合。当时傈僳族较怒族发达，实行不平等的婚姻制度。傈僳族可娶怒族姑娘，而怒族不可娶傈僳族的姑娘，导致怒族重新回到族内婚状态，加重了社会隔阂。[②]傈僳族信仰基督教的比较多，这与当时傈僳族聚族而居、血缘亲缘与民族关系重叠不无关系。基督教传教士在一名傈僳族身上打开缺口，就会影响一大片。新中国成立后，国家实行民族平等、婚姻自由、家庭联产承包责任制等政策。这就有利于民族、村落、家庭的交错互动。

国家现行政策保证了社会个体能在民族、宗教、家庭、帮扶等群体间的自由交往，促进这些参数的交叉，促进了丙中洛地区多民族多宗教的和谐共处。

（二）交通通信条件的促进作用

在实地调查中，我们发现个别村落宗教群际交往以及宗教与其他参数

---

①　高志英：《贡山县丙中洛地区多种宗教从冲突到并存、交融发展历史研究》，载《云南师范大学学报》2001 年第 1 期。

②　《怒族简史》编写组：《怒族简史》，云南人民出版社 1987 年版，第 66 页。

的交叉非常低。甲生行政村的南木开和羊科当两个自然村，秋那桶行政村的秋那桶、伍里一组和伍里二组自然村都是单一信仰村落。而且村落内通婚、互助帮扶现象比较普遍。这些村落的地理位置都比较偏远，交通条件较差。如羊科当村坐落于山顶，南木开地处半山腰；秋那桶是丙中洛最北端的一个村落，地处半山腰；伍里一组和伍里二组坐落于怒江东岸，只有一条一公里多长、一米多宽的悬崖小道连接朝红桥。再加上自给、半自给的封闭、半封闭自然经济，阻断了社区间的交往，成员转向内部寻求交往机会，强化了内群体交往，造成地域隔离。[①] 这些村落宗教、亲缘、帮扶等参数的重叠程度较高，容易造成社会分裂。与其形成鲜明对比的是地处秋那桶和伍里一、二组中间的尼打当自然村。尼打当自然村由于处于交通要道，与外界的交往比较频繁，是一个多宗教并存的村落，村际通婚现象也很普遍。所以，交通通信是保证物质、人员、信息交流的基础条件。其强弱直接影响地域间交往的范围、频率和成本。交通通信条件是丙中洛地区多元宗教和谐相处的又一条件。

上述政策和交通条件就为人口迁移、经济发展奠定了基础。人口迁移直接影响各群体的相对规模，造成交往率的变化，并且人口迁移对流动和冲突也有很大影响。经济发展会因社会分工的变化引起群体结构的改变，以及人员地域、群体间的流动率的改变。在国家政策保证和交通通信条件允许的基础上，丙中洛地区的人口迁移和经济发展推动了各参数的数量和性质、群体各自规模的变化，从而影响宗教与其他参数的交叉状况以至多宗教的和谐共处。

（三）宗教世俗化的推动作用

多种宗教共存于丙中洛，都有其作为中央王朝势力与周围民族统治的政治边缘的社会历史原因，也基于多重文化圈包围之中的丙中洛民族文化多样性的文化生态环境。但是，更重要的还是诸种宗教能在当地民众日常生产生活中发挥着不同的功能。正是不同宗教满足不同群体宗教需求的功能，而使多种宗教在丙中洛都有立足之地，并在各民族长期的生产生活中发生相互融合。总结丙中洛多种宗教和睦共存的根由，可以从怒族鲜花节中与民俗相结合的传统宗教、地缘与族缘下的藏传佛教、基督教与天主教

---

① 张金鹏：《我国居住中的民族隔离研究》，载《宁夏社会科学》2005年第6期。

的社会功能等多个角度去考虑。

当然，无论是丙中洛狭窄地域空间内不同族群之间的交往与通婚，还是共产党民族平等、团结与宗教信仰自由政策等因素，都是丙中洛多元宗教并存与交融之不可或缺的因素。但是，就目前丙中洛多元宗教并存与交融的现实，我们所不能忽略的还有旅游经济的推力。上百度网站，输入"丙中洛，多元宗教"，可找到相关结果约 84200 个；如果输入"丙中洛，人神共居"，可找到相关结果约 24400 个。这是旅游经济背景下丙中洛旅游热的一个量化表征。丙中洛之所以吸引游客，除了秀丽的自然景观之外，更主要的是多民族和睦相处、多宗教和谐并存；中外游客的纷至沓来，则为丙中洛各族民众带来了丰厚的旅游经济收入。于是，作为精神支柱的宗教信仰与宗教仪式在经济利益驱动下演变为文化展演活动，宗教的世俗化趋势越来越明显。输入"丙中洛旅游"，找到相关结果约 348000 个。所谓"人神共居的家园"、"香格里拉的后花园"、"三江明珠"等纷纷出笼。如，此旅游热在客观上有利于多种宗教更多的是从民族文化的角色来吸引游客，从而促进地方旅游业的发展。一旦神圣的信仰演变为世俗的功利，那么多种宗教之间的差异就有可能为共同的经济利益而达成共谋得以消除，彼此之间交融的趋势就更加明显。因此，就目前而言，丙中洛旅游热中旅游经济的驱动力，也是丙中洛多元宗教并存与交融的缘由之一。

子调研报告之五：

红河州建水县多元宗教发展历程及管理模式研究

建水位于中国西南边陲，历史上是云南的军事重镇和交通要道，多种少数民族世代聚居于此，少数民族文化与中原文化在此交流、融合与发展。儒家文化、佛教、道教、伊斯兰教和基督教相继传入建水地区，形成了宗教种类齐全、多宗教共同发展的历史格局。这些宗教类型在建水都能找到自身的发展空间，且拥有相当数量的信众。因此，本报告拟从建水地区的多宗教发展和共存的历史路径入手，分析此格局形成的历史、文化和社会等方面的因素，并结合当地宗教工作情况、管理方式和经验来探讨多元宗教和谐相处的机制与历史经验。

一 建水概况

建水县位于云南省南部，距省会昆明约220公里，为滇南交通要冲，从元初至民国时期，建水均是滇南的政治、军事、经济和文化之重镇。建水在历史上是一个很大的湖泊，县城也因此得名。《元史·地理志》载：建水城"唐元和间蒙氏所筑，古称步头，亦云巴甸。每秋夏溪水涨溢如海，夷谓海为惠，历为大，故名惠历，汉语曰建水"。"惠历"是当地彝语，古汉语中的"建"字，有"大"的含义，译作大海子或水边的城，汉语就叫作建水。现在湖水已然退去，形成现今县城所居的平坝。

建水在古代就是云南通往安南（今越南）的交通要道，位于唐时著名的"安南通天竺道"中"通海城路"和"步头路"的咽喉地段，是南方丝绸之路的东南通道，与滇西的"博南古道"同为当时之交通枢纽，即使到现代也是滇南的交通要道。① 因此，古代民族迁徙会经过建水，由

---

① 《建水县志》编纂委员会：《建水县志》，中华书局1994年版，第2页。

此该地成为多种少数民族的聚居地。在外界看来建水就是化外蛮荒之地，这种充满蛮夷之气的形象在文人笔下有了鲜明表述。《重修临安府庙学碑记》记载："惟云南古徼外夷地，去京师西南万里，三代以前声教之所未及，临安属府在西南盖又远焉。其地杂百夷，其民椎髻编发以为饰，佩弓刀战斗，采猎以为生，固不知文字为何事。"描述中指出云南地理位置偏远，可建水又是云南更边缘的地方，这里生活的百夷是以采集打猎为生，所以连文字是何物都不曾知道。上述的"百夷"即为此地早期住民爨、僰、白衣等族群。

建水是一个少数民族聚居区，在汉代已经纳入中央王朝的统治，但是由于建水地理位置偏远，所以从汉唐之间，统治者并未有效地控制这一地区。此地经历了多个少数民族政权的统治，如蒙氏所建之南诏国和段氏所建之大理国。建水地区早期开发和发展就与南诏政权对此地的统治密切关联，南诏国于唐代元和年间，即公元 806—820 年在此筑城，此可视为建城之始，距今有 1170 多年的历史。由于元代中央政权在军事和文化手段上的努力，建水地区开始正式纳入封建王朝的有效控制之中。元朝至元二十二年（1285 年）在此建文庙以教化当地民众，此后随着建水与中原地区日益频繁的文化交流，佛教、道教和伊斯兰教相继传入。

二　建水多元宗教发展历程

自汉武帝以后，儒学就成为中原王朝统治的政治思想，历代统治者运用儒学来教化民众，形成统一的思想基础。因此，儒学是在国家力量的推动下进入建水地区，这是以元代建立的文庙为标志。佛教在元朝初年传入，这并非官方的推行，而是一条民间的传播路线。佛教在建水地区迅速发展，影响扩大，建立大量佛寺，并形成了相当规模的信仰群体，到明朝洪武年间纳入了王朝的管理之中。伊斯兰教伴随着出征云南的元朝军队和随军做生意的回族先民进入建水地区。明朝初年，道教在建水兴起，最终构成了以儒为主，释、道、伊斯兰教等多宗教文化共存的格局。《民国建水县志稿·宗教》载："建水自元初创建指林寺，聘请高僧住持，始有释教。赛典赤到建治河，带来回教。自明初始有道教，而巫教最早元代以前即有之。迨民国初年，又有西方之基督教前来设立教堂。"

（一）儒学传播

从建水的区位和地方民族发展史来看，建水地处极边，少数民族众多，并不属于华夏的范围之内，而更应该是用武力防卫和征服的地区。封建统治者只从身体上征服并不能真正稳固王朝的统治，还要从精神上让少数民族认同其统治。如果"蛮夷"与统治者具有同样的社会秩序观，那么就可使这一地区少数民族的身体和精神都处于国家的控制下。《元史·选举志》载："至元十九年（1284 年）夏四月，命云南诸路皆建学以祀先圣。"因此元朝统治者在建水设立了文庙，这是继昆明、大理之后在云南建立的第三所文庙。当时在建水任职的张立道于元朝至元二十二年（1285 年）"复创庙学于建水路，书清白之训于公廨，以警贪墨，风化大行"①。文庙设立作用主要有两方面，一是作为祭祀先师的场所，二是传播儒学教化民众的阵地。

建水文庙的祭孔仪式始于元，兴盛于明清。根据《临安府志·典礼》记载，清代每年的仲春（仲）秋月文武官以上丁日祭祀先师孔子，行太牢之礼，献三牲即牛、羊、猪。祭祀程序以三献礼为核心，分为迎神、初献、亚献、终献、彻馔、送神等。祭孔仪式由王朝的地方官员主持，祭祀前两天，官员和执事人员就要吃素食，沐浴更衣，换一间静室居住。祭祀前一天就要入住文庙，不可喝酒、吃荤、看病、参加丧礼，更不可做关于判罪和杀罚的文字工作。所有这些要求即为了官员专心祀事。由此可见祭孔仪式在地方政治生活中的重要性。

在建水与中原地区文化、经济和政治等方面的交流中，儒学教育在明代逐渐走向高峰。《民国建水县志稿》载："明初，万中等八大指挥到临安屯田，始为汉族萌芽之期。到洪武十三年（1380 年），移江南大姓以实临安，汉族渐增。"随着临安卫所的设立和大量汉族移民的迁入，移民屯田措施改变了建水少数民族占主体的历史局面，汉族成为主体民族，与少数民族杂居在一起。移民不仅带来了先进生产技术，也带来了中原儒学文化，如明洪武年间著名文人王奎、韩宜可来到建水兴教讲学十余年。清代延续旧制，中央王朝在建水地区运用儒家学说教化夷人的政策均未变更，而清代较前者有所突破。建水文庙

---

① （明）宋濂：《元史》卷 167，列传第 54，中华书局 1976 年版，第 3917 页。

内除设临安府学和建水州学外，又增设了教育机构，相继创办书院，义学和私塾，儒学教育走向兴盛。清乾隆三十五年（1770 年）建水州改为建水县，设置县学，新建崇正书院，原城西崇正书院更名为崇文书院，先后增办了焕文、慈云等书院 5 所，明清共修书院 7 所，设义学 10 所，开办的私塾百余所。①

建水学子在科考中崭露头角，明正统年间出现了第一位进士。巡抚欧阳重在《郡城寄贤祠记》中写道："士习始变，人文始著，临安弟子无不学焉者矣。"可见文化教化的作用使建水人的生活方式发生改变，人们开始崇文好礼，积极学习。《建水县志》载："建水自明正统七年（1442年）考中第一个进士起，明代出现文进士 30 人，武进士 25 人、文举人299 人、武举人 35 人，清代有文进士 37 人，武进士 18 人、文举人 464人、武举人 475 人，明清两代共出现文武进士 110 人，文武举人 1273 人，仅次于昆明。"② 清康熙年间《重修学宫碑记》对此有这样的记载和评论："滇虽处天末，建（水）又滇之极边，然观风教化，不异中土。迩来科甲云起，秋榜每分全省之半，宴曲江者，科不乏人。虽曰山川效灵，亦学校培养之力也。"这些文化成就已在建水地区形成了长久的记忆，地方民众虽然不能准确地知道具体的中举人数，但是"滇南邹鲁"、"临半榜"③的美誉却在民众中传颂，因为这象征着建水深厚的儒学渊源和科考中的丰硕成果。在建水历史上就曾有"父子进士"、"叔侄进士"、"父子三进士，兄弟两翰林"的佳话。

（二）佛教

佛教最早传入建水的时间已无可考，根据地方文献和传说的资料，一般认为，佛教至少在宋末元初传入建水地区。《民国建水县志稿·宗教》："建水自元初创建指林寺，聘请高僧住持，始有释教。……禅宗奉释迦牟尼佛为教主，以明心见性为宗旨，重性功，所有邑中寺庙皆此派，僧众，住持名子孙丛林，人数不少。"所以在此将指林寺的创建视作佛教正式传入建水的标志。

---

① 《建水县志》编纂委员会：《建水县志》，中华书局 1994 年版，第 565 页。

② 同上。

③ 每次科举考试后，建水学子上榜者有时占半榜之多，后来就有此说法。

　　佛教作为一种宗教思想传入该地区的可能性可以上溯到宋朝末年，因建水是滇南的交通要道，佛教入此地区也不无可能。而根据文献中的传说来看，佛教思想对地方民众的影响在宋代就已经有表现了。建水有这样一条关于指林寺的民谚："先有指林寺，后有建水城。"民间一般认为指林寺太过古老以至于无法确知它建于什么年代，虽然这只是为了烘托指林寺的悠久与神秘性。据指林寺内《重修指林寺碑记》载："其肇创之始，命名之义无碑志可考。俗传谓赵宋时，其地荒寂多林木，居人旦旦见一鹿止于中，率众往捕之，踪迹无所睹。俄一异人出覃其林曰：'鹿处此非一朝夕，汝辈欲何为耶？'言既亦不复见。众皆返走，咸惊以为神。因相与立小祠祭之，甚是灵响。"所以，至少在宋代就已经有了佛教思想的影响，而到元元贞年间有了正式的记载，当地人何昌明在此修建一殿二塔，此为指林寺兴盛之始，当然这可视作建水佛教之始，随即又有东林寺、天王寺、接待寺等佛教寺庙相继建立。由此，佛教的影响逐步深入，扩大到了整个滇南地区。

　　明代初期，佛教被纳入王朝的管理范围之中，寺院丛林增加，并出现了诸多名僧。《明实录》载：明洪武年间，临安府僧鉴音到京城朝见皇帝，请求开设僧纲司。二十七年（1394 年），临安府在城西指林寺设僧纲司，有都纲一人（从九品），副都纲一人，专管全府十五寺二庵僧尼佛教事务。鉴音为都纲，指林寺作为僧官的住所，也就成为临安府佛教中心和主要禅院。明代相继建盖的寺庙还有南山寺、万明寺、观音寺、燃灯寺、华严寺、普庵寺、地藏寺、宝藏寺、龙泉寺、迎恩寺、栖禅寺、白云庵、北极宫、西山寺、千佛寺、白龙寺、法华寺等二十多座。①

　　佛教的发展不只是寺院规模和数量的扩大，还在于出现了诸多名僧，如广度、洪度、温成、衍成等。《新纂云南通志·释道传·临安府》："广度，俗名曾倬，建水人，嘉靖甲子举人。曾任泸溪令，弃官归，号卓然子。阅释典有省，遂祝发，住香林、水月两寺。万历间游峨嵋普陀诸胜至杭，闻莲池主法，席往依之，从前凝滞涣然冰释。辞归道出泸溪，邑人以旧令挽留，居数日，云：逝期至矣，及期别众而化。……洪度，俗名李宗望。建水人，万历戊午年举人。任原武令，寻归祝发，于高峣之太史祠，迁住天目山。化日其徒问曰：师今西归，有何偈度？曰：我自念佛，于尔何与？遂寂……温成，号大机鲁人，也出家清苦参禅见性，居临安指林

---

①　汪致敏、张建农：《古老寺庙——神灵殿堂》，云南人民出版社 2007 年版，第 3 页。

寺，道化昭彰。年百二十岁，无疾坐化……衍成，号铁船。居临安接待寺，崇精戒律，深悟教乘。世寿八十二而寂。偈曰：铁船坐苦海，眼蟇上树枝，若能悟此理，便是出尘时。"

清代延续明制，在东林寺设立僧纲司管理宗教事务，在燃灯寺设立公堂以惩戒违规僧尼。在国家力量的引导下，佛教在建水地区规模和影响日益扩大，佛教寺院增至80余所。由此形成建水四大流派，即临济正宗，在香林寺和接待寺；临济岔宗，东林寺、燃灯寺、云龙山寺等；曹洞正宗，在文昌宫、圆觉寺、桂林寺等；洞山正宗，在西林寺、观音仓灵观庙等，四大流派以临济正宗为主导。各派寺院中，以云龙山寺最为兴盛，规模宏大，驻寺僧尼多达数百人。

清朝晚期至民国年间，是旧制度向新制度过渡的阶段，中国社会处于动荡之中。建水虽地处偏远的边疆，也同样处于变革之中，部分佛教寺院由于战乱被损毁，也有寺院被民国地方官员征作学校和办公场所。但这只是在佛教的外部物质层面有所变更，其在思想上对当地信众的作用并未受到更多影响。民国二年（1913年），云南省临石个阿蒙五属①佛教分部在建水城东门外卷洞街成立，结社人数50名。民国二十五年（1936年），建水佛教徒在东林寺成立"净业社"，4年后改为"建水佛教会"，有会员300多人。日本飞机轰炸建水时，该会组织过僧众救护队，抢救被炸伤员。②

（三）道教

道教传入建水地区的确切时间并无据可考，文献记载一般认为始于明代。因相传明景泰年间已有修道之人在该地区出现。《民国建水县志稿》载："邑人姚成，住北城外，姚沟洞，屡著异遗迹。"姚成在建水的传说中是一位能言风雨、有相当道行的神秘人物。《新纂云南通志·释道传》载："姚成，郡人。少孤，性磊落，不喜章句。慨然慕冲举术。人劝之娶，不应。俄遇异人，饮以酒，香气馥郁，观天表若有所见，遂能言风雨、阴晴及休咎事，杂以滑稽。人咸异焉。手擎一芭蕉叶，四时皆有青色。又晨起戏为人致书燕邸，比暮果持手札归。居无何，失其所在。"

建水道教兴盛于清代初期，这源自建水地区两大道教圣地的开发——

---

① 分别指临安（建水）、石屏、个旧、阿迷（开远）、蒙自五个地方。

② 《建水县志》编纂委员会：《建水县志》，中华书局1994年版，第708页。

燕子洞和云龙山。从道教修行的方式来看，此二者可视作道教的"洞天"和"福地"。燕子洞位于县城东30余公里处，开发于清乾隆年间。据《燕子洞主君会碑记》载，燕子洞在乾隆年以前就有人在"洞中半岩之墟塑主君像"而祀之，"后有地方善士吴光祖、李绿扬、张延献等诸会友共二十二人修建主君会，于六月十六日敬申享祀"。另有回乡官员傅为氵仝倡修燕子洞，建寺观，置田产，开始大规模开发建设燕子洞。乾隆二十三年（1758年）创建观音会。乾隆三十六年（1771年），燕子洞设置常住，道士伍永鹤任住持。① 从此燕子洞变成为滇南道教圣地，而佛教地在此也占有一席之地，佛教与道教同时在此地举行法事活动，二者并行不悖。云龙山早期为佛教圣地，明万历初年便已有僧人圆相在此修行，并创建云龙山的第一座寺庙——兴圣寺。清康熙年间，临安知府黄明在山上大兴土木，增建宫观庙宇。云龙山的主要道教宫观真武宫建于清康熙二十八年（1689年），内奉道教主神真武大帝。诗云："逐尔登龙首，遥天入绛楼。"经过历代僧人和地方官员的扩修，云龙山形成了十二瑶台、三天门、一城一洞的格局，成为释道共存的宗教圣地。

建水地区的道教分为两个派别，一为清静道，二为天师道。二者虽属同源，不过在宗教发展方向上存在不同，前者主要以修炼、升仙为主，而后者以消灾祈福，求取美好生活为主。《民国建水县志稿》载："道教有二，（一）清静道，奉老子为教主，以修真练性为宗旨。清修苦练，不与世事，即仙道是也。……（二）天师会，奉张道陵为教主，以祈福消愆为宗旨，念经修斋，教徒五六十人。"

清静道即为在宫观中修炼的全真派，清静无为以修炼和升仙，主要集中在建水的主要宫观中。如清康熙年间有道士李金阶，住拖泥乾离洞（今名神仙洞）。《新纂云南通志·释道传·临安府》："李金阶，字建白，诸生有异质，目光射人，笃孝嗜学，精于易。亲殁，萧然有出尘之志，避迹深山。一日有道士求济，金阶以盐与之既去，盐复在。故处追之不及，归而渐狂，或长卧经月不食，或一餐斗粟不饱；雪中赤身卧石上久之。遂能前知，言多奇中，城南石洞有伏蟒伤人，金阶居之，患遂绝除。除夕题诗有明年辞别旧家乡之句，隔岁果卒。"明代初期至清代末期，建水的云

① 汪致敏、张建农：《古老寺庙——神灵殿堂》，云南人民出版社2007年版，第77—79页。

龙山、燕子洞、观音洞、神仙洞的云洞、兹云山、北极宫、玉皇阁等几十座道观都设有常住道士，游方道士云集，庙会活动频繁。据《云南通志》载，清末"建水县有信教人员 409 人"①。

天师会即为道教之"正一派"②，在建水民间影响更为深远。当全真派道士在宫观中修炼以取得当世飞升之时，正乙派道士却更加看重世俗生活，他们可以成家生子，有自己的职业。正一派道士一般在请神送鬼、操办丧礼、消灾祈福之时才会披挂上阵，法事完成之后，又回归到自己的日常生活中。民国初年成立建水天师会，结社者 54 人。民国二十一年（1932 年）改称道教会，有会员 45 人。曲溪县新街有道教信徒 20 余人。③

（四）伊斯兰教

伊斯兰教是回族全民信仰的宗教，其传入建水的年代应与回族先民到来的年代一致。元初，赛典赤·赡思丁任云南行省平章政事，回族先民也随之来到云南，并迁入建水地区，因此伊斯兰教也就随之传入建水。《民国建水县志稿》载："回教，又名天方教，元初随大吏赛典赤到建，奉亚丹·穆罕默德为教主。教义阐发于《古兰经》，以清真为宗旨，所在之处即有清真寺，凡是回民均是教徒。皆须念经、礼拜、把斋、授课、朝主国土尔其。④ 聚族而居，不与他族混合。计燃灯寺街、回竜共五百余人。"

回族在建水聚族而居，建立清真寺和宗教组织。清嘉庆年间（1796—1820 年）立于建水东城外的《重建清真寺并置常住碑记》载："郡有清真寺，创于元皇庆（1312—1313 年），盛于我（清）朝。五百年以来，户口繁兴，衣冠鼎盛。四时月节，瞻拜者实繁，有族盖边隅所未有。"明洪武十五年（1382 年）进入云南的明军中，也有一部分江南的回族官兵落籍建水，分别扎营于回龙（今培德，县志稿中做回竜）、馆驿、回回村等，亦建有清真寺，明末城区清真寺建立回教礼拜会。⑤ 馆驿老寺碑文载："曲城（今建水曲江镇）之有清真古寺，系前明鼎建，由来已久。"

伊斯兰教通过经坛教育而得以传播，在清咸丰年间兴盛起来。清代著

---

① 汪致敏、张建农：《古老寺庙——神灵殿堂》，云南人民出版社 2007 年版，第 7 页。
② 道教主要可分为"全真派"和"正一派"，"正乙派"又为"正一派"的分支。
③ 《建水县志》编纂委员会：《建水县志》，中华书局 1994 年版，第 706 页。
④ 按照伊斯兰教教义，应朝拜今沙特阿拉伯的麦加。原文如此，未作发动。
⑤ 《建水县志》编纂委员会：《建水县志》，中华书局 1994 年版，第 707 页。

名伊斯兰教学者马德新来建水回龙村担任教长，开办经堂教育，"四方从学之徒，星列云集"，经堂教育盛极一时，桃李遍布云南各地，成了最受尊崇的经学大师，时人尊称为"老巴巴"。马德新是我国用汉文翻译《古兰经》的第一人，他的《宝命真经直解》前5卷，是中国最早的《古兰经》节译本。截至民国二十三年（1934年），建水有清真寺3座，建水城东门外卷洞街清真寺有回教礼拜会，会员15名，并有纳汝祥和常金大阿訇曾到麦加朝觐。

（五）基督教

基督教传入中国与中西方文化相互碰撞的历史联系在一起，早在唐代便有西方景教的记录，而元朝和明朝均有再传的史实。明万历年间也有传教士利玛窦在中国宣教，并获得了一批知识分子认同。基督教真正在中国大规模传播还是在鸦片战争之后，传教士可以在中国自由传教。由于建水地处边疆，基督教传入的时间也相对较晚，至少到民国初年才传入，且影响较其他宗教小。《民国建水县志稿》载："基督教于民国初年到建，设立教堂，奉耶稣为教主，以爱众救世为宗旨。每星期讲经布道，教劝化，履行慈善事业，信徒二百余人。"传教士通过设立福音堂和教会医院等方式扩大基督教的影响。民国二十四年（1935年），上海基督教会传教士在建水县城内设立福音堂。民国三十四年（1945年）美国北美长老会基督教牧师库尔德和中国籍牧师周庭杰在建水筹办教会医院，为民众提供医疗服务的同时，也宣传基督教，做一些慈善事业。当时信徒为200余人。[①]

（六）宗教发展与社会变迁

中国共产党一直奉行尊重和保护宗教信仰自由的基本原则和立场，这建立在充分运用马克思主义宗教观对中国宗教基本情况的观察和科学分析的基础之上。尽管在实施过程中有过曲折，我国的宗教政策在社会主义建设中仍得以不断完善和发展。宗教在新中国宗教信仰自由政策的指导下得到保护和发展，并开始了新的篇章。

我党早在成立初期就已经认识到宗教问题的重要性。1931年11月7日中华苏维埃第一次全国代表大会通过的《中华苏维埃宪法大纲》第四

---

① 《建水县志》编纂委员会：《建水县志》，中华书局1994年版，第706页。

条规定："在苏维埃政权领域内的工人、农民、红军士兵及一切劳苦民众和他们的家属不分男女种族宗教，在苏维埃法律前一律平等，皆为苏维埃共和国公民。"第十三条规定："中华苏维埃政权以保障工农劳苦民众有真正的信教自由的实际为目的，绝对实行政教分离的原则……"

1949 年，党的革命事业取得成功，新中国成立。人民政府在全国范围内进行了社会主义改造，我国社会在政治、经济、文化等方面发生了巨大的变化。我党在百废待兴的社会状况下，并没有忽视宗教问题，而是将宗教信仰自由的基本原则写入了国家法律之中。在新中国成立前夕通过的具有宪法地位的《中国人民政治协商会议共同纲领》对此就有明确规定。《共同纲领》第五条规定："中华人民共和国公民有宗教信仰自由权。"《共同纲领》第五十三条特别规定："各少数民族均有发展其语言文字、保持或改革其风格习惯及宗教的自由。"明确的宗教政策保障了信教群众的宗教信仰自由权利和正常宗教活动的进行，又能使其不会阻碍社会主义的建设事业。1954 年第一届全国人民代表大会通过的我国第一部宪法延续了《共同纲领》关于宗教信仰的规定，同样强调："中华人民共和国公民有宗教信仰的自由。"

新中国成立后，建水县人民政府将各宗教纳入统一管理之中，以党中央制定的宗教政策为指导，通过认真贯彻党的"宗教信仰自由"政策，保障教徒的正常宗教活动，团结和教育了宗教职业者及其上层人士和教徒，使他们逐步提高政治思想觉悟。佛教、道教、伊斯兰教和基督教等各宗教平稳过渡到社会主义社会。新中国成立初期，建水各宗教的基本情况如下：

建水县佛教会于 1950 年 12 月向县人民政府报告，全县有比丘僧 57 人，比丘尼 368 人。次年佛教会改名为佛教联谊会。后来部分僧尼还俗务工务农。1954 年尚有比丘僧 9 人，比丘尼 239 人，居住在 46 个寺庙之中。

1950 年，根据建水县人民政府民政科调查，全县有道士 56 人。1955 年，一、二、五区有道士 8 人。其中燕子洞 3 人，官厅潮音寺 3 人，狗街神仙洞 2 人。

1950 年，建水和曲溪共有清真寺 23 所，阿訇 30 人。阿訇马广才和马建文先后当选为县人民代表，并成为红河州政协委员。

1950 年 5 月，外国籍牧师和医务人员归国，建水基督教会与外国基督教会脱离关系，实行自立、自养、自传的"三自"方针。1951年1月县人民政府接管教会医院。1955年建水基督教会设会长、牧师、传教士各1人，执事6人，教徒180人。①

在中华人民共和国成立初期的几年里，党和政府坚持正确路线、方针、政策，宗教信仰自由的政策得以贯彻执行，建水地区的宗教活动的有效开展。各族信教群众以及大多数宗教上层人士积极拥护党的宗教政策和领导，拥护社会主义，积极响应党和政府的号召，相信人民政府才是真正为人民服务的政府。宗教问题的处理获得了基本成功，宗教平稳过渡到社会主义社会，这为新时期宗教政策的制定和宗教管理提供了历史经验。

1958年以后，"左"的思想逐渐占了上风，处理宗教问题的理论和实践上出现了曲折。特别是在"文革"期间掀起了破除"四旧"的政治运动，宗教成为旧思想、旧文化、旧风俗、旧习惯的代表，被归入了行政力量试图消灭的对象之列。建水的佛教、道教寺庙宫观被损毁或是移作他用，僧尼、道士大部分还俗参加生产劳动，各宗教停止了日常宗教生活和法事活动。党和政府在早期形成的有益经验和宗教政策没有得到执行和落实，党的宗教工作被迫取消。

1978年以后，党和政府拨乱反正，坚持了过去的正确方针和政策，再次肯定了宗教信仰自由的基本原则。党中央19号文件《关于我国社会主义时期宗教问题的基本观点和基本政策》指出："宗教信仰自由，就是说：每个公民既有信仰宗教的自由，也有不信仰宗教的自由；有信仰这种宗教的自由，也有信仰那种宗教的自由；在同一宗教里面，有信仰这个教派的自由，也有信仰那个教派的自由；有过去不信教而现在信教的自由，也有过去信教而现在不信教的自由……在贯彻执行这项政策的过程中，在强调保障人们信教自由的同时，也应当强调保障人们有不信仰宗教的自由。这是同一问题的两个不可缺少的方面。任何强迫不信教的人信教的行为，如同强迫信教的人不信教一样，都是侵犯别人的信仰自由，因而都是极端错误和绝对不能允许的。"② 宗教信仰自由的基本政策使在社会运动

① 《建水县志》编纂委员会：《建水县志》，中华书局1994年版，第706—707页。
② 中共中央文献研究室综合研究组等编：《新时期宗教工作文献选编》，宗教文化出版社1995年版，第59—60页。

期间没有规范管理的宗教工作得以顺利开展，宗教活动得以正常进行。1985 年建水尚有道士 9 人，学徒 12 人。建水城区的宗教活动场所如文殊庵、同义联社等相继恢复宗教活动。1986 年，位于建水城东的燃灯寺重新开放，建水县佛教协会也得以重建。燕子洞和云龙山等宗教圣地也作为地方文物和名胜得以重修和开放。伊斯兰教的日常宗教活动正常进行。同期，全县穆斯林分布在 9 个区镇的 18 个乡 24 个村中，有清真寺 25 所，阿訇 50 多人，其中在寺掌教的 26 人。①

　　建水县作为红河州教派齐全、宗教活动场所最多、信教群众较多的县，云南省委确定建水为宗教工作重点县。截至 2010 年，全县有佛教、伊斯兰教、基督教等多种宗教。信教群众达 10 余万人，批准开放的宗教活动场所和固定处所 52 个，宗教团体 2 个（建水县佛教协会、建水县伊斯兰教协会），有宗教教职人员 100 余人，伊斯兰教清真寺 27 个所，佛教活动场所 14 个，基督教堂（处所）7 个，分布广泛，涉及 13 个乡镇。新时期，建水的宗教在国家宗教政策的指导下得以正常发展，而宗教工作也更加任重道远。

三　多元宗教融合发展的表现

　　由于国家力量的强制作用，儒家思想作为封建社会的主流意识在建水地区产生了深远影响，构成了当地深厚的儒家文化氛围。外来宗教文化想要在一个地区取得发展空间，为当地民族理解和接受，就需要对自身进行一定的调适和改造，以适应当地的生活需要和解决自己的实际问题，从而形成新的发展。佛教、道教和伊斯兰教等宗教适应了当地以儒家文化为主导的社会，并在该地区占据了一定的发展空间。因此，儒家思想、佛教、道教和伊斯兰教等宗教的文化因素渗透到建水社会历史和文化的各个层面，并形成了儒、释、道、伊斯兰教等多种思想共存的格局。

（一）佛、道教的融合与表现

　　宗教首先是表现于外在可见的物质层面，如佛教的寺院、道教的宫观

---

①　《建水县志》编纂委员会：《建水县志》，中华书局 1994 年版，第 706—707 页。

和伊斯兰教的清真寺等，但是最重要的还是要进入人的思想和意识之中，并作用于人的实践行为。建水地区的多宗教融合可以在当地的宗教设施、建筑中窥见一斑。多宗教共存于一个寺庙或宫观的现象较为普遍，玉皇阁、云龙山、黄龙寺便是儒释道融合的典型。玉皇阁位于建水城东侧，初建于明万历年间，原为道教宫观。因兵祸被毁，重建于清雍正八年（1730年）。后与玉皇阁仅一墙之隔的白马寺合并，形成观音菩萨、玉皇大帝、四大金刚和雷神十二将共存的格局，随即成为释道融合的寺观。云龙山本是佛教圣地，后来也成为道教名山，佛道教共存于一个道场之中。黄龙寺又名"龙潭禅寺"，位于城西10余公里的绍和山上，因山脚的黄龙潭而得名。从寺名可以看出，这是一座禅宗寺院，内奉观音菩萨，同时也供奉关圣、雷神等道教神灵，还有本土神灵"山爹"、"山母"，形成释道二教和地方神崇拜共存的格局。另外，位于古城东北部的燃灯寺是建水较著名的佛教寺庙之一，始建于明嘉靖年间，内奉燃灯佛，由此而得寺名。在距燃灯寺数百米的地方有建水较早建立的清真寺。清真寺和燃灯寺各有自己的崇拜群体，数百年来二者相安无事，共存发展。

儒家、佛教和道教还有伊斯兰教等思想文化在建水地区形成了相应的文化、民俗和宗教活动，构成建水多元文化共存的社会风貌。在建水有滇南规模最大的文庙，每年春秋两季的上丁之日都要在此地举行祭孔仪式，仪式中有乐舞相伴，地方官员都参加。这是一项国家的礼制，同时也是一项深入人心的民俗活动，地方人士以能到文庙参与祭祀为荣。此外，佛教、道教的法事活动也很频繁，影响甚广。

佛教主要法事活动时间安排如下：

正月初一　　——弥勒菩萨圣诞日

二月初八　　——释迦牟尼出家日

二月十五　　——释迦牟尼佛涅槃日

二月十九　　——观音菩萨圣诞日

二月二十一　——普贤菩萨圣诞日

四月初四　　——文殊菩萨圣诞日

四月初八　　——释迦牟尼佛圣诞日

六月初三　　——韦驮菩萨圣诞日

六月十九　——观音菩萨成道日

七月十三　——大势至菩萨圣诞日

七月三十　——地藏王菩萨圣诞日

九月十九　——观音菩萨出家日

九月三十　——药师佛出家日

十一月十七——阿弥陀佛圣诞日

十二月初八——释迦牟尼成道日

道教主要法事活动时间安排如下：

正月初九 ——玉皇会

二月初一 ——十五会

二月十五 ——道主会

三月三　 ——朝山会

六月初一 ——朝斗会

七月十五 ——中元会

十月十五 ——下元会①

由上可见，儒家文化和佛、道教在历史上就共存于建水地区，三者并行，按各自的祭祀和法会时间举行仪式，地方民众求神拜佛，烧香许愿，捐献功德，支持着多元文化的共存。

（二） 儒、释、道文化对少数民族的同化作用

1. 土司阶层深受儒释道三教影响

清代在滇南雄踞一方的普氏土司也深受儒释道文化的影响。纳楼土司普天明为较早引入儒学的少数民族首领，他兴办学校聘汉儒教授儒学。光绪年间，临安知府贺宗章著《幻影谈》载："临安所属土司，以官厅普某极为平正，颇知文学，明白事理，所部土民，心悦诚服，缘近府城，风气最为开通。"普土司发布文告，均用汉文书写。并在土司衙门上悬挂对联："九重锡命传金碧，五马开基至汉唐"，"承国恩化洽三江茶甸，奉圣

---

① 汪致敏、张建农：《古老寺庙——神灵殿堂》，云南人民出版社 2007 年版，第 14 页。

谕赐八百里纳楼"等。① 足见普氏土司深受儒家文化的影响，并且较为认同中原儒家文化。另外，普氏土司也接受了佛教和道教，在其治理范围之内，建造了潮音寺、玉皇阁、文昌阁等佛道教寺院宫观。

2. 彝族的儒家化

儒家思想的传播使建水地区的少数民族出现了儒家化现象。建水及周边县市地区散居着一支孔姓彝族，自称是孔子后裔，以孔子世家行辈字谱取名，这种做法为孔氏的家规之一，目的就是要立行辈，分尊卑，别长幼。这支彝族人认为他们的共同始祖孔厚为孔氏后人。根据清乾隆三十五年（1770 年）重修孔厚墓时所立的墓志铭《族谱明辨纪略》记载，孔厚系山东籍贯，在贵州做官，后因避战乱而入云南，后得到建水当地普姓土司接纳而改姓普。后世子孙孔宗圣多方查证才获悉始祖本是山东孔氏后人，所以改回孔姓。另有《遵谕辟论族规》也载："敦孝弟以重人伦……训子弟以禁为非……解仇忿以重身命……隆学校以端士书……重农桑以足衣食……戒匿者以免牵挂……讲法律以儆愚顽。"② 在族规中体现的儒家伦理思想对当地彝族产生了潜移默化的影响，这支彝族重教兴文，取得功名者不乏其人，如《族谱明辨纪略》的作者孔宗圣即为乾隆乙酉年（1765 年）进士。

3. 儒学与伊斯兰教的融合

伊斯兰教有一个相对独立的发展轨迹，与佛道教的相互交叉影响不多。但是建水地区的伊斯兰教受儒家影响较为深远。前文已述，清代著名伊斯兰教学者马德新来到建水的回龙村任清真寺教长，从此开启了建水经堂教育先河。马德新用汉文翻译《古兰经》，他的《宝命真经直解》前 5 卷，是中国最早的《古兰经》节译本。他在翻译伊斯兰教典籍时，运用中国传统的儒家思想来解释，"数十年中，学习渊源，遵中国之礼，引孔孟之章，译出天道人道之至理，指破生来死去之关头"，使伊斯兰教与儒家结合在一起。他为建水培养了新一代的伊斯兰教神职人员，儒伊融合的思想进入了当地的回族日常生活中。直至今天，建水现在培德、馆驿、麻栗树等清真寺仍办有经堂教育，开办有阿拉伯文班，学生数百人。

4. 少数民族艺术的影响

儒、释、道文化因子还渗透进了少数民族艺术中，这在少数民族的唱

① 汪致敏、张建农：《古老寺庙——神灵殿堂》，云南人民出版社 2007 年版，第 1 页。
② 《石屏县孔子世家谱》编委会：《石屏县孔子世家谱》，2003 年，第 35—40 页。

腔、舞蹈和戏曲中均有所表现。儒家的"仁义"思想可以在彝族唱腔中找到。彝族四大腔即沙悠腔、四腔、五三腔和海菜腔等唱腔中,开腔起句就有"仁情仁义"和"仁义仁情"之类的句子。彝族烟盒舞中就吸收了佛教文化的因素,出现"观音坐莲台"、"童子拜观音"和"半截观音墨斗脚"等表演套路;彝族花灯中也吸收了部分道教因素,出现了"朝山调"等具有道教文化内涵的唱段。①

(三) 儒释道融合的实践性表达——洞经会

洞经会是云南各地均有影响的民间宗教组织,因谈演《文昌大洞仙经》而得名。"文昌"就是指道家的"文昌梓潼帝君",所以洞经会的洞经音乐、经籍、崇拜主神和仪式活动都受到道教的影响,与道教有着渊源关系。但是洞经会又不只有道教的痕迹,它也崇拜佛教神灵和儒家圣人。

洞经会的崇拜对象涉及儒、释、道三家的神圣人物。洞经会,既供奉元始天尊、文昌帝君、玉皇大帝、太上老君、王灵官等大批道教神灵,也把观音、孔子等作为崇拜对象,其信仰特征表现为多神的功能性崇拜。由此形成了洞经会崇拜多神的多个庙会,本文以建水灶君寺洞经会的传统会期为例进行说明。

表 16 灶君寺会期一览

日期	会名	日期	会名
大年初一	大佛会	七月十八	王母会
正月初九	上九会	八月初三	灶君会
二月初三	文昌会	八月初五	雷神会
二月初三	精忠会	八月二十七	孔子会（祭孔）
二月十九	观音会	八月二十八	老年节（祝寿、会餐）
三月十五	龙华会	九月十五	龙华会
五月十四	龙华会	九月十九	观音会
六月十九	观音会	腊月二十四	送灶会
六月二十四	关圣会		

注:以上会期均为农历。

---

① 汪致敏、王保明:《建水文庙——开启滇南文明的圣殿》,云南美术出版社 2004 年版,第 16 页。

　　洞经会的经书与释、道、儒三家有密切联系，如根据道教经典而形成的《玉清无极总真文昌大洞仙经》、《高上玉皇本行集经》、《关圣帝君明圣真经》、《道德经》，据佛教经典而形成的《观音经》和据儒家经典而形成的《宏儒经》等，共数十部经书，因地域不同经书的内容有所出入，且名称不一。这些经书在洞经会的相应会期谈演，如在关圣会上就谈演《关圣帝君明圣真经》，观音会上就相应地谈演《观音经》，在孔子会（祭孔仪式）上谈演《宏儒经》。

　　在洞经会的经籍中，不只有道教经典，也有佛教经典，同时还渗透着儒家学说。特别是洞经会以儒生和文人为主的历史格局使洞经会的组织和会规设置受到儒家的影响较深。从总体情况来看，洞经会是一个融合儒、释、道三家而形成的宗教崇拜实践体系。

（四）儒学宗教化与宗教儒学化

　　洞经会是一个迎合民众社会生活需要而产生的民间宗教组织，它在民间社会中承担着精神信仰和伦理教化的双重职责。宗教的心理调适功能和儒学的教化功能集中体现在洞经会组织的宗教实践活动之中，儒学思想和宗教教义统一于民间社会生活实践的平台上。儒学和宗教不以各自独立的方向发展，而是相互交叉、相互影响。儒学借用宗教的形式表达，宗教借用儒学思想来解释，形成了儒学与宗教的互构关系，即儒学宗教化和宗教儒学化。

　　儒学宗教化是指通过宗教崇拜、仪式操演、文本宣讲等信仰与实践方式表达儒学思想，借助宗教的神圣性强化儒学在社会成员行为、生活和观念中的作用，这是民间社会大众基于自身对儒学思想的理解而作出的解释。宗教儒学化是指儒学思想贯穿于宗教信仰和实践中，用儒学思想来阐释宗教教义，体现出具有儒学基本内涵的宗教崇拜、宗教仪式、宗教文本。宗教儒学化的表达方式是宗教为适应以儒学为基本统治思想的古代中国社会，迎合国家的统治需要和民间社会的精神需求而作出的调整和设计。儒学宗教化与宗教儒学化的表述，并非把儒学视作一种宗教，而是借此阐明儒学在民间社会中发展的路径和方向——儒学与宗教的互构和整合。下文将从儒学宗教化和宗教儒学化两个维度对此种互构关系进行分析。

1. 儒学宗教化

　　儒学宗教化是考察洞经会中儒学与宗教关系的第一种维度，这是从儒学的基本立场来讨论。儒学作为洞经会的理论来源之一，在洞经会的构建过程中被改造成为宗教理论，并体现在洞经会的宗教构成要素中。儒学宗教化的机制主要表现在以宗教组织方式承载儒学文化，以宗教祭祀仪式表达儒学文化和儒学经典向宗教经文转变三个方面。

第一，以宗教组织方式承载儒学文化。洞经会是一个集儒、释、道三家思想为一体的民间宗教组织。儒学思想的影响在洞经会的信仰理论和实践层面上均有体现。从洞经会的信仰体系和实践方式来看，它便是一个具有宗教性特征的民间组织，以儒、释、道三家的神圣人物构建信仰体系，并操演一系列的宗教仪式和崇拜活动（如祈祷、谈经、上表等）。根据笔者的田野调查资料，建水洞经会主要供奉三清、四御、文昌帝君、关圣、王灵官、观音、孔子（四配作从祀）等儒、释、道教神灵。

第二，以宗教祭祀仪式表达儒学思想。洞经会仪式礼仪混杂，将道教科仪和古代祭祀之三献礼整合为洞经会特有的仪式。虽然洞经会祭祀的主神不同，但是仪式结构均以三献礼为主，在仪式中需要焚烧许多盖有封印的"帛"（符箓）。三献礼指祭祀中献酒三次，初献爵，亚献爵，终献爵，合称三献，源于《周礼》。在仪式结束之后，还要焚烧表文，表文中写有上表者的愿望，如求财、求学、求子、求官、求平安……在洞经会日常谈经和仪式活动中均伴有洞经音乐，以此娱神，上达天庭，增强仪式活动的神圣性。

儒学要素通过宗教场景设置、仪式文本和仪式过程来体现。场景设置中的儒学文化要素主要是在仪式过程中悬挂孔子画像、摆放"玉振"、"金声"木架、"四真签"① 等；仪式文本包括了祝文和歌章②，文本与乾隆八年（1743 年）颁布的《大成乐章》和祝文类似，由于时代、地点和主体的不同，民间洞经会对传统的文本进行了改造，不过这并不妨碍文本中对儒学典故、儒学思想的表达；仪式过程以三献礼为核心，分为迎神、初献、亚献、终献、送神五个步骤③，配以曲调变换的音乐，体现了儒学

---

①　签上写有《论语》名句"非礼勿视，非礼勿听，非礼勿言，非礼勿动"。

②　民间洞经会提供的歌章文本如下。《昭平之章》："尼山日月，麟吐玉书。洙泗径流育圣人，德配天地，道冠古今。周游列国传，与天地参大圣人"；《宜（宣）平之章》："予怀明德，玉振金声。生民未有，展也大成"；《秩平之章》："俎豆千古，春秋上丁。清酒祭（既）载，其香始升"；《叙平之章》："维（惟）天牖民，惟圣时若，彝伦攸叙，至今木铎"；《德平之章》："先师有言祭受福，四海黉宫敢不肃，礼成告彻勿疏慢，乐所自生中原蔹。"

③　根据《临安府志·典礼》的记载，应该为六个阶段：迎神、初献、亚献、终献、彻馔、送神。现代洞经会祭孔仪式中，将彻馔、送神合在一起了。

"礼乐"思想在其中的影响。

第三，儒学经典向宗教经文转变。洞经会的信仰体系和实践行为需要符合该组织特性的理论来支持。因此洞经会按照道教册封神灵的方式为儒、释、道神圣人物加以尊号，以"圣诰"的方式对神灵的功能、渊源、事迹、学说等进行解说，在经文中以"志心皈命礼"为引导。由此为儒、释、道神圣人物变成洞经会的神灵提供理论依据，儒、释、道思想和教义成为该组织构建宗教理论的来源。儒学经典就从一种学说的文本形态向具有神圣性的宗教经文转变。建水洞经会的《谈经谱》抄本记载了洞经会主祀神灵的"圣诰"，其中《孔子诰》原文如下：

> 志心皈命礼 孔子诰
>
> 气备四时，兴天地日月鬼神合其德。教垂万世，统尧舜禹汤文武作之师。道集大成，无声无嗅。功参两大，亘古亘今。诗书礼乐，敷教泽于无疆。立道绥动，自生民所未有。凡有血气，莫不尊亲。大成至圣先师孔子兴儒盛世无上至尊。

"圣诰"以"志心皈命礼"引导表明了《孔子诰》的宗教特征。文中强化了孔子创立儒学、教化民众的重要贡献，后将孔子册封为"大成至圣先师孔子兴儒盛世无上至尊"。这为孔子成为洞经会的重要神灵之一提供了理论依据。《宏儒经》、《孔子觉世经》就是据儒家经典而形成的经书。《宏儒经》也称作《宏儒圣经》，全称为《太上宏儒至道无极总真复圣阐微圣经》。《宏儒经》出现于清代，借复圣颜子之口阐述《大学》、《中庸》、《孝经》义理。从《宏儒经》的结构来看，它是一部较为完整的宗教经书。"礼请卷"中的各部分内容属于宗教礼仪，如八真言（净口、净身、净心、净天地、卫灵、安土地、玄蕴、焚香真言等）就与道教八大神咒（净口神咒、净身神咒、净心神咒、净天地神咒、金光神咒、坛场土地神咒、祝香神咒、元始安镇神咒等）基本相似①。《宏儒经》将儒学与道教相整合，用道教理论解释儒学修身、治国、中庸等思想，形成了一部以宗教的方式来阐述儒学文化的经书。孔子进入洞经会神灵体系之后，其儒学思想也就成为洞经会经书构成的来源之一，儒学经典遂向宗教

---

① 经文全文见张兴荣《云南洞经文化》，云南教育出版社1998年版，第179—182页。

经文转变。

2. 宗教儒学化

宗教儒学化是考察洞经会儒学与宗教关系的另一维度。这是从洞经会宗教构成的立场讨论儒学在洞经会宗教组织、宗教实践和宗教文本中的融入与表现。洞经会虽然以宗教为外在表现形式，但其核心却在于通过宗教表达方式实践儒家的社会理想。

第一，宗教组织的主体以儒生以及具有儒学背景的人员为主。洞经会形成的早期，儒生或具有儒学背景的人员如举人（贡生）、秀才（生员）、童生等，是构成该组织的主要群体。由此形成了"不是儒生，不能入坛"的入会条件。民国年间，洞经会的入会条件有所放宽，商人、绅士和一些平民，经过特定手续或仪式后也可加入，但必须是品学兼优、知书达理或是清白的书香子弟。为了表达洞经会高雅的定位，以区别于社会底层的下九流①之辈，入会者还应是清白之人，就是指没有犯过罪的人，一般来说品行不端者不得入会。凡从事低下职业的人员，如理发匠、屠户、戏子、吹鼓手一应人等也不得入会。

第二，儒学思想贯穿宗教实践。在前文的讨论中，我们可以确认洞经会的宗教属性。从主祀神灵、科仪和经文等方面来看，洞经会构建和改造过程都与道教密切联系，同时又吸收佛教和儒家的神圣人物、核心思想和仪式程序等。洞经会虽有宗教的外在表现形式，但是其内在支持理论却深受儒学影响。在洞经会的宗教实践中均强调"礼"和"乐"各要素的相互整合。在宫观会中，祭祀神灵的仪式都有完整的程序，借用祭孔仪式的基本步骤，行三献礼，再杂以道教"奠帛"和"上表"等科仪。为了在宗教实践中贯彻"礼"、"乐"精神，洞经会因此制定了相应的会规和制度。建水洞经会一直保留严格的经坛规矩，分别对衣着、行为、礼节、职责和惩罚等方面作出详尽而具体的规定②，虽然以宗教的形式出现，但实质是试图建立一种符合儒家"礼乐"精神的行为模式，这是一种由神圣

---

①　中国古代社会中的"九流"可划分为"上九流"、"中九流"、"下九流"。本文所指的"下九流"是师爷、衙差、升秤（秤手）、媒婆、走卒、时妖（拐骗及巫婆）、盗、窃、娼等。

②　如谈经者身心不洁不得上座，衣冠不整不得上座。头捶锣鸣，更换净茶；贰捶锣鸣，洗手更衣；叁捶锣鸣，排班上座。排班不到，罚跪香一炷；横穿直夺，罚跪香一炷；坐立不端，罚跪香一炷；妄动音乐，罚跪香一炷；宣经颠倒，罚跪香一炷；等等。参见张兴荣《云南洞经文化》，云南教育出版社1998年版，第30—31页。

向世俗回归的努力。洞经连通天、地、人三才，整合儒、释、道三教，将"礼乐"思想神圣化。谈经演教目的在于教化民众。若儒家五伦和八德能成为民众生活的基本信条，那么天下就大治了。可见洞经会宗教实践的最终目标还是要回到儒家的社会理想。

第三，宗教文本中的儒学思想。宗教文本是洞经会宗教信仰和实践活动的基本理论，这对于洞经会的神灵体系和崇拜活动都具有决定性作用。洞经会以宗教的表现形式实践儒家社会理想实质决定了该宗教组织的神灵体系构建和经文内容都体现出了儒学基本思想，如忠、孝、仁、义等。本书根据建水洞经会《谈经谱》中对主祀神灵的描述、赞颂和册封等内容进行一些探讨。

《谈经谱》共记载神灵十六位（有一神多"诰"的情况），神灵主要有四种来源：（1）道教神，如雷神、玉帝、灶君、土地、天帝、斗父、斗母、元始天尊、玉皇大帝、文昌帝君、真武大帝、太上老君等；（2）佛教神，如观音；（3）儒家神圣人物，如孔子；（4）具有特殊贡献或品质的历史人物，如关圣、岳飞等。

首先，每一段"诰"都以"志心皈命礼"引导，这表明"诰"的宗教特征，每一位神灵都配以具有宗教特征的封号。如文昌帝君被封为"更生永命天尊"；关圣帝君被封为"真元显应昭明翊汉天尊"。其次，在"诰"词中强调洞经会三教合一的信仰形式。如《文昌诰》："至孝至仁，功存乎儒释道教。不骄不乐，职尽乎天地水官。"《关圣诰》："掌儒释道教之权，管天地人才之柄。"文昌帝君和关圣帝君的神灵职能都涉及儒释道三教。最后，分析以上文本可以得出一个重要观点：洞经会用儒学思想来解释宗教神灵的功能和伦理特征。如对文昌帝君的定性是"至孝至仁"，对关圣帝君的定性是"尽忠大义"，对岳飞的定性是"尽忠护国……全仁全义，至孝至忠。神霄上将，孝德忠义。"对土地神的定性是"存仁存恕，至正至明"。经文通过神灵的特殊品质和历史贡献把儒学的忠、孝、仁、义等思想彰显出来。

在建水洞经会中，儒学与宗教表现为"你中有我，我中有你"的互构关系，即儒学宗教化和宗教儒学化。儒学是一种入世的哲学或是伦理思想，它与佛道教整合之后，以宗教的方式表现出来，即儒学宗教化。此种结合机制主要体现在以宗教组织承载儒学文化、以宗教仪式表达儒学思想、儒学经典向宗教经文转化等方面。神圣的帷幕使民众产生敬畏，儒学也因此深入民众的生活层面。这种教化方式超越以庙学为主的传统儒学教育，对中国传统社会的民众产生着潜移默化的影响。随着思想交流的进一步深化，各宗教对社会秩序的回答留下了儒学的印记，表现为宗教儒学化趋势。佛、道教本是出世的宗教，在吸收了儒学思想之后，更加地关注世俗生活，将儒学忠、孝、仁、义等理念转化为宗教教义。宗教神圣性不只作用于精神信仰层面，它也具有社会教化的作用，最终为实现儒家的社会理想服务。

可以说，儒学与宗教之间的关系，并非相互排斥，而是在理论和实践层面的整合和互构，如此实践方式暗示着一种新创造和新时代的到来。即人类需要构成的统一性，这并不意味着要消除差异，只需用一种新的整合方式来表达，由此创造出一种区别于以往的新形式。

四　多元宗教和谐相处的经验与启示

上文从纵向的历史视角展现了建水地区多宗教发展的历程，在横向剖面上也对特定时期的宗教发展情况进行了一定的阐述。从以上分析中可以看到，建水是一个儒家文化盛行的边疆小城，佛教、道教、伊斯兰教等宗教传入这一地区之后，相继进行了本土化的调整，适应了当地的儒家文化氛围，而这种融入体现在建水民间的多宗教信仰之中，在该地区盛行的民间宗教组织——洞经会就是这种多宗教信仰的集中体现。同时也应该看到，宗教的发展离不开正确而合理的引导，早在明代，建水的宗教就已纳入了王朝的管理范围之中。及至现代，我党的宗教法规和政策一直规范和指导着宗教发展，现代国家的力量在多宗教共存发展过程中发挥了重要的作用。因此本节从历史格局形成、宗教管理、文化思想以及信仰力量四个方面来总结建水地区多宗教共存发展的历史经验。

（一）儒家文化的统摄性内核为多元宗教共存奠定思想基础

建水虽然是中国西南的一个边疆小城，但是自元代设立了文庙以后，中央王朝的文化同化政策使儒家文化在该地区大规模传播，并产生持续而深远的影响。文庙祭祀作为当地政治和日常生活的重要内容，地方官员十分重视文庙祭祀和文庙教育等事务，如《重修临安府学碑记》载：明弘治五年（1495 年），云南副使李孟晖"驻节临安府。循故事诣学宫，谒宣圣庙。顾瞻兴叹，以为弊陋弗，即有重修之志"①。儒家文化统摄地方社会文化的发展，使建水一地儒风盛行，但是以儒家为文化核心的社会氛围并非排斥释道和其他宗教。具有儒家背景的地方官员捐资修建文庙的同时，也出资修建释道寺观。如上文已提及的清康熙年间临安知府黄明不但主张儒家教育，而且也在云龙山上增建宫观庙宇，使云龙山成为释道融合的宗教圣地。另外，建水当地的少数民族深受儒家文化影响，出现了儒家化的彝族，土司统治的儒家化。同时他们也在儒家文化的熏陶下变得开通而明理，从而更容易地接受外来的宗教思想，在少数民族地区同时建盖了佛教和道教的寺观，少数民族艺术中融合了儒释道的文化因子，儒、释、道思想最终进入了当地人的日常生活中。儒学宗教化和宗教儒学化是建水儒学与宗教互构的结果。儒学以宗教的表现形式更加深入民间社会，宗教以儒学为解释方式而更易于让民众接受。因此，儒家文化成为建水的主流文化，释道次之，并兼容了其他外来的宗教文化，形成了以儒为主，释、道、伊等宗教文化共存的格局。

（二）兼容并蓄的民间宗教信仰为多元宗教共存提供深厚土壤

民间崇拜行为追求现世的功利与回报，期望得到神圣力量的保佑，而不论神圣的力量是源自何种性质，假如神灵不能满足自己的功利性需求，则很可能被人们抛弃。《太平广记》载："夫置神庙者，所以佑兆人，祈福应。今既有害于我，安得不除之乎?"② 这句话较好地概括了中国人崇拜的特征之一，凡事期望寻得神的照应，得到超自然力的辅助。中国传统社会中的宗教信仰并不强调神的本体性，而十分强调其功能性，不是从神的本体、地位到功能，而是从神的功能、地位到本体。③ 所以崇拜者并不只是祈求一位神灵，而是多位神灵，那些与社会生活有关的神灵都可能成为崇拜对象，似乎神越多力量会越大。

中国民众的宗教信仰强调生活实践，讲究有求必应。在中国古代，有功于民者可受祭祀，而有功于民者难以细数，所以炎帝、黄帝、尧、舜、禹、周文王、周武及老子、关圣等人物都进入祭祀之列。中国民间宗教生

---

① 杨丰：《建水文庙历代碑文选注》，建水文庙管理处，2004年8月。
② （宋）李昉等编：《太平广记》，中华书局1961年版，第2422页。
③ 戴康生、彭耀：《宗教社会学》，社会科学文献出版社2000年版，第222页。

活中受祭祀人物多而庞杂，不管是圣贤还是仙佛，或是各种偶像，不分宗教种类或道或佛，都可以成为崇拜对象。正像许烺光在《美国人与中国人：两种生活方式比较》中写道："典型的乡村庙宇中，通常供奉的是慈善的观音菩萨，商人们必不可少的财神、大旱之年能降雨的龙王以及另一世界的使者土地爷。城市庙宇中的神还要多得多，常供的有文神孔夫子及其72位高徒，农神、医神、司麻疹、眼疾和其他病症以及身体部位的女神，城隍或是地方神以及分立左右的十位判官。"① 在民间视野中，如果某一神圣人物或事物能够帮助个体获得超自然的力量，达到现世功利的目的，就可以进入祭祀神灵之列。

建水地区民间宗教崇拜的表达方式也同样强调日常生活中的有求必应，民众崇拜孔子，尊奉儒家，也供奉释迦牟尼佛和老子，同时也供奉城隍、关羽，还有其他的神灵，如玉皇大帝、观音……从神灵的功能来说，凡是与人生活实践相关神灵都可以进入建水地区的神灵体系。也正是因此，民众信仰的力量支持着各宗教的存在。从文庙建立之后，祭祀孔子的祀典规模越来越大，文庙外的观者如云。佛教、道教传入之后，每年的法会活动不断，各大寺观总是香烟缭绕，进香许愿、求神拜佛的人接踵摩肩。而这些信仰者一方面是延续了宗教的实践行为，把宗教观念向下一代人传递；另一方面，他们的香火钱、功德钱为宗教的神圣世界在俗世中找到一方安身之地。

除了固定的法会活动之外，建水地区的宗教信仰者还会在家中进行宗教活动。他们在家中设立神堂，供奉各宗教的神灵，每日上香敬奉，念诵经文，并按照特定的日期行斋祭，如祭十斋期，即每月的初一、初八、十四、十五、十八、二十三、二十九、三十（小月二十八日结束）。另有观音斋、觐光斋、五体斋等。②《民国建水县志稿》载："清斋教，亦清静道之流传，长斋奉佛③，清修苦练。城内外有佛堂十数处，凡老妪孀妇多其信徒。"可见，宗教观念已不仅仅是停留于神圣时空中，它已经渗透到当

① 许烺光：《美国人与中国人》，张守东等译，华夏出版社1989年版，第231页。

② 汪致敏、张建农：《古老寺庙——神灵殿堂》，云南人民出版社2007年版，第108页。

③ 《民国建水县志稿》并未定稿，审批者在此处留下疑问："长斋奉佛者是否为属于道教，还请斟酌。"笔者还是赞同审批者的意见，但是写初稿之人也不无道理，在建水地区释道融合之现象比较常见，在长斋教的表现形式看，很难将二者完全区分开，在此暂用这一说法，以此作为释道融合的证据之一。

地民众的日常生活中，成为他们生活的重要组成部分。

（三）合理的宗教管理政策是多元宗教共存的有力保障

建水的多宗教共存格局一方面有历史的原因，另一方面也得益于地方政府的有效管理和合理引导。新中国成立之后，因为极"左"思想的干扰出现过消灭宗教的倾向。但在改革开放之后，我党重新正确认识了宗教，坚持了宗教信仰自由的政策。在建水地区多宗教得以良性发展，形成了一种具有地方特色的工作模式。

1. 地方宗教管理部门依法管理宗教事务

国家的宗教政策是宗教工作开展的基本准则，依法管理，明确方向，将有利于宗教工作的有效开展。（1）建立管理机制和网络。县委、县政府高度重视宗教工作，建立了县、乡、村三级管理机制。2008年，建水县充实了宗教管理领导小组，由县委书记任组长。各乡镇成立宗教工作领导小组，配备了专（兼）职宗教助理员，宗教管理工作直接扩展到村一级。（2）宗教管理队伍专业化。宗教管理的主体就是三支队伍，即党政干部、宗教干部和宗教教职人员。建水的宗教工作是由县委和各乡镇的主要领导来直接分管，这些人员既管理宗教，又有行政职能，这样的设置有利于宗教工作的有效开展。同时，宗教工作与宗教界人士密切结合，发挥宗教上层人士的积极作用，及时地解决问题，引导宗教与社会主义社会相适应。建水县先后建立了佛教协会、道教协会、洞经音乐协会等民间组织。（3）加强朝觐事务管理。根据国家"统一认识、分省负责、归口管理、限额审批、综合治理"和"有组织、有计划、有秩序、依法管理、制止零散朝觐"等要求，建水县委、县政府加强朝觐事务管理，对穆斯林同胞宣传相关法律、政策，协调指导相关部门工作，规范朝觐事务。（4）加强对宗教活动场所的审批工作，严格按照《宗教事务管理条例》的要求对宗教活动和场所进行审批。

2. 县委、县政府注重调研，为宗教管理提供信息支持

鉴于建水县是云南省宗教工作的重点县，宗教教派多，信仰群体广泛，因此建水县统战部和宗教管理部门对建水的宗教现状进行了多次调研。2007—2009年三年间，宗教事务局数次对基督教聚会点的情况进行了调研，同时检查了宗教活动场所人员安排、财务制度和宗教政策的贯彻落实情况。2010年，宗教事务局对建水的民间信仰状况做了调研。这些

工作摸清了建水宗教的基本情况，为宗教管理和政策制度提供了信息支持。

3. 加强业务学习和培训，提高宗教管理队伍业务水平

（1）加强对宗教管理队伍的培训。县委、县政府重视《宗教事务管理条例》等宗教政策和法规的宣传学习，在 2007—2009 年的宗教工作会议上多次对宗教工作干部、宗教界人士等 500 多人（次）进行宗教政策法规培训。（2）在各宗教活动场所也进行了爱国主义教育和宗教政策法规的宣传活动。建水县在 52 个宗教活动场所中开展爱国主义教育活动，如进行升国旗仪式、组织宗教界人士观看 60 周年国庆庆典等活动，这些举措在宗教界产生广泛影响，这掀起了宗教界人士的爱国热情，并紧密团结在党的周围，积极拥护党的领导，为和谐社会建设作出自己的一份贡献。

4. 正确认识宗教的现代功能，积极发挥宗教文化的资源优势

建水拥有丰富的自然和人文旅游资源，被评为"中国历史文化名城"和"中国重点风景名胜区"。建水宗教文化资源是其中的重要组成部分，曾有过"七寺八庙，四大名山，五大丛林"的民谚。燕子洞集佛、道教文化和天然溶洞于一身，既有发育良好的喀斯特地貌景观，也有深厚底蕴的宗教文化。云龙山是儒、释、道文化汇集的宗教圣地。另外，建水还是滇南规模最大的文庙，它与保存完好的学政考棚一起见证了建水儒学教育的昌盛和科举取得的辉煌。朝阳楼、纳楼土司署等建筑则在诉说着这里与中原之间密切的关系。明代于此驻军之后始建朝阳楼，它是中原文化传入建水的结晶。纳楼土司署则是中央王朝在这里设立土司制度以管理当地少数民族的产物，同样成为中央王朝政治力量在边疆少数民族地区发挥作用的证明。正所谓"普天之下，莫非王土；率土之滨，莫非王臣"。因此，建水县把旅游作为经济增长的四大支柱产业之一，打造以儒文化为核心的旅游品牌，合理利用当地丰富的宗教文化资源，再与古城风貌、民族风情相结合，形成各具特色的旅游网络，使旅游业由潜在的优势向现实的经济优势转化，促进地方经济社会的发展。

综上所述，建水民间的宗教信仰者兼容并蓄的特质支持着多宗教共存于这一个地域空间之中，也使这种共存格局维系了数百年之久。他们并不一定具有高深的宗教理论知识，心中只是持有宗教的向善情怀，如"行善积德"，相信"因果报应"，秉持着"诸恶莫做"信条，强调积极向上

的普世价值。他们并没有区分出儒家、佛教、道教或是其他的宗教，而是重视此世的功德和修行，积极地投入到社会生活实践中，也正是因为他们的善念支持了多宗教的共存与发展。

（四）多宗教自身的融合和相互吸收消除了宗教间的区隔

佛教为较早传入建水地区的宗教，影响也较为深远。元代，儒学在国家强制力量的推行下，成为当地的主流。伊斯兰教于元代随入滇的蒙古军队和回族先民而传入。道教于明代在建水兴起。这些宗教虽然是在不同的时期相继传入建水，但是它们都在该地区找到了发展空间，并且在发展过程中出现了相互融合和吸收的现象。

多宗教的融合与相互吸收首先表现在寺庙宫观建筑和神灵祭祀等方面。在建水地区有多个寺庙融合了佛教、道教等多种宗教，甚至还包括地方的土主崇拜。建水的多个宗教圣地，如云龙山、燕子洞等也都是释道合一的宗教场所，在这些地方还能找到儒家文化的痕迹。多宗教融合与吸收的现象还表现在民众的信仰实践活动之上。各宗教都有定期的庙会活动，无论是佛教盛会，还是道教盛会，当地民众一般都会如期而至，而且像前述云龙山、燕子洞等宗教圣地在一年之中会举办多种宗教的庙会活动。而这些宗教活动在延续了数百年之后，已经演变成了当地的民俗，虽然还具有宗教内容，但是它更像是一个需要传承和维系的地方传统，是地方社会生活不可或缺的重要组成部分。多宗教融合与相互吸收的现象就集中体现在建水民间的宗教组织——洞经会之中。① 在洞经会的仪式、音乐和经文等方面充斥着儒、释、道的文化因子。

宗教本质上是神圣的表达，而又需要在世俗世界中获得生存。多种宗教在同一地域空间中相互调适，打破了教派之间的壁垒，形成了你中有我、我中有你的状态，不再关注佛、道教的区分，而是更加关注宗教如何融入社会生活，以及如何获得民众的支持而求取生存与发展。因而建水的多宗教在求取生存和发展的过程中融合，这也促成了多宗教的共存格局。

---

① 关于宗教融会与相互吸收的具体现象和案例，本报告第三节已有阐述和讨论，在此只做简单说明。

五 结语

本报告选取滇南建水为个案，从社会史的角度回顾了当地宗教文化的发展历程，涉及儒学、佛教、道教、伊斯兰教和基督教等宗教和文化，从中发现了多宗教共存格局的形成机制以及历史经验。本章从社会史的视角出发，对于地方宗教文化的阐述不仅仅停留于宗教发展历程的再现，也不只是停留于宗教内部的教义与演化的讨论，而是更关注宗教与个人、宗教与社会的互动关系。因此本章在选材上广泛涉及建水地方社会的历史、文化、政治、民族、教育和宗教等诸多领域，围绕宗教、人、社会之间的互动关系来阐述一个核心问题：在多种社会因素的相互作用过程中多宗教共存的格局如何形成。纵观建水地区宗教文化发展的整体图景，本章认为至少在以下四个方面的要素促成了建水的多宗教共存格局。首先，以儒家文化为主导的统摄性文化内核为多宗教共存奠定了思想基础。其次，因地制宜的宗教管理是宗教合理正确发展的有力保障。再次，民间宗教信仰兼容并蓄的特性为多宗教共存提供了深厚土壤。最后，多宗教自身的融合和相互吸收消除了宗教间的区隔。社会、政治、思想和文化等因素的作用促成了建水地区多宗教共存格局，并使之得以维系和发展。

子研究报告之六：

洱源县多元宗教和谐相处的实证研究

　　凡宗教信仰都是基于探究人与自然、人与社会之间的相互关系而产生和发展的，其中蕴含着丰富的和谐思想，云南各民族宗教信仰也是如此，并在特定区域形成了和谐共处的良性局面，在全国独树一帜，并引起社会各界越来越多的关注。云南各族群众对本土宗教、外来宗教、原始宗教采取了兼容并蓄的态度，使得云南成为"世界宗教博物馆"，在原生态的生活场景中展示着各民族宗教信仰所包含的丰富的和谐思想、和谐态度以及和谐行动。可以说，对人与社会和谐关系的追求，在云南各民族宗教信仰和实际生活中都有体现。生活在云南的各少数民族不仅创造了个性鲜明、各具特色的民族文化，而且汇集了除东正教之外的世界三大宗教及其主要派别。云南多民族、多宗教在空间分布上存在一些交叉和重叠，彼此之间不同的生活环境导致了频繁地互动交往，从而使不同民族在文化上相互碰撞、交流和渗透。其结果是既没有出现简单的文化趋同，也没有出现你死我活的尖锐冲突，相反却呈现各民族和睦相处、文化上并行不悖、和谐共存的格局。本报告以本土宗教、佛教、道教、伊斯兰教、天主教、基督教、儒教七教并存的云南省洱源县为个案，探讨云南多民族、多元宗教和谐相处的历史、现状以及原因机制。

一　洱源县概况

（一）历史沿革

　　洱源县位于云南省西北部，大理白族自治州北部，东与鹤庆县相连，南与大理市、漾濞县接壤，西与云龙县分疆，北与剑川县相邻。国土面积2875平方公里，滇藏公路、大丽公路穿境而过，因是洱海之源而得名。

洱源在西汉至隋朝均属叶榆县地。唐麟德元年（664年）洱源设治，六诏时期，境内有浪穹、邓赕、施浪三诏。南诏国时期为浪穹州，大理国时设宁北赕、邓赕、凤羽郡。元宪宗七年（1257年）置浪穹、德源两个千户所，隶大理万户府。至元十一年（1274年）云南行省建立，置邓川州，领浪穹、凤羽两县，隶大理路。明裁凤羽县，并归浪穹，设邓川州，领浪穹县，隶大理府。

民国元年（1912年），浪穹县改称洱源县，邓川州改为邓川县，两县先属迤西道，后属大理督察专员公署。中华人民共和国成立后，洱源、邓川两县同属大理专区，1956年起同属大理白族自治州。1958年10月，洱源、邓川、剑川三县合并，成立剑川大县。1961年10月，撤销剑川大县，原洱源、邓川两县合并称为洱源县。2003年12月区划调整，双廊、江尾两镇划归大理市，江尾镇改称上关镇。2005年1月，茈碧乡和玉湖镇合并后称为茈碧湖镇。2006年年末，洱源县辖茈碧湖、邓川、右所、三营、凤羽、乔后6镇和牛街、炼铁、西山3乡，共2个社区、88个村委会。

（二）民族概况

洱源县是以白族为主体的多民族聚居县，目前共有27种民族成分，有白、汉、彝、回、傈僳、纳西、傣、藏8个世居民族。2010年年末，全县总人口为287833人，其中白族179550人，汉族87431人，彝族11642人，回族6584人，傈僳族1116人，纳西族491人，傣族146人，藏族3278人。其他少数民族有普米、苗、哈尼、拉祜、布依、壮、蒙古、阿昌、景颇、布朗、瑶、德昂等共545人。全县9个乡镇，没有一个是单一民族乡镇。

洱源地势由西北向东南倾斜，最高海拔3958.4米，最低海拔1550米，相差2400多米。各民族人口呈多层次立体分布的特点，除极少数高海拔地区外，不同海拔段均有民族分布，从洱海之滨到罗坪山麓，从各个平坝到崇山峻岭，随处可见各族人民的身影。从人口地域分布上看，境内各民族既有特定的聚居区域，又互相交错，形成了大杂居、小聚居的局面。县内除白、汉、彝、回、藏等族居住相对集中外，其他民族居住都比较分散。其中，白族与汉族、白族与其他民族杂居的情况比较普遍。由于受地域、气候等客观自然条件的影响，各民族在人口分布、经济发展、教育程度、宗教信仰等方面呈不平衡与多元化态势，生活在坝区的民族相对山区民族来说在经济社会发展程度上要略高一筹。各民族经济社会发展与其所处的自然环境、人文环境密切相关，因而有必要对洱源各民族尤其是对世居民族的发展历史、宗教信仰状况等予以考察。

1956 年 11 月 22 日大理白族自治州成立前夕，白族的称谓才最终统一确定下来。从隋唐时期起，文献记载中有关白族的称谓颇多。如"白蛮"（明·艾自修《重修邓川州志·地理志》）、"白子"（清咸丰·侯允钦《邓川州志·风土志》）以及"僰"、"僰人"、"白人"（清光绪·周沆《浪穹县志略·杂志》）、"民家子"（《皇朝职贡图·伯麟图说》、旧《云南通志》）等。洱源是以白族为主的多民族聚居县，全县 9 个乡镇均分布有白族聚居村落，其中白族人口比例最高的凤羽镇达 98.1%；最低的三营镇也达 29.05%。在全县行政村（村民委员会或社区居民委员会）中，白族单一民族居住的有 10 个行政村，即右所镇的西湖村、温水村、超胜村、腊坪村，乔后镇的温坡村、丰乐村、文开村、黄花村、新坪村，以及西山乡的胜利村。

汉族的古称谓有"华夏"、"中华"、"诸夏"、"秦人"、"汉人"、"唐人"等。根据地方史志记载，洱源汉族都由外地迁入。早在公元前 4—5 世纪，蜀、楚、粤等地商贾沿途定居下来，成为境内汉族的先民。从元代开始，汉族先民大量进入洱源。清朝同治十一年（1872 年）杜文秀起义失败后，洱源境内部分回民为避免杀戮而自称为汉人，民间有"炼铁在半山，回庄变汉庄"之说。中华人民共和国成立后，随着经济建设步伐的加快，不少汉族落户洱源，汉族人口逐渐增多。目前，汉族在洱源各乡镇都有分布，万人以上的有右所镇、三营镇、茈碧镇，千人以上的有牛街乡、邓川镇、炼铁乡、乔后镇，百人以上的有凤羽镇，西山乡则不到百人。①

关于云南彝族的来源，学术界至今没有定论，主要有"土著说"、"东来说"、"南来说"、"西来说"、"北来说"等，但彝族和白族先民关系密切却是不争的事实。洱源彝族主要分布在三营镇、炼铁乡、乔后镇、茈碧镇，与白族大杂居、小聚居、交错杂居。

元代是回族进入洱源的主要时期，明、清两代继续有回族迁入。洱源

---

① 资料来源：洱源县统计局。

回族人口分布的主要特点有：第一，大分散小集中，与汉族、白族杂居。第二，主要聚居在交通沿线的重要城镇及其附近的平坝地区，多是随军留居洱源，一般沿元、明、清时期的进军路线、交通要道的驿站或屯田处所定居下来。第三，宗教活动集中，清真寺的大小往往体现出本村回民的多寡。第四，大多数回族村庄接近江河湖泊，又有井水之便，村边土地肥沃，适合种植水稻、豆麦及其他经济作物。回族擅长经营商业、手工业，《古兰经》鼓励穆斯林从事各种经济活动，其分布格局与其经济活动相互影响。目前，洱源回族主要居住在右所镇的士庞、鸡鸣、三枚，苴碧镇的回果村、上北门等地，其他地方回族人口较少。

清光绪年间，"傈僳能"（"黑傈僳"）从澜沧江畔的维西县、"傈僳铺"（"白傈僳"）从金沙江畔的永胜县迁入洱源境内。民国时期，又有一部分傈僳族从兰坪县迁居洱源。因迁入时间较晚，傈僳族多分布在县境边缘地带的高山峡谷间，与白、彝、汉族交错杂居并相互通婚。

中华人民共和国成立后，因参加工作、通婚等原因，纳西族迁入洱源县。纳西族没有形成聚居村落，和当地的汉族、藏族、白族杂居在一起。傣族迁入洱源县境内经历了两个阶段：一是明初从思茅大量迁入，清朝雍正年间迁出或融入其他民族。二是新中国成立后从德宏、西双版纳迁入。现主要集中在三营镇郑家庄、邓川镇井旁村和文笔村。1930年，几名藏族人游牧到剑川、洱源等地。1958年，洱源县人民政府把留在境内的藏民安置于三营镇的郑家庄、古城、马厂、下仓等自然村，从此藏族在境内正式定居下来，与当地白族、汉族人民杂居至今。

二　洱源县多元宗教的历史生成

宗教以特定人群为信仰基础，洱源作为一个多民族聚居县，注定成为多元宗教共存的地区。境内8个世居民族在保留传统宗教信仰的同时，在长期经济交往、相互通婚过程中，也不同程度地接受了其他民族的宗教信仰，如主体民族白族的本主崇拜已经为部分少数民族和汉族所吸纳。除伊斯兰教仅为回族所信仰外，洱源境内其他宗教在不同民族中的信仰分布呈现"一多重叠状态"。信仰佛教的主要有部分汉族、白族、傣族、藏族和部分傈僳族，信仰道教的主要有汉族、彝族、纳西族和白族，信仰基督教和天主教的主要有部分白族、傈僳族、汉族、彝族。从时间顺序看，白族、彝族最早在洱源居住，至今仍然残存的原始宗教也是境内最为久远的信仰形态。其余如佛教、道教、伊斯兰教分别随信仰该宗教的民族迁移而进入，传教意识淡薄且与各民族生活密切关联。天主教与基督教则不同，没有特定民族作为信仰载体，而是以强烈、单纯的传教目的进入洱源，因为要争夺其他宗教的信徒才能占领自己的"领地"，所以难免发生冲突。

（一）原始宗教

1. 自然崇拜

按照《现代汉语词典》的解释，自然崇拜把自然物和自然力视作具有生命、意志和伟大能力的对象而加以崇拜，是最原始的宗教形式。当时人们尚未形成明确的超自然体的观念，但已开始具有将自然物和自然力超自然化的倾向。洱源县境内自然崇拜的对象主要有山、水、天、地、火、石等。

山崇拜的表现形式是祭山神，由于"靠山吃山，靠海吃海"的经济依赖性，洱源县内居住在山区、半山区的白、彝、傈僳族等民族与山有着密切的联系，他们认为山有山神，山神主宰着山里的万物，保佑人们顺利进山打猎、砍柴、采蘑菇，并且保佑人们的平安。多数彝族村寨建有山神庙，庙中有的贴着山神画像，有的以石头或树枝代表山神。彝族认为，"山神"之下还有"猎神"，祭拜"猎神"直接关系到能否获得猎物，人们向一棵作为"猎神"象征的高大树木进行祭献。白族在生产生活中时常祭山神，尤其是凤羽镇振生村中的山神，庙宇建在公路旁，祭祀的人很多。民间认为，山神会保佑出行人的安全，凡是家中有运输工具的必须前来祭拜。祭祀时用的祭品中一定要有"干拉"（一种米粉做成的食品，有红、黄、绿、白多种颜色）若干片，其余祭品根据个人不同的经济情况有所区分。傈僳族祭祀山神比白族和彝族更隆重，他们以一家一户为单位，每户中由一位男子带着公鸡、酒、茶，对着山神树祷告后杀鸡，煮熟后带回，全家一起享用。

天崇拜在白、纳西、彝族中较为突出。居住在山区的白族以松树作为"天树"，称松树为"嘿永整"，祭"天树"就是祭天。祭品很讲究，山区没有的祭品要派专人去坝区购买。祭天的目的是希望老天保佑村民健康平安，村中六畜兴旺、五谷丰登。纳西族以两枝栗树枝表示天神神位，除祷告外，还进行射箭活动，以祈求五谷丰登、六畜兴旺。彝族从山上砍回一棵松树做祭天树插于院子中央，再在祭天树上挂一个灯笼，插几炷香，树下摆上供品。

水崇拜以汉、彝、白、傈僳等民族为主。白族称水神为"龙王"，建有不少龙王庙。他们把村寨附近的泉水塘称为"龙潭"，水来自山上或地下。村里的孩子不能到"龙潭"洗澡，更不能小便，妇女也不能去"龙潭"里洗衣服。干旱不下雨、影响春播和庄稼生长时，则去"龙潭"边祭祀水神以求降雨。彝族认为地下水汇集的地方是龙踩下的脚窝，是"龙潭"，所以他们在石板、石条上雕琢龙图，并为龙潭盖房子，把有龙图的石板或石条盖在房子上，并在房子前祭祀、上香，供上猪头、酒，往"龙潭"里丢铜钱、硬币，念一些祈祷下雨降福的话。汉族水崇拜的表现形式是建盖龙王庙，每年定期赶"龙王会"，他们认为农历五月初一赶了龙王会，五月栽秧就有雨水了。傈僳族崇拜水，以村为单位举行祭祀活动。

地崇拜以白、彝、汉族为主。白族是农耕民族，对土地十分崇敬，表现形式有祭"地田鬼"和祭"地基神"。有的白族村庄建有地母寺祭祀地母，有的是在本主庙内供一尊地母像。祭祀时，中老年妇女还要念《地母经》，目的是保佑庄稼丰收。洱源县西山乡的白族，每两年以村为单位在一棵大树下举行一次"地基神"活动。祭品用一只山羊，祈求"地基神"保佑全村免除嫉妒和争吵，和睦相处、平安度日。新建房屋时，也会祭"地基神"，保佑在建房过程中顺利平安。汉族地崇拜的表现形式是建立土地庙，庙里有土地公公塑像和土地奶奶塑像。彝族地崇拜的表现形式是崇拜"地母、祭山地神"，过"土皇节"。

2. 图腾崇拜

图腾（totem）是美洲印第安语的音译，意为"他的亲族"，于旧石器中晚期、中石器时代的母系氏族社会中兴起和繁荣。由于生产力和认识水平低下、自然灾害频发等原因，人们将某种动植物或非生物当作自己的亲属、祖先或保护神，相信他们有超自然力会保护自己，通过崇拜还能获得他们的力量或技能。图腾是最早的社会组织、氏族或部落的标志与象征符号，具有团结群体、密切血缘关系、维系社会组织和互相区别的职能。图腾崇拜是自然崇拜和祖先崇拜观念相结合的一种普遍存在于各个民族的原始宗教信仰形式，是一种人格化的自然崇拜观念。

洱源彝族的图腾崇拜物有葫芦、虎、竹子等，至今还流传着人从竹子里出来的传说。洱源白族的图腾崇拜物有公鸡、虎、海螺、鱼等。傈僳族的图腾有熊、虎、猴、羊、麻等。纳西族的图腾有虎、牦牛，他们认为天地万物是牦牛尸解形成的。洱源县西山乡的白族崇拜"天树"，他们认为天树能保佑乡村秩序和睦、村民平安健康。在新农村建设中，一些"天树"影响到了村落规划和道路建设，但出于尊重信仰感情的考虑，当地政府采取了"绕开"的措施。

3. 祖先崇拜

祖先崇拜的产生和古老的灵魂信仰观念有关。原始先民认为，人死后灵魂不灭，灵魂具有自然精灵那样的超自然力量，有能力保护本氏族成员，因此在原始社会的氏族公社时期就出现了祖先崇拜。直到今天，崇拜祖先仍是中国民间的传统习俗，人们通过敬祀仪式来缅怀祖先的养育之恩，同时又祈望祖先幽灵能庇佑子孙、福荫后代。古代白族先民很重视祖先崇拜，这种形式一直流传至今。这具体表现为白族家里都会供奉祖先的相片或灵牌，一年四季上香不断。境内藏族也很重视对祖先的崇拜，他们不吃鱼，认为祖先的灵魂会附到鱼的身体中。境内回族对已故亲人的追思仪式很讲究，也很复杂。境内汉族虽然宗教意识相对淡薄，但一部分人也崇拜祖先。

4. 英雄崇拜

英雄崇拜是由祖先崇拜延伸出来的一种灵魂崇拜形式。人们认为"部族首领之魂"可以继续统领本部族亡人之"魂"，"英雄之魂"可以镇住外部族亡人之"魂"。作为管辖群鬼的"鬼主"可以附在宗教祭司身上，借他之口传达意志、命令和要求。洱源白族供奉的一些"本主"即由"鬼主"演化而来，如右所镇中所村本主威镇菩提主河灵帝，传说他治河水有功，荫及子孙。白族民间常将祖先追溯至某位英雄人物，其神话传说世代流传。

（二）本主崇拜

本主崇拜是洱源地区白族群众的普遍宗教信仰形式，意为"本地域内最尊贵之主神"，白语称"武僧"、"倒博"，汉语意即"我的主人"。本主信仰在洱源地区有着悠久的历史，早在唐朝前期就出现了"本主神"的名号，后经宋代大理国时期的巩固，至明代已经形成体系，在白族群众中继承沿袭下来。本主崇拜发展到今天，渗透到白族群众生活之中而成为民间化的宗教形式。

本主崇拜源于白族的"社神"崇拜,"社"伴随地缘性村庄和部落的建立而出现,白族先民最初崇拜的是"社神"养育人民的自然属性,以后又逐渐为之加上掌管人畜兴旺、五谷丰登的社会属性。此时的"社神"在山区为"山神",在坝区为"土主神"。此后,"社神"进一步发展演化成地域、村寨、部落的保护神,白族人民将其总称为"本主神",其社会功能是保护一方村寨之安宁。

《南诏野史》载:"蒙氏平地方,封岳渎。以神明天子为国步主,封十七贤五十七山神。"[①] 在统治者的支持下,南诏、大理国时期本主崇拜逐渐盛行,一定程度上也吸收了儒、释、道三教的因素。从明代开始,本主崇拜逐渐形成自己的信仰体系,不仅建盖了大量本主庙,也产生了一大批有重要影响的本主神的传说故事和经典理论。如《杨干贞》、《大黑天神》、《白姐圣妃》、《段思平》、《赵善政》、《李文锦》、《李文晋》、《李文彬》、《李靖》、《石头皇帝》、《金角娘娘》等故事流传甚广;在理论方面,《太上本主龙王祀典法忏》记录了各种本主神号:天神、皇帝、圣帝、灵帝、景帝、大王、将军、大爷、圣母、圣妃、国母、宫主、公主等,还概括出白族群众朝拜本主神的 12 种心愿:"寿连绵、世清闲、兴文教、保丰收、本乐业、身安然、龄增寿、泽添延、冰雹息、水周旋、家清洁、户安康",反映了白族群众对本主既依赖又敬畏的宗教感情和体验。洱源县本主的赠号有景帝、灵帝、圣母、娘娘、圣妃等,全称一般为"大圣本主某某景帝"等。据 1996 年版《洱源县志》载,洱源县共有 118 尊本主神,172 座本主庙。本主神按其特殊性格与神话传说可分为九类,即自然崇拜、英雄崇拜、有功于民者、开国皇帝、以死勤事者、贞洁女神、类似图腾者、孝子、本主神之眷属或亲戚。供奉本主神祇的庙宇称为本主庙,普遍建在村庄数百米至一公里的缓坡上,一般是一个自然村一座,少数是一个村几座。

本主分为主神、配神两种类型。主神是一个区域内居于统领地位的本主,配神是本主神以外的其他配祀之神,白族地区常见的配神有观音、大黑天神、财神、文武判官、痘神、子孙娘娘、卫房圣母等。本主神祇都有

---

① (明)倪辂撰:《南诏野史》,载《四库全书存目丛书·史部第 163 册》,齐鲁书社 1996 年版,第 380 页。

神号，男性神号如"国光皇帝"、"二郎圣帝"、"福民景帝"、"匡圣皇帝"，女性神号如"白洁圣妃"、"金角娘娘"、"九妹妹"等。本主神号的结构形式受到儒、道思想的影响，同古代的谥法有明显的亲缘关系，是白族与汉族文化相互融合的产物。

洱源白族群众对本主的崇拜极为虔诚，民间有谚语说："生为本主的百姓，死是本主的阴兵。"如今洱源白族的本主崇拜活动形式虽有所简化，但本主保佑一方百姓的观念仍根深蒂固，当人们在生产生活中遇到疑难，或者在结婚、生育、丧事、身患重病、盖房起楼、购车出行等重大事件中，多会到本主庙祈求平安。白族村民的个体祭礼可以不分时间举行，但要事先选好日子，有时可以请神职人员主持。洱源部分彝族、汉族受白族群众的影响，也崇拜本主。

"本主节"是白族祭祀本主的集体性狂欢仪式，常在本主诞辰、忌日或被封赠之日举行。洱源本主节集中在农历的正月，也有农历四月、六月、七月、八月、九月或腊月举行的，一般在农闲季节举行。届时，村民前往本主庙祭祀本主，施舍钱财求挂一道红布，朵兮薄祭司则设坛跳神，表演相关宗教舞蹈和"巫术"。有的村寨还举行隆重的迎本主仪式。在迎本主活动中，所属的村民家家户户清扫房前屋后，人们杀鸡宰猪，到本主庙献祭，酬谢本主一年来的保佑，祈求本主来年继续赐福。有些村庄用轿子抬本主及其家人塑像，当年结婚的青年男子必须去抬，当年要考大学的学生更是争相去抬，以祈求本主保佑考上大学。有的村寨还举行唱"吹吹腔"、板凳戏等娱乐活动，节日气氛浓烈。

（三）佛教

洱源境内的佛教主要有阿吒力教、汉传佛教、藏传佛教三大派别，其中阿吒力教和汉传佛教经历了600余年的互动融合。

阿吒力教是云南密宗的早期形式，由天竺僧人传布的印度密宗与洱海区域以巫师为主的原始宗教相结合，吸收佛教其他宗派、道教以及儒家思想而逐渐形成的一个教派，流传和兴盛于南诏、大理国及元明诸代。"阿吒力"是梵文音译，原意是指能够为人传法、灌顶的密宗。最初进入洱海区域传布密宗的天竺僧人，自称"观音"、"观音弟子"，还自称"阿吒力"。传入境内后，因翻译不同而出现了"阿遮梨耶"、"阿折里耶"、"阿左梨"、"阿嵯耶"等数十种写法。白族语称为"师主簿"，阿吒力则自称为"密宗师"、"大密法师"、"密坛主"、"密宗教主"等。受传播密宗的天竺僧人的影响，以杨、赵、李、董为代表的许多饱读儒书的白蛮大姓也成为佛教阿吒力弟子。白蛮大姓阿吒力从事布教活动时，运用梵汉两种文字进行"翻经译咒"，使得阿吒力教的许多经典、神咒以梵汉两种文字同时流传开来，境内古塔塔砖上的铭文，既有梵文又有汉文，而白族墓碑、经幢之上，梵文更被广为使用。阿吒力教的传播推动了白族文化的发展，促进了南诏大理国的文化兴盛，并一度成为南诏的国教。

根据有关文献记载，7世纪中叶阿吒力教传入洱源。1966年被拆毁的三营街火焰山砖塔始建于大理国大宝七年（1155年），见证了大理国时期洱源县境内的佛教发展。有元一代，阿吒力教在洱源十分兴盛。元代初年来到云南的郭松年在《大理行记》中说："此邦之人西去天竺为近，其俗尚浮屠，家无贫富，皆有佛堂，人不以老壮，手不释数珠。一岁之间，斋戒几半，绝不茹荤饮酒，至斋毕乃已。沿山寺宇极多，礼佛游玩者弗绝。"① 元代李京所撰《云南志略》也说："佛教甚盛，戒律精严者名得道，俗甚重之，有家室者名师僧。童子多读佛书，少知六经者。段氏而上，选官置吏皆出此辈。"② 说明阿吒力教掌握了大量政治、社会资源，成为白族普遍的信仰形式。当时人们喜欢以佛号命名，如李观音得、张般若师、王药师生等。

洱源今天遗留下来的寺、塔甚多，塔上刻有佛像和梵文陀罗尼经咒等，碑碣文字也带有十分浓厚的佛教色彩。境内的凤羽狮山、三营莲花山上，有许多火葬墓，民间称其为"鞑子坟"，认为是元代蒙古驻军的坟墓。但大理大学周祜教授考证认为是受阿吒力教影响的白族火葬墓。景泰《云南志》卷四说，白族"人死置堂中，请阿吒力僧诵咒之，三日焚于野，取其骨贴以金箔，书咒其上，以瓷瓶盛而葬之。"③ 凤羽狮山上立于元代延祐元年的赵生忠碑为境内较早的火葬墓碑，刻有"厥父赵坚生、母王氏，想其仪，思其德，志其言，返报立幢刻尊胜母像以祈超生"。白族火葬墓碑上的梵文经咒，一般由阿吒力僧书写。

阿吒力教僧侣的传承方式，既不同于中原汉地密宗师徒相承的方法，

---

① 洱源县民族宗教事务局：《洱源县民族宗教志》，云南民族出版社2006年版，第56页。

② 同上书，第98页。

③ 同上书，第145页。

又区别于藏密喇嘛转世的传统，而是以父子世代宗业相承的血亲继嗣方法为主。阿吒力有妻室，为僧而用俗姓。明景泰二年（1451年）立的《故考天阿啰哩公墓志铭》记载了邓川段氏一族从其远祖段道超开始，便"皆修秘密法门，代不乏人"，成为相沿7个多世纪的阿吒力世家。阿吒力教的法事以设坛、供养、诵咒、制龙求雨等为主，其仪轨则与民俗信仰中的巫教相似。阿吒力教僧侣阐瑜伽教，演秘密法，声称能降龙伏虎、役使鬼神、祈祷必应，在南诏大理国时期深受统治者的信任，有的被封为国师，有的被封为军师，参与行军布阵，被赐予尊号。《浪穹县志略》载，南诏和尚尹嵯酋护国有功而被封为护国和尚，至今茈碧镇力头村西岭仍有护国和尚庙，庙旁的泉水被称为"十分水"，又名"护国泉"。

元代以后，禅宗在云南兴起，阿吒力僧被视为"土僧"，成为佛教"缁流派"，主要从事结缘应赴、超度亡灵、祈福禳灾、安龙尊土等活动。此时阿吒力教已不采用密宗的灌顶而是显宗的受戒仪式。阿吒力教失去了往日的政治资源走上了民间化的发展道路，僧侣除了替人驱邪赶鬼、祛病禳灾、送丧做阴事外，还做莲池会的坛主，负责指导"念佛会"的活动，在重要的佛教节日中举办法会。20世纪90年代末，洱源县仍有两名阿吒力僧，他们的木质方形印鉴上刻有"缁流广荫"和"缁流续儒"等字样，可知此两名阿吒力僧的戒名分别叫"广荫"和"续儒"，同属佛教缁流派。

"坛"与"会"是阿吒力教最核心的组织，它以坛首家中所设的佛堂为坛场。该组织成员以中老年妇女为主，当地人称为"妈妈会"，而她们则自称为"莲池会"、"念经会"。全会总管称为"总经母"，大小事都要经过她，总经母下面还有"当家母"，作为各自然村"妈妈会"的负责人。皈依弟子（称会友）每月都要按时参加本坛的活动，念经拜佛、超度亡人，为他人祈求庆吉平安、家业永固。"莲池会"一般在本主庙、龙王庙中做法事，到镇蝗塔前做法会，凡是与现实生活有关的需求，阿吒力教都会做法事以求消解厄运。作法时，女弟子手敲木鱼，口诵佛经，男性弟子演奏音乐，此种形式在洱源县至今尚存。一些地方的"妈妈会"发生了分化，演奏音乐的男性会友独立出来，加入"洞经会"。

阿吒力教"坛"、"会"的规模，与地域范围和当地人口多寡有关。凤羽镇凤翔村是一个有7000多人的白族聚居村，这里的莲池会有固定会友近千人，平时在家从事生产劳动，每逢农历初一、十五以及各种会期，便到坛内集中做法事。境内的白族老年人到了一定的年纪都要加入"坛"或"会"吃斋念佛,成为阿吒力教中的一员。按当地的话说是"一种归宿",这使得阿吒力教的规模不断扩大、信徒不断增多。信徒在家中供有佛像或菩萨像,不管贫富都有佛堂。从制度化宗教到扩散化的民间宗教,阿吒力教在白族社会延续了千年之久。周围不少汉族在与白族交流互动中受其影响而信奉阿吒力教。

云南汉传佛教在元代蔚为大观,明末形成了以大理宾川鸡足山为中心的汉传佛教极盛时期。清初云南的汉传佛教进一步发展,几任总督、巡抚如范承勋、王继文等都大力输资修葺寺院,提倡佛教信仰。至清咸丰、同治年间杜文秀领导回民起义,云南大量佛教寺院毁于兵燹,僧尼逃散,佛教逐渐衰落。民国年间,虽有振作但无多大起色。然而佛教对人们思想的影响依然存在,至今白族还称人去世为"归"或"成佛"。洱源境内的汉传佛教主要是净土宗,认为世俗众生所住之地为秽土秽国,而诸佛菩萨所住之地为净土佛国。世俗众生很难依靠自力解脱,须勤念佛号、乘佛愿力往生净土。念佛的方法有称名念佛、观想念佛和实相念佛三种。净土宗修行简便,在农村广泛流行,许多乡村小寺几乎都由净土宗念佛僧住持,因而文化较低的居士也多信奉此宗。

洱源境内的藏族佛教分为互不干涉的红黄两派,主要分布在三营镇的郑家庄。信徒以中老年人居多,除每天固定在家里或寺内念经拜佛外,每年都参加由政府出钱举行的定期庙会。此两派的特点是僧人无正规的学经制度,他们既从事劳动,又娶妻生子,有时还行医卖药,与世俗群众的联系比较紧密。

(四)道教

早期道教特别重视占星祭天、祀神驱鬼,俗称"鬼道",这同境内白族、彝族的原始宗教十分相似,道教的教义自然地融入白族、彝族宗教信仰中。史载,魏晋南北朝时期,江南人民为避战祸纷纷从贵州方向入大理定居,道教信徒携带经典图像而来,对两爨文化的繁荣产生了影响。白族、彝族先民盛行的虎崇拜、星崇拜,与早期道教的青龙白虎、五斗星君、二十八宿星辰等关系密切。

道教在南诏国中一度地位显赫,相传太上老君曾点化南诏初祖细奴逻,开启南诏十三代王运。立于公元776年的《南诏德化碑》有"开三教，宾四门"的记载。公元 794 年异牟寻与唐朝使臣崔佐时结盟时，指天地水三官为誓。道教传入洱源后，受到白族、彝族群众的欢迎，对其风俗习惯、心理素质、传统文化等产生了深远影响。元朝时期，道教全真教中的各门各派陆续传入洱源，各地纷纷兴建城隍庙、玉皇阁、文昌宫、武帝庙、斗姆阁、玄天阁、魁星阁、雷神庙等。清代道教衰微，很少建观。据明清地方志记载，洱源曾兴建过道教宫观，并有数量较多的道士和道姑散居城乡各地，开展道教活动，有些道观香火很旺。①

洱源县境内的道教派别主要是正一派和全真派。正一派也称"火居道"，从五斗米道演化而来，他们世居民间、不重修持、画符念咒驱鬼除秽、娶妻生子、自相传承。在洱源，火居道士遍及城乡，他们主要为人送丧念经、超度亡灵、驱鬼除秽、祈吉求福，诵经时供奉三清、三元、五斗、玉皇、二十八宿、灵官、吕祖、八仙的神像和牌位。该派道士穿红色、黑色道袍，持朝笏，戴朝天冠，使用刀剑、法铃等法器。全真教为金初道士王重阳所创，此派注重清规戒律，不娶妻室、不茹荤腥，主张修道登仙需深居丛林。全真派受晚唐和北宋以来"三教合一"思潮的影响，自称以"太上为祖，释迦为宗，夫子为科牌"。至今凤羽镇境内还有"三教宫"。凤羽镇凤翔村清净寺的育端（1943 年 9 月 2 日入道）及其弟子普净（俗名段二妹，女，洱源牛街人，白族，2000 年 6 月被推荐为参加云南省道教协会筹备组成员）即属此派。据调查，育端持戒甚严，终身不嫁。

道教的斋醮活动很多，无论是彝族、白族或汉族，凡需仰仗神力以求吉庆的事，如求仙、延寿、求福、求雨等都要依据财力和时辰修斋诵经、礼忏祭祀。洱源县境内的汉、白、彝、纳西等族在干旱时会做法事求雨，时间为 3—7 天。全县定期举行的道教活动有城隍会、南斗会、北斗会、文昌会、龙王会、中元会等，家庭经常举行的道教仪式有顺财门、度幽、退白虎、驱鬼、安龙奠工。遇到连年丰收则由数村或数家联合"摆天斋"，酬谢天地众神。每逢风雨失调，天灾人祸的年份，则要举行"上天章"法事。

城隍会俗称"接老爷"，民国时期每逢农历清明、中元、十月初一，洱源城内都要举行隆重的城隍出府盛会。届时城乡群众不论男女老幼，都

---

① 洱源县民族宗教事务局：《洱源县民族宗教志》，云南民族出版社 2006 年版，第 131 页。

手持信香，虔诚地参加游行。现在城隍会活动虽已简化，但城隍庙仍然香火不断，几乎每天都有人到城隍庙中做法事，祈求人口平安、婚姻美满、学业有成等。洱源城隍庙中还供奉孔子，成为儒、道二教和谐共处的缩影。

（五）伊斯兰教

1253 年，元宪宗蒙哥命其弟忽必烈为统帅，以兀良合台总督军事，率领 10 万蒙回军队进攻大理国。同年 12 月平定大理，兀良合台留戍云南，这成为穆斯林大规模进入大理地区及洱源县之始。1274 年，出身中亚贵族的伊斯兰教徒赛典赤·赡思丁任云南平章政事，为伊斯兰教在云南发展创造了条件。1856 年，云南回民起义领袖杜文秀的"大元帅"杨振鹏率兵进入乔后，开拓盐城设学堂、建造清真寺，倡导伊斯兰教。1873 年，洱源县清真寺增加 12 座，伊斯兰教徒共有 1 万余人。

洱源地区的穆斯林基本属格底目教派，该派重视"舍若阿提"（法定的干功，包括思想上的"六大信仰"和行动上的"五大功修"）讲求"两世吉庆"，认为今世和来世是有机统一的，没有今世的干功，就没有来世的幸福，只有立足于今世，才会有来世的丰果。格底目派教权组织形式是单一的教坊制，教坊是以一个清真寺为中心，包括一定范围的穆斯林聚居区域，通常一个教坊就是一个村寨。格底目派各教坊间虽然互不隶属、互不干涉教务，但也不排斥各教坊之间有密切的交往关系。各教坊间互相帮助、团结友爱。格底目派虽然对其他教派的宗教主张有异议，但奉行"各行其是"的宽容准则，并不反对其他教派的"功修"，也不攻击其他教派的主张。格底目派在长期发展过程中，受到汉族文化的影响，吸收儒家思想较多，在经堂教育中实行"中阿并授"。格底目派宗教仪式中有不少汉族习俗，如死者埋葬后的三日、五日，头七、满月、百日、周岁都要念经。

清真寺既是穆斯林进行宗教活动的场所，又是穆斯林经济生活和文化水平的标志。洱源县清真寺的建筑与回族大分散、小聚居的居住特点相适应，即"凡所居皆建寺"。2012 年，洱源县境内有清真寺 9 所，即大营村清真寺、鸡鸣村清真寺、士庞村清真寺、上三枚村清真寺、回果村清真寺、上北门村清真寺、乔后清真寺、右所街清真寺、小街清真寺。9 所清真寺大多为近年来逐步改建、扩建和重建而成，雄伟壮观、庄严典雅。洱源县宗教管理部门和县伊协积极组织县内清真寺参与省、州、县三级回族模范清真寺评选活动，至 1997 年年底，鸡鸣村清真寺、士庞村清真寺、小街清真寺，分别被评为省、州、县模范清真寺。

清真寺用途比较广，既是回族穆斯林沐浴洁身、进行宗教活动的场所，又是举办伊斯兰教教育、传播伊斯兰教常识、培养伊斯兰教职业者的讲堂和经堂，也是回族政治、经济、文化、生活以及公益事业的活动中心。洱源回族穆斯林每日 5 次礼拜，每星期五的主麻聚礼以及一年一度的开斋节、古尔邦节、圣纪节等重大节日，都要在这里举行会礼。即使是主持婚丧嫁娶、屠宰食用禽畜等有关活动，都离不开清真寺。阿訇平时还要在清真寺给回族群众讲"瓦尔兹"（戒劝）。洱源县境内的清真寺建筑风格大都为殿宇式的四合院建筑，多数有两院，由照壁、叫拜楼、礼拜大殿、大殿两侧的南北讲堂、沐室等组成。礼拜大殿是主殿，是穆斯林集体礼拜的地方。殿内的西端为"米哈拉卜"，通译"窑窝"，右侧是"闪拜楼"，叫拜楼，又叫宣礼楼，一般高 3—4 层，是伊斯兰教的职业人员召唤穆斯林来礼拜的地方。大殿两侧的南北讲堂，是阿訇讲经授业、培养学生的场所。

1989 年，洱源县伊斯兰教协会成立，其性质为"伊斯兰教界人士和穆斯林群众的爱国宗教团体"，宗旨是"协助各级政府贯彻宗教信仰自由政策，维护伊斯兰教界人士和穆斯林群众的合法权益，办好教务，联系本教界人士和穆斯林群众，拥护中国共产党领导，热爱社会主义祖国，自觉维护全县各民族的安定团结，积极参加社会主义物质文明和精神文明建设，为振兴中华、维护世界和平贡献力量"。该协会分别在 1989 年、1994 年、1999 年右所镇士庞村清真寺召开伊斯兰教代表大会，在促进民族团结、协助宣传贯彻计划生育、建立健全清真寺民主管理制度、办好经堂教育、搜集整理回族和伊斯兰教文物古籍、组织朝觐等方面做了大量工作。

（六）基督教

1881 年，英国内地会传播教士乔治·克拉克夫妇在大理开办教会，成为基督教在云南传播的先导。此后，陆续有英美等国传教士到邓川、洱源等地传教。1932 年，美国主教牧师海福生在洱源城内南街杨宅成立内地会。1934 年，英国牧师梁锡生在洱源成立基督教会。同年，美国牧师万恩普在邓川县衙门前搭起布棚宣讲《圣经》，并成立邓川基督教会。由于梁锡生离开，洱源教会无人负责，万恩普在邓川教会成立后经常到洱源散发传单，发展教徒30人，并在宁湖镇成立教会。不久，大理内地会请杜文峰夫妇和李时祯夫妇协助万恩普开展传教工作，并成立了凤羽分会。1937年，万恩普在洱源建立麻风病隔离所1所，给麻风病人传道治病。万恩普离开邓川后，内地会请浙江女士张文君负责邓川地区的教会工作，张文君两年后离开邓川。不久，大理耶稣会派加拿大牧师毛文熙到邓川传教，1950年毛文熙回国，结束了外国传教士在洱源的传教历史。

基督教的礼仪主要有洗礼、圣餐、婚礼、殡葬和圣职五件，其中最基本的是洗礼和圣餐。洗礼分注水礼与浸水礼，洱源基督教会多实行注水礼，通常由长老将圣水洒在领洗者头上，并将手按在入教人的头上，口诵"我奉圣父、圣子、圣灵的名给你施洗"或"我奉耶稣基督的名给你施洗"。境内基督教的圣餐多为麦面饼，有时候在市场上选购小甜饼或饼干代替，有的用果汁或茶水来代替葡萄酒。洱源基督教的礼拜一般在周末由长老主礼，诵读《圣经》的《主祷文》，然后进行祈祷，主礼人祈求上帝赐福给参加者。

基督教会的教制主要有主教制（以主教、牧师、执事三级圣职为核心来管理教会）、长老制（以长老为主体管理教会的体制）、公理制（由教会全体信徒以民主方式直接选聘牧师管理教会的体制）三种。基督教传入洱源后，教会组织以主教制为主。民国时期，洱源基督教有教区长、牧师、长老、传道员、执事、礼拜长几个等次。1950年，上海基督教爱国人士以吴耀宗为首，发表了中国基督教革新宣言，提出摆脱外国势力控制、独立自主、自办教会的主张，走以反帝爱国为中心的"自治、自养、自传"的道路。1951年，大理基督教会响应革新号召，发出《大理基督教会响应革新运动宣言》，拉开了大理州基督教"三自"革新运动序幕。洱源教会也响应号召，驱逐了在县境内活动的外国传教士，基督教开办的医院交由人民政府接管，结束了外国势力对教会的控制。洱源、邓川都成立了基督教会，隶属于大理基督教会。2011年以前，基督教徒主要采用家庭聚会形式组织活动。到2011年洱源县基督教活动点有2个，其中登记在册的1个，信教群众55人；与2个聚会点无联系的有16人。洱源县境内的基督教实行长老制，最高等次是长老，长老下面有传道员和执事。教堂的日常讲经传道活动由传道员承担，传道员由教会开办的短期培训班产生。执事协助长老和牧师管理某一教堂具体事务，礼拜长主要负责召集礼拜活动的人员，原则上由教堂选举产生。境内现有长老 1 人，传道员 1 人，执事 2 人，礼拜长 1 人。

（七）天主教

清康熙三十五年（1696 年）云南天主教区设立，法国传教士雷勃随即来云南任主教，此后不断有天主教传教士进入云南发展教徒、建造教堂。天主教于道光年间传入大理地区，光绪年间得到发展。

道光十五年（1835 年），传教士在邓川州寅塘里小米庙建造了一所"洋式"大天主堂，为云南 7 所大教堂中最早的一所。同年，又在"洋式"大天主堂附近建了一所中式小育婴堂，收养男孩 8 人，女孩 30 人。咸丰三年（1853 年）《天津条约》签订后，外国传教士享有传教自由的特权，在洱源县内的活动范围进一步扩大。光绪二年（1876 年）在浪穹县么梭营（今孟伏营）设立小天主堂一所，法国主教毕由天常驻教堂并进行传教活动。光绪七年（1881 年），又有一所小天主堂在沙凤村建立。

民国期间，天主教神甫已在境内开办医院、学校等慈善机构，主要有邓川男女育婴堂、邓川大坪子善终养老会等，另外有教会小学 2 所。1935年，法国传教士万乔司神甫到境内传教，在三营乡孟伏营村建立土木结构平房 9 间，收治部分传染病人，为境内西医治疗之始。1949 年 3 月，洱源县 3 个教区有 6 个教堂，每个教堂设有神甫、牧师、司铎、长老各一人，有以法国董会林为代表的外籍教士十余人，教徒发展到 200 人。1950年，外国神职人员陆续回国，各个天主教相继独立，不再有统属关系。1953 年 10 月 14 日，三区又恢复成立教堂，天主教开始"自治、自养、自传"，有了自己的主教，成为大理地区信教群众的一个爱国爱教的宗教组织。1956 年副主教刘翰臣先后被选为省州政协委员和州人民代表，积极参政议政。

洱源天主教的组织形式是"传教区体制"，即划地区为教区，大理为一个教区，其相邻的各县为分教区，洱源为大理教区的分教区。洱源分教区开始时由法国传教士控制，么梭营由法国主教毕由天传教，下江约沙凤村由法国传教士张若望传教。因纵容不法教徒作恶，光绪九年（1883 年）张若望在"浪穹教案"中被民众杀死。清光绪十九年（公元 1893 年）浪穹境内的洋教士暂时离开，么梭营天主堂由四川会理人雷鸿发担任传教士，沙凤村教堂由浪穹人张书绅任教士。民国时期，县境内虽有中国籍神甫，但仍未摆脱外国传教士的控制，教徒最多的时候达200人。在大理地区传教的中国籍神甫中，以邓川人胡积仁、刘翰臣最为著名。二人都曾在昆明白龙潭天主教拉丁文学校学习，毕业后皆由教会选送到新加坡宗座神学院读书。回国后，他们走遍滇西一带传教。1929年大理天主教区成立，11月，胡积仁、刘翰臣在洱源县孟伏营一带设有一、二、三教堂。1953年10月14日，中国天主教掀起了"自治、自养、自传"的爱国运动，完全脱离了外国教会的控制。"文化大革命"期间，天主教的活动被禁止，教堂多被拆毁或做校舍，教徒人数不断减少。截至2012年，境内只有10余个天主教徒，没有登记在册的天主教活动点，信徒只是在家中进行简单的宗教活动。

（八）儒教

自董仲舒"罢黜百家，独尊儒术"之后，中国历代王朝几乎都将儒学作为正统思想，以之作为选拔人才的标准，塑造了具有"克里斯玛"性质的儒家士大夫。当然，也有佛、道二宗教在一段时间内备受统治者青睐而参与政治，但佛教、道教的政治地位有高有低、此消彼长，儒学始终伴随着封建统治高高在上。元代以后，中原儒家文化系统传入云南少数民族地区，借助统治阶级的大力推广，对云南少数民族产生了较大影响。

关于儒学是不是宗教，国内外学者仍然存在争议，我们视为一种"准宗教"形式，侧重探讨儒教的宗教特点和其他宗教的关系。洱源县凤羽镇凤翔村有"三教宫"，供奉孔子、释迦牟尼和老子，带有鲜明的三教合一色彩。三教教主在日常生活中都被推上了神坛，但同时又被拉下了人间，与人们的生活息息相关，"保佑"人民安居乐业、兴旺发达。儒教还影响了外来宗教伊斯兰教、佛教、天主教、基督教以及本土道教、民族民间宗教，有力地促成了多元宗教和谐相处格局。在与其他宗教长期相互影响、相互制约、相互吸收的过程中，儒学趋向宗教化，其他宗教也呈现儒学化特征。

洱源县境内有孔子庙、孔子会，城隍庙里也供奉孔子，平时会有家长和学子前来祭拜，每逢重要考试，祭拜孔子的人会更多。在人们心目中，孔子俨然成为主掌文运的最高神灵。儒学理性宽和的文化气质影响了洱源的多元宗教文化生态。在历史上，洱源县境内发生过反对天主教纵容不法之徒欺压百姓的"浪穹教案",但没有发生过由宗教关系矛盾而引发的大规模冲突。境内白族所信仰的本主、彝族所信仰的土主不同程度上吸收了儒、佛、道三教因素,并同基督、天主等教和谐相处,儒学"和而不同"的道德教化无疑发挥了重要作用。

三　洱源县多元宗教和谐相处的现实表现

宗教作为一种社会文化形式,在特定的地域空间和社会情境中演化发展。作为一种人神互构、圣俗交织而成的特殊社会建制,宗教与其他各项社会制度有着密切关系。归根结底,宗教以特定数量的信众为载体,没有教徒,就没有宗教。而宗教信徒在现实社会生活中又拥有多重社会身份,扮演多种社会角色,信徒的宗教身份与民族身份、社会身份相重叠,从而为宗教在日常生活的不同层面展开互动交流提供了便利,进一步冲淡了宗教自身的身份意识,从而有助于多元宗教的和谐共处。云南多元宗教和谐相处不仅是一种宗教关系,更是一种社会关系。我们从民族通婚、宗教禁忌、经济交往、语言互用四个方面,以微观视角为主,对洱源多元宗教和谐相处的现实表现进行描述。

(一)　各民族互相通婚与宗教和谐

婚姻的演变是一个漫长的历史过程,早初的人类婚姻与宗教信仰有一定的关系。不少原始部落氏族奉行族外婚,规定图腾内的氏族成员不得通婚、发生性关系,违反者将受到严厉惩罚。随着历史的发展,婚姻逐渐超越了宗教信仰的范围,不同宗教信仰的人们相互通婚,客观上有助于宗教关系的进一步融洽。这在洱源世居民族之间有着清晰的表现。

1. 洱源白族婚姻

洱源县西山乡白族民间叙事长诗《创世记》讲述了人类起源的故事,从观音藏在金鼓中走出的兄妹被撮合成婚后创造了人类,还有了百家姓,反映出白族先民的血缘婚姻和血缘家庭形态。虽然20世纪50年代初,堂兄妹婚配的亚血缘婚配和亚血缘家庭,在一些白族地区仍有遗迹,但现在遭受鄙视而逐渐消亡。"同宗不婚"是白族古已有之的传统,同宗通婚将被视为乱伦,会受到祖宗的惩罚。

1949年以前,洱源县西山一带的白族还保留着类似对偶婚的残余。

当时此地男女青年由父母包办成家，但婚后男女双方均可找自己的情人偶居。通常的情况是：丈夫晚上到别的村子访问情人，妻子在家接待来自别村的情夫，偶有远方男性客人来家，丈夫离家与情人过夜，让妻子接待来客。如果妻子和客人两相情愿便结为情侣，所生孩子，一律归法定丈夫，并有继承遗产的权利，也有赡养父母的义务。而丈夫与外村情人所生的孩子，自然属于情人的法定丈夫，与生父无权利义务关系。这种男女双方结成的类似对偶婚姻家庭性质的关系，当地人称为"采百花"。但值得注意的是，结成"采百花"关系的，必须是两个不同村寨的男女，如有同一村的男女结合，则会受到社会舆论的强烈谴责，认为是触犯了禁忌，伤风败俗，比较严重的还被指责触犯了本村的保护神，对本村发展不利。这说明不同信仰群体之间不仅可以通婚，而且值得提倡。这就为宗教间的交往、碰撞提供了可能。

明、清时期，儒家思想对境内白族的影响很大，旧县志中坚贞烈女的记载很多。洱源境内的白族无论男女，对爱情忠贞是古已有之的美德。唐初邓赕诏主妻子白洁夫人，因其对爱情的忠贞而备受白族人民的敬仰，被境内不少白族村寨奉为本主。

2. 洱源汉族的婚姻

洱源汉族的婚姻观念比较开放，嫁娶可以在族内择婚，也可在族外择偶，一般以"门当户对"为理想的择偶标准。20世纪50年代至今，汉族地区流传着择偶标准顺口溜："管他老不老，只要穿毛呢衣裳戴手表"；"一大套家具带沙发，二老倒贴能带娃，三转一响（自行车、缝纫机、手表、收录机）带咔嚓（照相机），五官端正一米八，六亲不认认娘家，七十工资带附加，八面玲珑往上爬，九（酒）烟不沾不喝茶，十分老实听我话"。现在，洱源汉族的择偶标准向讲实际、重内在的趋势转化，"门当户对"的等级婚姻被逐渐淡化。由于洱源境内汉族与其他各民族大杂居、小聚居，在历史上就有汉族同其他民族通婚的习俗，有汉族男子娶其他民族妇女的，也有汉族女子嫁给其他民族男子的。随着社会交往范围的扩大，不同民族通婚的情况更为普遍。

3. 洱源彝族的婚姻

洱源彝族主要有腊罗支系、诺苏支系和罗武支系，现在罗武支系已经融入白族中。据当地老人说，洱源县西山乡的团结、立坪两个村委会下辖"四十八塘"中的两塘，许多村民在新中国成立初期还讲罗武话，自称为罗武族，但后来都上报为白族，讲白语并与白族人通婚，接受白族的本主崇拜。当然，也有汉族和其他民族融入彝族的情况，如南大坪彝族自言其祖先来自南京，右所镇村委会的大湾子村村民说其祖先是湖南湘西的土家族，现在有一部分人同当地彝族组成家庭。

腊罗支系最初实行族内婚，婚配对象只在本民族内部选择，不外嫁也不外娶。在择偶方式上主要由父母操办，有的是指腹为婚，"娃娃亲"一经订婚便不能轻易解除。这种制度是不合理、不科学的。随着经济的发展，社会的变迁，现在腊罗支系也逐渐淡化此种规定，并与其他民族通婚，其中也有许多男青年到其他民族上门。

诺苏人在婚姻关系中严格实行同族内婚制、等级内婚制和家支外婚制。同族内婚制是在本民族内缔结婚姻，不能与外族通婚；家支外婚制是婚姻的选择必须在家支以外进行；等级内婚是诺苏人婚姻的基本特征，黑彝贵族为保持其等级地位和所谓血统的"纯洁"、"高贵"，实行严格的等级内婚制度，禁止不同等级之间缔结婚姻关系。

4. 洱源境内其他少数民族的婚姻

据史料记载，从第九代土知州起，"摆夷"（新中国成立前傣族的称谓）只在本民族内通婚的习俗被打破，开始与其他民族联姻。从近期的通婚习俗来看，傣族与其他民族通婚更普遍。洱源部分阿姓傣族通过通婚已融入到白族中，如邓川镇旧州村以及茈碧乡梨园村、凤羽镇上寺和正生村等地阿姓即为傣族后裔。

新中国成立前，傈僳族实行族内通婚，不与异族通婚，而且盛行姑舅表优先婚配，也有转房习俗，一些地区尚保留着亚血缘婚的残余。新中国成立后，逐渐取消了不合理的婚姻制度，结婚对象也不限于本民族内，与所住地区的彝、白、汉等民族进行联姻，促进了民族团结。

纳西族进入洱源县境内时间较晚，婚姻的结合以自愿为主，不讲究门当户对，与当地的汉、白、藏等民族也通婚。

洱源藏族青年男女恋爱自主，婚姻自由，联姻不重聘礼，只要经过媒人说合，双方父母同意，便可结为夫妻。洱源藏族与汉、白、傣等其他民族通婚的现象比较普遍。藏族老人在家庭中特别受尊重，而家中的老人对藏传佛教的信仰非常虔诚，在调查中发现，藏族老人每天早上和晚上都要念经，其中有一位89岁的老奶奶还在坚持每天念经，念不动了，就用录音机来念。藏族老人一般都要求子女和自己一样念经、信佛，夫妻不和、兄弟反目，经老人相劝和教诲，当事双方一般都会言归于好。在调查中，某位老人表示，藏族人嫁到其他地方或嫁给其他民族也可以信仰其他民族的宗教，这种想法既是基于家庭和谐的考虑，也是基于宗教和谐的考虑。

元朝随军来洱源的回族多数未带眷属，落籍洱源后，多数和汉族及其他民族通婚，云南回族民间传说的"我们的老祖是汉人"正反映了回族和汉族通婚的历史。按照伊斯兰教教规，回族结婚后不提倡离婚，因而婚姻关系比较牢固。近年来，回族与白族通婚的情况比较多，就连语言也白族化了。右所镇的三枚村、士庞村、鸡鸣村为回族聚居的村落，但在生活中他们使用白族话交流。洱源回族说白语已是较为普遍的现象。

据人口调查资料显示，20世纪90年代，洱源全县与其他民族共同组建的"混合家庭户"有6397户，占全县家庭户总数的10.78%，目前则提高到15.88%。不同民族之间通婚，势必将各自民族所信仰的宗教带入同一个家庭，在日常生活的互动融合中，有利于不同宗教的和谐共处。从另一方面说，不同的宗教信仰不会成为民族间通婚的阻碍，反而可以成为促进多元宗教和谐的有利因素。

（二）宗教禁忌与宗教和谐

宗教禁忌是人类最初的和最朴素的宗教行为，它具有规范性，与人类文明特别是道德和法律制度有着极其深远和广泛的联系。人们往往把宗教行为理解为"在做什么"，如仪式或忏悔等，而禁忌强调的却是"不许做什么"。实际上，"不做什么"本身就是"在做什么"。有学者认为，宗教禁忌是人类自我约束的产物，是社会控制的有力手段之一，任何违犯禁忌者无论有意还是无意，都会受到神秘和强制性的惩罚，以避免类似行为在更大范围传播。在宗教禁忌起源问题上，学术界基本达成共识，认为宗教起源于神圣事物与世俗事物的划分，宗教意识发端于神圣观念，而神圣观念和神圣事物必然伴生相应的禁忌规定，禁忌规定是神圣观念的本质规定性，有神圣观念就必须有相应的禁忌规定，如果没有禁忌规定，神圣物就必然与普通凡俗之物无异而不能称其为神圣。在现实生活中，常常因触犯宗教禁忌而导致冲突，可以说，禁忌的和谐是宗教和谐的重要表现。

1. 白族禁忌

在生活禁忌方面，洱源白族严禁在水井附近解便、泼污水、倒垃圾，认为这样做将会触犯水龙王，会使人们生癞子。妇女不能坐在门槛上，不能脚踩门槛。大年初一早上忌泼水、扫地，认为会触犯财神，将财宝泼出去，要破财。在这一天最早进入自家大门的人，白族称为"客头"，忌孕妇、品行不端的人做客头。

在宗教禁忌方面，信仰佛教的经母忌吃泥鳅，有的经母还出钱买泥鳅放生。经母在上会日禁吃蒜苗、蒜头。有的白族本主忌白衣或羊皮，有的忌草乌或香附子，有的忌宰杀耕畜，有的忌鱼或酒。猎人忌打豺狼，认为打豺会破财，狼有山神赐予的"八卦"作为护身符，打杀狼会冲犯山神。洱源白族忌讳将死于非命者抬入村中，只能在村外搭帐篷停放棺材；死在家外的人，不论年纪有多大，都忌抬入家中，只能停放在大门之外。请白事客，孝子不准进入别人家的大门；参加出殡回家后，不能马上回自家的堂屋，要先走进灶房中用柏枝、蒿枝火烤后才能进入堂屋。在重孝期（多为100天），孝子不能剃头、刮胡子和梳妆打扮，不能参加娱乐活动；孝子、孝女（媳）、孝侄7天之内忌进他人家门。当涉及集体利益而遵守的禁忌时，人们更会非常重视。例如，凤羽镇源胜村每年都举行迎本主活动，有些村民会把本主的"子女"私自藏到自己家中，以为可以带来好运；但有些村民则认为这样做会惹怒本主，来年村中会有不幸的事情发生，由此还引发过村民群体性殴斗。由此可见，能否遵守宗教禁忌是促进宗教和谐的重要因素。

2. 汉族禁忌

在生活禁忌方面，洱源汉族忌穿红色衣服进入办丧事的家中，忌"初七出门，初八回家"，俗称"七不出门，八不归家"。忌讳自家放养的猪、牛等跑入他人家中，认为会让人"运气不好"。大年初一早上，忌泼水扫地，认为会把财宝泼出去、扫走。在婚嫁生育方面，新娘迎进大门到入洞房时，一忌孕妇和孺妇挡路，二忌与公婆见面。回门前，忌新婚夫妇进他人家门，忌穿白色衣服的人进入办喜事的人家。坐月子的产妇不能进他人家卧室和厨房，否则会被认为给他人带来不吉利和冒犯灶君老爷。产妇出门须戴草帽，不要让阳光照射头顶，否则会被认为触犯太阳神。

3. 彝族禁忌

彝族的禁忌与宗教信仰有更密切的关系，在社会生产生活的各个方面都有所体现，且各地有别，各支系有别。

（1）腊罗支系禁忌

在生活禁忌方面，忌家中产下独狗和双猪，忌别人家牲畜进屋，忌在秋木花开时理发，认为此时理发会长白头发。元旦、立春不能在别家过夜，这两天生火时不能吹火。

在婚丧禁忌方面，嫁出去的姑娘忌大年三十晚上在娘家过夜。忌出丧时大笑，忌出丧时与死者属相相冲的小孩出现在灵柩前，认为死者会把小孩的灵魂带走；家里有人坐月子要在大门外挂一瓶底，忌有孝在身的人和孕妇进门，如若来庆贺则在门外招待。

在语言禁忌方面，忌别人喊"山上家"、"山倮倮"。忌在别人家中哭闹，忌在家中吹口哨、说粗鲁话。忌在大年初一说晦气话、吵闹、认为会带来霉运。

在生产禁忌方面，立秋和火把节的后一天（六月二十六日）忌进庄稼地；全年的戊日忌砍生柴、割草和挖土。火把节第二天不能下地干活，否则地里的谷物会自燃。

在宗教信仰禁忌方面，忌砍爬山神树、祖宗树和各种神树。忌爬坟头，忌戴孝做喜事客，忌死在外地的人抬进村子和家中以及安葬在祖坟上。忌点香时吹火塘，认为是对神的不尊敬。

（2）诺苏支系禁忌

在生活禁忌方面，忌讳女客上楼，妇女不能上房顶。忌讳妇女送自己的首饰、衣服给别人，人们认为妇女的生育魂附在这些对象上，会影响生育和孩子的成长。忌舀汤时反手用木勺，忌和燕麦面时顺时针方向搅动。到彝家里做客，要坐在火塘的上方或右方，忌把脚踏在锅庄上。以上说明，诺苏支系禁忌受宗教信仰的影响较深。

在饮食禁忌方面，忌吃狗、马肉。过年前3天忌新鲜蔬菜进屋，否则对祖先是最大的不敬。忌用餐后把汤匙扣于碗盆的边沿，因为这是给死人敬食的方式；忌过年7天内推磨，会使家庭贫困；忌平时反向推磨，会给家庭带来灾难；忌推磨时磨心突断，俗信称鬼在作怪，磨出的面粉不能食用；忌肉类食品露天进屋，否则鬼魂会附其上。妇女忌食难产而死的家畜之肉。

在宗教信仰禁忌方面，影子不能被人踩踏，禁止在坟场或墓地打猪草、放牧，禁止在祖灵箐附近打猎、砍树或烧荒；村民参加祈雨时，禁止男子戴帽子、女子打包头；忌用脏水灭火，特别是用小便、唾沫灭火。随着社会的发展进步，在日常生活中，有些禁忌因为给人们带来不便而被取消。

4. 其他民族禁忌

回族忌食猪肉、黄鳝、狗肉和自死畜禽、一切畜禽的血液、一切凶猛食兽。忌面向西方大小便。在宗教信仰禁忌方面，回族忌求神信鬼和算命看风水。忌在清真寺里及进行宗教活动时高声喧哗打闹和穿鞋进礼拜大殿。忌没有做过"大小净"而参加任何宗教活动和诵读《古兰经》。

傈僳族忌结婚时孕妇进新房，忌同属相人给死者挖坟坑，忌吃狗肉、牛肉、猫肉、自死牲畜和野狗；忌坐门槛、跨火塘和坐火塘上方。忌乱动火塘边放置的三脚架。忌别人乱动自己的山神树，如果动了则必须用一只公鸡来献祭。

纳西族忌吃狗肉、蛇肉和毛驴肉；忌摸大门两旁立着的石头（"石神"），忌用手摸横于门上方有鸡毛草绳的松木叉（"门神"）；不能跨越堂屋中火塘上的三脚架，忌从两边为火塘添柴，添柴要尖朝前根朝后；进堂屋后不能背靠神位坐。祭天、祭祖时不能打闹嬉笑，不准外人观看。

傣族禁忌大多与宗教信仰有关系，客人进门不能坐门槛、不能坐在火塘上方及跨过火坑、烧柴忌讳从尖部烧。不用火时，只能用灰埋或水浇灭，不能用脚踩灭。

由于藏传佛教信仰的原因，藏族忌吃鱼，他们不打杀鹤、雁、乌鸦、家狗、家猫。丧葬期间，亲友邻居取消娱乐活动。藏族忌在经堂附近捕鱼和随便进入经堂。

5. 小结

洱源境内不同民族的宗教禁忌有重叠相似之处，是各民族在经济、文化、生活和宗教方面长期交往的结果，由于彼此认同、尊重各自禁忌，没有因宗教禁忌而引发大规模的宗教冲突，反而促进了民族团结。其中以"省级民族团结示范村"三营镇郑家庄最为典型，这里生活着的白族、汉族、藏族、彝族、纳西族、傣族，他们热爱生活、彼此团结，就连大门上的对联也以"和谐"为横批。该村藏族人家门口的大树具有神圣性，过节时藏族还以代表吉祥如意的纸花装饰树木，其他民族非常尊重藏族的风俗禁忌，不随意触碰、砍伐。村中部分民族信仰的观音、老子以及其他神灵，由此派生出的各种禁忌，也能为大家所遵守。

（三）经济交往的体现

洱源境内存在多种宗教，经济发展同宗教信仰之间关系密切。传统宗教信徒虽然没有马克斯·韦伯所言的努力工作以证明为上帝选民的天职观，但在他们的信仰体系中，信仰方式同自己家庭收入、事业发展息息相关。如果某一民族信仰的宗教被其他宗教所代替，意味着植入一种全新的伦理价值和观念，其相应的关系网络、生活方式、家庭收入、事业发展就都会受到影响。例如，基督教传入洱源之后，一些信仰原始宗教的少数民族改变耗费大量钱财、牲畜祭祀鬼神的习惯，从而有利于生产条件的改善和生活水平的提高。此外，在多民族且宗教信仰氛围浓厚的地区，宗教和谐是经济社会发展的必要前提。只有各民族宗教内在和谐、外在和谐有机统一，推动区域内多元民族宗教的"共在和谐"，人们才能安居乐业，经济才能进一步发展。我们即以洱源回族为例，对经济交往同宗教和谐的互动关系进行研究。

以回族为中心进行考察的原因主要有：第一，回族人口虽然占全县比例不多，但回族经济发展非常迅速。特别是运输业和商业在洱源县经济发展中占重要地位，尤其是士庞村货运车队，据统计每辆货运车每年缴纳各种税费8万元之多，全村每年上缴税费上千万元。第二，回族全民信仰伊斯兰教，宗教信仰与经济发展有着密切的关系。此外，各民族宗教和谐与否作为外在条件也会影响境内回族经济的发展。

回族迁入洱源境内后，通过与汉族等民族通婚、交往，逐渐吸收汉文化的先进因素，以善于经商而闻名。由于清政府制造回汉民族矛盾，"汉强则助汉杀回，回强则助回杀汉"，最终爆发了以杜文秀为首的滇西回民起义。起义失败后，洱源回族丧失了村寨田地，不得不上山砍柴谋生或是外出做苦工度日，从事洗衣、打线、熏皮、制革、卖凉粉等职业，生活异常艰辛。宗教信仰的歧视导致回民经济发展的严重滞后。

新中国成立后，开始了民族平等、团结、进步的新时代，回族经济发展迅速。在经济交往方面他们并不限于本民族，而是同境内的白族、汉族、彝族广泛交往，在相互尊重信仰的基础上实现和谐发展。十一届三中全会以后，国家实行宗教信仰自由政策，洱源回族人民善于饲养大牲畜、商业性贩运、运输业及餐饮服务业的优势得到较好发挥，经济发展进入了前所未有的繁荣时期，现代化家电和生活用品进入回民家庭，回族整体生活水平跃居全县前列。

　　洱源回族与汉族、白族及其他民族杂居在一起，他们在生产技术、商业贸易、宗教文化诸方面，互相帮助，彼此学习，取长补短。如汉族擅长农业，对回族农业生产曾有帮助，回族擅长远途运输、经营商业、手工业和矿冶炼等，对推动全县各民族的物质交流和生产发展、促进洱源社会的进步作出较大贡献。由于回族不断有人到全国各地经商甚至到麦加朝觐，将大量的信息和科学技术带回洱源，丰富了洱源各民族对外面世界的了解，从而加深了回、白、汉等各民族劳动人民之间的关系。白、彝、傈僳等民族擅长放牧，给回族在副食方面大力支援，保证了牛、羊供应源源不断。

（四）各民族语言互用的体现

　　沟通是和谐的基础，有了良好的沟通方式，才有和谐的可能。沟通双方需要使用彼此都明白的表达方式，不管是肢体语言还是话音语言。在洱源县境内生活着的多种民族的语言都不一样，但在日常生活交流中，除本民族语言外，人们普遍掌握其他民族的语言。如洱源县的士庞村、三权村和鸡鸣村为回族聚居村落，它们信仰伊斯兰教，之前讲阿拉伯语，村中也有学习阿文的学校，回族的小孩从小就到阿文学校学习。由于这三个村庄周边有大量白族、汉族人口居住，因而回族在日常生活中普遍使用白语和汉语交流。可以说，在语言方面，回族已被其他民族同化了。

　　洱源县境内各民族大量使用汉语和白语，从某种意义上说，不同民族在实际生产生活中已逐渐从一种语言发展形成共同的语言，一些少数民族逐渐丧失或遗忘本民族的语言，现代汉语词汇大量移植到少数民族的语言中。现在，洱源白族小孩普遍不学习白语，而是选择学习汉语，许多小孩长大后，都不会讲白语。随着迁徙和婚嫁，彝族从山区走到坝区，嫁入白族、汉族家中，彝语也逐渐被白语、汉语代替。汉族因长期与白族和其他民族朝夕相处，生产方式和生活习惯等相互影响，许多汉族人都能听懂和会讲白族话。

　　洱源县傈僳族人口较少，以学习汉语为主，一些傈僳族也会说彝语。境内纳西族和汉族、白族交错杂居，除使用纳西语外，也使用白族语作为交际工具。境内傣族在很长一段时间内，都保持固有的语言文化，后受当地民族的影响，逐渐使用白语和汉语。但有所不同的是，在语言、语调上仍保持着浓郁的傣族味，与邻近村庄很不相同。境内藏族年轻人多讲汉语和白语，老年人则讲藏语，属于德钦土语，藏文也一直在民族内部传承。

宗教学奠基人麦克斯·缪勒在《宗教学导论》中指出："在人类历史的早期，各民族之间在语言和宗教上有着密切的关系，我们可以据此找到宗教的共同起源，为各种宗教进行起源学的分类。"① 洱源境内各民族在语言上的交融互用，客观上基于经济交往、日常生活等方面的实际需要，但同时也有助于各民族互相认可、彼此尊重，在某种程度上也有利于多元宗教和谐。

四 洱源县多元宗教和谐相处的原因

宗教在社会共同体中具有特殊的地位与作用，宗教和谐同家庭和谐、社会稳定、经济发展关系密切。宗教关系在本质上是社会关系的一种，洱源县境内存在的原生型宗教如本主崇拜、毕摩教、原始宗教，次生型宗教如基督教、天主教，混生型宗教如儒教、佛教、道教，即是从宗教与民族关系的视角进行解读。三种类型的宗教历史不同、影响不同，之所以能在洱源特定的地域范围和谐共处，既有宗教文化生态方面，也有社会文化生态方面的原因。具体而言，主要有民族文化富有包容性、各民族团结互助、婚姻自由与宗教信仰自由相互促进、宗教没有掌握政治资源、宗教维系社会秩序的功能、改教行为较为平和、多元宗教不平衡性的自然调节、基督宗教势力相对较弱八条原因。

（一）民族文化的包容性

白族是洱源县的主体民族，而且作为土著民族历史悠久。白族具有较为开放的心态，乐意接受其他民族的到来，其他民族的到来意味着相应宗教的到来，多元宗教无形之中融入洱源这一地域社会。除天主教、基督教以纯粹的宗教传播为目的外，其余宗教几乎都是伴随信仰载体的民族迁徙进入洱源的，因而几乎不涉及信徒之争，宗教信仰

---

① ［英］麦克斯·缪勒：《宗教学导论》，陈观胜、李培茱译，上海人民出版社2010年版，第102页。

环境相对宽容，也培养了人们相对宽容的信仰心态。右所镇是一个典型的多民族、多种宗教信仰共存的乡镇，也是洱源县回族人口最多的镇，有士庞村、鸡鸣村、三枚村、团结村等回族村落，周围夹杂大量白族村、少量汉族村。镇商业中心建有一所高大的清真寺，成为当地的标志性建筑，全镇大部分地方都可以听到回族礼拜时的阿拉伯语广播，当地白族对此表示理解。一位白族老人认为，各民族有各民族的宗教，有不同的宗教仪式，回族广播并没有对他们造成影响，是可以包容和理解的。白族迎接本主时也很热闹，在大街小巷敲锣打鼓放鞭炮，也会对其他民族造成影响，但其他民族同样也采取包容态度，所以白族更应该包容回族礼拜播音这一现象。

个别汉族居民则认为回族礼拜时的广播对他们有一定影响，认为镇中心建立礼拜寺不妥，理由是礼拜寺既然是神圣处所，就不能建在商业中心，应该建在郊外较偏僻的地方。部分汉族居民认为，政府支持回族建清真寺的力度比较大，礼拜寺的数目比较多，规模也比较大，这样做不利于宗教和谐、民族团结。因宗教信仰上的差异，洱源右所镇曾发生汉族××和回族××的冲突事件，导致部分穆斯林围攻镇政府和派出所，洱源县公安局时任局长因此事而调离。一部分不明真相的回族群众手拿棍棒、铁锄，喊着"打倒右所镇，踏平右所街"的口号示威，少数不法分子还围攻汉族家庭。相反，白族和回族没有因宗教信仰上的差异发生冲突，一部分白族与回族还结为"老友"，相互之间经常交往，家里有事都过来帮忙。当穆斯林到白族人家做客时，白族朋友会单独为他们准备清真食品，充分尊重他们的饮食和信仰习惯。可以说，洱源主体民族白族对其他民族的宗教相对包容，他们也接纳周围民族参加迎接本主的活动。事实上，本主崇拜已经在一部分汉族、彝族中获得认同。

（二）民族之间团结互助

从某种意义上说，洱源境内各民族在长期共同生活中自发形成的团结互助的行为是彼此延续的一个重要条件。同治十二年（1873 年）境内有回族16000人，分布在 15 个村镇。在杜文秀领导的以回族为主体，联合汉、白、彝等民族的反清起义斗争中，成立了"忠义堂"，使之发展为回、汉、彝三族勇士共容之所。起义军愤怒地谴责："满清统治我华夏二百年于兹，视人民为牛马，汉回彝良民备受苛虐，被迫不能生活者，不止我族。被利用种族界限，充分轹域，使我自相仇杀，两败俱伤，利彼统治。"① 杜文秀在大理建立政权后，特别注重民族团结，"反对民族歧视，提倡民族平等，尊重宗教信仰，汉回之间不得互相报复和仇杀，汉、回、夷各族三教同心，应联为一体。"② 杜文秀尽节殉身后，清政府对回族人民的屠杀变本加厉，士庞村留下一个万人坑，回族全部地产作为逆产"归公"，各地的清真寺有的被烧毁、拆毁，有的则被改作城隍庙、孔庙、武庙、家祠等。

经过清政府的疯狂大屠杀，幸存下来的一些回民，躲散在深山老林中，生活无着。周围白、汉、彝等劳动人民对逃散到深山密林的回族加以保护，把服饰借给回民，把语言教给回民，寥寥无几的回民幸存者才躲过劫难。平时一些回族和汉族、白族交往较深，有的还成为朋友，互认老友或干亲家。如王世显，当时躲在上白鹤村一姓罗的家中，罗家把他当亲人一样保护，才使他幸免于难，至今他们的后人还像亲戚一样来往。当时有3 户回民逃到茈碧镇大果、汉登一带，后来发展为回果村。回族村落在洱源继续存在，充分说明各族劳动人民之间在历史上的联合与团结下患难与共，成为各民族发展的基本趋势。

现在白族和回族也有搭老友、认干亲家的现象。境内回族认为，民族团结可以战胜任何困难。宗教信仰上的差异不会引起宗教冲突，尊重各民族的宗教信仰才能使各民族更加团结、和睦，各民族的不同宗教也才能和谐发展。

（三）婚姻自由与宗教信仰自由相互促进

同一地域范围内的不同民族在生产生活交往中形成了较为稳固的关系，彼此互通有无，互相帮助、互相理解，谁也离不开谁。生活使宗教世俗化，生存使宗教分歧淡化，世俗利益高于宗教利益。当利益与教义冲突时，人们往往选择利益。如回族与其他民族通婚，本来有很多限制与不便，然而因繁衍人口的现实需要，同其他民族结婚的不在少数，但结婚往往以其他民族信仰伊斯兰教或按照教规不吃猪肉为前提。在日常生活中，

---

① 洱源县民族宗教事务局编：《洱源县民族宗教志》，民族出版社 2006 年版，第 178 页。

② 同上书，第 179 页。

为了婚姻稳定、家庭幸福，与回族结婚的其他民族大都能尊重伊斯兰教信仰甚至成为虔诚信徒。婚姻自由与宗教信仰自由相互促进，成为多元宗教和谐相处的重要原因之一。

（四）宗教没有掌握政治资源

在欧洲国家的发展过程中，宗教制度与教会组织所处的地位非常清楚明确，教权一度高于皇权。然而在中国，宗教的政治性地位相对模糊，虽然也参与过政权建设，但几乎不曾掌握动员政治资源的能力，我们看到的是既与政府合作而又错综复杂的宗教价值体系。目前，在中国特色社会主义制度下宗教关系日益呈现自由、平等、和谐的状态。杨庆堃将中国宗教与政治的关系分成三个主要时期。第一个时期从公元前2000年至西汉帝国末期，宗教在国家政治生活中扮演着重要角色。第二个时期从公元1世纪至11世纪，道教兴起和佛教传入中国，佛道两教作为非官方的宗教组织，千方百计争取政治资源和扩大社会影响力。第三个时期从11世纪至当代，政府对宗教的控制形势日趋稳定，儒释道"三教合一"成为主流，形成中国特有的兼容并蓄的宗教体系。孙尚扬在《宗教社会学》中回顾中国儒释道三教关系后得出以下结论："尽管三教之间有冲突，但冲突主要表现在对政治地位的诉求上，当释道二教认识到儒教的正统地位难以撼动后，便自觉地居于辅翼的地位。释道二教在政治领域里比高低有时会导致一方的大灾大难，但并未出现两个教团之间的血腥争战，主要是一方借助于王权的势力抑制另一方。宗教战争在中国各宗教的关系史辞典上是一个罕见的词汇。由于宗教性的诉求迥然不同，三教在理论上也并非没有冲突，但出于儒教文化要求之至上性，三教在理论上的关系应该说是以融合为主流的。这种融合使三教均受益匪浅。"①

不同宗教在思想观念、情感体验、行为仪式、组织制度上必然存在差异，正是这些差异构建了不同宗教间平等对话的基础。一般而言，宗派纷争、宗教冲突首先表现为信仰方面的冲突，但并非意味着信仰者之间存在着无法调和的矛盾纠纷，背后交织着更深层次的政治、经济、民族诸因素。一旦剥离政治资源和社会资本，仅凭宗教之间的差异难以引发大规模冲突，各大宗教一般都倡导信徒息事宁人、大度忍让、宽容仁厚，解决分

---

① 孙尚扬：《宗教社会学》，北京大学出版社2001年版，第272页。

歧的手段多为温和的辩论。从阿吒力教的发展过程即可看出去政治化对于多元宗教和谐相处的重要性。事实上，近代西方民主国家兴起过程中对人类文明的一大贡献即是确立了政教分离和宗教信仰自由的原则。实际上，这两项原则已经不自觉地被中国人实践了上千年。

阿吒力教是佛教密宗适应南诏大理国特定社会经济发展水平而形成的一个密宗新宗派。阿吒力教传入大理之后，逐步融合当地白族、彝族的原始宗教、巫术等内容，将祖先神和地域神结合在一起，使大理白族、彝族的原始宗教神祇佛教化。阿吒力教在与当地民族宗教协调发展的过程中，由于能够满足群众的精神需求，拥有了广泛的群众基础，逐渐根植于当地社会。南诏国统治阶级支持佛儒合统，将儒家思想和佛教信仰上升为国家的统治思想，读儒书的阿吒力僧被称为"释儒"，有资格参加科举考试并从政为官。元朝以后尤其是明清时期，统治者扶持汉传佛教，阿吒力教受到排挤，一部分与禅宗融合，一部分失去自己的庙宇和信徒，被迫转入农村，娶妻生子，世代家传。目前，大理农村很多阿吒力教坛主已经后继无人了，不得不借助洞经会的组织开展活动。在去政治化的过程中，阿吒力教从掌控大量社会资源的制度型宗教退化为动员能力较弱的扩散型宗教，逐渐与汉传佛教、民间宗教融合。这说明，脱离政治性资源步入民间化路径，是淡化宗教冲突、推动宗教和谐的有力工具。在民间社会的土壤中，各种宗教倾向于求同存异，互益共存。

（五）宗教信仰功能的互补

1. 祖先崇拜

儒学中的祖先崇拜是围绕着灵魂不灭而展开的，祖先去世后都会影响着后代子孙的健康安全、事业的成功与否，所以洱源县境内的白族、汉族以及其他民族都十分重视祖先崇拜，主要包括人死后进行的装棺和埋葬仪式以及使生者与死者保持长久关系的供奉仪式。"慎终追远"的心理情结渗透到儒释道三教以及民间宗教中，形成了各具特色的崇拜仪式和丧葬风俗。如白族认为，死人和塑料布不能一起放到棺材中，否则后代不能发达；在棺材下葬前，必须把墓里的土全部挖出，否则死者躺着会不舒服，也会影响后代的事业；墓的风水非常关键，其朝向、靠背等都有讲究，影响后代是否能够做官。白族、汉族堂屋供堂上一般都摆着祖先牌位，同时也供奉观音或佛祖。普通民众经常感叹，无论怎么努力也难保一辈子无病无灾、家庭和睦、生活愉快、经济富足。当人们面临各种风险而无能为力时，往往诉诸神灵力量的保佑。洱源白族家庭生活中最重要的宗教仪式之一是祭祖，人们在祖先牌位前点一盏油灯，不时地供奉香烛。一些家庭每天都会给祖先上香，从不间断，他们认为子孙后代所获得的幸福和成功是祖先功业的延续，是祖先荫蔽的结果。通过祖先崇拜，死去的先辈作为一种精神源泉，激励着在世上活着的后人。

洱源部分地区在人死之后还要"报庙"，即将死者去世的消息报告给阎王爷，报庙的地方可以是土地庙、城隍庙或五道神庙，依当地风俗而定。白族一般要到本主庙中杀鸡吃饭，举行祭拜仪式，求本主保佑死者在另一个世界中好好生活，也保佑子孙后代幸福、平安、健康、发达。

在安顿超度亡灵方面，佛教和道教、伊斯兰教也融入到祖先崇拜中。在穆斯林家中，人死后7周内，每隔7天都举行一个宗教仪式来安抚死者的灵魂，仪式规定多而且复杂。白族家庭如果经济条件允许，还要请道士、和尚诵经，帮助灵魂穿过分割阴阳两界的"奈何桥"，通过阴间的十座地狱，最终成功地通往西方极乐世界。可见，多元宗教在祖先崇拜中有机结合，功能互补。

2. 道教

在漫长的封建社会中道教和儒教、佛教思想相激荡，逐渐形成了一套内涵丰富的经典体系和以"三清"为核心的神仙系统。张陵创立的五斗米道与西南地区的民族宗教有不少相似之处，俗称"鬼道"，这同境内白族、彝族的原始宗教十分相似，白族彝族先民盛行的虎崇拜、星崇拜与早期道教的青龙白虎、王斗星君、二十八宿星辰类似，道教也在白族、彝族中间传播开来。全真教受晚唐北宋以来"三教合一"思潮的影响，在教义及修持方面极力标榜"三教圆融"，至今凤羽镇境内尚存"三教宫"、乔后村还有清净寺，另有一些零星教徒，俗称为"地师"或"风水先生"，替别人算日子、看风水。

道教对当地白族、汉族日常生活的影响随处可见。几乎家家都要贴门神，以辟邪驱鬼，保护家宅平安。天官一般供在院子中央，对着厅堂成正房，保护全家平安。财神通常置于厅堂成正房，同时也会放置观音、佛祖或祖先灵位牌，有些家庭还悬挂孔子图像。灶王爷供在炉子或土灶上边，他负责向玉皇大帝报告家庭成员一年中的所作所为。如有家庭成员患疾病、做噩梦等要向灶神上香祭拜。每当危机来临或遇到重大事件，如出生、婚丧或传统节日，人们在家中供奉神龛，举行各种宗教仪式，于是家庭暂时成为宗教活动的中心。属于家庭举办的法事还有顺财门、驱鬼等。若是家道不净、疾病频临，人们会认为是祖先不安，需请道士设坛超度、拜表，恳求阴曹地府神灵恩免祖先罪孽，这种超度亡灵的法事叫上地章。凡是新盖房屋，还要做祈求家居吉利、人丁兴旺的压土法事。全县还有数家或数村联办的大型斋事，每遇风雨失调、灾祸频降的年头，要"上天章"解厄；年丰岁稔则"摆天斋"酬谢众神。近年来，洱源境内持续干旱，白、汉、彝、纳西等族经常举行求雨斋事。

洱源境内还有因谈演《太上玉清无极总真文昌大洞仙经》而得名，属于业余性质的道教民间信仰组织洞经会。洞经会"三教合一"的特征较为突出，供奉老子、文昌帝君，也崇拜释迦牟尼、观音和孔子。每天农历二月初三、五月二十三都要在各地文昌宫、关帝庙中悬挂帐贴，摆设供品，斋戒沐浴，设坛做会，并用音乐伴奏谈演《道德经》、《孝经》、《雷神经》、《报恩经》、《清净经》等36部道经，祭祀太上老君、玉皇大帝、文昌帝君、关圣帝君、太乙救苦天尊以及九天应元雷声普化天尊等大批道教神灵，祈求风调雨顺、瘟蝗不侵、国泰民安、天下太平。平时会员家中或非会员家中有喜事或丧事或上梁等重大事情，都会请洞经会的成员到家中演奏、做法事。洞经音乐的乐曲曲牌很多，据不完全统计，洱源县邓川一带有14个曲牌，牛街有26个曲牌，凤羽有30个曲牌，乔后有10个曲牌。

3. 阿吒力教

阿吒力家庭世代继承火坛主，他们以设坛、祭祀、组织本坛的各种佛事活动为职业，亦参加一定的生产劳动。皈依弟子称"会友"，每月农历初一、十五及各种法会日，均要参加本坛活动。法事活动既包括拜佛念经、庆祝圣诞这类例行的坛内法事，又包括到有丧事、屡遭受不幸的家庭做法会，以求消灾解厄；到伽蓝殿以及新建房舍中做法会，以求消除瘟疫；到镇蝗塔前做法会，以求消灭害虫等。凡是与现实生活相关的方面，阿吒力教均形成了以做法事为主要特征的宗教仪轨。

4. 伊斯兰教

礼拜是穆斯林对真主感恩图报与陶冶身心的最高礼仪，通过这种方式能提高穆斯林的思想道德修养。通过斋戒，使穆斯林养成忍苦耐劳、忠诚守法的美德和恻隐助人、廉洁奉公与非礼不为的高尚情操，这也是穆斯林自我克制、自我教育的一种方式。穆斯林缴纳天课以济穷人，拥有学问、技术、专长、科技成果要传授给他人以贡献社会。洱源穆斯林遵守"子女孝顺之道、夫妇敬爱之道、敬长爱幼之道、兄弟宽忍之道、朋友忠信之道"五典，在宗教信仰氛围下洱源回族和其他少数民族相处十分融洽，士庞村、三权村和鸡鸣村的穆斯林都用白语交流，与境内民族形成互相帮助、互相尊重的局面。

总之，宗教在社会中具有特定功能，是其拥有信徒并持续存在的重要保证。特定区域中的多元宗教因为信仰功能上的互补性，有助于彼此之间和谐共存。例如，以道教为主发展出的洞经会无法被其他宗教替代，儒教、佛教等只能小规模修补吸纳，在流传过程中反而促进了多元宗教和谐相处。阿吒力教虽然在明代以后逐渐失去官方的认可并流入民间，但由于其以法事为重的特征契合了群众功利性的日常需求，因而衰而不弱，式而不微。同样，各民族传统宗教存在着其他宗教无法替代的功能，也在历史长河中延续下来，成为洱源境内多元宗教中的重要一元。

（六）改教行为较为平和

洱源境内以白族的本主崇拜和回族的伊斯兰教信仰比较虔诚，其他民族会有种种原因而成为本主崇拜者或伊斯兰教徒，很少听说白族、回族改信其他宗教。主要原因在于白族为洱源主体民族，其宗教信仰无形中形成了一种宰制性的影响；伊斯兰教则是戒律极严的制度性宗教，与回族交往越密切就越需要尊重其宗教信仰。其他扩散化的宗教信徒对本宗教的虔诚度不高，为了自身利益或其他原因发生改教时，不会受到谴责，也不会受到惩罚。相对平和自由的改教行为，避免了宗教暴力冲突，有助于多元宗教和谐相处。

（七）基督宗教势力相对较弱

与其他少数民族地区相比，洱源县境内的基督教和天主教不受当地人的欢迎，信徒很少。现在洱源境内基督教活动场所只有 2 个，其中一个登记在册，信徒不到 50 人，且以老年人为主。天主教则没有活动点，教徒也极少，他们只在家里进行简单的宗教活动。教会没有得到当地人的认可，不仅与境内民族的社会文化、宗教文化形态有关，也与基督教的社会功能相关。基督教无法代替本主崇拜等满足当地人的生活需求。在调查中我们发现，有些基督徒一边抽烟，一边拿着《圣经》，这说明他们的信仰也不严格。清光绪九年（1883 年）洱源境内发生过"浪穹教案"，这也是当地人不欢迎天主教的原因之一。所以，基督教、天主教关于上帝为独一真神、不得崇拜偶像等排他性的信仰要求，由于信众稀少，不会危害到洱源多元宗教和谐相处的文化生态。

（八）多元宗教文化生态的自然调节

虽然境内回族比起白族要少得多，但回族经济发展很快，民族之间也很团结，加上洱源县政府对回族帮助扶持的力度比较大，例如支持回族村清真寺的建设，并定期在右所镇士庞村召开全县穆斯林大会，届时县主要领导也会参加。但目前洱源境内伊斯兰教一般只在回族内部家庭传承，不会向外扩张传教，因而伊斯兰教兴盛有助于加强回族团结凝聚的同时，客观上并不会危害多元宗教和谐相处。

除伊斯兰教为回族信仰外，其他各种宗教都有不同的民族信仰，各宗教之间不会因为争夺教徒而大打出手，即使发生改教现象，也是信徒的自愿行为，不会遭到干涉。特别是白族不仅崇拜本主还信仰佛教、道教。白族文化的包容性很强，不惹是生非的特点由来已久，更不会因为宗教信仰上的差异发生冲突。由于地区自然条件、经济发展的差异，民族分布不平衡，相应的宗教信仰分布也具有不平衡性。尤其是处于山区和平坝之间的交汇之地，因为有各民族贸易往来的集市，宗教种类相对较多，如右所镇、茈碧湖镇、邓川镇、牛街乡，是洱源多元宗教碰撞、交流活动的重要场所，而有些山区如炼铁乡、西山乡、乔后镇、凤羽镇宗教信仰相对单一，由于社会文化生态和宗教文化生态的调节作用，宗教冲突的发生概率大大降低。

在多元化的社会中，越来越多的人意识到多元宗教的价值，倾向于将不同宗教视为殊途同归的文化存在。加拿大学者威尔弗雷德·坎特韦尔·史密斯认为："一切宗教的真理宣称都是真的，每一种宗教都代表着对同一神圣实在互不相同的，然而却并非是互相对立的认识与体验。各种宗教之间不存在高低优劣之分，所不同的只是选择的路径与采纳的方式差异。"[①] 换言之，一切宗教在终极目标上是相一致的，因而一切宗教都是

---

① ［加］威尔弗雷德·坎特韦尔·史密斯：《宗教的意义与终结》，董江阳译，中国人民大学出版社 2005 年版，第 3 页。

可相通的、可包容的，宗教和谐也是可能实现的。洱源县境内生活着多种民族，存在着多种宗教，宗教和谐与民族团结互为促进，一个民族信仰一种宗教，一个民族信仰多种宗教，多个民族信仰一种宗教，甚至是一个家庭内存在多种信仰的情况并不鲜见。我们应正确认识洱源多元宗教和谐相处的原因，总结其深层机制与经验，推动多元宗教和谐相处局面进一步持续呈现。

子研究报告之七:

处理云南边疆民族地区宗教事件的经验研究

我国是一个多民族多宗教的社会主义国家,民族、宗教关系对社会和谐稳定的影响极大。可以说,调适好宗教与社会发展的关系是构建民族地区和谐社会的重要保障之一。在边疆民族地区,宗教有着广泛深远的影响,宗教问题往往与民族问题紧密交织在一起。历史上,常常因为宗教问题而酿成民族问题。目前,境外敌对势力采取各种方式对我国跨境民族地区进行政治、文化和宗教渗透,这势必破坏中华民族的大团结,影响边疆民族地区社会稳定,甚至引起政治动荡。如果我们对边疆民族地区宗教的复杂性认识不足,对宗教事件、宗教问题处置不当,就有可能引起民族间的摩擦或民族内部的纷争。

云南省边疆地区有 16 个少数民族跨境而居,边民宗教交流频繁。在这些民族的社会生活中,宗教有着广泛深刻的影响,在各种因素影响下,很容易产生宗教问题,进而引发宗教事件,并往往与民族问题、文化问题交织在一起。近年来,云南边疆民族地区宗教工作面临着许多新情况、新问题,宗教事件呈上升趋势,给当地的经济和社会稳定造成了不良影响。对这些地区所发生的宗教事件进行详细研究,系统总结这些事件处理过程中的成功经验及失误教训,进而将其上升到理论层面,有助于丰富党的民族宗教工作理论,对云南乃至全国民族宗教工作具有重要的借鉴和指导意义。

一 云南边疆民族地区宗教事件的背景

宗教归根结底是一种社会文化现象,我们探讨跨境民族的宗教事件,必须将之放在跨境民族的整个社会文化生活中进行分析。宗教事件不可能离开社会这一大前提独立发展,它常常通过社会经济或文化传播的方式发生。一个地区发生宗教事件，其根本原因是社会经济文化的某方面或多或少出现问题。我们要了解宗教事件的起因，必然要先了解发生宗教事件地区内的宗教信仰状况。离开宗教信仰状况谈宗教事件，就没有了基础，无异于脱离物质谈运动。

（一）云南边疆民族地区社会经济与文化状况概述

1. 社会经济状况

云南 16 个跨境民族中，与缅甸相连的有傣族、景颇族、德昂族、布朗族、拉祜族、佤族、傈僳族、怒族、独龙族。其中，傣族主要分布于西双版纳傣族自治州和德宏景颇族傣族自治州，阿昌族、景颇族和德昂族主要分布于德宏景颇族傣族自治州，傈僳族、怒族、独龙族分布于怒江傈僳族自治州，佤族、拉祜族主要分布于临沧市和普洱市。与越南相连的有壮族、彝族、哈尼族、苗族、瑶族、布依族，主要分布于文山壮族苗族自治州和红河哈尼族彝族自治州。与老挝相连的有壮族、苗族、瑶族、布朗族、哈尼族等民族。云南边境 16 个国家级贫困县中，13 个是民族自治县，包含 109 个省定点扶贫攻坚乡，这些地方自我积累和自我发展的能力都很弱，在这些民族中，按生产力从高到低大概可以分为三个层次：

第一类是壮族、傣族、哈尼族、拉祜族、傈僳族等民族地区，由封建领主制进入社会主义社会，生产多数以耕地和畜力为主，水田较多，商品经济有一定的发展。但总体来说，由于生产技术的落后，各种粮食产量不高，当地群众生活也较为困难。

第二类是由完整的奴隶社会进入社会主义社会的彝族，还存在着"刀耕火种"的原始山地农业和原始交换的观念，生产率低，生产单一，商品经济十分不发达，自给自足的自然经济因素浓厚，生产力在民族地区中处于更低的一类。

第三类是原始社会直接过渡到社会主义社会的"直过民族"，包括独龙族、怒族等，以刀耕火种、广种薄收的原始农业为主，水田少，原始的换工互助和分配方式还有一定的影响，有的还对生产起支配作用，技术严重缺乏。

近年来，云南边疆民族的社会经济状况与过去相比各方面都有很大发展，但由于长期以来社会经济处于滞后的状态，这种发展很不平衡，还有相当一部分少数民族群众仍未脱贫致富，与全省全国相比，差距越拉越大，有的甚至达不到境外同一民族的平均水平。[①] 云南跨境民族社会经济生活与宗教信仰有着密切的关系，边境一带少数民族的居住环境和自然条件较差，交通闭塞，生产技术落后，经济社会发展缓慢，一些人转而向宗教寻求寄托；原始宗教祭祀活动需要大量宰杀牲畜，反过来制约民族经济的发展。外来宗教传播也与社会经济密切相关，例如基督教传入后，开设医院、学校，提倡不杀牲、不饮酒，赢得了少数民族群众的好感。

2. 传统文化状况

原始宗教对少数民族传统文化的影响极大，特别是原始宗教的仪式生活，使民族哲学、道德、伦理、艺术等不断加强，世代相承。神话、史诗、祭祀歌本身即是少数民族原始宗教祭典的重要组成部分，它们表现、宣传、证明作为行为准则和生命理想的民族传统宗教观念和仪式，成为祭祀活动的根据和保证。民族传统宗教因而具有了建立和维护少数民族习俗、倡导社会规范、贯彻行为模式、传授知识体系、承递社会传统文化，进而增强民族认同意识的功能。

云南边疆地区少数民族基本上保留着延续几百年的独特传统文化，这些传统文化规范着人们的行为、情感、思维、道德和社会秩序，仍然具有强大的生命力。云南各少数民族的传统文化往往通过神话和史诗的形式对宇宙的产生、万物的起源和演化以及人类的起源作出极为生动的猜想和描述，并且内容生动、形式多样、寓意丰富。如德昂族认为茶叶是宇宙的本原，布依族和彝族的清浊二气说以及形形色色的神创说等，举不胜举。也有一些少数民族运用哲理诗形式反映了本民族的社会伦理和政治观点，如哈尼族的社会历史观在其史诗《哈尼阿培聪坡坡》中就有充分的体现。[②]

云南边疆地区少数民族的宗教与传统文化不可分割，宗教信仰深刻影响着各个民族的社会经济，文化生活、风俗习惯等，成为少数民族精神生活和物质生活的一部分。并且，宗教与民族具有相容性，外来宗教的传入，与当地少数民族的社会生活和文化生活相适应，形成兼容并蓄的局面，在不断的发展过程中，往往一个地区的宗教信仰都因为社会经济的发展快慢和传统文化状况而表现出不同的发展程度，宗教和社会经济文化相

---

① 张桥贵主编：《云南跨境民族宗教社会问题研究（之一）》，中国社会科学出版社 2008 年版，第 48 页。

② 杨学政主编：《云南省志·宗教志》，云南人民出版社 1995 年版，第 132—134 页。

互产生影响的过程中，就有可能导致宗教问题的出现，进而诱发宗教事件。

（二）云南边疆民族地区宗教信仰状况概述

1. 宗教信仰形态

云南边疆少数民族的宗教形态多样，各个宗教都有较长时期的历史发展。除宗教门类齐全外，云南每一种宗教内部又有诸多支系和教派，其中，藏传佛教中的格鲁派（黄教）、宁玛派（红教）、噶举派（白教）、萨迦派（花教），云南均有。南传上座部佛教有润派（其中又分润坝、润孙两支）、多列、摆奘、左抵四个教派。汉传佛教有密宗、禅宗、净土宗三派。① 基督教在云南的教会最多，有内地会、循道公会、神召会、五旬节会、安息日会、浸礼会、浸信会、圣公会、长老会、中华基督教会、基督会、滇中伯特利教会、中华国内布道会、青年会、路德会、信义会等。天主教有巴黎外方传教会、方济各会、加尔默罗会、撒勒爵会、圣保禄会、苏尔比斯会、圣心会、伯大郎会、十字修女会、伯尔纳铎会等修会。云南伊斯兰教主要有格底目、哲赫林耶、伊赫瓦尼三个教派。除了几大宗教外，原始宗教也呈现出多样性、独特性和典型性的特征，对少数民族具有相当大的影响。

在云南同一地域、同一民族甚至同一家庭内有多种宗教信仰并存的情况，在同一地域、同一民族甚至同一家庭内部也有多种宗教信仰。无论是土生土长的原始宗教还是外来宗教，其共同特点是它们在历史上都和云南各民族的经济、社会、文化、艺术、风俗习惯密切联系，并在长期发展过程中成为各民族历史文化不可分割的一部分，至今仍对人们的生产、生活、思想和文化教育产生不同程度的影响。可以说，有些民族地区人们的心理特征、行为规范等，离开了宗教就很难得到正确的解释。

2. 宗教信仰程度

云南各宗教信徒的人数一直呈上升趋势，宗教信徒群体数量亦随之不断增加，但其活动基本处于由各宗教内部自然形成的民间管理体系的自我管理状态。一般而言，宗教信徒群体都与所属宗教活动场所或教职人员保持联系，按该组织的要求或教职人员的指点进行宗教活动，其行为则受各

---

① 杨学政主编：《云南省志·宗教志》，云南人民出版社1995年版，第132—134页。

宗教教规教义、戒律的规范和他们所了解的国家政策、法律和道德规范的约束。但也有信徒按个人对教规教义的理解去活动，带有很大的自发性和随意性。

根据云南省宗教局的数据，2003 年，云南省 8 个跨境民族地区总人口约占全省总人口的 36%，各类宗教信徒总数占全省信徒总人数的48.6%；占当地人口的比例为 15.6%（全省为 8.8%）。从宗教类别来看，这 8 个地区宗教信徒人数所占全省同类数的比例为：佛教 46.5%，其中汉传佛教占 33.5%，藏传佛教占 1.6%，南传佛教占 100%；道教30.1%；伊斯兰教 18.7%；基督教 54.4%；天主教 32.7%。[①]

表 17　　　　　2003 年云南边疆跨境民族边境 8 个州市的信教人数统计　　（单位：人）

地区	佛教			道教	伊斯兰教	基督教	天主教	合计	人口比例（%）
	汉传佛教	藏传佛教	南传佛教						
红河	145121		1080		64200	10175	6490	227066	5.3
文山	5500				22792	930	2180	31402	0.08
普洱	3000		110000		6187	87789		206976	8
西双版纳			290000		3000	4000		297000	31.5
保山	206653		35645	30032	12104	6427		290861	12.1
德宏	48187		371600	365	1916	41559	1927	465554	41.8
怒江	4000	2850				84060	2692	93602	17.6
临沧	34022		122119	19527	4971	31255		211894	8.7
合计	446483	2850	930444	49924	115170	266195	13289	1824355	15.6
全省比例（%）	33.5	1.6	100	30.1	18.7	54.4	32.7	48.6	

3. 宗教信仰特征

总的来看，云南边疆民族宗教信仰具有鲜明的民族性、群众性、复杂性、文化交融性和国际性特征。认识其宗教信仰特征对于加强云南边疆民族工作和处理宗教问题有重要作用。

（1）民族性

云南 16 个跨境民族都有自己的宗教信仰，或者某一民族普遍信仰某

---

① 张桥贵主编：《云南跨境民族宗教社会问题研究》，中国社会科学出版社 2008 年版，第50 页。

一种宗教，如藏族信仰藏传佛教；或是若干民族共同信仰某一宗教，如傣族、阿昌族、德昂族等信仰南传上座部佛教，云南世居的少数民族不同程度上保留着本民族的原始宗教或民间信仰。① 宗教信仰的民族性特征还表现在外来宗教在传入当地的过程中，都不同程度地与当地的原有宗教、风俗习惯相互斗争并最终相互融合。

云南是多元文化的交汇地，漫长的历史岁月中，中原文化、藏文化、东南亚文化和云南本土文化相互吸收，兼容并蓄，形成了几大文化板块。在云南少数民族社会发展的进程中，最突出的特点就是社会发展不平衡，在不同地区的各个少数民族或同一民族，有时会处于不同的历史发展时期，到 20 世纪 50 年代初期，云南尚存在封建领主制、奴隶制、原始公社末期等多种社会形态，边境地区的少数民族多半处于原始社会末期或奴隶制时期，社会发展进程的不同，必然使各民族在政治、文化、经济的选择上呈现明显差异，从而使宗教打上它们自己的烙印，同一民族同一宗教又因地域的不同而发展不一致。② 例如，在南传佛教传入之前，傣族、阿昌族、德昂族等民族信仰的是原始宗教，南传佛教传入后，这几个民族普遍信仰南传佛教，但是原始宗教和自然崇拜的观念和活动依然存在，如对村寨"树神"和"寨神"的敬畏和保护；驱鬼、祭祀活动普遍。在信仰基督教的景颇族、拉祜族等民族中，原始宗教和自然崇拜的观念和活动依然存在，如景颇族"目瑙纵歌"中，保留了原始宗教的信仰，对于领舞人有选择和要求，相信领舞过程中假如出现错误，领舞人会受到神灵惩罚而死。信仰基督教的拉祜族对于鬼神存在依然深信不疑。然而在外来宗教和本民族原始宗教同时存在的情况下，各民族又能很好地解决其中的矛盾，使之融合于社会生活中。

（2）群众性

云南信教群众相对集中分布在边疆地区、民族地区和贫困山区。民族地区的宗教信仰分布多与民族分布相对应，南传上座部佛教主要在傣、布朗、阿昌、德昂等民族聚居的西双版纳、德宏、普洱等地区传播；汉传佛教主要在部分彝族、拉祜族等民族居住的地区传播；藏传佛教主要在怒族

---

① 王爱国：《多元文化中和谐共处的云南宗教——兼谈宗教和睦与社会和谐》，载《宗教与民族》第四辑，宗教文化出版社 2006 年版，第 114 页。

② 张桥贵主编：《云南跨境民族宗教社会问题研究（之一）》，中国社会科学出版社 2008 年版，第 74 页。

等民族聚居的怒江等地区和藏族、普米族聚居地传播。道教在彝族、瑶族、壮族等民族聚居的文山和红河等地，基督教主要分布在傈僳族、景颇族、拉祜族、佤族、哈尼族等民族聚居的德宏、怒江、临沧、红河等地区。原始宗教和民族民间信仰包括自然崇拜、祖先崇拜乃至图腾崇拜，均存在各民族中并且与外来宗教相融合。[①]

（3）复杂性

宗教信仰的复杂性表现在宗教与民族历史、民族文化、贫困问题、民族问题和政治问题相交织，这些都意味着云南边疆地区少数民族宗教问题具有复杂性，往往与其社会文化各个层面结成"牵一发而动全身"的紧密联系，且与经济问题和国际问题相交融，出现了极大的不确定性，增加了解决问题的难度。

（4）文化交融性

云南少数民族地区各种宗教、各个教派互相融合、互相渗透，并行不悖。多种宗教在同一地区、同一民族中的和睦并存，源于云南各民族对诸多宗教信仰的宽容、认同和吸纳，反过来又促进了各民族间的和睦相处。同时，我们要看到宗教作为一种社会现象，与少数民族政治、文化和社会生活紧密结合，从而对少数民族传统文化、心理特征和道德规范等有着不同程度的影响。在政治上，虽然政教分离，但是宗教信仰仍具有一定的影响。由于特殊的地理环境，云南边疆少数民族地区的宗教信仰往往易受到敌对势力干扰和影响，从而引发宗教问题。

（5）国际性

云南边疆地区与越南、老挝、缅甸三个国家接壤，由于民族同源或者信仰相同，自古以来就有边民互市、通婚的习俗。特别是近几十年来，随着我国对外开放力度的加大，一些国家也制定了相关开放政策，如越南政府一改其排斥跨境民族干部的做法，选用了大批侬、岱、泰等民族干部，对与我国接壤的北部边境地区实行比我国更为优惠的经贸政策；促使这些地区经济发展比我方"战区"快，造成我方跨境民族心理上的不平衡[②]。长此以住，将产生不良影响。边民间的生活往来频繁，经济、文化、宗教

① 杨学政主编：《云南省志·宗教志》，云南人民出版社1999年版，第168页。

② 云南跨境民族问题与国家安全研究课题组：《云南跨境民族问题与国家安全研究》，载《云南公安高等专科学校学报》2002年第4期，第114—119页。

交往密切。因此，境内宗教活动也与境外联系密切，受境外宗教活动的影响很大。这种状况导致了云南边疆民族地区的宗教问题具有明显的跨境互动性。由于地理环境、社会生活、宗教信仰等特殊因素，如果出现宗教问题，很可能会演变为国际性问题，从而加大宗教工作的难度。

二　云南边疆民族地区宗教事件的成因与类型

宗教事件是指与宗教有关或以宗教为导火索的、对社会产生重大影响的事件。在日常交往过程中因不小心触碰特定民族的宗教禁忌而伤害民族情感进而引发的宗教性冲突属于突变性宗教事件；蓄意违反和挑衅宗教禁忌因而引发冲突属于渐变性宗教事件；宗教内部因为教理教义、崇拜仪式、领袖任免等方面的分歧而引发的冲突属于裂变性宗教事件；借助宗教手段组织群众进行其他目的的冲突活动属于聚变性宗教事件。按照其目标指向，宗教事件或者发生在同一宗教信徒内部，或者发生在不同宗教信徒之间，或者发生在宗教信徒与非信徒之间，也有可能发生在宗教徒与政府之间。宗教力量因为掌握大量信徒而具有强大的组织动员功能，一旦以宗教为导火线引发社会事件，其破坏程度不容忽视。

（一）云南边疆民族地区主要宗教事件与问题概述

新中国成立以来，云南边疆地区由于自身的特殊性、复杂性，使其宗教问题不断出现，并且导致了宗教事件的发生。

1. 主要宗教事件

（1）"定时末日论"事件

"定时末日论"一词源于人们对《圣经》的误解。基督徒认为，到了世界末日，耶稣必将再来对整个人类进行最后的审判。虽然基督教的末世论并没有将耶稣降临的时间定下来，但是这个理论被个别教派利用，人为设定了时间，这就是"定时末日论"。"定时末日论"在历史上曾经带来多次社会动荡，在各方面产生了极大的破坏。早在1943年，在云南怒江傈僳族独龙族自治州流域活动的美籍传教士摩尔斯为了吸引更多的人信教，就竭力宣传"世界末日"即将来临。在此煽动下，贡山县独龙江乡孟顶村的信徒们在山顶建起"上天台"、"升天房"，将牲畜杀光，庄稼拔光，钱财扔进江，上山祷告，最终家徒四壁，无法生存。1962 年 6 月，怒江州有五个村的 82 名基督徒相约上山搞"升天"活动并发生斗殴。1976 年 9 月，维西县的几个教徒以"天上传话人"自居，鼓吹"末日说"，号召信徒上山"升天"。贡山、福贡等县也先后发生此类案件，给当地社会安定团结和人们的正常生产生活造成极大破坏，也给当地基督教的发展带来了消极影响。①

(2) 司拉山事件

此事件主要是由执行宗教政策的偏差而引起，据保山档案馆资料记载，"1949 年 12 月 25 日在瑞丽之勐立召开第一次会议，选出司拉山、袍杨诺、早展、早山、早堵、勒合、线诺坎 7 人为负责人（其中山官 4 人），同年又在瑞丽邦林召开第二次会议。1950 年 5 月在（陇川）广山召开第三次会议，主要讨论与共产党接触问题。6 月又在高丽开第四次会议。12 月司拉山以山头族代表资格去保山、昆明开会回来，即于 1951 年 3 月 15 日在（陇川）户瓦召开两千多人大会，宣布成立办事处，会上选了勐肯纲、诺吉、何老四、尹可、早功、早相、哀勒、松绿嘎、杨朱、浪孙袍、早堵、三木作、答石诺空、答石诺、恩体诺、袍章堵、历许腊、扎腊、梅壳诺、早坡 20 人为第二层委员，其中山官 4 人，棒勐（头人）13 人。办事处第一、第二层委员都是教徒，而邦瓦大山官早都等人均未能当选委员（早都曾到户瓦参加会议，未能当选便拂袖而去）。司拉山从北京回来后，又于今年（1952 年）3 月 15 日在广山召开万人大会，扩大影响。今年 4 月司拉山以省亲为名去缅甸活动，我们批评他，他说：'过去怒江和伊洛瓦底江都是山头族的领土，如果限制过严，我们就要求恢复原来区划。'""他（司拉山）抓政权，新中国成立前组织办事处，新中国成立后擅自成立办事处；抓武装，已组织办事处亲兵 21 人；抓教徒，利用保山区联合政府委员地位大力发展教徒，借办学校为名请来缅甸传教士大肆活动。"1952 年 7 月 10 日，时任保山专区陇川县副县长的司拉山得知芒市民族工作会议作出"政府人员不得传教，必须贯彻'三自'革新运动的决定"后，当天携带全家老小 3 人和民兵 6 人外迁缅甸。事件发生后，中共中央极为重视，于 1952 年 9 月 14 日发出关于边疆少数民族地区须停止宗教改革运动给西南局和云南省委的指示。通过大量说服教育工

① 《傈僳族简史》编写组：《傈僳族简史》，云南民族出版社 1983 年版，第 68 页。

作，司拉山一家于 1953 年 7 月底返回家乡，"中国山头族办事处"（陇川
景颇族办事处）随后也于 1954 年 7 月撤销。①

（3）边疆民族地区教徒外流事件

1958 年以后，由于极"左"路线的干扰和影响，党的宗教政策遭
到扭曲，公开提出"向宗教宣战"、"消灭宗教"等错误口号，在当时
社会环境和历史条件下，各地宗教活动受到很大冲击，边疆民族地区的
南传佛教、基督教等都出现了大范围的教徒外流问题。据估计，从
1958 年下半年到 1960 年年底的两年多时间里，怒江州、德宏州、临沧
地区和思茅地区等与缅甸交界地区，先后外流基督教徒达二三十万人之
多，大约占当时信教群众的 20%。如福贡县 1958 年前有基督教徒 444
人，1958 年外流 144 人，占信教人数的近三分之一。德宏州盈江县苏
典乡大寨一夜间就外出 29 人，13 个教会负责人中有 9 人随之外流。瑞
丽等嘎乡 1958 年时外流信徒 137 人，户育乡外流信徒 188 人，勐典乡
外流信徒 85 人。

之后，信教群众的大范围外流现象引起了当地政府的高度重视，积极
开展说服教育工作，动员信徒回归，但由于起因在于全局性的极"左"
路线的干扰，因此解决此问题的成效也不明显。60 年代初期，在一定范
围内逐渐恢复正常化，外流教徒陆续回归，但 1966 年"文革"中，教徒
外流情况再次发生，直到 1978 年以后才逐渐得到了解决。②

（4）瑶山事件

1969 年 4 月 15 日，红河州河口县瑶山公社发生的"瑶山事件"，当
时被错定为"反革命武装暴动事件"，事件的起因是由于在大搞"政治边
防"、"画线站队"和"捅马蜂窝"中，排斥瑶族基层干部、社员和有生
产经验、有威望的目老头人，并下令强行收缴瑶族群众的护身武器和生产
工具火药枪，激起广大瑶族群众的强烈不满，于 4 月 15 日被迫采取了大
批群众上山这一传统的反抗方式。到 4 月 18 日，上山人数已达 2100 多
人，涉及全区 7 个乡，上山后，李梦庄（原是瑶族基层干部，后因刑事
犯罪被劳改过）及目老头人李正芳、李正朝为首组织闹"皇帝"，杀猪、

① 张桥贵主编：《云南跨境民族宗教社会问题研究（之一）》，中国社会科学出版社 2008 年
版，第 168—169 页。

② 高志英：《多元宗教与社会和谐——云南少数民族宗教信仰发展问题调查研究》，载
《云南行政学院学报》2008 年第 3 期。

宰鸡庆贺"皇帝"诞生。① 后经过工作队宣传动员后，绝大部分群众于 5 月 8 日以前下山回家，只有少数人还留在杂器山上。于是政府采取了军事包围、武装镇压的方式解决，先后受到判刑处理的有 49 人，其中，判处死刑，立即执行的有 10 名。1979 年 2 月 8 日，中共云南省委指出"瑶山事件主要是谭甫仁推行林彪'四人帮'反革命修正主义路线，破坏党的民族政策造成的一个错案，下面是无责的"，对其做了平反。②

（5）扎蝶活动

扎蝶活动最早出现在 20 世纪 50—60 年代，其影响范围主要在境内外佤族群众中，我国境内主要在澜沧县的安康、上允、文东等地。从 20 世纪 80 年代起，扎蝶利用人们对宗教政策的不理解和群众思想政治工作的滞后，先后在孟连县的南雅、景信，澜沧县的拉巴、竹塘、动河等地活动，出现了所谓"多波"、"东波"教。活动者称扎蝶为"佛祖"，采用喝"仙水"、念咒语、点神灯等形式，并且散发扎蝶肖像复印件和录像磁带，在群众中造成恶劣影响。仅 1994 年西双版纳就收缴了 1000 多张扎蝶肖像。其目的是在边境各民族群众中造成混乱，以破坏边境地区的生产生活秩序，进而破坏民族团结和边疆稳定。

（6）"信王主"活动

"信王主"活动是利用苗族历史上多次遭到统治阶级严酷迫害的历史，以"复兴苗族"、"苗族独立"为口号的渗透分裂活动，主要集中在中越边境的文山州麻栗坡县和红河州金平县的苗族地区，有较强的民族、宗教特点及政治背景。所谓"王主"是苗族历史传说中的一位死后灵魂升天的王子，敬拜他的人可以上天享福，可以死后复生，不信者不能复活。1975 年东南亚各国的很多苗族，由于当地爆发革命，迁往西方国家，依靠西方政治势力建立自己的团体和组织，此后不断派人到我国境内寻找，确立苗族首都，并且积极培养苗王传人，进而展开渗透和分裂活动。1984 年后，在越南"信王主"活动的影响下，云南与越南接壤的红河哈尼族彝族自治州和文山壮族苗族自治州境内的一些村寨，通过收听境外苗语广播，开始出现"信王主"活动并蔓延开来。1996 年后，范围不断扩

① 据事后了解，这种活动新中国成立前后都曾出现过，主观上是封建迷信思想作怪，也带有一定的民族主义情绪。

② 《河口瑶族自治县概况》编写组编：《河口瑶族自治县概况》，云南民族出版社 1985 年版。

大涉及文山州的砚山、广南、邱北、富宁、马关、西畴等县，活动也不断升级，发展到与政府对抗、杀害政府干部的地步。1998年后，因打击力度的增大逐渐消沉，但始终未能根除。2002年，文山州麻栗坡县的部分群众受三名美国人的煽动，仍要求政府成立"王主"协会。后来随着政府的取缔以及当地基督教的传播，一部分开始向所谓的"读耶稣"非法活动转变，但"读耶稣"活动仍与"信王主"活动相交织，一直未得到当地政府的认可，处于半公开或秘密活动的状态，并主要集中在当地的拉祜族和苗族当中。①

除以上外，还有一些宗教事件也值得注意，例如：

1957年1月，文山富宁县瑶族群体自开春以来连续发生闹退社和闹"皇帝"事件。政府做了细致的工作引导群众转向社会生产。

1957年3月，中甸县各大寺喇嘛和地主纠集门户兵千余人，于3月6日开始暴乱，连续杀害工作人员等70人，与政府和军队对峙，经过谈判和宣传教育，分化了暴乱队伍。

1957年8月，中甸归化寺少数僧侣武装叛乱。被平息后寺院武装势力彻底瓦解。

1996年，泰国一名长老入境西双版纳的勐海县，擅自建盖了7座佛塔。

1998年缅甸小勐腊的佛爷私自进入勐海县打洛镇，攻击我国的宗教政策，要求当地傣族无条件听缅甸佛爷的指挥，要求我方的边民每15天到境外接受其传法，声称这样才能得到佛的保佑。

2000年，缅甸曼回镇的都新满佛爷煽动说："西双版纳傣族自治州勐海县打洛镇的曼长、曼厂、景洛村自古以来都是缅甸的领土"，鼓动这三个傣族村寨的群众到境外寻找自己的根。

另外，由于南传上座部佛教近年来出现有寺无僧现象，导致了境外僧人入境传教甚至驻寺主持的情况日益严重，境内信徒出境学法增加。新中国成立初期被打击外逃境外的一贯道道首刘炳宏等一批骨干分子，在缅甸

---

① 张桥贵主编：《云南跨境民族宗教社会问题研究（之一）》，中国社会科学出版社2008年版，第62—63页。

重新发展一贯道组织，现在全缅大中小城市建立了近三百个大小"宫"、"寺"和五戒学校，拥有道徒数十万人，势力庞大。近年来，该组织以佛教之名长期对德宏傣族景颇族自治州进行渗透，破坏活动不断。

2. 主要宗教问题

除了上述宗教事件以外，云南边疆地区还出现了一些具有突出性的宗教问题，主要有：

（1）"神召会"活动

1979年下半年，"神召会"由缅甸传入盈江县和陇川县部分地区，并在景颇族和傈僳族中发展了教徒。1999年，缅甸男桑洋"神召会"派人入境，在昔马乡红木树村诱走60多名信徒到该教会所办的神学培训班进行培训。它的出现引起了不同教派的矛盾，不利于安定团结和生产。通过政府的大量思想工作，使信徒正确处理好了宗教和生产的关系，使信教群众和非信教群众双方得到了谅解，促进了团结。[①]

（2）迪庆州藏传佛教的非法活动

在达赖集团的形成过程中，迪庆的"藏独"分子和受蒙蔽的信徒发挥了不小的作用，迪庆德钦寺活佛自1959年出逃后一直在达赖集团中担任要职。近年来，随着达赖集团内部分化加剧，达赖集团中迪庆籍高僧影响越来越大，西方反华势力利用各种手段，加快了在迪庆藏区的分裂渗透步伐，主要方式有：散发"藏独"宣传品，利用广播、互联网进行渗透；大量派遣高僧、活佛进入境内秘密散发、传播反动宣传品，煽动民族情绪，插手各大寺院的宗教事务，煽动宗教狂热；策动境内僧侣特别是青年僧侣外逃，引诱其出境学经晋升格西学位，企图以此争夺境内寺院"堪布"职位，达到控制寺院目的；宣扬并实施"控制一个活佛就等于控制一个寺庙，控制一座寺庙就等于控制一个地区"的渗透活动，并在迪庆藏区册封"转世灵童"。[②]

（3）"恒尼"和"斯令匹"问题

"恒尼"产生于怒江州福贡县老姆登村。1982年，老姆登村建成教堂并选举管理人员时，参加选举的阿权（"文革"中曾因信教劳动改造一

① 张桥贵主编：《云南跨境民族宗教社会问题研究（之一）》，中国社会科学出版社2008年版，第67页。

② 同上。

次，后犯重婚罪被判有期徒刑三年，于 1995 年迁往缅甸）由于没有担任执事，十分不满，声称"这是黑暗势力在操纵"，并开始了分裂教会的活动，一次性拉出去了 30 多户 120 多人，"恒尼"问题由此产生。到 1985 年，"恒尼"蔓延到了 9 个行政村 673 户 3141 人。他们拟定了 28 个"忌食忌讳"的戒条作为行为准则，如不能承认是中华人民共和国公民，只承认是天国的公民等，于是与当地基督教爱国组织闹对立，进而发展到与政府及现行法令、政策的对立。

"斯令匹"问题产生于福贡县，也是因为教牧人员之间的矛盾引起的。1987 年福贡县城基督教堂管理组织选举时，一些在"文革"中坚持信教的人员落选后表示不满，认为自己是"文革"期间坚持信教的"斯令匹"，他们认为十一届三中全会后信教的人没有资格领导和管理他们，并以此为由开始了分裂教会的活动，于是由"文革"中的"坚持悄悄信教"发展成为与党和政府的对抗，到 1990 年已蔓延到 7 个村，324 户，1836 人。参加"恒尼"、"斯令匹"的人数于 1990 年底时达到了 977 户，4977 人。[①]

（二）云南边疆跨境民族地区宗教事件的原因

1. 内部因素

云南边疆民族地区社会文化发展不平衡，在各种因素的影响下，正常宗教活动和现象往往演化为宗教事件。从云南边疆地区所发生的宗教事件来看，发生宗教事件的内部因素基本有以下几个方面：

（1）群众经济生活贫困

分布在边境地区的少数民族，整体来看物质文化水平相当低，社会经济发展不平衡，如发生"瑶山事件"的瑶山地区，瑶族人民长期生活在以狩猎为主要生存方式的社会中，社会经济落后，又如发生"定时末日论"的怒江傈僳族独龙族聚居地，由封建领主制进入社会主义社会，依旧以刀耕火种、广种薄收的原始农业为主，原始的换工互助和分配方式还在一定程度上对生产起支配作用，技术严重缺乏。这些民族的生活状况相当困苦，社会发展受到制约，社会文化教育水平非常落后，在接受外来宗教的过程中必然会出现认识上的偏差，使得宗教在其传播中出现不正常现

[①]　云南省福贡县地方志编纂委员会：《福贡县志》，云南民族出版社 1999 年版。

象，从而可能导致宗教事件的发生。由于长期贫困，少数民族群众寄希望于宗教，以寻求心理的慰藉。当地居民的受教育程度偏低，进而阻碍了社会经济的发展。这种状况下，外来宗教因为在某种程度上满足了当地居民与外界社会之间的文化互动需求，因而很容易进入当地居民的社会中，同时一些敌对的、以分裂为目的的势力也趁机进入边疆地区，也可能导致宗教事件的发生。

（2）宗教与社会生活及传统文化的相互交织

宗教作为一种社会现象，与少数民族生活方式紧密结合，从而对少数民族传统文化、心理特征和道德规范等有着不同程度的影响。无论是土生土长的原始宗教还是从外地传入云南的佛、道、伊斯兰教，一个共同的特点是它们在历史上都和云南各民族的社会、经济、文化艺术、风俗习惯密切联系，并在长期发展过程中成为各民族历史文化不可分割的一部分，因而直至现在仍然对人们的生产、生活、思想和文化教育产生不同程度的影响，例如，傈僳族、拉祜族等民族，在20世纪初基督教传入的过程中，带来了文字普及活动，逐步改变了传统的生活方式，而基督教也融合到了本民族的社会文化中。甚至有的民族地区人们的心理特征、行为规范等，离开了宗教就很难得到正确的解释。

2. 外部诱因

从基督教"四大民族同盟"分裂活动、扎蝶活动、"定时末日论"和边境民族地区教徒外流等一系列宗教事件来看，云南边疆跨境民族地区宗教事件的发生与外部因素是紧密相连的。

（1）处置措施不当

很多宗教事件出现苗头时并不非常严重，可以通过正确疏导来控制，但常常由于错误的处理，导致越发严重的冲突。政府部门个别工作人员只注重眼前利益，忽视日后的长远影响。宗教事件发生后，只是从政策上打压，暂时性地控制住，事后也没有进行经验总结，从理论上分析其发生的根源。如在处理"信王主"事件中，没有抓住问题的关键，使得一部分信徒向所谓的"读耶稣"非法宗教活动转变。又如产生于福贡县的"斯令匹"问题，信教人数在不断增加。在处理宗教事件或宗教问题时，如果出现急功近利、措施不当等情况，会导致严重后果。

（2）缺乏必要的宗教知识

在"瑶山事件"中，由于当地干部对于瑶族社会经济和传统文化不甚了解，由此引发宗教事件。当时瑶山野兽经常出没，且瑶族群众有狩猎的文化传统，带枪不但可以防身，还是一种生活需求。当时强行下令收缴瑶族群众的护身武器和生产工具火药枪，自然激起广大瑶族群众的强烈不满。"闹皇帝"并不是要与政府对抗，更不是所谓的"民族主义"。由于管理人员对瑶族宗教活动和社会状况并不十分了解，产生错误的处理方式，使矛盾扩大化，导致宗教事件的发生。

（3）极"左"路线影响

1952 年 9 月 14 日，中共中央给西南局和云南省委发出的指示，要求边疆少数民族地区须停止宗教改革运动。但由于极"左"思潮的影响，至"文化大革命"期间，公开提出"向宗教宣战"、"消灭宗教"等错误的口号，否定党的宗教信仰自由政策。在当时社会环境和历史条件下，一部分坚持宗教信仰的群众，身心受到残酷折磨，甚至连基本的生存权也被剥夺，造成了他们与基层党政组织和其他群众的严重对立情绪，抵制当地基层党政组织的领导和管理，以致公开拒绝执行国家的有关政策法律。

（4）外部环境复杂

与云南接壤的缅甸、越南、老挝等东南亚国家，宗教占较为重要的地位。缅甸和老挝属于传统的佛教国家，越南和缅甸北部深受基督教和天主教的影响。这些东南亚国家除了各民族特有的原始宗教外，还有相当数量的穆斯林、佛教徒、天主教徒、基督教徒。由于跨境而居，民族间交往频繁，境内外宗教交往也频繁，宗教交流从来不曾中断过。在一些跨境民族的宗教活动中，一些重大的宗教活动往往由境外的宗教或宗教人士组织。而云南边境少数民族地区的宗教，多是世界性宗教，这些宗教一般都有国际性的组织，它们经常通过会议等各种活动，强化宗教国际联系，境外的分裂主义势力也往往会利用这一点进行分裂渗透活动。

（三）云南边疆民族地区宗教事件的基本类型

宗教的复杂性决定了宗教事件的多样性，云南边疆民族宗教事件的发生有诸多因素，从新中国成立初期到现今的时间顺序上看，大致有以下几个类型：

1. 政治型：敌对势力策反活动所产生

如 1949 年 9 月已被游击队解放的澜沧县发生基督教"四大民族同盟"分裂活动，这类宗教事件的引发通常是在特定的历史条件下——新中国成立初期，国民党残余势力与国外敌对势力相勾结，企图颠覆我国的新政权。一般手法是派遣传教士，利用边疆少数民族的宗教信仰，不断入境从事破坏活动和拉拢教徒出境。此类宗教事件容易发展为民族政治问题，因为其通常是激进的、与社会对抗的。

2. 失误型：错误的宗教政策所引起

这方面主要是解放初期极"左"路线引起的宗教事件，如"司拉山事件"和"瑶山事件"以及德宏州的边境民族地区教徒外流事件。即使现在，边疆民族地区个别领导人头脑里依旧残存着多年形成的根深蒂固"左"的思想意识，如不能从根本上加以克服和改变，将成为制约和阻碍民族宗教工作的隐患。

3. 社会型：民族习俗差异所导致

此类事件往往是由于无视我国多宗教的这一特殊国情，因而也不尊重边疆民族群众的信仰习俗而遽然触发。由于少数民族宗教问题往往与民族问题交织在一起，处理宗教问题的任何不慎，不但可能刺激信教群众的宗教感情，也有可能伤害民族感情，进而影响民族团结，引起民族纠纷，甚至诱发社会问题。在全族信教的一些少数民族中，宗教的影响渗透到人们的物质生活和精神生活的各个方面，以致对待某个民族宗教信仰的态度，常常被看作是对待这个民族的态度。可以说，民族感情和宗教感情交融在一起，宗教问题在少数民族中成为非常敏感的问题。

4. 渗透型：宗教渗透及非法宗教传播所酿成

近年来，境外敌对势力宗教渗透和非法宗教传播是引发宗教事件的另一主要原因，且成为影响边疆民族地区多元宗教和谐、社会稳定的主要诱因。例如发生于红河哈尼族彝族自治州和文山壮族苗族自治州境内的"信王主"活动是以"复兴苗族"、"苗族独立"为口号的渗透分裂活动；又如1998 年缅甸小勐腊的佛爷私自进入勐海县打洛镇，攻击我国的宗教政策，要求当地傣族无条件听缅甸佛爷的指挥，要求我方的边民每 15 天到境外接受其传法，声称这样才能得到佛的保佑。这类境外宗教渗透问题及非法传教问题等，具有明显的多样性特征，因此可能在很长时期内造成不同程度的社会影响，其中的渗透问题还可能发展为民族问题和政治问题。

云南边疆跨境民族地区宗教事件有以非对抗性为主的，也有以对抗性为主的。以非对抗性为主的事件，只是在极个别的情况下，才可能出现性质的转化。如边境民族地区教徒外流事件，是由于当时极"左"错误思想的干扰，各地宗教活动受到很大冲击，但是这类事件没有发生实质性的对抗。具有对抗性的宗教事件，往往具有较大的危害性，存在着向对抗性矛盾转化的潜在可能；以宗教极端名义从事的民族分裂活动，从一开始就具有对抗性。如"信王主"活动中，活动范围不断扩大，发展到与政府对抗、杀害政府干部的地步。又如产生于怒江州福贡县老姆登村的"恒尼"问题，后来发展到与当地基督教爱国组织闹对立，进而发展到与政府及现行法令、政策对立的状况。

三　处理云南边疆民族地区宗教事件的经验教训及对策

（一）成功经验

新中国成立以来，党和政府在处理云南边疆民族地区宗教事件的过程中，形成的正确处理方法，积累的丰富经验，值得我们总结借鉴。

1. 贯彻党的宗教政策，并结合实际在工作思路和方法上不断创新，是处理云南边疆跨境民族地区宗教事件的根本方法

第一，在处理云南边疆跨境民族地区宗教事件的过程中全面正确地贯彻执行党的宗教政策。在处理宗教问题中使用暴力，对信教群众正常宗教活动的横加干涉和禁止，其结果往往适得其反，反而使宗教筑起自我保护的壁垒，强化了信仰。宗教活动虽被公开禁止，但却以秘密的方式继续进行，在秘密和分散状态下得到了某些发展，致使政府主管部门对"无形的宗教"所知甚少，少数反革命分子却利用这种条件在宗教活动掩盖下大搞违法乱纪活动和反革命破坏活动，这更增加了宗教问题的复杂性。

在云南边疆少数民族地区，党的宗教工作致力于加强广大教徒和非教徒的团结及共同建设有中国特色社会主义这一共同目标。政府对宗教信仰的任何不尊重、不理解，甚至采取错误的做法，都不能凝聚广大信教群众的力量，信教群众必然会与党和政府离心离德。充分尊重少数民族的宗教信仰，可以极大地促进边疆的建设和发展，由于充分尊重少数民族的宗教信仰自由，正确引导和处理群众的宗教活动，妥善处理历史遗留的宗教问题，所以这些年边境地区处于稳定状态。

第二，在严格执行党的宗教政策的基础上，不断探索符合实际状况的工作思路和方法。新中国成立后，中国共产党制定了宗教信仰自由政策，云南少数民族地区的宗教也开始走向与社会主义相适应的阶段。一直以来云南边疆地区宗教问题与贫困问题和民族问题相交织，因此在云南省的宗教工作中，积极引导和加强边境少数民族信教群众较多地区的思想教育、开展学校教育、科技普及等措施，鼓励和支持爱国宗教团体的特长，使其在云南边疆地区特殊的地理环境和社会条件下，为党的宗教工作服务，对一些地区的宗教活动的正常开展起到了重要的作用。而在云南边疆地区的反渗透工作方面，更能够体现出云南省有关部门在积极探索符合实际状况以及未来发展要求的工作思路和方法。"如西双版纳州南传佛教的'组织集中、分层管理'模式，以及德宏州的'因势利导、内向、发展'设想等。这些都是宝贵的实际工作经验，具有很强的实用性和很强的效果。"①

2. 及时果断地从根本上杜绝同类事件的发生，重视少数民族干部、宗教团体和宗教界爱国人士的积极作用，是处理云南边疆跨境民族地区宗教事件的根本要求

第一，在实地调查的基础上，及时果断地处理云南边疆跨境民族地区宗教事件。每个宗教事件在发生之前都会有征兆，这些征兆有可能已潜伏了很长时间，经过某一诱因而引发。这就要求建立信息准确、畅通的舆情分析机制，及时发现问题，迅速妥善解决。

近年来，云南边疆地区各地政府针对宗教领域可能出现的问题，经常性地开展涉及宗教因素的社会矛盾纠纷排查工作，详尽挖掘宗教事件诱发因素和潜在隐患。一旦发生宗教事件，政府都会对事件发生的时间，导致事件发生的具体事由，参与事件的人数、人群，参与者的各项情况尤其是宗教信仰状况，事件持续的时间进行详细调查，因此，近年来宗教事件得到有效控制。

第二，多部门通力合作，从根本上杜绝宗教事件的产生。宗教事件基本平息后，各级机关继续巩固局势，防止事件的反复发生。例如，经过几十年的努力，通过各种渠道，进行疏导、教育工作，"小众教"4 个创始人，已向党和政府靠拢，骨干分子由 57 人减少到 9 人。

第三，充分重视少数民族干部、宗教界爱国人士在处理云南边疆跨境民族地区宗教事件时的说服力和感召力。少数民族干部本身就是少数民族

---

① 张桥贵主编：《云南跨境民族宗教社会问题研究（之一）》，中国社会科学出版社 2008 年版，第 87 页。

的一部分，与少数民族群众有着密切的联系，他们在语言、感情、生活习俗上有着共同点，交流较易，一般在少数民族群众中有较大的说服力和号召力，通过他们做好宣传争取群众和分化瓦解少数闹事分子的工作，以争取各族人民的广泛支持，能起到事半功倍的效果。云南各级党委政府高度重视民族干部的培养选拔工作，采取了一系列特殊政策和措施大力培养选拔少数民族干部。例如，德宏州瑞丽市处理中缅边境姐告段涉外宗教群体性事件中，处理人员及时做好疏导工作，请退休的景颇族老领导出面做工作，防止引发民族矛盾，把事态控制在初始阶段，不使其进一步发展蔓延，少数民族干部在事件中起到了相当重要的作用。

在处理宗教事件时，应重视并发挥宗教团体、爱国宗教人士在信教群众中的影响力。平时关注宗教团体的建设，注意加强与那些爱国守法、能正确贯彻执行宗教政策、虔诚爱教、能坚持维护民族团结、有管理才能并在信教群众中有一定威信的宗教界人士的联系，通过他们加强与信教群众的交流与往来。这对于把握情况、出现问题后能及时处理，都起到非常关键的作用。又如现在澜沧、西盟一带的基督教活动发展稳定，在很大程度上要归功于当地牧师的爱国爱教行为和在当地信教群众中的影响力。

3. 加强对群众的思想教育工作，同时搞好与信教群众的关系，是处理和防范云南边疆民族地区宗教事件的根本途径

第一，采用多形式、多渠道的立体手段加强对群众的思想教育工作。由于一些客观的因素，部分群众不了解国家宗教政策、法律、法规，对于什么是正常的宗教活动、什么是非法的宗教活动不能区分，而非法宗教活动又善于在合法外衣掩护下进行，导致部分群众不同程度地参与了非法宗教活动。为此，党和政府加大宣传宗教政策的力度，使广大信教群众了解党的宗教政策，把正常的宗教活动同各种不属于宗教范围、危害国家利益和人民生命财产安全的封建迷信活动区别开，从而明辨是非，自觉抵制各种非法宗教活动。

第二，注重搞好与信教群众间的关系。在处理宗教事件时，始终将信教群众作为依靠力量，孤立和打击少数坏人，团结大多数信教群众。例如，在达赖集团的形成过程中，迪庆的"藏独"分子和受蒙蔽的信徒起到了不小的作用，因此，与敌对势力争取群众势在必行。政府在这方面一直试图"揭穿他在宗教上的虚伪性，剥夺他利用宗教欺骗信教群众的资本"。

（二）主要教训

只有深刻反思处理云南边疆民族地区宗教事件的经验教训，才能在今后的民族工作中避免产生错误的认识和解决方式。

1. **不够重视宗教事件发生地区的贫困问题**

云南边境民族的宗教问题常常与贫困问题交织在一起，通常而言，宗教事件发生地区社会经济状况十分落后，群众几乎难以解决温饱问题，更不用说受教育程度有多高。因此，在认识上容易产生狭隘思想，或受外来宗教思想的侵蚀，容易被敌对势力所利用。而在处理这一类宗教事件上，没有从根本上解决贫困问题，很可能又为类似宗教事件的发生埋下隐患。

2. **没有充分注意宗教事件发生地区与周边国家的关系**

云南跨境民族在不同国家间来往频繁，社会经济、文化和宗教交往都十分密切，所以受境外宗教活动的影响自然就很大。可以说，边疆民族地区的宗教问题和宗教事件涉及境内、境外两方面原因，而政府尚未从这一层面上采取更为有效的应对策略。在边疆民族地区，由于境外宗教势力掌握较多的物质财富，在与我方进行宗教交流时往往占据优势地位。例如，近年来越南在中越边境的沙巴、老街等地大兴土木修建教堂和庙宇，吸引云南省河口县边民以及省内外到河口旅游和经商的人前去参观。

3. **对宗教缺乏全面认识，对民族传统宗教文化缺乏充分了解**

相当一部分人对宗教存在的长期性缺乏思想准备，一部分人只看到宗教在现阶段的某些积极因素，而放松对宗教渗透的警惕，给敌对势力提供了可乘之机；还有一部分人只看到宗教在现阶段的某些消极因素，并且对民族传统宗教文化完全不加以了解。因此，容易因为认识上的错误，产生错误的处理方式，从而使矛盾扩大化，导致宗教事件的发生。

4. **"左"的思想观念在部分民族宗教管理干部中仍然存在**

迄今为止，还有相当一部分人认为依靠政权力量、行政手段就可以很快消灭宗教。只看到宗教在现阶段的某些消极因素，对正常宗教活动和宗教界的合法权益不加以保护，有的甚至采取一些过激的手段，干预正常的宗教活动，侵犯了宗教界和信教群众的合法权益，挫伤了宗教人士和信教群众的宗教感情。这就可能造成他们与基层党政组织和其他群众的严重对立情绪，抵制当地基层党政组织的领导和管理，以致公开反对党和政府的领导，拒绝执行国家的有关政策法律。因此，在民族宗教工作中应坚决杜绝"左"的思想。

（三）基于教训的对策

1. 重视当地的贫困问题，积极引导信教群众与社会主义社会相适应

江泽民同志指出："贯彻党的宗教信仰自由政策也好，依法加强对宗教事务的管理也好，目的都是要引导宗教与社会主义社会相适应。"[①] 将宗教管理的重点放在积极引导信教群众与社会主义社会相适应上，并促使他们投身于当地社会的建设中。只有经济发展了，才有可能提高当地人民的受教育程度，进而提高当地人民的文化水平，从根本上使当地群众摆脱认识上的落后状态。

2. 健全科学合理的民族宗教干部政绩考核体系

完善体现科学发展观和正确政绩观要求的干部考核评价体系，对于推进民族宗教管理干部工作的科学化和制度化，形成有效的激励约束机制有十分重要的意义。科学合理的民族宗教管理干部考核不仅会推进工作机制和工作方式的改变，还会促进管理干部思想观念的更新。考核的指标体系应当围绕促进当地少数民族地区宗教与社会和谐发展这一中心，坚持以人为本，按照科学合理、客观公正、权责统一的原则，使之能够综合反映出管理干部的工作情况，其中最为重要的是要遵循宗教发展的客观规律，不要人为地将宗教发展状况与干部考核过分地联系在一起，科学合理地设置考核内容。

3. 对工作思路和方法进行创新，从根本上入手，化被动为主动

针对境外敌对势力借助宗教活动进行渗透的情况，我们应全面、正确地贯彻执行党的宗教政策，但同时应对工作的思路和方法进行创新，从根本上入手，化被动为主动。首先，应依据党和国家的宗教信仰自由政策，满足信教群众的正当要求，尽快批准建立公开、开放、规范的宗教活动场所以抵御外来的宗教渗透。其次，完善并健全宗教教职人员的定期培训制度，同时增强宗教寺院的自养能力，在边境宗教的相互影响中变被动为主动。例如在孟连县，一些古老的佛寺中至今还保留有傣族民间原始壁画和极富民族特色的金水壁画艺术，因而可以充分利用这些优势，把它们的历史文化和宗教艺术

---

① 中共中央文献研究室综合研究组：《新时期宗教工作文献选编》，宗教文化出版社1995年版，第254页。

加以挖掘和整理，再通过各种商业手段创收后以供养寺庙。[①]

4. 使宗教知识和民族知识的普及工作制度化，与时俱进地更新相关知识，使之符合时代发展的要求

针对民族宗教管理干部在认识上的不足，设计宣传读物，开设培训班。要使民族宗教管理干部在科学发展观的指导下，正确认识宗教与社会的相互关系，并能够在工作中积极引导信教群众与社会主义社会建设相适应，而并不仅是处理宗教事件或者宗教问题。例如，针对不同工作岗位的宗教管理干部，设计与其实际工作相适应的培训课程，使之贯穿于党校的培训当中，或者定期举办专门的宗教问题培训班，还可以专门地、不定期地抽查各地干部对于宗教政策、国际政治的认识。宣传读物及培训的相关内容应该做到与时俱进，有针对性地设计。例如，有关民族宗教群体性突发事件的处理；或从少数民族和民族地区经济社会的和谐发展出发，设计与之相适应的内容；或从当前民族地区和宗教领域所面临的公共危机及其管理形式的角度设计相应的内容。

5. 遵循宗教发展的客观规律，不断完善宗教管理政策及法律体系

应针对宗教发展变化的客观实际，修订相关的宗教管理政策，使之符合社会发展的客观规律，同时兼顾云南边疆少数民族地区自身的特点。当前的宗教管理体制是半个多世纪以前制定的，还维持着以行政手段管理宗教的传统模式。个别民族宗教管理干部认为宗教很快就会消亡，只看到宗教的某些消极因素，甚至采取过激手段干预正常的宗教活动，伤害了宗教人士和信教群众的宗教感情。其结果是没有解决问题，反而激化了矛盾，使得宗教活动转入地下，加大了对其管理和监督的难度。

四　云南边疆民族地区宗教事件与宗教问题的预防和处理

（一）新时期宗教事件及重大宗教问题发展的新趋势

整体而言，云南的宗教活动总体保持相对平稳的状态，但局部地区和

---

① 格桑顿珠、纳麒：《云南民族地区发展报告 2003—2004》，云南大学出版社 2004 年版，第 352 页。

个别宗教的活动仍不稳定，发生突发性事件的可能性有所增加。

首先，自云南加快实施面向西南开放桥头堡战略以来，社会文化开放程度和社会经济发展速度不断加大，对于少数民族传统文化和相对封闭的社会是一种很大的冲击。边境地区少数民族对外来文化的冲击难以适应和抵御，因此很容易被外来文化所影响和侵蚀，特别是宗教方面更容易如此。一方面会促使信教人数的不断增长，另一方面也会导致宗教活动中的不确定因素大幅增加，并由此引发宗教问题和社会问题。其中，由于基督教和天主教历史上与西方国家的政治、文化有着密切联系，又主要分布在自身文化防御和整合能力较弱的少数民族地区，因而受到的影响也更大。

其次，西部大开发中新出现的各种社会矛盾也可能引发宗教事件的产生。少数民族传统文化是一个内容丰富的整体，它反映着该民族成员的思维方式、伦理观念、价值取向等。这些传统文化规范着人们的行为、情感、思维、道德和社会秩序，在这样的民族传统文化中，必然有某些消极因素与迅速发展的社会经济要求不相适应，从而引发相互矛盾和冲突。另外，由于经济和文化的发展极不平衡，对外来文化的冲击难以适应和抵御，因此很容易被包括宗教在内的外来文化所影响和侵蚀。而在西部大开发的冲击下，有可能产生宗教与民族的发展不适应或者民族之间的纠纷，容易导致宗教狂热，在这种情况下，民族生活中其他的因素会促成或加剧宗教之间或宗教内部的分裂，由此引发新的宗教问题，导致宗教事件的发生。①

最后，在新时期还要处理好同一信仰的不同民族之间、同一民族不同的信仰人群之间、信教群众和非信教群众之间以及不同宗教的教徒之间的关系。无论是哪一类型的群众，在政治上、经济上的根本利益都是一致的，因此，不能片面强调信仰方面的差异，甚至刻意夸大为政治分歧，从而造成各民族间的对立。

在今后几年内，云南目前较为突出的几类宗教问题主要有宗教渗透问题、南传佛教有寺无僧问题以及迅速发展的基督教与各民族传统文化和信仰的冲突问题。根据各方面的观察，可能会出现以下变化：

1. 境外宗教势力和敌对势力的渗透问题

随着我国改革开放的深入以及云南三大发展战略的实施，这一问题将

---

① 赵学先：《西部大开发中民族关系发展态势研究》，载《云南民族大学学报》（哲学社会版）2003 年第 7 期。

会长期存在并日益突出。由此很容易产生境外利用基督教对我国跨境民族进行渗透的活动。近年来，缅甸北部基督教的十多所神学院校，以包食宿、学费和每月零用钱，并发给来回路费等手段，引诱云南部分少数民族青年基督教徒非法出境就读。境外基督教组织妄图使中国"福音化"，达到西化、分化的目的。2000—2004 年，美国、韩国等国家和我国台湾地区先后派遣 40 多人次，分别到西盟、孟连、澜沧、墨江等县用佤文语、哈尼爱尼阿卡文语和拉祜文语等少数民族方言进行传经布道，搞渗透活动。美国在泰国、缅甸的基督教组织"浸信会"伙同泰国、缅甸的基督教会，极力在佤邦地区发展基督教势力，除每年由他们指派教牧人员有计划、有指标地发展教徒，大量输送经书外，每年还组织"福音宣传队"和"巡视团"进行宗教宣传和检查督导基督教会活动，由于有美国中央情报局资金支持，基督教在佤邦传播十分迅猛，短短几年间，与西盟、孟连接壤的佤邦边境一带大部分区、乡、村都建盖了基督教教堂，并有 1—2 名传教士进行传教。① 这些有可能因此产生一些新的宗教问题和社会问题，引发更为严重的宗教事件。

2. 南传佛教"有寺无僧"和"缅僧入境"问题

由于受现代社会的发展和外来文化的冲击，目前南传佛教地区的佛寺僧人严重不足，加之素质偏低，很难满足信教群众宗教生活的需要。造成此情况的原因，首先是受"文革"影响，云南省南传佛教传统的僧侣晋升制度一度中断，原有的高僧有的去世、有的还俗。而现在很多人不再花费更多的精力和钱财去修缮寺庙，年轻人不愿做宗教的专职人员。例如目前孟连县的宗教领袖人物仅有傣族的都依蚌、拉祜族的扎谢和佤族的岩卡三位，但他们都因年事已高，无法主持宗教仪式。② 而现有的僧人文化素质和佛学造诣偏低，僧龄又达不到晋升的要求，造成僧侣晋升断层，这种状况无法适应现代佛教寺院管理的需要。与此形成强烈反差的是，与我国接壤的缅甸、老挝却是人才济济，长老素质高，对云南省的南传上座部佛教影响很大，信教群众往往愿意到境外聘请僧侣，由此出现了"有寺无僧"、"缅僧入境"的

① 高志英：《多元宗教与社会和谐——云南少数民族宗教信仰发展问题调查研究》，载《云南行政学院学报》2008 年第 3 期。

② 格桑顿珠、纳麒主编：《云南民族地区发展报告 2003—2004》，云南大学出版社2004 年版，第 348 页。

现象。^① 例如，1977 年缅甸籍佛爷召星忙非法到孟连县的景信、勐马、县城等地的一些村寨滥建佛塔。目前在孟连县境外沿线有近 40 个缅寺、基督教会或所谓的"学院"，并且这都是针对我国边民设置的。^② 这一现象是属于宗教内部与社会现实之间相互协调所产生的正常现象，会通过南传佛教较为完善的调适机制，经过自然的相互调适而得到解决。但是，在这个问题上，我们应该时刻注意是否会有反动势力和分裂势力利用这些原因，趁机攻击我国的宗教政策。

3. 基督教与各民族传统文化和信仰的冲突问题

1978 年改革开放至今，基督教在云南的发展可以 1984 年为界分为两个阶段，即快速恢复阶段和平稳发展阶段。前一阶段平均每年增加信徒 3 万人，后一阶段趋于平稳，并减至每年约 1.5 万人。其问题主要为发展过快、活动乱、私设聚会点增多、自由传道人和异端邪说屡禁不止。一些教会借宗教的名义牟取私利，甚至激化了信教人员和非信教人员之间的矛盾。此外，个别信教人员不论办什么事只讲基督教的教义，不尊重或不参与不信教群众的民族风俗活动，例如哈尼族的祭龙树，使部分村寨间出现了不团结的现象。基督教的过快发展为境外敌对势力的渗透提供了可乘之机，使云南的反渗透工作更加复杂化。还有一些人借基督教的名义，歪曲其教义，宣扬异端邪说，蛊惑人心，进行邪教活动，更有甚者，抵制党和政府的现行政策，自称为天国的子民，不承认自己的中华人民共和国国民的身份，严重影响了当地的稳定。基督教的快速发展使教会在部分少数民族地区树立了权威性和垄断性，削弱了当地基层政府的形象。例如在滇西南的某村，在某种程度上，教会掌握了人们赖以生存的土地资源的使用权和分配权。^③ 最后，基督教的过快发展会破坏当地的宗教信仰格局，有可能会引发各宗教争夺信众的矛盾和冲突，破坏当地社会的稳定。

---

① 高志英：《多元宗教与社会和谐——云南少数民族宗教信仰发展问题调查研究》，载《云南行政学院学报》2008 年第 3 期。

② 格桑顿珠、纳麒主编：《云南民族地区发展报告 2003—2004》，云南大学出版社 2004 年版，第 334 页。

③ 熊胜祥、杨学政主编：《云南宗教情势报告 2003—2004》，云南大学出版社 2004 年版，第 16、78—80 页。

（二） 新时期宗教问题及宗教事件的预防与处理

1. 借鉴以往经验

新时期宗教问题及宗教事件的预防和处理上，有一些成功的经验值得在今后的工作中借鉴。

第一，全面贯彻党的宗教信仰自由政策。改革开放以来，宗教信仰自由政策的贯彻落实，保障了中国宗教的健康发展。在云南边疆少数民族地区，政府对宗教信仰的任何不尊重、不理解，甚至采取错误的做法，都不能凝聚广大信教群众的力量。充分尊重少数民族的宗教信仰，可以极大地促进边疆的建设和发展，由于充分尊重少数民族的宗教信仰自由，正确引导和处理群众的宗教活动，妥善处理历史遗留的宗教问题，所以这些年边境地区处于较为稳定的状态。

第二，善于把马克思主义宗教观、党的宗教政策与云南宗教问题的实际结合起来，坚持一切从云南的实际出发，并在此基础上不断探索符合实际状况及未来发展要求的工作思路和方法。新时期，特别是西部大开发中，云南边疆地区宗教问题仍然与贫困问题和民族问题相交织。因此，在云南省的宗教工作中，积极引导和加强边境少数民族信教群众较多地区的思想教育，开展学校教育、科技普及等措施，鼓励和支持爱国宗教团体的特长，使其在云南边疆地区特殊的地理环境和社会条件下，为党的宗教工作服务，对一些地区的宗教活动的正常开展起到了重要的作用。在同一时期的反渗透工作方面，云南省有关部门在以往的宗教工作方面积累了一些经验，宗教团体的反渗透建设也卓有成效。

2. 在以往经验基础上与时俱进

第一，随着宗教的蓬勃发展，宗教管理工作严重滞后，亟须建立健全相关法律体系。目前在云南边疆地区少数民族信教群众众多，还有的是全民信教，且宗教信徒的人数一直呈上升趋势，宗教信徒群体数量不断增加，但其活动基本处于由各宗教内部自然形成的民间管理体系的自我管理状态。如何保证信教群众的信仰自由权利不受侵犯，给予其法律保障，将是促进当地宗教健康发展，避免由宗教所引发的冲突所必须要考虑的。宗教的产生和发展有其自身的规律，宗教管理相关部门应在遵循客观规律的前提下，采取相应的措施。宗教的发展是功能性的偶然短期现象，还是结构性的长久现象，目前在学术界还有争论，但是管理部门应该做好充分的准备，积极应对目前的挑战，真正做到与时俱进，勇于创新。

对于这一问题，可以借鉴以往的成功经验，即应该在严格执行党的宗教政策的基础上，不断探索符合实际状况的工作思路和方法。针对于宗教发展变化的客观实际，修订相关的宗教管理政策，使之符合社会发展的客观规律，同时更应该兼顾云南边疆少数民族地区自身的特点。建议先选择适当的地区，作为进行宗教管理体制模式改革的试点。在试点地区制定相应的法律法规，宗教管理政策，对涉及宗教的具体问题分类依法处理，逐渐在分析问题和解决问题的过程中，建立符合当地宗教发展变化实际的宗教管理政策法律体系。而在立法的过程中应该贯彻民主、科学的原则，实事求是，集思广益，并要明确为谁立法、如何立法的问题，充分尊重信教群众，坚定不移地贯彻党的宗教信仰自由政策，坚持法治，坚持以人为本，落实科学发展观。

第二，持有不同信仰的群众能否和谐共处问题。宗教作为维系社会团结的纽带，对社会有十分重大的影响，尤其是在多元宗教并存的状态下，而这一点在云南少数民族地区尤为突出。当持有不同宗教信仰的群众能够相互尊重、和谐共处时，不仅有利于社会的稳定，还会极大地促进社会的发展，否则便会出现由宗教引发的各种各样的社会问题。这一类社会问题突出地体现在与宗教信仰密切相关的民族习俗的差异导致的宗教事件上。因为宗教往往与传统文化和社会生活相交织，涉及群众日常生活的方方面面，对当地群众的社会和经济生活有着直接或间接的影响，所以仅仅解决已经出现的问题是不够的，尤其是在云南少数民族地区。

对于这一问题，以往的众多成功经验均值得借鉴。在尊重信仰自由的以及实际调查的基础上，及时发现问题并及时处理，同时做好群众思想工作，并充分发挥少数民族干部的积极作用等。但还应结合当今实际情况赋予上述经验新的内容。一是应该将宗教管理的重点放在积极引导信教群众与社会主义社会相适应上，并促使他们投身于当地社会的建设中。二是宗教涉及群众生活的各个方面，应尽力把宗教方面的矛盾化解在基层。所以我们必须正确区分和处理宗教方面的各种矛盾，善于把问题解决在萌芽状态，解决在基层。

3. 探索新形势下的新路子，力求可持续地解决问题

任何社会问题都具有复杂性，并会随着时代的发展不断变化，民族宗教问题也不例外。针对不同地区、不同民族的宗教问题或宗教事件，我们

要有灵活的处理方法，力求做到可持续的解决问题。首先要对经验教训进行总结，及早发现问题，努力做到防患于未然。其次，对所出现的问题进行系统性分析，在总结其产生原因的基础上，对所需解决的问题作出阶段性的划分，相应作出短期、中期及长期的行动规划，因为想在同一时期将所有问题全部解决的想法是不切实际的。再次，为预防有可能发生的宗教问题，应该在以往经验的基础上改进工作和管理机制，并制订出可行的应急预案，提前做好准备，以防止事态的扩大，甚至是失控。最后，各地的少数民族宗教管理部门一定要重视平时与当地群众的沟通和交流，在平时就重视并要做好疏通工作。

第一，在对以往经验教训总结的基础上，进一步寻求内在的规律。在处理当地宗教问题时既要全面正确地贯彻执行党的宗教政策，也要根据当地的具体特点情况，时代发展的特征不断创新，寻求解决问题的办法和途径。在制定相关政策时要充分考虑到云南边疆民族宗教信仰的民族性、群众性、复杂性、文化交融性和国际性特征，做到有的放矢。在此基础上，结合时代发展的特征，积极引导信教群众与社会主义社会相适应。

第二，对所出现问题的原因进行系统分析，并对所要解决的问题做阶段性的划分，提出短期、中期及长期的宗教工作规划。宗教问题产生的原因是多层次、多维度的，因而对其解决也要遵循其内在的规律。在短期内应该努力做到以下几点：健全科学合理的民族宗教干部政绩考核体系；使宗教知识和民族知识的普及工作制度化，并使相关的知识符合时代发展的要求；尽快批准建立公开、开放、规范的宗教活动场所以抵御外来的宗教渗透；严惩邪教组织及其首恶者，以净化社会环境。

中期宗教管理工作应将重心放在以下几个方面：在遵循宗教发展客观规律的基础上，不断完善宗教管理政策及法律体系；完善并健全宗教教职人员的定期培训制度，同时鼓励宗教寺院参与到旅游业的发展中，增强其自养能力；妥善处理好历史遗留问题，以防止以往宗教事件的反弹。

云南边疆少数民族地区的社会经济文化发展不平衡问题，以及当地社会生活与传统文化相交织的特点，决定了解决当地宗教问题的长期性。首先，应积极引导当地信教群众投入到社会主义建设当中。尤其是对于不明真相而参与邪教的群众，在对其做耐心细致的思想工作的同时，更应帮助其摆脱贫困落后的状况，最终达到自我抵制邪教的目的。其次，对于由民族习俗引发的宗教事件，应注意平时与信教群众的沟通和交流工作，尽力把宗教方面的矛盾化解在基层，从而促进持不同信仰的群众和谐共处。

第三，在以往经验的基础上改进宗教工作和管理机制，并制定出切实可行的应急预案体系，积极应对可能发生的宗教问题或宗教事件。

一是进行工作机制上的总结，建立更加完善的宗教管理机制和规章制度。在宗教事件的处理上，20 世纪 50 年代到 70 年代，由于对少数民族的各方面情况缺乏详尽的了解，因此在处理的过程中常常出现不恰当的处理方式，并且容易产生错误的定性，使一些原本是正常的宗教活动现象发展为宗教事件。20 世纪 80 年代以来，各地政府对民族工作的重要性有了更进一步的了解，因此，能够做好信教群众的思想工作，尊重少数民族风俗习惯、宗教活动，发现问题及时处理，宗教活动趋于稳定。在今后的工作中，应在此基础上进一步健全各项工作制度，规范宗教活动。

二是进行管理机制上的总结。政府对于当地的宗教现状要有详尽的了解和正确深入的认识，党政领导是第一关，把那些具备宗教知识训练的政治素质较好的人才充实到宗教工作队伍。努力做好宗教工作干部的政策和业务培训，适应形势发展的需要。要认真选拔"政治上靠得住，学识上有造诣，品德上能服众"的宗教人士担任团体的领导，建设一支政治强、业务精、善管理的宗教工作队伍和一支具有宗教德识、爱国爱教的宗教教职人员队伍，发挥政府与信教群众沟通的桥梁作用。[1] 针对边疆民族地区合格的教职人员严重不足、现代化意识不强，境外宗教势力积极拉拢信教群众出境学习的状况，不断加大宗教院校建设力度，建立合理的宗教教育和培训网络，并对学成归国人员开办针对其思想素质、宗教政策、法律知识的专项培训，合格者归入正规宗教管理体系。[2]

三是制定切实可行的应急预案体系。遵循预防为主、常备不懈的方针，贯彻统一领导、分级负责、反应及时、措施果断、依靠科学、加强合作的原则，全面提高政府应对宗教事件或问题的能力，保障人民群众生命财产安全，保持社会政治稳定。应急预案体系主要包括应急管理体制、应急运行机制、应急法制体系等内容。

四是重视与群众的沟通和交流工作，在平时就做好疏通工作。各种宗

① 黄泽珊：《云南宗教问题发展动向及对策研究（摘要）》，载《云南警官学院学报》2008 年第 3 期。

② 张桥贵主编：《云南跨境民族宗教社会问题研究（之一）》，中国社会科学出版社 2008 年版，第 91 页。

教事件在发生之前都会有征兆，这些征兆有可能已潜伏了很长时间，经过某一诱因而引发宗教问题和社会问题。[①] 因此需要各地政府加强与民族、宗教界人士多层次、多渠道的联系，对信教群众做细致工作，引导他们到正式宗教活动场所进行活动。

五是对于不同地区、不同民族的宗教问题或宗教事件要有灵活的处理方法。在云南边疆地区少数民族社会发展过程中，最突出的特点就是社会发展不平衡，在不同地区的各少数民族或同一民族，有时会处于不同的历史发展时期，这必然使各民族在政治、文化、经济的选择上呈现出明显差异，从而使经济打上他们自己的烙印，同一民族同一宗教又因地域不同而发展不一致。世界几大宗教在云南的传播过程中，不同程度地融合了当地风俗习惯。在现实生活中，宗教不仅是一种信仰，更成为不同民族的标志，宗教方面出现问题，往往影响民族地区稳定。[②] 由于云南特殊的地理环境，边民交往密切，造成云南跨境地区少数民族境内外宗教联系十分密切，所以，对于不同地区、不同民族的宗教问题或宗教事件采取灵活的处理方法尤其重要，否则很可能引发新的宗教问题，并给境外反动分裂势力的宗教渗透提供可乘之机，从而引发宗教事件。

五　结语

在世界多极化曲折发展的今天，世界民族问题和宗教问题热点不断，民族矛盾和宗教矛盾引发的地区冲突频繁发生，民族宗教矛盾冲突已成为当代世界不稳定的主要因素。加之全球化进程中开放性、现代性、族际流动性等现象的加剧，使得民族关系、宗教关系在国际关系中变得更为敏感和棘手。如何在复杂多变的国际关系中观察并有效处理民族宗教问题，谋求地区稳定及世界和平，促进人类社会共同发展和繁荣，是一个非常现实和重要的问题。少数民族宗教问题往往与民族地区的改革、发展、稳定相关联，正确认识和妥善处理少数民族宗教问题，对于促进多元宗教和谐相处，加强各民族间的大团结，实现各民族共同繁荣进步，保持国家持久稳

---

① 孙恪廉、王小力：《西部宗教突发事件及其防范探析》，载《理论与改革》2005年第5期。

② 张桥贵主编：《云南跨境民族宗教社会问题研究（之一）》，中国社会科学出版社2008年版，第74页。

定与发展，具有极其重要的战略意义和深远的历史意义。

随着我国对外开放的扩大和经济体制改革的深化，跨地区民族的社会交往日益频繁，各种利益关系重新调整，使民族地区的宗教工作面临着许多新情况和新问题，宗教事件呈上升的趋势，给民族地区的经济发展和社会稳定造成了不良的影响。历史上，我们党和国家在处理民族宗教问题方面取得了若干成功的经验，并不断进行系统的归纳和总结，用于指导具体的宗教工作，使宗教工作取得了很大的成绩。在新的历史条件下，面对新情况和新问题，需要对处理宗教事件的新经验进行总结，把这些经验上升到理论层面，返回到实际工作中，指导宗教工作的顺利开展。

云南有 16 个少数民族跨境而居，地理位置特殊，且边民宗教交流频繁，宗教有着广泛深远的影响，容易产生宗教问题，从而导致宗教事件的发生。研究云南省边疆民族地区宗教事件，总结经验及教训，不仅对云南省的民族工作和宗教工作有重要意义，而且对我国边境地区重大宗教问题和宗教事件的处理有借鉴意义。本报告以云南省各级党和政府有关部门处理云南边疆跨境民族地区宗教事件的经验为研究对象，运用宗教社会学的田野调查技术与方法，将宗教置于民族文化的背景之中考察，分析云南跨境民族宗教事件诱因、特点和基本类型，在此基础上总结党和政府处理这些宗教事件的经验和教训，将成功经验运用到各类宗教问题和宗教隐患的处理上，预防新的宗教事件的产生，进而为多元宗教和谐相处创造条件。

子研究报告之八：

多元宗教间的矛盾冲突与调适研究
—— 以红河州哈尼族传统宗教与基督教为例

  一般而言，随着特定民族而进入某一社区的宗教较少与本土宗教发生冲突，而仅仅少数宗教职业人员以纯粹传教为目的进入某一社区基本都要与本土宗教发生冲突。因为，前者不需要与本土宗教争夺信徒，而后者只有将本土宗教信徒转化过来才能生存发展，基督教与少数民族宗教的冲突即属于此种类型。本土宗教的组织形态越制度化、在社区中的影响越大、社会动员能力越强，则与外来宗教发生冲突的可能性就越大。基督教进入红河州哈尼族地区之后，与哈尼族传统信仰在宗教观念、崇拜仪式乃至日常生活各方面产生分歧冲突，由此激化了同一民族内两种宗教信徒的矛盾，两种信仰群体之间拒绝保持原有的往来，不同信仰家庭中子女的婚姻关系也受到宗教信仰的制约，一度使哈尼人感觉民族整体被不同信仰分成了两部分。一些偏激的传统宗教信仰者认为，信仰基督教就不是哈尼族子孙。信仰间的矛盾冲突曾经引起政府和社会的高度关注。经过政府有关部门的引导以及两种信仰群体在日常生活中的不断磨合，现在冲突已经基本平息。红河州基督教与哈尼族传统宗教从冲突走向和谐过程中的经验启示，恰恰值得我们认真反思和研究。

一　红河州民族宗教基本情况

  红河哈尼族彝族自治州地处云南省东南部，东邻文山壮族苗族自治州，西接普洱市，北靠玉溪市，南连越南，因中越国际河流——红河（中国境内称元江）流经全境而得名。1954年建红河哈尼族自治区，1957年与蒙自专区合并改红河哈尼族彝族自治州。目前全州辖个旧市、开远市及弥勒县、蒙自县、元阳县、红河县、石屏县、泸西县、绿春县、建水县和河口瑶族自治县、屏边苗族自治县、金平苗族瑶族傣族自治县，共 13 个县市。全州国土面积为 3.293 万平方公里，其中 85% 是山区。区域内以元江（红河）为界，南北发展不平衡，差距较大。其中，位于元江—红河以南地区的 4 个县（红河、绿春、元阳、金平）以及河口、屏边 2 个县接近越南，属于经济和社会发展较为落后的"边疆六县"，也是哈尼族、彝族、苗族、瑶族、傣族等少数民族聚居的主要地区。其中，哈尼族最为集中的红河县地处哀牢山区，山高、坡陡、谷深，属红壤沙土，地质结构松散，易发生山体滑坡和泥石流，水土保持困难，构成对农业生产发展的先天制约因素。该县的城镇及村庄都坐落在山头上，农民以水稻种植为主业，稻田在村庄下的山腰上，劳作难度很大，世代赖以为生的农业生产发展比较落后。加之矿产资源稀少、交通闭塞，所以经济发展较为困难，社会进步较为缓慢。如洛恩乡 76 个村民小组，现在还有 19 个村尚未通路，14 个村尚未通电，很多村子没有学校，是云南省 506 个"扶贫攻坚乡"之一。在这个交通闭塞、经济社会落后的地区，政府的各项工作都很难深入展开，发展了二十多年的市场经济近年来才逐步对当地产生影响，所以当地的民族传统文化保留得较完整。

红河州是一个以哈尼族和彝族为主体的多民族共聚地区。据 2010 年第六次人口普查，红河州总人口 450.1 万人，其中少数民族人口 257.23 万人，占总人口的 57.2%。各少数民族中，哈尼族 78.97 万人，占总人口的 17.5%；彝族 104.33 万人，占总人口的 23.2%；苗族 32.61 万人，占总人口的 7.3%；壮族 11.12 万人，占总人口的 2.5%；傣族 10.62 万人，占总人口的 2.4%；瑶族 9.28 万人，占总人口的 2.1%；回族 7.48 万人，占总人口的 1.7%；拉祜族 1.14 万人，占总人口的 0.2%；白族和布朗族（莽人）等其他少数民族 1.68 万人，占总人口的 0.3%。在红河州乃至云南省各个县当中，红河县是哈尼族最为集中的一个县，2010 年时哈尼族 23.19 万人，占全县总人口的 78.22%。

红河州的宗教呈多元形态，境内除了以哈尼族、彝族、壮族、瑶族等民族为代表的各民族传统宗教（原始宗教）之外，还有汉传佛教信徒 14 万余人，主要为汉族所信仰；南传佛教信徒 1300 余人，主要为金平苗瑶傣族自治县的部分傣族所信仰；伊斯兰教信徒 7 万余人，为回族全民信仰；基督教信徒 1 万余人，主要为部分哈尼族和汉族等民族所信仰；天主教信徒 6000 余人，主要为部分苗族和彝族所信仰。

从整体看，红河州具有山区多、贫困人口多、民族种类多、宗教类型多、南北差距大、国境线长等基本特征。在历史上，红河州既是近代西方经济和文化通过滇越铁路以及元江—红河进入云南的重要通道之一，又是目前云南经济社会以及人文和自然的缩影，同时也是民族宗教关系较为复杂多样的典型地区。

（一）各宗教历史与现状

1. 各民族传统宗教

红河州的传统宗教和民族民间信仰，主要表现为以自然崇拜和多神崇拜为基础的原始宗教。哈尼族和彝族是红河州的主体民族，主要居住在红河流域的山区和半山区。在长期发展过程中，人们在与自然密切联系的过程中，都用自己的方式解读着人与自然的关系、人与神灵的关系，形成了自己的传统文化和传统宗教，并在与其他民族的交流过程中不断变迁着，最终形成了有着较为明显的区域性特点的宗教信仰。

（1）哈尼族传统宗教

红河哈尼族的传统宗教信仰以"奥玛"为最大的神和万物的创造者，并以天女、地神、山神、水神、竜神及家神等为主要的崇拜和祭祀对象。其中又以代表村寨和氏族祖先的寨神和竜神与人们的社会生活有较密切的联系。哈尼族的每个村寨都建有寨门，各村寨及一些家族也都有自己的竜树，每年阴历二三月间，都要择日举行历时三天的隆重的"祭竜"活动。此外，这一地区的哈尼族也十分重视农业生产中的各种祭祀活动，如播种前要祭祀种子，秧苗抽叶时要祭祀秧苗，稻谷成熟时要采鲜祭祖，开镰收割时要为谷子叫谷魂等。

红河哈尼族传统的宗教职业人员主要分为竜头、祭司、巫师"贝玛"（莫批）和"尼玛"（咪谷）几类。其中：竜头除了主持祭竜活动外，还负责组织实施村规民约，解决民事纠纷；贝玛主持念经驱鬼、开路送魂等宗教仪式；尼玛给人卜凶算吉，并用巫术和草药治病。这些宗教人员不仅起到了沟通神灵的宗教作用，同时也有着明显地联系和规范人们日常生活的作用。此外，红河哈尼族地区历史上还盛行"捞滚开水"、"布袋盛米烧煮"、"摸衣冠尸首赌咒"（摸尸）等"神判巫术"，以解决民间偷牛偷马、杀人越货等矛盾纠纷，这些神判巫术至今仍有一定影响。

总之，哈尼族传统宗教集中体现了哈尼族对人与自然、人与世界关系问题的早期认知与践行。值得注意的是，与其他哈尼族聚居地区相比较，红河地区的祭祀活动保留了较多的村社性和集体性特点，有的地区历史上还与领主统治发生了较为密切的联系，如红河思陀土司区的祭山活动，已由对山神的祭祀转变为土司率领部属祭祀其忠臣"牛犊"；原来在传统村社领袖（竜头）田中举行的栽种和收割仪式，也有改在土司官田中举行的。[①] 这说明红河地区哈尼族的传统宗教，其联系民族共同体及村寨集体的纽带作用是比较明显的。

（2）彝族传统宗教

红河州彝族的传统宗教以自然崇拜和祖先崇拜为主。彝族认为万物都是神的化身。所以要祭天、地、日、月、山、火、水等诸神，其中以祭天地最为隆重，彝文古籍中有专门的《祭天地经》等。同时，红河彝族还十分重视"祭俫"即祭寨神活动，每年二月至四月要举行三天三夜的祭祀活动，祈求神灵保佑村寨人畜平安。除了"祭俫"外，红河彝族的村社性集体祭祀活动较多，如祭山、祭井、祭风、祭雷、祭竜等，并有相应的祭祀经典。

彝族宗教活动的主持者称为毕摩，或称贝玛、笔母、西波、鬼师、白马等，因方言和意译的不同，各地称呼不一。彝族认为毕摩是天神派来的祭司，各种祭祀皆由其主持。他们除主持宗教活动外，还教授彝文、撰述与翻译彝经。毕摩的根本职责是为家支、家族安灵、送灵、指路、招魂、做道场、做斋、祭祀。在履行本职责的同时，毕摩也兼行占卜、画符、咒鬼、驱鬼、咒人等以及对盗窃案进行"神判"等巫术，一般还巫医兼备，为人治病。同时，彝民如遇械斗失败、庄稼歉收、疾病缠身、妻儿死亡、牲畜发生瘟疫以及出现凶兆等，必请毕摩禳解；如冤家和解、友好结盟，亦由毕摩代神主盟；发生偷窃而无法破案时，也可由毕摩举行神判。对于传统的彝族村寨生活而言，毕摩是不可或缺的人物。另有一种地位低于毕摩的巫师，彝语称"苏尼"（女巫称"么尼"），或称"苏额"、"锡别"。苏尼专事跳神禳鬼，主要巫术有捉鬼、赶鬼、招魂等。

（3）其他民族的传统宗教

除了哈尼族和彝族的传统宗教外，红河各少数民族也都有自己的传统

① 参见《哈尼族简史》，云南人民出版社1984年版，第101页；李国文：《论哈尼族社会中的原始宗教》，载《云南民族学院学报》1994年第1期。

宗教信仰，简述如下。

　　苗族崇拜鬼神和祖先。相信世间充满了各种各样的"鬼"，需要请巫师"魔公"（又称"背马"）驱赶。同时，苗族十分重视祖先崇拜，每年农历七月十五是祭祖日，平时遇事也要备酒肉祭拜祖先祈求保佑，魔公主持祭祀活动时也要先祭祖。此外，苗族还保留着较多的村社集体性祭祀活动，祭祀规模也较大，如十分重视对村寨神"竜神"的祭祀，每年农历二月初二至初六，要择日举行一天至三天的"祭竜"活动；每年农历六月二十四"祭天公地母"等。

　　壮族崇拜多神和祖先，受佛教和道教影响，宗教活动较多，除个体或家庭性的祭祀活动外，村寨集体性的主要有春秋两季在土地庙举行"祭土地"的"春祈秋报"活动，以及农历二月初二祭祀寨神的"祭龙（竜）"活动等。在祭竜活动中，各户凑钱杀猪祭祀，祭后牺牲主要分给各户，剩余部分由每户一名男子参与共餐。

　　傣族普遍信奉多神崇拜和祖先崇拜，并有着较多的村社性祭祀活动。主要有：农历二月属龙日举行为时三天祭祀寨神的"祭竜"活动；农历二月属虎日的"祭树神"活动；每三年一次栽完秧之后属虎日的"祭阴兵"活动等。此外还有以家庭为单位每年秋收后的"祭谷魂"等活动。

　　瑶族主要崇拜自然精灵和祖先，并崇奉道教和佛教的部分神灵。宗教活动由"寨老"中的"当龙师"主持，并按照道教礼仪举行。主要的集体性宗教活动有：农历正月第一个属兔日或三月初三举行为期三天以祭祀寨神为主的"祭龙"（竜）活动，祭献谷魂和诸神，并行"扫寨"仪式，全村受过度戒的男子参加；正月二十祭风神；二月初一祭雀鸟，祈求不要危害庄稼；三月初一祭雷公等。此外，若遇到村社性重大事情或灾难时，要举行集体性的"打斋祭祖"活动。

　　拉祜族（苦聪人）相信自然界有一种存在于万物包括人体之中并支配万物的神秘力量"内"，每逢迁徙、播种、收获、狩猎以及红白大事时，都要由巫师"毕莫"举行祭礼，祈求"内"祛灾赐福。

　　综上所述，红河州各民族的传统宗教信仰，主要体现了自然崇拜和多神信仰的特点。这种信仰，往往与人们的日常生产生活形成了紧密的联系，并对人们的思想行为起着较大的规范作用。特别在红河南部地区，哈尼族、彝族、苗族、壮族、傣族、瑶族等的祭祀寨神活动较为普遍，村社性的集体祭祀活动也较多，这一现象表明这一地区各民族村社内部的凝聚力较强，对人们思想行为的约束力也较大，从而对外来宗教有着较强的制约和排斥作用。

2. 佛教

红河州境内的佛教有汉传佛教和南传佛教两大宗派。其中，汉传佛教主要分布在红河北部地区，为汉族所信仰，大约有信徒 14 万人；南传佛教主要集中在金平县的部分傣族村寨，有 1300 余人。

（1）汉传佛教

红河州的汉传佛教于公元 8 世纪前后传入，主要分为密宗和禅宗两个宗派。其中密宗属于"唐密"或"汉密"系统，是我国中原佛教中的密宗。红河州的汉传密宗，历史上主要分布在蒙自、建水和石屏等地。红河州汉传密宗在漫长的传播、发展过程中，与当地的禅宗和儒教、道教相融合，在教义、经典、佛像等诸多方面都与禅宗相融合，密宗的特征已不明显，而作为一个教派来说目前已基本绝迹。

红河州的禅宗主要分布在建水、蒙自、石屏、弥勒、红河、泸西、开远、个旧等县市。又分为曹洞宗和临济宗两个分支。曹洞宗主要流传于建水县，于元代中叶从滇池地区传入，建造了许多寺庙，其中最著名的是建水指云寺，史称临安首寺，为一郡瞻仰之所。临济宗主要传布在建水、开远等县市。明、清两代，各宗派逐渐融合。各宗派的特点不甚突出，特别是清末至民国时期，由于战争频繁，经济萧条，寺院多数毁于战乱，住寺僧人大量减少，而且许多宗派已无本宗寺庙，故而出现了各宗派僧人共居一寺的现象。目前，汉传佛教虽然有一定的发展趋势，但各宗派相互融合的现象依然存在，严格意义的本宗寺庙较少，多数寺庙都是各宗派僧人同聚，无相互排斥现象，能团结和睦共同主持佛事活动。

（2）南传佛教

红河州的傣族主要信仰传统原始宗教，南传佛教集中分布在金平县勐拉乡的普洱上寨、中寨和下寨三个傣族村寨。这三个村寨的傣族据说是大约 200 年前从西双版纳因躲避战乱而辗转老挝、越南后迁徙来的，其信仰、风俗习惯和节庆与附近的其他村寨的傣族不同，如仍然保留南传佛教信仰、不过春节、最大的节日是泼水节等，因而被附近的村民称为"普洱傣"或"普洱族"。三个村寨目前有 2 个佛寺，住持 2 人，童僧（小和尚）六七人，信徒 1300 余人，并与西双版纳南传佛教保持着较为密切的联系。

3. 伊斯兰教

红河州的伊斯兰教始于元代，最早在临安（今建水）以军屯的方式进入，后传布到各地，为回族全民信仰，目前有清真寺90余所，教职人员400余人，信众约14万人。早期的伊斯兰教没有明显的教派区别，绝大多数属于逊尼派，即正统的穆斯林，当地称为"格底木"派，并以居住地的清真寺为中心，实行互不隶属又互相尊重的"教坊制度"。每个教坊是一个集团，实行三掌教制度，教坊内由伊玛目（教长）、海推布（教长助理）和穆安津（清真寺的宣礼员）三种职业宗教人士组成。但是清真寺有一个乡老会，由地区穆斯林推选，负责管理寺产、主持财务、筹办宗教活动，而且可以决定聘任伊玛目管理教务。到18世纪末期，新教派哲赫忍耶传入，把宗教、经济和政治三种权利合而为一的门宦制度也随之传入，主要分布在弥勒、开远、个旧等地。

红河州伊斯兰教派分化的历史不长，理论分歧不大，教派之间互相团结、互有影响，不同程度地都接受中国文化的影响，同时在教义和教法上都能坚持各自教派的伊斯兰教原则以及传统，长期以来保持着良性发展态势。

4. 基督教

红河州基督教发展大致分为两个阶段：第一阶段是新中国成立以前的传入及早期发展阶段，主要在红河州的内地县市传播，最早由基督教内地会于1910年传入蒙自，随后五旬节会、中华基督教会、中华国内布道会、神召会、基督复临安息日会、自立会等教会先后传播到泸西（1916年）、开远（1918年）、个旧（1922年）、弥勒（1930年）、建水（1932年）、石屏（1935年）、元阳（1938年）各地。到1950年前后，共设立教堂数十所，并开办了教会医院和教会学校，发展教徒约2000人，主要是汉族和部分苗、彝、壮等少数民族。

第二阶段是1978年以后的恢复及快速发展阶段。一方面是"文革"期间停止活动的内地各县市基督教恢复发展，信教人数快速增长，1991年约有教徒3000人，目前已发展到约14000人，还有部分未进行合法登记公开活动的信徒约5000人。另一方面是基督教活动范围不断扩大，除解放以前就有基督教活动的内地各县市外，1976年以后，红河、绿春、金平、河口等边疆县也开始出现了基督教活动，2003年有1万余人，主要是哈尼族、彝族、拉祜族和苗族等少数民族群众。到2007年，全州13

个县市都已经有了基督教活动，共有依法登记开放活动的基督教堂 12 所，信徒 12000 余人，主要分布在红河州北部相对发达、交通较为便利的地区；而红河州南部地区的红河县、绿春县、金平县、屏边县和泸西县五个县的基督教活动尚未开放，未开放地区共有基督教活动堂点近 150 处，人数约 15000 人。到 2011 年，全州开放的基督教活动堂点共有 36 个，信徒约 3 万人（合法登记的有 15000 人），在边疆六县中，元阳、河口、金平、屏边都已设有开放的活动点，而红河、绿春二县尚没有开放的活动堂点。目前，红河州的基督教活动有相当一部分分布在边疆民族地区，虽然这一部分基督教活动目前尚未得到当地政府认可，被定性为"非法宗教"，但已在当地产生了越来越大的影响，并由此引发了一系列社会问题，是影响目前红河州宗教格局的主要因素。

5. 天主教

红河州的天主教历史上属昆明总主教区，主要从昆明的石林和曲靖的师宗等县间接传入。据相关史料记载，天主教先后在弥勒（1889 年）、开远（1889 年）、泸西（1910 年）、屏边（1910 年）、蒙自（1894 年）、建水（1955 年）六个县市建立教堂、简易活动场所 13 座（处），有中外传教人员 36 人，教徒 7600 余人，主要为部分彝族（阿细支系）及苗族和汉族所信仰。其中，弥勒县 2000 余人，泸西县 300 余人，开远市 1670 余人，屏边县 1680 余人，建水县 300 余人，蒙自县 200 余人。到 1950 年时，全州有天主教堂 8 所，其中弥勒 6 所，泸西 1 所，屏边 1 所，教职人员 18 人。目前，全州共有教堂 8 座，信教群众约 1 万人。

6. 道教和民间信仰

红河州的道教主要是正一派和全真派，大致于明万历年间传入，主要分布在建水、蒙自、石屏、红河、弥勒、个旧等县市，主要为汉族及部分彝族和瑶族所信仰。其中正一派的天师道主要分布在金平、河口等县的瑶族中，表现为瑶族传统宗教与道教的融合形式，同时还以火居道士的形式存在于各地的部分汉族和彝族中；全真道则主要分布在建水、蒙自、石屏、开远等县市的汉族中。

目前，红河州已基本上无典型的道教组织、活动、宫观、道士道姑，全真派的活动已经消失，但是道教组织、活动的演变及道教信仰观念、道教文化礼仪、节日的影响还不同程度地遗存，正一派（火居道）的活动现在仍有残余。这类活动已融合在佛教的活动中，常与一些佛教、道教融合的民间宗教组织活动中存在，如现存的"皇经会"、"拜塔会"、"圣谕坛"、"常斋会"、"洞经会"、"净业莲社"、"大乘太和坛"，等等。一般而言，这些民间宗教组织及活动都属于道教、佛教的传统宗教活动，其内容虽然有一定的封建迷信色彩，但也有维护传统伦理道德和地方社会安定的积极作用。

（二）民族与宗教关系

红河州各民族和各宗教历史上长期保持和睦共存关系，这种和睦关系的形成，有着深刻的历史文化原因。

第一，从当地各民族的族源看，红河州各民族主要源于三个民族群体：一是古代的氐羌族族群，包括哈尼族、彝族和拉祜族等民族；二是以苗族为代表的"九黎"、"三苗"、"南蛮"；三是以傣族和壮族为主的"百越"族群。这三大族群所形成的各民族，占了当今红河州少数民族人口的90%以上。历史上，这三大族群均经过了长期的迁徙，在迁徙过程中与各种各样的民族群体发生过交往，因而在其文化系统中，包含有诸多包容性因素，并在民族关系和宗教关系上形成了较为明显的"文化包容"和互助特点。

第二，从各民族的地理分布上看，红河州各民族主要表现为大分散、小聚居的分布特点。在长期的民族交往过程中，为了保持民族群体的生存和文化特点，各民族之间既有较大范围内的地理区隔，又有较小范围内的集中聚居。这种分布状况使得各民族能够较为有效地保存自己的传统宗教，也使得各宗教之间相互交往不多，关系较为稳定。

第三，历史上红河地区特别是南部地区长期处于封建领主统治之下，并长期保持着政局稳定，受到外来文化的冲击较小；传统的村社统治较为完善，人们的思想行为的同一性较高，因而各民族间的相互关系能够长期保持和睦共存的状态。但是，传统文化的完整性和村社生活的统一性，使得一个区域和民族内部具有较高的凝聚力和排他性，对异己文化及宗教信仰有着较强的抗拒力。

第四，红河地区特别是南部地区各民族的宗教信仰主要是以自然崇拜为基础的多神崇拜。这种信仰性质具有宗教上的同质性，能够相互包容和融合，其对人们的影响主要通过社会政治统治的形式表现出来，因而在统一的政治统治基础上，宗教间的包容和融合就表现得较为明显。因此，在当地出现了哈尼族、彝族、傣族、苗族、瑶族等各民族传统宗教以"祭寨神"为中心的趋同现象，同时也使得各民族之间的相互关系在思想和宗教文化层面上达到了和睦状态。

由于上述原因，红河地区各民族之间长期保持着和睦共处、友好互助的关系，并在文化传统中展示出来。例如，红河县哈尼族的"人类再生神话"说，"其备"和"里收"两兄妹婚配传世生下一个肉团，他们把肉团砍碎后撒弃山间变成了各种动植物，其中一块肉团长出了一个葫芦，兄妹俩砍开葫芦后，先后走出哈尼族、彝族、汉族、傣族、瑶族和卡贵人和拉帕人等。[①] 这种各民族同出一源的观念，使得不同民族和睦共处成为一种文化共识，积淀在各民族的传统文化中。因此，哈尼族创世史诗《奥色密色》中就说道："房子盖好了，汉人来了要留他们住，傣族来了要留他们住，汉人来了要舂姜，傣族来了要舂蒜，不管来多少客，都要留他们住。"再如，在现实生活中，红河州境内的傣族与哈尼族和彝族之间，有着"牛亲家"习俗，即居住在河谷平坝地区的傣族，与居住在山区的哈尼、彝族之间，有公牛与有母牛的家庭协商后结为"牛亲家"，公母牛相配，共同管理使用。在初春傣族居住的河谷地区的农耕季节，耕牛由傣族"牛亲家"喂养使用；夏秋两季坝区炎热，而哈尼族和彝族居住的山区凉爽并进入农忙季节，耕牛便由哈尼族或彝族喂养使用；入冬又把耕牛赶下坝区避寒。这种互助方式既有利于生产，又加强了不同民族间的友好关系。

但是，在同一民族内部，由于民族文化的凝聚力，以及村社内部较强的统一性，使得异己文化及外来宗教信仰传播，会引起较大程度的冲突。红河哈尼族传统宗教与基督教的冲突，就是在这样的背景下发生的。

二 基督教与哈尼族传统宗教的冲突

红河州的宗教冲突是随着基督教的传播而出现的，具体表现为基督教与哈尼族传统宗教之间的冲突。这种冲突从宗教信仰层面的矛盾演变为社会层面的群体冲突，既是不同宗教信仰之间相互矛盾的必然表现，有着深

---

① 云南省民间文学集成办公室编：《哈尼族神话传说集成》，中国民间文艺出版社 1990 年版。

刻的历史文化原因，也与宗教管理工作中的一些策略和做法有着密切的关系。

（一）冲突的演变进程

1. 红河县基督教发展脉络

基督教在哈尼族中的传播，早在 20 世纪初就开始了，逐渐在与红河州邻近的墨江、江城、新平、元江等地发展了哈尼族信徒约 4000 人，主要是哈尼族的碧约和卡多支系，而红河州境内属于哈尼支系的哈尼族地区则一直没有受到基督教的影响。

红河州哈尼族地区的基督教最早于 1976 年出现在红河县。当时红河县基督教乐育乡乐育街的社员李博周（男，哈尼族，文盲）在元江县打工时参加了基督教活动，随后通过亲戚关系在本村发展了几个信徒。1979 年，李博周又到乐育乡尼美村公所尼美村、比姿村及宝华乡架五六村传教。之后，宝华乡的架五六村成为乐育、宝华两乡教徒的聚会点，负责人马鲁三、马俄周。1986 年，洛恩乡娘宗村委会索玛村的李文有（男，哈尼族，文盲）又将基督教传入洛恩乡的多个村寨，信徒人数最多时达到 2000 余人。自基督教在宝华、洛育、洛恩三个乡得到发展以后，各地信徒自发成立了管理小组，组织信徒开展活动。1984 年以前，宝华、乐育两个乡的基督教活动由各聚会点自由开展，1985 年以后两个乡自发连成一片，总聚会点设在宝华村，管理小组由 5 人组成，下设 11 个家庭聚会点；洛恩乡总聚会点的管理小组由 6 人组成，下设 21 个家庭聚会点。各聚会点有一名负责人，负责开展平时的活动。至 1991 年时，红河县的洛恩、宝华、乐育三个乡共有 31 个基督教聚会点，参加活动的人数共有 1745 人。据 1994 年 1 月红河县委统战部《关于我县基督教情况的调查报告》，当地基督教共有 32 个聚会点 1244 人，主要分为两个片区：一是洛恩乡片区，1991 年底有信徒 942 人，均为哈尼族，其中男 492 人，女 450 人，信徒中有文盲 636 人，分布在 7 个村公所 44 个自然村（全乡共 78 个自然村），后由于部分信徒自由退教，1992 年有在册信徒 430 人，其中文盲半文盲 376 人，分布在 6 个村公所 33 个自然村；二是宝华乡和洛育乡片区，1993 年 10 月有在册信徒 302 人（哈尼族 205 人，彝族 97 人，男 141 人，女 161 人，文盲 193 人），分布在 6 个村公所 11 个自然村。

基督教传入红河哈尼族地区后，早期的活动较为混乱，根据 1997 年红河州人大常委会民族侨务宗教工作委员会的调查，其主要表现有如下几点：一是宣扬只要神国不要人国，认为信徒是神国人，是"自由"的，不受人国管，农村政策、计划生育政策等与神国人无关，信徒不受约束；二是宣扬定时末日论，认为2000年地球要毁灭，信徒会飞上天国，会死而复生，会返老还童，不信教的都会死亡，被抛入地狱；三是信徒鼓吹自己是高尚的人，不信教的是魔鬼、低下的人，自认为是"不同路人"、"外邦人"，与一般群众不往来、不通婚、不外借东西、不互通有无；四是鼓吹信教以后上帝会赐予幸福，生病不用求医吃药，上帝会保佑身体永远健康，残疾人也会变得健全，信教后种田地不用施化肥，泥土会变成粮食，每人每天只需吃四两米饭，小孩不用上学也会变聪明，不是信徒的则会永远受苦难。

　　由于早期基督教活动的混乱，在当地引起了较大的社会矛盾，1993年以后，当地政府对基督教活动进行了多次治理整顿，并于1998年由红河州委州政府定性为非法宗教，进一步加大了治理整顿的力度，开展了集中整治和取缔活动。但是，整治活动并没有达到预期效果，到2003年仍有基督教聚会点20个，信教群众610余人，涉及9个乡26个村委会75个自然村，主要分布在洛恩乡（6个村委会32个自然村298人）、洛育乡（8个村委会8个自然村120人）、宝华乡（3个村委会3个自然村110人）。① 2003年以后，由于各种原因，由政府主导的大规模的整治活动基本消失，民教矛盾和政教矛盾逐步缓解，基督教活动也有了一定程度的恢复。2007年，根据政府有关部门的统计，全县约有基督教徒600人，而据洛恩乡的信徒介绍，仅洛恩乡8个村委会中就有5个村委会有信徒，其中娘宗村委会有8个自然村40户，约160人；草果村委会有4个自然村，多脚村委会有4个自然村，普米村委会有3个自然村，拉播村委会有3个自然村。全乡合计有信徒500人左右。如果再加上宝华乡和洛育乡等其他各乡的信徒，估计信徒人数已超过1000人，大致恢复到1993年治理整顿前的人数。2011年，红河县有信徒2000多人，但还没有公开开放的活动堂点，其中，洛恩乡有1000多人，全部是哈尼族，主要分布在茨农、娘宗、草果、普米四个村委会；宝华乡有200多人，主要是彝族，另有部分

---

① 红河县宗教事务局提供。但根据我们实地调查的感觉，处于秘密活动状态的实际信徒人数要高于这一数字。

哈尼族和汉族。

2012 年 3 月我们第三次到当地调查时，感觉当地的情况相对 2004 年和 2007 年调查时有了较为明显的变化。除了洛恩乡的矛盾关系仍然较为紧张，矛盾冲突时有发生之外，宝华乡和洛育乡的矛盾关系已经有了很大改善，政府有关部门已原则同意开放宝华乡宝华村的活动点（教堂），信徒们也正在积极筹建红河县内第一个开放的基督教堂点。

透过红河县哈尼族地区基督教发展脉络和演变过程，我们可以从中发现在宗教冲突与调适过程中，政府以及各种社会力量所起的作用和产生的影响，也可以从中认识到当地宗教矛盾和冲突的实质以及解决矛盾冲突的方法和途径。

2. 冲突的产生及演变

由于基督教与哈尼族传统宗教存在着信仰上的差异，因而基督教传入后，这种信仰上的差异和矛盾便在人们的日常生活中体现出来，并在一定条件下演变为社会层面上的矛盾与冲突。

按照哈尼族的传统习俗，每年要定期举行集体凑份子、集体参与的祭山神、寨神活动，祭祀之后集体聚餐，并将祭祀用的牺牲之肉平分给各家各户。此外每逢开沟挖渠、修桥铺路、建房起屋、春耕秋收、婚丧嫁娶等重大活动时，都有相应的祭祀活动。这些活动中的祭祀仪式，成了基督教信徒拒绝参与此类活动的信仰依据。在基督教传入的初期，信徒们基本上还是能够遵守传统习俗，仍然参加传统活动，只是不参与祭拜仪式，民教关系和政教关系也较为和睦。据洛恩乡教徒李文有①介绍：1986 年信基督教以后，他本人还参加传统活动，并按传统缴纳财物，村子里有丧葬活动时也捐助钱财和人力帮助，到 "1988 年就没有参加习俗活动了，但还是承担费用的。当时我跟寨子中的人说：信仰自由，我不参加习俗活动了，他们也没有说什么。直到 1991 年我才没有承担费用的"。他还说："1988 年到 1990 年的三年中，我们信徒人数最多，复活节、圣诞节都统一在我这里活动，村委会的人都来参加，我们村的老人也都被请来参加，大家的关系都很好。"但在后来的发展过程中，一些信徒不再愿意为传统祭祀活动缴纳公摊费用，并以信仰的原因为由不再参加传统祭祀活动，甚至不参

---

① 男，哈尼族，文盲，洛恩乡娘宗村委会索玛村人，当地基督教最早传播人和负责人，2010 年病故。

加包含有祭祀仪式的公益活动，因而双方的矛盾逐渐激化，最终甚至演变成了群体性的冲突。

红河县基督教与哈尼族传统信仰之间的群体性冲突，最早发生于洛恩乡。1990 年，在阿姆山（当地最高的一座山，每年都要在此举行祭祀活动）的祭竜活动中，茨孔村基督徒以不吃献祭过的东西为由不参加祭竜活动，而村中的竜头（传统宗教仪式的主持者）以及群众都要求他们按照传统规矩参加，双方争执不下而当场发生了群体性殴斗。此后，类似事件相继发生：1992 年 9 月 30 日洛恩乡茨农村王沟下寨举行祭寨神的"奥玛突"活动时，基督徒拒绝参加，并拒绝缴纳祭祀费，为此引起村民的不满，双方发生冲突；1992 年 8 月 29 日娘宗村公所娘宗上寨决定全村修公路、建人畜饮水工程，按习俗要杀鸡鸭祭献，信教不信教两派商议抽签，一方买鸡一方买鸭，信教方抽签买鸡后，随即以不搞封建迷信为由而反悔，拒绝参加活动，村民便把几户信徒家的电线剪断，并守住水井不让信徒挑水，还用石头砸了几户信徒的房子，而几个信徒则抬出火枪声称要打死前来剪电线的群众，形成对立局面；1993 年春节期间，宝华乡宝华村举行祭竜活动，信徒拒绝参加，村民则声称要把信徒赶出村寨。此外，1993 年，洛恩乡索玛寨的信徒为建盖聚会点，砍倒了寨子的"竜树"；洛凹村的一个信徒为了向人展示基督徒不怕鬼神，竟然到竜树林中砍倒几棵竜树，引发了全村非基督信徒群众的愤怒；而洛恩乡托普寨的信徒们则占据该寨小学校舍搞聚会点，并搬走了黑板和课桌，造成了小学一度停课。

上述矛盾和冲突所造成的家庭内部以及村民之间的矛盾纠纷，对村寨内部的团结造成了较大的影响，甚至在一定程度上导致了村寨的分裂。例如，洛恩乡索玛寨的一些群众已建了一个新寨子居住，目的是不与信徒共同生活在一起；而一些信徒也不愿与非信徒共居同一村寨。基督教与哈尼族传统信仰之间的矛盾引发了较为普遍的社会矛盾和冲突，逐渐引起了当地政府相关部门的重视。从 1993 年开始，各级政府在多次调研的基础上，逐渐形成了对基督教问题进行治理整顿的共识，并多次开展了治理整顿活动。1998 年，红河州委把当地基督教定性为"非法宗教"，统一部署了为期三个月的大规模集中治理活动。

政府力量对当地民教冲突的介入，使得当地的矛盾冲突在原有的宗教矛盾和民教矛盾基础上又加入了政教矛盾因素，并逐渐演变成以政教矛盾为主的矛盾关系，政教关系极为紧张。但以政府为主导的治理整顿并没有达到预期的效果，不少基督徒依然坚持自己的信仰。2003 年以后，在各种因素的影响下，政府放弃了通过行政手段治理整顿的方式，并开始逐步尝试通过宗教管理的方式淡化信仰矛盾，因而民教矛盾和政教矛盾逐渐缓和，矛盾各方的关系趋于稳定，但双方的冲突在部分地区仍时有发生。例如，2006 年 12 月，宝华乡安庆村委会的碧君村，在举行祭竜活动时，由于三户基督徒不参加凑份子，村委会与村民小组便强行拉了三户信徒家各家一头猪作为份子钱。又如，在基督徒较为集中，至今矛盾仍较为突出的洛恩乡，在 2008 年 11 月以及 2010 年 2 月和 2011 年 2 月，曾多次发生乡村干部收缴焚毁基督徒宗教书籍和物品的事情。

（二）影响冲突进程的因素

红河县基督教与哈尼族传统宗教冲突的产生、发展和演变，受到了多方面因素的影响。作为不同的宗教信仰来说，信仰上的差异是不可避免的，但这种信仰差异要转化为社会层面的矛盾冲突，则受到了经济、社会、文化等多方面因素的影响，同时也受到了政策以及具体工作方面的影响。

1. 引发冲突的社会文化原因及特点

第一，现实社会生活中，人们物质生活上的贫困与落后，文化生活匮乏，精神和信仰饥渴，客观上为基督教的进入和传播提供了社会土壤。

任何观念的产生，都不外乎人对自身、对自身与世界的关系的认识，是人对自身需求以及如何满足自身需求的意识，是对需求和利益之间关系认识的结果，是一种理想状态与现实状况之间关系的反映。宗教观念也不例外。人们现实生活中的贫困状况与理想生活之间，客观上存在着巨大差距。人们既不满意于自己的现状，又无力通过自身力量获得相应的改变，从而促使人们转向对外部超人间力量的信仰和依赖。而且，现实和理想之间的反差越大，人们的信仰需求就越强烈。特别是在市场经济条件下，财富与贫困的两极分化，进一步加剧了这种现实与理想的反差及其所带来的精神压力，人们对超人间力量的信仰和依赖的需求就随之加剧。这也是当今市场经济条件下，整个世界范围内，各种宗教都出现迅速发展趋势的重要根源之一。同时，随着交通和通信的发展，人们通过各种渠道得知自身状况与外面世界的差距过大时，又进一步加剧了心理的矛盾和精神的压力。"对立和矛盾"以及心理压力被进一步加剧，人们更加倾向于对自身之外的超人间力量的信仰与依赖。这种信仰和依赖，在很大程度上可以缓解由于内外交困所带来的精神和心理压力。信仰需求的产生和强化，为宗教的传播与发展提供了一个较大的、精神上的存在空间。同时，现实生活中一系列偶然的天灾人祸等事件，起到了"催化剂"的作用，它诱发了人们对超人间力量的信仰需求的现实化。这也同时说明了为什么在当地的基督信徒中，绝大多数是经济状况较差的那一部分农民。

此外，少数民族传统宗教信仰活动的恢复，也在一定程度上加重了人们的经济负担和精神上的困惑。近年来，中国各民族传统的宗教信仰复活，宗教活动增加。在很多地方，信仰和祭祀活动愈演愈烈，无形中加重了本来生活就很艰难的贫苦农民的经济负担，进一步加大了他们的生活压力。越来越大的各种压力使他们难以承受，而现实的困苦状况依然没有改变，于是出现了与传统信仰复活相对立的情形。即一部分人开始渴望摆脱纷繁复杂的、贯穿一年四季的各式各样的传统宗教的祭祀活动。人们思想上的这种转型渴望，为基督教的传入与传播提供了一个思想契机。偏远的山区农村，交通和信息的闭塞，人们思想受外界的影响很小而且变化缓慢，历史上迷信愚昧的思想观念被根深蒂固地传承着。况且，中国绝大多数少数民族都有自己民族的传统信仰，这些信仰多是较为原始的自然的或者多神的崇拜。这些原始宗教性质的信仰，进一步加剧了偏远山区少数民族群体思想上的迷信与保守。在哈尼族的社会中，人们的鬼魂观念伴随终身，健康是魂魄附体和鬼神保佑，生病则是"失魂"或者鬼怪作祟。生产和生活的每一个环节，也都同样与鬼神相伴。从生产中的播种开始，一直到变成食物被人们享用的每一个环节，人们都以不同的方式和活动对鬼神进行献祭，祈求保佑和赐福。哈尼族传统宗教信仰与基督教，在世界观上没有本质区别，都是对人自身以外的超人间力量的信仰。所以当基督教传入后，便一拍即合。偏远的山区农村，群众思想上普遍的迷信与愚昧，为基督教的传入与扩展提供了精神空间和历史契机。

第二，社会经济的转型和社会关系的深刻变化，加剧了人们精神和心理上的孤寂与空虚，使人们产生了对超人间力量的信仰需求，为基督教的进入和传播提供了重要的社会契机和条件。

从改革开放开始，中国社会进入了一个经济社会的转型时期。经济体制的改革必然带来社会关系的深刻变化，也会进一步带来社会生活中各个方面的变化。随着市场经济体制的建立，人与人之间的关系逐渐转向了自我主体为中心的、竞争型的利益关系。市场竞争使社会活动中的自我主体意识急剧强化，利益的不断分化使人际交往基本上围绕"自我"利益展开。"自我"和个体利益意识在交往中不断被强化，加大了人际之间的张力，加重了人们精神和心理上的压力，使现实生活中人们的精神状态日趋紧张。过去计划经济时代形成的没有自我、没有竞争的张力极小的人际关系，在利益竞争与强烈自我意识的冲击之下变得荡然无存。过去那种个人与村社集体组织较为紧密的联系，现在也变得极为疏远和松散，无依无靠的感觉加剧了人们心理上的孤寂和精神上的空虚，促使人们向超自然力量靠拢，强化了人们的信仰需求。基督教的传入，作为宗教本身具有的能够满足人们信仰需求的属性，客观上正好满足了经济社会转型时期人们的心理和精神需要。

任何宗教都有其信条和戒律，以及相应的道德要求。宗教道德在很大程度上具有符合人的普遍本性的特点，不会受到历史条件、国籍和民族的制约。可以说，宗教是人们求真求善的终极追寻的一种反映形式。基督教道德中一系列信条和戒律，对求真、求善以摆脱现世苦恼的人们有着相当的吸引力。基督教的"摩西十诫"，如孝敬父母、不许杀人、不许奸淫、不许偷盗、不许做假证陷害人等，很容易被人们所接受，不少人都希望自己能够按照教规教义的要求，做一个正直、正派的人。一个向善的希望，就完全可能使一个人加入基督教徒的行列。同时，基督教信仰中的戒律，如不祭拜鬼神、不抽烟、不喝酒等，又能在一定程度上减轻人们的经济负担，刚好满足了人们期望摆脱那些繁杂的传统献祭活动的心理需要。

第三，宗教信仰自由政策的贯彻实施，以及政府有关部门的工作人员专业水平较差、经费不足和管理工作的滞后，也在客观上为基督教的传播与发展提供了相对宽松的社会空间。

国家的法律和政策所提供的社会环境是宗教得以存在和传播的平台和边界。如果没有国家法律和政策的许可，宗教就会丧失其存在空间，更谈不上传播与发展。所以，宗教信仰自由政策以及宗教事务管理条例的实施，为各种宗教的传播和发展提供了合法的社会平台和空间。在我国，基层宗教管理部门建立的较晚。绝大多数县市的民宗局基本上没有宗教方面的专业管理人员，对一系列民族宗教问题缺乏应有的敏感和正确的判断。相关部门的人员和经费配备不足，导致了很多工作难以及时有效地开展，客观上为基督教的传播与扩展提供了一段时间真空。从当地对宗教事务的管理上来看，在基督教传入红河后的很长一段时间，并没有引起有关部门的重视。直到宗教文化冲突和社会问题发生时，才开始着手管理和整顿。这就形成了一开始视而不见，发生矛盾冲突以后立刻采取取缔和打击措施的情形。可以说，有关部门管理工作的严重滞后，客观上为基督教的传播与发展提供了相对宽松的社会空间。

就当地宗教冲突的主要特点而言，哈尼族传统文化较强的区域民族性和统一性，使它与基督教信仰的冲突呈现出鲜明的民族性和区域性特征。民族文化在长期的历史传承中，会逐渐凝结成为民族意识和民族心理，并从总体上制约着全体成员个体的心理和行为。当观念和意识进一步民俗化为地区性的风俗习惯和节日活动的时候，民族传统文化就历史性地深入到了民间、深入到了民族成员每一个体的心灵深处，从而形成了民族传统文化的全民性和统一性。核心价值观和文化传统的全民性和统一性，使看似松散的传统文化在内部形成强有力的民族凝聚力，在外部对其他文化则具有强烈的排他性。所以，当基督教进入之后，遭到来自哈尼族传统宗教文化的强烈排斥，冲突就不可避免。异质文化冲突的直接根源，就在于文化体系的内在统一性和外在排他性。

哈尼族在长期的历史变迁过程中，形成了较为浓烈的民族情结和较强的民族凝聚力，对内的民族认同感非常强烈，具有较强的文化统一性和排他性。红河县哈尼族传统文化的统一性主要体现在村社的统一性上，依靠各种具体的集体性村社活动加以维系。主要表现为两个方面：一方面是通过集体性的村社祭祀活动进行维系。在哈尼族传统文化中，集体性的村社祭祀活动在人们的生产生活中都占有十分重要的地位，每年都要通过多次活动来祭祀民族和村寨保护神，以及其他各种各样的神灵。这里的祭祀活动更多体现的是对个体家庭进行集体认同的社会含义：凡不参加集体祭祀活动的人家将面临着被赶出村寨、失去"寨籍"的危险。另一方面是靠传统村社的决策活动来维系。在哈尼族传统村社的决策层中，主要有三股力量：政治统治力量的代表，即村社头人；传统宗教力量的代表，即村社祭祀活动的主持者，也是村社的宗教领袖；传统的群众力量的代表，即村社长老，主要是村社里那些见多识广、德高望重的老人。村社的决策活动基本上涵盖了村舍日常生活的全部内容，而且通常根据传统习俗作出处罚决定，在村寨中具有极高威望和影响力。这种统一性的村社活动，对基督教信仰与活动形成了来自民族意识深处的强大的排斥力量，所以，基督教在这里的冲突在所难免而且会较为激烈。

不同地区、不同时代的民族价值观念和思想意识并不是千篇一律的。传统文化在其传承和变迁的历史过程中，由于地区特点和民族交融程度的差异而产生了区域性特点。纵观云南哈尼文化的总体状况，大致可以分为三种文化类型：从属性文化类型，位于云南西部，从属于傣族文化圈；杂糅性文化类型，位于云南西南部，是哈尼族、汉族、彝族等多民族杂居的地区；主导性文化类型，位于云南南部地区，哈尼族是这一地区的主体民族。前两种文化类型中，哈尼族传统文化均处于其他民族文化的制约或强烈影响之下，是有多民族、多文化共处经历的类型。20世纪50年代，基督教就先后传入这两类地区，并在第二类地区有较大的发展。而在第三种文化类型中，哈尼族传统文化对于其他民族文化有着主导作用。红河州南部的红河、元阳、金平、绿春等地，哈尼族人口都占当地人口的一半以上。从社会控制方面看，这一文化类型有着明显的村社统一性。其中的任何个人都必然隶属和服从于各自的村社集体，否则将会受到严厉的群体性排斥和处罚。20世纪50年代以前的基督教，在这一地区并没有能够立足。这显然与当地哈尼族传统文化的特点及其社会控制的程度和方式有直接的关系，是民族传统文化对异质文化的排斥与抵制的区域性特点的具体体现。

红河县的洛恩乡是个纯哈尼族乡，交通闭塞而地域开放程度较低，经济社会发展较为缓慢。所以，这里的哈尼族传统文化保留得较为完整，具有哈尼文化的纯一性，其社会控制更加严密，对外来文化的抵制也就更为激烈。而宝华乡具有多民族交错杂居的民族结构，加上经济社会发展状况、地域开放程度方面都高于洛恩乡，所以其传统文化的社会控制程度较低，对基督教信仰的抵制也就较弱。

综上所述，基督教在当地的传播和发展，以及基督教传入后与当地哈尼族传统宗教文化的冲突，有着特定社会历史和文化的原因。当然影响当地宗教矛盾冲突进程的因素，除了上述深藏在人们日常生活背后的社会文化方面的原因外，还有政策及实际工作等方面人为因素的影响。

2. 政府部门对基督教活动的认识及措施

红河县基督教的产生和发展以及与传统宗教的矛盾冲突出现以后，引起了当地各级政府的高度重视。1987年到2002年的15年间，各级政府有关部门曾做了多次调查研究，并形成了三份比较有影响的报告，从中可以看出当地政府对待当地基督教活动的态度，以及工作措施和对宗教冲突进程的影响。

　　第一份调研报告来自红河县有关部门。自 1987 年至 1991 年四年间，红河县委统战部针对基督教问题做了多次调研，其调研结果引起了县委县政府的重视，并于 1992 年先后组织宣传、统战、公安等部门进行了三次大规模的调查。1993 年，县委统战部又再次进行调查，认为红河县的基督教信仰范围广，活动频繁，组织管理混乱，并带来了迷惑群众、扰乱人心、造成思想混乱、严重影响安定团结、影响人民群众的身心健康等一系列社会问题。究其原因主要在于：一是贫困落后给基督教发展提供了土壤；二是愚昧和迷信提供了基督教发展的思想根源；三是基督教道德中的部分戒律和信条对人们有一定吸引力；四是管理工作没有跟上，管理混乱导致了基督教的无序发展。

　　第二份调研报告来自红河州人大民族侨务宗教委员会。红河县相关部门的调研报告引起了红河州委和政府的重视。1997 年，红河州人大常委会民族侨务宗教工作委员会又对红河县的基督教信仰状况进行了调查。认为红河县非法基督教狂热分子不顾民族感情和民族尊严，人为地把哈尼族健康的传统文化和风俗习惯视为"封建迷信"，禁止信徒参加传统民族节日和活动，制造民族内部不和，甚至煽动民族内部之间的仇恨，挑起群众冲突，严重伤害了哈尼民族的感情和民族自尊心，制造民族分裂；妨碍婚姻，破坏家庭和睦；严重干扰经济发展、学校教育和社会进步；严重干扰农村政策和计划生育政策的执行；愚弄无知百姓；为首者以教牟利，非法敛财；导致社会生活出现无政府主义状态，个别地方已炮制出"变天"计划动摇了基层政权等。其产生的主要原因，一是有一伙自身素质极其低劣、"不三不四"的"基督教"狂热者披着"宗教信仰自由"的外衣大肆进行伤害民族感情、破坏和分裂民族团结、干扰经济建设和社会生活的活动，以此发泄对社会和自身现实的不满情绪；二是有极少数落后群众盲目追随而被"基督教"狂热者所利用，构成了非法基督教组织活动赖以蔓延、泛滥的群众基础；三是工作软弱，村社两级基层组织长期处于瘫痪半瘫痪状态，对农村中出现的新问题新矛盾不敢管、不愿管、不会管，致使非法基督教活动萌芽得不到及时遏制，非法基督教组织活动蔓延、泛滥的严重问题得不到有效解决，愈演愈烈。

第三份报告是红河州政法委的处理意见。1998 年 2 月 26 日，红河州委政法委员会根据州人大的调研报告，向州委提交了《关于依法整治我州局部地区非法宗教活动的意见》，认为红河县的非法基督教组织活动是少数自身素质低劣的对社会现实不满的人披着"宗教信仰自由"的外衣，利用闭塞落后的客观环境和群众的无知与愚昧，打着宗教的旗号，秘密建立组织、任命骨干、有着严密组织体系、歪曲正常的宗教教义、散布谣言邪说和封建迷信的非法组织。他们利用当前的社会矛盾煽动群众阻碍和抗拒国家法律政策的实施，进行扰乱群众正常的社会生产和生活秩序的违法犯罪活动。并根据云南省公安厅 1996 年 4 月通报的云南省建立发展起来的邪教组织的有关资料，将红河县的非法基督教组织定性为被国家明令查禁取缔的"秘密结社的非法组织"，不属于受国家法律保护的宗教范畴。根据一系列中央和地方的法律法规，提出了相关的整治意见：一是州委、州政府应该表明坚决取缔的态度并责成有关部门坚决查处；二是建议州委成立"依法整治领导小组"，抽调人员组成州委工作队，结合即将开展的"村建"工作，协助当地开展工作；三是由州委宣传部、州宗教局具体负责制作必要的宣传材料；四是建议州县分层次按不同对象举办两期读书培训班；五是州县工作队入村前，由两县人民政府依照《中华人民共和国宪法》、国务院《社团登记管理条例》等有关法律法规发布公告，宣布其为非法组织，明令取缔，并没收用于活动的一切物品、财产。

1998 年 5 月 19 日，红河州委州政府根据州委政法委综合上报的意见作了批复，基本上同意了以上整治意见，并决定成立整治督察组，由州委政法委负责，宗教局、州人大民工委、州公安局、州民委各抽一人组成，从 5 月下旬开始对基督教进行一次为期三个月的专项整治行动。

从上述各阶段当地政府对基督教活动的态度及认知情况看，1993 年，红河县委统战部的调查报告中，认为当地基督教活动中存在的一些不正常现象，一定程度上对社会安定造成了负面影响。这份报告并没有把基督教问题放在党和政府的对立面，也没有将矛盾激化的倾向。但是，随着县乡两级政府多次治理整顿工作的开展，红河州有关部门对这一问题的关注程度也不断加大。1997 年在州人大的调查报告中，对待基督教活动的态度有了明显的转变，把问题和矛盾的产生完全归结为基督教活动方面，特别在归纳基督教问题造成的社会危害方面有了很大的提升，并在分析原因时提出了"工作软弱"的问题。这份报告使人感到双方矛盾的激化越来越明显，政策导向也越来越趋于强硬，并最终推动决策层于 1998 年做出了将当地基督教定为非法宗教并严加取缔的决定。

在从 1993 年开始的各类治理活动中，除了对基督徒做了大量耐心细致的思想教育工作外，还伴随着一些强制性或半强制性的措施，如对为首分子的拘留或逮捕，对信教者集中办学习班，要求写保证书，并从扶贫物资的分配、户口和身份证办理、子女升学、土地林地承包等方面对信徒进行限制，希望能够以此迫使基督徒放弃基督教信仰，消除与村寨群众的矛盾和冲突。

从实际情况看，当地政府主导的多次整治行动，并没有取得预期的效果，基督教活动仍处于反反复复、屡禁不止的状态。例如，洛恩乡曾于 1993 年、1994 年和 1996 年对当地基督教活动进行了三次大规模治理整顿，并称"信教人数大为减少"，"全乡已铲除 21 个私设聚会点，已退教 894 人"[1]。但实际上这几次治理整顿的效果并不明显，到 1997 年，该乡在 5 个村公所 22 个自然村范围内，仍有 235 户 425 人继续从事活动。[2] 再如，自从 1998 年当地基督教被定性为非法宗教后，当年 5 月至 7 月由红河州委州政府组织工作组进行了大规模治理整顿，根据红河县工作组 9 月做出的工作总结称："95% 的'信教'群众提出了保证不再参与非法宗教的一切活动，彻底解决了红河县十多年来想解决而又难以解决和困扰各级党委政府及影响当地经济发展的社会问题。"[3] 但实际上当地的基督教问题仍然没有"彻底解决"，到 2002 年 8 月，仅洛恩乡还有 12 个聚会点，有 394 人在继续活动，涉及 4 个村委会的 14 个自然村。[4] 值得反思的是，由政府主导的大规模整治活动不仅没有达到预期的效果，反而使当地的矛盾进一步复杂化，基督教与哈尼族传统宗教信仰差异引发的矛盾，从以宗教矛盾和民教矛盾为主要形式，转变为以政教矛盾为主要形式，加大了解

① 洛恩乡党委：《洛恩乡开展社会主义思想教育情况汇报》，1993 年 11 月 15 日。
② 红河州人大常委会民族侨务宗教工作委员会：《关于对红河、绿春两县局部地方出现非法"基督教"组织活动情况的调查报告》，1997 年 12 月 23 日在州七届人大常委会第 77 次主任会议上。
③ 州委州政府红河县督查组：《非法宗教组织活动督查工作的总结》，1998 年 9 月 11 日。
④ 州宗教工作调研第二组：《关于建水、石屏、红河县宗教情况调研的报告》，2002 年 8 月 30 日。

决矛盾的难度。

（三）矛盾的核心及特点

1. 调查所得的看法和认识

我们根据上述有关部门历次调研反映出的问题，先后于 2004 年、2007 年和 2012 年三次对红河县基督教与哈尼族传统宗教的矛盾和冲突问题进行了调研，并以洛恩乡和宝华乡为重点，在 4 个村寨分别与当地党政干部、信教群众以及有代表性的非信教群众进行了访谈，目的在于了解他们对基督教问题的看法，了解当地信徒与政府之间、非信徒之间的矛盾及相互认同关系，从中寻求解决问题的办法和途径。

在 2004 年的调查中，洛恩乡的乡镇干部对基督教活动的基本看法是：其传播渠道不正常，这主要是根据它是外来的、非法传道人秘密传播的；它的活动不正常，采取秘密家庭聚会的方式，且活动混乱；教徒们大多不热衷公益事业，不具备文化知识；村民识别能力差，信徒大多是受到诱惑。他们认为这样的基督教活动会引发社会矛盾导致民族分裂，所以坚决不同意放开基督教的活动。认为采取的应对措施是：打击顽固不化的为首分子，动员引导群众信徒放弃信仰，并采取相应的行政配套措施加大惩治力度，加强基础设施建设以改善群众生活，让教徒感觉到党和政府以及民族的温暖。他们大多都相信经过不断地整治，一定能够杜绝非法宗教活动及其传播。与洛恩乡不同，宝华乡的乡镇领导在惩治和取缔的态度上则没有洛恩乡强烈，甚至还谈到宝华乡基督徒行慈善之事的情况。

我们在对部分基督信徒的调查中发现，一部分信徒随父母信教而信教，一部分则是因为哈尼族传统信仰活动烦琐和经济压力大而改信基督。他们认为基督教的戒律有利于改变哈尼族传统的抽烟喝酒、信鬼魂和巫术迷信的习俗，他们相信能够以此来处理好邻里关系，对基督信仰比较坚定。这些信徒的宗教活动方式是家庭聚会，但有的信徒到聚会点参加活动要走 10 公里以上的路程。除了邻里乡里和政府的压力外，他们还有自身的压力。他们对政府的整顿治理整体上表现出不服的态度。可见，当地的基督信仰十分质朴，并具有个人理解的神学色彩。信教者多具有满足某种实际利益需要的个人目的或者兴趣。访谈中，哈尼族传统宗教的神职人员明确地表现出对基督信徒的厌恶、排斥，他们大多把基督信徒的信仰行为看作不正常的行为，表现出对哈尼族传统宗教信仰的极力维护。村寨中世俗力量的代表——头人，也明确地站在维护传统宗教文化的立场上，排斥和贬抑本村寨、本民族的基督信仰者。

在 2007 年的实地调查中，我们向州县乡的主管领导了解，并到洛恩乡的王沟上下寨和索玛新老两村以及宝华乡的宝华村，对信徒和非信徒做了入户访谈。红河州宗教局领导认为，红河县基督教信仰需要纳入合法化管理中，党政有关领导也需要纠正极"左"的态度。不同宗教文化的遭遇，发生冲突是正常的，正因为有冲突所以更需要加强管理，而不能使之处于无人管理的状态，使宗教渗透有机可乘。领导干部也要正视社会现实，要重视传教人员的素质提高问题。对于当地宗教矛盾引发的民教冲突需要的是"冷处理"，而不是"强管理"。红河县宗教局领导也略有保守地讲述了该县基督教信仰及其存在的问题，主张将基督教信仰合法化，纳入宗教管理部门的正常管理范围。但谈到对基督教的态度，他认为哈尼族信仰基督教与其民族的文化传统不相符合，是引起群众反对、带来矛盾、害他人、分裂民族的基本原因；并对前几年治理整顿的方式持肯定态度，认为通过治理整顿基本解决了不同信仰群体之间矛盾与冲突。在洛恩乡，当地的领导对我们的访谈则采取了否认基督教存在和避而不谈的方式。在对基督信徒的访谈中，他们也明确承认与非基督信徒之间存在矛盾，但主要集中在偶像崇拜问题上，而且目前已经基本消除了曾有的偏见，信徒们参与承担哈尼族传统宗教祭祀活动所形成的费用，与传统信仰者之间的关系得到了调整，但目前与政府的关系仍然较为紧张，他们希望政府能够早日开放这里的基督教信仰。

在 2012 年 2 月的再次跟踪调查中，红河州宗教局的领导明确了开放红河县宝华乡基督教的问题，告诉我们宝华乡基督教活动点的申报正在审批过程，年内就可能批下来。与此同时，红河州基督教"两会"则向我们出示了报送省基督教"两会"以及州委统战部、州人大、州政协和州民宗委的报告，要求解决 2011 年洛恩乡党委书记带领人员查抄王沟村基督教家庭聚会点问题。这一情况，反映出洛恩乡与宝华乡之间，在矛盾冲突方面至今仍然存在着较大的差异。在随后的调查中，我们明显感觉到洛恩乡存在的紧张气氛，信徒与政府之间的矛盾要大于与非信徒之间的矛盾。对于我们的访谈，乡干部先是否认有基督教存在，并让派出所出面了解我们的情况，随后又以不熟悉情况为由避而不谈基督教问题。同样，在洛恩乡的王沟村，我们看到村组干部与基督徒之间互不往来形同路人的情景，也通过访谈了解到目前当地的政教矛盾仍然较为明显。与洛恩乡以及王沟村不同，在宝华乡的宝华村，宗教关系、民教关系以及政教关系较为融洽，信徒们正与村组干部商谈落实修建开放教堂的土地问题。

通过先后三次调研，我们看到了双方矛盾冲突的一面，也看到了通过调适缓和矛盾冲突的一面（如宝华乡从冲突走向和睦共存）。这个从冲突到和睦共存的演变过程，是围绕着双方矛盾冲突的焦点问题，通过双方的相互包容和一定程度的让步而展开的。

2. 冲突的核心与焦点

经过多次实地调查，我们认为，当地冲突的实质，是不同宗教文化所固有的信仰上的差异引发的社会冲突，其矛盾冲突的核心是现实的群体利益，是围绕着具体的利益问题展开的。从理论上讲，以不同价值观念为核心的文化体系，在交流过程中必然发生价值观念的碰撞，价值观的冲突不可避免。宗教文化冲突的实质，是不同的信仰和价值观导向下的具体利益的冲突，其核心在于价值观念的冲突。基督教与哈尼族传统信仰，其核心的价值观念及其指导下的行为方式有着较大差异，这种差异必然会反映到人们的日常生活中，不可避免地发生一系列矛盾，并在一定的条件下演变为不同程度的社会冲突。价值观念的实质性内容，是人们的物质和精神需要与社会现实中的物质和精神产品之间的满足关系，是关于需求与利益之间关系的观念。它与社会现实中人们对自身的物质和精神需求的认识相连，同时又与自身以外的人、物、事相关，是一个人对主客观世界认识的结果。在现实社会生活中，人生价值观对人们的思想和言行都具有导向性作用。不同价值观作用下的思想和言行，在长期的历史发展过程中就会形成不同的文化体系。在文化体系中，价值观是核心，它导向着一种文化体系的发展方向。由于价值观念的不同，才把一种文化同另一种文化区别开来。也正是由于价值观念的不同，在不同文化的交流与碰撞中才会有文化的冲突出现。

哈尼族传统信仰与基督教信仰是两种完全不同的信仰及活动体系。哈尼族传统信仰主要包括各种形式的自然崇拜和祖先崇拜，具有明显的原始性、多神性和功利性。它被广泛运用于哈尼人所有的生产和生活过程中，不同的神管辖着不同领域和事情，人们不同的活动就要求助于不同的神。而基督教则是处于较高发展阶段的一神教，它不像哈尼族传统宗教那样存在多神信仰及其祭拜活动，它反对偶像崇拜和一切献祭活动。它们是两种核心价值观念完全不同的宗教文化体系，是真正异质的文化体系。不同信仰、不同价值观念的人们，对待同一事物或活动的态度必然存在着分殊。在实际的社会生活中，不同人群之间的不同观念就会转化成为群体性的不同行为。不同的观念、不同的言行必然导致利益上的分歧，所以在异质文化交流的过程中，碰撞与冲突在所难免。一般而言，异质文化在同一时空领域中展开交流，特别是在同一区域的同一民族中出现，源于不同价值观念的言行之间的碰撞与冲突就不可避免，甚至会更加剧烈。可见，文化冲突的实质，是源于文化主体价值观念的物质和精神利益之间的冲突。文化冲突一旦发生，就意味着现实生活中物质和精神利益的纷争，它势必影响到社会的安稳和民族的团结。但是，由于文化在实际的社会生活中是通过人们的生产和生活方式得以表现的，宗教文化冲突也就表现为不同信仰导向下的生产和生活方式的冲突，并以具体利益冲突的形式展开。

就红河县的基督教与哈尼族传统信仰之间的冲突而言，主要是围绕着基督徒是否参加哈尼族传统的村寨性的多神祭祀活动、是否需要承担有关祭祀活动的经济和社会责任、是否相信和祭拜鬼神而展开的。其焦点和核心问题，是基督徒不参与传统宗教祭祀和村社活动的"凑份子"。这是关系到传统村社的群体认同和集体利益问题，这个问题解决了，信仰上的差异是可以在人们的社会生活中互相包容共存的。从实际情况看，目前宝华乡的基督教信徒虽然不参加传统宗教中的"祭竜"活动中的祭祀仪式，但是却参与承担祭祀活动费用，即"凑份子"。在修桥、修路、修水沟等集体公益活动中，基督教信徒也不参加其中的燃香敬拜等宗教仪式，但通常都会多出义务工、多凑伙食费和招待工作队等。这样，基督教信徒用承担传统费用和参加集体活动的行为表达了自己的民族认同和村社认同，赢得了村民的包容和认可。

事实上，随着人们在日常的生产生活中交往的增加，不同信仰群体之间的认同与沟通得到了增加，"宗教冲突"、"民教冲突"和"政教冲突"也得到了缓解。现实冲突的调适，实际上既是政府、各方信徒之间长期博弈的结果，也是他们之间互相沟通和认同的结果。所以，冲突与调适既表达冲突各方之间的相互斗争，又表达他们之间的互相包容与体谅。在每一个具体的冲突中，各方都会根据冲突聚焦的具体问题去寻找解决的办法，只要双方抱有不扩大冲突、不激化矛盾和平等共存共荣的态度，就能够找到调适的途径与措施。

三　矛盾调适的基础与现实途径

（一）影响矛盾调适的因素

在现实生活中，矛盾冲突与调适总是相互依存相互伴生的，有矛盾冲突就必然有调适，但矛盾的调适受到了多方面因素的影响，这些因素大致可以归纳为源自冲突双方内部的内在调适和来源于外部进行的外在调适两个方面。

1. 影响内在调适的因素

内在调适，是指从宗教信仰者群体内部进行的思想观念和行为方式上的调适。这种调适在于通过对其信仰观念的梳理与分析，通过对其进行定性和定量的剖析，把梳理和剖析得到的结论通过一定的途径和方式向群众宣传，使其认识到自己所信仰的以及周围环境中其他人所信仰的是一种什么样的观念，有些什么样的社会功能。最终促使信众形成自己的价值判断，逐渐形成科学合理的价值选择。内在调适主要包括两个方面，一是矛盾冲突的文化场景中的文化内涵和特点；二是矛盾冲突的社会场景中的群体信仰观念和行为方式的调整。

一方面，就文化层面的调适而言，主要取决于文化的包容性。对于不同的文化体系来说，它所具有的包容性是不同的。一般而言，任何文化体系在与他文化或异质文化的交流过程中，或多或少总会吸收对方的一些文化因素充实自己，从而在文化演变过程中最终形成具有较强包容性的文化体系。就哈尼族文化体系的形成而言，至少有两个因素对其包容性有着明显的影响：一是哈尼族源于氐羌族群，历史上曾经历了漫长的迁徙过程，与其他文化群体和民族集团有过持久而多方面的交流，因而在其文化系统中也体现出了较强的包容性。二是长期以来哈尼族与其他民族共聚，相互间交流频繁、密切，经历了长期的磨合与文化调适，逐渐形成了区域性文化主导下的各民族并存的格局，这也使得哈尼族文化具有了较明显的包容性特征。这种不同民族和睦共处的观念和相互包容的文化共识，是在民族长期的现实社会生活中互动的结果，并奠定了不同宗教信仰共处的文化基础，这对于同一文化区域中文化冲突的调适有着积极的和基础性的作用。

另一方面，就思想观念和行为方式的调适而言，文化包容的内涵沉淀在人们的思想观念中，并对人们的行为方式产生必然的影响。宗教信仰冲突根源于信仰观念上的分歧，而思想观念的核心在于价值观念，不同宗教信仰之间的冲突是否能够得到调适从根本上取决于价值观念是否能够相容或相通。对于信仰传统宗教的哈尼族而言，由于传统信仰是在血亲关系所结成的社会基础上得以传承的，所以必然存在着强烈的以民族共同体和村寨共同体为核心的集体主义价值观。这种情感远胜于那种纯粹出于对神圣对象的信仰而产生的情感，因此，当基督教信徒通过改变信仰特别是改变传统的行为方式而表现出对传统民族和村寨共同体的挑战时，必然会遭到传统群体的强烈不满和气愤，这是人们对传统文化和民族精神的整体性情感反映，是一种从情感上对本民族传统文化的维护。对于哈尼族传统文化而言，以民族和村寨共同体为核心的集体主义价值观，是神圣不可侵犯的。由于基督教信徒不参加集体活动的行为方式破坏了民族和村寨内部的团结，侵害了集体主义价值观，冲突也就不可避免了。

从表面上看，当地的冲突是由信仰差异引起的，这种信仰差异是不可调和的，但实际上非传统信仰者的行为方式才是引起冲突的现实原因。例如，当改信基督教的信徒们基于自身对教理教义的理解而传播各种各样的邪说时，并没有引起人们的不满和压制，也没有引起冲突，只有当基督教信徒们拒绝参加集体活动，拒绝"凑份子"时，双方的冲突才会开始。因此，双方可以在容忍和保留信仰差异的基础上，通过各自的行为调适而化解矛盾，避免冲突。例如，目前在宝华乡的双边关系中，基督徒参加"凑份子"，也参加集体活动，只是对集体活动中的宗教仪式部分加以回避，这样既表明了作为民族和村寨共同体一分子的集体主义价值观，又维护了自己的基督教信仰，同时也得到了传统村寨和信仰群体的理解和包容。

2. 影响外在调适的因素

任何观念的东西，最终都要通过行为才能得到体现；任何行为也都必定体现着一定的观念。行为冲突是观念冲突的外化，任何观念冲突最终都必然会转化为行为冲突。所以，对信仰冲突的调适，除了内在调适之外，更为普遍的方式是通过外在因素来推动内在调适因素的展开。宗教冲突的调适，从本质上说是人与人之间的关系调适。除了血缘和情感等内在关系之外，人与人之间的关系主要包括政治、经济、文化等外在的社会关系。这些就是影响矛盾调适的主要的外在因素。

首先，从政治方面来看，在国家政权存在的条件下，政治文化是对宗教文化影响最大的外层因素。通过政治手段对宗教信仰冲突进行调适，便成了所有文化调适手段中最强有力的手段。通过国家的相关法律法规、制度和政策、管理措施和方法手段等政治途径对宗教冲突进行调适，一方面可以加强国家倡导的政治意识和观念，另一方面也可以引导甚至促使宗教信仰中一系列观念的转变。在国家政治时代，政府是政治秩序和社会秩序的维护者。政府只有维护好政治秩序国家才能正常运转，只有维护好生产和生活秩序社会才能正常运行。所以，社会生活中一切影响到国家和社会生活的行为，首先就要受到国家力量的调整和规范，宗教信仰方面的冲突同样如此。在现代社会生活中，国家力量对社会生活的政治规范和调整主要表现为：武装力量的打击和整顿，法律规范的调整和制裁，行政规范的调整与指导。对于社会生活中违犯国家有关法律法规的宗教行为，根据其对宪法和相关法律的违犯程度予以制裁。通过惩治这些利用宗教坑人害命、索人钱财、扰乱社会秩序的违法和犯罪行为，一方面可以保护人民生命财产安全和维护社会安定；另一方面对社会中其他尚未发生的类似行为起到警示和教育的作用，以实现对社会秩序的维护。对于哈尼族传统宗教信仰与基督教信仰之间的冲突，只要有违反有关法律法规的行为，都应当依法追究其相应的法律责任。而对于尚未发生而可能发生的宗教冲突行为，国家应当通过加强相关的行政管理，采取恰当的行政措施，做好思想政治工作等，进行教育和疏导，做到"惩前毖后，治病救人"。这既是国家宗教管理工作的重点，也是我国当前宗教管理工作的难点，同时还是目前宗教管理工作的弱点。在社会生活中所出现的群众性的宗教信仰冲突，很多都不属于别有用心的政治性行为，也没有达到违法或者犯罪，大多都应当采取思想教育和行政疏导的方式进行调适。当然，在国家权力的运用和调控时，应当特别注意的是，其调控的目的在于控制和解决矛盾冲突，其对象是人们的行为方式，应避免对思想观念和宗教信仰方面的直接干预，否则难以达到预期效果，还存在着使矛盾冲突进一步复杂化的可能。就红河县基督教和哈尼族传统宗教的冲突而言，在当地政府开展的治理整顿过程中，以基督教信徒的减少乃至消失作为工作成绩和目的，忽略了引导双方在行为方式上的调整，因而不仅没有取得预期的效果，还增加了信教群众与政府的对立情绪。

其次，从经济方面来看，现实生活中，从根本上决定人们生存状况的是物质生活或经济生活，它是导致人们精神困惑而皈依宗教的根源之一。要解决宗教信仰方面的问题，根本上还得依靠经济和社会的进一步发展。由于宗教信仰冲突最终都会转化为直接或间接的利害冲突，化为不同信仰者或信仰群体之间的利害关系，所以最直接和有效的冲突调适手段是物质利益方面的，大多情形都可以通过发展经济的措施来进行调适。从根本上说，经济调适就是通过各种经济发展的手段为人们生产生活提供越来越好的物质条件，为其他方面的调适提供越来越充足物质基础。

最后，从文化方面来看，文化是人类特有的生产和生活方式，主要是人们的思维方式和行为方式，最为核心的是人们的价值观念，它直接支配着人们的思维和行为。每一种文化系统都具有先天性的自我调适功能。在社会发展变迁过程中，文化调适通过人们价值观念方面的调整与重建，逐步达到与现实的经济社会发展要求相适应的状态。在文化调适过程中，教育是最为核心的一个环节。每个文化系统都有自己的教育方式，在哈尼族文化传统中，主要是在家庭和村社性群体活动中，通过婚丧嫁娶、宗教祭祀以及禁忌等来完成的。这种在传统教育基础上形成的文化调适具有很强的内聚性和封闭性，因而存在着一定程度的盲目性，很可能与经济社会和文化的发展趋势不相一致而导致发展的曲折性，有必要通过国家采取恰当的措施对其进行规范和引导，其中主要的方面就是通过现代学校教育以及各种形式的宣传和文化活动，来引导人们价值观的转变，使其与现代经济社会和人类精神发展要求保持一致。总之，文化调适就是通过宗教以外的其他文化手段和方式调整和引导人们的宗教观念和行为，使不同宗教信仰能够在更为广阔的文化环境中实现观念和行为上的磨合，最终走向相互接纳和共同存在。

（二）矛盾调适的基本模式与现实途径

1. 矛盾调适的过程与基本模式

宗教文化在其传播的过程中冲突不可避免，但是有冲突就有调适。冲突和调适是文化互动的主要方式，二者相伴而生。在现实的冲突中，各方互相了解，价值观念和思想意识互相交融，最后必然会走向相互之间的谅解与接纳，从而实现冲突的自然调适。其调适的过程一般表现为："观念分歧—利益纷争—冲突爆发—相互沟通—相互谅解—相互包容—共存与共荣。"

　　纵观红河县基督教信仰与哈尼族传统信仰之间的冲突和调适的总体过程，我们看到这里宗教冲突和调适的基本发展路径，大致是沿着"个体自我调适"（具体利益冲突中的当事人自己采用具体办法解决具体问题，不涉及冲突之外的他方）—"集体社会调适"（当冲突扩展到群体之间、影响到村社群体的整体利益的时候，村社决策层的主要力量便着手在整个村社范围的次权利调整）—"国家权力调适"（当冲突扩展到影响当地社会稳定、民族团结的时候，国家权力的代表即政府就开始使用法律的、行政的甚至武装力量的手段进行强制性的调控）。在这个发展演变过程中，一开始是基督教信仰者与传统宗教信仰者之间的矛盾冲突，如基督教信仰者不参加家庭祭祖，要求家人按照基督教礼仪办理婚丧嫁娶，干涉配偶参加传统宗教活动等，损害了家庭及亲友的利益和相互关系，从而引发家庭成员和亲友的不满、争吵乃至斗殴。这类矛盾冲突主要局限在个人、家庭以及亲友之间，并没有太大的社会影响。如果在此阶段双方不能够达成相互谅解，不能对自己的行为方式加以调整，矛盾和冲突就会扩大到社会层面，形成群体间的矛盾冲突，如基督教信仰者不尊重传统信仰，不参加"凑份子"，不参加集体活动等，就势必对集体利益造成损害，

　　作为与矛盾冲突相伴生的产物，矛盾冲突的调适进程也同步展开。在其发展过程中，就调适的动因和形式而言，大致有两种基本的模式，一种是由民间主导的自下而上模式，另一种是由国家主导的自上而下模式。在自下而上的模式中，民间的不同群体和不同力量展开互动，在不断协调矛盾、达成共识，然后推动官方在政策方面作出调整，以支撑和保障双方形成的共存局面。与此不同，在自上而下的模式中，由官方对形势作出判断，并在既定方针和政策不变的情况下，运用政权力量和各种措施对双方的力量对比进行干涉，使双方达成既定的共存局面。总体上看，无论何种模式，其目的和最终效果都是解决矛盾冲突，维护社会稳定。但在具体的调适过程中，两种模式的展开往往是交织在一起的，其作用和影响也各不相同。因此，应当正确认识影响调适进程的各种因素，以及不同模式的作用和影响，把握官方力量介入的时机和介入的形式，充分运用政策调控的引导作用，以避免矛盾的复杂化。

　　从红河基督教与哈尼族传统信仰的冲突与调适过程来看，传统宗教信仰群体与基督教信仰群体的价值观念和利益发生矛盾，他们是冲突和调适中最直接的当事人，官方则处于间接的第三者地位，在矛盾双方直接调适

的基础上进行间接调适，既顺应矛盾双方的"自发调适"，又规范和引导着矛盾和调适的整体走向，最终使矛盾冲突从"自发调适"走向"自觉调适"。实现了文化冲突的自觉调适，文化交流中有害于经济社会和谐发展的因素便会随之削弱甚至消除。当文化之间的冲突实现了"自觉调适"之后，文化主体之间就会在对共同价值观的认同基础上，从对方当中吸取有利于自身发展的因素。在相互吸取的过程中，异质文化实现了相互融合。在融合过程中，新的文化因子被吸收和被创造出来，适应经济社会发展的新兴价值观念和思想意识被创制出来，逐渐发展就有可能形成一种具有新兴生命力的文化体系。

2. 矛盾调适的现实途径

在现实社会中，宗教间的矛盾和冲突往往是由不同信仰的差异造成的。从信仰的层面看，宗教间的差异和矛盾是始终存在的，而从社会的层面看，宗教信仰间的差异又是可以并存的，其所引发的矛盾冲突也是可以通过调适而化解的。双方在社会层面和行为层面的矛盾冲突，可以在现实社会中，通过多方面的调适，达到包容差异、化解矛盾、和睦共存的状态。从具体的矛盾冲突和调适的过程来看，由于矛盾各方都有着自己的利益诉求，各方的具体利益和价值观念不同，各方之间利益和观念的关联度不同，所以各方扮演的角色也随之不同，加之矛盾冲突的起因复杂多样，因而矛盾冲突演变和调适展开的表现也是多种多样的。但是，无论问题怎样复杂，矛盾冲突的调适总会遵循一定的途径展开。一般而言，调适展开的现实途径主要有以下三个方面。

一是针对矛盾冲突的焦点和实质问题解决矛盾。从基督教与哈尼族传统文化矛盾和冲突的过程看，虽然它涉及面广，表现也多种多样，但冲突的焦点主要集中在基督教信徒不参加传统的"祭竜"等宗教祭祀活动方面。由于祭竜活动在哈尼族传统文化中有着重要地位，体现了哈尼族强烈的民族团结和文化认同。因此，基督教徒不参与祭竜活动的行为，被视为对传统文化的分离和"背叛"，从而引起了与非信教群众的矛盾冲突。如果再深入分析的话，其矛盾的焦点和实质问题，是基督徒不参加祭祀和村社活动中的"凑份子"。这是关系到传统村社的群体认同和集体利益的问题，是信仰差异引起社会矛盾和冲突的核心问题。这个问题解决了，信仰上的差异是可以在人们的社会生活中互相包容共存的。从实际情况看，目前宝华乡的基督教信徒虽然不参加传统宗教中的"祭竜"活动中的祭祀仪式，却参与承担祭祀活动费用，即"凑份子"。在修桥、修路、修水沟等集体公益活动中，基督教信徒也不参加其中的燃香敬拜等宗教仪式，但通常都会多出义务工、多凑伙食费和招待工作队等。这样，基督教信徒用承担传统费用和参加集体活动的行为表达了自己的民族认同和村社认同，赢得了村民的包容和认可。这种"经济参与"、"人力参与"和"宗教回避"的方式，在现实生活中调和了双方的利益冲突，淡化了信仰上的差异，促进了两种宗教信仰的相容共存。① 实践证明，调适矛盾冲突时，应具体针对双方矛盾冲突的焦点和实质问题，把信仰问题还原为社会问题，着力于人们行为差异的调适。

二是通过平等对话解决矛盾。无数事实证明，不同宗教之间在信仰上的差异是不可调适的，但在现实社会中，这种差异和矛盾总是通过具体的问题反映出来。因此，需要双方围绕具体的问题进行对话，了解对方的利益所在和信仰诉求，达到行为上的均衡。信仰的问题不可能通过强制手段加以解决，不同宗教信仰群体之间的矛盾冲突也不可能用压制的手段加以解决，只能通过双方的平等对话来解决。在信仰自由和相互尊重的前提下，这种对话不是以消除双方的信仰差异为目的，而是通过平等对话，以相互了解、自我调整的方式来解决现实生活中的矛盾为目的。只有双方立足于现实，通过相互尊重的平等对话，才能消除现实生活中的矛盾，达到信仰层面的包容共存和社会层面的和睦共处。例如，红河县宝华乡的基督教信徒与在信仰传统宗教的村民发生矛盾和冲突过程中不断商谈，表达自己的主张和信仰底线，使大多数人逐渐了解并认可了基督教徒的信仰规范和行为禁忌，得到了人们对基督教信仰的包容。同时，基督教信徒还针对具体问题对自己的行为作出调整，为自己的生存赢得了法律空间和社会空间，达到了双方互相包容、和睦共处。但一些村寨中矛盾双方至今仍然互不往来，不进行相互之间的商谈和对话，各自固守自己的主张，这样就导致了双方互不了解，冲突和纠纷至今难以解决。所以，围绕现实生活中的焦点问题展开平等对话，本着互相尊重、互相包容、互利共存的态度，通过各自的行为调整，共同寻找解决的办法，是在现实生活中化解双方矛盾冲突，实现不同宗教信仰和睦共处的有效途径。

---

① 杨佳鑫：《红河哈尼族传统宗教与基督教的冲突与调适探析》，载《保山学院学报》2012 年第 6 期。

　　三是通过日常生活的密切交往达成对共同价值观的认同。一般而言，不同的信仰内含不同的价值观，如基督教信仰注重个人行为的价值判断，注重个人的宗教解脱，体现出较多的个人主义价值观，而哈尼族传统信仰则以村社集体的利益和安全作为价值判断的重要标准，体现出较多的集体主义价值观。不同的价值观反映到人们的行为方式上，就难免发生矛盾和冲突，而在共同价值观的指导和规范下，人们的思想观念和行为价值取向之间的差异就会缩小，信仰上的差异和矛盾也不会通过行为方式而被放大乃至引发激烈的冲突。因此，价值观的调适是矛盾调适的一个重要方面。对于一个文化群体而言，共同价值观的形成和认同，除了受共同的地域环境、生产方式等外在因素的影响外，最重要的一个途径就是通过群体日常生活中的密切交往而逐渐形成。在现实生活中，信仰上的差异是阻碍人们相互交往以及对共同价值观认同的一个因素，但由于人们日常生活的范围十分广泛，除了信仰生活之外，还存在着社会层面的政治经济生活、家庭层面的伦理生活以及个人层面的社交生活等，这些方面的相互交往对共同价值观的形成和认同起着重要的作用。所以，冲突调适的难度，与冲突各方之间交往的深度和频度直接关联。不同信仰群体之间的交往越深、越密切，对共同价值观的认同程度就越大，冲突就会越少，而且越容易得到调适。反之，冲突就会越多，而且越不易得到调适。例如，在红河县发生的冲突与调适过程中，与目前矛盾和冲突仍然较为明显的洛恩乡不同，宝华乡不同信仰群体的交往较密切，基督教信徒除了在信仰生活方面保留自己的领地外，还广泛介入到村寨以及乡邻的各项活动中，民族身份和村寨共同生活的认同程度较高，村寨好、大家好、自己也好的共同价值观得到了普遍认同，矛盾调适进程的展开较为顺利，宗教和谐共处的态势也较为明显。又如，在对基督信徒和非信徒的访谈中，我们明显感觉到那些与基督教信徒具有较多日常交往的非信徒群众，对基督教信仰的态度较为宽容，那些缺乏与基督信徒交往的人则持有较为明显的排斥态度。所以密切的社会交往能够在很大程度上促进不同信教群体间的理解与宽容，能够很大程度上推进宗教文化冲突的调适进程。这同时也是"宗教需要理解，信仰需要宽容"的社会实证。

（三）矛盾调适的社会力量与机制

1. 矛盾调适的社会力量

　　在现实社会中，矛盾和冲突的调适需要各种社会力量的参与。一般而言，这些社会力量主要分两类：一是官方的力量；二是民间的力量。在具体的调适过程中，他们所运用的手段和方法，以及所起的作用和影响有所不同。

就官方的力量而言，主要以各级决策部门、行政职能部门和乡村基层组织为代表。其中，基层组织与群众的交往频繁，关系最为密切，而职能部门对具体情况最为了解，是向决策部门提供信息和建议的主要来源，也是决策部门和领导进行决策时的重要依据。在当前的政治体制下，政府有关部门领导对宗教文化冲突及其调适问题的认识，已经超越了哈尼族传统力量的协商机制所起的作用，领导的认识和决定在特定的时期和条件下起着决定性的作用。在多次的跟踪调查中，我们发现矛盾冲突和调适的状态以及演变趋势，与当地有关领导的观念和认识直接相关，领导观念和认识的转变在很大程度上直接决定着矛盾关系的性质和状况的转变。因此，在具体的调适过程中，官方作为最具权威性的调适力量，信息的客观性以及由此作出的判断、决策和采取的方法，对矛盾冲突的解决起着直接的决定性作用。从官方调适的方式方法看，主要有政策引导、法律约束、行政管理，以及协商和宣传教育等。

就民间的调适力量而言，主要有以下几类：一是宗教力量，主要由宗教职业人员构成，如负责祭祀活动的贝玛、摩批、咪谷等，他们既是哈尼族传统文化的代表，也是哈尼族传统的宗教领袖；二是政治统治力量，主要由传统的村社头人和长老，以及现行政治体制下经选举产生的村组长构成，他们按照既定的管理模式对村民进行管理，同时也兼顾着传统的管理方式；三是基本群众力量，主要以见多识广、德高望重的老人为代表，他们既是哈尼青年的长辈，又是哈尼家族力量的代表。这三方面的力量及其代表，对村社内部的矛盾调适起着基础性的作用，在哈尼族的传统社会结构和文化机制中，其民族文化对内的凝聚力和对外的排斥力与抵御力，都是通过其传统社会中的几大基本力量之间的协调来实现的。同时，民间调适的方法，主要是在习惯法基础上运用协商、裁判、惩治等各种方式和手段，规范和约束人们的行为，达到解决矛盾的目的。

2. 矛盾调适的机制

为了使矛盾冲突得到有效解决，冲突双方在相互调适的过程中，受到各种现实力量的制约和影响，逐渐形成了不同层面的协调机制，主要表现在三个层面：

一是文化和政策层面的引导机制。如前所述，在长期的差异—冲突—调适—共处过程中，云南各民族的文化体系逐渐形成了对异文化的包容性特点，并引导冲突双方的关系向日常生活中的"求同"和观念信仰上的"存异"演变，为解决矛盾冲突奠定了深厚的文化基础。在此基础上，政策的引导作用也是十分重要的。在解决不同宗教的矛盾冲突过程中，政府作为最重要的第三方力量，对双方矛盾冲突和演变的性质、进程和走向起着重要的引导作用。实践证明：信仰问题不可能依靠行政手段加以解决，行政力量的介入应该尽量避免直接的行政干预，避免在信仰层面上的是非判断，运用政策引导的方式，把注意力集中在社会层面的矛盾调适方面，否则往往会打破矛盾双方的平衡，使矛盾升级和扩大化。因此，在促进矛盾双方相互调适的过程中，政府应当作为法律维护者、政策引导者、矛盾协调者，本着不偏不倚的态度，运用政策的引导作用，加强宣传、充分听取双方意见，引导双方相互尊重、相互对话，在维护双方合法权益，求同存异、相互包容的基础上，针对具体问题寻求解决矛盾冲突的办法。

二是日常生活层面的行为规范机制。信仰的差异和矛盾是在日常生活中通过人们的具体行为表现出来的，宗教冲突从根本上看是信仰上的差异在现实社会中的反映。因此，解决不同宗教之间的矛盾和冲突问题，基本思路应当是把宗教问题还原为社会问题，把信仰问题落实为人们日常生活中的行为问题，通过双方平等对话，达成共识，规范双方行为的方式，达到行为上的"求同"和信仰上的"存异"，以避免矛盾和冲突的激化。在现实生活中，不同的信仰群体有不同的思想表达和利益诉求，因而也就有着不同的行为表现。在共同生活的环境中，为了维护同一环境中整个共同体的根本利益，不同信仰群体的行为必然会受到来自整个生存群体的各方面规范和制约，使得人们主动或被动地调整和改变自己的行为，达到双方都能互相接受的状态。从实际情况看，制约人们行为的规范性力量，主要来自传统伦理道德、民俗习惯及传统律法等方面，具体表现为人们共同认可的"村规民约"。因此，在实际工作中要注意充分运用村规民约对人们行为的规范作用，在政府主导下双方平等对话的基础上，制定出具有引导作用和权威性的村规民约，规范双方行为，减少矛盾的激化和扩大，维护广大群众的根本利益和社会稳定。

三是社会层面的民间协调机制。所谓民间协调机制，就是现实社会中的各种组织和民间力量作为调适的主体，运用传统的伦理道德、民俗律法对冲突双方的行为加以规范和制约，以保证村社和集体利益不受损害。在没有外力干预的情况下，民间调适一般表现为一种自下而上的基本模式，通过民间力量在日常生活的层面协调而实现。从云南的实际情况看，许多民族内部和村社内部都存在着具有广泛代表性的民间组织，大致有村社头人、宗教代表人物、德高望重的村寨"老人"，以及青年组织和妇女组织，等等。每当村寨受到械斗以及内部纠纷等威胁时，这些组织便会出面加以协调，对双方的行为加以规范。宗教间冲突的协调也同样如此。由于不同宗教信仰之间的冲突主要表现在日常生活方面，因而，调适矛盾冲突的重点也应放在基层群众中和日常生活的层面上，充分发挥民间力量和民间协调机制的作用，利用基层组织、宗教代表、民间领袖三方力量共同协商解决矛盾的方式，解决现实生活中矛盾双方所遇到的具体问题，力争把矛盾和冲突解决在基层和村社内部，避免矛盾的激化和扩大化。这是解决矛盾和冲突较为有效的协调方式。

四 不同宗教并存的现状和模式

（一）红河县宗教共存的几种模式

经过较长时间的矛盾冲突及调适，红河哈尼族地区的冲突目前已基本平息，虽然冲突双方的矛盾仍然存在，局部冲突也时有发生，但宗教关系、民教关系以及政教关系已经有了很好的改善，并逐渐形成了目前基督教和哈尼族传统宗教文化并存的局面。根据基督教和哈尼族传统宗教间冲突与调适程度的不同，形成了两种宗教间三种不同类型的共存模式。

第一种是双方相互交往的"离合型共处"，以宝华乡宝华村委会为代表。宝华基督教活动点目前有信徒约150人，其中约60人分布在宝华村委会所属宝华村、甲五六村，以彝族为主，其余还有甲寅乡和乐育乡的部分哈尼族。在"离合型共处"模式中，所谓"离"，是指信仰层面和宗教仪式层面的相互分离；所谓"合"是指共同价值观和日常生活以及民俗活动方面的相互交往。在这种共处模式中，两种宗教信仰群体对民族共同体以及村寨共同生活的认同度较高，在日常生产生活方面相互交往、互帮互助。在宗教生活方面则相对分离，即基督教信徒参与传统宗教中"祭竜"活动中的"凑份子"活动和村社集体公益活动，也参与亲友的婚丧嫁娶和建房迁居等活动，但对活动中所包含的焚香祭祖、磕头跪拜等传统宗教性仪式则采取回避的态度。同时，基督教信徒与村社之间和政府之间的关系较为和睦。这种共存模式下的政教关系、民教关系和宗教关系都较为融洽，属于宗教活动部分互动，人际关系良好，双方相互理解、和睦相处的类型。正因为如此，宝华村的基督教活动点即将成为红河县的第一个公开活动堂点。

第二种是双方相互包容的"分立型共处"，以洛恩乡俄措村为代表。俄措村属草果村委会，分上下两寨，上寨 21 户人家，其中信基督教的有 14 户；下寨共 10 户人家，全部信基督教。由于俄措村中皈信了基督教的哈尼族较多，传统宗教逐渐趋于衰落，祭竜等传统宗教活动趋于简化。因此，基督教信徒不参与任何传统宗教活动，也不参与其他传统活动中的宗教性仪式，双方在宗教活动方面完全分立。但是，两种宗教信仰群体之间在日常生产生活层面上的婚丧嫁娶、建房迁居等方面有一定程度的交往。同时，基督教信徒与村社之间和政府之间的关系较为平和。在"分立型共处"模式下，两种宗教信仰群体在宗教生活方面完全分立，而日常生活方面却有一定程度的交往，属于双方相互包容，宗教活动界限明显，但不影响日常交往，双方矛盾冲突不明显的类型。

第三种是双方相互隔离的"对立型共处"，以洛恩乡王沟村为代表。王沟村共有 72 户人家，其中全家信基督的有 30 家，还有三四家是妻子信丈夫不信的，信徒人数约有 100 人。"对立型共处"模式下，不同宗教信仰群体的日常生活和宗教生活全面隔离，主要表现为两种宗教信仰群体之间互不来往、互相指责，甚至互相对立。用受访基督徒的话来说："他们都不理我们，不和我们说话，是敌人了。"同时，基督教信徒与传统村社之间和政府之间的关系较为紧张，信徒得不到政府的各种扶贫优惠，甚至不分给土地林地。这种双方相互隔离的"对立型共处"模式属于人们在日常交往及宗教活动中没有互动与对话，双方之间的矛盾较为尖锐，宗教间缺乏理解，矛盾较多体现在日常生活和人际关系中，宗教关系、民教关系和政教关系较为紧张，冲突时有发生的类型。

考察上述三种共存模式的形成，其原因是多方面的，主要有三点：

一是不同信仰群体人数的多少，体现了其基本势力的强弱，从而促使人数较少、势力较小的一方作出更多的行为方式上的让步，以达成双方和平共处的局面。例如，宝华村的基督徒人数比例最低，仅占全村总人口的大约 2%，因此当地基督徒的行为也最为克制，参加村寨活动的态度也最为积极，因此双方的矛盾最少，关系也最为密切。而在矛盾冲突最为激烈的王沟村，有超过 30% 的人家信仰基督教，双方力量大致相当，因而基督徒能够按照自己的认识和理解来处理双方关系，没有作出太多的让步，因而使双方的关系至今仍较为紧张。与此不同，在俄措村，基督徒占到了总户数的 70% 以上，因而造成了基督徒行为较为自主而传统宗教趋于萎缩，双方关系较为平和的状况。

二是文化背景的差异对冲突和调适的影响。从实际情况看，洛恩乡是一个纯哈尼族聚居地区，哈尼族传统文化保留较为完整，村社生活的同一性较高，对外来文化和宗教信仰有着较高的排斥力，因而那里的矛盾和冲突也表现得更为激烈。与洛恩乡不同，宝华乡是一个以彝族和哈尼族为主体的多民族聚居地区，多元文化所形成的包容性较高，因而双方的关系较为缓和，日常交往密切，基督徒对传统文化和村寨共同生活的认同程度也较高。

三是过去治理整顿遗留的影响。基督教与哈尼族传统宗教的冲突发生后，当地政府出于维护民族团结和社会稳定的考虑，从 1993 年开始进行了多次治理整顿，希望减少乃至消除基督教传播带来的不良影响。从历次治理整顿工作来看，由于洛恩乡的冲突较为激烈，因而也就成了治理整顿的重点地区，而宝华乡由于民教冲突不太严重，因而当地基督徒受到的压力和冲击也较小。很显然，政府主导的治理整顿工作，一定程度上引发了政教关系的紧张，并在基督徒当中形成了对政府的不信任甚至叛逆的心理。虽然目前政府方面已放弃了治理整顿的做法，但其影响至今仍有留存，并没有得到很好的解决。特别是在洛恩乡，当地政府主要采取不承认和回避的冷处理的方式，没有对受到损害的政教关系进行积极主动的修复。因而在各方缺少沟通的情况下，当地的宗教关系、民教关系和政教关系仍然较为紧张。

（二）对宗教共存模式与社会稳定关系的分析

综观当地宗教冲突和调适的现状以及各宗教共存的三种模式，结合民族团结和社会稳定的目的，我们可以对其进行进一步的分析与认识。中外历史表明，宗教冲突可能给社会带来的不仅仅是动荡，甚至可能是灾难。但是，在多民族共聚环境中，多种宗教的共存既是一种难以避免的客观状态，更是一个持续不断冲突与调适的过程。

从不同的层面以及不同的角度看，多种宗教并存可以表现为多种模式，各种宗教之间的关系也是多样化的，并对整个社会的发展和稳定具有不同的影响。而对于一个基于共同生活的区域社会而言，区域内的宗教共存大致上可以划分为两大类型三种模式，即静态类型的静态区隔共存模式、动态类型的有序共存模式与和谐共存模式。

多宗教静态共存，是指一个区域内的多元宗教之间或者由于地理的区隔而形成的客观事实上的互不相干，或由于主观上的敬而远之使各宗教之间尚未实际发生边界交汇或有意义的观念互动。在一个共同生活的区域中，静态共存主要是由观念上的彼此区隔造成的。在这种状态下，不同信仰群体间的互动已经介入了彼此生活的社会边界，但在观念上却对彼此的宗教敬而远之，不同信仰群体自觉回避介入对方真正的宗教生活，他们在认知上可以通过自然积累而对于其他的宗教有所了解，但却是刻意回避相互间的宗教交流。在这种场景中，刻意保持彼此不同信仰间的距离，是一种非常有用的人际交往与共处策略。由于宗教并非日常经济活动中的必要要素，但却又对双方极为重要，而且还有着诸多禁忌，因而容易犯错，破坏世俗情谊。因此，在这种以现实经济目标为焦点的世俗交往中，通过宗教回避，就能把宗教这个敏感因素排除在交往交流范围之外，是一种有效规避风险的明智选择，也是可以有效维护群体团结和社会稳定的共存模式。但是，随着现代化进程的推进特别是市场经济的发展，日益加强的主体交往和文化传播将使得宗教之间彼此介入的概率和范围越来越大，程度越来越深，彼此区隔的局面将被宗教内外的多种力量所打破，静态区隔式并存的范围将会逐渐缩小，它终将面临新时代的族际互动与文化交往带来的冲击。因此，虽然静态共存状态的宗教共存本身构成了传统意义上的以不变为特征的社会稳定结构的一部分，但这种状态很难维系不变。这种基于区隔—包容机制的共存状态，充其量也只是有利于传统的静态稳定，而无力支持以社会开放、文化互动为特征的现代的动态稳定。

多宗教动态共存，是指不同宗教越过对方边界，打破彼此区隔的静态模式，发生行为与观念的碰撞。在这种状态下，不同宗教彼此区隔的状态被打破，在信仰层面发生了互动和碰撞，如果双方的互动过程是在国家法律与政策规定允许的范围之内，并且不对社会的基本秩序和运行产生威胁，就是有序的共存；反之就是无序或失序的。实际上，要实现不同宗教的有序共存，可以通过他律—服从机制来实现，即依靠社会管理与社会控制，使不同宗教组织、宗教群体的互动在一定程度上中规中矩，在社会层面达到某种程度的有序状态。应该说，动态的有序共存与静态的区隔共存相比较，虽然更容易出现各宗教互动过程中的矛盾和冲突，但以发展的眼光看，宗教的有序互动会在某种程度上促使宗教互动中的相关主体乃至社会本身在此过程中发现问题、解决问题进而完善自己，因而更加具有现代化社会的建设性价值，更加符合推进现代稳定的要求。

在宗教互动中依据"他律—服从"机制而形成的有序互动基础上，各种宗教主体——包括信徒大众、宗教领袖或者宗教组织机构——在其自身的宗教理解中，发现并确立不同宗教之间的同质性和互补性，从而在宗教互动中更多地自觉求同存异，这种在文化自觉和宗教自觉基础上的"自律—认同"才是宗教动态和谐共处的内原动力。因此，宗教之间的和谐共存，可以在外部表象上表现为彼此之间相安无事或者彼此之间的有序互动，看似与静态区隔共存、动态有序共存相似，但其内在机制上有着本质不同，而且这种机制根植于文化、观念层面。这种机制正如费孝通先生说的"各美其美、美人之美、美美与共"那样：静态共存与他律的有序共存，都是"各美其美"的宗教理解与态度占主导地位；而确立了宗教的文化兼容性之后，进入自觉自律的有序，已经变为"美人之美"，所以能够"美美与共"，这才是和谐。简言之，宗教之间的和谐共存，就是不同宗教自觉自律之下的"美美与共"状态。由于它们在深层价值观上对彼此"殊途同归"的本质达成共识，就会放弃将自身绝对真理化的态度和尝试，即便不再依靠外在约束，也能在日渐增加的互动及各自发展过程中，不再制造宗教冲突。

总之，静态共存、有序共存、和谐共存这三种多元宗教共存与互动模式，也可以视为宗教共存关系的三种发展阶段，即"静态共存→有序共存→和谐共存"。这个演变进程，体现了不同信仰主体之间从被动或主动的区隔共存，发展成为具有外在规范性的有序共存，最终实现自觉的相互认同、共谋发展的和谐共存。

从红河县宗教冲突和调适的事例看，改革开放以后，当地的宗教关系已经从静态的区隔共存进入到了动态共存阶段，各宗教（尤其是基督教和民族传统宗教）之间的互动，在一定程度上导致了矛盾冲突和无序状态，经过前期宗教之间、民教之间以及政教之间各方面的互动与相互调适，目前当地的宗教关系已开始由无序状态演变为有序状态，矛盾冲突的激烈程度和社会影响已经有了很大程度的缓和。在这种情况下，从宗教管理角度来说，就需要在分辨社会控制与管理的作用以及宗教主体（组织与信众）认同的作用基础上，更加注意把握具体工作中社会制度建设与文化建设两方面的不同重点。在完善社会管理层面上的宗教管理基础上，着重考虑文化引导层面上的宗教间自觉对话与某种程度的彼此认同问题，由此推动宗教和谐共存的发展。

五　结语

通过对红河县传统文化与基督教之间冲突与调适的考察和研究，我们可以从中得到如下认识和思考。

第一，社会稳定是我国国家核心利益之一，也是民族地区发展的基本前提。但是，以发展的眼光看，国家与边疆民族地区的当代特征和发展需求，决定了我们不能满足于传统静态稳定观表面的高效，而无视现代化发展对社会稳定提出的时代要求。我们应面对转型时期的新形势、新问题，看待新型稳定机制的建设问题。就宗教问题而言，不同的稳定观会对宗教问题的起因、作用、影响有着不同的认识，会看到其积极或消极的不同侧面。我们应该主动从传统的静态稳定观向现代的动态稳定观转化，积极探索现代稳定观的理论架构与实践尺度，并以此指导社会管理包括宗教事务管理的机制。只有这样，才能更清晰地把握新形势下发展与稳定之间、宗教问题与民族及社会问题之间错综复杂的关系，也因此才能结合地区实际，提出社会管理特别是宗教事务管理的新思路。

第二，区域内的宗教因素与民族因素将在社会整体发展水平的制约下，进行长期而复杂的双向互动，由此构成特定时期民族、社会、宗教多因多果式的复杂的宗教—民族—稳定问题。当我们以其中的任何一个因素作为自变量时，会更深刻地发现诸因素间互为因果般的紧密联系。其中少数民族的经济和文化发展问题，是诱发宗教问题危及地区社会稳定的主要起因。因此，民族地区发展问题对解决多宗教—社会稳定问题有决定性作用。就政策视角来看，要解决好宗教问题，既要依靠针对宗教本身的各种努力，更要依靠针对宗教之外因素的努力，民族、宗教、社会，都必须解决好自身发展问题，这是从根本上解决问题的总出路。从当地的实际情况看，经济、文化、社会三个层面是构建社会稳定、解决矛盾冲突的基础，应该齐抓并重。

第三，人类总是在人与自然、人与人、观念与观念的冲突和调适中求得发展的。没有矛盾和冲突，发展就失去了动力；没有矛盾的解决和冲突的调适，发展就难以实现。宗教作为一种文化的存在，是人们生活方式背后的一种观念形态，是人们在具体的生产和生活过程中逐渐形成的，并随着生产和生活环境的变化而不断演变。在人们生产生活的交流过程中，不同的文化观念也在不断的冲突与调适中进行交流与融合，实现文化观念的创新并为生产生活的发展和社会的进步提供推动力。这种文化的推动力，在于不同特质的文化在相互交流、融合过程中相互吸收、借鉴，实现了创新，从而为现实社会的生产和生活带来新的文化活力。

第四，在没有外力干涉的情况下，宗教冲突主要表现为不同文化间的矛盾冲突，由于文化自身演变规律的推动，不同文化交流过程中的矛盾冲突最终是可以通过和平的、相互调节、相互适应的方式加以解决的。在两种宗教文化的交流过程中，二者相互适应、相互包容的程度越来越大，呈现出符合文化冲突与融合规律的趋势，展现了"冲突—调适—认同—共荣"的发展进程。不同文化间冲突的调适过程，依据文化主体间日常交往的密切程度，主要表现为自下而上、从民间到官方的基本模式，沿着"普通群众—村社集体—政府部门"的路径展开，通过民间文化主体在具体问题上的相互谅解与包容而推动官方政策的调整。在具体冲突的调适过程中，官方处于间接调整的地位，主要扮演着顺应"民间调适"并对其加以政策规范和引导的角色，起着促使"自发调适"向"自觉调适"转变的作用。

基于上述认识，我们针对红河县的宗教冲突与调适问题提出如下建议。

第一，要平等看待不同宗教，注意保护不同信仰者的权利。由于不同宗教综合实力上的强弱差异，以及在现实生活中具有不同的影响，因而不同宗教信仰很容易被赋予区别高低不同的社会分层意义，宗教信仰的不同就成了人与人在社会身份上的高低差异，进而影响个体、群体、族际的自我评价和相互评价，产生或加剧各种偏见，拉大不同信仰群体之间的心理距离，形成新的社会距离，解构民族认同，裂解民族内部原有的凝聚性或区域内的团结友爱、平等和睦关系。对此，一是要在宗教事务管理中平等对待各种宗教，要充分尊重不同宗教及其在信徒心理中的情感地位。二是要注意发掘不同宗教中对建构民族发展共同价值观、维护社会稳定的积极作用，并在平等对话、和睦共处的基础上，加深和拓展彼此的文化交流，缩小心理距离，进一步促进民族和睦。三是要加快民族经济发展与公共服务均等化进程，缩小发展差距，在民族政治权利平等已经深入人心的基础，经济平等是族际平等和人际平等的核心内容，最终让宗教差异回归到仅仅是信仰上不分高下的文化差异，而不是具有等级高下的社会差异的定位上来。

第二，当前要立足于建构不同宗教之间有序稳定的基础上，着眼于和谐，不断推进宗教管理创新。一是要深化社会管理体制改革，政府要在清晰界定和充分履行自身社会管理职责的基础上，发挥好主导作用，同时鼓励和引导支持社会协同与公众参与社会治理，拓展和深化政府与社会主体的合作，实现多元主体对社会的共治与善治。在宗教事务管理上，政府主要扮演引导和规范角色，从法制建设入手，适时出台一批与宗教事务相关的法律法规，并特别注意引导民族社区通过"村规民约"的形式为完善宗教管理发挥积极作用。二是要从地区实际出发，以现代的动态稳定观为基本视角，研究、调整、深化新时期宗教事务管理的具体工作框架，以便更准确地辨识和处理宗教问题上不同性质的问题，规范宗教互动中的行为，同时充分发挥宗教的慰藉疏解、道德规约、以德称义、服务众生、促进稳定、推进社会文化发展等积极作用，满足各族人民群众的信仰需求。三是针对边疆稳定民族团结示范区建设的目标，努力培养宗教的自觉自律机制，在不断完善宗教行为层面的社会管理的同时，更加注重观念层面的文化引导，注重相关的文化层面的建设，注重发挥多种宗教主体的能动作用。四是不断加强政府、社会各界、大众与宗教人士的深层对话交流，引导宗教文化观念上的提升，特别注重培育各个层面的宗教的文化兼容性。五是在实际工作中要注意充分运用村规民约对人们行为的规范作用，在政府主导下双方平等对话的基础上，制定出具有引导作用和权威性的村规民约，规范双方行为，减少矛盾的激化和扩大，维护广大群众的根本利益和社会稳定。

第三，在解决不同宗教信仰间的矛盾冲突时，要更加注重文化调适的思路和方法，尽量减少自上而下的行政干预，特别注意要慎用专政工具。文化调适主要是依靠民间力量在日常生活的层面展开的，对社会冲突的范围和力度具有明显的可控性和缓冲作用。在文化调适过程中，有以下四个方面的问题值得重视。一是多元文化背景下的宗教冲突，在不受外力干扰的情况下，主要表现为文化间的矛盾和冲突。由于文化自身演变规律的推动，这种不同宗教文化交流过程中的矛盾冲突，最终可以通过和平的相互调节、相互适应的方式加以解决。二是文化冲突的观念性决定了其解决办法和手段的特殊性，不能依赖生活方式和观念之外的其他强力来解决，而应该顺应文化和生活方式自身的调适，依靠不同文化主体在具体冲突的过程中相互协调、相互适应，和平解决冲突而达到共处。三是在具体冲突的调适过程中，普通群众由于相互之间在日常生产生活中的联系密切，因而处于相互调适的最直接的关联地位，主要面对具体的调适问题，而官方则处于间接调控的地位，主要扮演着顺应"民间调适"并对其加以政策规范和引导的角色，一方面要引导民间层面的调适由"自发调适"向"自觉调适"转变，另一方面要保护双方特别是较为弱势一方的合法权益不受侵犯，以避免矛盾和冲突的扩大化。

第四，目前红河基督教与哈尼族传统宗教文化之间的相互调适，已经在民间自发地进行着。一方面，接受基督教信仰的人群，从早期的全面抵制传统信仰及相关的一切活动，转变为逐渐接受与传统祭祀活动联系不太紧密的其他活动，如祭祀仪式结束之后的集体聚餐、"分肉"，以及挖渠、修路等各种活动；同时他们也愿意为自己信仰方面的差异作出一定的补偿，如多出义务工、多承担接待任务等。另一方面，保留传统信仰的哈尼族群众，也从早期强迫基督教信徒放弃信仰，逐渐转变为对这种信仰在某种程度上的理解与宽容，只要他们参与村社公祭活动的"凑份子"，就不再苛刻要求。因此，对基督教采取取缔的办法是不可取的，最终还是应该使其合法化，将其纳入依法管理的轨道，积极引导使其活动正常化，这样才能发挥宗教对社会发展的积极作用，才能促进社会稳定和民族发展。对于文化冲突而言，依靠外部强力并不是解决问题的根本办法，更多的是依靠不同文化主体在具体冲突的过程中相互协调、相互适应，和平解决冲突而实现共同发展的。同时，目前部分干部中存在的回避态度也是不可取的，特别是基层组织和基层干部，应当勇于面对矛盾，敢于正视现实，并对矛盾冲突的焦点问题和各方的实际需求加以认真、细致、耐心的调查分析和说服教育，才能找出问题的症结和解决的办法。

对 策 篇

任何以实证分析为基础手段的应用型研究，合理可行的对策建议都是必不可少的组成部分，它可以增加研究的实效性和现实意义。宗教作为一种复杂的人类文化形式和社会结构，决定了有关宗教问题的对策建议不能简单化，不能只做表面文章，必须上升到系统理论思考的高度。换言之，我们不能就事论事，以经验主义的态度解决宗教问题。建议的提出应以解决问题为中心，结合研究对象的客观实际，从外部的、内部的以及带有超越性的综合维度提出积极的、改良性的、建设性的方案，使其向着完善的方向发展，同时力求在解决一个问题的同时，辐射一类问题，一定范围内具有推广价值。云南多元宗教和谐相处的对策研究同样应秉持这一思路，在云南特殊的地域、人群、社会、政治、经济、文化等情境中进行分析，同时寻求其带有一般性的规律。我们认为，可以用"一至九"九个数字对建议的内容进行概括，这样在实际上就能形成四十五条有价值的应然性陈述。通过行动主体的共同努力，各种条件成熟之后，应然就转化为必然，云南多元宗教和谐相处的美好图景必将进一步持续良性发展。

一　贯穿一条思维性主线

思维是有反思和行动能力的主体对事物、事物之间的关系、主体自身等存在的规律进行的抽象性、概括性的认识活动。思维是人类把握现实事物的重要工具，通过高度概括抽象，凝练而成的知识可以在更高层次、更广范围、更大成效上反映现实、改造现实。经过系统性的反思，行动主体的行为将更为理性。因而养成正确的思维习惯，并能一以贯之地用来指导行动，则其发挥的建设性功能是带有整体性的。如果我们能以和谐思维看待事物及其关系，则有助于导致和谐的行动，促成和谐的结构；反之以冲突的思维模式看待事物及其关系，也更易于导致冲突的行动，促成冲突的结构。同理，以和谐思维改造原本冲突的关系，则冲突会逐渐转化为和谐，反之亦然。因此我们必须从根本上牢牢树立和谐思维，使之成为政府、社会、宗教团体、宗教信徒等层面行动主体考虑事物知识的指导性原则。

所谓和谐思维，包括了辩证性的思考，以之正视矛盾，化解冲突；关系性的思考，以之良性互动，合理沟通；现象性的思考，以之描述结构，深入本质；整体性的思考，以之立足全局，兼顾细节；过程性的思考，以之认识事件，关注结果；功能性的思考，以之发挥实效，持续发展。

和谐思维同时具有实践性的指向，认识事物是为了改造事物。对于宗教和谐的现实关系而言，就是要以和谐思维改造现有关系中的冲突方面，并促进已有和谐局面的可持续呈现。这是秉持和谐思维认识和改造现实的基本立场，也是下面所要探讨的对策建议中始终坚持的指导性原则。

二　把握两个结构性维度

客观存在的事物都有对内对外两大关系性维度，一方面这是事物得以存在的根本性客观方向，另一方面这也是人们借以认识事物的根本性主观方向。个体事物的存在需要从外界获取资源，然后满足内在的各种需求才能保持独立性与存在性。由独立存在的个体（这种独立性是建立在联系性的基础上的）彼此关联而形成的群体，其对内对外的关系更为多样和复杂。发展到一定程度，就会形成固定的制度性结构满足向外、向内的各种需求。对于这一结构的分析是社会学研究的重点内容，帕森斯所谓的 AGIL 模式即可以简化为向内向外两大类行动结构。内外关系不是相互对立而是辩证统一的。向外获取资源是为了向内满足需要，向内形成规则，是为了更好向外获取资源，从而形成良性循环的发展链条。一旦向内、向外两种功能不能辩证链接而发生断裂，则事物的存在就产生危机。危机就是不能从环境中持续性地获得资源和条件的一种客观状态。危机的一个可能方向就是冲突。冲突是系统整合的持续性分裂，即是说，冲突无法通过向内、向外的各种机制将两个不同的事物在功能互补、互利共赢的基础上有机结合起来的状态以及与这种状态有关的行为。和谐则恰恰与之相反。

特定地域和人群中存在的宗教之间实现和谐相处，需要处理好向外、向内的有机统一功能。向外，通过国家、社会、学校、大众媒体、家庭以及个人的宣传鼓吹，构建宽容、博爱、自由、平等的良好社会情境，消除暴力和冲突产生的社会根源，消除人类交往中的各种不合理现象，使宗教能以和平的手段从社会情境中持续获取其生存发展的各种资源。向内，从信仰词典中消除憎恨、恐惧、猜疑、暴力、排他、歧视等词语，使宽容、博爱、自由、平等的理念和精神内化为信徒以及宗教团体的行动指南，以之指向实践，则无往而不和谐。很显然，宗教和谐关系的内化与外显，是一对辩证的结构性关系。我们研究的目的是在独特的社会场域和社会情境中，深入分析和研讨多元宗教关系网络的脉络与类型，分析其内化为和谐思维与理念，外显为和谐行动与结果的结构性原因。相应地，我们的对策建议，就将这些原因植入社会土壤，催生出和谐的生态花园。

三　立足三个层次性方面

复杂关系的结构一般可以分为宏观、中观、微观三个层次。对于宏观层面关系的认识，应突出整体性、全局性、抽象性、概括性，宏观层面的关系内涵具有多样性和复杂性。对于微观层面关系的认识，应强调局部性和细致性，一般可以用直接的、实证的研究方法进行分析，其变量关系也较为简单清晰。中观是介于宏观和微观的层面，是架通二者的桥梁，三者在有机统一中实现整合。在社会世界中，宏观层面一般指政府，中观层面为社会，微观层面是个人。指向实践、服务建设的对策建议，更是应该在兼顾三个层面行动应然性的基础上进行论证。

第一，政府应扮演好协调平衡的角色。做好协调平衡对于宗教事务的管理是必要的，但这不等于对宗教自身的管制。我们的一个观点是，宗教就像一个皮球，不去拍时，它安静地放在那里，一旦去拍，它就会跳起来；拍得越用力跳得就越高。道家提倡的"无为而治"管理思想就颇为适合宗教。《道德经》第七十七章对此做了非常生动的说明："天之道其犹张弓欤？高者抑之，下者举之；有余者损之，不足者补之。天之道，损有余而补不足。人之道则不然，损不足以奉有余。孰能有余以奉天下，唯有道者。是以圣人为而不恃，功成而不处，其不欲见贤。"[1] 对于特定区域内的宗教要保持一种生态的平衡，发展势头过猛、力量过大、超出可控制范围的宗教势力，就要稍微裁抑，使之回归理性范围；对于处于弱势的宗教，就要予以一定程度的扶持，使之成为抵御外来宗教入侵的有力屏障。政府不以高高在上的态度处理问题，而是提供应有的服务，并着眼于培育宗教和谐共处的自发机制。

第二，社会应成为多元宗教和谐相处的终极性情境。宗教的基础不在

---

① 朱谦之撰：《老子校释》，中华书局 1984 年版，第 298 页。

天国而在社会，而社会的基础不在上层政府而在下层民间。宗教的一个发展方向就是转化为风俗，而风俗的情境性架构即是民间。一个有着深厚群众基础的成熟宗教，必定会发展为特定地域和人群中的民间宗教。民间是孕育社会舆论和社会生活的根本土壤，也是社会中的宗教植根的现实土壤。正是民间文化中的宽容精神，为宗教行为提供了一个无意识的、扩散的、弥漫的和自由自在的和谐栖息空间。那些不具备宽容精神的社会，宗教就无法诗意地和谐栖居。所以，一个根本性的问题就是大力建构和谐社会，培育社会的和谐精神，这样才能为宗教和谐奠定坚实的基础。宗教和谐与社会和谐之间具有特定的关系。

　　第三，个人应成为多元宗教和谐相处的终极性载体。作为一种特殊的社会关系，宗教关系最终表现为人与人之间的关系。在人际互动中，如何安立神的位置？神实际上是人的主观神圣体验客观化出来的一种具有超载性的道德和功能支配结构。因此，宗教徒的日常互动，除了受社会的世俗法则支配，还受宗教的神圣法则支配。我们必须从人的需要出发，使支配性的结构合理化，并推动和谐互动的实现。

四　坚持四个基本性立场

　　对于宗教和谐相处，我们有四个基本的立场，从动态的角度可以行动化为四个基本过程，也可心理化为四个基本态度，即"和而不同、异而兼美、互利共赢、各擅胜场"。和谐关系不应该存在盲区，它具有弥散性的特征；同时弥散性的外表下却是异常紧密的利益关联、行动关联和心理关联。

　　"和而不同"是孔子在评价君子处世风格时的一句话，要求具有高度文化修养的人，能够以宽容并蓄的积极态度包含差异性，而不是以相对主义的消极态度取消差异，没有差异性的存在，就没有和谐的本质与呈现出的异彩纷呈的特征。因此，我们紧接着提出"异而兼美"一词，用以指称差异因彼此内在关联，在求同存异的基础上，主观上彼此尊重，客观上营造出具有美学主义结构的良好状态。这一状态的完成，需要存在差异性的要素之间功能互补，彼此弥补对方缺陷导致的破坏，从而更紧密地连接为关系整体，以互利实现共赢。在这个关系整体中，每一种要素体系都能有自己存在的空间，都有自己发挥作用的特定客观领域，都有自己不能为他者所否定、所替代、所置换的优点，从而做到"各擅胜场"。宗教之所以能够从一个千年发展至另外一个千年，必定有其适应环境、发挥功能之处。尤其是云南少数民族宗教，每一种都是一个独特的文化传统，都蕴含着民族文明发展的基因和密码，蕴含着丰富的生存智慧。可以说，云南少数民族宗教是与自然关系最为亲密的宗教，大量生态智慧通过人与神的关系曲折地继承下来了。云南少数民族宗教的现代价值，值得我们深思。能够使独特的宗教保持生存和发展的空间，必须使之具有相应的功能。每一种宗教都如此，这是对"各擅胜场"基于功能主义的阐释。

只有在尊重各自在教理教义、情感表达、仪式活动、外在表现等方面差异的基础上，以共同的宗教宽容、博爱、人本主义的精神为纽带，营造兼容并蓄的社会氛围，使特定区域和人群中存在的不同宗教都能有展演自身文化优点的空间，都有较为稳定的活动范围和信徒结构，才能实现多元宗教和谐共处。

五　推广五条行动性原则

韦伯的理解社会学开创了将社会行动作为社会学研究根本对象的传统。不同流派的社会学家和社会科学家都基于自己对社会行动的理解，提出一系列带有根本性的指导意见和原则。我们认为，可以从中拈出较为重要而贴切的五条：同情理解、真诚沟通、平等对话、互补共赢、自由选择，作为宗教之间互动的指导性原则。从心灵开始，塑造行动，进而形成结构，成为可持续和谐的要素条件。

同情式理解是韦伯社会学研究方法的重要原则。判断一项行动是否带有社会学性质的标准，在于行动者在主观上是否考虑他人，是否以他人为向度，是否与他人发生意义关联。因此，社会学就是同情式地理解社会行动并对此进行因果式解释的学科。秉持行动的同情式理解，就是在社会行动中，必须站在对方的立场上，考虑事物对他人具有的主观意义，不将自己的主观意志强加于人。一个玩具对于成人而言可能微不足道，但对于心爱它的孩子来说，就具有天大的意义。当成人轻而易举地毁坏玩具时，带给孩子的伤害可想而知。张艺谋执导的经典影片《秋菊打官司》通过秋菊因为其丈夫被村长踢伤"要命的地方"而拒不赔礼道歉的事，坚持去乡上、县上、市上找领导"要个说法"的情节而展开。对于秋菊而言涉及面子的"天大事"，在冷冰冰的法律面前，却是"芝麻大的事"。不能同情式理解带来的误解、冲突在日常生活中随处可见，不能同情式理解就将疙瘩缠到了一起。如果能够基于同情式理解，可能会"大事化小，小事化了"。宗教因掺杂着信徒强烈的神圣意识，如果不能同情式理解，极可能"小事化大"。在人类宗教史中，围绕圣物、圣人、圣地等的争吵不绝于耳，导致流血冲突的严重事件不在少数。

真诚沟通基于德国社会学家哈贝马斯的沟通理性而提出。哈贝马斯认为，沟通理性是重建人类生活世界理性化的基础，是人类寻回自我尊严和意义价值，迈向理性社会的先决条件，它具有民主性、多元性、开放性、整全性、普遍性与实践性的特征，旨在培养具有自主、成熟、负责的整全人格。随着社会文明的进步，人类发展出了多元化的关系领域，社会分工随之发展，整体的人也随之分裂，我们越来越关注于意义的一个方面，因某一技术性的、给定性的条件而存在，我可以找到越来越多的工人、农民、商人、演员等，但只能找到越来越少的"整体性的人"，人的全面发展被越来越多的条件限制起来。人与人之间的沟通也越来越功利化、片面化、虚假化，在城市里我们甚至都不知道我们的邻居姓甚名谁，也不关心与自己无关的事情，而关心的与自己有关的事情又常常是因为利益才有关系。我们不会向对方敞开心扉，也不会卷入情感和价值，这些"沟通"仅仅维持了联系，于事无补。真诚沟通则与此相反，能够带来全面的了解、多维的交流、积极的互动、良性的结果。对于不同宗教信徒而言，真诚沟通带来的行动，是导致和谐的基础性要素。

平等对话是同情理解与真诚沟通带来的一种结果。在人类文明进程和弥散化的日常生活中，我们可以找到许多正面的例子，也不乏很多反面的典型。对话最初的含义是语言性的，指的是两个及以上不同的个人或法人之间的言语交流或会谈。宗教对话研究的领军人物潘尼卡在其《对话经》中，从宗教哲学的维度揭示了对话具有的九个特征：必要性、开放性、内在性、语言性、政治性、神秘性、宗教性、整体性和未完成性。[1] 在此基础上，我们还可以再加上行动性和平等性两个特征。平等是对话的前提，没有平等就没有实质性的对话，就会蜕变为命令、恭维等。对话仅仅以言

---

① ［西］罗蒙·潘尼卡：《对话经》，王志成译并释论，四川人民出版社2009年版。

语为中介展开是远远不够的，必须赋予对话以行动性的意义，即是说以实际行动达成关系体之间的意义沟通与信息交流。没有实质性的行动，对话的效果就很难持续，注定是无果之花。问题是，我们现在对宗教对话的理解还仅仅停留在语言上，西方学术界呼吁很久，现实上成效寥寥。而中国宗教的对话却是行动性的，虽然没有系统的呼吁，但成效斐然。

互补共赢是行动主体在利益、功能相互有助于对方生存与发展的情况下，呈现的一种相得益彰状态，以及为达到这一状态过程的原则和手段。和谐关系在结果上表现得平静安详，但在过程中却波澜壮阔，是在不断处理各种竞争关系、控制各类冲突的情况下逐步实现的。以互补共赢为行动原则，行动双方就会随时调整自己的策略，向既利于我又利于他的方向前进。我们不必揭橥利他主义的大旗，以道德说教标榜乌托邦式的纯粹行动。利益是"一只看不见的手"，有互补共赢的结构，则双方在交往中可以自然而然地达到和谐共处状态。宗教之间的利益主要表现在对信仰性资源的控制性支配上。宗教和谐相处的互补共赢，主要是各类信仰性资源的相对公平合理地占有。

自由选择是人类的一项权利。对于宗教我们有选择信仰的自由，也有选择无信仰的自由，有选择这一种宗教的自由，也有选择另一种宗教的自由。凡是宗教和谐的地区，信徒在选择信仰对象上都有很大程度的自由，反之则不然。西方敌对势力经常批评我们的信仰自由政策，实际上，中国宗教和谐共处的客观事实就可以雄辩地驳斥他们的无理指责。恰恰是基督教有这样的不自由传统：信奉神的唯一性，要求教徒身份的唯一性，粗暴地压制信仰其他宗教的自由而必须信奉基督教。自由选择的依据既可以是理性的，也可以是情感的。理性选择理论往往将人假设为以最小投入获取最大利益的理性人，并以此作为行动指南满足自己的需要。但是现实生活的许多例子都表明，人不仅仅有理性的一面，更有感性的一面，我们必须将两者有机结合起来。理性选择理论已经有了较为成熟的发展，但感性选择理论的研究，甚至还没有起步，这是一个极具研究潜力的发展方向。对于宗教行动而言，恐怕我们要借助感性选择理论才能更好地理解。在理解宗教行为的思考中，我们有可能构建出感性选择理论的大厦。

六　摒弃六种错误性文化

在人类文明进程中，有六种顽固的文化恶疾，既从整体上破坏着和谐的文化氛围，又在个体上阻滞人的全面发展。中心主义、排他主义、独裁主义、极端主义、乡愿主义、暴力主义，不但是文化的毒瘤，也是行动的误区，还是心理的病灶，是人类和谐图景的致命敌人。欲实现真正的和谐必须摒弃这六种带有根本错误的文化心理。

第一，必须摒除中心主义文化心理，培育平等精神。中心主义是以自我为中心的、以优越感为表现的、具有主观或者客观支配性权威的一种根本性的态度和意见系统。中心主义几乎存在于人类文明的各个方面，较为典型的如中国历史上汉族因政治、经济、文化长期先进于周边国家、民族而培育出来的汉族中心主义，近代历史上欧洲列强借助科技、文化、军事优势在世界上到处殖民而形成的欧洲中心主义，等等。中心主义既有温和的，如中国之所以用"中"来命名，包含自己为地域空间之中的中心主义；也有极端暴力的，如纳粹德国宣称日耳曼中心主义而导致的对犹太人的大屠杀。个体在社会存在中，也被灌入了特定的中心主义，如中国封建社会中的士大夫几乎人人都是严守"夷夏之辨"的华夏文明中心主义者。个人的中心主义还具有生物性的一面。瑞士心理学家皮亚杰提出"自我中心主义"的概念，用以指称"婴儿在判断和行为中有受自己的需要与感情的强烈影响的倾向"①。实际上，中心主义就是从生物性的、原初的控制欲望中经过精细化的文化包装而成的一种恶劣态度。摒弃中心主义才能正视他人，抛除愚昧无知式的自高自大，以平等的姿态沟通交往，才能彼此接受吸纳对方的优点。正是因为晚清王朝屡屡被西方列强携坚船利炮打败，顽固的中心主义也随之被无情击碎，中国人才真正"睁眼看世界"，遂开启了现代化进程。

第二，必须摒除排他主义文化心理，培育宽容精神。排他主义是基于独自占有的欲望或歧视、狭隘的文化心理，不允许特定范围内有其他事物存在的系统性主张。实际上，"主义"本身作为一种系统性的学说，天生就具有强烈的排他性。排他主义实际上是缺乏文化自信的一种表现，一方面对自己的利益有着非常强烈的维护意识，另一方面又不能以平等竞争为手段实现自我利益的状态下，所采取的简单粗暴行为，以求资源仅仅为自我所享的结果。排他主义同时暗含着"所有属我的都是绝对正确的，所有属他的都是绝对错误的"这样一种绝对主义假设。排他主义是宗教的

---

① 自我中心主义，http://www.xiamenjita.com/BBsnews_view.asp? nid = 302。

一个历史痼疾，曾经引发了无数宗教冲突事件，客观上也加深了社会隔阂，助长了狭隘性、封闭性、暴力性和自我中心主义文化。

第三，必须摒除独裁主义，培育民主精神。文化中心主义和文化排他主义的一个必然结果就是文化独裁主义，以自我的标准为判断一切的标准，认为其他文化形式都是低等的、错误的、异端的，以自我为中心集中权威性支配力量，排斥、压制乃至消灭异己力量。在人类文明史上，宗教曾发展出了神权专制主义的形式，在中世纪的欧洲表现得尤为突出。不仅基督教成了唯一可能的宗教，还把政权和世俗生活的方方面面都牢牢控制在自己的意志之中，社会中弥漫的是对上帝拯救的期待和天国永生的渴望。在神权独裁之下，人丧失了自我，平等、自由、博爱无从谈起，对其他宗教的宽容更无从谈起。多宗教共存根本没有可能性，何来多元宗教和谐？

第四，必须摒除极端主义，培育中和精神。极端是事物在特定方向上发展而至顶点的状态，往往有两个辩证联系的顶点。中国儒家文化对极端现象有着根深蒂固的厌绝，从而提倡"执其两端"的中庸态度。孔子曾无限感慨地说："中庸之为德其也，其至矣乎！民鲜久矣"；《中庸》第二十七章说："致广大而尽精微，极高明而道中庸"；程颐说："中者天下之正道，庸者天下之定理"。所谓过犹不及，就是提倡在文化、心理和行动上消除走极端的可能性，以不偏不倚的中和态度对待事物。以此中和精神思考和行动，不难在各个层次上实现和谐。中国多元宗教和谐相处的经验事实，正是存在于不同关系维度上的中和精神外显化的结果。

第五，必须摒除乡愿主义，培育独立精神。相对主义地、不加区别地取消差异，是一种非常恶劣的老好人主义，是一种乡愿态度。《论语·阳货篇》记载孔子说："乡愿，德之贼也。"① 孟子对此的解释是："阉然媚于世也者，是乡愿也"；"非之无举也，刺之无刺也，同乎流俗，合乎污世，居之似忠信，行之似廉洁，众皆悦之，自以为是，而不可与入尧舜之道，故曰'德之贼'也"。② 所谓乡愿，用现在的话说就是一个社区中的老好人，更严重地说是伪君子、假善人。他们绝对不走极端主义路线，谁也不得罪，谁都觉得好，表面看起来很"和谐"，但实际上因其无原则的

---

① 张燕婴译注：《论语》，中华书局 2006 年版，第 270 页。

② （清）焦循撰：《孟子正义》，上海书店出版社 1986 年版，第 605 页。

容忍，助长了恶性力量的发展，从而成为破坏良性力量的间接凶手。在《论语·子路》中记载了孔子与其学生子贡的问答："'乡人皆好之，何如？'子曰：'未可也。''乡人皆恶之，何如？'子曰：'未可也。不如乡人之善者好之，其不善者恶之。'"① 乡愿主义就是奉行老好人主义，对于恶势力不做斗争。一味退让宽和并不能带来和谐。在云南宗教历史上，并非没有宗教冲突。近代基督教传入云南以后，曾多次与当地传统宗教信仰发生冲突。如果奉行乡愿主义，现在可能早已不是多元宗教和谐相处，而是基督教一教独大，传统宗教被消除殆尽了。所以，宗教必须秉持自己文化的独立精神，在求同的基础上做到存异，而不是无原则地消除差异。

第六，必须摒除暴力主义，培育和平精神。暴力是以直接的手段进行的一种激烈的、面对面的冲突，复杂化的暴力会升级为战争。暴力往往与强权、专制联系起来，暴力主义者信奉武力作为唯一的权威来源，采取极端的措施往往为人类文明带来灾难性的后果。暴力主义常常与独裁主义、极端主义、排他主义结盟，表现在政治上，暴君往往是独裁者。极端的暴力主义解决问题都诉诸武力手段，因而在社会中制造仇恨、敌视和分裂、冲突。当然暴力在特定条件下也具有正面功能，比如无产阶级以暴力推翻资产阶级建立社会主义社会。但在日常生活中，暴力发挥正功能的条件往往不具备，其功能主要是负面的。因此，和平与发展是人类社会的主题，而暴力与冲突只能被限制在特定的时空条件下。我们应以非暴力的和平手段为主来解决问题，而不是相反。宗教中大量关于和谐、非暴力的智慧，不仅应该成为宗教间和谐共处的行动指南，更应该在人类生活的各个领域进行推广。

七　处理七对互动性关系

任何在特定范围内进行互动的主体之间的关系，都有高低、主次、先后、强弱、左右、内外、我他七种类型。从向量上我们可以再将高低、主次、先后、强弱关系归结为上下关系，具有一个特定的元素作为权威占据较多的资源，并对其他元素发挥支配作用；将左右、内外、我他三种关系归结为平行关系，作为判断和分割元素的结构性安排，这三对结构虽然最

① 张燕婴译注：《论语》，中华书局 2006 年版，第 199 页。

终也可能发展出支配性的权威，但其平行功能仍然占据主流。

具体到云南多元宗教的案例，基督教、佛教、道教、伊斯兰教的信仰文明程度相对于少数民族传统宗教为高；在西双版纳地区，南传佛教为主，少数民族传统宗教为次；从历史的角度来看，佛教、道教、伊斯兰教的传入在先，基督教的传入在后；从支配资源的程度而言，基督教为强势宗教，少数民族传统宗教为弱势宗教；少数民族传统宗教为本土宗教，而基督教是外来宗教；宗教相互之间都以异质性看待对方，基督教为甚，直呼其他宗教信仰者为异教徒。

这段简短的描述，隐含着以下几个问题：第一，互动关系具有相对性，会随着范围条件的变化而变化。比如，在西双版纳，南传上座部佛教毫无疑问是占据主体之位的强势宗教，但在整个云南就不是了。再比如，外来宗教在民族发展的关键时期，成为全民族信仰的宗教之后，其外在性消除，反而变为本土宗教，南传上座部佛教之于傣族即是如此。《庄子·德充符》说："自其异者视之，肝胆楚越也；自其同者视之；万物皆一也"①，即是这个意思。但我们不同意庄子取消一切差别，"天下莫大于秋毫之末，而大山为小；莫寿于殇子，而彭祖为夭"②、"齐万物"、"泯是非"的主观相对主义态度。这样的态度不能导致和谐。第二，互动关系具有复杂性，会随着交往范围和条件的扩大不断多元立体。比如，一个宗教既可以是本土的且强势的宗教，也可以是本土的但弱势的宗教，等等。其可能的维度还不止两个，最高可以达到七个，这样一来，可能的关系就会组合出一百种之多。第三，互动关系具有客观性，需要在特定的社会土壤和情景中发生。如果没有特定的地域、人群和时间为要素，宗教自身都难以为继，何谈和谐共处呢？对于宗教关系的分析，应秉持实证的、客观的态度。

所谓处理好以上七种关系，最为主要的应该是坚持和谐思维，坚持"和而不同、异而兼美、互利共赢、各擅胜场"的基本态度，遵循同情理解、真诚沟通、平等对话、互补共赢、自由选择的行动性原则，消除中心主义、排他主义、独裁主义、极端主义、乡愿主义、暴力主义的错误文化。宗教虽有高下，但不能以高压下；虽有主次，但不能以主欺次；虽有

---

① （清）王先谦撰：《庄子集解》，中华书局1987年版，第47页。

② 同上书，第19页。

强弱，但不能以强凌弱；虽有先后，但不能以先驱后；虽有左右，但不能以左攻右；虽有内外，但不能以内排外；虽有我他，但不能以我逐他。

《道德经》第四十二章说："道生一，一生二，二生三，三生万物，万物负阴而抱阳，冲气以为和。"① 如何从三到万，这是问题的关键，历代注解《道德经》者各持己见。我们所说的七种关系类型，都是以二元辩证统一为前提的。黑格尔辩证法主张的"正题、反题、合题"，《道德经》所言"反者道之动"②，都启发我们将第三方的力量看作是一种综合回归的力量。即是说，在辩证统一的过程中，形成一个新的关系整体，在更高的范围内，新的关系整体之间会重新组合出高与低、主与次、先与后、强与弱、左与右、内与外、我与他的辩证关系，然后又开始一轮更高层次的综合。如此循环的过程，就是"三生万物"的过程。由"三"所生之"万物"，又向"道"的整体和谐叠加。

如果"三"为和谐，所生万物则为和谐；如果"三"为冲突，所生万物则是冲突。破除宗教对他宗教偏执的异化想象，变他宗教为我宗教的过程，就是宗教和谐的过程；同样，破除高级宗教、主导宗教、强势宗教、本土宗教对后进宗教、次要宗教、弱势宗教、外来宗教的压制、支配、驱逐态度和行为，使二者形成共赢互补结构有机统一体的过程，就是宗教和谐的过程，其最终结果的外显化就是多元宗教和谐相处状态。

关于"三生万物"，我们还能作出一个结构主义的关系分析。相互关联事物的关系可以分为内在、外在和共在的关系。我们提到宗教的七对关系，对内、对外都是和谐的辩证统一，则在整体和超越的层次上，必然成为和谐的共在。研究云南多元宗教和谐相处，我们不仅要关注内在的和谐、外在的和谐，还要从社会学的角度考察共在的和谐是如何被结构化完成并延续扩展的。从对策建议的角度，就是要运用切实可行的措施，促使此"应然"状态成为"实然"。

八　发挥八大机制性作用

宗教和谐共处是内含结构的关系过程。在特定规模水平上存在的单一

---

① 朱谦之撰：《老子校释》，中华书局1984年版，第174页。
② 同上书，第165页。

宗教，因多种资源的支撑，经历不同地位模式行为主体的互动，在处理相反因素如冲突、相成因素如融合的基础上，最终达成有机统一的和谐。在这一过程中，宗教形成了八大带有结构功能的机制性作用：叠合作用、沉淀作用、扩散作用、转化作用、融摄作用、制衡作用、角色作用、生态作用。我们可以从静态的、动态的、关系的、过程的、现象的、功能的等维度来理解上述作用。"作用"遵循工具理性，如果条件不具备，就不能发挥作用；如果条件相反，则只能发挥消极破坏的"反作用"。

　　第一，叠合作用是指一定规模水平上的不同宗教在多种资源维度上实现重叠共享的机制性功能。能够叠合的维度越多，则宗教之间就越容易和谐相处。在云南多元宗教和谐相处的客观现象中，我们常常看到的是信徒身份的叠合，即是说允许一个人同时信仰多种宗教，成为多个宗教的教徒；神灵体系的叠合，即是说允许一个宗教同时吸纳其他宗教的神灵体系，这种吸纳可能带有一定的主次结构，比如傣族信奉南传上座部佛教之后，将原有的神灵吸收为护法神；活动场所的叠合，即是说允许一个宗教场所为多个宗教所共用，这实际是神灵体系叠合与教徒身份叠合的必然要求。所谓"物以类聚，人以群分"，① 能够叠合的因素往往是同一范畴内的相似性因素。

　　第二，沉淀作用是指一定规模水平上的宗教和谐要素能够凝聚和积累的机制性功能。能够沉淀的要素越多，则宗教之间就越容易和谐共处。通过沉淀，杂乱无章的个体和谐经验升华为系统的知识，并通过交流共享成为带有支配意义的集体经验。由大的方面向小的方面运动，即是一种沉淀。在云南，我们经常看到不仅个人有宽容宗教的精神，家庭、社会也都如此，而且后者还能够通过特定的生产再生产结构，将宗教和谐精神在人际、代际传递，并内化为个体的行动准则。

　　第三，扩散作用是指特定的和谐要素能够在更大的范围传播和弥漫的机制性功能。沉淀作用与扩散作用相辅相成，扩散是从小的方面向大的方面运动。当尊重差异、宽容异己、兼收并蓄等和谐精神及其他要素，不仅仅是个别信徒的行为准则，也不仅仅存在于宗教之中，而是整个社会的共识时，处于此种情境中的宗教倾向于和谐共处。此外，扩散还包括宗教在更广阔的社会土壤中获得更多信徒的宗教传播活动。

　　第四，转化作用是指在特定的情境和条件下，冲突行为转化为和谐的

---

① 语出《战国策·齐策》。

机制性功能。从辩证的角度来看，冲突中蕴含着和谐的因素，和谐中也蕴含着冲突的因素，二者的区别在于哪一方面的因素占据主导地位。和谐不是从来如此的，是在与冲突因素相协调的过程中发展起来的。相反，如果条件向着冲突的方面逆转，则和谐也会转化为冲突。云南多元宗教和谐相处的局面，不是静态的、一成不变的，也不是没有冲突问题的。但是经过行动主体及其关联方的努力，一定能够解决问题，实现和谐。

第五，融摄作用是指在特定的情境和条件下，以特定宗教为主，使多个宗教有机结合为互动整体的机制性作用。宗教和谐涉及一与多的关系，我们可以归结为"一多共融、多一相摄，多多互补"这三类作用机制。一多共融的例证是一个人信仰多种宗教，这是我们所述的"叠合作用"的一部分功能；"多一相摄"的例证是多个人信仰一种宗教，这是我们所述的"扩散作用"的一部分功能；"多多互补"是前两种情况的有机结合，是融摄作用将其有机结合起来的，因而就有了宗教和谐共处的"多维相摄"、"多态并育"、"多极共生"、"多样互补"的"多元通和"状态。

第六，制衡作用是指在特定的情境和条件下，各种宗教之间彼此形成相互制约的结构，任何一方都不能形成垄断地位的机制性功能。如果没有在资源基础上的制衡，多元宗教关系必定趋向于一元独大。实际上，制衡作用内化并贯穿在前五种作用之中。毫无疑问，云南多元宗教之间也有其内在制衡机制。尤其是面临一种宗教过快发展的挑战时，制衡机制的作用会发生有利于和谐的抑制功能。

第七，循环作用是指特定情境和条件下的宗教，在特定资源的支撑下，以其他宗教为向度，引发特定的社会行动，并由个体行动聚合为具有支配作用的稳定性结构，再由相关价值为指导获取资源，并开始新一轮重复的机制性功能。如果没有循环作用，宗教自身的存在都成为问题，多元宗教和谐相处更是无从谈起了。正是各宗教在循环过程中的差异，最终塑造了宗教之间的差异。

第八，生态作用是指多宗教保持独立并经互动与外部自然和社会环境有机统一的机制性功能。生态作用是带有根本性的整合功能，在广义上，生态作用是一种大全性的功能，它包含了前七种功能的所有方面，既是多元宗教和谐相处的出发点，也是其落脚点。

九　落实九大意向性措施

在前文中我们指出，宗教之间如果和谐共处，有"宜、通、合、容、符、类、补、近、惜"的"九字真言"。具体来说，就是需要信仰政策上的相宜，信仰理性上的相通，信仰伦理上的相合，信仰身份上的相容，信仰背景上的相符，信仰结构上的相类，信仰功能上的相补，信仰思维上的相近，信仰情感上的相惜。我们所提出的九大操作性措施，就是围绕这九个方面展开，包括主观与客观、宏观与微观等内容。由于云南多元宗教和谐相处的局面较为典型，这也使本建议围绕着解决"云南多元宗教和谐相处的状态如何在新时期可持续呈现？"这一问题展开。由于典型的问题事件不是太明显，所以本部分提到的措施多是意向性的。

第一，坚持宗教信仰自由政策。宗教信仰自由是以国家宪法形式规定的，党和政府对宗教的根本性政策。只有公民享有宗教信仰自由的权利，多宗教的存在才能成为可能，而这种存在是否和谐，就要看是否具备社会的、宗教的、信徒的、精神的、物质的、行动的、内在的、外在的、超在的等一系列具体条件；而多元宗教和谐相处从客观上又可以促成宗教信仰自由。政府在依法管理宗教事务的过程中，也可以根据地方的特点出台相关法规，并推动其落到实处。

第二，培育宗教信仰理性。提倡宗教信仰自由的同时，还要培育宗教信仰的理性，避免宗教狂热的发生。要系统地研究宗教信仰历史上的理性因素，通过社会的、宗教的合理渠道向信教的、不信教的公民进行宣传。使云南多宗教在省域、市（州）域、县域、社区乃至家庭、个人等各个层间上的交流更为紧密，更为合理。

第三，融通宗教信仰伦理。宗教伦理中带有大量有益的道德因素，以神圣的不允许反抗的形式规定人们应该做什么，不应该做什么。我们应以"取其精华，去其糟粕"的态度，作出有益于现代社会的阐释，这是现实主义宗教学研究的重要内容，也是多元宗教和谐相处关系研究的重要方面。我们的努力方向是，使各自宗教之间的伦理系统成为信徒共同的、指向和谐的行动指南。

第四，淡化宗教信仰身份。对信徒身份产生分歧，往往成为宗教冲突的导火线。因此，理性信仰宗教的一个表现就是淡化信徒的身份意识，不能将宗教徒与非宗教徒、此宗教徒与彼宗教徒之间的界限扩大化，他们有着一个共同的名字——"公民"，在公共领域的结构转型中，有着相同的责任与义务。

第五，整合宗教信仰背景。同一地域内、同一人群中的不同宗教信仰，从理论上说，有着相同的宗教信仰情境，但是信徒之间信仰不同宗教的背景有所差异。这一背景既可以在微观上追溯个人的成长经验，也可以在宏观上分析社会整体文化。如果信仰的背景产生分裂，则多元宗教和谐相处的可能性就越低。

第六，共享宗教信仰结构。不同宗教在长期演化的过程中，逐渐形成了较为稳定的信仰结构，作为从精神性、物质性、行为性、身份性的宗教资源中获取支撑其生存与发展的有益因素。当不同宗教向同一地域、人群中集中时，资源的争夺不可避免，只有通过彼此互动重新发展出可以共享资源的信仰结构时，宗教间的和谐共处才成为可能。共享结构的实现，不能仅仅靠宗教之间的自发调节，也需要政府、社会、个人的共同努力。

第七，优化宗教信仰功能。在我国目前形势下，宗教的发展趋向于积极同社会主义社会相适应这一目标，宗教信仰应为现实生活服务，即是说在荣神的同时也要兼顾益人。将宗教发展置于更为广阔的社会中，无疑有助于消除宗教的狭隘想象，在共同的目标上实现和谐共处。

第八，融合宗教信仰思维。宗教信仰思维涉及宗教及其信徒对神灵、社会、个人等一起与宗教及其关联物的认识和反应。如果在对基本事物的看法上存在分歧，则极易导致分裂。所以应该在求同存异的基础上，使不同的宗教信仰思维能够理解，并逐渐对话，从外显的行动角度，实现最终的和谐。

第九，沟通宗教信仰情感。宗教的信仰情感围绕神圣性而展开，任何哪怕微小的不理解、不尊重、不宽容态度，都可能通过宗教行动在特定网络里传播，酿成大规模的冲突。所以信徒在平等、博爱、尊重、共享基础上的宗教情感沟通，有助于消除芥蒂，实现和谐共处。

后　记

　　本书在张桥贵教授主持的国家社科基金重点课题《云南边疆民族地区多元宗教和谐相处的经验和对策研究》（项目批准号：JD2010ZD14）结项报告的基础上修改而成。衷心感谢评审专家们的厚爱，课题最终以"优秀"等级结项，成为云南省首个以优秀等级结项的国家社科基金重点项目，对我们而言是莫大的鼓舞和鞭策。我们在修改书稿的过程中，充分吸收了评审专家们的真知灼见，在此谨向评审专家和长期以来支持、关心我们的学界同仁表示衷心的感谢！感谢中国社会科学出版社的责任编辑任明先生付出的辛勤劳动！

　　化解宗教冲突与宗教问题，是为了更好地促进宗教和谐，二者是一个问题的两个方面。张桥贵教授发表在《世界宗教研究》2010年第2期上的论文《云南多宗教和谐相处的主要原因》对此有较为深入的研究。正是在该篇论文的基础上，我们申报了国家社科基金重点课题。课题立项以来，我们先后十余次到云南多元宗教和谐相处较为典型的地区如西双版纳傣族自治州景洪市、德宏傣族景颇族自治州盈江县、怒江傈僳族自治州贡山县、红河哈尼族彝族自治州红河县及建水县、大理白族自治州洱源县进行深入的实地调查研究，系统考察民族通婚、经济交往等因素如何促进多元宗教和谐相处，并以此为中心分析带有普遍性的机制与规律。同时，我们还以强烈的问题意识和责任意识，深入云南宗教社会问题较为突出的社区，以扎实的田野调查资料，分析宗教内部矛盾的解决与治理、不同宗教间的冲突与调适等问题，以求为政府相关工作部门处理类似事件提供切实可行的对策建议。需要指出的是，我们不仅注重调查报告在学理上的内在关联，也注重调查地点在地域空间上的内在互补，使云南有代表性的多元宗教和谐相处的边疆民族社区都能在我们的报告中有所体现。

　　感谢参加调研的专家学者、研究生以及为我们提供帮助的社会各界人士！本书收录的八篇调研报告分工情况是：张桥贵教授、李守雷博士负责

《民族之间通婚与多元宗教和谐相处的关系研究——以云南省西双版纳傣族自治州为例》，臧京京硕士负责《德宏州盈江县族际通婚中的宗教融合》，杨佳鑫硕士负责《经济交往对云南多元宗教和谐相处的影响》，高志英教授、杨飞雄硕士负责《丙中洛多元宗教和谐相处的历史与现状》，曾黎博士负责《红河州建水县多元宗教发展历程及管理模式研究》，孙浩然教授、赵代阳硕士负责《洱源县多元宗教和谐相处的实证研究》，徐祖祥教授、杨金东博士负责《处理云南边疆民族地区宗教事件的经验研究》，韩军学教授负责《多元宗教间的矛盾冲突与调适研究——以红河州哈尼族传统宗教与基督教为例》。本书理论部分、对策部分则由张桥贵、孙浩然完成。孙浩然、张睿负责全书的统稿与校对工作。

　　宗教和谐作为宗教关系的理想类型，不仅在微观层面关乎个人福祉，也在宏观方面关乎整个人类命运。在宗教纷争冲突频仍的当今世界，云南宗教和谐共处的美好图景愈显弥足珍贵，其中蕴含的和谐智慧可为国际社会解决宗教争端提供借鉴。希望本书能够抛砖引玉，推动学术界相关研究的发展。限于我们的水平和学识，书中难免有不足之处，希望读者批评指正。

作　者

2015 年 3 月